그로킹
심층
강화학습

미겔 모랄레스 지음

강찬석 옮김

그로킹 심층 강화학습

이론과 실제 사이의 틈을 메우다

초판 1쇄 발행 2021년 10월 10일

지은이 미겔 모랄레스 / **옮긴이** 강찬석 / **펴낸이** 김태헌
펴낸곳 한빛미디어(주) / **주소** 서울시 서대문구 연희로2길 62 한빛미디어(주) IT출판부
전화 02-325-5544 / **팩스** 02-336-7124
등록 1999년 6월 24일 제25100-2017-000058호 / **ISBN** 979-11-6224-483-8 93000

총괄 전정아 / **책임편집** 서현 / **기획** 안정민 / **편집** 이민혁
디자인 표지·내지 윤혜원 / **전산편집** 이경숙
영업 김형진, 김진불, 조유미 / **마케팅** 박상용, 송경석, 한종진, 이행은, 고광일, 성화정 / **제작** 박성우, 김정우

이 책에 대한 의견이나 오탈자 및 잘못된 내용에 대한 수정 정보는 한빛미디어(주)의 홈페이지나 아래 이메일로
알려주십시오. 잘못된 책은 구입하신 서점에서 교환해드립니다. 책값은 뒤표지에 표시되어 있습니다.

한빛미디어 홈페이지 www.hanbit.co.kr / 이메일 ask@hanbit.co.kr

Grokking Deep Reinforcement Learning

지금 하지 않으면 할 수 없는 일이 있습니다.
책으로 펴내고 싶은 아이디어나 원고를 메일(writer@hanbit.co.kr)로 보내주세요.
한빛미디어(주)는 여러분의 소중한 경험과 지식을 기다리고 있습니다.

그로킹
심층
강화학습

미겔 모랄레스 지음

강찬석 옮김

한빛미디어
Hanbit Media, Inc.

지은이 · 옮긴이 소개

지은이 **미겔 모랄레스** Miguel Morales

록히드 마틴의 미사일 화기 통제 및 자율 시스템 부서에서 강화학습을 활용하며 일하고 있습니다. 조지아 공과대학교에서 강화학습 및 의사 결정과 관련된 강의를 했으며, 유다시티에서 머신러닝 프로젝트 리뷰어 및 자율 주행 강의에서 멘토로 활동했으며, 심층 강화학습 강의에서는 강의 내용을 개발했습니다. 조지아 공과대학교에서 컴퓨터과학 석사 과정을 수료했고, 유기적 지능에 대한 주제를 주로 연구했습니다.

옮긴이 **강찬석** kcsgoodboy@gmail.com

LG전자 인공지능연구소에서 생활가전에 인공지능 기술을 적용하는 업무를 하고 있습니다. 임베디드환경부터 인공지능까지 관심 영역이 넓으며, '생각많은 소심남의 자신에 대한 고찰'이라는 블로그(https://talkingaboutme.tistory.com)를 통해, 본인이 알고 있는 지식을 다른 사람에게 쉽게 공유하는 방법을 항상 고민하는 편입니다. 한빛미디어에서는 『텐서플로를 활용한 머신러닝』 감수를 맡았습니다.

추천사

드디어 미겔 모랄레스의 『그로킹 심층 강화학습』이 우리말로 번역 출간되었다. 미겔 모랄레스는 강화학습에 대한 전반적인 이론을 기술적이고 명확한 언어로 서술한다. 동시에 저자의 풍부한 교육 경험을 토대로 독자들이 알기 쉬운 언어로 서술하기 위해 노력하였다. 이러한 노력은 교재에 사용된 다양한 삽화를 통해 찾아볼 수 있다. 독자의 백그라운드에 따라 강화학습의 개념을 수식으로 이해하는 것을 선호하는 독자가 있을 수 있는 반면, 알고리즘과 코드를 중심으로 이해하는 것을 선호하는 사람도 있는데 양쪽의 니즈를 충족한다는 관점에서 최적의 교재라 생각한다. 이 책은 동일한 개념을 수식과 알고리즘 그리고 실제 구현되는 코드까지 다양한 방식으로 상세히 서술한다. 특히 수식 및 알고리즘에 포함된 주석이 매우 인상적이다. 이러한 모든 내용은 유관업무에 종사하는 역자의 높은 전문성을 바탕으로 신중하고 세심하게 번역되었다. 이 도서는 강화학습을 처음 시작하는 입문자에게 충실한 길잡이 역할을 할 것이다.

최규빈, 전북대학교 통계학과 교수

옮긴이의 글

강화학습이란 연구주제는 참 오묘합니다. 규칙을 기반한 프로그래밍에서 벗어나 프로그램에게 시행착오를 거치면서 내재된 환경의 변화에 대응할 수 있도록 학습시킨다는 것은 마치 사람이 살아가는 인생과 비슷하며, 저에게 특히 그 의미가 와닿습니다.

저는 사실 처음부터 인공지능에 대한 공부를 하면서 현업을 시작하지 않았습니다. 처음 입사했을때는 통신과 관련된 업무를 하고 있었고, 뭔가 막연히 인공지능을 통해 이런 기능을 수행하면 좋겠다는 기대만 했습니다. 그러다 우연히 인공지능을 다뤄볼 기회를 가지게 되었고, 현재는 생활가전에 기술을 적용하면서, 어떻게 하면 효율성을 높일 수 있을지에 대한 고민을 하는 일을 하게 되었습니다.

하지만 많은 분들의 기대와는 다르게 인공지능은 막연한 답을 제공하지 않습니다. 인공지능의 내면에는 수많은 하이퍼파라미터가 존재하고, 환경에 맞는 매개변수를 찾기 위해서는 수많은 엔지니어들이 실험을 하면서 수많은 시행착오를 거쳐야 합니다. 저 또한 그런 시행착오를 거치면서 배운 것이 많았는데, 사실 마지막에는 스스로 무엇을 잘하는구나 하는 생각보다는, 어떤 내용을 잘 모르고 있었구나 하는 깨달음이 많이 남았습니다. 그래서 지금까지도 틈틈이 강의도 보고, 직접 구현해보면서 항상 배움의 자세를 유지하려고 노력하고 있습니다.

강화학습도 그런 관점에서 보면 비슷합니다. 에이전트가 경험하지 못한 미지의 환경에 대해서 직접 탐색하고, 이를 통해 최선의 정책을 찾아가는 과정은 아마 책을 읽으시는 여러분들이 생활하고 있는 실제 환경과 같으리라 봅니다. 무엇보다 중요한 것은 그 미지의 환경에 대해서 호기심을 가지고 탐색하고자 하는 의지입니다. 그 호기심을 가지고 이 책을 읽으면서, 직접 실습하고, 저자가 전달하고자 하는 표현의 의도를 되새긴다면, 여타 블로그나 깃허브에서만 봐오던 강화학습을 조금이라도 쉽게 느낄 수 있을 것입니다.

혹시나 책의 내용이나 강화학습의 전반적인 주제에 대한 궁금증이 있다면, 저의 메일(kcsgoodboy@gmail.com)이나 블로그(https://talkingaboutme.tistory.com, https://goodboychan.github.io)는 항상 열려있으니 언제든지 연락해주시기 바랍니다. 저도 항상 배우는 입장에서 그 궁금증을 같이 해결할 수 있다면, 더할 나위없이 큰 뿌듯함을 느낄 수 있을 것 같습니다. 마지막으로 강화학습에 대한 의욕 하나로 회사 퇴근하고 자기 전까지 번역작업을 했는데, 옆에서 묵묵히 봐주고 응원해준 인생의 동반자와 사랑하는 가족들에게 감사하다는 인사를 드립니다. 무엇보다 번역 기간 중에 태어난 쪼꼬미에게 자랑스러운 아빠가 되었으면 좋겠습니다.

감사합니다.

2021년 무더운 여름
생각많은 소심남 강찬석

강화학습은 인류 역사 속에서도 깊은 충격을 줄 만큼 잠재력을 가지고 있는 흥미로운 영역입니다. 불부터 시작해서 바퀴를 거치고 전기를 지나 인터넷에 이르기까지 이런 기술들은 인류의 역사에 영향을 끼쳤고, 변화시켰습니다. 각 기술들의 발견은 다음 발견으로 이어졌습니다. 만약 전기가 없었다면 개인용 PC는 없었을 것이고, 개인용 PC가 없었다면 인터넷도 존재할 수 없었겠죠. 그랬다면 검색 엔진도 없었을 것입니다.

저에게 강화학습과 인공지능의 가장 흥미로운 부분은 일반적인 관점에서 보면 단순히 지적인 존재가 곁에 있는 게 아니라는 겁니다. 이것도 흥미롭지만 이게 실제로 존재한다는 것이 더욱 흥미롭습니다. 저는 강화학습이 특정 업무를 자동으로 최적화해주는 강력한 프레임워크로써, 세상을 변화시킬 수 있는 잠재력이 있다고 믿습니다. 업무 자동화와 더불어 지능이 있는 기기를 만든다는 것은 어쩌면 인간 지능에 대한 이해를 우리가 이전에 보지 못했던 단계로 가속화시킬 수 있습니다. 만약 당신이 모든 문제에 대해서 최적화된 답을 찾는 확실한 방법을 알게 된다면, 그런 결정을 내릴 수 있는 알고리즘을 만드는 방법 역시 이해하게 될 겁니다. 제가 느끼기에는 지능적인 개체를 만듦으로써 인간은 더 지적인 존재가 될 것입니다.

하지만 아직 지능적인 개체란 아직 먼 이야기이고, 이런 꿈을 실현시키기 위해서는 노력을 해야 합니다. 강화학습은 초기 단계에 오랫동안 머물러있었기 때문에, 아직까지는 더 많은 노력이 필요합니다. 제가 이 책을 쓰는 이유는 사람들이 심층 강화학습과 강화학습을 전반적으로 이해시키고, 여기에 기여할 수 있도록 도와주기 위함입니다.

비록 강화학습 프레임워크가 직관적이긴 하지만, 대부분의 자료가 초심자들이 이해하기 어렵습니다. 제 목표는 단순히 코드 예제만 제공하는 책을 쓰는 게 아니고, 강화학습 이론을 가르쳐 줄 수 있는 자료를 만드는 것도 더더욱 아닙니다. 대신 제 목표는 이론과 실제 간의 틈을 메우는 것입니다. 금방 알게 되겠지만 이 책은 수학 공식을 외면하지 않습니다. 수학 공식은 연구 영역을 깊숙이 이해하는 데 필수적인 요소입니다. 그리고 여러분들의 목표가 심층 강화학습을 실용적으로 사용하는 것이라도 고품질 솔루션을 만들기 위해서는, 여전히 이론적인 배경도 필요합니다. 하지만 강화학습에 관심 있는 모든 사람들이 수학을 좋아하는 건 아니므로 공식에만 의존하지 않겠습니다. 사람에 따라 코드와 자세한 예제에 익숙함을 느끼는 경우도 있기 때문에 이 책은 그런 부분을 실용적으로 구현했습니다.

이 책을 집필하는 3년 동안 이 틈을 메우기 위해서 노력을 다했습니다. 이론에 대한 직관적인 설명을 내던져 버리지 않았고, 코드 예제 또한 빼놓지 않았습니다. 이 책에는 둘 다 포함했고, 매우 자세히 설명했습니다. 책이나 강의를 이해하는 데 어려움을 느꼈던 사람들도 세계 최고의 연구자들이 사용하는 용어를 이해할 수 있을 겁니다. 왜 많은 용어들 중에서 특정 용어를 사용했는지도 이해할 수 있습니다. 용어의 뜻을 알고 수학 공식을 잘 이해하지만, 코드를 보는 데 어려움을 겪는 사람들도 강화학습의 실용적인 측면을 쉽게 이해할 겁니다.

마지막으로, 제 작업이 여러분을 즐겁게 했으면 좋겠고, 더 중요한 것은 이 책을 통해서 여러분들이 가진, 이론과 실제 사이의 틈을 메웠으면 좋겠습니다. 여러분이 심층 강화학습을 깊게 이해해서 제가 사랑해 마지않는 이 환상적인 업계에 다시 보답했으면 좋겠습니다. 이 책이 상대적으로 최신의 기술 혁신을 설명하지 않았다면 여러분은 이 책을 읽지 않았을 겁니다. 이 책을 읽고 난 후에는 일어날 일들은 당신에게 달렸습니다. 그러니 한번 읽어보고 세상을 변화시킵시다.

미겔 모랄레스

이 책에 대하여

이 책은 심층 강화학습^{Deep Reinforcement Learning}(DRL)에서의 이론과 실제 적용 사이의 틈을 메워 줄 겁니다. 이 책의 대상 독자는 머신러닝^{Machine Learning}(ML) 기법에 익숙하고 강화학습을 배우고 싶어하는 사람입니다. 이 책은 우선 심층 강화학습의 기초부터 살펴봅니다. 그 후 알고리즘과 심층 강화학습의 기법을 자세하게 다룹니다. 마지막으로 세상을 변화시킬 잠재력을 가진 최신 기술의 동향도 제공합니다.

대상 독자

인공지능이란 연구 영역에 익숙하고 파이썬 코드를 볼 줄 알아야 합니다. 여기저기 있는 수학과 수많은 직관적인 설명을 이해하며 재미있고 자세한 예제를 바탕으로 학습하고 싶은 사람이라면 이 책을 재미있게 볼 수 있습니다. 하지만 학습에 대한 흥미만 있다면 파이썬 코드를 읽을 수 있는 사람 역시 많은 것을 얻어갈 수 있습니다. 비록 기본적인 딥러닝 지식이 요구되긴 하지만, 이 책은 신경망과 역전파 방식과 이와 관련된 기법들에 대해서도 간단하게 복습합니다. 결론적으로 이 책 한 권으로 원하는 지식을 얻어갈 수 있으며 인공지능 에이전트를 가지고 놀기를 원하는 사람이나 심층 강화학습을 깊게 이해하려는 사람에게 좋습니다.

이 책의 구성

이 책은 13개의 장으로 구성되어 있고, 크게 2부로 나눌 수 있습니다.

1부에서는 심층 강화학습 이해에 필요한 기초 강화학습에 대해서 다룹니다.

- 1장에서는 심층 강화학습의 영역을 소개하고, 이 책에서의 기대치를 설정합니다.
- 2장에서는 강화학습 에이전트가 이해할 수 있는 문제를 설계하기 위한 프레임워크를 소개합니다.
- 3장에는 에이전트가 환경의 다이나믹스를 알고 있을 때 강화학습 문제를 푸는 알고리즘들을 자세하게 다룹니다.
- 4장은 에이전트가 환경의 다이나믹스를 알지 못하는 상황에서 간단한 강화학습 문제를 푸는 알고리즘에 대해 설명합니다.

- 5장은 최신 강화학습을 이해하는데 필요한 기초인 예측 문제를 해결하기 위한 방법들을 소개합니다.

2부에서는 앞서 배운 내용을 바탕으로 심층 강화학습의 기본적인 알고리즘과 복잡한 문제를 해결하기 위한 조금 더 발전된 형태의 알고리즘에 대해서 다루게 됩니다.

- 6장은 제어 문제를 해결하기 위한 방법을 소개할 것인데, 이 방법은 시행착오trial-and-error로부터 학습하여 정책을 최적화시키는 방법입니다.
- 7장에서는 조금 더 발전된 강화학습 방법을 가르칠 것인데, 샘플링 효율성을 좋게 하기 위해서 계획을 사용한 방법들을 소개할 것입니다.
- 8장에서는 신경망을 사용하여 함수를 근사화하는 강화학습 알고리즘을 구현해보면서 강화학습에서의 함수 근사화를 사용하는 법을 소개할 것입니다.
- 9장에서는 강화학습 문제를 푸는데 있어, 함수 근사화를 사용하는 조금 더 발전된 기법들을 자세하게 다루겠습니다.
- 10장은 앞에서 소개했던 방법들을 개선할 수 있는 몇 가지 기법들을 가르치고자 합니다.
- 11장에서는 여러 개의 심층 강화학습 알고리즘 벤치마크에서 가장 좋은 성능을 보여주는 것으로 증명된 강화학습에 딥러닝 모델을 사용한 조금 다른 기법들을 보여드립니다.
- 12장은 심층 강화학습의 기법과 최신 알고리즘들 그리고 실제 문제를 해결하는데 자주 사용되는 기법들을 자세하게 다루겠습니다.
- 13장은 범용 인공지능artificial general intelligence를 위한 최적의 경로를 제안하는 최신 강화학습 연구 영역 동향을 소개하겠습니다.

예제 코드

이 책에 포함된 예제에 대한 코드는 매닝 사의 웹사이트(`https://www.manning.com/books/grokking-deep-reinforcement-learning`)와 역자의 노트북 페이지(`https://goodboychan.github.io/book`)를 통해서 다운로드 받을 수 있습니다(부록A 참조).

본문 내의 소스코드는 구분을 위해서 고정폭으로 표현되어 있습니다. 본문에는 기존 소스코드에 수정을 가해 첨부했습니다. 빈 줄을 추가하기도 하고, 변수의 이름을 바꾸기도 하였으며 책에서 활용할 수 있는 페이지의 여백을 맞추기 위해 들여쓰기를 수정한 부분도 있습니다. 또한 코드가 너무 긴 경우, 다음 줄로 이어진다는 것을 표시하기 위해서 파이썬에서 사용하는 라인 연결자 백슬래시(\)를 사용했습니다.

추가로 기존 소스코드에서의 주석은 본문에서 제거하였으며 코드에 대한 설명은 별도로 설명하고 있습니다.

감사의 글

우선 첫 컴퓨터 과학 온라인 석사 과정Online Master of Science in Computer Science (OMSCS)을 개설해 전 세계 모든 사람들이 고품질의 대학원 교육을 받을 수 있게 도와준 조지아 공과대학교 구성원들에게 감사드립니다. 그들이 없었다면, 저도 이 책을 쓸 수 없었을 것입니다.

그리고 훌륭한 강화학습 수업을 해주신 찰스 이스벨Charles Isbell 학장님과 마이클 리트먼Michael Littman 교수님께 감사 인사를 드립니다. 특히 강화학습을 가르치고 성장할 수 있도록 역량을 제공해주신 이스벨 학장님께 감사 드립니다. 또한 제가 강화학습을 가르치는 방법(문제를 세 가지 피드백으로 나눠서 설명하는 방식)은 리트먼 교수님께 배웠습니다. 그들에게 교육을 받을 수 있어 기뻤습니다.

또한 조지아텍 CS7642 수업에서 같이 학생들을 어떻게 가르칠지 고민하고 함께 시간을 보내준 조교들에게도 고맙다고 하고 싶습니다. 특히 팀 바일Tim Bail, 푸슈카르 콜Pushkar Kolhe, 크리스 세라노Chris Serrano, 파루크 라흐만Farrukh Rahman, 바헤 하고피안Vahe Hagopian, 퀸 리Quinn Lee, 타카 하세가와Taka Hasegawa, 티안항 주Tianhang Zhu 그리고 돈 제이콥Don Jacob에게 감사합니다. 여러분은 정말 훌륭한 팀원들이었습니다. 또한 이 수업과 관련하여, 이전에 기여했던 사람들도 고맙다고 말하고 싶습니다. 저는 이분들과 교감을 많이 나눴습니다. 알렉 후어스테인Alec Feuerstein, 발키리 펠소Valkyrie Felso, 에드리언 에코펫Adrien Ecoffet, 카우식 수브라마니안Kaushik Subramanian 그리고 애슐리 에드워즈Ashley Edwards에게 감사를 표합니다. 마지막으로 질문을 통해 강화학습을 배우려는 사람들이 가진 지식의 틈을 깨닫게 해준 학생들에게도 감사합니다. 여러분을 생각하면서 책을 작성했습니다. 특히 이 책을 쓸 수 있도록 매닝 출판사에 저를 추천해준 익명의 학생에게 특히 감사합니다. 저는 아직도 당신이 누군지 모르겠지만, 당신은 알고 있겠지요. 감사합니다.

제가 책을 쓰는 동안 피드백과 교감을 나눠준 록히드 마틴의 동료들인 크리스 아스테드Chris Aasted, 줄리아 퀵Julia Kwok, 테일러 로페즈Taylor lopez 그리고 존 하돈John Haddon에게 고맙다고 전하고 싶습니다. 특히 존은 제 초안을 처음 검토해주었고, 그의 피드백은 제 집필 능력을 한 단계 더 높일 수 있게끔 도와주었습니다.

이 책을 펴낼 수 있게 기반을 마련해준 매닝 출판사에도 감사합니다. 브라이언 소여Brian Sawyer는 이 책을 쓸 수 있게 문을 열어줬습니다. 버트 베이츠Bert Bates는 방향을 빠르게 잡아 저로 하여금 교육에만 집중할 수 있도록 해줬습니다. 캔디스 웨스트Candace West는 제가 무에서 유를 만들도록 도와줬습니다. 수산나 클라인Susanna Kline은 삶이 바빠질 때도 페이스를 유지하게 도와주었습니다. 제니퍼 스타우트Jennifer Stout는 제가 일을 마무리할 수 있도록 응원해주었습니다. 레베카 레인하트Rebecca Rinehart는 불을 지펴줬고, 알 크린커Al Krinker는 저에게 적절한 피드백과 외부의 잡음으로부터 분리되는 것을 도와주었습니다. 맛코 흐바틴Matko Hrvatin은 이 책이 MEAP로 출간될 수 있도록 해주고, 제가 계속 글을 쓰게끔 압박도 주었습니다. 캔디스 길훌리Candace Gillhoolley는 책이 나오게 도와줬고, 스테판 유리코비치Stjepan Jurekovic는 저를 나오게 해줬습니다. 이반 마티노빅Ivan Martinovic은 문맥을 개선해서 좋은 피드백이 나올 수 있게 해줬고, 로리 웨이덜트Lori Weidert는 원고가 책으로 나올 수 있도록 두 번이나 다듬어주었습니다. 제니퍼 홀Jennifer Houle은 디자인이 변경되는 것을 원활하게 해줬고, 케이티 페티토Katie Petito는 참을성 있게 상세 내용 작업을 해줬습니다. 케이티 테넌트Katie Tennant는 세심하게 마지막 검토 작업을 해줬습니다. 그리고, 제가 놓친 사람들 그리고 책이 진짜 나오기까지 뒤에서 일해준 사람들이 있습니다. 더 많습니다. 저도 알고 있습니다. 모두 열심히 해줘서 고맙습니다.

모든 리뷰어들 모두 고맙습니다. 여러분의 제안으로 이 책은 더 좋아졌습니다.

유다시티Udacity에서 제 열정을 학생들과 공유할 수 있게 해주고, 심층 강화학습 분야에서 액터-크리틱 강의를 녹화할 수 있게 해준 동료들에게도 감사인사를 전합니다. 특히 알렉시스 쿡Alexis Cook 과 맷 리어나드Mat Leonard 그리고 루이스 세라노Luis Serrano에게 감사합니다.

제가 문맥을 명확하게 만들고 이해도를 향상시키도록 도와준 강화학습 구성원들에게도 감사합니다. 특히 좋은 강의를 해준 데이비드 실버David Silver, 세르게이 레빈Sergey Levin, 하도 반 하젤트Hado van Hasselt, 파스칼 포파트Pascal Poupart, 존 슐만John Schulman, 피에트르 아벨Pieter Abbel, 첼시 핀Chelsea Finn, 블라드 므니흐Vlad Mnih에게 감사를 표합니다. 책을 통해 강화학습의 원론을 제공해준 리처드 서튼Rich Sutton에게 감사합니다. 그리고 제임스 맥글라샨James MacGlashan과 조슈아 아킴Joshua Achiam으로부터는 제가 모르는 질문에 대해서 어디서 답변을 받을 수 있는지 가이드와 코드, 온라인 자료들을 제공받았습니다. 데이비드 하^{David Ha}는 저에게 다음 방향을 어디로 잡아야 할지 직관을 주었습니다.

특히 책에 있는 모든 그림들을 만들어주었고, 제가 진행하는 거의 모든 프로젝트에 도움을 주는 실비아 모라^{Silvia Mora}에게 감사합니다.

마지막으로 이 프로젝트를 진행하는 동안 제 기반이 되어준 가족들에게 감사합니다. 저는 책을 쓰는 것이 어려운 줄은 알고 있었지만, 이번에 그 사실을 배웠습니다. 하지만 주말동안 매 두 시간쯤마다 갖는 15분의 휴식시간을 기다려준 저의 아내와 아이들에게 감사합니다. 솔로^{Solo}, 책을 쓰는 동안 내 삶의 한가운데를 밝혀줘서 고맙다. 로지^{Rosie}, 내게 사랑과 행복을 나눠주어 고맙다. 내 완벽한 아내 다넬^{Danelle}, 존재 그 자체에, 내게 해준 모든 일에 감사합니다. 모두들 삶이라는 재미있는 게임의 완벽한 동료가 되어주었습니다. 살면서 그대들을 만나 정말 다행입니다.

CONTENTS

CHAPTER **1 심층 강화학습의 기초**

CHAPTER 2 강화학습의 수학적 기초

CONTENTS

CHAPTER 5 에이전트의 행동 평가

CHAPTER 6 에이전트의 행동 개선

CONTENTS

CHAPTER 7 조금 더 효율적인 방법으로 목표에 도달하기

CHAPTER 8 가치 기반 심층 강화학습 개요

CHAPTER 9 조금 더 안정적인 가치 기반 학습 방법들

CONTENTS

CHAPTER **12 발전된 액터–크리틱 학습법**

CONTENTS

CHAPTER **13 범용 인공지능을 향한 길**

심층 강화학습의 기초

"저는 인간이 로봇에게 애완견 같은 존재가 될 시점을 가늠해보곤 합니다. 전 기계를 응원합니다."

— 클로드 섀넌Claude Shannon

정보화 시대의 아버지이자 인공지능 영역의 기여자

인간은 본능적으로 행복을 추구합니다. 식사 메뉴를 고르는 것부터 경력을 키워나가는 것까지, 우리가 선택하는 모든 행동이 삶에서 경험한 보상을 따라 만들어집니다. 자기만족을 위한 선택이나 더 대의를 위한 선택이든, 그 결과 얻을 수 있는 보상이 즉각적인 것이든 장기적인 것이든 모든 선택은 각자 무엇을 더 중요하게 생각하고 가치 있게 여기는지 판단하는 주관에 달려있습니다. 어떻게 보면 이런 선택의 순간이 우리가 존재하는 이유가 될 수도 있습니다.

귀중한 순간으로부터 무언가를 얻는 능력은 지능과 연관된 것처럼 보입니다. 여기서 '지능intelligence'이란 지식이나 기술을 얻거나 적용할 수 있는 능력이라고 정의할 수 있습니다. 사회에서 지성인이라고 인정받는 사람들은 장기적인 목표뿐만 아니라 불확실하더라도 더 나을 미래를 위해 순간적인 만족을 교환할 수 있는 능력을 갖추고 있습니다. 실현하는데 오랜 시간이 걸리며, 이루기조차 힘든 불확실한 장기적인 가치를 가지는 목표를 추구하는 사이, 겪게 될 어려움을 버틸 수 있는 사람들이 리더이며, 사회의 지성체입니다.

이 책에서는 심층 강화학습이라고 알려진, 지능을 요구하는 목표를 달성할 수 있도록 컴퓨터 프로그램을 만드는 방법에 대해서 배우게 될 것입니다. 이 장에서는 심층 강화학습에 대해서 소개하고, 책에서 원하는 것을 얻기 위한 제안을 해보고자 합니다.

- 심층 강화학습이 무엇인지에 대해서 배우고, 다른 머신러닝 방식과 어떤 차이가 있는지 학습합니다.
- 심층 강화학습의 현재 진척 상황에 대한 것과 다양한 문제 해결을 위해서 어떤 방식을 취할 수 있는지 배웁니다.
- 이 책으로부터 어떤 것을 기대하고, 어떻게 얻을 수 있는지 알아봅니다.

1.1 심층 강화학습이란 무엇인가?

심층 강화학습deep reinforcement learning(DRL)은 머신러닝 기법 중 하나로, 지능이 요구되는 문제를 해결할 수 있도록 인공지능artificial intelligence(AI) 컴퓨터 프로그램을 개발하는데 사용합니다. 심층 강화학습의 독특한 특징은 시행착오를 통해 얻은 반응을 학습한다는 것인데, 보통 그 반응은 순차적이면서 동시에 평가 가능하며, 강력한 비선형 함수 근사non-linear function approximation를 통해 샘플링해서 얻게 됩니다.

독자들을 위해서 정의를 조금 풀어서 쓰고 싶습니다. 그렇다고 너무 자세히 다루지는 않겠습니다. 그 이유는 이 책을 통해서 독자들에게 심층 강화학습을 깊이 이해시킬 계획이기 때문입니다. 이어서 나올 내용은 이 책에서 배우는 주제에 대한 기초를 다루게 됩니다. 내용이 반복되기 때문에 장을 넘어가면서 자세하게 설명하겠습니다.

이 책을 마치고 난 후에는 심층 강화학습의 정의에 대해서 자세히 이해할 수 있을 겁니다. 제가 사용하는 단어를 어떻게 사용하게 되었는지, 왜 더는 쓰지 않게 되었는지 알 수 있습니다. 우선 이 장에서는 가만히 살펴봅시다.

1.1.1 심층 강화학습: 인공지능에 대한 머신러닝 접근법

인공지능은 지능을 보여줄 수 있는 컴퓨터 프로그램의 생성과 연관된 컴퓨터 과학 주제입니다. 전통적으로 추론이나 탐색, 계획, 학습과 같이 인지 능력을 보여줄 수 있는 소프트웨어들을 인공지능의 한 부분이라고 여겨왔습니다. 인공지능이 만든 기능이 반영된 소프트웨어의 예시를 몇 가지 들자면 다음과 같습니다.

- 검색 엔진으로부터 반환된 여러 웹사이트
- GPS 앱에서 생성된 경로
- 음성 인식과 스마트 보조 소프트웨어의 합성 음성
- 상업 사이트에서 추천된 상품들
- 드론에 탑재된 추적 기능

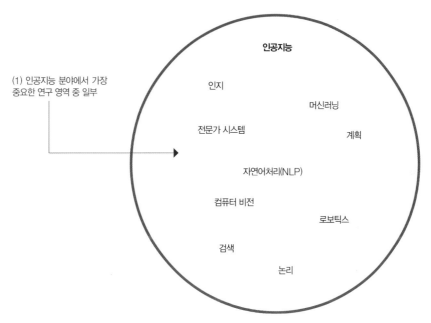

(1) 인공지능 분야에서 가장 중요한 연구 영역 중 일부

그림 1-1 인공지능의 세부분야

지능을 보여줄 수 있는 모든 컴퓨터 프로그램들을 인공지능으로 간주하긴 하지만, 그렇다고 인공지능의 모든 예시들이 학습을 할 수 있는 것은 아닙니다. **머신러닝**은 얻은 데이터로부터 학습을 통해 지능이 요구되는 문제를 해결할 수 있는 컴퓨터 프로그램과 관련된 인공지능 영역을 나타냅니다. 보통 머신러닝에는 3가지 큰 맥락이 있습니다. 지도학습supervised learning(SL), 비지도학습unsupervised learning(UL) 그리고 강화학습reinforcement learning(RL)입니다.

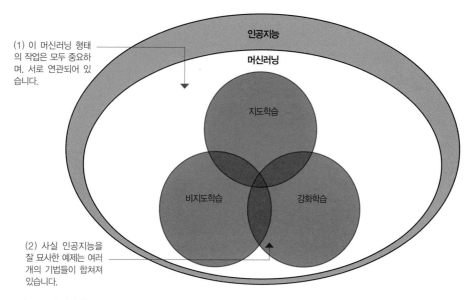

(1) 이 머신러닝 형태의 작업은 모두 중요하며, 서로 연관되어 있습니다.

(2) 사실 인공지능을 잘 묘사한 예제는 여러 개의 기법들이 합쳐져 있습니다.

그림 1-2 머신러닝의 주요 분류

지도학습은 라벨이 있는 데이터로부터 학습합니다. 지도학습에서는 인간이 어떤 데이터를 수집하고, 그 데이터에 대한 라벨을 어떻게 설정할 것인지를 결정합니다. 지도학습의 목표는 일반화입니다. 지도 학습의 일반적인 예시로 필기체 숫자 인식을 들 수 있습니다. 이때 사람은 필기체로 작성된 숫자 이미지를 모아 각 이미지에 대한 라벨을 만들고 이미지에 적힌 숫자를 정확하게 인식해 분류할 수 있도록 모델을 학습시킵니다. 이 학습된 모델은 새로운 이미지에 대해서도 필기체 숫자를 일반화하고 정확하게 분류할 수 있습니다.

비지도학습은 라벨이 없는 데이터로부터 학습합니다. 데이터 라벨을 지정하는 작업이 없지만, 여전히 컴퓨터가 데이터를 모으는데 사용하는 방식은 인간이 구현해야 합니다. 비지도 학습의 목표는 압축하는 것입니다. 비지도 학습의 일반적인 예시는 고객 분류입니다. 이때 사람은 고객 각각의 데이터를 수집하고, 고객들이 특정 군집으로 묶일 수 있도록 모델을 학습시킵니다. 각각의 군집은 고객들 간의 관계가 내재된 정보를 압축하게 됩니다.

강화학습은 시행착오를 통해서 학습합니다. 이런 종류의 학습에서는 사람이 데이터에 대한 라벨링이 필요 없고, 데이터를 수집하거나 이와 관련된 작업을 할 필요가 없습니다. 강화학습의 목표는 행동하기입니다. 강화학습의 일반적인 예시로는 〈퐁Pong〉 게임 에이전트를 들 수 있습니다. 에이전트는 반복적으로 〈퐁〉 에뮬레이터와 상호작용하며, 행동을 취하고, 이에 대한 효과를 관찰하며 학습합니다. 이때 학습된 에이전트는 〈퐁〉 게임을 성공적으로 진행할 수 있는 방향으로 행동을 취하게 됩니다.

최근에 머신러닝 분야의 강력한 접근 방식은 **딥러닝**deep learning이라고 불리는데, 이는 보통 신경망이라고 표현되는 여러 층으로 구성된 비선형 함수 근사법을 사용합니다. 딥러닝은 머신러닝의 별개 분야로 분류하지 않기 때문에, 앞에서 설명했던 방식들과 크게 다르지 않습니다. 딥러닝은 지도학습이나 비지도학습 그리고 강화학습을 가리지 않고 머신러닝 문제를 해결하는데 신경망을 사용하는 기술과 방법론의 집합이라고 할 수 있습니다. 심층 강화학습은 단순하게 강화학습 문제를 푸는데 딥러닝을 사용한 것을 말합니다.

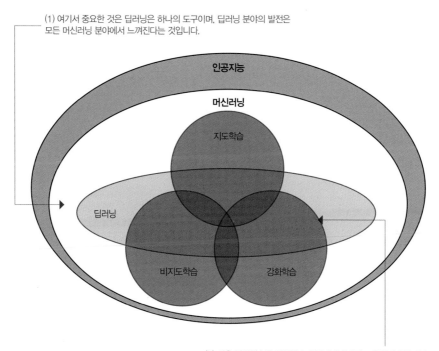

(1) 여기서 중요한 것은 딥러닝은 하나의 도구이며, 딥러닝 분야의 발전은 모든 머신러닝 분야에서 느껴진다는 것입니다.

(2) 심층 강화학습은 강화학습과 딥러닝 사이의 교차점에 있습니다.

그림 1-3 딥러닝은 강력한 도구입니다.

여기서 내릴 수 있는 결론은 심층 강화학습이 문제에 대한 접근법이란 것입니다. 인공지능 분야는 지능적인 기계를 만든다는 문제를 정의합니다. 이런 문제를 해결하기 위한 방법 중 하나가 바로 심층 강화학습입니다. 이 책을 통해서, 강화학습과 다른 머신러닝 접근 방법의 차이를 알게 될 것입니다. 하지만 이번 장에서는 인공지능의 정의와 역사적 관점에 대해 전체적으로 살펴보겠습니다. 중요한 점은 강화학습에 심층 강화학습 또한 포함된다는 점인데, 특별한 경우에는 구분하겠지만, 보통 강화학습에 대한 언급에 심층 강화학습도 포함되어 있다는 점을 기억해주시기 바랍니다.

1.1.2 컴퓨터 프로그램을 만드는 심층 강화학습

핵심을 놓고 봤을 때, 심층 강화학습은 불확실에 놓여있는 복잡하고 연속적인 의사 결정이 필요한 문제를 다룹니다. 하지만, 다양한 분야에서 관심을 갖고 있는 주제이기도 합니다. 예를 들어, **제어 이론**control theory(CT)은 복잡하지만 알려진 시스템 내부를 제어하는 방법에 대해서 연구합니다. 제어 이론은 제어하려는 시스템 내부에 대해 미리 알고 있다고 가정합니다. 또 다른 예인 **동작 연구**operations research(OR)도 불확실성에 놓인 의사 결정에 대해 연구하지만, 여기서의 문제는 심층 강화학습에서 흔하게 볼 수 있는 문제보다 더 큰 행동 영역을 가집니다. **심리학** 또한 인간 행동에 대해서 연구하는데, 이것도 어떻게 보면 '불확실성에 놓인, 복잡하면서 연속적인 의사 결정을 내려야 하는' 문제와 같습니다.

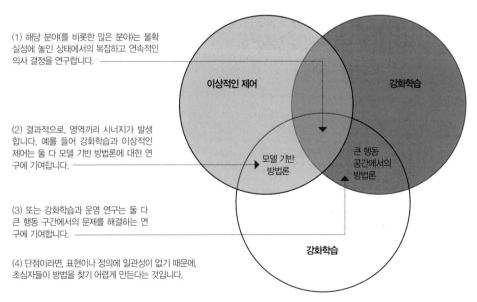

(1) 해당 분야(를 비롯한 많은 분야)는 불확실성에 놓인 상태에서의 복잡하고 연속적인 의사 결정을 연구합니다.

(2) 결과적으로, 영역끼리 시너지가 발생합니다. 예를 들어 강화학습과 이상적인 제어는 둘 다 모델 기반 방법론에 대한 연구에 기여합니다.

(3) 또는 강화학습과 운영 연구는 둘 다 큰 행동 구간에서의 문제를 해결하는 연구에 기여합니다.

(4) 단점이라면, 표현이나 정의에 일관성이 없기 때문에, 초심자들이 방법을 찾기 어렵게 만든다는 것입니다.

이상적인 제어

강화학습

모델 기반 방법론

큰 행동 공간에서의 방법론

강화학습

그림 1-4 비슷한 분야가 일으키는 시너지

정리하자면, 여러분은 외부의 다양한 분야에서 영향을 받는 분야로 들어왔습니다. 이런 사실이 좋을지는 몰라도, 이는 용어나 정의에도 불확실성을 야기하게 됩니다. 저는 이 문제를 컴퓨터 과학 분야로 접근합니다. 이 책에서도 불확실성상에 놓여진 복잡한 의사결정 문제를 해결하는 컴퓨터 프로그램을 만드는 방법을 소개하게 됩니다. 그리고 여러 예제들도 살펴볼 수 있게 됩니다.

심층 강화학습에서는, 이와 같은 컴퓨터 프로그램을 **에이전트**agent라고 부릅니다. 에이전트는 의사를 결정하는 객체 자체입니다. 예를 들어 사물을 집는 로봇을 학습시켰을 때, 로봇의 팔은 에이전트에 속하지 않습니다. 의사 결정을 좌우하는 코드만이 에이전트와 연관됩니다.

1.1.3 지능이 요구되는 문제를 해결하는 심층 강화학습 에이전트

에이전트에 반대되는 개념은 **환경**environment입니다. 환경은 에이전트 이외의 모든 것들을 말합니다. 다시 말해서 에이전트가 제어할 수 없는 모든 것들을 의미합니다. 앞에서 언급했던 예제를 빌려, 어떤 사물을 집는 로봇을 학습시키고 있다고 가정해봅시다. 여기서 사물이 놓여져 있는 쟁반, 주변에 부는 바람처럼 의사 결정하는 객체(로봇)를 제외한 모든 것들이 환경의 일부가 됩니다. 이 말은 로봇의 팔도 환경의 일부라고 말할 수 있는데, 왜냐하면 로봇 팔은 에이전트의 일부가 아니기 때문입니다. 비록 에이전트가 팔을 움직이도록 결정하지만, 실제 팔의 움직임은 잡음이 더해진 상태이기 때문에 팔도 환경의 일부라고 볼 수 있습니다.

이렇게 에이전트와 환경 사이의 엄격한 경계는 처음에는 비직관적으로 보일 수 있겠지만, 의사를 결정하는 객체인 에이전트는 딱 하나의 규칙, 바로 의사를 결정하는 것만 가지고 있습니다. 이 결정 이후에 나오는 모든 것들이 모두 환경 속에 포함됩니다.

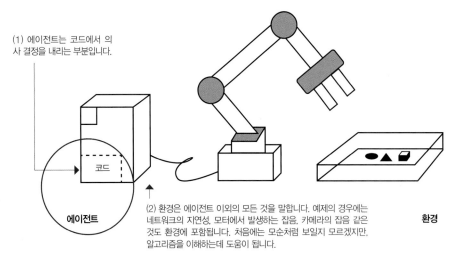

(1) 에이전트는 코드에서 의사 결정을 내리는 부분입니다.

코드

에이전트

(2) 환경은 에이전트 이외의 모든 것을 말합니다. 예제의 경우에는 네트워크의 지연성, 모터에서 발생하는 잡음, 카메라의 잡음 같은 것도 환경에 포함됩니다. 처음에는 모순처럼 보일지 모르겠지만, 알고리즘을 이해하는데 도움이 됩니다.

환경

그림 1-5 에이전트와 환경을 나누는 경계

2장에서는 심층 강화학습의 모든 요소들에 대해서 자세하게 다룰 것입니다. 여기서는 2장에서 배우게 될 것들을 미리 살펴보고자 합니다.

환경은 문제와 연관된 변수들의 집합으로 표현할 수 있습니다. 예를 들어 로봇 팔 예제에서도, 팔의 위치와 속도는 환경을 구성하는 변수의 일부가 될 수 있습니다. 이런 변수들의 집합과 위치, 속도 같은 변수가 가질 수 있는 모든 값이 **상태 영역**state space으로 표현됩니다. 상태란 상태 영역을 순간적으로 표현한 것이며, 이 또한 변수가 가질 수 있는 모든 값들의 집합입니다.

흥미롭게도, 종종, 에이전트는 실제 환경에 놓여진 모든 상태에 대해서 접근할 수 없습니다. 에이전트가 관찰할 수 있는 상태의 일부를 **관찰**observation이라고 부릅니다. 관찰은 상태 중에서도 에이전트가 볼 수 있는 것에만 따라 결정됩니다. 예를 들어 로봇 팔 예제를 보면, 에이전트는 단지 카메라로 얻은 이미지에 대해서만 접근할 수 있습니다. 각 구성 요소들의 정확한 위치가 정의되어 있음에도 에이전트들은 각 요소들의 상태에 대해서 알 수 없습니다. 대신, 에이전트가 인지한 관찰은 상태에서 도출됩니다. 아마 이 책을 포함한 많은 자료에서, 관찰과 상태란 용어가 동일하게 쓰여있는 것을 자주 보게 될 것입니다. 이렇게 개념이 동일하지 않은 것에 대해 미리 사과드립니다. 단순히 차이에 대해서 인지하고, 문제가 발생할 만한 단어만 조심하면 됩니다.

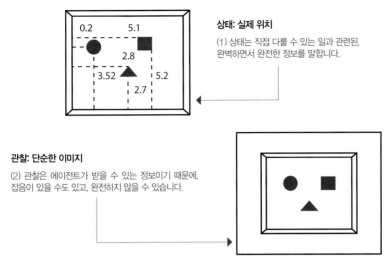

상태: 실제 위치

(1) 상태는 직접 다룰 수 있는 일과 관련된, 완벽하면서 완전한 정보를 말합니다.

관찰: 단순한 이미지

(2) 관찰은 에이전트가 받을 수 있는 정보이기 때문에, 잡음이 있을 수도 있고, 완전하지 않을 수 있습니다.

그림 1-6 상태와 관찰

각 상태에서, 환경은 에이전트가 취할 수 있는 가능한 행동들을 만듭니다. 그럼 에이전트는 이런 행동들을 통해서 환경에 영향을 끼치게 됩니다. 이렇게 에이전트와 환경 사이의 관계를 정의한 함수를 **전이 함수**^{transition function}라고 부릅니다. 여기서 환경은 행동에 대한 반응으로 보상 신호를 제공할 수 있습니다. 이런 보상 신호와 관련된 함수를 **보상 함수**^{reward function}라고 부릅니다. 여기에 소개된 전이 함수와 보상 함수를 환경의 **모델**^{model}이라고 표현할 수 있습니다.

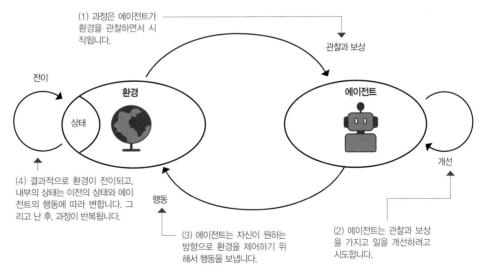

(1) 과정은 에이전트가 환경을 관찰하면서 시작됩니다.

관찰과 보상

전이

환경

상태

에이전트

개선

(4) 결과적으로 환경이 전이되고, 내부의 상태는 이전의 상태와 에이전트의 행동에 따라 변합니다. 그리고 난 후, 과정이 반복됩니다.

행동

(3) 에이전트는 자신이 원하는 방향으로 환경을 제어하기 위해서 행동을 보냅니다.

(2) 에이전트는 관찰과 보상을 가지고 일을 개선하려고 시도합니다.

그림 1-7 강화학습의 과정

보통 환경은 잘 정의된 동작을 가지고 있습니다. 이 동작의 목표는 보상 함수를 통해서 정의됩니다. 보상 함수의 신호도 앞에서 소개한 것처럼 순차적이면서, 평가 가능하고 동시에 샘플링될 수 있습니다. 이런 목표를 달성하기 위해서, 에이전트는 에이전트가 가지고 있는 지능을 시연하거나, 적어도 오랜 생각이나 정보 수집, 아니면 일반화같은 지능과 관련있는 인지 활동을 시도해볼 필요가 있습니다.

에이전트는 3단계 과정을 거칩니다. 우선 에이전트는 환경과 상호작용을 나누고, 행동에 대해서 평가를 하며, 받은 반응을 개선시킵니다. 여기서 에이전트는 **정책**이라고 하는, 관찰과 행동 사이의 관계를 표현한 것을 학습하도록 설계할 수 있습니다. 또는 **모델**이라고 불리는, 환경에 내재된 관계들을 학습하도록 설계할 수 있습니다. 아니면, **가치 함수**^{value function}이라고 불리는, 보상과 행동 사이의 관계를 평가한 함수를 학습하도록 할 수 있습니다.

1.1.4 시행착오를 통한 학습으로 행동을 개선할 수 있는 심층 강화학습 에이전트

에이전트와 환경 사이의 상호 반응은 몇 단계 동안 수행됩니다. 이때 각 단계를 **타임 스텝**^{time step}이라고 부릅니다. 매 스텝마다 에이전트는 환경을 관찰하고, 행동을 취하며, 새로운 관찰과 보상을 얻게 됩니다. 여기서 얻을 수 있는 상태와 행동, 보상 그리고 새로운 상태를 **경험**이라고 부릅니다. 모든 경험은 학습이나 성능을 개선할 여지를 부여합니다.

에이전트가 문제를 해결하고자 하는 업무는 자연적으로 끝날 수도, 그렇지 않을 수도 있습니다. 게임과 같이, 자연적으로 끝나는 업무를 **에피소드형 업무**^{episodic task}라고 부릅니다. 반대로 그렇지 않은 작업을 **연속형 업무**^{continuing task}라고 하는데, 예를 들어 앞으로 가는 동작을 학습하는 경우가 그렇습니다. 에피소드형 작업에서 처음부터 끝까지의 연속적인 스텝들을 **에피소드**^{episode}라고 합니다. 보통 에이전트가 문제를 해결하는 방법을 학습할 때, 여러 스텝과 에피소드를 소요합니다. 에이전트는 시행착오를 통해서 학습합니다. 즉, 무언가를 시도해보고, 관찰하며, 학습하고, 또 다른 새로운 것을 시도하며 반복한다는 의미합니다.

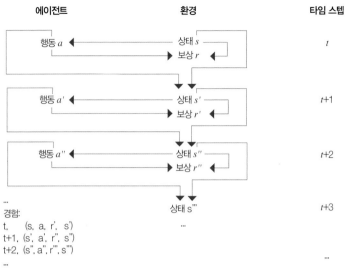

에이전트   환경   타임 스텝

경험:
t,   (s, a, r', s')
t+1, (s', a', r'', s'')
t+2, (s'', a'', r''', s''')
...

그림 1-8 경험 튜플

이런 동작들에 대해서는 4장에서 배우게 될 것인데, 그 장에서는 에피소드의 한 스텝 동안 수행되는 환경의 형태에 대해서 다룹니다. 5장에서는 에피소드 내에서 한 번의 상호 반응보다 더 많은 과정이 필요한 환경에 대해서 다룹니다.

1.1.5 순차적인 피드백으로부터 학습하는 심층 강화학습 에이전트

에이전트가 수행하는 행동은 어쩌면 지연된 속성을 띄고 있을지도 모릅니다. 또한 보상 신호는 매우 드물게 나타나거나 몇 스텝 뒤에 나타날 수도 있습니다. 이 경우, 에이전트는 연속 피드백으로부터 학습할 수 있어야 합니다. 연속적 피드백은 **시간적 가치 할당 문제**temporal credit assignment problem이라고 알려진 문제를 야기합니다. 이 시간적 가치 할당 문제는 주어진 보상에 적합한 상태와 행동을 정의하는 과제를 가지고 있습니다. 문제에 시간적 개념이 들어가 있고, 행동에도 지연된 속성이 담겨 있으면, 보상에 대한 가치를 부여하기가 어려울 수 있습니다.

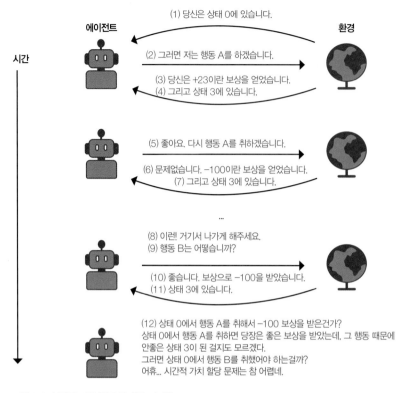

그림 1-9 시간적 가치 할당 문제의 어려움

3장에서는 연속적인 피드백에서의 입력과 출력에 대해서 독립적으로 살펴보고자 합니다. 다시 말해, 앞으로 당신이 만들 프로그램은 연속적이면서, 지도가 가능하며(앞에서 언급한 평가가 가능한 것과 반대되는 개념입니다), 충분하지 않은 피드백(역시 앞에서 언급한 샘플링이 가능한 것과 반대되는 개념입니다)을 통해서 학습할 수 있게 될 것입니다.

1.1.6 평가 가능한 피드백으로부터 학습하는 심층 강화학습 에이전트

에이전트가 받은 보상은 어쩌면 매우 작아서, 한편으로는 어떠한 관점도 제공하지 못할 수 있습니다. 또한 좋거나 옳지 않은 것에 대해서만 표현을 해서, 어딘가에 내재되어 있는 보상에 대한 정보가 담겨 있지 않을 수 있습니다. 이때 에이전트는 **평가 가능한 피드백**evaluative feedback 으로부터 학습할 수 있어야 합니다. 평가 가능한 피드백을 하기 위해서는 탐험exploration이 필요합니다.

여기서 에이전트는 현재 가지고 있는 정보에서 얻을 수 있는 가장 좋은 것과 정보를 새로 얻는 것 간의 균형을 맞출 수 있어야 합니다. 이런 것을 **탐험과 착취 간의 트레이드오프**exploration versus exploitation trade-off 라고 하기도 합니다.

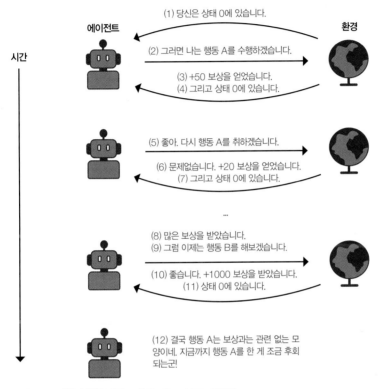

(1) 당신은 상태 0에 있습니다.
에이전트   환경
시간
(2) 그러면 나는 행동 A를 수행하겠습니다.

(3) +50 보상을 얻었습니다.
(4) 그리고 상태 0에 있습니다.

(5) 좋아. 다시 행동 A를 취하겠습니다.

(6) 문제없습니다. +20 보상을 얻었습니다.
(7) 그리고 상태 0에 있습니다.

...

(8) 많은 보상을 받았습니다.
(9) 그럼 이제는 행동 B를 해보겠습니다.

(10) 좋습니다. +1000 보상을 받았습니다.
(11) 상태 0에 있습니다.

(12) 결국 행동 A는 보상과는 관련 없는 모양이네. 지금까지 행동 A를 한 게 조금 후회되는군!

그림 1-10 탐험과 착취 간의 트레이드오프가 주는 어려움

4장에서는 평가 가능한 피드백의 입력과 출력을 독립적으로 놓고 배웁니다. 이를 통해서, 순간적이면서(앞에서 언급한 연속적인 개념과 반대됩니다) 평가 가능하며, 충분하지 않은 피드백으로 학습할 수 있는 프로그램을 만들게 될 것입니다.

1.1.7 샘플링된 피드백으로부터 학습하는 심층 강화학습 에이전트

에이전트가 받은 보상은 그저 샘플 정도이며, 보상 함수에 접근할 수 없습니다. 또한 상태와 행동 공간이 일반적으로는 크기 때문에(무한대에 가까울 수도 있습니다) 매우 조밀하고 약한 피드백으로 학습을 하면 샘플로 학습을 하기 어려워집니다. 그러기에 에이전트는 샘플링된 피드백으로 학습해야 하고, 이를 통해 일반화할 수 있어야 합니다.

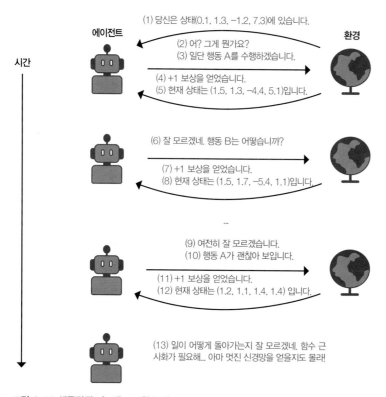

그림 1-11 샘플링된 피드백으로 학습하는 것의 어려움

정책을 근사화하도록 설계된 에이전트를 **정책 기반**policy-based 에이전트라고 하고, 가치 함수를 근사하도록 설계된 에이전트는 **가치 기반**value-based 에이전트라고 부릅니다. 또한 모델을 근사하도록 설계된 에이전트는 **모델 기반**model-based 에이전트라고 하고, 정책과 가치 함수 둘 다 근사화하도록 설계된 에이전트를 **액터-크리틱**actor-critic 에이전트라고 합니다. 혹은 이 이상의 것들을 근사화하도록 설계될 수도 있습니다.

1.1.8 강력한 비선형 함수 근사화 기법을 사용하는 심층 강화학습 에이전트

에이전트는 의사결정 나무decision tree부터 서포트 벡터 머신support vector machine (SVM)에 걸쳐 신경망에 이르기까지, 다양한 머신러닝 기법들을 사용해서 함수를 근사화 할 수 있습니다. 하지만, 이 책에서는 신경망만을 사용합니다. 전체적으로 보면, 심층 강화학습의 심층이란 단어는 신경망을 의미하는 것이기도 합니다. 신경망은 모든 문제에 대한 가장 적합한 답일 필요는 없습니다. 신경망은 데이터가 많이 필요하고, 해석하기가 어려우며, 이러한 부분을 유념해두어야 합니다. 하지만 가용한 함수 근사화 기법 중에서 가장 잠재력이 있고, 성능 또한 가장 좋습니다.

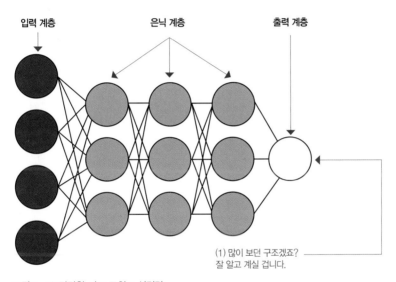

입력 계층 은닉 계층 출력 계층

(1) 많이 보던 구조겠죠?
잘 알고 계실 겁니다.

그림 1-12 간단한 피드 포워드 신경망

인공 신경망artificial neural networks (ANN)이란 동물 뇌 속의 생물학적인 신경망에서 형태를 약간 가져온 여러 계층의 비선형 함수 근사기를 말합니다. 이 인공 신경망은 알고리즘이 아니지만, 여러 계층의 수학 연산으로 구성된 구조를 통해 입력값을 변환합니다.

3장부터 7장까지는 (샘플링된 개념과 반대된) 부족한 피드백으로부터 학습된 에이전트와 관련된 문제를 다루게 될 것입니다. 8장부터는 드디어 완전한 심층 강화학습 문제를 다루게 될 것인데, 이 말은 심층 신경망을 사용해서, 에이전트가 샘플링된 피드백으로 학습할 수 있다는 것을 의미합니다. 기억해야 할 것은 심층 강화학습 에이전트는 순차적이면서 평가 가능하고, 동시에 샘플링된 피드백으로 학습할 수 있습니다.

1.2 심층 강화학습의 과거와 현재 그리고 미래

기술을 얻기 위해 역사를 알아야 하는 건 아니지만, 적어도 역사를 알면 주제와 관련된 문맥을 이해할 수 있습니다. 어쩌면 역사를 돌아보며 피어난 동기가, 결국에는 기술을 얻게 해줄 수도 있습니다. 인공지능과 심층 강화학습의 역사는 이런 강력한 기술들의 미래에 대한 기대치를 세우는데 도움을 줍니다. 지금 이순간, 저는 인공지능을 둘러싼 과한 기대가, 실은 생산적으로 작용한다고 생각합니다. 사람들이 관심을 가졌기 때문입니다. 하지만, 이런 기술을 실제 상황에 적용하는 시점에 과한 기대는 전혀 도움이 되지 않고 문제로 작용합니다. 비록 제가 인공지능에 대한 흥미가 가득하긴 하지만, 때로는 현실적인 기준을 세워야 되기도 합니다.

1.2.1 현재까지의 인공지능과 심층 강화학습의 역사

심층 강화학습의 시작은 수많은 시간 전으로 돌아볼 수 있는데, 이는 사람들이 고댓적부터 우리들보다도 더 지능적인 존재의 가능성에 대해서 흥미를 가져왔기 때문입니다. 하지만 앨런 튜링Alan Turing이 1930년대부터 1940년대, 1950년대까지 걸쳐 이룬 업적을 통해 후대의 과학자들이 활용할 수 있도록 핵심적인 이론 기초들을 세워서 현대 컴퓨터 과학과 인공지능을 위한 길을 닦아 놓은 것을 좋은 시작이라고 볼 수 있습니다.

이런 업적 중 가장 잘 알려진 것이 바로 튜링 테스트Turing Test인데, 기계의 지능을 측정하는 척도로 제안되었습니다. 만약 인간 검사자가 Q&A 시간 동안 상대가 다른 사람인지 기계인지 구분하지 못할 경우, 해당 컴퓨터는 지능이 있는 것으로 간주됩니다. 비록 이런 검사가 초보적일지는 몰라도, 튜링 테스트는 연구자가 추구할 수 있는 목표를 설정하게 해줌으로써 조금 더 똑똑한 기계가 창조될 수 있는 여지를 만들어줬습니다.

학술계에서의 인공지능의 시작에는 존 매카시John McCarthy가 기여했습니다. 그는 이 분야에서 여러 의미 있는 기여를 이뤄낸, 영향력 있는 인공지능 연구자였습니다. 몇 가지 예를 들자면, 그는 1955년에 '인공지능'이라는 용어를 만들어냈고, 1956년에는 최초의 인공지능 학회를 주도했습니다. 그리고 1958년 Lisp 프로그래밍 언어를 개발했고, 1959년에는 MIT에 인공지능 연구소를 설립했습니다. 그리고 수십년에 거쳐 인공지능의 개발에 영향을 미친 중요한 논문들에도 기여했습니다.

1.2.2 인공지능의 겨울

초창기의 인공지능 연구와 활동은 대단한 흥미를 이끌어냈지만, 눈에 띌만한 실패를 겪기도 했습니다. 수년에 걸쳐서 유명한 인공지능 연구자들이 인간과 유사한 기계 지능을 만드는 방법에 대해서 제안했지만, 실제로 이뤄지지 못했습니다. 이런 현상은 제임스 라이트힐James Lighthill이라는 저명한 연구자가 인공지능 연구의 학술적 연구에 대한 비판적인 글을 쓰면서 악화됐습니다. 이런 현상들은 결국 인공지능에 대한 지원과 흥미를 오랜 기간 동안 떨어뜨렸으며, 첫 번째 **인공지능의 겨울**이라고 부르는 침체기로 이어졌습니다.

수년 동안 이런 경향이 지속되었습니다. 연구자들이 성과를 내면, 사람들은 너무나 낙관적으로 평가하고, 과대평가하게 됩니다. 이는 결국 정부와 산업체가 지원을 줄이는 결과로 이어집니다.

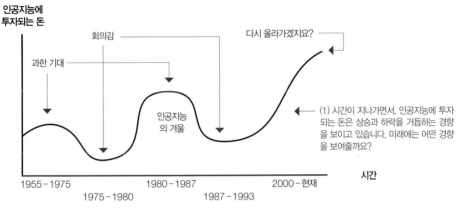

그림 1-13 시대에 따른 인공지능 영역에 투자되는 돈의 경향

1.2.3 인공지능의 현재 상태

현재 우리는 인공지능 역사상 가장 낙관적인 시점에 있기 때문에 더욱더 조심해야 합니다. 실제로 접해본 사람은 인공지능이 강력한 도구라는 것을 이해하지만, 어떤 사람들은 인공지능이 어떤 문제라도 던져주면, 이에 대한 정답을 알려주는 마술 상자라고 생각하기 합니다. 이는 사실과 동떨어져 있습니다. 또 어떤 사람들은 인공지능에 대한 의구심에 대해서 걱정하기도 합니다. 상대적인 내용이기도 하지만, 에츠허르 데이크스트라Edsger W. Dijkstra가 한 명언 중에는 이런

말이 있습니다. "컴퓨터가 생각할 수 있는지에 대한 질문은 잠수함이 수영을 할 수 있는지 묻는 것과 다를 것이 없다."

하지만, 인공지능에 대한 현란한 비전을 잠시 미뤄놓으면, 이 분야가 보여주는 진척 상황에 대해서 흥미를 느낄 수 있을 것입니다. 오늘날, 세상에서 가장 영향력이 큰 회사들은 인공지능 연구에 가장 많은 투자를 하고 있습니다. 구글Google이나 페이스북Facebook, 마이크로소프트Microsoft, 아마존Amazon 그리고 애플Apple 등은 인공지능 연구에 투자하고 있고, 인공지능 시스템을 통해 큰 수익을 얻고 있습니다. 이들 회사의 크고 꾸준한 투자는 인공지능 연구에 완벽한 환경을 만들어줬습니다. 현재의 연구자들은 가용할 수 있는 최고의 컴퓨터 성능과 어마어마한 양의 데이터를 연구에 활용하고 있고, 우수한 연구자들이 팀을 이뤄 같은 문제를 해결하기 위해 함께 일하고 있습니다. 현재의 인공지능 연구는 더욱더 안정적이고, 생산적으로 이뤄지고 있습니다. 일단 우리는 인공지능이 계속해서 성공하는 모습을 목격한 셈이며, 이 추세는 금방 끝나지는 않을 듯 합니다.

1.2.4 심층 강화학습의 발전

강화학습 문제에 인공 신경망을 사용하기 시작한 것은 1990년대부터였습니다. 고전적인 문제 중 하나가 제럴드 테사로Gerald Tesauro가 만든 백개먼backgammon[1] 게임을 하는 컴퓨터 프로그램 TD-Gammon입니다. TD-Gammon은 강화학습을 통해서 각 게임판의 위치를 스스로 판별함으로써, 백개먼 게임을 할 수 있도록 학습합니다. 비록 이 기술들이 정확하게 심층 강화학습을 구현한 것은 아니지만, TD-Gammon은 복잡한 강화학습 문제를 인공 신경망을 사용해서 푼 성공적인 첫 사례 중 하나로 알려져 있습니다.

---

1 옮긴이_ 백개먼은 2명의 플레이어가 서로가 가진 말을 바탕으로 즐기는 보드게임입니다. 우리나라의 윷놀이와 비슷합니다.

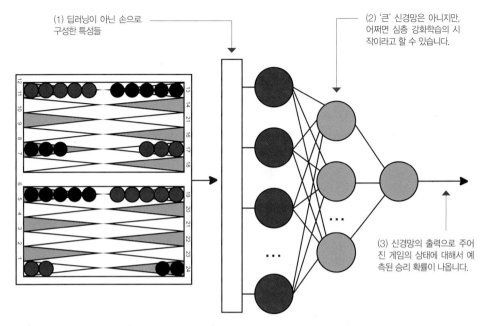

(1) 딥러닝이 아닌 손으로 구성한 특성들

(2) '큰' 신경망은 아니지만, 어쩌면 심층 강화학습의 시작이라고 할 수 있습니다.

(3) 신경망의 출력으로 주어진 게임의 상태에 대해서 예측된 승리 확률이 나옵니다.

그림 1-14 TD-Gammon의 구조

2004년에는 앤드류 응Andrew Ng이 인간 전문가의 비행을 관찰해서 스스로 학습하는 자율 헬리콥터를 개발했습니다. 그들은 역강화학습inverse reinforcement learning이라고 알려진 방법을 썼는데, 이는 에이전트가 전문가의 시연으로부터 학습하는 방법을 말합니다. 같은 해에 네이트 콜Nate Kohl과 피터 스톤Peter Stone은 정책–경사법policy gradient method이라는 심층 강화학습 기법을 사용해서 'RoboCup' 경연대회에 축구를 하는 로봇을 선보였습니다. 그들은 에이전트로 하여금 앞으로 나아가는 동작을 가르치기 위해 강화학습을 활용했습니다. 단지 3시간만 학습시켜도, 같은 사양의 하드웨어를 지닌 어떠한 로봇보다도 더 빠르게 앞으로 나아갈 수 있었습니다.

2000년대에는 다른 성공 사례들도 있었지만, 심층 강화학습 분야가 딥러닝을 넘어서기 시작한 것은 2010년도부터였습니다. 2013년과 2015년에는 블라드 므니흐가 심층 Q 신경망deep Q-network(DQN) 알고리즘을 소개하는 논문[2]을 발표했습니다. 므니흐의 DQN은 픽셀 데이터를 사용해서 아타리Atari 게임 규칙을 학습합니다. 합성곱 신경망convolutional neural network과 몇 개의 하이퍼파라미터hyperparameter를 사용해서, DQN은 49개의 게임 중 22개에 대해서 인간 전문가

---

2 옮긴이_ 「Human Level Control Through Deep Reinforcement Learning」라는 제목의 논문입니다(https://deepmind.com/research/publications/2019/human-level-control-through-deep-reinforcement-learning).

보다 우수한 실력을 보여줬습니다.

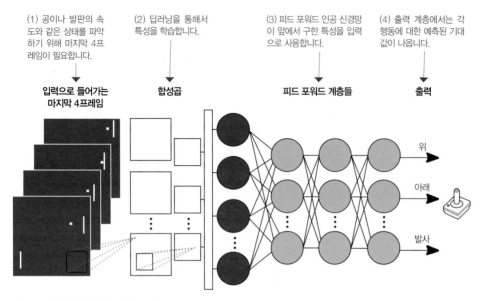

(1) 공이나 발판의 속도와 같은 상태를 파악하기 위해 마지막 4프레임이 필요합니다.

(2) 딥러닝을 통해서 특성을 학습합니다.

(3) 피드 포워드 인공 신경망이 앞에서 구한 특성을 입력으로 사용합니다.

(4) 출력 계층에서는 각 행동에 대한 예측된 기대 값이 나옵니다.

입력으로 들어가는 마지막 4프레임

합성곱

피드 포워드 계층들

출력

위

아래

발사

그림 1-15 아타리 DQN 신경망 구조

이 성과는 심층 강화학습 학계에서 혁명을 불러왔습니다. 2014년에 실버Silver는 DPGdeterministic policy gradient 알고리즘을 선보였고, 1년 후에는 릴리크랩Lillicrap이 DDPGdeep deterministic policy gradient 알고리즘으로 발전시켰습니다. 2016년에는 슐만이 TRPOtrust region policy optimization와 GAEgeneralized advantage estimation 알고리즘을 소개했습니다. 세르게이 레빈은 GPSguided policy search와 관련된 논문[3]을 발표했고, 실버도 알파고AlphaGo를 시연했습니다. 다음 해에 역시 실버가 알파 제로AlphaZero도 선보였습니다. 이외에도 많은 알고리즘들이 소개되었습니다. DDQNdouble deep Q-networks, PERprioritized experience replay, PPOproximal policy optimization, ACERactor-critic with experience replay, A3Casynchronous advantage actor-critic, A2Cadvantage actor critic, ACKTRactor-critic using kronecker-factored trust region, Rainbow, Unicorn 등(여기 소개된 이름이 실제 알고리즘 이름입니다)이 소개되었습니다. 2019년에는 오리올 빈얄스Oriol Vinyals는 알파스타AlphaStar 에이전트를 통해서 〈스타크래프트 II〉에서 프로게이머를 이길 수 있는 것을 보여줬습니다. 그리고 몇 달 후에는 야쿠프 파초키Jakub Pachocki 등이 파이브Five라고 부르는 인공지능 〈도타2〉 봇으로 이뤄진 팀을 통해서, 최초로 e스

---

3 옮긴이_ 「Guided Policy Search」라는 제목의 논문입니다(https://graphics.stanford.edu/projects/gpspaper/gps_full.pdf).

포츠 게임에서 세계 챔피언들을 이기는 모습을 선보였습니다.

심층 강화학습의 발전덕분에 지난 20년 동안 10^{20}개의 완벽한 상태 정보가 담긴 백개먼을 푸는 것부터 시작해서, 10^{170}개의 완벽한 상태 정보를 가진 바둑을 푸는 것을 거쳐, 10^{270}개의 불완전한 상태 정보가 담긴 〈스타크래프트 II〉를 풀 수 있게 되었습니다. 지금보다 강화학습 세계에 들어가기 더 좋은 시점을 생각하기는 어렵습니다. 앞으로의 20년동안 어떤 일이 벌어질지 상상이 되시나요? 당신도 일부가 되고 싶은가요? 심층 강화학습 분야는 매우 활발히 연구되는 분야이며, 저는 이런 경향이 앞으로도 지속될 것이라고 기대합니다.

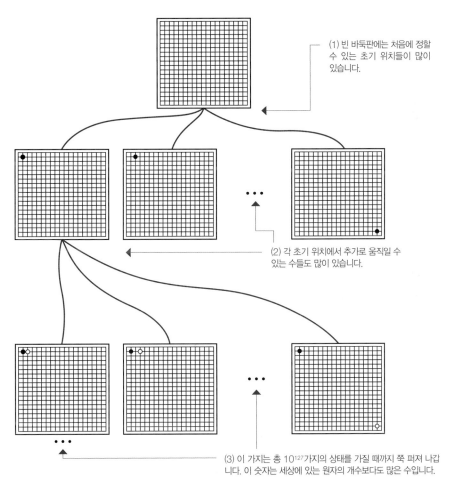

(1) 빈 바둑판에는 처음에 정할 수 있는 초기 위치들이 많이 있습니다.

(2) 각 초기 위치에서 추가로 움직일 수 있는 수들도 많이 있습니다.

(3) 이 가지는 총 10^{127}가지의 상태를 가질 때까지 쭉 퍼져 나갑니다. 이 숫자는 세상에 있는 원자의 개수보다도 많은 수입니다.

그림 1-16 엄청난 수의 가지로 구성된 게임, 바둑

1.2.5 주어진 기회들

저는 비관론자들이 뭐라고 하든 인공지능 영역이 긍정적인 변화에 대해 무한한 잠재력을 가지고 있다고 믿습니다. 1750년대로 돌아가보면, 산업혁명이 시작되면서 혼란이 발생했습니다. 강력한 기계들이 반복적이고 수동적인 노동을 대체하기 시작했고, 무자비하게 인간을 대신하게 되었습니다. 이때 모든 사람들이 걱정했습니다. "기계가 사람보다 더 빠르게, 더 효율적으로 그리고 더 싸게 일할 수 있다고요? 그럼 우리의 일자리는 모두 기계가 가져가게 될 것입니다. 그러면, 우리는 어떻게 살아야 됩니까?" 그리고 그대로 이뤄졌습니다. 하지만 사실 기계가 대체한 직업 대다수는 성취감을 주지 못하고, 심지어는 위험한 직업이었습니다.

산업혁명이 발생한지 백 년이 지났을 때, 이 변화가 미친 장기적인 영향이 사회에 이익을 가져왔습니다. 셔츠와 바지 정도만 가질 수 있었던 사람들이 조금 더 부를 나눠가질 수 있었습니다. 실제로 변화는 어려웠지만, 장기적인 영향은 전세계에 이익을 가져왔습니다.

1970년대에는 개인용 컴퓨터가 소개되면서 디지털혁명이 시작되었습니다. 그리고 인터넷은 사람들이 일을 하는 방법을 변화시켰습니다. 인터넷은 빅데이터와 클라우드 컴퓨팅을 가능하게 했습니다. 머신러닝은 이런 자양분을 이용해서 오늘날로 이어졌습니다. 앞으로 수십 년 동안 인공지능이 사회에 미칠 변화와 충격은 처음에는 받아들이기 어렵겠지만, 장기적인 영향은 그 단점을 넘어서게 될 것입니다. 저는 이후 몇십 년 안으로는 인공지능이 자동으로 의식주를 마련해주어 사람들이 일하지 않아도 될 것이라고 기대합니다. 결국, 우리는 함께 번창할 것입니다.

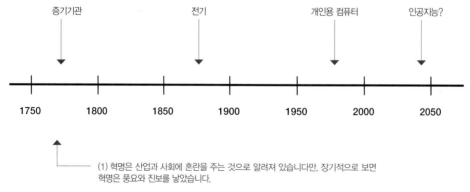

(1) 혁명은 산업과 사회에 혼란을 주는 것으로 알려져 있습니다만, 장기적으로 보면 혁명은 풍요와 진보를 낳았습니다.

그림 1-17 산업 혁명

기계의 지능을 조금 더 고차원으로 발전시키기 위해서, 어떤 인공지능 연구자들은 어떻게 하면 인공지능을 우리보다 더 우월하게 할 수 있는지에 대해서 고민합니다. 여기서 우리는 **특이점**singularity이라고 하는 현상을 열게 되는데, 이는 인간보다 우월한 인공지능이 인간이라는 병목점을 제거해 스스로를 더 빠르게 발전할 수 있는 순간을 의미합니다. 그래서 신중하게 접근할 필요성이 있는데, 이 부분을 걱정하기에는 아직까진 실용적인 관점보다는 이상적인 관점이 더 많기 때문입니다.

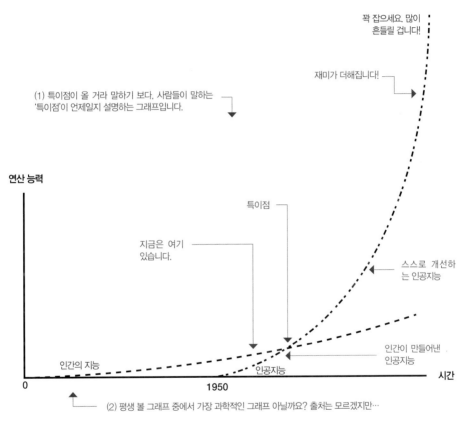

그림 1-18 몇 십 년 내에 특이점이 옵니다.

인공지능의 의미와 인공지능의 안전에 대해서는 항상 고민을 해야 될 부분이기 때문에, 오늘날에는 특이점에 대해서 문제를 삼지 않습니다. 반면, 아마 이 책에서도 볼 수 있는 것처럼, 현재 심층 강화학습 내에도 많은 문제들이 존재합니다. 이런 문제들이 우리가 사용할 시점에는 더 좋아지게 될 것입니다.

1.3 심층 강화학습의 적절성

머신러닝 문제를 강화학습 문제로 변형할 수 있지만, 여러 가지 이유로 인해 항상 좋은 발상만은 아닙니다. 일반적으로 심층 강화학습을 사용했을 때의 장단점에 대해서 알아야 하고, 심층 강화학습을 적용했을 때 좋거나, 좋지 않은 문제와 설정이 어떤 것이 있는지 구별할 수 있어야 합니다.

1.3.1 심층 강화학습의 장점과 단점

기술적인 비교를 넘어서서, 당신의 다음 프로젝트를 위해서라도, 심층 강화학습을 사용했을 때의 장점과 단점에 대해서 생각해보는 걸 권합니다. 풀고자 하는 문제의 종류에 따라서 어떤 부분이 장점이고 단점이 될지를 알게 될 것입니다. 예를 들어 해당 분야가 기기를 조종하는 것이라고 해봅시다. 좋을까요? 나쁠까요? 컴퓨터가 의사를 결정하도록 할 건가요? 이런 이유로 심층 강화학습 연구 대부분이 연구 환경으로 게임을 선택합니다. 실제 환경에서 직접적으로 에이전트를 학습시키는 것은 비용이 많이 들고, 위험합니다. 충돌을 통해서 충돌하지 않는 방법을 배우는 자율주행 에이전트를 상상할 수 있을까요? 심층 강화학습에서 에이전트는 실수를 해야만 합니다. 그 실수를 감당할 수 있을까요? 실제로 인간에게 해가 될 수 있는 부정적인 결과를 감수할 수 있을까요? 심층 강화학습과 관련된 프로젝트를 시작하기에 앞서서 이런 질문들을 고민해보기 바랍니다.

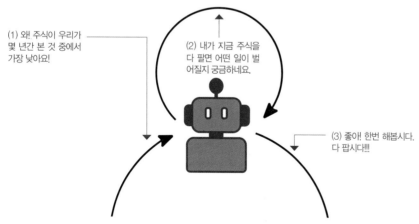

(1) 왜! 주식이 우리가 몇 년간 본 것 중에서 가장 낮아요!

(2) 내가 지금 주식을 다 팔면 어떤 일이 벌어질지 궁금하네요.

(3) 좋아! 한번 해봅시다. 다 팝시다!!!

그림 1-19 심층 강화학습 에이전트는 탐색을 하게 합니다. 이때 발생하는 실수를 감당할 수 있습니까?

또한 에이전트가 환경을 어떻게 탐색할지도 고려해볼 필요가 있습니다. 예를 들어, 대부분의 가치 기반 방법론들은 행동을 임의로 선택하며 탐색합니다. 하지만 다른 방법들은 조금 더 전략적인 탐색 방법을 가지고 있습니다. 이제 심층 강화학습에 대한 장단점을 알았으니, 이 트레이드-오프에 익숙해져야 합니다.

결과적으로 매 순간 일일이 학습하는 것은 벅차면서, 시간이 오래 걸리고, 자원도 많이 소비하는 작업입니다. 하지만 이전에 얻은 지식을 활용하는 방법과 관련하여 연구되는 영역들이 있습니다. 첫 번째로 **전이학습**transfer learning인데, 학습과정을 통해서 얻은 지식을 새로운 주제에 접목시키는 방법입니다. 예를 들어 로봇에게 망치와 드라이버를 사용하는 방법을 가르치고자 할 경우, '망치를 집는 방법'을 통해서 학습한 저수준 행동들을 재사용해, '드라이버를 집는 방법'을 학습시키는데 적용할 수 있습니다. 이런 과정은 인간도 새로운 동작을 학습할 때마다, 저수준 행동을 재학습할 필요가 없다는 점에서 이해를 하면 좋습니다. 인간도 학습을 할 때, 행동들에 대한 계층을 형성합니다. **계층적 강화학습**hierarchical reinforcement learning이 바로 이런 것을 심층 강화학습 에이전트에게 반영하는 것입니다.

1.3.2 심층 강화학습의 강점

심층 강화학습은 특정 업무를 숙지하는 학습입니다. 일반화하는 것이 목표인 지도학습과는 다르게, 강화학습은 정확하고 잘 정의된 동작에 뛰어납니다. 예를 들어, 아타리 게임은 각 게임마다 다른 동작을 가지고 있습니다. 심층 강화학습 에이전트는 서로 다른 동작에 대해서 행동을 일반화하는 것을 잘 하지 못합니다. 예를 들어 에이전트가 〈퐁〉을 하도록 학습시켰다고 해서, 이 에이전트가 〈브레이크아웃Breakout〉[4]도 할 수 있는 것은 아닙니다. 또한 〈퐁〉과 〈브레이크아웃〉을 동시에 할 수 있는 에이전트를 학습시켜도, 결국에는 두 게임 모두 잘하지 못하는 에이전트가 만들어질 수 있습니다. 반대로 지도학습의 경우에는 동시에 여러 개의 객체를 구분하는 일을 잘합니다. 심층 강화학습의 강점을 집자면, 잘 정의된 단일 작업이라고 할 수 있습니다.

심층 강화학습에서는 원래의 센서 데이터에서 간단한 기술을 학습하는데, 일반화 기법을 사용합니다. 일반화 기법을 통해서 얻을 수 있는 성능이나 새로운 팁들 그리고 조금 더 깊은 신경망에서 학습시키는 방법들이 최근 우리가 볼 수 있는 주요 개선사항 중 하나입니다. 운이 좋게도,

---

4 옮긴이_ 〈브레이크아웃〉은 1976년 아타리에서 만든 아케이드 게임으로 〈퐁〉과 플레이 방식이 유사합니다.

딥러닝에서 발전된 기법들이 직접적으로 심층 강화학습에서도 새로운 연구 주제를 만들 수 있게끔 해줬습니다.

1.3.3 심층 강화학습의 약점

물론, 심층 강화학습은 완벽하지 않습니다. 우리가 대부분의 문제 속에서 발견할 수 있는 주요 약점 중 하나는 에이전트가 잘 동작하는 정책을 학습하도록 수백만의 샘플이 필요하다는 것입니다. 이와 반대로, 인간은 상호 교감이 적어도 학습할 수 있습니다. 샘플에 대한 효율성^{sample} ^{efficiency}은 심층 강화학습에서 개선시킬 수 있는 주요 영역 중 하나입니다. 이 부분은 중요하기 때문에, 몇 장에 나눠서 다루게 될 것입니다.

에피소드 2,324,532

(1) 주인님, 지난번에는 거의 주행선 안쪽으로 운전했습니다. 한 번 더 운전하게 해주세요.

그림 1-20 심층 강화학습 에이전트는 수많은 상호 교감 샘플이 필요합니다!

심층 강화학습의 또 다른 문제는 보상 함수에서 보상의 의미를 이해하려 할 때 생겨납니다. 만약 인간 전문가가 보상을 정의하고, 에이전트가 이 보상을 최대화하려고 한다면, 사람이 에이전트를 '지도'했다고 이야기할 수 있을까요? 이런 방식이 좋을까요? 보상은 학습이 빠르게 이뤄질 수 있도록 빽빽하게 정의되어야 할까요? 아니면 조금 더 흥미롭고, 독특한 해답이 나올 수 있도록 드문드문 정의되어야 할까요?

우리 인간에게는 명확하게 정의된 보상이란 존재가 없는 듯 합니다. 때로는 같은 사람이라도, 특정 이벤트를 간단히 관점만 바꿔 긍정적으로, 또는 부정적으로 바라볼 수 있습니다. 추가로 걷는 것과 같은 작업에 대한 보상 함수는 명확하게 설계하기 어렵습니다. 인간이 걷는 데 있어 '완벽한' 보상 함수는 무엇일까요?

보상 신호와 관련한 흥미로운 연구들이 현재에도 진행되고 있습니다. 제가 특히 관심을 가지고 있는 연구는 **본질적 동기**^{intrinsic motivation}입니다. 본질적 동기는 에이전트가 호기심을 통해서 새로운 행동을 탐색하도록 해줍니다. 본질적 동기를 사용한 에이전트는 드문드문 정의된 보상^{sparse reward}이 있는 환경에서도 개선된 학습 성능을 보여주는데, 다시 말해 지속적으로 흥미롭고 독특한 해를 찾을 수 있다는 의미입니다. 요약하자면, 해결하려는 문제가 모델링되어 있지 않고, 명확한 보상 함수가 없다면 어려움을 겪게 될 것입니다.

1.4 두 가지의 명확한 기대치 설정

또 다른 중요한 부분을 짚고 넘어가겠습니다. 이 책에서 무엇을 기대해야 할까요? 솔직히 저는 이 목표를 확실히 설정해야 한다고 봅니다. 우선, 이 책이 어떤 내용을 다룰지 미리 알고, 나중에 당황하는 일이 없어야 합니다. 저는 사람들이 이 책을 보고, 읽고 나면 독자를 부자로 만들어 줄 트레이딩 에이전트를 만들게 해주는 책이라 기대하기를 원치 않습니다. 미안하지만, 부자가 되기 그렇게 간단한 일이면 제가 책을 쓰는 일은 없었을 겁니다. 또한 필요한 상황에 적용할 수 있을 만큼만 학습하려는 분들도 있을 겁니다. 학습이란 제가 개념들을 이해하기 쉽게 설명하고, 여러분이 이를 이해하기 위해서 노력하는 과정이 혼합되어야 합니다. 제가 아무리 노력했어도, 여러분이 필요하지 않은 부분이라고 판단하고 그냥 지나쳐 버린다면, 우리 모두 목표를 달성할 수 없습니다.

1.4.1 이 책을 통해서 기대할 수 있는 것

이 책에서 제가 추구하는 것은 머신러닝에 열정을 가진 당신이, 심층 강화학습에 대한 경험이 없어도, 최신 심층 강화학습 알고리즘을 개발할 수 있는 능력을 얻는 것입니다. 이를 위해서, 책은 크게 2부로 구성됩니다. 3장부터 7장까지는 순차적이면서 평가 가능한 피드백으로 학습할 수 있는 에이전트에 대해서 배우게 됩니다. 이 과정에서 처음에는 분리해서 보고 그 뒤, 합쳐서 살펴보겠습니다. 8장부터 12장까지는 심층 강화학습 알고리즘과 방법론 그리고 기술들에 대해서 다루게 됩니다. 1장과 2장에서는 일반적으로 심층 강화학습에서 쓰이는 기본적인 개념들에 대한 내용이 담겨있고, 13장에서 다시 되새길 것입니다.

1부(3장부터 7장)에서는 '테이블 기반tabular' 강화학습을 배웁니다. 테이블 기반 강화학습이란 강화학습 문제 중에서 샘플링하는 데이터가 적고, 어떠한 신경망이나 함수 근사화가 필요하지 않은 문제를 말합니다. 3장에서는 강화학습과 시간적 가치 할당 문제 간의 연속적인 특성에 대해서 다룹니다. 그리고 난 후 4장에서는 두 가지 문제를 분리해서도 살펴보고, 평가 가능한 피드백으로 학습할 때 어려운 점, 탐험과 착취의 트레이드오프에 대해서도 다룰 것입니다. 마지막으로 두 가지 어려운 점을 동시에 다룰 수 있는 방법에 대해서도 배우게 됩니다. 5장에서는 정해진 행동에 대한 결과를 평가하는 방법을 학습하는 에이전트를 다룰 것입니다. 6장에서는 행동을 개선하는 방법을 학습하는 것에 대해서 다루고, 7장에서는 강화학습을 조금 더 효율적으로 만들 수 있는 기법을 소개할 것입니다.

2부(8장부터 12장)에서는 핵심 심층 강화학습 알고리즘을 자세하게 다룹니다. 2부는 심층 강화학습의 핵심에 대해서 자세히 다룰 것입니다. 당신은 가치 혹은 정책 기반 방법부터 액터-크리틱 방법을 적용한 다양한 에이전트에 대해서 배우게 됩니다. 8장부터 10장까지는 가치 기반 심층 강화학습을 자세히 다룰 것이고, 11장에서는 정책 기반 심층 강화학습과 액터-크리틱에 대해서 다루며, 12장에서는 DPGdeterministic policy gradient와 SACsoft actor-critic 그리고 PPOproximal policy optimization에 대한 내용을 담고 있습니다.

12장의 예제는 에이전트간에 비교를 쉽게 하기 위해서 같은 에이전트를 반복적으로 보여줄 것입니다. 그래도 기본적으로 다른 문제를 다루게 될 텐데, 예를 들어 작고 연속적인 상태 공간을 가진 문제부터 이미지 기반 상태 공간을 지닌 문제까지 문제를 다루기도 하고, 이산적인 행동 공간을 가진 예제부터 연속적인 행동 공간을 가진 예제를 다루기도 합니다. 하지만 이 책은 문제를 모델링하는 데 집중하지 않습니다. 그건 각자의 능력입니다. 이 책은 이미 모델링된 환경에서 문제를 푸는 데 집중합니다.

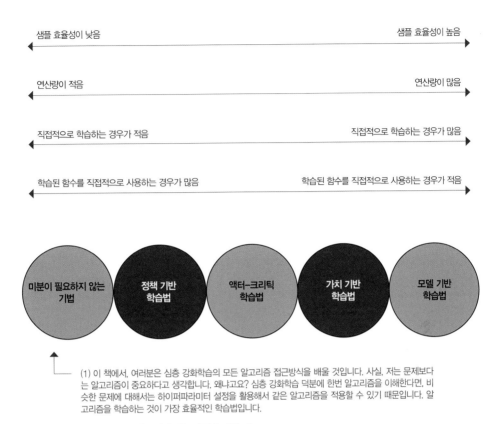

그림 1-21 심층 강화학습의 서로 다른 알고리즘에 대한 비교

1.4.2 이 책의 내용을 얻어가는 방법

심층 강화학습을 완전히 이해하기 위해서, 책의 내용을 꺼내기 위해서는 몇 가지가 필요합니다. 우선 머신러닝과 딥러닝에 대한 약간의 기본적인 지식이 필요합니다. 또한 파이썬 코드와 간단한 수학에 익숙해져야 합니다. 가장 중요한 것은 이해할 의지입니다.

저는 독자들이 기본적인 머신러닝에 대한 이해가 있을 것이라고 가정합니다. 이 장에서 다루는 내용 외에도 머신러닝이 어떤 의미로 작용하는지 알아야 합니다. Iris나 Titanic 데이터셋을 가지고 간단한 지도학습 모델을 학습시키는 방법을 알아야 합니다. 그리고 텐서나 행렬과 같은 딥러닝 개념에 대해서도 익숙해야 합니다. 또한 MNIST 데이터셋에서 합성곱 신경망convolutional neural network(CNN)을 학습시키는 것과 같이 적어도 하나의 딥러닝 모델을 학습할 수 있어야 합니다.

이 책은 심층 강화학습에 대해서만 다루고 있으며, 별도로 딥러닝을 다루지 않습니다. 딥러닝과 관련해 참고할 만한 유용한 자료는 많이 있습니다. 하지만, 다시 말하지만 딥러닝에 대한 기본적인 이해는 필요합니다. 만약 이전에 CNN을 학습시켜봤다면 괜찮습니다. 하지만 이 책의 두 번째 장을 시작하기 전에 여러 개의 딥러닝 관련 예제를 다뤄볼 것을 추천드립니다.

또한, 여러분이 파이썬 코드에 익숙하다고 가정하겠습니다. 파이썬은 어느 정도 명확한 프로그래밍 언어이기 때문에 직관적으로 이해하기 쉽습니다. 파이썬에 익숙하지 않다면 이 책을 읽기가 어려울 수 있습니다. 다시 말하면 파이썬에 대해서 익숙해야 하고, 코드를 읽기 좋아해야 합니다. 만약 코드를 읽지 않는다면, 많은 것을 잃게 될 것입니다.

이 책에는 수많은 수학 공식들이 들어 있고, 그게 장점이기도 합니다. 수학은 완벽한 언어이며, 이를 대체할 수 있는 것은 아무것도 없습니다. 하지만, 수학을 받아들이고, 읽어만 달라고 요청드립니다. 제가 작성한 공식에는 많은 설명을 달아 '수학과 관련 없는' 사람도 지식을 얻어갈 수 있게끔 해줄 것입니다.

마지막으로 여러분이 모든 내용을 구현해 본다고 가정하겠습니다. 즉, 여러분이 심층 강화학습을 진심으로 배우길 원한다고 생각할 것입니다. 만약 당신이 필요가 없다는 이유로 수학 공식이나 코드, 박스, 장, 절, 페이지를 그냥 지나쳐버린다면 상대적으로 많은 정보를 놓치게 될 것입니다. 이 책에서 많은 것을 얻어가기 위해 이 책을 처음부터 끝까지 읽어보기를 추천드립니다. 다른 책들과는 구성이 달라 모든 그림과 박스에 주요 정보가 담겨 있습니다.

또한, 책의 소스코드를 돌려보고(다음 절에서 실행 방법을 자세하게 언급할 예정입니다), 이리저리 바꿔보면서 흥미가 가는 대로 코드를 확장해보시기 바랍니다.

1.4.3 심층 강화학습 개발 환경

이 책은 모든 실습 결과를 똑같이 얻을 수 있는 테스트 환경과 코드들이 제공됩니다. 저는 도커Docker 이미지와 주피터 노트북Jupyter notebook을 만들어서 패키지를 설치하고, 소프트웨어를 설정하거나, 코드를 복사하는 과정에 신경쓰지 않도록 했습니다. 그러니 사이트(`https://goodboychan.github.io/book`)에서 코드를 실행하는데 필요한 사항들을 따라해보기 바랍니다. 매우 직관적으로 되어 있습니다.

코드는 파이썬으로 되어 있고, 저는 넘파이NumPy와 파이토치PyTorch를 많이 사용했습니다. 저는 케라스Keras나 텐서플로Tensorflow 대신에 파이토치를 사용했는데, 그 이유는 제가 생각하기에 파이토치가 조금 더 '파이썬스러운' 라이브러리라고 생각하기 때문입니다. 텐서플로와는 다르게 파이토치는 마치 넘파이를 쓰는 것과 같이 자연스럽게 느껴집니다. 텐서플로는 완전히 새로운 프로그래밍 개론을 다루는 기분을 줍니다. '파이토치와 텐서플로 간의 대결'에 대한 토의를 하자는 것은 아니지만, 두 라이브러리를 다 써본 제 경험으로는 연구와 가르침에 있어서는 파이토치가 훨씬 적합한 라이브러리인 것 같습니다.

심층 강화학습은 알고리즘, 방법론, 기법, 팁들로 이뤄져 있습니다. 그래서 넘파이나 파이토치 라이브러에 대해서 다시 다루는 것은 의미가 없습니다. 하지만 이 책에서는 처음부터 심층 강화학습 알고리즘을 작성할 것입니다. 물론 케라스-RL[5]이나 Baselines[6] 그리고 RLlib[7]과 같이 심층 강화학습 라이브러리를 만드는 법에 대해서 소개할 것은 아닙니다. 저는 강화학습을 가르칠 것이고, 여러분과 함께 강화학습 코드를 작성할 것입니다. 제가 강화학습을 가르쳐본 바로는, 강화학습 코드를 작성해보는 것이 강화학습을 이해하는데 더 도움이 되는 방법이라는 것을 알았습니다. 이 책은 파이토치를 가르치는 책도 아니기에, 책의 어디에서도 파이토치를 복습하지 않고, 제가 설명할 코드만 있을 것입니다. 만약 약간의 딥러닝 개념만 익숙하다면, 제가 사용하고 있는 파이토치 코드도 따라갈 수 있을 것입니다. 걱정하지 않으셔도 됩니다. 이 책을 읽기 전에 파이토치를 따로 살펴볼 필요는 없습니다. 제가 내용을 진행하면서 모든 것을 설명할 것입니다.

에이전트를 학습하기 위한 환경으로 우리는 오픈AIOpenAI 짐Gym 패키지와 이 책을 위해서 제가 개발한 몇 개의 라이브러리를 사용할 것입니다. 여기서도 짐에 대한 자세한 내용을 다루지는 않습니다. 단지 짐이 강화학습 에이전트를 학습하기 위한 환경을 제공하는 라이브러리라는 사실만 알고 있으면 됩니다. 우리가 초점을 맞춰야 할 부분이 강화학습 알고리즘이나 답안이지 환경이나 모델링 문제가 아니라는 점을 기억해야 합니다. 물론 이것들도 말할 필요 없이 중요한 부분이기도 합니다.

딥러닝에 익숙하다고 했을 때, 저는 당신이 그래픽 연산 장치(GPU)가 무엇인지도 알고 있다고 가정하겠습니다. 심층 강화학습의 구조는 딥러닝 모델에서 흔하게 볼 수 있는 연산 수준을

---

5 옮긴이_ 케라스Keras로 구현된 심층 강화학습 에이전트 집합입니다. https://github.com/keras-rl/keras-rl

6 옮긴이_ 오픈AI에서 배포하는 심층 강화학습 에이전트 집합입니다. https://github.com/openai/baselines

7 옮긴이_ 캘리포니아 대학교 버클리에서 만든 확장 가능한 강화학습 프레임워크입니다. https://docs.ray.io/en/master/rllib.html

필요로 하지 않습니다. 이런 이유로 인해서 GPU를 사용하는 것은 좋기는 하지만, 필수적인 것은 아닙니다. 모순되게도 딥러닝 모델과는 다르게, 몇몇 심층 강화학습 모델은 중앙 연산 장치^{central processing unit}(CPU)와 쓰레드를 많이 사용합니다. 만약 학습 장치에 투자할 계획이 있다면, CPU 성능(기술적으로 말하자면 클럭 스피드가 아닌 코어의 개수)을 고려하기 바랍니다. 이후에 살펴보겠지만, 어떤 알고리즘은 거대한 병렬화 처리가 필요하고, 이 경우 GPU가 아닌 CPU가 병목으로 작용할 수 있습니다. 코드는 지금 가지고 있는 CPU나 GPU에 상관없이 도커의 컨테이너에서 잘 수행될 것입니다. 다만 지금 가지고 있는 하드웨어의 성능이 심하게 제한되어 있다면, 클라우드 플랫폼을 살펴볼 것을 추천합니다. 구글 콜랩^{Google Colabotary}이 무료로 딥러닝 하드웨어를 제공하고 있습니다.

1.5 요약

심층 강화학습은 에이전트가 순차적이면서 평가 가능하고, 동시에 샘플링된 피드백으로부터 학습하므로 어려운 영역입니다. 순차적인 피드백으로부터 학습하게 되면, 에이전트는 단기간 목표와 장기간 목표의 균형을 맞추는 방법을 학습하게 됩니다. 평가 가능한 피드백으로부터 학습하게 되면, 에이전트는 정보를 수집과 활용 사이에서 균형을 맞추는 방법을 학습하게 됩니다. 샘플링된 피드백으로 학습함으로써, 에이전트는 이전에 가진 오래된 경험을 새로운 경험으로 일반화시킬 수 있게 됩니다.

컴퓨터 과학의 주요 분야 중에서 강화학습이 속해있는 인공지능은 인간과 유사한 지능을 보여줄 수 있는 컴퓨터 프로그램의 제작을 연구하는 분야입니다. 인공지능의 목표는 제어이론이나 운영분야 같은 다른 개념들과 목표를 공유합니다. 머신러닝은 인공지능 중에서도 가장 유명하고 성공적인 접근 방식 중 하나입니다. 강화학습은 지도학습이나 비지도학습과 같이 머신러닝의 세 부류 중 하나입니다. 딥러닝은 머신러닝에 대한 접근방식으로써 어느 부류에 속하지는 않지만, 딥러닝이 갖고 있는 능력은 모든 머신러닝을 더 나아갈 수 있게 도와줍니다.

심층 강화학습은 신경망(딥러닝)이라고 알려져 있는, 함수를 근사화해주는 여러 개의 계층들을 사용하여 불확실성상에 있는 복잡하고 연속적인 결정을 내려야 하는 문제를 풉니다. 심층 강화학습은 수많은 제어 문제에서 잘 동작하기는 하지만, 그럼에도 불구하고 중요한 결정을 내려야 하는 부분에 있어 인간의 제어를 벗어나게 하는 것은 가볍게 생각하지 말아야 합니다. 심층 강화학습에서 핵심적으로 필요한 요소는 샘플링 복잡성이 좋은 알고리즘, 탐험 전략이 좋은 알고리즘 그리고 안전한 알고리즘입니다.

여전히 심층 강화학습의 미래는 밝고 기술이 성숙해짐에 따라 위험이 존재할 수 있습니다. 하지만 더 중요한 것은 이 분야에 잠재력이 있고 이 여행에서 원하는 것을 가져오기 위해서 흥미를 느끼고 최선을 다해야 한다는 점입니다. 이와 같은 큰 일을 변화시키는 잠재적 변화의 일부가 될 기회는 얼마 남지 않았습니다. 이런 시간 속에 살고 있다는 것에 기뻐해야 합니다. 그러면, 그 변화의 일부가 되어 봅시다.

- 심층 강화학습이 무엇인지 그리고 다른 머신러닝 접근방식과 어떻게 비교할 수 있는지를 이해하였습니다.
- 심층 강화학습 분야의 현재 상황에 대해서 주시하고, 다양한 문제에 적용할 수 있는 잠재력이 있다는 것을 직관적으로 이해하고자 했습니다.
- 이 책으로부터 어떤 것을 기대하는지를 살펴보고, 그 것을 어떻게 습득할 수 있는지에 대해서 살펴보았습니다.

트위터에서 만나요!

공부하고 배운 내용을 공유해보시기 바랍니다.

매 장의 마지막 부분에, 제가 다음 단계로 넘어가기 위해서 지금까지 배운 것을 어떻게 활용할 수 있을지에 대한 아이디어를 제공할 것입니다. 원한다면, 당신이 얻은 결과를 세상에 공유하고, 다른 사람이 어떻게 구현했는지도 확인해보기 바랍니다. 이것이 서로에게 좋은 방법이며, 여기서 원하는 것을 얻었으면 좋겠습니다.

- **#gdrl_ch01_tf01** : 지도학습, 비지도학습 그리고 강화학습은 머신러닝을 구성하는 핵심요소입니다. 그리고 이 차이를 이해하는 것도 중요한 반면에, 유사성을 아는 것도 역시 중요합니다. 각각의 방법들이 어떻게 다른지 비교하고, 이들을 함께 활용해서 인공지능 문제를 해결할 방법에 대해서 글을 써보기 바랍니다. 모든 방법을 같은 목표를 가지고 있습니다. 바로 범용 인공지능을 만드는 것입니다. 이것은 각 도구를 어떻게 쓸 수 있는지를 이해하는데 훨씬 도움이 될 것입니다.

- **#gdrl_ch01_tf02** : 당신이 머신러닝이나 컴퓨터 과학 쪽에 지식이 없더라도 여전히 이 책에 관심을 가졌다고 해서 놀라지 않을 겁니다. 다른 분야에서 의사결정을 내리는 연구에 대한 글을 써 보는 것으로도 기여할 수 있답니다. 혹시 운영 연구 쪽으로 공부하고 있나요? 심리학, 철학, 신경과학 쪽으로 배경지식이 있나요? 제어이론? 경제학? 관련 글이나 자료, 유튜브 비디오, 책들을 하나의 리스트화해서 이런 의사 결정과 관련해서 공부하는 사람들과 공유해보는 것은 어떨까요?

- **#gdrl_ch01_tf03**: 이 장에서는 일부 글로 표현했지만, 그림이나 표, 다른 형식으로 훨씬 잘 설명한 내용이 담겨 있습니다. 예를 들어 강화학습 에이전트들의 서로 다른 형태(가치 기반, 정책 기반, 액터-크리틱, 모델 기반, 미분이 필요하지 않은 형태)에 대해서 설명했습니다. 한번 이런 내용을 정리하고 요약해서, 다른 사람들에게 공유해보면 어떨까요?
- **#gdrl_ch01_tf04**: 매 장마다 마지막 해시태그는 총정리 해시태그로 사용하겠습니다. 마지막 해시태그는 이 장과 관련해 작업한 어떤 것이든 다른 사람들과 논의하는데 사용하길 바랍니다. 여러분이 직접 만든 것만큼 흥미로운 과제도 없답니다. 당신이 어떤 공부를 하고 있는지, 그 결과도 공유해주기 바랍니다.

공부한 것에 대해서 트윗을 쓰고 저(@mimoralea)를 태그해주세요(제가 리트윗하겠습니다). 그리고 여러분이 얻은 결과를 사람들이 위에 적힌 해시태그를 사용하기 바랍니다. 잘못된 결과는 없습니다. 여러분이 찾은 것을 공유하고, 다른 사람이 찾은 것을 확인해보세요. 이 해시태그를 기회로 교류하고 기여하세요. 다같이 기다리고 있을게요!

트윗은 이런 형태로 작성하면 됩니다.

@mimoralea. 제가 심층 강화학습을 공부하면서 참고하면 좋을 자료들에 대한 글을 썼어요. 한번 〈Link〉를 확인해주세요. #gdrl_ch01_tf01

제가 리트윗해서 다른 사람들도 당신의 결과물을 볼 수 있도록 도와주겠습니다.

## CHAPTER 2

강화학습의 수학적 기초

> "인류의 역사는 적대적인 환경과 싸워왔습니다. 그리고 드디어, 우리는 환경을 정복할 수 있는 시작점에 도달하였습니다. 이 사실을 아는 순간, 수학으로 뭔가를 해결하려는 시도는 다양한 분야로 번져가며, 해석적 이론에서부터 제어 분야까지 넓혀지게 되었습니다."
>
> — 리처드 벨만Richard Bellman
>
> 미국 응용 수학자이자 IEEE 명예의 훈장 수상자

이 책을 선택한 당신은 제한된 자유시간 안에 한 장을 더 읽기로 결심합니다. 감독은 언론의 비판을 무시하고, 오늘 경기동안 최고의 선수들을 벤치에 머물게 합니다. 부모는 자녀들에게 좋은 습관을 가르치는데 많은 시간을 투자하고 인내합니다. 이런 예들이 모두 불확실성 상에 놓인, 복잡하면서 순차적인 의사결정을 내리는 예시들입니다.

앞선 몇 가지 단어에 집중해주시길 바랍니다. 바로 '불확실성 상에 놓인, 복잡하면서 순차적인 의사결정'입니다. 우선 '복잡하다'의 의미는 다양한 상태와 행동 영역을 가지고 있는 환경에서 에이전트가 학습해야 되는 것을 의미합니다. 그래서 앞에서 다뤘던 코치의 예를 가져오면, 어떤 상대를 대할 때에 구성할 수 있는 최고 선수들도 휴식이 자주 필요하다는 것을 알면, 특정 상대를 대할 때는 그들을 쉬게 하는 것도 다른 상대를 대할 때보다 더 좋을 수 있습니다. 이렇게 정확하게 일반화시키는 것을 학습하는 것은 우리도 결국은 샘플링된 피드백 정보를 바탕으로 학습하기 때문에 어렵습니다.

제가 사용한 단어 중 두 번째로 언급할 것은 '순차적인' 이라는 것인데, 많은 문제에서는 '지연된 결과'라는 것과 연관이 있습니다. 코치 예제를 다시 살펴보면, 시즌 중반에 상대적으로 중요하지 않은 경기에선 선수들을 대기시킬 수 있습니다. 그런데, 만약 이렇게 휴식을 취하게 하는 행동이 결승에 돌입했을 때의 선수들의 심리 상태나 능력에 영향을 준다면 어떻게 될까요? 다시 말해, 행동을 취한 결과가 나중에 나온다면 어떻게 될까요? 여기서 알 수 있는 사실은 과거에 취했던 행동에 대해서 가치를 정의하는 것은 연속된 피드백으로부터 우리가 학습하기 때문에 어렵다는 것입니다.

마지막으로 '불확실성'이란 단어는 세상이 돌아가는 원리는 모르는 상태에서 우리가 취한 행동이 어떻게 영향을 주는지는 알 수 없다는 것을 나타냅니다. 다시 말해 모든 것들이 우리가 이해하기 나름입니다. 이번에는 코치가 최고의 선수들을 쉬게 했는데, 이들이 다음 경기에서 부상을 당했다고 해봅시다. 만약 시즌이 진행되는 동안, 이런 부상이 팀에 동기를 주게 되고, 이로 인해서 결승에서 우승했다면, 어떻게 될까요? 그렇다면, 쉬게 하는 것이 최선의 결정이었을까요? 이 불확실성이라고 하는 것은 결국 탐색이 필요하다는 것을 부각시켜줍니다. 탐험과 착취 사이의 적절한 평형을 찾는 것은 우리가 평가 가능한 피드백으로부터 학습하기 때문에 어렵다고 볼 수 있습니다.

이번 장에서는 **마르코프 결정 과정**Markov decision process(MDP)이라고 알려져 있는 수학적인 틀을 사용해서 이런 종류의 문제들을 나타내는 것에 대해서 학습해보도록 하겠습니다. MDP의 일반적인 형태는 불확실성상에 놓여진 상황에서 어떠한 복잡한 연속적 결정을 가상으로 모델링해서, 강화학습 에이전트가 모델과 반응을 주고받고, 경험을 통해서 스스로 학습할 수 있게 해줍니다.

순차적 피드백으로부터 학습하는 방법은 3장에서 깊게 다룰 것이고, 4장에서는 평가 가능한 피드백으로부터 학습하는 방법을 다룰 것입니다. 그리고 5장에서 순차적이면서 동시에 평가 가능한 피드백으로부터 학습하는 방법을 5장부터 7장까지 다룰 예정이고, 8장부터 12장에서 '복잡함'까지 곁들어진 내용을 다룰 것입니다.

- 강화학습의 핵심 요소에 대해서 학습합니다.
- 마르코프 결정 과정Markov decision process이라고 알려져 있는 수학 프레임워크를 사용해서, 강화학습 환경을 연속적인 의사결정 문제로 표현하는 방법을 학습합니다.
- 이후의 장에서 강화학습 에이전트가 해결할 간단한 환경을 만듭니다.

2.1 강화학습의 구성 요소

강화학습을 구성하는 두 개의 주요 구성 요소는 **에이전트**와 **환경**입니다. 에이전트는 결정을 내리는 주체이며, 문제에 대한 답을 제공합니다. 환경은 문제를 대표하는 객체라고 보시면 됩니다. 강화학습이 다른 기계학습과 다른 원론적인 특징은 에이전트와 환경 사이에서 반응을 주고받는다는 것입니다. 환경은 행동을 통해서 환경에 영향을 주려고 하고, 환경은 이 에이전트의 행동에 대해서 반응을 하게 됩니다.

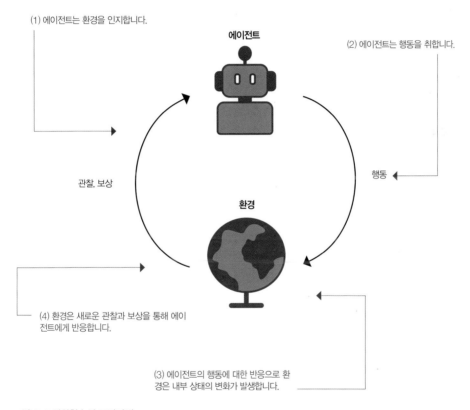

그림 2-1 강화학습의 교감과정

미겔의 한마디: 새옹지마

피드백이 동시에 연속적이고 평가 가능한 피드백을 샘플링했을 때, 이를 해석하는 것이 얼마나 어려운지를 잘 보여주는 좋은 예가 있습니다. 우화는 이렇게 시작합니다. 중국의 한 농부가 말을 얻어왔지만, 이내 이 말은 도망가버립니다. 이웃사람이 얘기합니다. "이런, 안 좋은 소식이군." 그러자 농부는 이렇게 대답합니다. "좋은 소식인지, 나쁜 소식인지 어떻게 아는가." 그런데 도망갔던 말이 다시 오면서, 또 다른 말을 같이 데리고 옵니다. 이웃사람이 얘기하기를 "운이 좋네! 좋은 소식이로군." 하지만 농부는 이렇게 대답합니다. "좋은 소식인지, 나쁜 소식인지 어찌 알 수 있겠나." 농부는 데리고 온 말을 아들에게 주었지만, 아들은 말에서 떨어지면서, 다리가 심하게 부러집니다. 이웃이 말하기를 "아들에게 이런 일이 생겼으니, 확실히 나쁜 소식이군그래." 그러자 농부는 이렇게 이야기 합니다. "좋은 소식인지, 나쁜 소식인지 어떻게 알겠나." 일 주일 뒤에, 황제의 부하들이 와서 모든 건강한 남자들을 전쟁터로 끌고 갔지만, 농부의 아들은 남게 되었습니다. 이건 또 좋은 소식인지, 나쁜 소식인지 어떻게 알까요?

재미있는 이야기이지 않은가요? 생활 속에서는 어떤 긴 시간 동안 발생하는 연속된 사건과 우리의 행동이 어떤 확실성을 가지는지 알기란 어렵습니다. 종종, 나중의 행운으로 인해 미리 액땜하는 경우도 있고 혹은 현재의 행운이 나중에는 불운으로 작용할 수도 있습니다.

비록 이 이야기가 강화학습 관점에서는 '아름다움은 감춰줘 있다'라는 교훈을 주긴 하지만, 여기서 우리가 취하는 행동과 세상에 어떤 일이 발생하는지 사이에는 어떤 상관관계가 있다고 가정할 수 있습니다. 이런 관계를 이해하는 것도 매우 복잡하면서, 사람도 마찬가지로 상관관계에 확실성을 부여하는 것이 어렵습니다. 하지만 어쩌면 컴퓨터를 사용하면, 이를 해결할 수 있을지도 모릅니다. 흥미롭지 않나요?

명심해야 할 점은 피드백이 동시에 평가가능하고, 순차적으로 들어오며, 샘플링된 것이라면, 학습은 어려울 것입니다. 그리고 심층 강화학습은 이런 문제를 학습할 수 있는 방법이 될 것입니다.

심층 강화학습 세계에 오신 것을 환영합니다.

2.1.1 문제, 에이전트, 환경에 대한 예시

다음으로 강화학습 문제와 에이전트, 환경 그리고 가능한 행동과 관찰 정보에 대해 간략히 묘사한 예시를 보여드리겠습니다.

- **상황1** : 지금 당신은 강아지를 앉게끔 가르치고 있습니다. 여기서 **에이전트**는 결정을 내리는 당신의 머리 일부가 될 것입니다. 이때 **환경**은 당신의 강아지, 접할 수 있는 모든 위험들, 강아지의 발바닥, 시끄러운 이웃들이 있겠지요. 취할 수 있는 **행동**은 강아지한테 말을 하거나, 강아지가 어떤 행동을 취하는 것을 기다리고, 손을 움직이고, 간식을 보여주거나 주는 행동이 될 것입니다. 여기서 **관찰**할 수 있는 것은 강아지가 당신에게 관심을 가지고 있다는 것입니다. 아니면 강아지가 지칠 수도 있고, 어디로 갈 수도 있으며, 명령에 따라서 앉을 수도 있을 것입니다.

- **상황2** : 지금 강아지는 당신이 가지고 있는 간식을 원합니다. 여기서 **에이전트**는 행동을 취할 강아지의 머리 일부가 될 것이고, 이때의 **환경**은 당신 혹은 강아지의 발바닥, 시끄러운 이웃 등이 될 것입니다. 이때 강아지가 취할 수 있는 **행동**은 주인을 쳐다본다거나 짖거나, 주인에게 달려들 수도 있고, 먹이를 훔치기도 하고, 도망가거나 앉을 수 있습니다. 강아지가 **관찰**할 수 있는 것은 주인이 강아지한테 계속 시끄럽게 말을 건다던가, 간식을 보여주거나 숨기고, 운이 좋으면 줄 수도 있을 것입니다.

- **상황3** : 지금 주식 투자 에이전트가 주식시장에서 뭔가를 투자하려고 합니다. 여기서 **에이전트**는 메모리나 CPU에 담겨있는 강화학습 코드입니다. 이때 **환경**은 지금 접속해 있는 인터넷 환경이나, 코드를 수행하고 있는 컴퓨터, 주식 가격, 지정학적 불확실성, 다른 투자자들, 전문 투자자들이 있을 것입니다. 여기서 **행동**은 y회사의 주식을 n개 팔거나, 사거나 혹은 그냥 가지고 있는 것입니다. 우리가 **관찰**할 수 있는 것은 시장이 상승하고 있거나, 하락하고 있거나 혹은 두 거대한 국가 사이에 발생하는 경제적인 긴장감이 있을 수 있습니다. 혹은 대륙 내에서 발생하는 전쟁의 위험도 관찰할 수 있겠습니다. 전세계에 퍼진 전염병도 하나가 될 수 있습니다.

- **상황4** : 지금 당신은 차를 운전하려고 합니다. 이때 **에이전트**는 결정을 내리는 당신의 머리 일부분이 될 것이고, 여기서 **환경**은 이미 만들어진 당신의 차나 다른 차들, 다른 운전자, 날씨, 도로, 타이어 등이 되겠습니다. 취할 수 있는 **행동**으로는 x축으로 방향을 전환하거나, 축 방향으로 가속을 하고 혹은 축 방향으로 브레이크를 잡는 것이 될 것입니다. 아니면 전조등을 키거나, 창문을 닦거나 음악을 틀 수도 있습니다. 여기서 **관찰**할 수 있는 것은 지금 목적지로 가고 있는지 여부나, 현재 있는 위치에 교통 체증이 있는지 혹은 옆에 있는 차가 난폭하게 운전할 수도 있습니다. 비가 오거나 경찰이 당신 바로 앞에서 운전하는 것도 관찰할 수 있는 부분 중 하나입니다.

보다시피, 문제는 다양한 형태로 구성됩니다. 주식투자와 같이 긴 시간 동안 고민하고, 광범위한 지식이 필요한 고차원의 결정을 내리는 것부터 자동차를 운전하는 것과 같이 명확한 규칙이 보이지 않는 저수준의 제어 문제도 있습니다.

또한 여러 개의 에이전트 관점으로 다뤄지는 문제도 있습니다. 앞에서 소개했던 개를 훈련시키는 예제도 실제로는 서로 다른 목표를 가진 두 개의 에이전트가 존재하고, 서로 다른 문제를 해결하려고 노력합니다.

각 요소들을 독립적으로 살펴보면서 조금 더 자세하게 다뤄보겠습니다.

2.1.2 에이전트: 의사 결정권자

1장에서 언급했다시피, 이 책에서는 이번 장에서만 환경에 대해 설명하고, 그 뒤로는 계속해서 에이전트에 대해 다룹니다. 3장부터는 에이전트들의 내부 동작, 구성요소, 동작, 에이전트를 효과적으로 또 효율적으로 만드는 방법에 대해서 다루게 될 것입니다.

지금 에이전트에 대해서 알아야 할 중요한 사실은 딱 하나, 에이전트라는 것이 있고, 이 에이전트가 강화학습이라는 큰 관점에서 결정을 내리는 요소라는 것입니다. 에이전트는 내부적으로 구성요소와 과정을 가지고 있는데, 이들은 특정 문제를 해결하는데 최적화되도록 만들어져 있습니다.

조금 더 확대해서 보면, 대부분의 에이전트들은 세 단계의 과정을 거칩니다. 우선 모든 에이전트는 상호작용 요소를 가지고 있는데, 학습에 필요한 데이터를 수집하게 됩니다. 그리고 모든 에이전트들은 현재 취하고 있는 행동을 평가하고, 전체적인 성능을 개선하기 위해 (혹은 적어도 개선시키기 위해서) 만들어진 무언가를 개선합니다.

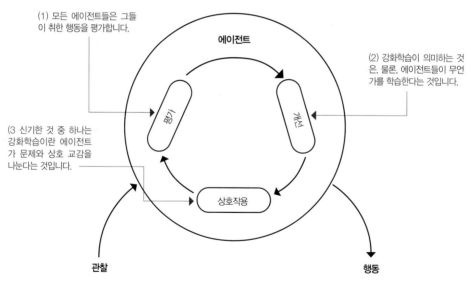

그림 2-2 모든 강화학습 에이전트가 수행하는 3가지 내부 과정

다음 장부터는 에이전트들의 내부 동작에 대해서 다룹니다. 그래서 잠깐 동안은 이 장의 목적인, 환경을 표현하는 방법을 다뤄보고, 환경이 어떻게 생겼고, 어떻게 모델링을 할 수 있는지 살펴봅시다.

2.1.3 환경: 그 외의 모든 것

실제 세상에서 벌어지는 대부분의 의사-결정 문제들은 강화학습 환경으로 표현할 수 있습니다. 강화학습에서 의사-결정 과정을 표현하는 대표적인 방법은 마르코프 결정 과정Markov decision process(MDP)이라고 알려져 있는 수학적 프레임워크를 사용하여 문제를 모델링하는 것입니다. 강화학습에서는 기본적으로 모든 환경이 이면에서 동작하는 MDP를 가지고 있다고 가정합니다. 아타리 게임이나, 주식시장, 자율 주행 차량이든 강화학습 세상에는 여러분들이 중요하다고 생각하는 모든 문제에 대해 (맞건 틀리건) 기본적으로 이면에서 동작하는 MDP를 가지고 있습니다.

환경은 문제와 관련되어 있는 변수들의 집합으로 표현됩니다. 이렇게 표현할 수 있는 변수들의 모든 값에 대한 조합을 **상태 영역**state space이라고 표현합니다. 여기에서 상태는 특정 시간에 변수가 가질 수 있는 값에 대한 집합입니다.

에이전트는 실제 환경의 상태에서 접근할 수도 있고 혹은 접근하지 못할 수도 있습니다. 하지만 어떤 방식으로든 에이전트는 환경으로부터 무언가를 관찰할 수 있습니다. 이렇게 에이전트가 어떤 특정 시간에 얻을 수 있는 변수들의 집합을 **관찰**observation이라고 부릅니다.

역시 이런 변수들이 가질 수 있는 모든 값들의 조합을 **관찰 영역**observation space이라고 합니다. 참고로 강화학습에서는 상태와 관찰이라는 용어를 상호 교환적으로 사용합니다. 그 이유는 에이전트가 환경의 내부 상태에 대해서 인지할 수도 있지만, 항상 그런 것은 아니기 때문입니다. 이 책에서는 상태와 관찰 용어를 번갈아가면서 사용할 것입니다. 하지만 강화학습 학계에서 이 용어들이 번갈아가면서 사용될 지라도, 상태와 관찰 사이에 차이가 있을 수도 있다는 사실을 알 필요가 있습니다.

매 상태에서, 환경은 에이전트가 선택할 수 있는 여러 행동들의 집합을 만들어냅니다. 이렇게 취할 수 있는 행동이 모든 상태에서 동일할 수도 있지만, 항상 그렇지만은 않습니다. 모든 상태에서 취할 수 있는 모든 행동에 대한 집합을 **행동 영역**action space이라고 표현합니다.

에이전트는 앞에서 선택된 행동을 통해서 환경에 영향을 주고자 합니다. 환경은 에이전트의 행동에 대한 반응으로 상태를 변화할 수 있습니다. 이렇게 변화하는 것과 관련된 함수를 **전이 함수**transition function라고 부릅니다.

전이가 발생한 후에, 환경은 새로운 관찰을 방출합니다. 또한 반응으로 보상신호를 제공할 수도 있습니다. 이와 같이 행동과 관련된 보상에 대한 함수를 **보상 함수**reward function라고 부릅니다. 그리고 전이와 보상 함수에 대한 집합을 환경에 대한 **모델**model이라고 표현합니다.

자세한 예제: 밴딧 통로 환경

첫 번째 강화학습 환경을 만들어서 이런 개념들을 실제로 구현해봅시다. 이 책에서는 아주 간단한 환경을 만들었습니다. 여기서는 **밴딧 통로**bandit walk(BW)라고 부르겠습니다.

밴딧 통로는 간단한 격자 환경grid-world입니다. 격자 환경이란 격자들이 여러 개 모여서 구성된 환경으로, 강화학습 알고리즘을 연구할 때 흔하게 사용됩니다. (전이나 보상 함수 같은) 당신이 생각할 수 있는 어떠한 모델도 가질 수 있고, 또한 가능한 다양한 행동도 취할 수 있습니다.

하지만 일반적으로 에이전트가 사용할 수 있는 움직임들이 흔하게 쓰입니다. 바로 '왼쪽', '아래', '오른쪽' 그리고 '위'입니다(아니면 동, 서, 남, 북과 같이 에이전트의 시점이 없고, 전체 격자를 볼 수 없는 상황에서는 상세한 움직임들도 있지만, 이렇게 방향을 나타내는 것이 더 헷갈릴 수도 있습니다).

그리고 물론, 각 행동들은 논리적 전이로 이어집니다. '왼쪽'이면 왼쪽으로 가는 것이고, '오른쪽'이면 오른쪽으로 가는 것입니다. 또한 에이전트들은 에이전트가 위치해 있는 칸에 정수형의 id가 있는, 완전히 관찰할 수 있는fully observable 이산적인 상태와 관찰 영역을 가지고 있습니다(이 말은 상태와 관찰이 동일하다는 것을 의미합니다). '통로'라는 것은 하나의 행으로 구성된 격자 환경의 특수한 경우를 말합니다. 실제로는 '통로'라고 쓴 것은 '복도'를 의미하기도 합니다. 하지만 이 책에서는 하나의 행으로 구성된 모든 격자 환경을 나타낼 때, '통로'란 용어를 쓰겠습니다.

밴딧 통로는 3개의 상태로 구성되어 있고, 이 중 하나의 상태만 끝나지 않는non-terminal 상태입니다. 이렇게 하나의 끝나지 않는 상태만 갖는 환경을 보통 밴딧 환경이라고 합니다. 여기서 밴딧[1]이란 '한 팔 강도'라고 불리는 슬롯 머신을 의미합니다. 슬롯 머신은 팔 하나만 가지고도, 도박을 좋아하는 사람의 돈을 순식간에 털어버립니다. 마치 강도처럼 말입니다.

밴딧 통로 환경은 단순히 두 개의 행동만 가집니다. 왼쪽(행동 0)과 오른쪽(행동 1)입니다. 밴딧 통로는 결정적인deterministic 전이 함수를 가지고 있습니다. 예를 들어 왼쪽 행동을 취하면 에이전트는 항상 왼쪽으로 이동하고, 오른쪽 행동을 취하면 에이전트는 항상 오른쪽으로 갑니다.

---

1 옮긴이_ 밴딧 문제는 확률 이론이나 머신러닝에서 다뤄지는 문제 중 하나로, 주어진 자원 내에서 얻을 수 있는 보상을 최대화하는 전략을 짜는 것과 관련되어 있습니다. 자세한 내용은 위키피디아(https://en.wikipedia.org/wiki/Multi-armed_bandit)를 참고해보기 바랍니다.

보상 신호의 경우 가장 우측 칸에 도착할 경우 +1 보상을 받고, 아니면 0 보상을 받습니다. 그리고 에이전트는 중간 칸에서 시작합니다.

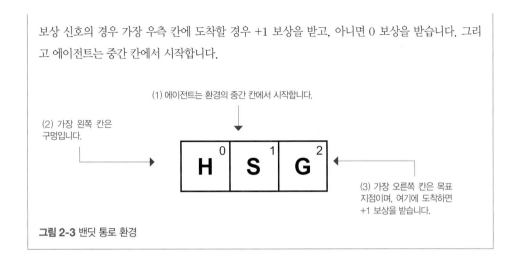

그림 2-3 밴딧 통로 환경

밴딧 통로 환경을 시각적으로 표현하면 다음과 같습니다.

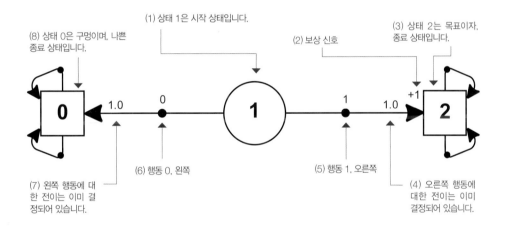

그림 2-4 밴딧 통로에 대한 그래프

여기서 질문들이 있겠지만, 이 장을 통해서 이에 대한 답변을 찾게 될 것입니다. 예를 들어, 종료 상태에서 다시 현재 상태로 전이하는 행동을 가지고 있을까요? 얼핏 보면, 쓸데없어 보이지 않나요? 다른 질문들도 있으실 겁니다. 예를 들어, 환경이 확률적으로 구성되면 어떻게 될까요? 그리고 환경이 '확률적'이라는 것은 무엇을 나타낼까요? 이후를 계속 읽어보시기 바랍니다.

우선 이런 환경을 테이블로 정리해보았습니다.

상태	행동	다음 상태	전이 확률	보상 신호
0(구멍)	0(왼쪽)	0(구멍)	1.0	0
0(구멍)	1(오른쪽)	0(구멍)	1.0	0
1(시작)	0(왼쪽)	0(구멍)	1.0	0
1(시작)	1(오른쪽)	2(목표)	1.0	+1
2(목표)	0(왼쪽)	2(목표)	1.0	0
2(목표)	1(오른쪽)	2(목표)	1.0	0

재미있어 보이죠? 다른 간단한 예제도 살펴보겠습니다.

자세한 예제: 미끄러지는 밴딧 통로

그럼 이제 이 환경을 확률적으로 바꿔보면 어떻게 될까요?

우선 표면이 미끄러워서, 각 행동 별로 20%정도의 확률로 에이전트가 반대 행동을 한다고 가정해 봅시다. 저는 이런 환경을 미끄러지는 밴딧 통로bandit slippery walk(BSW)라고 부릅니다.

미끄러지는 밴딧 통로도 여전히 한 행으로 구성된 격자로 되어 있으며, 단지 오른쪽, 또는 왼쪽으로 가는 행동만 취할 수 있습니다. 다시 말해, 3개의 칸과 2개의 행동이 존재합니다. 이때, 보상은 이전과 동일하게 가장 오른쪽 칸에 도달했을 때 +1 보상을 받고, 나머지는 보상을 받지 않습니다 (여기서 가장 오른쪽 칸에서 제자리 걸음을 하는 것은 보상을 받지 않습니다). 하지만, 이제 전이 함수가 다릅니다. 여기서는 80%의 확률로 에이전트가 의도한 대로 움직이고, 20%의 확률로 의도한 것과 반대 방향으로 움직입니다. 이런 환경에 대한 묘사는 다음과 같이 할 수 있습니다.

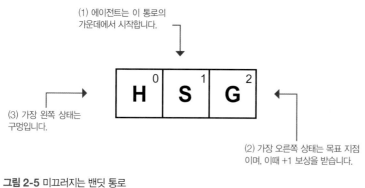

그림 2-5 미끄러지는 밴딧 통로

흥미롭게도 이전에 보았던 밴딧 통로 환경과 거의 동일합니다. 그러면 행동이 확률적^{stochastic}이라는 것은 어떻게 알 수 있을까요? 이 문제에서 '미끄러움'은 어떻게 표현할 수 있을까요? 이때 그림과 표를 이용하면 이해할 수 있습니다.

미끄러지는 밴딧 통로에 대한 그래프 표현은 다음과 같이 나타낼 수 있습니다.

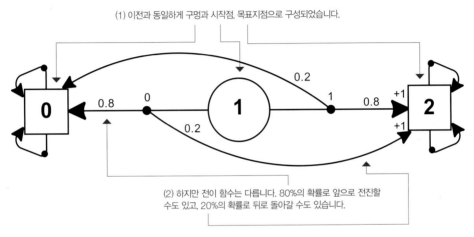

그림 2-6 미끄러지는 밴딧 통로에 대한 그래프

전이 함수는 어떻게 바뀌었을까요? 이제 미끄러지는 밴딧 통로는 확률적인 전이 함수를 가지게 됩니다. 그러면 이 환경을 아래와 같이 표로 나타내겠습니다.

표 2-2 표로 나타낸 상태 전이

상태	행동	다음 상태	전이 확률	보상 신호
0(구멍)	0(왼쪽)	0(구멍)	1.0	0
0(구멍)	1(오른쪽)	0(구멍)	1.0	0
1(시작)	0(왼쪽)	0(구멍)	0.8	0
1(시작)	0(왼쪽)	2(목표)	0.2	+1
1(시작)	1(오른쪽)	2(목표)	0.8	+1
1(시작)	1(오른쪽)	0(구멍)	0.2	0
2(목표)	0(왼쪽)	2(목표)	1.0	0
2(목표)	1(오른쪽)	2(목표)	1.0	0

우리는 환경이 이산적인 상태와 행동 영역을 가지거나 혹은 한 열로 구성된 복도만 돌아다녀야 하거나 혹은 밴딧(다음 장에서 자세하게 다룰 예정)만 움직인다거나, 아니면 격자 공간만 움직여야 한다는 제한을 둘 필요는 없습니다. 현재의 환경을 MDP로 표현하는 것은 불확실성상

표 2-3 MDP가 내재되어있는 다양한 환경들

설명	관찰 영역	샘플링한 관찰
핫 콜드 게임: 힌트를 이용해서 숫자를 맞추는 환경	0–3 사이의 정수입니다. 0은 숫자를 고르지 않은 상태이고, 1은 원하는 숫자보다 낮은 상태이며, 2는 원하는 숫자를 맞춘 상태 그리고 3은 원하는 숫자보다 높은 상태를 뜻합니다.	2
카트폴: 카트위에 있는 폴의 균형을 맞추는 환경	[−4.8, −inf, −4.2, −inf] 부터 [4.8, inf, 4.2, inf] 사이의 값을 가지는 4개의 요소로 구성된 벡터입니다. 첫 번째 요소는 카트의 위치이며, 두 번째 요소는 카트의 속도, 세 번째는 라디안으로 표현된 폴의 각도, 마지막으로 네 번째는 폴 끝부분의 속도입니다.	[−0.16, −1.61, 0.17, 2.44]
루나랜더: 착륙 지점에 우주선을 착륙시키는 환경	[−inf, −inf, −inf, −inf, −inf, −inf, 0, 0] 부터 [inf, inf, inf, inf, inf, inf, 1, 1] 사이의 값을 가지는 8개의 요소로 구성된 벡터입니다. 첫 번째 요소는 x 좌표, 두 번째는 y 좌표, 세 번째는 x좌표의 속도, 네 번째는 y좌표의 속도, 다섯 번째는 우주선이 꺾인 각도, 여섯 번째는 각속도 그리고 마지막 두 가지 요소는 우주선에 붙은 발이 착륙지점에 닿는지 나타내는 이진값입니다.	[0.36, 0.23, −0.63, −0.10, −0.97, −1.73, 1.0, 0.0]
퐁: 상대방에게 공을 넘기고, 공이 자신을 지나가는 것을 피하는 환경	(210, 160, 3)의 형태를 가지는 텐서입니다. 각 값은 0 부터 255사이의 값을 가지고, 게임 이미지의 프레임을 나타냅니다.	[[[246, 217, 64], [55, 184, 230], [46, 231, 179], . . ., [28, 104, 249], [25, 5, 22], [173, 186, 1]], . . .]]
휴머노이드: 로봇이 넘어지지 않고, 빠르게 뛸 수 있는 환경	(구현하기에 따라서는 더 늘어날 수도 있지만, 일반적으로는) 44개의 요소로 구성된 벡터입니다. 이때 각 값의 범위는 −inf부터 inf까지이며, 각 값은 로봇에 부착된 관절의 위치와 속도를 나타냅니다.	[0.6, 0.08, 0.9, 0. 0, 0.0, 0.0, 0.0, 0.0, 0.045, 0.0, 0.47, . . . , 0.32, 0.0, −0.22, . . . , 0.]

에 놓인 복잡하고 연속적인 의사 결정을 해야 하는 문제를 모델링할 때 놀라울 만큼이나 강력하고 직관적인 방법입니다.

MDP로 표현할 수 있는 환경의 예시는 몇 가지 더 있습니다.

행동 영역	샘플링한 행동	보상 함수
−2000.0부터 2000.0 사이의 소수점 값이며, 이때 이 소수점 값은 에이전트가 생각하는 값을 말합니다.	−909.37	보상은 에이전트가 원하는 숫자를 맞춘 확률을 제곱한 값입니다.
0에서 1사이의 정수 범위를 가집니다. 이때 0은 카트를 왼쪽으로 미는 행동이고, 1은 카트를 오른쪽으로 미는 행동입니다.	0	보상은 종료 스텝을 포함해서 매 스텝마다 1을 받게 됩니다.
0부터 3사이의 정수 범위를 가집니다. 각 값은 무동작, 왼쪽 엔진 제어, 메인 엔진 제어, 오른쪽 엔진 제어를 나타냅니다.	2	착륙 지점에 도달할 경우 200의 보상을 받습니다. 또한 착륙 지점의 윗부분으로 움직일 때에 대한 보상, 충돌에 대한 보상, 각 발이 지면에 닿았는지에 대한 보상 그리고 엔진을 제어하는 것에 대한 보상도 존재합니다.
0부터 5 사이의 정수 범위를 가집니다. 행동 0은 무동작이고, 1은 발사, 2는 위로 이동하는 동작, 3은 오른쪽, 4는 왼쪽, 5는 아래로 이동하는 행동입니다. 몇몇 행동은 게임에 영향을 주지 못한다는 점을 알아둬야 합니다. 실제게임에서는 위, 아래로만 움직이거나, 움직이지 않는 행동만 취할 수 있습니다.	3	공이 상대방을 지나갔을 때는 1의 보상을 받고, 반대로 공이 자신을 지나갔을 경우에는 −1의 보상을 받습니다.
17개의 요소로 구성된 벡터이며, −inf부터 inf 사이의 값을 가집니다. 각 값은 로봇의 각 관절에 적용할 수 있는 외력을 나타냅니다.	[−0.9, −0.06, 0.6, 0.6, 0.6, −0.06, −0.4, −0.9, 0.5, −0.2, 0.7, −0.9, 0.4, −0.8, −0.1, 0.8, −0.03]	자연스러운 보행을 가르칠 수 있도록 약간의 패널티가 가해진, 전진 동작을 기반으로 계산한 값을 보상으로 활용합니다.

이 표에는 전이 함수가 포함되어 있지 않습니다. 그 이유는 특정 환경에 대한 다이나믹스[2]가 구현된 코드를 찾고자 할 때, 어떤 환경들은 그런 부분을 쉽게 확인할 수 없기 때문입니다. 예를 들어서, 카트폴Cart Pole 환경에서의 전이 함수는 카트와 폴의 질량과 간단한 물리 수식이 구현된 작은 파이썬 파일 안에 있지만, 퐁과 같은 아타리 게임의 다이나믹스는 아타리 에뮬레이터와 각 게임이 들어있는 ROM 파일 안에 숨겨져 있습니다.

여기서 우리가 깨달아야 하는 것은 환경이 에이전트의 행동에 대해서 어떠한 방법으로든, 심지어 에이전트의 행동을 무시하는 방법으로 '반응'한다는 사실입니다. 결과적으로 말하자면, 모든 환경에는 무언가 불확실한 내부적인 과정이 존재합니다(이번 장과 다음 장을 제외하고 말입니다). MDP에 놓여진 환경에서 상호작용하는 능력을 표현하기 위해서는 상태와 관찰, 행동, 전이 함수 그리고 보상 함수가 필요합니다.

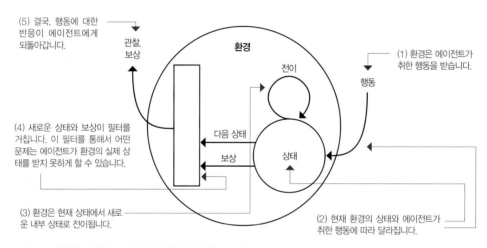

그림 2-7 에이전트의 행동과 연결되어 환경에서 일어나는 과정

2.1.4 에이전트와 환경 간의 상호작용 사이클

보통 환경은 잘 정의된 업무task를 가집니다. 이 업무의 목표는 보상 신호를 통해서 정의됩니다. 이때, 보상 신호는 밀집dense되어 있을 수도 있고, 부족sparse할 수도 있고, 어쩌면 중간의 형태를

---

2 옮긴이_ 다이나믹스는 역학에서 파생된 용어로써, 어떤 물리적인 요소가 외부의 자극에 따라 밖으로 반응이 표출되는 과정에서 발생하는 모든 정보들을 말합니다.

띌 수도 있습니다. 환경을 설계할 경우, 보상 신호가 바로 에이전트를 원하는 방식대로 학습시키는 수단이 됩니다. 보상 신호가 밀집되어 있을수록, 에이전트의 직관성과 학습속도가 높아지지만, 에이전트에게 편견bias을 주입하게 되어, 결국 에이전트가 예상하지 못한 행동을 할 가능성은 적어지게 됩니다. 반면, 보상 신호가 적을수록 직관성이 낮아져 에이전트가 새로운 행동을 취할 확률이 높아지지만, 그만큼 에이전트를 학습시키는데 시간이 더 많이 걸리게 될 것입니다.

에이전트와 환경 간의 상호작용은 수 사이클 동안 진행됩니다. 이때, 각 사이클을 **타임 스텝**time step이라고 부릅니다. 타임 스텝은 시간의 단위이며, 1밀리초, 1초, 1.2563초, 1분, 하루, 일정 시간이 될 수도 있습니다.

각 타임 스텝마다 에이전트는 환경을 관찰하고, 행동을 취하며, 새로운 관찰과 보상을 받습니다. 유념할 부분은 보상으로 음의 값을 받는다고 하더라도, 여전히 강화학습 세계에서는 보상을 받는다고 표현하는 부분입니다. 관찰(또는 상태), 행동, 보상 그리고 새로운 관찰(또는 새로운 상태)를 합쳐서 **경험 튜플**experience tuple이라고 부릅니다.

에이전트가 해결하고자 하는 업무는 자연적으로 끝날 수도, 그렇지 않을 수도 있습니다. 게임과 같이 자연적으로 끝나는 업무를 **에피소드형 업무**episodic task라고 합니다. 그리고 앞으로 전진하는 동작과 같이 자연적으로 끝나지 않는 업무를 **연속형 업무**continuing task라고 합니다. 에피소드형 업무에서 처음 시작부터 끝까지의 타임 스텝을 **에피소드**episode라고 부릅니다. 에이전트는 업무를 해결하기 위해서 여러 타임 스텝과 에피소드가 소요됩니다. 단일 에피소드 동안 수집된 보상의 총합을 **반환값**return이라고 합니다. 에이전트는 보통 반환값을 최대화하게끔 설계됩니다. 연속형 업무에서는 타임 스텝에 대한 제한이 있는 경우도 있어서, 이 경우 연속형 업무는 에피소드형 업무를 바꿀 수 있고, 에이전트는 반환값을 최대화시킬 수 있게 됩니다.

모든 경험 튜플은 학습하고 성능을 향상시킬 기회를 가지고 있습니다. 이때 에이전트는 학습을 보조하기 위한 한 개 이상의 요소들을 가지고 있습니다. 또한 관찰과 행동 간의 관계를 나타내는 정책policy을 학습하도록 설계될 수 있습니다. 기존의 관찰과 새로운 관찰/보상의 관계를 나타내는 모델model을 학습하도록 설계될 수 있습니다. 그리고 가치 함수value function라고 불리는, 관찰(행동이 덧붙여지는 경우도 포함)과 예정 보상reward-to-go(반환값의 일부)간의 관계를 학습하도록 설계될 수도 있습니다.

이 장의 나머지 부분에서는 에이전트와 상호작용을 잠시 배제하고, 환경과 내부에 존재하는

MDP를 자세하게 다루겠습니다. 3장에서는 에이전트는 존재하지만, 환경과의 상호작용이 없는 상황을 고려합니다. 그 이유는 에이전트가 MDP에 대한 정보에 접근할 수 있는 경우, 상호작용을 수행할 필요가 없기 때문입니다. 4장에서는 에이전트가 MDP에 접근할 수 있는 권한을 제거하고, 공식에 상호작용 정보를 추가하는 환경을 다룹니다. 하지만 앞에서 살펴본 단일 상태 환경(밴딧 통로)를 예로 들겠습니다. 5장은 MDP에 대한 정보를 알 수 없는 에이전트가, 상태를 여러 개 가진 환경에서 반환값을 예측 방법을 학습하는 과정을 살펴봅니다. 6장과 7장은 행동을 최적화하는 작업에 대한 내용으로, 이제야 비로소 완전한 강화학습 문제를 다루게 됩니다. 5, 6, 7장 모두 함수 근사화가 필요하지 않은 환경에서 에이전트가 학습하는 법에 대해 설명합니다. 그리고 난 후, 책의 나머지 부분에서는 신경망을 사용해 에이전트를 학습시키는 방법에 관한 내용을 담았습니다.

2.2 MDP: 환경의 엔진

지금까지 배웠던 요소를 바탕으로 몇 가지 환경에 대한 MDP를 구축해봅시다. 지금부터 문제의 정의로부터 MDP를 나타낼 수 있는 파이썬 딕셔너리를 만들겠습니다. 그리고 다음 장에서는 MDP에서의 계획planning을 위한 알고리즘을 공부할 것입니다. 이런 방법들은 MDP에 대한 해를 제공해서 이 장에서 소개되는 모든 문제에 대한 최적의 해를 찾을 수 있도록 도와줄 것입니다.

스스로 환경을 만들 수 있는 능력은 중요한 기술입니다. 물론, 다른 사람이 미리 MDP를 만들어 놓은 환경을 찾을 수도 있습니다. 또한 환경에 대한 다이나믹스가 시뮬레이션 엔진 안에 숨겨져 있거나, 자세하게 확인하기에는 너무 복잡한 경우도 있습니다. 어떤 다이나믹스는 실제 환경에서는 접근도 안되고, 감쳐져 있는 경우도 있습니다. 실제로 강화학습 에이전트는 강건한 행동에 대해서 학습하기 위해 문제에 대한 정확한 MDP를 알 필요는 없지만, 일반적으로 MDP에 대해서 아는 것은 설계하는 사람 입장에서는 필수적인 요소입니다. 왜냐하면 에이전트들은 보통 MDP에 접근할 수 없더라도, 그 MDP 안에서 동작한다고 가정하고 설계되기 때문입니다.

자세한 예제: 프로즌 레이크 환경

이 장에서는 MDP를 만들기 위해 **프로즌 레이크**$^{frozen\ lake}$(FL)라는 새로운 환경을 소개합니다.

프로즌 레이크는 간단한 격자 환경입니다. 이전에 봤던 밴딧 통로와 동일하게 이산적인 상태 영역과 행동 영역을 가집니다. 하지만 이번에는 취할 수 있는 행동이 4가지입니다. 왼쪽이나 아래쪽, 오른쪽, 위쪽으로 이동할 수 있습니다.

프로즌 레이크 환경에서의 작업은 앞에서 봤던 밴딧 통로 환경과 미끄러지는 밴딧 통로 환경과 유사합니다. 최대한 구멍에 떨어지지 않고, 시작 지점에서 목표 지점까지 도달하는 것입니다. 도전 과제도 미끄러지는 밴딧 통로 환경과 유사합니다. 프로즌 레이크 환경의 표면은 미끄럽습니다. 이 때문에 '프로즌 레이크'라고 부르기도 합니다. 그러면 프로즌 레이크를 묘사한 그림을 살펴봅시다.

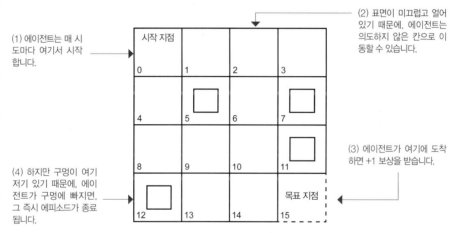

그림 2-8 프로즌 레이크 환경

프로즌 레이크는 4×4 크기의 격자입니다(총 16개의 칸으로 되어 있고, 칸별로 id가 0부터 15까지 정해져 있습니다). 에이전트는 매 새로운 에피소드마다 시작칸에 나타납니다. 목표칸에 도달하면 +1 보상을 받고, 나머지 경우에는 보상을 받지 않습니다. 표면이 미끄럽기 때문에, 에이전트는 1/3의 확률로만 의도한대로 움직입니다. 나머지는 각각 1/3의 확률로 의도한 것과 수직인 방향으로 이동합니다.

예를 들어 에이전트가 아래쪽으로 움직이고자 할 경우 33.3%의 확률로는 아래로 가겠지만 33.3% 의 확률로 왼쪽으로 갈 수도 있고 33.3%의 확률로 오른쪽으로 갈 수도 있습니다. 그리고 호수 주변에는 테두리가 있습니다. 그래서 만약 에이전트가 이 격자 공간 바깥으로 이동하려고 하면, 움직이고자 하는 하는 방향의 반대 방향으로 튕겨 나갈 것입니다. 호수에는 총 4개의 구멍이 있고, 에이전트가 만약 이 구멍 중 하나에 빠지면, 게임은 종료됩니다.

이 환경의 다이나믹스를 표현할 준비가 되셨나요? 여기에 묘사된 MDP를 표현하기 위해서는 파이썬 딕셔너리가 필요합니다. 그러면 MDP를 만들어봅시다.

2.2.1 상태: 환경의 특정한 설정들

상태state는 문제에 포함되어 있는 독특하고, 자기 자신만의 설정이 담긴 요소입니다. 모든 가능한 상태들을 **상태 영역**state space이라고 표현하고, 집합 S라고 나타냅니다. 이 상태 영역은 유한할 수도 있고, 무한할 수도 있습니다. 하지만 이 상태 영역과 단일 상태를 나타내는 변수들의 집합과는 다른 개념이라는 것을 알고 있어야 합니다. 단일 상태를 나타내는 변수들의 집합은 항상 유한해야 하고, 상태와 상태 간의 크기가 정해져 있어야 합니다. 결국 상태 영역이란 집합에 대한 집합입니다. 내부 집합은 상태를 표현하는 변수들의 개수를 포함해야 하기 때문에 항상 같은 값을 가지고 유한해야 합니다. 하지만 바깥쪽 집합은 내부 집합에 포함된 요소들의 형태에 따라서 무한할 수도 있습니다.

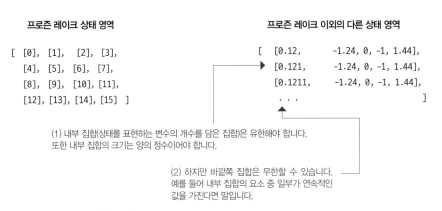

프로즌 레이크 상태 영역

```
[ [0],  [1],  [2],  [3],
  [4],  [5],  [6],  [7],
  [8],  [9],  [10], [11],
  [12], [13], [14], [15]  ]
```

프로즌 레이크 이외의 다른 상태 영역

```
[ [0.12,     -1.24, 0, -1, 1.44],
  [0.121,    -1.24, 0, -1, 1.44],
  [0.1211,   -1.24, 0, -1, 1.44],
  . . .                          ]
```

(1) 내부 집합(상태를 표현하는 변수의 개수를 담은 집합)은 유한해야 합니다.
또한 내부 집합의 크기는 양의 정수이어야 합니다.

(2) 하지만 바깥쪽 집합은 무한할 수 있습니다.
예를 들어 내부 집합의 요소 중 일부가 연속적인
값을 가진다면 말입니다.

그림 2-9 상태 영역: 집합의 집합

밴딧 통로 환경과 미끄러지는 밴딧 통로 환경 그리고 프로즌 레이크 환경에서는 상태를 에이전트가 주어진 시간에 어떤 칸에 있는지를 표현하기 위해서 칸의 id를 포함한 단일 변수로 표현합니다. 그렇기 때문에 에이전트가 위치해있는 칸의 id는 이산 변수입니다. 하지만 상태 변수는 어떠한 것도 될 수 있고, 변수들의 집합도 크기가 1보다 클 수 있습니다. 2.124, 2.12456, 5.1, 5.1239458, …의 형태를 갖는 연속 변수이면서 무한한 상태 영역을 표현하는 유클리드 거리가 상태 변수일 수도 있습니다. 또한 상태를 정의하는데 있어, 여러 개의 변수를 사용할 수 있습니다. 예를 들어 x축과 y축 관점에서 목표 지점까지 도달하는데 거쳐야 하는 칸의 개수 같은 값들도 상태가 될 수 있습니다. 단일 상태를 나타내는데 두 개의 변수가 사용될 수도 있습니다. 이 변수들은 이산적일 경우 상태 영역이 유한할 수도 있습니다. 하지만 여러 형태가 결합된 변수도 가질 수 있습니다. 예를 들자면, 이산적인 변수와 연속적인 변수, 이진값을 갖는 변수가 결합한 형태도 가능합니다.

이런 상태 표현을 따라가게 되면, 밴딧 통로 환경과 미끄러지는 밴딧 통로 환경 그리고 프로즌 레이크 환경에서 상태의 크기는 각각 3, 3, 16이 됩니다. 그러면 우리가 각각 3, 3, 16개의 칸이 주어졌을 때, 에이전트는 주어진 시간 내에 어떤 칸이든 갈 수 있다고 하면, 상태 영역에는 각각 3, 3, 16개의 상태를 가지게 됩니다. 여기서 칸별로 왼쪽부터 오른쪽으로, 위에서 아래로 내려가면서 0부터 차례대로 id를 설정할 수 있습니다.

프로즌 레이크에서는 왼쪽부터 오른쪽으로, 위에서 아래로 내려가면서 0부터 15까지의 id를 설정할 수 있습니다. 다른 방식으로 id를 지정할 수도 있습니다. 임의로 지정할 수 있고, 인접한 칸끼리 묶어서 지정할 수 있고, 어떤 방식이건 상관없습니다. 단지 이러한 규칙을 학습하는 동안 일관되게 유지한다면, 잘 동작합니다. 순서대로 id를 지정하는 방법도 적정하고, 잘 동작하므로 여기서는 이 방법을 사용하겠습니다.

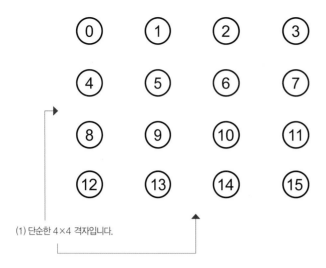

(1) 단순한 4×4 격자입니다.

그림 2-10 타임 스텝에서 에이전트의 위치를 표시하기 위한 id를 포함하는 프로즌 레이크의 상태

MDP의 경우를 고려하면, 상태는 완전히 관찰^{fully observable}할 수 있어야 합니다. 그 말은, 매 타임 스텝마다 내부의 상태를 볼 수 있다는 것이고, 다시 말해, 관찰과 상태가 동일하다는 것을 의미합니다. **부분적으로만 관찰할 수 있는 마르코프 결정 과정**^{partial observable Markov decision processes}(POMDPs)은 관찰에 대한 환경을 모델링하는, 조금 더 일반적인 프레임워크인데, 이때도 관찰은 환경의 내부 상태에 의존하기는 하지만, 딱 에이전트가 관찰할 수 있는 상태에만 해당합니다. 참고로 예제에서 다루는 밴딧 통로 환경, 미끄러지는 밴딧 통로 환경 그리고 프로즌 레이크 환경에서는 MDP를 만들고 있으므로 에이전트는 환경의 내부 상태를 관찰할 수 있습니다.

상태는 다른 상태와 구분될 수 있는 독립적인 형태의 모든 변수를 포함해야 합니다. 프로즌 레이크 환경에서는 에이전트가 다음 타임 스텝에서 갈 수 있는 상태를 알기 위해 현재의 상태만 알고 있으면 됩니다. 그 말은 에이전트가 방문했던 상태에 대한 기록을 모두 가질 필요가 없다는 의미입니다. 단지 상태 2에 있는 에이전트는 상태 1, 3, 6, 또는 2로만 이동할 수 있다는 것만 알고 있으면 되고, 에이전트의 이전 상태가 1, 3, 6, 또는 2였던 것과는 상관없이 이런 정보는 항상 참이 됩니다.

현재 상태와 행동이 주어졌을 때, 다음 상태로 갈 확률은 이전에 상호작용을 하면서 얻은 기록과는 무관합니다. MDP에서의 무기억성^{memoryless} 특성은 **마르코프 특성**^{Markov property}이라고 알려져 있습니다. 이 특성에 따르면 동일한 행동 a를 했을 때, 어떤 상태 s에서 다른 상태 s로 움직일 확률은 이전의 상태나 행동이 어떻게 취해졌는지와 상관없이 항상 같습니다.

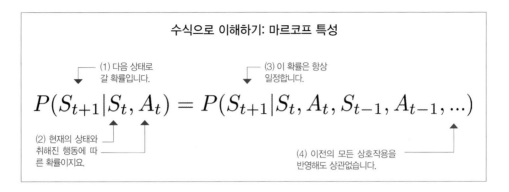

왜 이 부분을 신경쓸까요? 사실 지금까지 살펴본 환경들은 그렇게 명확하지 않고, 중요하지도 않습니다. 하지만 대부분의 강화학습(그리고 심층 강화학습) 에이전트들은 마르코프 가정하에서 잘 동작하도록 설계되었기 때문에, 마르코프 특성이 최대한 잘 유지될 수 있도록 필요한 변수들을 에이전트에게 알려줘야 합니다(물론 마르코프 가정을 완벽하게 따르는 것은 비실용적일뿐더러, 어쩌면 불가능할 것입니다).

예를 들어 우주선이 착륙하는 방법을 학습하도록 에이전트를 설계한다면, 에이전트는 우주선의 위치와 함께 속도도 나타낼 수 있는 모든 변수를 받아야 합니다. 위치 하나만으로는 우주선이 안전하게 착륙시키기에는 충분하지 않기도 하고, 무기억성이라는 특성을 가진다는 점을 생각하면, 에이전트한테는 착륙 지점에서 얼마나 떨어졌는지를 표현하는 x, y, z 좌표 이외에도 더 많은 정보를 제공해야 합니다.

하지만 이미 알고 있다시피 위치 관점에서의 속도와 속도 관점에서의 가속도는 각각 미분계수입니다. 또한 가속도를 구하는 것을 넘어서서 계속 미분계수를 취할 수도 있습니다. MDP가 마르코프 특성을 완벽하게 따르도록 만들기 위해서는 얼마나 깊게 파고들어야 할까요? 어쩌면 이 분야는 과학보다는 예술에 가까울지도 모릅니다. 변수를 더 추가할수록, 에이전트를 학습시키는 시간이 길어질 것이고, 변수가 적다면, 에이전트가 충분하지 않은 정보를 얻을 확률이 높아집니다. 결국 변수의 갯수에 따라서 유용한 정보를 학습하기가 어렵게 됩니다. 우주선 예제에서는 위치와 속도가 적당한 정보겠지만, 격자 환경에서는 에이전트가 위치한 칸의 id만으로도 충분합니다.

MDP에 속하는 모든 상태들의 집합을 S^+라고 하겠습니다. 보통은 **시작 상태**starting state 혹은 **초기 상태**initial state라고 부르는 S^+의 부분집합이 있습니다. MDP와의 상호작용을 시작하면서, 우리는 어떤 S^i에서의 특정 상태에서 어떤 확률 분포 간의 관계를 그릴 수 있습니다. 이때 이 확률 분포는 무엇이든 될 수 있지만, 학습이 이뤄지는 동안에는 고정되어 있어야 합니다. 다시 말해, 이 확률 분포에서 샘플링된 확률은 학습과 에이전트 검증의 처음 에피소드부터 마지막 에피소드까지는 항상 동일해야 한다는 것입니다.

이외에도 **흡수**absorbing 또는 **종료 상태**terminal state라는 특별한 상태가 있고, 종료 상태 이외의 모든 상태들을 S라고 표현합니다. (앞의 예제에서 구멍 상태와 같이) 전이를 통해서 바로 종료 상태로 가는 단일 종료 상태를 만드는 것이 일반적이긴 하지만, 항상 이렇게 구현되는 것은 아닙니다. 다른 예를 살펴보면, 종료 상태가 여러 개인 경우도 존재하며, 이때도 학습이 가능합니다. 종료 상태만 생각대로 구현된다면 동작하는 원리는 상관없습니다.

여기서 '생각대로'라는 말은 어떤 의미일까요? 종료 상태는 특별한 상태입니다. 종료 상태에서 취할 수 있는 모든 가능한 행동들은 100%의 확률로 현재 상태에 머무릅니다. 이때 종료 상태에서 전이되는 행동은 보상을 받지 않아야 합니다.

에피소드 마지막에 0이 아닌 보상을 주는 경우는 매우 흔합니다. 체스 게임을 예로 들면, 여러분은 이길 수도 있고, 질 수도 있고, 어쩌면 비길 수도 있습니다. 이때, 논리적인 보상 신호는 +1, −1 그리고 0으로 표현할 수 있습니다. 사실 이런 정의는 모든 알고리즘이 종료 상태에서 100%의 확률과 0의 보상을 가지는 모든 행동이 존재할 수 있도록 같은 해로 수렴할 수 있게 하기 위한 호환성 규칙일 뿐입니다. 이렇게 정의되지 않는다면, 보상의 총합은 무한으로 발산하고, 알고리즘들이 동작하지 않을 것입니다. 밴딧 통로 환경과 미끄러지는 밴딧 통로 환경에서 이런 종료 상태를 가지고 있던 것을 기억하고 계신가요?

예를 들어, 프로즌 레이크 환경에서는 (상태 0으로 표기된) 시작 상태가 있고, 5개의 종료 상태가 있습니다(아니면 이동을 통해서 종료가 되는 5개의 상태라고 말할 수 있고, 당신이 정의한 어떠한 것이든 될 수 있습니다). 명확하게 하기 위해서, 그림과 코드에 5, 7, 11, 12, 15 라는 여러 개의 종료 상태가 있는 것을 표현했습니다. 다시 말하지만, 각 종료 상태는 분리되어 있습니다.

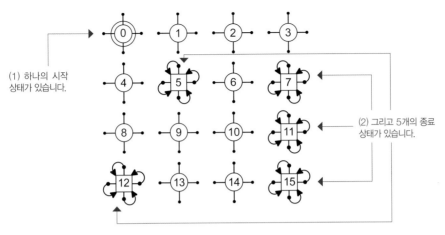

그림 2-11 프로즌 레이크 환경에서의 상태

2.2.2 행동: 환경에 영향을 끼치는 메커니즘

MDP에서는 상태에 따라 결정되는 행동의 집합 A가 정의됩니다. 그 말은 특정 상태에서 허용되지 않는 행동도 있다는 것입니다. 사실 A는 상태를 인자로 받는 함수입니다. 다시 표현하면 $A(s)$입니다. 이 함수는 상태 s에서 취할 수 있는 행동들의 집합을 반환합니다. 만약 필요하다면, 상태 영역에 대한 행동들의 집합을 상수로 정의할 수 있습니다. 이렇게 되면, 모든 상태에서 모든 행동을 취할 수 있습니다. 만약 주어진 상태에서 행동을 수행할 수 없게 만들기 위해서, 이 상태-행동 짝에서의 모든 전이를 0으로 고정할 수 있습니다. 또한 어떤 상태 s와 어떤 행동 a에 대해서 같은 상태 s로 전이될 때의 행동 a를 무간섭$^{no-intervene}$ 혹은 무동작$^{no-op}$ 행동으로 고정시키도록 모든 전이를 정할 수도 있습니다.

상태와 마찬가지로, 행동 영역도 유한하거나 무한할 수도 있고, 단일 행동에 대한 변수들의 집합은 한 개 이상의 요소를 가질 수 있고, 이 수는 유한해야 합니다. 하지만, 상태 변수의 수와는 다르게, 행동을 나타내는 변수의 개수는 상수가 아닐지도 모릅니다. 어떤 상태에서 취할 수 있는 행동은 그 상태에 따라서 달라집니다. 간단하게 말하자면, 대부분의 환경은 모든 상태에서 취할 수 있는 행동의 수는 같도록 설계됐습니다.

환경은 미리 취할 수 있는 모든 행동을 알 수 있도록 만들어져 있습니다. 에이전트는 결정적으로 혹은 확률적으로 이 행동을 선택할 수 있습니다. 이는 에이전트의 행동에 따라서 환경이 결정적으로 또는 확률적으로 상호작용하는 것과 다른 것입니다. 이 두 문장 모두 사실이지만, 에이전트는 조회표$^{lookup\ table}$에서 행동을 결정할 수도, 상태에 따른 확률 분포에서 행동을 결정할 수도 있습니다.

밴딧 통로나 미끄러지는 밴딧 통로 그리고 프로즌 레이크 환경에서의 행동은 에이전트가 움직이고자 하는 방향을 나타내는 단일 개체^{singleton}입니다. 특히 프로즌 레이크에서는 모든 상태에서 취할 수 있는 행동은 위쪽, 아래쪽, 오른쪽, 왼쪽으로 가는 행동 네 가지입니다. 각 행동마다 하나의 변수가 있고, 행동 영역의 크기는 4라고 말할 수 있습니다.

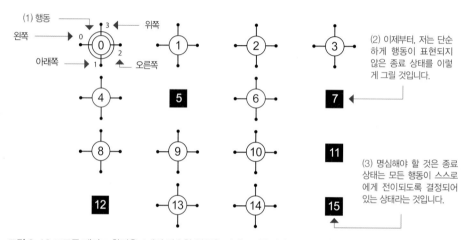

그림 2-12 프로즌 레이크 환경은 4개의 단순한 행동을 가지고 있습니다.

2.2.3 전이 함수: 에이전트의 행동에 대한 결과

행동에 대한 환경의 변화를 정의한 것을 **상태-전이 확률**$^{state-transition\ probability}$ 혹은 간단하게 **전이 함수**라고 하고, $T(s, a, s')$이라고 표현합니다. 이 전이함수 T는 각 전이 튜플인 (s, a, s')을 확률과 연결시켜줍니다. 그 말은 어떤 상태 s에서 행동 a를 취하고 다음 상태가 s'이 되었을 때, 이때의 확률을 반환해준다는 뜻입니다. 전이함수는 $T(s, a)$로 표현하기도 하며, 다음 상태와 상태에 따른 확률을 딕셔너리 형태로 정의하여 반환하기도 합니다.

T라는 함수에 대해서 알아둘 부분은 상태 s에서 행동 a를 취했을 때, 시스템이 어떻게 상호작용을 통해 변화하는지를 확률 분포 $p(\cdot|s, a)$로 나타낼 수 있다는 것입니다. 어떠한 확률 분

포를 띄더라도 다음 상태 s'에 대한 모든 확률을 더하면 1이 됩니다.

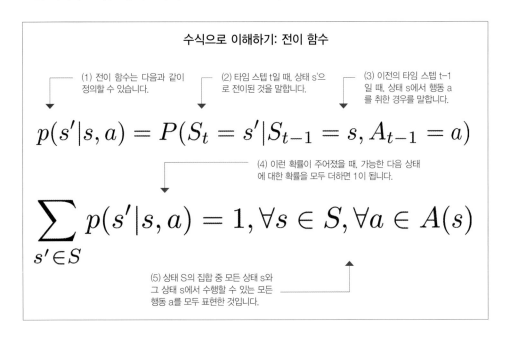

수식으로 이해하기: 전이 함수

(1) 전이 함수는 다음과 같이 정의할 수 있습니다.

(2) 타임 스텝 t일 때, 상태 s'으로 전이된 것을 말합니다.

(3) 이전의 타임 스텝 t-1일 때, 상태 s에서 행동 a를 취한 경우를 말합니다.

$$p(s'|s,a) = P(S_t = s'|S_{t-1} = s, A_{t-1} = a)$$

(4) 이런 확률이 주어졌을 때, 가능한 다음 상태에 대한 확률을 모두 더하면 1이 됩니다.

$$\sum_{s' \in S} p(s'|s,a) = 1, \forall s \in S, \forall a \in A(s)$$

(5) 상태 S의 집합 중 모든 상태 s와 그 상태 s에서 수행할 수 있는 모든 행동 a를 모두 표현한 것입니다.

밴딧 통로 환경은 결정적입니다. 그 말은 주어진 현재 상태 s에서 어떤 행동 a를 취했을 때, 다음 상태 s'으로 갈 확률이 1이라는 뜻입니다. 그래서 가능한 다음 상태가 항상 s'입니다. 반면 미끄러지는 밴딧 통로와 프로즌 레이크 환경은 확률적입니다. 다시 말해, 주어진 현재 상태 s에서 행동 a를 수행했을 때, 다음 상태 s'로 갈 확률이 1보다 작다는 것입니다. 이때 다음 상태 s'의 후보가 여러 개가 됩니다.

수많은 강화학습(이나 심층 강화학습) 알고리즘이 가정하는 핵심 요소 중 하나는 이 분포가 변화가 없는 고정상태stationary라는 것입니다. 다시 말해서, 확률적으로 전이가 발생할 가능성이 높다 하더라도, 이에 대한 확률 분포는 학습하거나 검증하는 동안에는 변화하지 않습니다. 마르코프 가정에서처럼, 이 변화가 없다는 가정은 전체적인 틀을 완화시켜주기도 합니다. 하지만 대부분의 에이전트들이 적어도 변화가 없다는 전제가 깔려있는 환경과 상호 작용을 한다는 것은 중요한 사실입니다.

프로즌 레이크 환경에서는 이미 33.3%의 확률로 의도한 칸으로 이동하고, 66.6%의 확률로 직교 방향으로 이동한다는 사실을 알고 있습니다. 또한 다음 상태가 벽일 경우, 원래 있던 상태로 튕겨 나올 가능성도 존재합니다.

환경에 대한 이해를 명확하게 하기 위해 프로즌 레이크 환경의 0, 2, 5, 7, 11, 12, 13 그리고 15번 상태에서 취할 수 있는 모든 행동에 대한 전이 함수를 표현한 그림을 추가했습니다. 여기에 표현된 상태들의 부분 집합들은 복잡하지 않도록 가능한 모든 이동에 대해서 표현했습니다.

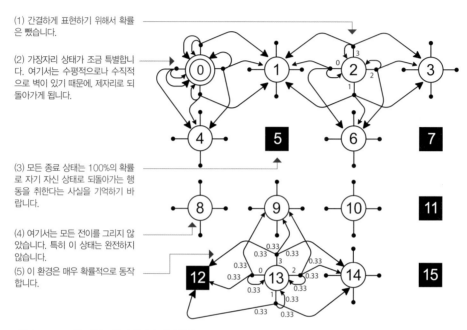

(1) 간결하게 표현하기 위해서 확률은 뺐습니다.

(2) 가장자리 상태가 조금 특별합니다. 여기서는 수평적으로나 수직적으로 벽이 있기 때문에, 제자리로 되돌아가게 됩니다.

(3) 모든 종료 상태는 100%의 확률로 자기 자신 상태로 되돌아가는 행동을 취한다는 사실을 기억하기 바랍니다.

(4) 여기서는 모든 전이를 그리지 않았습니다. 특히 이 상태는 완전하지 않습니다.

(5) 이 환경은 매우 확률적으로 동작합니다.

그림 2-13 프로즌 레이크 환경에서의 전이 함수

헷갈릴 수도 있겠지만, 이런 식으로 한번 생각해보기 바랍니다. 일관성을 위해서, 비종료 상태에서의 모든 행동들은 3가지의 전이로 나눠집니다(물론 가장자리에서의 특정 행동은 2개로만 표현될 수 있겠지만, 일관성을 위해서 3개로 하겠습니다). 하나의 전이는 의도된 칸으로 전이되고, 나머지는 직교 방향의 칸으로 전이됩니다.

2.2.4 보상 신호: 당근과 채찍

보상 함수 R은 전이 튜플 s,a,s'을 특정한 스칼라 값으로 매핑합니다. 이 보상 함수는 전이에 대한 좋고 나쁜 정도를 숫자의 형태로 나타냅니다. 만약 이 신호가 양수라면, 보상을 수익 또는 이득이라고 생각할 수 있습니다. 대부분의 문제는 적어도 한 개 이상의 양수 신호를 가집니다.

예를 들어서 체스에서 이긴다거나, 원하는 목적지에 도달하는 것이 그런 예 중 하나입니다만, 보상은 음수가 될 수도 있습니다. 이런 음수 보상을 비용, 벌칙, 페널티 등으로 볼 수 있습니다. 로보틱스에서는 타임 스텝에 대한 비용을 보상으로 삼는 것이 흔한데, 왜냐하면 로봇이 목표지점에 도달하되, 정해진 타임 스텝까지 도달하는 것을 원하기 때문입니다. 결론은 이 보상이 양수든 음수든 보상 함수의 출력으로 나오는 스칼라 값은 항상 **보상**reward으로 간주됩니다. 강화학습 연구자들은 항상 행복하답니다.

한 가지 중요한 것은 보상 함수가 R(s,a,s')의 형태로 나타낼 수 있다는 것인데, 필요에 따라서는 간략하게 R(s,a)나 R(s)라고도 쓸 수 있습니다. 어떤 때에는 상태에 기반해서 에이전트에게 보상을 주기를 원할 수도 있고, 어떤 경우에는 행동과 상태를 사용하는 것이 더 근거있어 보입니다. 하지만 보상 함수를 표현하는 가장 명확한 방법은 상태와 행동 그리고 다음 상태, 이 세 가지를 함께 쓰는 것입니다. 이를 통해서, R(s,a)를 구하기 위해 R(s,a,s')상에서 갈 수 있는 다음 상태에 대한 여백marginalization을 구할 수도 있고, R(s)를 구하기 위해서 R(s,a)에서 취할 수 있는 행동들에 대한 여백도 계산할 수 있습니다. 하지만 한번 R(s)를 구하게 되면, 이전에 사용했던 R(s,a)나 R(s,a,s')을 복구할 수 없고, 똑같이 R(s,a)를 구하게 되면, 이전의 R(s,a,s')을 복구할 수 없습니다.

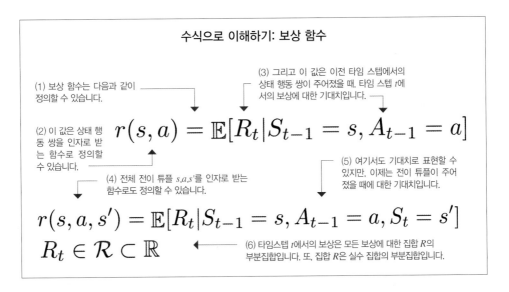

프로즌 레이크 환경에서는 보상 함수가 상태 15에 도달하면 +1을 받고 나머지 상태에 도달했을때 0을 받도록 되어 있습니다. 그림에서 명확하게 설명하기 위해서 최종 상태(상태 15)에

도달했을 때, 0이 아닌 보상을 주는 전이에 대한 보상 신호를 추가했습니다.

상태 15에 도달하는 방법은 3가지가 있습니다. (1) 상태 14에서 오른쪽 행동을 취하면, 33.3%의 확률로 에이전트가 15에 도달할 수 있습니다. 물론 33.3%의 확률로 상태 10, 33.3%의 확률로 상태 14에 도달할 수도 있습니다. 하지만 (2) 14번 상태에서 위쪽으로 가는 행동을 취한다거나 (3) 아래쪽으로 가는 행동도 각 행동 별로 33.3%의 확률로 에이전트를 의도치 않게 상태 15에 도달하게 만들 수 있습니다. 행동과 전이의 차이에 대해서 파악했나요? 이렇게 확률적인 요소가 문제를 복잡하게 만드는 것도 흥미롭지 않나요?

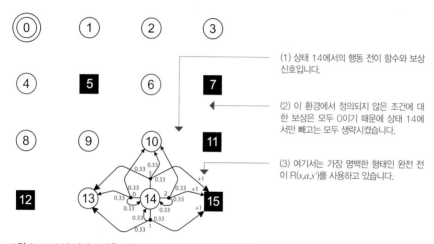

(1) 상태 14에서의 행동 전이 함수와 보상 신호입니다.

(2) 이 환경에서 정의되지 않은 조건에 대한 보상은 모두 0이기 때문에 상태 14에서만 빼고는 모두 생략시켰습니다.

(3) 여기서는 가장 명백한 형태인 완전 전이 $R(s,a,s')$를 사용하고 있습니다.

그림 2-14 0이 아닌 보상을 받는 전이에 대한 상태별 보상 신호

전이와 보상 함수에 대한 관계를 표 형태로 표현하는 것도 유용합니다. 다음 표는 제가 대부분의 문제에서 추천하는 표 형태입니다. 여기서는 예제를 묘사하기 위해서 표 안에 각 전이에 대한 값을 행으로 추가시켰습니다. 또한 이전에 언급했던 것처럼, 이런 전이 중 몇몇(예를 들어 가장자리 칸)은 그룹으로 묶을 수 있습니다.

표 2-4 표로 나타낸 상태 전이

상태	행동	다음 상태	전이 확률	보상 신호
0	왼쪽	0	0.33	0
0	왼쪽	0	0.33	0
0	왼쪽	4	0.33	0

상태	행동	다음 상태	전이 확률	보상 신호
0	아래	0	0.33	0
0	아래	4	0.33	0
0	아래	1	0.33	0
0	오른쪽	4	0.33	0
0	오른쪽	1	0.33	0
0	오른쪽	0	0.33	0
0	위	1	0.33	0
0	위	0	0.33	0
0	위	0	0.33	0
1	왼쪽	1	0.33	0
1	왼쪽	0	0.33	0
1	왼쪽	5	0.33	0
1	아래	0	0.33	0
1	아래	5	0.33	0
1	아래	2	0.33	0
1	오른쪽	5	0.33	0
1	오른쪽	2	0.33	0
1	오른쪽	1	0.33	0
2	왼쪽	1	0.33	0
2	왼쪽	2	0.33	0
2	왼쪽	6	0.33	0
2	아래	1	0.33	0
…	…	…	…	…
14	아래	14	0.33	0
14	아래	15	0.33	1
14	오른쪽	14	0.33	0
14	오른쪽	15	0.33	1
14	오른쪽	10	0.33	0
14	위	15	0.33	1
14	위	10	0.33	0

상태	행동	다음 상태	전이 확률	보상 신호
...	...	...	...	...
15	왼쪽	15	1.0	0
15	아래	15	1.0	0
15	오른쪽	15	1.0	0
15	위	15	1.0	0

2.2.5 호라이즌: 이상적인 방향으로의 시간의 변화

MDP에서는 시간을 표현할 수 있습니다. 타임 스텝 혹은 에포크^{epoch}, 사이클^{cycle}, 반복 횟수^{iteration}라고 표현할 수 있는 이 개념은 각 집합과 이산적인 시간 사이를 동기화 시켜주는 전역적인 시계입니다. 이 시계를 가지고 있는지 여부는 업무의 종류를 구분짓는 요소이기도 합니다. **에피소드형**^{episodic} 업무는 시계가 멈추거나 에이전트가 종료 상태에 도달하는 등 유한한 타임 스텝을 가지고 있는 업무를 말합니다. 이외에도 연속적 업무도 있는데, 이는 업무가 계속 지속되는 경우를 말합니다. 여기에는 종료 상태도 없기 때문에 타임 스텝이 무한합니다. 이런 종류의 업무에서는 에이전트를 임의로 멈춰줘야 합니다.

에피소드형 업무나 연속적 업무는 에이전트의 관점에서도 정의할 수 있습니다. 이것을 **계획 호라이즌**$^{planning\ horizon}$이라고 합니다. **유한 호라이즌**$^{finite\ horizon}$은 에이전트가 유한한 타임 스텝내에 업무가 종료된다는 것을 알고 있는 계획 호라이즌입니다. 예를 들어서 우리가 에이전트를 프로즌 레이크 환경에서 15스텝 내에 달성시킨다는 것도 좋은 예시입니다. 이런 호라이즌 계획 중 특수한 경우는 **탐욕 호라이즌**$^{greedy\ horizon}$인데, 이는 계획 호라이즌이 1인 경우를 말합니다. 앞에서 소개했던 밴딧 통로 환경이나 미끄러지는 밴딧 통로 환경은 탐욕 계획 호라이즌$^{greedy\ planning\ horizon}$인데, 이때 에피소드는 한 번 상호작용이 발생하면 종료됩니다. 사실 모든 밴딧과 관련된 환경은 탐욕 호라이즌을 가집니다.

이와 반대로 **무한 호라이즌**$^{infinite\ horizon}$은 에이전트한테 미리 정의된 타임 스텝에 대한 제한이 없어, 에이전트가 무한하게 계획할 수 있습니다. 업무가 에피소드로 되어 있어 결국에는 종료가 된다고 하더라도, 에이전트의 관점에서 보면, 에이전트가 가질 수 있는 계획 호라이즌은 무한할 수 있습니다. 이렇게 무한한 계획 호라이즌을 가지는 업무를 **무기한 호라이즌 업무**^{indefinite}

horizon task라고 부릅니다. 에이전트는 무한정으로 계획할 수 있지만, 상호작용은 환경에 의해서 어느 시점에서든 멈출 수 있습니다.

에이전트가 루프에 빠질 가능성이 높아서 절대 종료되지 않는 업무에서는 타임 스텝을 기반으로 임의의 종료 상태를 추가하는 방법이 많이 쓰입니다. 이를테면 전이 함수를 사용해서 타임 스텝 제한을 걸 수도 있습니다. 이런 경우에는 타임 스텝 제한에 걸려서 종료되는 상태를 다루는 특수한 방법이 필요합니다. 8장과 9장, 10장에서의 환경과 카트폴 환경이 이와 같이 임의의 종료 스텝을 가지고 있고, 해당 장에서 이런 특수한 경우를 다루는 방법을 배우게 될 것입니다.

밴딧 통로, 미끄러지는 밴딧 통로 그리고 프로즌 레이크 환경은 에피소드형 업무인데, 왜냐하면 이 환경들은 명확한 목표 지점과 실패 지점이라는 종료 상태가 있기 때문입니다. 프로즌 레이크 환경은 무한 계획 호라이즌이어서, 에이전트가 무한정 계획을 할 수는 있지만, 상호작용은 어느 시점에서든 멈출 수 있습니다. 프로즌 레이크 환경은 매우 확률적이어서 자연적으로 끝날 확률이 높으므로 타임 스텝 제한을 추가하지 않을 겁니다. 강화학습에서는 이런 경우가 가장 흔합니다.

에피소드형 업무에서 시작부터 끝까지의 연속적인 타임 스텝을 **에피소드**episode, **시도**trial, **주기**period, **단계**stage라고 표현합니다. 무한 계획 호라이즌 상에서의 에피소드는 초기 상태와 종료 상태 사이에 발생한 모든 상호작용을 모아둔 집합입니다.

2.2.6 감가: 불확실한 미래에 대한 가치 절감

무한 호라이즌 업무에서의 연속된 타임 스텝이 무한할 수 있기 때문에, 시간에 따라 보상의 가치를 줄일 수 있는 방법이 필요합니다. 다시 말해, 에이전트에게 이후의 일보다는 금방 일어날 일에 가치를 더 줄 수 있는 방법이 필요합니다. 보통은 미래에 얻을 수 있는 보상의 가치를 기하급수적으로 줄이기 위해서 1보다 작은 양의 실수를 사용합니다. 우리가 받았던 보상의 시점이 미래로 더 멀어질수록, 현재 시점에서는 이에 대한 가치를 더 낮게 평가합니다.

이 수치를 **감가율**discount factor 혹은 **감마**gamma라고 부릅니다. 감가율은 시간에 따라 보상의 중요도를 조절합니다. 보상을 더 늦게 받을수록 현재의 가치를 계산할 때는 영향력이 적어지게 됩니다. 이 감가율을 자주 사용하는 또 다른 중요한 이유는 예측된 반환값에 대한 분산을 줄이기 위해서입니다. 미래가 불확실하다는 것을 알고 있을 때, 더 먼 미래를 살펴볼수록, 확률적인 성향이 누적되어, 결국에는 우리가 예측할 가치가 더 넓게 분산될 가능성이 있는데, 감가율을 사용하면 미래의 보상이 예측된 가치 함수에 끼치는 영향의 정도를 낮춰줌으로써, 대부분의 에이전트들이 안정적으로 학습될 수 있도록 해줍니다.

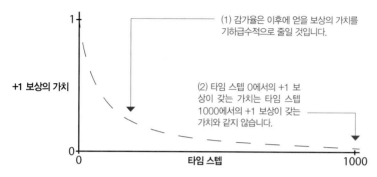

그림 2-15 보상의 가치에 관한 시간과 감가율 간의 관계

흥미롭게도, 감마는 MDP 정의의 일부분입니다. 에이전트가 아닌, 문제 내에서 말입니다. 하지만 주어진 환경에서 감가율을 사용할 때 적정한 감마의 값에 대한 도움을 거의 받지 못할 것입니다. 다시 말하지만, 감마도 분산을 줄일 수 있는 하이퍼파라미터로 쓰이기 때문에, 에이전트가 이를 설정할 수 있도록 남겨둡니다.

감마를 에이전트에게 현재 상태에 대한 '긴급성urgency'에 대한 정보를 주는 용도로 사용할 수 있습니다. 빠른 이해를 위해 이 책을 다 읽으면 제가 $1,000을 준다고 가정해봅시다. 대신 매일 0.5의 감가율로 보상을 줄이겠습니다. 이 말은 매일 상금을 반으로 줄이겠다는 뜻입니다. 그러면 아마 여러분은 오늘 이 책을 다 읽을겁니다. 만약 제가 감마를 1로 설정했다면, 책을 언제 다 읽었는지 상관없이 항상 $1,000을 받게 됩니다.

밴딧 통로 환경이나 미끄러지는 밴딧 통로 환경에서는 감마를 1로 설정하는 것이 적당합니다. 프로즌 레이크 환경에서는 대신 많이 사용되는 0.99를 감마로 설정하겠습니다.

수식으로 이해하기: 감가율

(1) 한 에피소드 동안 모은 모든 보상의 총합을 반환값이라고 합니다.

$$G_t = R_{t+1} + R_{t+2} + R_{t+3} + ... + R_T$$

(2) 하지만 여기서도 감가율을 사용하여, 감가된 반환값을 구할 수 있습니다.
감가된 반환값에서는 에피소드동안 발생할 미래 보상에 대한 비중을 낮춥니다.

$$G_t = R_{t+1} + \gamma R_{t+2} + \gamma^2 R_{t+3} + ... + \gamma^{T-1} R_T$$

(3) 이와 같이 일반적인 형태의 공식으로
위의 식을 간단하게 할 수 있습니다.

$$G_t = \sum_{k=0}^{\infty} \gamma^k R_{t+k+1}$$

(4) 이렇게 재귀되는 형태를 보기 바랍니다.
다음 장에서 이 형태를 다루게 될 것입니다.

$$G_t = R_{t+1} + \gamma G_{t+1}$$

2.2.7 MDP의 확장된 형태

우리가 이전에 살펴봤던 것처럼 MDP를 확장시킨 형태들이 많이 있습니다. 이를 통해서 강화학습 문제에 다양하게 적용해볼 수 있습니다. 아래에 나와있는 것들이 모든 것을 담고 있지는 않지만, 적어도 이 분야가 얼마나 넓은지는 알 수 있을 것입니다. 참고로 MDP라는 단어는 MDP의 확장된 형태를 표현할 때 많이 사용됩니다. 여기서는 그 중 일부분만 보고 있는 것입니다.

- **부분적으로 관찰 가능한 마르코프 결정 과정**partial observable Markov decision process(POMDP): 에이전트가 환경 상태를 전부 관찰하지 못하는 경우
- **가중치가 가해진 마르코프 결정 과정**factored Markov decision process(FMDP): 전이 함수와 보상 함수에 대한 표현을 간략히 하여, 더 큰 MDP를 표현할 수 있는 경우
- **시간 · 행동 · 상태 연속적인 마르코프 결정 과정**continuous Markov decision process: 시간, 행동, 상태 혹은 이 복합적인 요소들이 연속적일 경우
- **관계적 마르코프 결정 과정**relational Markov decision process (RMDP): 확률론적 지식과 관계형 지식이 합쳐진 경우
- **부분 마르코프 결정 과정**semi Markov decision process(SMDP): 목표를 달성하는데 여러 타임 스텝이 필요한 추상적인 행동들을 포함하는 경우
- **다중 에이전트 마르코프 결정 과정**multi-agent Markov decision process(MMDP): 같은 환경에서 여러 에이전트가 포함된 경우

- **탈중앙화된 마르코프 결정 과정**decentralized Markov decision process(Dec−MDP): 여러 에이전트가 협업하여 동일
  보상을 최대화시키는 경우

코드 2-1 밴딧 통로 환경에서의 MDP

```
P = {
          ┌──── (1) 외부 딕셔너리의 키는 상태를 나타냅니다.
    0: {
              ┌──── (2) 내부 딕셔너리의 키는 행동을 나타냅니다.
        0: [(1.0, 0, 0.0, True)],
        1: [(1.0, 0, 0.0, True)]
                        ↑──────── (3) 내부 딕셔너리의 값은 상태-행동 쌍에서 나올
    },                              수 있는 모든 전이를 표현한 리스트입니다.
    1: {
        0: [(1.0, 0, 0.0, True)],
        1: [(1.0, 2, 1.0, True)]
    },
    2: {

        0: [(1.0, 2, 0.0, True)],              (4) 전이 튜플은 4가지 값을 가집니다.
        1: [(1.0, 2, 0.0, True)]               전이에 대한 확률,
                                               다음 상태,
    }                                          보상 그리고 다음 상태가 종료
}                                              상태인지 여부를 알려주는 플래그입니다.

# import gym, gym_walk  ◄──── (5) 이런 방식으로 MDP를 반영할 수도 있습니다.
# P = gym.make('BanditWalk-v0').env.P
```

코드 2-2 미끄러지는 밴딧 통로 환경에서의 MDP

```
P = {
          ┌──── (1) 종료 상태를 보면 알겠지만, 상태 0과 2가 종료 상태입니다.
    0: {
        0: [(1.0, 0, 0.0, True)],
        1: [(1.0, 0, 0.0, True)]
    },                                      (2) 확률적 전이를 만드는 방법입니다. 여기에 나온 값은
                                            상태 1에서 행동 0을 취했을 때의 전이입니다.
    1: {
        0: [(0.8, 0, 0.0, True), (0.2, 2, 1.0, True)],  ◄───┘
        1: [(0.8, 2, 1.0, True), (0.2, 0, 0.0, True)]   ◄───┐
    },                                      (3) 이 값들은 상태 1에서 행동 1을
    2: {                                        했을 때의 전이를 나타냅니다.
```

```
          0: [(1.0, 2, 0.0, True)],
          1: [(1.0, 2, 0.0, True)]
      }
  }
  # import gym, gym_walk
  # P = gym.make('BanditSlipperyWalk-v0').env.P
```

(4) 이렇게 노트북에서 밴딧이 미끄러지는 환경을 반영했습니다. 한번 확인해보기 바랍니다.

코드 2-3 프로즌 레이크 환경에서의 MDP

```
P = {
    0: {
        0: [(0.6666666666666666, 0, 0.0, False),
            (0.3333333333333333, 4, 0.0, False)
        ],
        <...>
        3: [(0.3333333333333333, 1, 0.0, False),
            (0.3333333333333333, 0, 0.0, False),
            (0.3333333333333333, 0, 0.0, False)
        ]
    },
    <...>
    14: {
        <...>
        1: [(0.3333333333333333, 13, 0.0, False),
            (0.3333333333333333, 14, 0.0, False),
            (0.3333333333333333, 15, 1.0, True)
        ],
        2: [(0.3333333333333333, 14, 0.0, False),
            (0.3333333333333333, 15, 1.0, True),
            (0.3333333333333333, 10, 0.0, False)
        ],
        3: [(0.3333333333333333, 15, 1.0, True),
            (0.3333333333333333, 10, 0.0, False),
            (0.3333333333333333, 13, 0.0, False)
        ]
    },
    15: {
        0: [(1.0, 15, 0, True)],
        1: [(1.0, 15, 0, True)],
        2: [(1.0, 15, 0, True)],
        3: [(1.0, 15, 0, True)]
    }
```

(1) 상태 0에서 행동 0을 했을 때, 상태 0에 머무를 확률입니다.

(2) 상태 0에서 행동 0을 했을 때, 상태 4로 갈 확률입니다.

(3) 위와 같이 확률을 묶어서 살펴볼 수 있습니다.

(4) (1)번 코드와 달리 이 두 줄처럼 명확하게 표현할 수 있습니다. 두 방법 모두 괜찮습니다.

(5) 간략하게 표현하기 위해서 생략했습니다.

(6) 완전한 프로즌 레이크 환경의 MDP를 확인하려면 노트북을 살펴보기 바랍니다.

(7) 상태 14는 0이 아닌 보상을 주는 유일한 상태입니다. 이때 취할 수 있는 4개의 행동 중 3개는 상태 15로 되돌아가는 단일 전이가 됩니다. 결국 상태 15에 머물게 되면 +1 보상을 받습니다.

(8) 상태 15는 종료 상태입니다.

```
}
# import gym ←── (9) 다시 말하지만, 이와 같이 MDP를 적용할 수 있습니다.
# P = gym.make('FrozenLake-v0').env.P
```

2.2.8 앞에 나온 내용들을 전부 적용시키기

불행하게도, 실제 환경에서의 문제를 접하게 되면, MDP를 적용하는 방법이 매우 다양하다는 것을 알게 될 것입니다. 게다가 어떤 환경은 POMDP를 표현하기도 하고, 어떤 것은 완전히 노출되지 않은 MDP 환경을 가정하기도 합니다. 이런 개념은 새로 접하는 사람이 보면 혼란스러울 수 있기 때문에, 진행을 위해서 몇 가지 핵심만 살펴보려 합니다. 우선, 앞에서 봤던 파이썬 코드는 완벽한 MDP를 구현한 것이 아니고, 전이 함수와 보상 신호만 사용했습니다. 이를 통해서 우리는 쉽게 상태 영역과 행동 영역을 추론할 수 있습니다. 이에 대한 코드는 제가 책을 쓰면서 만들었던 몇몇 환경을 포함하고 있는 패키지에 들어 있습니다. 프로즌 레이크 환경은 첫 장에 언급했던 오픈AI 짐 패키지 중 일부입니다. MDP에 포함되는 몇몇 추가 요소는 위의 코드 안의 딕셔너리에서는 빠져 있습니다. 예를 들어 초기 상태 S^i들을 묶어 놓은 것의 상태 분포인 S_θ는 짐 프레임워크에 의해서 내부적으로 다뤄지고, 여기서는 보여지지 않습니다. 게다가 감가율 γ나 호라이즌 H도 역시 이전의 딕셔너리에는 포함되어 있지 않고, 오픈AI 짐에서도 이를 제공하지 않습니다. 이전에 말했다시피, 감가율은 보통 하이퍼파라미터로 사용되어, 값에 따라서 좋아질 수도 있고, 나빠질 수도 있습니다. 그리고 수평은 보통 무한한 상태를 가정합니다.

하지만 너무 걱정할 필요는 없습니다. 우선, 이 장에 소개된 MDP에 대한 이상적인 정책을 찾기 위해서는(다음 장에서 이를 다룰 예정입니다), 이전 코드에서 확인했던 전이 함수와 보상 신호가 담긴 딕셔너리가 필요합니다. 이를 통해 상태 영역과 행동 영역을 추론할 수 있고, 여기에 제가 임의의 감가율을 제공할 것입니다. 또한 수평은 무한하다고 가정하고, 초기 상태 분포도 필요없을 것입니다. 추가로, 이 장에서 가장 핵심적인 내용은 MDP와 POMDP의 구성요소에 대해서 눈여겨봐야 한다는 것입니다. 물론 이 장에서 만든 만큼, MDP를 추가로 더 만들거나 할 필요는 없습니다. 그래도 내용 진행을 위해서 MDP와 POMDP에 대해서 정의해봅시다.

2.3 요약

좋습니다. 이번 장에서는 새로운 정의를 많이 다뤘습니다만, 모두 제 계획대로입니다. 사실 앞쪽의 내용이 이번 장을 가장 잘 요약하고 있습니다. 조금 더 자세히 표현하자면, MDP에 대한 정의입니다. 바로 전에 보았던 두 식을 살펴보고, 각 항이 무엇을 의미하는지 기억해보기 바랍니다. 만약 기억한다면, 이번 장에서 진행하는데 필요한 것들을 얻었다고 확신해도 됩니다.

고차원에서 살펴보면, 강화학습 문제는 에이전트와 에이전트가 존재하는 환경사이의 상호작용에 관한 내용입니다. 다양한 주제의 문제들이 이런 설정 기반으로 모델링될 수 있습니다. 마르코프 결정 과정은 이렇게 불확실성 상에서 복잡한 의사 결정 문제를 표현하는데 사용되는 수학 프레임워크입니다.

마르코프 결정 과정(MDP)은 환경의 상태와 상태에 따른 행동, 전이 함수, 보상 신호, 호라이즌, 감가율 그리고 초기 상태 분포로 구성되어 있습니다. 상태는 환경의 구성을 묘사한 것입니다. 행동은 에이전트가 환경과 상호작용을 할 수 있도록 해줍니다. 전이 함수는 환경이 어떻게 진화하고, 에이전트의 행동에 어떻게 반응하는지를 표현합니다. 보상 신호는 에이전트가 달성할 목표를 나타내고, 수평과 감가율은 상호작용 내에서 시간에 의미를 부여합니다.

모든 가능한 상태들의 집합을 나타내는 상태 영역은 무한할 수도 있고, 유한할 수도 있습니다. 하지만 단일 상태를 구성하는 변수의 개수는 항상 유한해야 합니다. 상태는 완전히 관찰 가능할 수도 있지만, MDP를 조금 더 일반적으로 표현한 POMDP의 경우에는 상태가 부분적으로만 관찰 가능합니다. 이 말은 에이전트가 환경의 모든 상태를 관찰할 수 없다는 의미지만, 그 대신 노이즈 상태를 관찰할 수 있습니다. 이 모든 것을 관찰이라고 부릅니다.

행동 영역은 상태 간의 이동이 있을 때 달라지는 에이전트의 행동을 모은 집합입니다. 하지만, 일반적으로는 모든 상태에 대해서 같은 형태를 취합니다. 행동은 상태와 마찬가지로 한 개 이상의 변수를 가질 수 있습니다. 이때 행동의 변수는 이산적일 수도 있고, 연속적일 수도 있습니다.

전이 함수는 상태(다음 상태를 의미)를 상태-행동 쌍과 연결시켜주고, 주어진 상태-행동 쌍에서 미래의 상태로 갈 확률을 정의합니다. 보상 신호는 일반적으로 말하자면, 전이 튜플 s, a, s' 을 스칼라 값으로 매핑해주고, 전이의 좋고 나쁜 정도를 표현해줍니다. 전이 함수와 보상 신호 모두 환경의 모델을 정의하고, 변화가 없는 상태를 가정합니다. 다시 말해서 같은 상황에서 확률이 유지됩니다.

- 강화학습 문제의 요소들을 이해하고, 서로 어떻게 상호작용하는지에 대해서 이해했습니다.
- 마르코프 결정 과정을 인지하고, 어떻게 구성되어 있고, 어떻게 동작하는지에 대해서 살펴보았습니다.
- 연속적으로 의사결정을 내리는 문제를 MDP로 표현하는 방법에 대해서 알아보았습니다.

트위터에서 만나요!

공부하고 배운 내용을 공유해보시기 바랍니다.

매 장의 마지막 부분마다, 다음 단계로 넘어가기 위해서 지금까지 배운 것을 어떻게 활용할 수 있을지에 대한 아이디어를 제공할 것입니다. 원한다면, 당신이 얻은 결과를 세상에 공유하고, 다른 사람이 어떻게 구현했는지도 확인해보기 바랍니다. 이것이 서로한테 좋은 방법이며, 여기서 원하는 것을 얻었으면 좋겠습니다.

- **#gdrl_ch02_tf01** : 환경을 만드는 것은 책 한 권으로 다뤄져야 할 만큼 중요한 기술입니다. 한번 생각하고 있는 격자 환경을 만들어 보는 것은 어떨까요? 이번 장에서 다뤘던 통로 코드를 한번 살펴보고, 다른 격자 환경도 보기 바랍니다(https://github.com/mimoralea/gym-walk, https://github.com/mimoralea/gym-aima, https://github.com/mimoralea/gym-bandits, https://github.com/openai/gym/tree/master/gym/envs/toy_text). 그리고 이제 새로운 격자 환경에 대한 파이썬 패키지를 만들어봅시다. 행동을 만드는데 있어서 제한을 두지 마세요. '순간이동' 같은 행동도 만들 수 있고, 다른 행동도 좋습니다. 또한 에이전트 말고, 환경쪽에 다른 요소들을 넣어보세요. 어쩌면, 에이전트가 피해야 할 작은 괴물들을 넣어볼 수도 있을 것입니다. 상상력을 발휘하면, 할 수 있는 게 많아집니다.

- **#gdrl_ch02_tf02** : 또 하나 시도해봐야 할 것은 '짐 환경'이라고 부르는, 시뮬레이션 엔진을 만드는 것입니다. 우선 '짐 환경'이 정확히 무엇인지 살펴보기 바랍니다. 그리고, 다음 파이썬 패키지를 찾아보세요(https://github.com/openai/mujoco-py, https://github.com/openai/atari-py, https://github.com/google-research/football). 그리고 여기(https://github.com/openai/gym/blob/master/docs/environments.md)도 많은 패키지가 있습니다. 그리고 그 패키지에서 시뮬레이션 엔진을 어떻게 짐 환경으로 표현했는지 이해해봅시다. 최종적으로 시뮬레이션 엔진으로 사용할 짐 환경을 만들봅시다. 조금 어려울 수도 있습니다.

- **#gdrl_ch02_tf03** : 매 장마다 마지막 해시태그는 총정리 해시태그로 사용하겠습니다. 마지막 해시태그는 이 장과 관련해 작업한 어떤 것이든 다른 사람들과 논의하는데 사용하길 바랍니다. 여러분이 직접 만든 것만큼 흥미로운 과제도 없답니다. 당신이 어떤 공부를 하고 있는지, 그 결과도 공유해주기 바랍니다.

공부한 것에 대해서 트윗을 쓰고 저(@mimoralea)를 태그해주세요(제가 리트윗하겠습니다). 그리고 여러분이 얻은 결과를 사람들이 위에 적힌 해시태그를 사용하기 바랍니다. 잘못된 결과는 없습니다. 여러분이 찾은 것을 공유하고, 다른 사람이 찾은 것을 확인해보세요. 이 해시태그를 기회로 교류하고 기여하세요. 다같이 기다리고 있을게요!

## CHAPTER 3

순간 목표와 장기 목표 간의 균형

"전투를 준비하면서 항상 느낀 것은 계획은 쓸모 없는 것이지만, 계획하는 것 자체는 없어서
는 안될 중요한 것이었습니다."

– 드와이트 D. 아이젠하워Dwight D. Eisenhower

미국 5성 장군이자 34대 미국 대통령

이전 장에서, 밴딧 통로 환경과 미끄러지는 밴딧 통로 환경 그리고 프로즌 레이크에 대한 MDP
를 만들었습니다. MDP는 강화학습 환경을 움직이는 모터와 같습니다. MDP는 문제를 정의
합니다. 예를 들어서 에이전트가 나름의 상태 영역과 행동 영역을 가지고 환경과 상호작용하는
방법에 대해서 묘사하고, 보상 함수를 통해서 에이전트가 추구하는 목표도 정의하며, 전이 함
수를 통해 에이전트의 행동에 대해서 환경이 어떻게 작용하는지도 나타냅니다. 또한 감가율을
통해서 시간이 어떻게 영향을 미치는지도 표현할 수 있습니다.

이번 장에서는 MDP를 풀 수 있는 알고리즘에 대해서 학습할 것입니다. 우선 에이전트의 목
적objective에 대해서 다루고, 왜 단순한 정책이 MDP를 푸는데 적합하지 않은지도 설명할 것입
니다. 그리고 나서, **동적 프로그래밍**dynamic programming이라는 기법에서 MDP를 풀 수 있는 2개의
기본 알고리즘인 **가치 반복**value iteration (VI) 알고리즘과 **정책 반복**policy iteration (PI) 알고리즘에 대해
서 다룰 것입니다.

책을 읽다 보면, 이 방법들이 거의 '속임수'에 가깝다는 것을 느낄 수 있을 겁니다. 두 알고리즘
모두 MDP의 정보에 대해서 모두 알아야 하고, 환경의 다이나믹스에 알고 있다는 전제를 둡니

다. 알다시피 환경의 다이나믹스를 항상 알 수는 없습니다. 하지만 여기서 배우게 될 기초는 더 발전된 알고리즘을 이해하는데 도움이 됩니다. 결과적으로, 가치 반복과 정책 반복 알고리즘은 다른 강화학습 (그리고 심층 강화학습) 알고리즘의 기반이기도 합니다.

또한 에이전트가 MDP의 정보에 대해서 완전히 얻을 수 있다면, 이를 통해서 환경의 다이나믹스와 보상을 찾을 수 있고, 이를 통해서 기대값을 직접 계산할 수 있기 때문에 더 이상의 불확실성이 없게 된다는 사실도 알게 될 것입니다. 기대값을 직접 계산할 수 있다는 것은 탐험을 할 필요가 없어지는 것을 의미하며, 다시 말하자면, 탐험과 착취의 균형을 맞출 필요도 없게 됩니다. 또한 상호작용도 수행하지 않아도 되고, 시행착오를 통한 학습trial-and-error learning도 필요없습니다. 우리가 이 장에서 학습할 때 사용하는 피드백이 평가가 가능하지는 않지만, 대신 무언가를 지도할 수 있는 수단supervised으로 사용할 수 있기 때문입니다.

심층 강화학습에서 기억해야 할 점은, 에이전트가 (순간적one-shot이 아닌) 연속적이면서, 동시에 (지도가능한 것이 아닌) 평가가능하고, (데이터가 부족한 상태exhausted가 아닌) 샘플링 가능한 피드백으로부터 학습할 수 있다는 것입니다. 이번 장에서 제가 하고자 하는 것은 평가가능하고, 샘플링 가능한 피드백으로부터 학습하는 데서 오는 복잡함을 없애고, 연속적인 피드백을 받는 것을 따로 나누는 것에 대해서 공부하는 것입니다. 이번 장에서는 연속적이면서, 지도가능하고, 데이터가 부족한 상황에서 받는 피드백에 대해서 배워봅시다.

- 연속적인 피드백으로부터 학습할 때의 어려움에 대해서 학습하고, 순간 목표Intermediate와 장기 목표long-term간의 균형을 적절하게 맞추는 방법에 대해 학습합니다.
- MDP로 모델링된, 연속적인 의사결정을 내려야 하는 문제에서 행동에 대한 최적의 정책을 찾는 알고리즘을 개발할 것입니다.
- 이전 장에서 만들었던 MDP가 적용된 모든 환경에 대해서 최적의 정책을 찾게 될 것입니다.

3.1 의사결정을 내리는 에이전트의 목적

우선, 에이전트의 목표는 반환값을 최대화할 수 있는 행동의 집합을 찾는 것입니다. 이때 반환값이란 에이전트가 살아있는 동안 혹은 한 에피소드 내에서 얻을 수 있는 보상의 총합(감가율에 따라서 감가의 여부가 결정됩니다)으로, 어떤 작업을 수행하는지에 따라서 달라집니다.

이런 개념을 조금 더 자세하게 설명할 수 있는 새로운 환경을 소개하겠습니다.

자세한 예제: 5개의 미끄러지는 칸을 가지는 환경

5개의 미끄러지는 칸을 가지는 환경^{slippery walk five}(SWF)은 밴딧 통로와 마찬가지로 한 개의 행으로 구성된 격자 환경이며, 프로즌 레이크와 비슷하게 확률적으로 동작합니다. 그리고 이 환경에선 딱 5개의 비종료 상태가 있습니다(2개의 종료 상태까지 총 7개의 상태를 갖습니다).

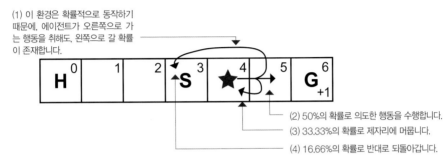

(1) 이 환경은 확률적으로 동작하기 때문에, 에이전트가 오른쪽으로 가는 행동을 취해도, 왼쪽으로 갈 확률이 존재합니다.

(2) 50%의 확률로 의도한 행동을 수행합니다.
(3) 33.33%의 확률로 제자리에 머뭅니다.
(4) 16.66%의 확률로 반대로 되돌아갑니다.

그림 3-1 5개의 미끄러지는 칸을 가지는 환경

에이전트는 S에서 시작하고, H는 구멍이며, G는 목표이고, 여기에서 +1 보상을 받습니다.

수식으로 이해하기: 반환값G

(1) 반환값은 타임 스텝 t에서 마지막 스텝 T까지 얻은 보상의 총합을 말합니다.

$$G_t = R_{t+1} + R_{t+2} + R_{t+3} + ... + R_T$$

(2) 이전 장에서 언급했다시피, 감가율 감마를 사용해서 반환값과 시간을 결합할 수 있습니다. 이렇게 되면 일찍 얻은 보상에 대해서 가중치를 더 주는, 감가된 반환값^{discounted return}을 얻을 수 있게 됩니다.

$$G_t = R_{t+1} + \gamma R_{t+2} + \gamma^2 R_{t+3} + ... + \gamma^{T-1} R_T$$

(3) 위의 수식을 이와 같이 일반적인 형태로 바꿔서 표현할 수 있습니다.

$$G_t = \sum_{k=0}^{\infty} \gamma^k R_{t+k+1}$$

$$G_t = R_{t+1} + \gamma G_{t+1}$$ (4) 또한 G에 대한 재귀의 형태로도 나타낼 수 있습니다.

반환값을 지난 타임 스텝동안 보상을 얼마나 얻었는지를 나타내는 발자취로 생각해볼 수 있습니다. 하지만 다른 관점에서 앞으로 얻을 보상을 나타내는 이동 보상reward-to-go라고도 생각해볼 수 있습니다. 예를 들어 SWF 환경에서 한 에피소드가 다음과 같은 방식으로 동작한다고 가정해봅시다. 상태 3에서는 0, 상태 4에서는 0, 상태 5에서는 0, 상태 4에서는 0, 상태 5에 대해서는 0의 보상을 받고, 상태 6에서는 +1 보상을 받습니다. 이를 다음과 같이 3/0, 4/0, 5/0, 4/0, 5/0, 6/1라고 짧게 표현할 수 있습니다. 그러면 이 에피소드의 경로에 대한 반환값은 어떻게 구할 수 있을까요?

감가 개념을 적용한다면, 다음과 같이 풀어볼 수 있습니다.

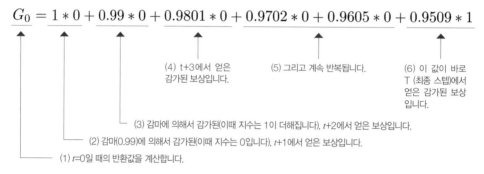

그림 3-1 SWF 환경에서의 감가된 반환값

만약 감가 개념을 사용하지 않는다면, 해당 경로에 대한 반환값은 1이 되고, 가장 오른쪽 칸인 상태 6으로 가는 모든 경로는 모두 반환값이 1이 됩니다. 반대로 가장 왼쪽 칸인 상태 0으로 가는 경로는 반환값이 0입니다.

SWF 환경에서는 오른쪽으로 가는 행동이 가장 최선임이 명백해 보입니다. 이를 통해서, 모든 에이전트들이 **계획**plan이라는 것을 찾아야 한다는 결론을 내릴 수 있습니다. 이 계획이란 시작 상태에서 목표 상태까지 수행한 행동들의 집합을 나타냅니다. 하지만 이런 접근 방식은 항상 적용되지는 않습니다.

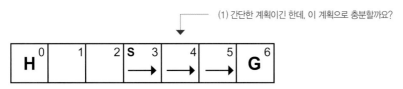

그림 3-2 SWF 환경에서의 간단한 계획

프로즌 레이크 환경에서의 계획은 다음과 같이 표현할 수 있습니다.

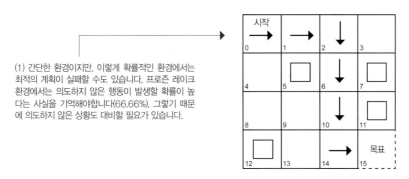

(1) 간단한 환경이지만, 이렇게 확률적인 환경에서는 최적의 계획이 실패할 수도 있습니다. 프로즌 레이크 환경에서는 의도하지 않은 행동이 발생할 확률이 높다는 사실을 기억해야합니다(66.66%). 그렇기 때문에 의도하지 않은 상황도 대비할 필요가 있습니다.

그림 3-3 FL 환경에서의 간단한 계획

하지만 충분하지 않습니다. 계획의 문제는 환경의 확률성에 대해서는 고려하지 않는데, SWF 나 프로즌 레이크 환경이 모두 확률적이란 데에 있습니다. 다시 말해, 행동이 항상 우리가 의도한 대로 동작하지 않는다는 것입니다. 만약 환경이 내재한 확률성으로 인해, 우리가 짠 계획에서 벗어난 칸으로 이동하면 어떻게 될까요?

(1) 에이전트가 계획을 따르고 있다고 했는데, 첫 번째 환경에서 전이가 발생했을 때 에이전트가 상태 2로 이동했습니다.

(2) 이제 어떻게 해야할까요? 상태 2에서의 행동은 계획하지 않았습니다. 이럴때 계획 B, C, D 같은 것이 있어야 하지 않을까요?

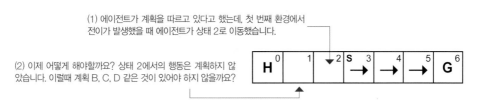

그림 3-4 우리가 짠 계획에서 구멍에 빠질 수 있는 가능성

프로즌 레이크 환경에서도 동일한 상황이 발생합니다.

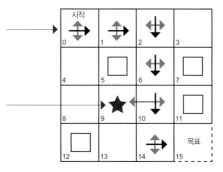

(1) 여기서는 행동과 행동에 대한 영향을 보여주고 있습니다. 참고로 여기서는 66.66%의 확률로 의도하지 않은 행동이 발생할 가능성이 있습니다.

(2) 에이전트가 계획을 따르고 있다고 가정한 상태에서, 에이전트가 상태 10에 있는데, 아래로 이동하는 행동을 취했음에도 상태 9로 이동했습니다. 마치 정상적인 동작인 것처럼 말입니다.

(3) 결국 우리에게 필요한 것은 모든 발생 가능한 상태에 대한 계획, 전체적인 계획인 정책입니다.

그림 3-5 확률적 환경에서는 계획만으로 충분하지 않습니다.

에이전트에게 필요한 것이 바로 **정책**policy입니다. 정책은 전체적인 계획을 말하며, 이 정책은 가능한 모든 상태를 포괄합니다. 앞의 예시에서 봤던 것처럼 모든 가능한 상태에 대한 계획이 필요합니다. 정책은 확률적일 수도 있고, 결정적일 수도 있습니다. 다시 말해 정책은 어떤 확률 분포를 띄는 행동을 취할 수 있고 주어진 상태(아니면 관찰)에 대한 단일 행동을 취할 수도 있습니다. 여기서는 행동과 상태가 매핑된 탐색 테이블 형태의 결정적 정책을 따르는 것에 대해서 설명하겠습니다.

SWF 환경에서 이상적인 정책은 모든 단일 상태에서 항상 오른쪽으로 가는 행동을 취하는 것입니다. 그것도 좋지만, 여전히 답을 하지 못한 궁금증이 남아있습니다. 예를 들어 이 정책을 통해서 기대할 수 있는 보상은 얼마나 될까요?

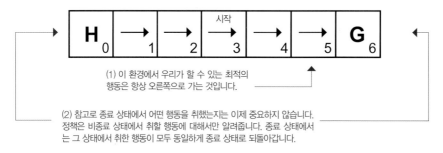

(1) 이 환경에서 우리가 할 수 있는 최적의 행동은 항상 오른쪽으로 가는 것입니다.

(2) 참고로 종료 상태에서 어떤 행동을 취했는지는 이제 중요하지 않습니다. 정책은 비종료 상태에서 취할 행동에 대해서만 알려줍니다. 종료 상태에서는 그 상태에서 취한 행동이 모두 동일하게 종료 상태로 되돌아갑니다.

그림 3-6 SWF 환경에서의 이상적인 정책

아무리 어떤 행동이 이상적인지 알고 있더라도, 환경은 에이전트가 목적지로 가려는 행동과는 반대로 구멍으로 보낼 수 있습니다. 그러니 반환값만으로는 정책이 이상적인지 판단할 수 없습니다. 에이전트는 기대 반환값을 최대화시킬 방법을 찾습니다. 다시 말해서, 반환값은 환경의 확률성과 관련이 있다는 의미입니다.

또한 이상적인 정책을 자동으로 찾을 수 있는 방법도 필요합니다. 프로즌 레이크 예제에서도 보다시피 어떤 정책이 이상적인지 모르기 때문입니다.

에이전트가 이상적인 행동을 찾을 수 있도록 도와주는, 내부 요소들이 존재합니다. 이에 대한 정책들도 있고, 주어진 환경에 따라 다양한 정책이 나올 수도 있습니다. 사실 어떤 환경에서는 이상적인 정책이 여러 개 나올 수도 있습니다. 또한 예측된 반환값을 유지할 수 있도록 도와주는 가치 함수도 있습니다. 주어진 MDP에서 하나의 이상적인 가치 함수를 가지는 경우도 있지만, 일반적으로는 여러 개의 가치 함수를 가지는 경우도 있습니다.

이제 강화학습 에이전트가 학습하면서 이상적인 정책을 찾을 수 있도록 도와주는 모든 요소들을 예시를 통해서 자세하게 살펴봅시다.

3.1.1 정책: 상태에 따른 행동에 대한 지침

(대부분의 강화학습 문제들이 그렇지만) 프로즌 레이크 환경에서 확률성을 생각하면, 에이전트는 π라는 정책을 찾아야 합니다. 정책이란 어떤 비종료 상태에서 취할 수 있는 행동을 알려주는 함수입니다. 행동을 직접 구해서 얻든, 어떠한 확률 분포 상에서 행동을 얻든, 정책은 확률적일 수 있다는 사실을 기억합시다. 확률적 정책에 대해서는 이후 장에서 자세히 다루겠습니다.

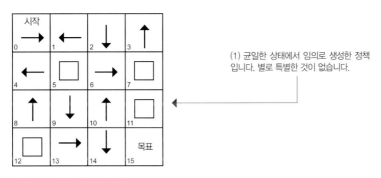

(1) 균일한 상태에서 임의로 생성한 정책입니다. 별로 특별한 것이 없습니다.

그림 3-7 임의로 생성한 정책

현재 환경에 맞는 정책을 찾을 때, 순간적으로 이런 질문이 떠오를 수 있습니다. 과연 이 정책은 얼마나 좋을까요? 만약 정책별로 지표를 정의할 수 있는 방법을 찾는다면, 이 질문에 대답할 수 있을 것입니다. 과연 이 정책은 다른 정책과 비교했을 때, 얼마나 더 좋을까요?

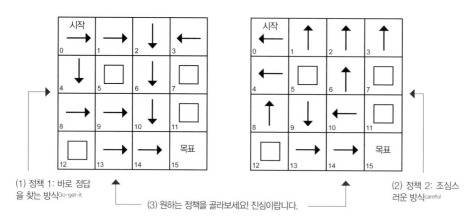

(1) 정책 1: 바로 정답을 찾는 방식Go-get-it

(2) 정책 2: 조심스러운 방식careful

(3) 원하는 정책을 골라보세요! 진심이랍니다.

그림 3-8 정책끼리는 어떻게 비교할 수 있을까요?

3.1.2 상태-가치 함수: 현재 상태에서 기대할 수 있는 것

정책을 비교하는데 있어, 도움이 될 수 있는 것은 주어진 정책에서 각 상태마다 숫자를 매기는 것입니다. 다시 말해, 주어진 정책과 MDP에서, 시작 상태를 포함한 모든 상태들에 대해 기대 반환값을 계산할 수 있어야 합니다(보통은 시작 상태부터 다룹니다). 현재 상태가 어떤 가치를 지니고 있는지는 어떻게 계산할 수 있을까요? 예를 들어, 에이전트가 상태 14에 있다고 하면(목표 상태의 왼쪽에 있는 상태를 말합니다), 상태 13(상태 14의 왼쪽에 있습니다)에 있는 것보다 더 좋다고 표현할 수 있을까요? 그리고 얼마나 더 좋다고 할 수 있을까요? 무엇보다 앞에서 언급한 바로 정답을 찾는 정책과 조심스러운 정책 중 어떤 정책이 더 좋은 결과를 얻을 수 있을까요?

바로 정답을 찾는 정책을 한번 사용해봅시다. 바로 정답을 찾는 정책에서는 상태 14의 가치는 어떻게 될까요?

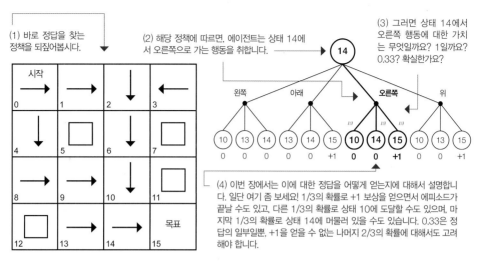

그림 3-9 바로 정답을 찾는 정책을 수행했을 때, 상태 14의 가치는 무엇일까요?

위의 그림을 보면 바로 정답을 찾는 정책을 따를 때, 상태 14의 가치를 계산하는 것이 다른 상태(상태 10, 상태 14)의 가치에 따라서 달라질 수 있다는 사실이 직관적이지 않나요? 물론 그 상태에 대해서는 알지 못합니다. 이 문제는 마치 닭이 먼저냐 달걀이 먼저냐 문제와 비슷합니다. 일단은 계속 진행해봅시다.

앞에서 반환값이란 에이전트가 어떤 경로를 수행했을 때, 얻은 보상의 총합이라고 정의했습니다. 그렇기 때문에 에이전트가 수행하는 정책과 상관없이 반환값을 계산할 수 있습니다. 단지 정책을 수행하면서 얻은 보상의 총합만 구하면 됩니다. 하지만 우리가 지금 구하고자 하는 값은 주어진 정책 π를 수행하고 있을 때, (상태 14에서의) 반환값에 대한 기대치입니다. 지금은 확률적 환경에 놓여져 있기 때문에, 환경이 정책에 반응할 수 있는 모든 경우를 고려해야 한다는 걸 명심합시다. 기대치로 이런 것을 알 수 있습니다.

이제 정책 π를 수행할 때, 상태 s에 대한 가치를 정의할 수 있습니다. 에이전트가 정책 π를 따르면서 상태 s에서 시작했을 때, 상태 s의 가치는 반환값의 기대치라고 할 수 있습니다. 모든 상태에서 이와 같이 계산하면, 상태 가치 함수, V-함수 혹은 가치 함수를 얻을 수 있습니다. 다시 말하자면 가치함수는 상태 s에서 정책 π를 따르면서 시작했을 때의 반환값에 대한 기대치를 나타냅니다.

수식으로 이해하기: 상태-가치 함수 V

(1) 상태 s에 대한 가치

(3) π에 대한 기대치를 나타냅니다.

$$v_\pi(s) = \mathbb{E}_\pi[G_t|S_t = s]$$

(5) 타임 스텝 t에서 상태 s에 있을 때

(2) 정책 π를 수행하고 있을 때

(4) 타임 스텝 t에서의 반환값

(6) 반환값은 감가된 보상들의 총합이라는 것을 기억하세요.

$$v_\pi(s) = \mathbb{E}_\pi[R_{t+1} + \gamma R_{t+2} + \gamma^2 R_{t+3} + ...|S_t = s]$$

(7) 그리고 이와 같이 재귀의 형태로 정의할 수 있습니다.

$$v_\pi(s) = \mathbb{E}_\pi[R_{t+1} + \gamma G_{t+1}|S_t = s]$$

(8) 이 공식을 벨만 방정식bellman equation이라고 하고, 상태들에 대한 가치를 찾을 수 있도록 해줍니다.

$$v_\pi(s) = \sum_a \pi(a|s) \sum_{s',r} p(s',r|s,a)[r + \gamma v_\pi(s')], \forall s \in S$$

(9) 여기서 상태 s에서 수행해야 할 행동(정책이 확률적일 경우, 행동이 여러 개 나올 수 있습니다)을 얻을 수 있습니다. 여기에 가중치를 가한 값들의 합을 구합니다.

(10) 또한 다음 상태와 보상의 확률에 대해서도 가중치를 가하고 이에 대한 합을 구할 수 있습니다.

(11) 보상과 도착한 상태에서의 감가된 가치를 더하고, 발생할 수 있는 전이에 대한 확률을 가중치로 가합니다.

(12) 상태 영역 상의 모든 상태에 대해서 수행합니다.

이 함수는 매우 흥미롭습니다. 약간 재귀의 형태를 보이면서 복잡하기는 하지만 그래도 흥미롭습니다. 어떤 상태의 가치가 다른 많은 상태의 가치에 어떻게 재귀적으로 의존하는지 살펴보면, 이 값도 역시 원래의 상태를 포함해서 다른 상태에도 의존된다는 사실을 알 수 있습니다.

이런 상태와 이와 연관된 모든 상태의 재귀적인 관계는 다음 절에서 언급된 위의 공식들을 여러 번 순환해서 풀 수 있는 알고리즘을 확인하고, 프로즌 레이크 환경(혹은 다른 환경에서도)의 어떠한 정책에 대한 상태-가치 함수를 구하는 과정에서 다시 살펴볼 것입니다.

우선은 강화학습 에이전트에서 흔하게 살펴볼 수 있는 다른 요소들을 마저 살펴봅시다. 이번 장에서는 이 값들을 어떻게 구하는지 살펴보겠습니다. 상태-가치state-value 함수는 보통 가치value 함수라고 표현하기도 하고 혹은 V-함수, 아니면 단순하게 $V^\pi(s)$라고 쓰기도 합니다. 조금 헷갈릴지도 모르겠지만, 곧 익숙해질 것입니다.

3.1.3 행동-가치 함수: 현재 상태에서 특정 행동을 취했을 때 기대할 수 있는 것

우리가 종종 궁금해해야 할 다른 중요한 질문은 상태에 대한 가치가 아닌, 상태 s에서 행동 a를 취했을 때의 가치에 대한 질문입니다. 이런 종류의 질문에 답변을 어떻게 하느냐에 따라서 여러 행동에서 적절한 행동을 선택할 수 있도록 도와줍니다.

예를 들어, 상태 14에 있을 때, 바로 정답을 찾는 정책은 오른쪽으로 가는 행동을 선택하고, 조심스러운 정책은 아래로 가는 행동을 취할 것입니다. 그런데 어떤 행동이 더 나은 행동일까요? 구체적으로 각 정책별로 어떤 행동이 좋은 행동일까요? 다시 말하자면, 오른쪽으로 가는 행동 대신 아래쪽으로 가는 행동을 취하고 난 후에, 바로 정답을 찾는 정책을 취하면, 아래로 가는 행동의 가치는 어떻게 될까요? 그리고 아래로 가는 행동 대신 오른쪽으로 가는 행동을 취하고, 그 다음에 조심스러운 정책을 취하면, 오른쪽으로 가는 행동에 대한 가치는 어떨까요?

같은 정책을 수행하고 있을 때, 서로 다른 행동들을 비교하면서, 그 중에서 좋은 행동을 고를 수 있고, 이를 통해서 정책을 개선시킬 수 있습니다. **행동-가치 함수**action-value function, Q-함수Q-function 혹은 $Q^{\pi}(s,a)$라고 알고 있는 함수는 정확하게는 상태 s에서 행동 a를 취했을 때, 에이전트가 정책 π를 수행하면서 얻을 수 있는 기대 반환값을 나타냅니다.

사실, 보통 제어 문제라고 표현되는, 어떤 정책을 개선하고자 하는 상황에서는 행동-가치 함수가 필요합니다. 이런 경우를 생각해보세요. 만약 우리가 MDP가 없을때, 모든 상태에 대한 값을 전혀 알고 있지 않은 상태에서 어떻게 행동을 결정할 수 있을까요? V-함수는 환경의 다이나믹스를 얻어낼 수 없습니다. 이와 반대로, Q-함수는 환경의 다이나믹스를 어느정도 얻어내고, MDP 없이도 정책을 개선시킬 수 있게 해줍니다. 이후에 이런 내용에 대해서 더 다뤄보도록 하겠습니다.

3.1.4 행동-이점 함수: 특정 행동을 했을 때 얻을 수 있는 이점의 크기

또 다른 가치 함수는 이전에 설명한 2개의 가치 함수를 통해서 구할 수 있습니다. **행동-이점 함수**action-advantage function, 또는 **이점 함수**advantage function, A 함수, $A^\pi(s,a)$는 상태 s에서 행동 a를 취했을 때의 가치와 정책 π에서 상태 s에 대한 상태-가치 함수 간의 차이를 나타냅니다.

이점 함수는 정책 π를 따르는 대신 행동 a를 취했을 때, 얼마나 좋아지는지 표현합니다. 다시 말해서, 기본 행동에 대해서 행동 a를 취했을 때 얻을 수 있는 이점을 나타냅니다.

SWF 환경에서 (조금 멍청한) 정책에 대한 서로 다른 가치 함수들을 살펴봅시다. 이 가치들은 정책에 따라서 달라진다는 사실을 기억하길 바랍니다. 다르게 표현하면, $Q_\pi(s,a)$는 상태 s에서 행동 a를 바로 수행한 후 항상 정책 π를 따른다고 (아래 예시에서는 항상 왼쪽으로 간다고) 가정할 것입니다.

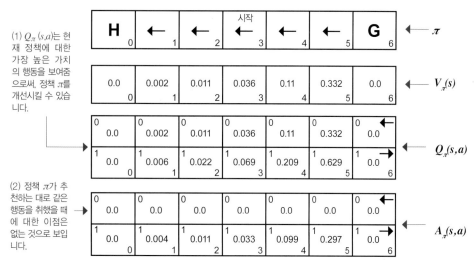

그림 3-10 상태–가치, 행동–가치, 행동–이점 함수

3.1.5 이상성

정책, 상태–가치 함수, 행동–가치 함수 그리고 행동–이점 함수는 모두 행동에 대해서 표현하고, 평가하고 개선시킬 때 사용합니다. 이 모든 요소들이 최적의 상태로 맞춰져 있을 때를 **이상성**optimality이라고 부릅니다.

이상적인 정책optimal policy이란 모든 상태에 대해서 다른 정책들보다 기대 반환값을 같거나 더 크게 얻을 수 있는 정책을 말합니다. 이상적인 상태–가치 함수는 모든 상태에 걸쳐, 모든 정책에 대한 최대의 가치를 가지는 상태–가치 함수를 나타냅니다. 이와 비슷하게, 이상적인 행동–가치 함수는 모든 상태–행동 쌍에 걸쳐, 모든 정책에 대한 최대의 가치를 가지는 행동–가치 함수입니다. 이상적인 행동–이점 함수도 동일한 유형을 따르지만, 한 가지 알아둘 점은 이상적인 상태–가치 함수를 통해서 얻은 행동에 이점이 없을 수도 있기 때문에, 모든 상태–행동 쌍에 대한 가치가 0과 같거나 작을 수 있다는 점입니다.

또한 주어진 MDP에서 한 가지 이상의 이상적인 정책이 있을지라도, 이상적인 상태–가치 함수와 이상적인 행동–가치 함수 그리고 이상적인 행동–이점 함수는 단 하나만 존재합니다.

그리고 만약 이상적인 V–함수를 가치고 있는 경우에는 한 스텝 탐색을 해봄으로써, 이상적인 Q–함수를 찾는데 MDP를 사용할 수 있으며, 이를 기반으로 이상적인 정책을 만들 수 있습니다. 반대로 이상적인 Q–함수를 가지고 있다면, MDP는 전혀 필요하지 않습니다. 이상적인 Q–함수를 사용하면 행동에 대해서 최대치를 찾지 않아도 이상적인 V–함수를 찾을 수 있습니다. 그리고 행동에 대한 argmax 연산을 통해서, 이상적인 Q–함수에 대한 이상적인 정책도 얻을 수 있습니다.

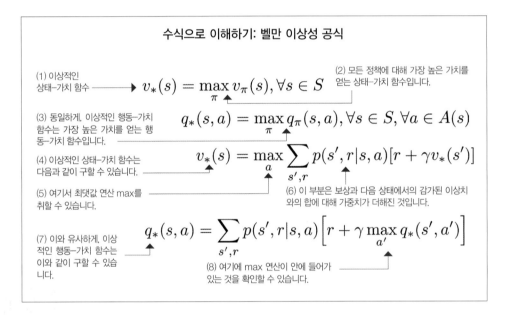

수식으로 이해하기: 벨만 이상성 공식

(1) 이상적인 상태–가치 함수 ⟶ (2) 모든 정책에 대해 가장 높은 가치를 얻는 상태–가치 함수입니다.

$$v_*(s) = \max_{\pi} v_{\pi}(s), \forall s \in S$$

(3) 동일하게, 이상적인 행동–가치 함수는 가장 높은 가치를 얻는 행동–가치 함수입니다.

$$q_*(s,a) = \max_{\pi} q_{\pi}(s,a), \forall s \in S, \forall a \in A(s)$$

(4) 이상적인 상태–가치 함수는 다음과 같이 구할 수 있습니다.

$$v_*(s) = \max_{a} \sum_{s',r} p(s',r|s,a)[r + \gamma v_*(s')]$$

(5) 여기서 최댓값 연산 max를 취할 수 있습니다.

(6) 이 부분은 보상과 다음 상태에서의 감가된 이상치와의 합에 대해 가중치가 더중진 것입니다.

(7) 이와 유사하게, 이상적인 행동–가치 함수는 이와 같이 구할 수 있습니다.

$$q_*(s,a) = \sum_{s',r} p(s',r|s,a)\left[r + \gamma \max_{a'} q_*(s',a')\right]$$

(8) 여기에 max 연산이 안에 들어가 있는 것을 확인할 수 있습니다.

3.2 이상적인 행동들에 대한 계획

여기까지 상태들의 가치를 확인하기 위한 상태–가치 함수와 상태–행동 쌍에 대한 가치를 확인하기 위한 행동–가치 함수, 특정 행동에 대한 이점을 보여줄 수 있는 행동–이점 함수를 살펴보았습니다. 현재의 정책을 평가할 수 있도록 이 모든 함수들의 공식도 있었는데, 이를 통해서 정책이 가치 함수로 표현되고, 이상적인 가치 함수를 찾아서 결과적으로 이상적인 정책을 구할 수 있는 것도 확인했습니다.

지금까지 강화학습 문제에 대한 공식을 살펴보고, 목표를 정의했으니까, 이제 이 목표를 찾기 위한 방법을 찾아보고자 합니다. 이전 장에서 소개했던, 반복적으로 공식을 계산하는 방식은 환경의 다이나믹스인 MDP를 알고 있는 상태에서 강화학습 문제를 해결하고, 이상적인 정책을 찾을 때 흔히 사용할 수 있는 방법 중 하나입니다.

3.2.1 정책 평가법: 정책에 대해서 평가하기

이전 절에서 정책들을 비교하는 방법에 대해서 살펴보았습니다. 여기서 우리는 모든 상태들에 대해서 현재 수행하고 있는 정책 π에 대한 기대 반환값이 π보다 같거나 더 좋으면, 정책 π는 정책 π보다 동등하거나 더 낮다고 정의했습니다. 하지만, 이 정의를 사용하기 전에 우선 임의의 정책을 평가할 수 있는 알고리즘을 먼저 살펴봐야 합니다. 이런 알고리즘은 보통 **반복 정책 평가법**iterative policy evaluation 혹은 단순하게 **정책 평가법**policy evaluation로 알려져 있습니다.

정책-평가 알고리즘은 주어진 정책에 대한 V-함수를 계산하는 과정으로 구성되어 있는데, 이때 상태 영역을 살펴보면서 반복적으로 예측치를 개선하는 방법을 사용합니다. 이렇게 정책을 입력으로 받고, **예측 문제**prediction problem를 풀 수 있는 알고리즘에 대한 가치 함수를 출력으로 내보내는 알고리즘이 있는데, 이때는 미리 정의한 정책의 가치를 계산합니다.

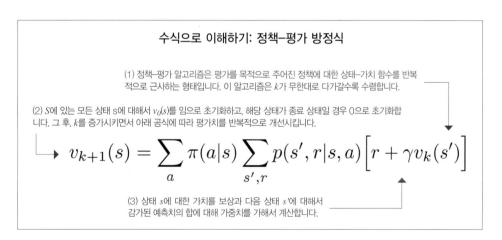

수식으로 이해하기: 정책-평가 방정식

(1) 정책-평가 알고리즘은 평가를 목적으로 주어진 정책에 대한 상태-가치 함수를 반복적으로 근사하는 형태입니다. 이 알고리즘은 k가 무한대로 다가갈수록 수렴합니다.

(2) S에 있는 모든 상태 s에 대해서 $v_0(s)$를 임으로 초기화하고, 해당 상태가 종료 상태일 경우 0으로 초기화합니다. 그 후, k를 증가시키면서 아래 공식에 따라 평가치를 반복적으로 개선시킵니다.

$$v_{k+1}(s) = \sum_a \pi(a|s) \sum_{s',r} p(s',r|s,a)\Big[r + \gamma v_k(s')\Big]$$

(3) 상태 s에 대한 가치를 보상과 다음 상태 s'에 대해서 감가된 예측치의 합에 대해 가중치를 가해서 계산합니다.

이 공식을 이용하면, 임의의 정책에 대한 실제 V-함수를 반복적으로 근사할 수 있습니다. 정책-평가 알고리즘을 충분히 반복하면, 정책에 대한 가치 함수로 수렴시킬 수 있습니다. 그리고 무한대로 반복할수록 더 정확해집니다. 하지만 실제로 적용하는 경우에는 우리가 근사하고자 하는 가치 함수의 변화를 확인하기 위해서 기준보다 작은 임계값을 사용합니다. 이런 경우에는 가치 함수의 변화가 우리가 정한 임계값보다 작을 경우, 반복을 멈추게 됩니다.

그러면 앞에서 살펴봤던 SWF 환경에서 항상 왼쪽 행동을 취하는 정책에 이 알고리즘이 어떻게 동작하는지를 확인해봅시다.

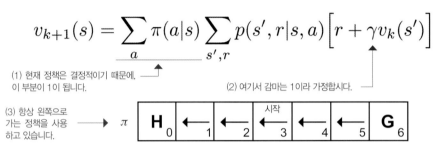

$$v_{k+1}(s) = \sum_a \pi(a|s) \sum_{s',r} p(s',r|s,a)\Big[r + \gamma v_k(s')\Big]$$

(1) 현재 정책은 결정적이기 때문에, 이 부분이 1이 됩니다.

(2) 여기서 감마는 1이라 가정합시다.

(3) 항상 왼쪽으로 가는 정책을 사용 하고 있습니다.

π | H₀ | ←₁ | ←₂ | 시작₃ | ←₄ | ←₅ | G₆

1회차 반복에서의 상태 5의 가치 (0회차 반복에서는 0으로 초기화)

$v_1^\pi(5) = p(s'=4 \mid s=5, a=왼쪽) * [R(5, 왼쪽, 4) + v_0^\pi(4)] +$
$\quad\quad p(s'=5 \mid s=5, a=왼쪽) * [R(5, 왼쪽, 5) + v_0^\pi(5)] +$
$\quad\quad p(s'=6 \mid s=5, a=왼쪽) * [R(5, 왼쪽, 6) + v_0^\pi(6)]$

$v_1^\pi(5) = 0.50 * (0+0) + 0.33 * (0+0) + 0.166 * (1+0) = 0.166$

(4) 보다시피, 이 값은 1번 정책 평가법을 사용했을 때, 상태 에 대한 가치를 나타냅니다. ($v_1^\pi(5)$)

그림 3-11 정책 평가법의 초기 계산

이후에 모든 상태 0-6에 대한 가치를 계산할 수 있고, 계산이 다 된 후에는 다음 회차를 수행합니다. 참고로 $v_2^\pi(6)$ 를 계산하기 위해서는 이전 회차에서 구했던 $v_1^\pi(6)$ 를 사용해야 합니다. 이렇게 예측치를 통해서 새로운 예측치를 계산하는 방법을 **부트스트랩**bootstrapping 기법이라고 하며, (심층 강화학습을 포함해서) 강화학습에서 많이 사용됩니다.

또한, 알아둬야 할 중요한 점은 여기서 예측을 하기 위한 연산횟수를 나타내는 k라는 변수가 있지만, 이 값이 증가한다고 에이전트와 환경간의 상호작용이 발생하는 것은 아니라는 점입니다. 이때 연산은 에이전트가 돌아다니면서 행동을 선택하고, 환경을 관찰하는 에피소드가 아닙니다. 타임 스텝과도 다른 개념입니다. 대신 이 값은 반복적 정책-평가 알고리즘의 수행횟수를 말하는 것입니다. 이 알고리즘을 여러 차례 수행하면, 다음과 같은 표의 결과를 얻을 수 있게 됩니다.

표 3-1 반복적 정책 평가를 수행한 결과

K	$V^\pi(0)$	$V^\pi(1)$	$V^\pi(2)$	$V^\pi(3)$	$V^\pi(4)$	$V^\pi(5)$	$V^\pi(6)$
0	0	0	0	0	0	0	0
1	0	0	0	0	0	0.1667	0
2	0	0	0	0	0.0278	0.2222	
3	0	0	0	0.0046	0.0463	0.2546	0
4	0	0	0.0008	0.0093	0.0602	0.2747	
5	0	0.0001	0.0018	0.0135	0.0705	0.2883	0
6	0	0.0003	0.0029	0.0171	0.0783	0.2980	0
7	0	0.0006	0.0040	0.0202	0.0843	0.3052	0
8	0	0.0009	0.0050	0.0228	0.0891	0.3106	0
9	0	0.0011	0.0059	0.0249	0.0929	0.3147	0
10	0	0.0014	0.0067	0.02670278	0.0959	0.318	0
...	...	...	...	...	...	...	...
104	0	0.0027	0.011	0.0357	0.1099	0.3324	0

이렇게 얻은 상태-가치 함수의 결과물은 어떤 의미일까요?

우선, 이 환경에서 에피소드가 시작되었을 때(상태 3에서 시작하는 경우를 말합니다), 항상 왼쪽으로 가는 정책을 따르면 0.0357이란 기대 반환값을 얻을 수 있다는 것을 알 수 있습니다. 매우 낮은 값입니다.

또한, 상태 1(비종료 상태 중에서 가장 왼쪽에 있는 상태)에서 시작한 경우, 1%보다 낮은 확률이지만, 목표 칸(상태 6)에 도달할 가능성이 있습니다. 정확하게 말하자면, 상태 1에 있는 경우에는 0.27%의 확률로 목표 칸에 도달할 수 있습니다. 무조건 왼쪽으로 가는 행동만 취했는데도 말이죠! 흥미롭군요.

또 흥미롭게도, 환경의 확률적인 요소로 인해서, 3.57%의 확률로 목표 칸에 도달할 가능성도 존재합니다(기억하겠지만, 이 환경은 50%의 확률로 의도한대로 행동하고, 33.33%의 확률로 가만히 있으며, 16.66% 확률로 반대로 행동합니다). 다시 말하자면, 지금 이 상황은 항상 왼쪽으로 가는 정책에서 발생하는 것입니다. 여전히 왼쪽으로 가려는 행동이 오른쪽, 또 오른쪽으로 가라고 합니다. 한번 왼쪽으로 갈 수는 있어도 계속 오른쪽으로 가게 됩니다.

한번 경로에 대한 확률이 결합된 경우를 생각해보세요. 또한 횟수가 반복되면서 매 회마다 가치가 보상과는 반대 방향으로 퍼져나가는 것을 확인해보기 바랍니다(상태 5에서 상태 6으로 이동하는 경우입니다). 이렇게 가치가 반대 방향으로 퍼져나가는 현상은 강화학습 알고리즘에 나타나는 특성이며, 이후에도 여러 번 나올 것입니다.

코드 3-1 정책–평가 알고리즘

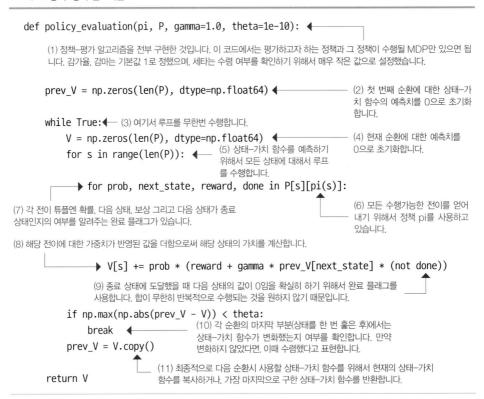

```
def policy_evaluation(pi, P, gamma=1.0, theta=1e-10):
```
(1) 정책–평가 알고리즘을 전부 구현한 것입니다. 이 코드에서는 평가하고자 하는 정책과 그 정책이 수행될 MDP만 있으면 됩니다. 감가율, 감마는 기본값 1로 정했으며, 세타는 수렴 여부를 확인하기 위해서 매우 작은 값으로 설정했습니다.

```
    prev_V = np.zeros(len(P), dtype=np.float64)
```
(2) 첫 번째 순환에 대한 상태–가치 함수의 예측치를 0으로 초기화합니다.

```
    while True:
```
(3) 여기서 루프를 무한번 수행합니다.

```
        V = np.zeros(len(P), dtype=np.float64)
        for s in range(len(P)):
```
(4) 현재 순환에 대한 예측치를 0으로 초기화합니다.

(5) 상태–가치 함수를 예측하기 위해서 모든 상태에 대해서 루프를 수행합니다.

```
            for prob, next_state, reward, done in P[s][pi(s)]:
```
(7) 각 전이 튜플엔 확률, 다음 상태, 보상 그리고 다음 상태가 종료 상태인지의 여부를 알려주는 완료 플래그가 있습니다.

(6) 모든 수행가능한 전이를 얻어내기 위해서 정책 pi를 사용하고 있습니다.

(8) 해당 전이에 대한 가중치가 반영된 값을 더함으로써 해당 상태의 가치를 계산합니다.

```
                V[s] += prob * (reward + gamma * prev_V[next_state] * (not done))
```
(9) 종료 상태에 도달했을 때 다음 상태의 값이 0임을 확실히 하기 위해서 완료 플래그를 사용합니다. 합이 무한히 반복적으로 수행되는 것을 원하지 않기 때문입니다.

```
        if np.max(np.abs(prev_V - V)) < theta:
            break
        prev_V = V.copy()
```
(10) 각 순환의 마지막 부분(상태를 한 번 훑은 후)에서는 상태–가치 함수가 변화했는지 여부를 확인합니다. 만약 변화하지 않았다면, 이때 수렴했다고 표현합니다.

```
    return V
```
(11) 최종적으로 다음 순환시 사용할 상태–가치 함수를 위해서 현재의 상태–가치 함수를 복사하거나, 가장 마지막으로 구한 상태–가치 함수를 반환합니다.

그러면 이제 프로즌 레이크 환경에서 이전에 소개했던 임의로 생성한 정책에 대한 정책–평가 알고리즘을 수행해봅시다.

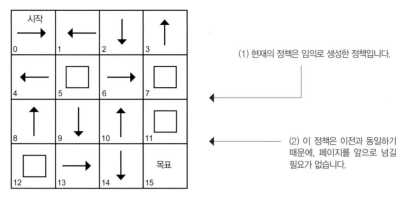

그림 3-12 임의로 생성한 정책을 다시 살펴보기

아래 그림을 보면, 앞에서 정의한 정책-평가 알고리즘을 사용했을 때, 단지 8번의 순환만 가지고도 임의로 생성한 정책에 대한 상태-가치 평가를 정확하게 예측하고 있음을 확인할 수 있습니다.

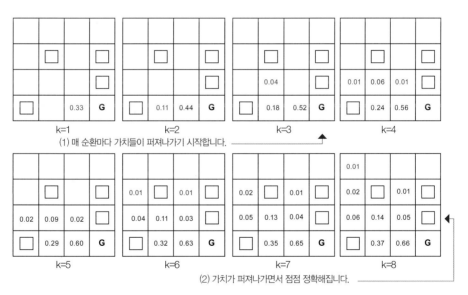

그림 3-13 프로즌 레이크 환경에서의 임의 생성 정책에 대한 정책 평가

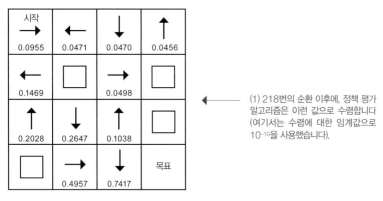

(1) 218번의 순환 이후에, 정책 평가 알고리즘은 이런 값으로 수렴합니다 (여기서는 수렴에 대한 임계값으로 10^{-10}을 사용했습니다).

그림 3-14 임의로 생성한 정책의 상태–가치 함수

최종적으로 얻은 상태–가치 함수가 바로 임의로 생성한 정책에 대한 상태–가치 함수입니다. 이 값이 예측치이긴 하지만, 이산적인 상태 영역과 행동 영역을 사용하기 때문에, 이 함수값이 감마로 0.99를 사용했을 때의 실제 가치 함수로 가정할 수 있습니다.

앞에서 소개했던 두 개의 정책(바로 정답을 찾는 정책과 조심스러운 확인하는 정책)의 경우에도 정책–평가 알고리즘을 적용해보면 다음과 같습니다.

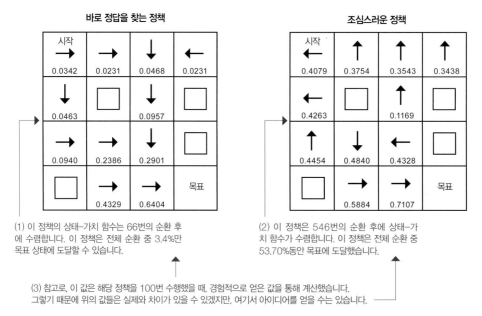

바로 정답을 찾는 정책

조심스러운 정책

(1) 이 정책의 상태–가치 함수는 66번의 순환 후에 수렴합니다. 이 정책은 전체 순환 중 3.4%만 목표 상태에 도달할 수 있습니다.

(2) 이 정책은 546번의 순환 후에 상태–가치 함수가 수렴합니다. 이 정책은 전체 순환 중 53.70%동안 목표에 도달했습니다.

(3) 참고로, 이 값은 해당 정책을 100번 수행했을 때, 경험적으로 얻은 값을 통해 계산했습니다. 그렇기 때문에 위의 값들은 실제와 차이가 있을 수 있겠지만, 여기서 아이디어를 얻을 수는 있습니다.

그림 3-15 정책–평가 알고리즘의 결과

결과를 놓고 보면, 바로 정답을 찾는 정책이 프로즌 레이크 환경에서는 가치가 높지 않은 것처럼 보입니다. 흥미로운 결과입니다만, 여기서 질문이 생깁니다. 과연 이 환경에서는 어떤 정책이 잘 동작하는 것일까요?

3.2.2 정책 개선법: 개선을 위해 점수를 사용하는 방법

동기는 이제 명확합니다. 이제 정책을 평가하는 방법도 알고 있습니다. 이를 이용하면 기존에 가지고 있던 제한을 풀 수 있습니다. 이제 수많은 정책들을 평가할 수 있고, 출발 상태에서의 상태-가치 함수를 이용해서 정책들에 대한 순위를 매길 수 있습니다. 결과적으로는 수많은 에피소드를 수행했을 때, 현재 정책에 대한 기대 누적 보상치를 이용하면 우리가 원하는 수치를 얻을 수 있을 것입니다. 멋지지 않나요?

아닙니다. 사실 말이 되지 않습니다. 임의로 생성한 정책을 여러 개 만들어서, 전부 평가하는 것이 도움이 될까요? 우선, 이런 접근 방식은 계산에 필요한 자원을 낭비하고, 더 중요하게도 이 방법을 통해서 더 나은 정책을 찾을 수 있다는 보장이 없습니다. 이보다 더 좋은 방법을 찾아야 합니다.

이 문제를 해결하기 위한 수단이 바로 행동-가치 함수인 Q-함수 입니다. V-함수와 MDP를 사용하면, Q-함수에 대한 예측치를 얻을 수 있습니다. Q-함수는 모든 상태에 대해서 모든 행동들의 가치를 약간이나마 구할 수 있고, 이 값을 이용하면, 정책을 개선할 수 있는 힌트를 줄 수 있습니다. 조심스러운 정책의 Q-함수를 살펴보고, 어떻게 하면 정책을 개선할 수 있는지를 살펴봅시다.

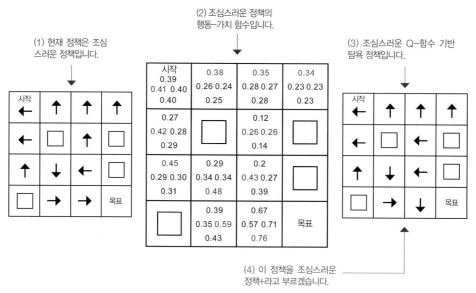

그림 3-16 Q-함수가 정책을 개선하는 데 어떻게 사용할 수 있을까요?

현재 정책의 Q-함수에 대해서 탐욕적으로 행동을 취하게 될 때, 새로운 정책인 조심스러운 정책+를 얻을 수 있습니다. 그러면 이 정책은 잘 동작하는 것일까요? 그러면 앞에서 소개한 정책 평가법을 수행하면 알 수 있습니다. 한번 확인해보지요!

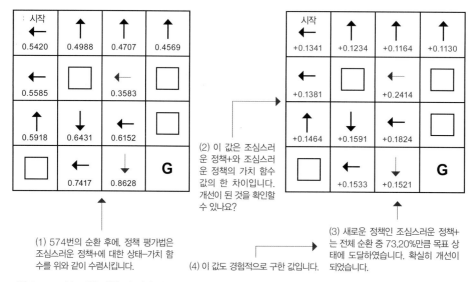

그림 3-17 조심스러운 정책+의 상태-가치 함수

새로운 정책은 원래의 정책보다 좋아졌습니다. 훌륭하지요! 이때의 행동-가치 함수를 계산하기 위해서 원래 정책의 상태-가치 함수와 MDP를 사용하였습니다. 바로 이것이 **정책-개선** policy-improvement 알고리즘이 동작하는 방법입니다. 정책-개선 알고리즘은 상태-가치 함수와 MDP를 사용해서 행동-가치 함수를 계산하고, 원래 정책의 행동-가치 함수에 대한 **탐욕**greedy 정책을 반환합니다. 이 부분이 중요합니다.

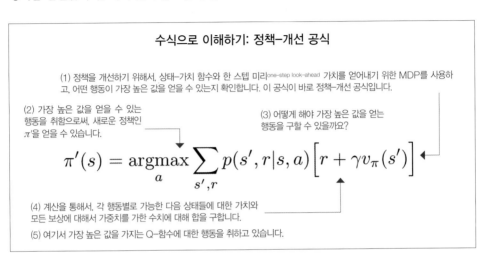

수식으로 이해하기: 정책-개선 공식

(1) 정책을 개선하기 위해서, 상태-가치 함수와 한 스텝 미리one-step look-ahead 가치를 얻어내기 위한 MDP를 사용하고, 어떤 행동이 가장 높은 값을 얻을 수 있는지 확인합니다. 이 공식이 바로 정책-개선 공식입니다.

(2) 가장 높은 값을 얻을 수 있는 행동을 취함으로써, 새로운 정책인 π'을 얻을 수 있습니다.

(3) 어떻게 해야 가장 높은 값을 얻는 행동을 구할 수 있을까요?

$$\pi'(s) = \operatorname*{argmax}_{a} \sum_{s',r} p(s',r|s,a)\left[r + \gamma v_\pi(s')\right]$$

(4) 계산을 통해서, 각 행동별로 가능한 다음 상태들에 대한 가치와 모든 보상에 대해서 가중치를 가한 수치에 대해 합을 구합니다.

(5) 여기서 가장 높은 값을 가지는 Q-함수에 대한 행동을 취하고 있습니다.

파이썬으로는 정책-개선 알고리즘을 아래와 같이 구현할 수 있습니다.

코드 3-2 정책-개선 알고리즘

```
def policy_improvement(V, P, gamma=1.0):
```
(1) 매우 간단한 알고리즘입니다. 이 함수는 개선하고자 하는 정책에 대한 상태-가치 함수인 V와 MDP인 P가 필요합니다. 부가적으로 감마를 추가할 수 있습니다.

```
    Q = np.zeros((len(P), len(P[0])), dtype=np.float64)
```
(2) 그리고, Q-함수를 0으로 초기화합니다. 정확하게는 임의로 이 값들을 초기화할 수 있지만, 우선은 간단하게 살펴봅시다.

```
    for s in range(len(P)):
```
(3) 모든 상태와 행동 그리고 전이들에 대해서 루프를 수행합니다.
```
        for a in range(len(P[s])):
            for prob, next_state, reward, done in P[s][a]:
```
(4) 이 플래그는 다음 상태가 종료 상태인지의 여부를 나타냅니다.

(5) 이 값을 사용해서 Q-함수를 계산합니다.
```
                Q[s][a] += prob * (reward + gamma * V[next_state] * (not done))
```

```
    new_pi = lambda s: {s:a for s, a in enumerate(np.argmax(Q, axis=1))}[s]
```
(6) 최종적으로 기존 정책의 Q–함수에 대한 argmax 연산을 취함으로써, 새로운 탐욕
정책을 얻었습니다. 이를 통해 정책을 개선하였습니다.

```
    return new_pi
```

다음으로 던질 수 있는 질문은 다음과 같습니다. 이 정책보다 더 좋은 정책이 있을까요? 조심스
러운 정책+보다 더 좋은 정책을 찾을 수 있을까요? 조심스러운 정책+을 평가하고, 이를 다시
개선시킬 수 있을까요? 아마도 가능할 것입니다. 이를 확인하기 위해서는 한번 해봐야겠지요!

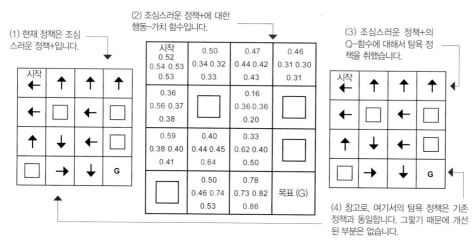

그림 3-18 조심스러운 정책+를 더 개선시킬 수 있을까요?

조심스러운 정책+에 대해서 정책 평가법을 수행하고 정책 개선법을 수행했습니다. 조심스러운
정책과 조심스러운 정책+의 Q–함수는 달랐지만, Q–함수에 대한 탐욕 정책을 취한 결과는 동
일했습니다. 다시 말해서, 이번에는 개선된 부분이 없었습니다.

개선된 부분이 없었던 이유는 조심스러운 정책+이 (감가율이 0.99인 상태에서) 프로즌 레이
크 환경에 대한 이상적인 정책이기 때문입니다. 조심스러운 정책에 비해서는 한번 개선이 되었
던 이유도 사실 조심스러운 정책도 좋은 정책이었기 때문입니다.

비록 현재 환경에서 매우 안 좋게 설계된 적대적인 정책으로 시작하여도, 정책 평가법과 정책
개선법을 반복적으로 수행하면 결과적으로 이상적인 정책을 얻을 수 있습니다. 증명을 원하시
나요? 그럼 한번 해봅시다. 프로즌 레이크 환경에 대한 적대적인 정책을 만들고, 어떤 일이 일
어나는지 확인해봅시다.

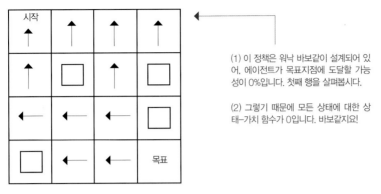

그림 3-19 프로즌 레이크 환경에 대한 적대적인 정책

(1) 이 정책은 워낙 바보같이 설계되어 있어, 에이전트가 목표지점에 도달할 가능성이 0%입니다. 첫째 행을 살펴봅시다.

(2) 그렇기 때문에 모든 상태에 대한 상태-가치 함수가 0입니다. 바보같지요!

3.2.3 정책 순환: 개선된 행동에 대해서 더 개선하기

이 적대적인 정책에 대해서 우리가 수행할 것은 정책-개선을 통해서 더이상 다른 정책이 나오지 않을 때까지, 정책 평가법과 정책 개선법을 반복하는 것입니다. 사실, 적대적인 정책 대신 임의로 생성한 정책으로부터 시작할 수 있습니다. 이것이 **정책 순환**policy iteration 알고리즘입니다.

코드 3-3 정책 순환 알고리즘

```
def policy_iteration(P, gamma=1.0, theta=1e-10):
```
(1) 정책 순환은 간단하고, MDP만 있으면 됩니다. 감마도 포함될 수 있습니다.

```
    random_actions = np.random.choice(tuple(P[0].keys()), len(P))
    pi = lambda s: {s:a for s, a in enumerate(random_actions)}[s]
```
(2) 우선, 임의로 생성한 정책을 만들어야 합니다. 어떠한 정책도 가능합니다.
우선 저는 임의의 행동들의 집합을 만들고, 각 행동에 대한 상태를 매핑했습니다.

(3) 여기서는 우리가 정책을 수정하기 전에, 이전 정책에 대한 복사본을 만들어놓습니다.

```
    while True:
        old_pi = {s:pi(s) for s in range(len(P))}
        V = policy_evaluation(pi, P, gamma, theta)
        pi = policy_improvement(V, P, gamma)
```
(4) 현재 정책의 상태-가치 함수를 구합니다.
(5) 개선된 정책을 구합니다.
(6) 그리고 나서, 새로운 정책이 달라진 점이 있는지를 확인합니다.

```
        if old_pi == {s:pi(s) for s in range(len(P))}:
            break
```
(7) 만약 달라진 점이 있다면, 앞의 과정을 반복적으로 수행합니다.

(8) 그렇지 않으면, 루프를 중단한 후, 이상적인 정책과 이상적인 상태-가치 함수를 반환합니다.

```
    return V, pi
```

좋습니다! 하지만 앞에서 정의한 적대적인 정책을 가지고 어떤 일이 발생하는지 확인해봅시다.

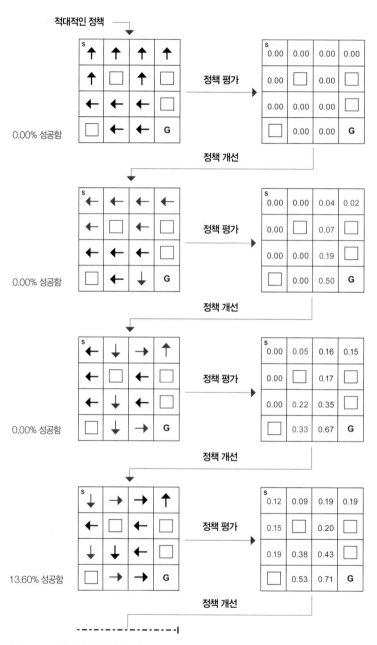

그림 3-20 적대적인 정책 개선 (1/2)

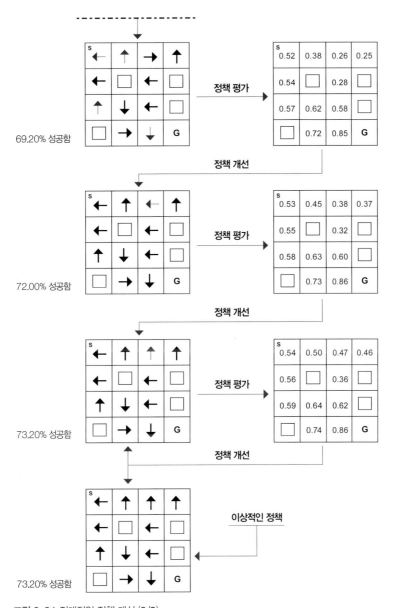

그림 3-21 적대적인 정책 개선 (2/2)

앞에서 언급했다시피, 처음 수행한 정책이 어떨지라도, 정책 평가와 정책 개선을 반복하면 이상적인 정책과 이에 대한 상태–가치 함수를 구할 수 있습니다. 이제 몇 가지 부분을 짚어보고자 합니다.

제가 '이상적인 정책'이라는 용어를 쓰면서, 동시에 '이상적인 상태-가치 함수'란 단어도 사용했습니다. 이 단어는 절대로 우연으로 나오거나 잘못 선택한 단어가 아닙니다. 사실 '이상적'이라는 단어는 제가 다시 한번 강조하고자 하는 속성이기도 합니다. MDP는 한 개 이상의 이상적인 정책을 가질 수 있지만, 이상적인 상태-가치 함수는 단 한 개만 가질 수 있습니다. 이 사실을 꼭 기억해두기 바랍니다.

상태-가치 함수는 숫자들로 이뤄진 집합입니다. 숫자들은 매우 낮은 정확성을 가지는데, 그 이유는 이 값들이 숫자이기 때문입니다.[1] 그렇기 때문에 상태-가치 함수는 딱 하나만 존재합니다. 이때 상태-가치 함수는 모든 상태에 대해서 가장 높은 값을 가지는 숫자들의 집합입니다. 하지만 상태-가치 함수는 주어진 상태에서 동일하게 동작하는 행동들을 가지고 있습니다. 물론 해당 행동에 대한 이상적인 상태-가지 함수도 포함합니다. 이 경우, 여러 개의 이상적인 정책들이 나올 수 있고, 각 이상적인 정책마다 값은 다르지만, 같은 동작을 하는 행동을 가지게 됩니다. 프로즌 레이크 환경이 이를 보여줄 수 있는 좋은 예시입니다.

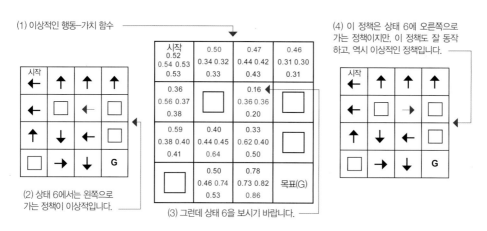

그림 3-22 프로즌 레이크 환경은 이상적인 정책을 여러 개 가질 수 있습니다.

여기에는 보여지지 않았지만, 종료 상태에서 취하는 모든 행동은 동일한 가치인 0을 가지기 때문에 상태 6에서 나타난 현상과 비슷한 현상이 발생합니다.

마지막으로 줄이자면, 저는 정책 순환이 정확하게 이상적인 정책으로 수렴한다고 보장한다는 사실을 강조하고 싶습니다. 수학적인 증명으로도 이 방식이 지역 극점local optima로 빠지지 않는

---

1 옮긴이_ 정확한 숫자를 딱 맞추는 것은 어렵기 때문입니다.

것을 보여줄 수 있습니다. 하지만, 실제 적용할 때 한 가지 신경써야 할 부분이 있습니다. 만약 행동–가치 함수가 동일한 값을 가진다면(예를 들어, 위의 예시에서 상태 6에서 오른쪽이나 왼쪽으로 가는 행동을 취했을 때) 임의로 이 동일한 값을 깨뜨리지 않도록 해야 한다는 것입니다. 그렇지 않다면, 정책 개선을 통해서도 개선된 부분 없이 전혀 다른 정책을 반환하게 될 것입니다. 여기에서 벗어나, 이상적인 상태–가치 함수와 이상적인 정책을 찾는 또 하나의 기본적인 알고리즘을 더 살펴봅시다.

3.2.4 가치 순환: 행동을 미리 개선하기

아마 정책 평가법이 어떻게 동작하는지 눈치챘을 것입니다. 가치는 한 번 반복할 때마다 지속적으로 퍼져나가지만, 천천히 이뤄졌습니다. 한번 살펴봅시다.

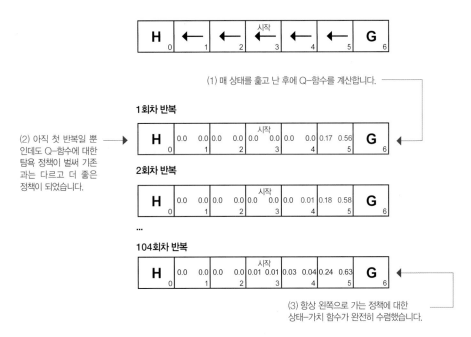

그림 3-23 미끄러지는 밴딧 통로에서 항상 왼쪽으로 가는 정책에 대한 평가

위 이미지는 정책 평가를 하면서 전체 상태를 확인하고, 그 후에 Q–함수를 예측한 내용을 담고 있습니다. 여기서는 매 반복마다 V–함수에 대한 부분적인 예측truncated estimate와 MDP를 사

용해서 진행했습니다. 이를 통해서 1회차 반복 이후에, 이전에 구한 예측된 Q−함수에 대한 탐욕 정책을 취했을 때 개선되었음을 쉽게 확인할 수 있었습니다. 목표 상태를 향해서 행동을 변화하는 것이 이미 좋은 정책이었던 것입니다.

다시 말하자면, 단일 반복 이후에 부분적인 정책 평가를 하더라도, 정책 평가시 한번 상태−영역을 훑은 이후에 대한 예측된 Q−함수에 탐욕 정책을 취하면, 초기의 정책을 개선시킬 수 있습니다. 이 알고리즘이 바로 강화학습의 또 다른 기초 알고리즘인 **가치 순환**value iteration (VI)입니다.

가치 순환은 '정책들 사이에서 좋은 정책을 탐욕적으로 탐욕부리는 것greedily greedifying policies'이라고 생각할 수 있습니다. 왜냐하면 위 과정 모두 탐욕 정책을 우리가 할 수 있는 한 최대로 탐욕적으로 계산하기 때문입니다. 가치 순환은 정책에 대한 정확한 예측치를 얻을 때까지 기다리지 않습니다. 대신, 가치 순환은 한번 상태−영역을 훑고 난 후, 정책−평가를 부분적으로 수행합니다. 제가 '정책들 사이에서 좋은 정책을 탐욕적으로 탐욕부리는 것'라고 말한 것이 어떤 의미인지 한번 살펴봅시다.

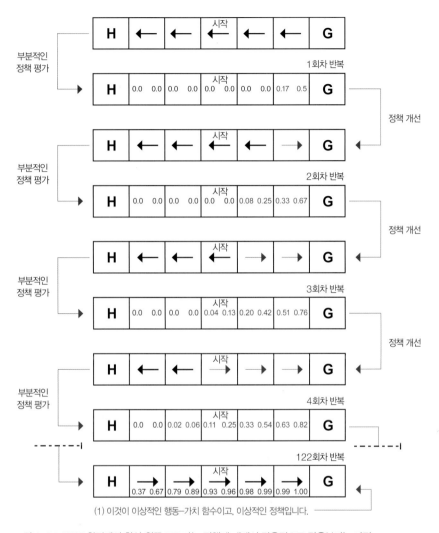

그림 3-24 SWF 환경에서 항상 왼쪽으로 가는 정책에 대해서 탐욕적으로 탐욕부리는 과정

만약 미끄러지는 밴딧 통로 환경에서 항상 왼쪽으로 가는 적대적인 정책 대신 임의로 생성한 정책을 수행했을 때에도, 가치 순환은 이상적인 상태–가치 함수로 수렴합니다. 가치 순환은 하나의 공식으로 표현할 수 있는 매우 직관적인 알고리즘입니다.

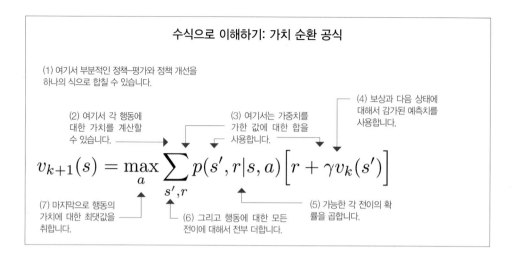

수식으로 이해하기: 가치 순환 공식

(1) 여기서 부분적인 정책-평가와 정책 개선을
하나의 식으로 합칠 수 있습니다.

(2) 여기서 각 행동에
대한 가치를 계산할
수 있습니다.

(3) 여기서는 가중치를
가한 값에 대한 합을
사용합니다.

(4) 보상과 다음 상태에
대해서 감가된 예측치를
사용합니다.

$$v_{k+1}(s) = \max_a \sum_{s',r} p(s',r|s,a) \Big[r + \gamma v_k(s') \Big]$$

(7) 마지막으로 행동의
가치에 대한 최댓값을
취합니다.

(6) 그리고 행동에 대한 모든
전이에 대해서 전부 더합니다.

(5) 가능한 각 전이의 확
률을 곱합니다.

실제 적용할 때 알아둘 점은, 가치 순환에선 모든 정책들에 대해서 신경쓸 필요가 없다는 것입니다. 가치 순환은 값이 수렴하도록 해주는 별도의 평가 과정이 없습니다. 가치 순환과 정책 순환이 주어진 MDP에서 이상적인 정책을 찾는다는 같은 목표를 가진만큼 가치 순환은 모든 가치 함수에 대해서 이 과정을 수행해야 합니다. 이름에도 담겨있다시피 가치를 순환해야 합니다.

다시 말하자면, (구현여부에 따라서 달라지겠지만) V-함수와 Q-함수에 대해서만 정보를 유지합니다. Q-함수에 대한 탐욕 정책을 취할 때, 해당 Q-함수에서 전체 행동에 대해 최댓값을 얻을 수 있는 행동(argmax 연산)을 취합니다. 더 나은 정책을 얻기 위해서 argmax로 정책을 개선시키고, 개선된 정책에서 다시 가치 함수를 얻기 위해 평가하는 대신, 전체 상태를 다시 훑을 때 사용할 수 있는 행동에 대한 최댓값(argmax 연산이 아닌 max 연산의 결과)을 직접적으로 계산하는 방법도 있습니다.

가치 순환 알고리즘의 마지막에는, 다시 말하자면 Q-함수가 이상적인 값으로 수렴하고 난 후에는, 이전과 동일하게 해당 Q-함수에 대한 행동들의 argmax 연산을 취함으로써 이상적인 정책을 얻을 수 있습니다. 다음 페이지에 있는 코드 예제를 통해서 명확하게 확인할 수 있을 것입니다.

한 가지 강조해야 할 것은 가치 순환과 정책 순환이 서로 다른 알고리즘이지만 일반적인 관점에서는 모두 **일반화된 정책 순환**generalized policy iteration (GPI)입니다. 일반화된 정책 순환은 예측된 가치 함수를 사용해서 정책을 개선시키고, 예측된 가치 함수도 현재 정책의 실제 가치 함수를 바탕으로 개선시키는 강화학습의 일반적인 아이디어입니다. 예측을 정확하게 할지 여부는 부가적인 요소일 뿐입니다.

코드 3-4 가치 순환 알고리즘

```python
def value_iteration(P, gamma=1.0, theta=1e-10):
```
(1) 정책 순환과 같이, 가치 순환은 이상적인 정책을 얻는 방법입니다. 이를 위해서 (감마가 포함된) MDP가 필요합니다. 여기서 세타는 수렴에 대한 임계값인데, 10^{-10}이면 충분합니다.

```python
    V = np.zeros(len(P), dtype=np.float64)
```
(2) 우선 상태-가치 함수를 초기화합니다. V-함수를 임의의 숫자로 정의해도 잘 동작할 것입니다.

```python
    while True:
```
(3) 루프에 진입하면서 Q-함수를 0으로 초기화합니다.

(4) 참고로 여기에서는 Q-함수가 0이어야 합니다. 그렇지 않으면 예측치는 부정확해집니다.

```python
        Q = np.zeros((len(P), len(P[0])), dtype=np.float64)
        for s in range(len(P)):
            for a in range(len(P[s])):
```
(5) 그리고, 모든 상태와 행동에 대해서 발생할 모든 전이에 대해서 고려합니다.

```python
                for prob, next_state, reward, done in P[s][a]:
```
(6) 행동-가치 함수를 계산합니다.

```python
                    Q[s][a] += prob * (reward + gamma * V[next_state] * (not done))
```
(7) 여기서 V-함수를 사용하는데, 이는 이전에 가지고 있던 부분적인 예측치입니다.

```python
        if np.max(np.abs(V - np.max(Q, axis=1))) < theta:
            break
```
(8) 상태 영역에 대해서 매번 훑고 난 후에, 상태-가치 함수가 계속 변화하는지 확인합니다. 변화하지 않았다면 이상적인 V-함수를 찾은 것이고, 이때 루프를 빠져나갑니다.

```python
        V = np.max(Q, axis=1)
```
(9) 이 한 줄의 코드덕분에, 따로 정책 개선 단계를 수행하지 않아도 됩니다. 직접적으로 대체되는 것은 아니지만, 대신 개선과 평가 단계가 혼합된 형태로 들어가는 것입니다.

```python
    pi = lambda s: {s:a for s, a in enumerate(np.argmax(Q, axis=1))}[s]
    return V, pi
```
(10) 최종적으로 이상적인 정책을 얻고, 이를 이상적인 상태-가치 함수와 함께 반환합니다.

3.3 요약

강화학습 에이전트의 목적은 여러 에피소드를 반복하면서 얻은 총 보상인 기대 반환값을 최대화하는 것입니다. 이를 위해서, 에이전트는 전체적인 계획을 나타내는 정책을 사용해야 합니다. 정책은 상태들에 대한 행동의 정의를 나타냅니다. 이 정책은 단일 행동으로 반환되는 결정적인 정책일 수도 있고, 행동에 대한 확률 분포를 반환하는 확률적인 정책일 수도 있습니다. 이 정책을 얻어내기 위해서, 에이전트는 몇몇 요약된 수치들을 계속 가지고 있습니다. 주요한 수치에는 상태-가치, 행동-가치 그리고 행동-이점 함수가 포함됩니다.

상태-가치 함수는 상태에 대한 기대 반환값을 요약합니다. 이 값은 현재 상태에서 에피소드가 끝날때까지 에이전트가 얻을 수 있는 보상이 어느 정도인지를 기대값으로 알려줍니다. 행동-가치 함수는 상태-행동 쌍으로부터 기대 반환값을 요약합니다. 이 가치 함수는 주어진 상태에서 에이전트가 특정 행동을 취했을 때 바로 얻을 수 있는 보상에 대한 기대치를 알려줍니다. 행동-가치 함수는 에이전트가 행동들 사이를 비교할 수 있도록 해줘서, 최종적으로는 제어 문제를 풀 수 있도록 합니다. 행동-이점 함수는 에이전트가 어떤 상태-행동 쌍에 맞춰져 있을 때, 기존보다 얼마만큼 더 좋은지를 알려줍니다. 이런 가치 함수들은 특정 정책과 매핑되어 있으며, 어쩌면 이상적인 정책과도 연결되어 있습니다. 이 값들은 에피소드가 끝날 때까지 어떤 정책을 따르고 있는지에 따라서 달라집니다.

정책 평가는 주어진 정책과 MDP에서 가치 함수를 예측하는 방법입니다. 정책 개선은 가치 함수와 MDP에서 탐욕 정책을 얻는 방법입니다. 정책 순환은 MDP로부터 이상적인 정책을 얻기 위해서, 정책-평가와 정책-개선을 반복합니다. 정책 평가 단계는 주어진 정책에 대해서 가치 함수를 정확하기 예측하기 위해 몇 번의 순환을 거칠 수 있습니다. 정책 순환에서는, 정책 평가 단계에서 정확한 예측치를 얻을 때까지 기다립니다. 가치 순환이라고 부르는 다른 방법은 정책 평가 단계를 부분적으로 수행해서, 정책 개선 단계를 조금 더 일찍 수행할 수 있도록 해줍니다.

이 방법들에 대한 조금 더 일반적인 방법론이 일반화된 정책 순환이며, 정책을 최적화하기 위한 두 가지 과정이 수행됩니다. 하나는 가치 함수가 현재 정책에 대한 실제 가치 함수와 가깝게 예측할 수 있게 하는 과정이고, 또 다른 하나는 예측된 가치 함수를 바탕으로 현재 정책을 개선하는 것입니다. 이 과정들을 통해서 더 나은 정책들을 지속적으로 얻을 수 있습니다.

- 강화학습 에이전트의 목적을 이해하고, 주어진 시간에 에이전트가 가지고 있는 통계치에 대해서 알아보았습니다.
- 정책으로부터 가치 함수를 예측하는 방법들과 가치 함수로부터 정책을 개선시킬 수 있는 방법을 이해했습니다.
- MDP로 모델링된 연속적인 의사 결정이 필요한 문제에서 이상적인 정책을 찾을 수 있습니다.

트위터에서 만나요!

공부하고 배운 내용을 공유해보시기 바랍니다.

매 장의 마지막 부분에, 제가 다음 단계로 넘어가기 위해서 지금까지 배운 것을 어떻게 활용할 수 있을지에 대한 아이디어를 제공할 것입니다. 원한다면, 당신이 얻은 결과를 세상에 공유하고, 다른 사람이 어떻게 구현했는지도 확인해보기 바랍니다. 이것이 서로한테 좋은 방법이며, 여기서 원하는 것을 얻었으면 좋겠습니다.

- **#gdrl_ch03_tf01**: 수많은 격자 환경은 이 장에서 소개한 정책 순환과 가치 순환 함수로 해결할 수 있는 MDP로 이뤄져 있습니다. 놀랍지요? 짐 환경에서 제공하는 'env.unwrapped.P'를 이 장에서 배운 함수에 인자로 넣어보세요. 더 나아가서 이번 장에서 소개하지 않은 환경이나 다른 사람이 만든 환경, 아니면 이전 장에서 스스로 만들어본 환경에 적용해보기 바랍니다.

- **#gdrl_ch03_tf02**: 감가율인 감마는 이전 장에서 MDP의 일부로 소개했습니다. 하지만 이 중요한 변수에 대해서 자세히 다루지 않았습니다. 한번 서로 다른 감가율을 적용해서 정책 순환과 가치 순환을 수행하고, 이상적인 정책도 포함해서 에이전트가 얻은 보상들의 총합을 확인해보면 어떨까요? 이들을 비교할 수 있을까요? 혹시 감가율의 역할에 대해서 다른 사람들이 쉽게 이해할 수 있도록 도울만한 좋은 자료를 알고 있나요?

- **#gdrl_ch03_tf03**: 정책 순환과 가치 순환은 모든 작업을 수행합니다. 이 방법들은 MDP을 가져다가 이상적인 가치 함수와 정책을 얻는데 사용합니다. 하지만 여기서 던질 수 있는 흥미로운 질문은, 이 두 가지 방법을 비교할 수 있느냐 하는 것입니다. 혹시 정책 순환을 적용하기엔 어려우면서도, 가치 순환은 쉽게 할 수 있는 MDP를 생각해볼 수 있을까요? 이 환경을 파이썬 패키지로 만들어서, 사람들에게 공유해보기 바랍니다. 다른 사람들이 알아야 할 것들이 있을까요? 가치 순환과 정책 순환은 어떻게 비교할 수 있을까요?

- **#gdrl_ch04_tf04**: 매 장마다 마지막 해시태그는 총정리 해시태그로 사용하겠습니다. 마지막 해시태그는 이 장과 관련해 작업한 어떤 것이든 다른 사람들과 논의하는데 사용하길 바랍니다. 여러분이 직접 만든 것만큼 흥미로운 과제도 없답니다. 당신이 어떤 공부를 하고 있는지, 그 결과도 공유해주기 바랍니다.

공부한 것에 대해서 트윗을 쓰고 저(@mimoralea)를 태그해주세요(제가 리트윗하겠습니다). 그리고 여러분이 얻은 결과를 사람들이 위에 적힌 해시태그를 사용하기 바랍니다. 잘못된 결과는 없습니다. 여러분이 찾은 것을 공유하고, 다른 사람이 찾은 것을 확인해보세요. 이 해시태그를 기회로 교류하고 기여하세요. 다같이 기다리고 있을게요!

## CHAPTER 4

정보의 수집과 사용 간의 균형

"불확실성과 기대는 삶을 즐겁게 해준다. 안정성은 삶을 지루하게 만든다."

– 윌리엄 콩그리브William Congreve

영국 전후 복구시대의 극작가이며 시인이자 영국 휘그당의 정치인

아무리 미묘하고 중요하지 않은 결정이라도, 정보 수집을 위한 결정과 정보를 사용한 결정에는 각자 일장일단이 있습니다. 예를 들어서 좋아하는 음식점에 갔을 때, 원래 좋아하던 메뉴를 다시 주문해야 할까요? 아니면 새로운 메뉴를 시도해봐야 할까요? 만약 실리콘밸리의 한 스타트업에서 당신에게 일자리를 제안했다면, 이직을 해야 할까요? 아니면 하지 말아야 할까요?

이런 유형의 질문은 보통 탐색–착취 사이의 갈등을 묘사할 뿐 아니라, 강화학습 문제의 핵심이기도 합니다. 이 문제는 지식을 언제 얻고, 아니면 이전에 얻은 지식을 활용할지를 결정할 때 야기됩니다. 우리가 이미 좋은 것이라고 알고 있는 것이 '충분히' 좋은지는 알기 어렵습니다. 언제 그 균형을 유지하고, 언제 더 나아가야 할까요? 손 안에 있는 새 한 마리와 덤불 속에 있는 새 두 마리 중 어떤 경우가 더 좋을까요?

우리가 고민하는 이유는 바로 생활 속에서 얻는 보상을 받아들이는 관점이 상대적이기 때문입니다. 그렇기에 어떤 것에 대한 가치를 명확하게 확인할 수 있는 이벤트를 비교해야 합니다. 예를 들어봅시다. 처음 취직을 하게 되었을 때는 기뻤을 겁니다. 그때 그 순간이 인생에서 가장 최고의 순간이라고 생각하겠지만, 삶이 지속될수록, 더욱더 보상이 큰 일들을 경험하게 됩니

다. 승진을 하거나, 연봉이 인상되거나 혹은 결혼을 할 수도 있습니다. 누가 알까요?

이것이 바로 핵심입니다. 자신들이 경험한 순간들에 대해서 얼마나 기뻤는지 순위를 매긴다면, 인생에서 경험할 수 있는 최고의 순간을 선택할 수 없을 것입니다. 인생은 불확실하니까요. 인생에 대한 전이 함수나 보상 신호를 알 수 없기 때문에, 결국 탐색을 해야 합니다. 이번 장에서는 불확실한 환경에서 상호작용을 해야 하는 입장에서 에이전트가 탐색을 하는 것이 얼마나 중요한지에 대해서 배우게 됩니다. 이 문제는 보통 MDP를 바탕으로 계획을 할 수 없는 상황에서 발생합니다.

이전 장에서는 순차적인 피드백으로부터 학습할 때의 어려움과 순간적인 목표와 장기간 목표간의 균형을 적절히 맞추는 방법에 대해서 학습했습니다. 이번 장에서는 평가가능한 피드백으로부터 진행하는 학습이 지닌 어려움을 확인해볼 것이고, 이런 내용을 순차적이지 않고 순간적인 피드백을 받는 환경인 **멀티 암드 밴딧**multi-armed bandit(MAB)에서 적용해볼 것입니다.

MAB는 평가가능한 피드백에서 학습에 대한 어려움을 따로 분리해 노출하고 있습니다. 우리는 여러 개의 선택지 중에서 단일 결정을 내려야 하는 단일 상태 환경에서 탐색과 착취의 균형을 맞추는 여러 다양한 기법에 대해서 확인해보게 됩니다. 에이전트는 불확실성상에서 동작할 것이고, 다시 말하자면 에이전트는 MDP에 대한 정보를 얻을 수 없을 것입니다. 하지만 순차적인 요소 없이도 단일 행동이 적용되는 환경에서 상호작용이 이뤄질 것입니다.

심층 강화학습에서는 에이전트가 순차적이면서(단일 행동과는 반대 개념), 동시에 평가가능하고(무언가를 지도하는 개념과 반대), 샘플링이 가능한(데이터가 적은 것과 반대) 피드백으로부터 학습한다는 걸 기억합시다. 이번 장에서는 복잡성을 제거하기 위해서 순차적이고, 샘플링이 가능한 피드백의 경우는 배제하고, 평가가능한 피드백에 대해서만 따로 고려해보겠습니다. 한번 시작해봅시다.

- 평가가능한 피드백으로 학습할 때 어려운 점과 정보의 수집과 사용간의 균형을 어떻게 하면 적절하게 맞출 수 있는지 학습할 것입니다.
- 사용자가 알지 못하는 전이 함수와 보상 신호가 있는 문제에서 지나간 시점에 대한 후회를 누적하는 탐색 전략을 개발할 것입니다.
- 시행착오를 통해서 학습하는 에이전트를 개발할 텐데, 이 에이전트는 멀티 암드 밴딧(MAB)이라고 알려져 있는 여러 개 중 하나를 선택하는 환경에서 다양한 설정을 통해 에이전트의 경험을 바탕으로 행동을 최적화할 수 있는 방법을 학습합니다.

4.1 평가가능한 피드백 해석의 어려움

이전 장에서, 프로즌 레이크 환경을 풀 때에는, 환경이 에이전트의 행동에서 어떻게 반응할지를 미리 알았습니다. 환경의 정확한 전이 함수와 보상 신호를 알고 있었기 때문에 정책 순환이나 가치 순환 같은 계획 알고리즘을 통해서 환경과의 상호작용이 없어도 이상적인 정책을 찾을 수 있습니다.

하지만 MDP를 알고 있다는 가정은 문제를 극도로 단순화시키면서, 어쩌면 비현실적일 수 있습니다. 항상 환경이 행동에 대해서 어떻게 상호작용할지 안다고 가정할 수 없습니다. 세상 돌아가는 일이 거의 그렇습니다. 그런 일들을 학습해야 하는 상황이 생기고, 이후 장에서도 배우겠지만, 결국은 에이전트 스스로 환경과 상호작용을 하면서 경험을 쌓고, 이를 통해서 에이전트 자체가 가진 경험만 가지고 이상적으로 행동하는 방법을 학습해야 합니다. 이것이 시행착오를 통한 학습입니다.

강화학습에서 에이전트가 환경과 상호작용을 통해서 행동을 학습할 경우, 환경이 에이전트에게 다음엔 뭘 할지 반복적으로 질문합니다. 이 질문은 의사결정을 하는 에이전트에게 기초적인 문제를 제공합니다. 지금 에이전트가 취해야 할 행동은 어떤 것일까요? 에이전트가 현재 가진 지식만 가지고, 가장 좋은 추정치를 얻는 행동을 선택해야 할까요? 아니면 이전에 충분히 시도하지 않았던 행동을 취해 탐색해봐야 할까요? 이러면 더 많은 질문이 따라옵니다. 현재의 추정치가 어느 시점에서 충분히 좋을까요? 지금 시도하는 행동이 좋지 않은 행동이라는 것을 어떻게 알까요? 같은 다양한 질문이 생길 것입니다.

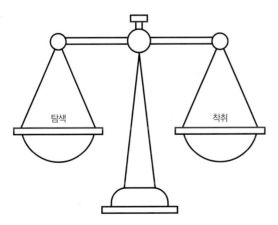

그림 4-1 탐색과 착취의 장단점을 적절한 다루는 것을 통한 효율적인 방법 학습

탐색은 효과적인 착취를 할 수 있도록 통해 필요한 지식을 쌓고, 이 지식을 기반으로 최대한 착취하는 것이 모든 의사 결정 에이전트의 궁극적인 목표입니다.

4.1.1 밴딧: 단일 상태로 된 의사 결정 문제

멀티 암드 밴딧은 상태 영역과 이에 따른 호라이즌이 1인 독특한 강화학습 문제입니다. MAB는 여러 개의 행동과 단일 상태를 가지고 있고, 착취하는 호라이즌으로 되어 있어, 여러 개의 선택지 중에서 하나를 선택하는 환경이라고 생각할 수도 있습니다. 이 이름은 여러 개의 선택지가 있는 슬롯 머신에서 따온 것입니다(조금 더 현실적으로 표현하자면, 여러 개의 슬롯머신이 있다고 생각해볼 수 있습니다).

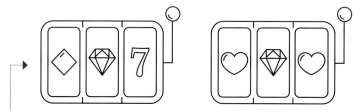

(1) 이렇게 두 개의 팔로 구성된 밴딧은 두 개의 선택지가 있는 의사 결정 문제입니다. 각 선택지에 대해 정확한 결정을 내리도록 두 개의 밴딧을 충분히 동작시켜봐야 합니다. 어떻게 하면 탐색−착취에 따른 장단점을 잘 다룰 수 있을까요?

그림 4-2 멀티 암드 밴딧 문제

MAB 연구와 연결된 상업적인 사례들은 많이 있습니다. 광고 회사는 고객들이 많이 클릭할 것이라고 예측되는 광고를 보여주거나 아니면 더 적합하다고 느껴질 수 있는 새로운 광고를 보여줘야 하는 경우가 있습니다. 자선단체나 정당과 같이 기부를 받아야 하는 웹사이트의 경우에는 더 많은 기부를 유도할 수 있는 아이템의 레이아웃과 현재는 활용하지 못해도, 이후에는 많은 이익을 가져올 잠재력이 있는 새로운 레이아웃의 균형을 맞춰야 합니다. 동일하게, 상업적인 웹사이트들은 추천상품을 소개할 때 신상품과 잘 팔리는 상품의 균형을 맞춰야 합니다. 의료 업계에서는 환자들에 대한 약의 성능을 가능하다면 최대한 빠르게 학습할 수 있어야 합니다. 수많은 문제들이 탐색−착취 장단점에 대한 연구를 통해서 이익을 추구하고 있습니다. 오일 시추공을 설치하거나, 게임, 검색 엔진을 비롯해 많은 경우에도 적용됩니다. 여기서 MAB를 공부하는 이유는 실제 환경에 직접 적용해보고자 함이 아니라 강화학습 에이전트로 하여금 탐색과 착취 사이의 균형을 맞출 수 있는 적절한 방법을 찾기 위함입니다.

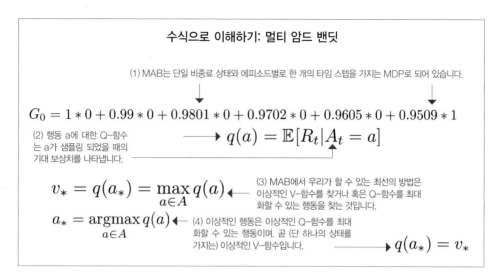

수식으로 이해하기: 멀티 암드 밴딧

(1) MAB는 단일 비종료 상태와 에피소드별로 한 개의 타임 스텝을 가지는 MDP로 되어 있습니다.

$$G_0 = 1 * 0 + 0.99 * 0 + 0.9801 * 0 + 0.9702 * 0 + 0.9605 * 0 + 0.9509 * 1$$

(2) 행동 a에 대한 Q-함수는 a가 샘플링 되었을 때의 기대 보상치를 나타냅니다.

$$q(a) = \mathbb{E}[R_t | A_t = a]$$

$$v_* = q(a_*) = \max_{a \in A} q(a)$$

(3) MAB에서 우리가 할 수 있는 최선의 방법은 이상적인 V-함수를 찾거나 혹은 Q-함수를 최대화할 수 있는 행동을 찾는 것입니다.

$$a_* = \operatorname*{argmax}_{a \in A} q(a)$$

(4) 이상적인 행동은 이상적인 Q-함수를 최대화할 수 있는 행동이며, 곧 (단 하나의 상태를 가지는) 이상적인 V-함수입니다.

$$q(a_*) = v_*$$

4.1.2 후회값: 탐색에 대한 댓가

MAB의 목표는 강화학습의 목표와 매우 유사합니다. 강화학습에서, 에이전트는 누적된 감가 보상의 기대치를 최대화시키고자 합니다(다시 말하자면 기대 보상치를 최대화하는 것입니다). 즉, 에이전트는 환경의 확률적인 성향과 상관없이, 최대한 빠르게 (감가되어 있는 경우를 가정합니다. 나중에 받은 보상이 더 감가됩니다) 에피소드를 거치면서 얻는 (누적) 보상을 최대한 많이 받고자 합니다. 환경이 여러 개의 상태를 가지고, 에이전트가 한 에피소드당 여러 타임 스텝에 걸쳐서 상호작용을 하는 경우에는 이런 성향이 의미가 있습니다. 하지만 MAB의 경우에는 여러 에피소드가 있어도, 한 에피소드 당 행동을 선택할 수 있는 경우가 딱 하나만 존재합니다.

그렇기 때문에 앞에서 정의한 강화학습의 목표에서 MAB의 경우에 맞지 않는 용어를 빼야 합니다. 우선 '누적된cumulative' 이란 단어를 뺄 수 있는데, 그 이유는 에피소드당 하나의 행동만 결정할 수 있기 때문이며, '감가된discounted' 이란 단어는 우리가 다음 상태에 대해서 고려하지 않기 때문에 뺄 수 있습니다. 다시 말하자면, MAB에서의 에이전트의 목표는 기대 보상치를 최대화하는 것이 됩니다. 참고로 '기대'라는 단어가 남아있는 이유는 환경 내부에 확률성이란 속성이 남아있기 때문입니다. 환경상에 감춰진underlying 보상 신호에 대한 확률 분포를 MAB 에이전트가 학습해야 합니다.

하지만, 만약 '기대 보상치를 최대화하는 것'이라는 목표를 남겨뒀을 때, 에이전트들끼리 성능을 비교하는 것이 그렇게 직관적이지 않습니다. 예를 들어서, 에이전트가 전체 에피소드에서 마지막 에피소드만 제외하고 완전히 임의로 행동을 선택했을 때에 대한 기대 보상치를 최대화하는 방법을 배운 케이스가 있고, 이와 다르게 어떤 에이전트는 샘플링에 대한 효율성을 높여서, 최적화된 행동을 빠르게 찾을 수 있는 영리한 전략을 썼다고 가정해봅시다. 만약 두 에이전트의 마지막 에피소드에 대한 성능만 비교했을 때(물론 이런 경우는 강화학습에서 드문 경우이긴 합니다만), 이 두 에이전트는 동일하게 좋은 성능을 냈다는 결론을 얻을 것이고, 이건 우리가 원하는 결과가 아닐 것입니다.

에이전트 입장에서 조금 더 완벽한 목표를 구하는 안정적인 방법은 전체 에피소드를 통해서 얻은 보상의 총합과 전체 기대 보상치 간의 오차를 줄이면서 에피소드당 기대 보상치를 최대화하는 것입니다. **전체 후회값**total regret이라고 하는 이 값을 계산하기 위해서는, 에피소드별로 이상적인 행동을 취했을 때의 실제 기대 보상치와 현재 정책이 선택한 행동을 취했을 때의 기대 보상치 간의 차이를 전부 더합니다. 당연한 이야기겠지만, 이 전체 후회값이 낮을수록 더 좋은 성능을 보여줄 것입니다. 여기서 '실제'라는 용어를 사용했는데, 사실 후회값을 계산하기 위해서는 MDP에서 정보를 얻을 수 있어야 합니다. 에이전트가 MDP를 가져야 한다는 의미가 아닙니다. MDP는 단순히 에이전트의 탐색 전략의 효율성을 비교하기 위해서 필요한 것입니다.

수식으로 이해하기: 전체 후회값 계산

(1) 전체 후회값 T를 계산하기 위해서는 전체 에피소드에 대해 합 계산을 진행해야 합니다.

$$\mathcal{T} = \sum_{e=1}^{E} \mathbb{E}\left[v_* - q_*(A_e)\right]$$

(2) 각 에피소드마다 MAB에서의 이상적인 (상태)가치와 현재 정책이 선택한 행동을 취했을 때의 실제 (상태)가치 간의 차이를 더합니다.

4.1.3 MAB 환경을 풀기 위한 방법들

MAB 문제를 해결하는 방법은 크게 3가지 방법이 있습니다. 가장 유명하고 직관적인 방법은 행동을 결정하기 위해 임의성randomness을 부여해서 탐색하는 것입니다. 다시 말하자면, 에이전트는 대부분은 탐욕적으로 행동을 취하되, 때로는 임의로 탐색합니다. 이런 종류의 접근 방식을 **임의 탐색 전략**random exploration strategy이라고 합니다. 간단한 임의 탐색 전략은 대부분의 시간 동안에는 탐욕적으로 행동을 취하다가, 입실론(ε) 이라는 임계값의 확률로 행동을 임의로 선택합니다. 이제 이 정책에 대해서 많은 궁금증들이 생길 것입니다. 예를 들어서, 에피소드를 수행하는 동안 입실론을 항상 고정된 값으로 유지해야 할까요? 처음에는 탐색만 하게 해야 할까요? 아니면 에이전트가 항상 탐색하게 할 수 있도록 입실론을 주기적으로 증가시켜야 할까요?

탐색-착취 갈등exploration-exploitation dilemma을 다룰 수 있는 또 다른 방법은 낙관적으로 행동하는 것입니다. 맞습니다. 어머니께서 늘 하시던 말씀대로입니다. 이 **낙관적인 탐색 전략**optimistic exploration strategy은 의사 결정 문제에서 불확실성을 수치적으로 표현하고, 높은 불확실성 상에서도 상태에 대한 선호도를 높이는, 조금 더 체계화된 방법입니다. 간단하게 요약하자면 낙관적인 행동을 취하는 것은 경험이 없는 상태에서 취할 수 있는 최선의 행동이기 때문에, 이런 경향을 통해서 불확실한 상태(경험이 없는 상태)로 지나가게 됩니다. 이 가정은 탐색을 도와주며, 탐색이 진행되며 실제에 다다르는 사이, 추정치는 점점 낮아져 어느샌가 실제값으로 수렴하게 될 것입니다.

탐색-착취 갈등을 다룰 수 있는 세 번째 방법은 **정보 상태 영역 탐색 전략**information state-space exploration strategy입니다. 이 전략은 환경의 일부로써 에이전트의 정보 상태를 모델링합니다. 상태 영역의 일부로 불확실성을 해석한다는 것은 환경의 상태가 탐색되지 않은 미지의 경우와 이미 탐색된 경우일 때 다르게 보일 수 있다는 것을 의미합니다. 이렇게 환경의 일부로써 불확실성을 해석하는 것은 적용해볼 수 있는 접근 방법이지만, 상태 영역을 늘림으로써 복잡성이 증가한다는 단점도 가지고 있습니다.

이번 장에서는 앞에서 소개한 두 가지 방식에 대한 몇 가지 예시를 살펴보겠습니다. 이를 다양한 속성을 가지는 서로 다른 MAB 환경에 직접 적용해보고, 장단점을 확인해보면서 각 전략들을 심도있게 비교할 것입니다.

MAB에서의 Q-함수 추정은 매우 직관적이며, 거의 대부분의 전략이 기본적으로 갖추고 있는 과정임을 알아두길 바랍니다. 왜냐하면, MAB는 단일 행동을 취해서 상태를 얻는 환경이며,

Q-함수를 추정하기 위해서는 각 행동 별로 평균적으로 얻을 수 있는 보상을 계산해야 하기 때문입니다. 다르게 표현하면, 행동 a에 대한 추정치는 행동 a를 취했을 때의 총 보상을 행동 a를 취한 횟수로 나눠준 값과 같습니다.

이번 장에서 평가하는 모든 전략들이 Q-함수를 추정하는 방법에는 차이가 없음을 강조하는 이유는 중요하기 때문입니다. 차이점은 각 전략들이 행동을 선택하는데 있어 Q-함수 추정치를 사용하는 방법에 있습니다.

자세한 예제: 다시 돌아온 미끄러지는 밴딧 통로(BSW)

우리가 고려할 첫 번째 MAB 환경은 이전에 우리가 다뤘던 환경인, 미끄러지는 밴딧 통로(BSW)입니다.

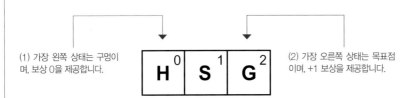

(1) 가장 왼쪽 상태는 구멍이며, 보상 0을 제공합니다.

(2) 가장 오른쪽 상태는 목표점이며, +1 보상을 제공합니다.

그림 4-3 미끄러지는 밴딧 통로

BSW는 한 개의 행으로 이뤄진 격자 환경이지만, 결국은 통로입니다. 하지만 기존과 다르게 여기서는 에이전트가 가운데에서 시작하고, 어떤 행동을 취하더라도 에이전트가 바로 종료 상태로 들어갈 수 있게 되어 있습니다. 왜냐하면, 여기서는 한 단계만 수행하는 밴딧 환경이기 때문입니다.

BSW은 두 개의 팔을 가진 밴딧$^{two-armed\ bandit}$이며, 에이전트에게는 두 개의 팔을 가진 베르누이 밴딧$^{Bernoulli\ bandit}$으로 작용합니다. 베르누이 밴딧이란 확률 의 확률로 보상 +1을 받고, 의 확률로 보상을 받지 않습니다. 다른 말로 표현하자면, 보상신호가 이항분포$^{Bernoulli\ distribution}$를 띄게 됩니다.

BSW환경에서는 두 개의 종료 상태가 0 또는 +1의 보상을 줍니다. 계산을 해보면 행동 0을 했을 때 +1 보상을 받을 확률은 0.2이고, 행동 1을 했을 때의 확률은 0.8이라는 것을 알 수 있습니다. 하지만 에이전트는 이 사실을 알지 못하고, 우리 또한 이 사실을 에이전트에게 전달하지 않을 것입니다. 우리가 던질 수 있는 질문은 이런 것입니다. 에이전트가 얼마나 빠르게 이상적인 행동을 찾을 수 있을까요? 에이전트가 기대 보상치를 최대화하도록 학습하는 동안, 누적되는 총 후회값은 얼마일까요? 한번 살펴봅시다.

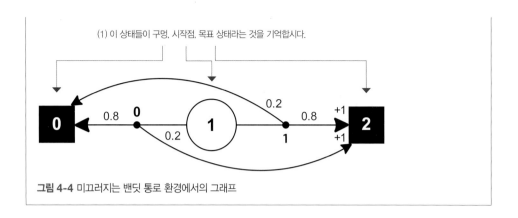

(1) 이 상태들이 구멍, 시작점, 목표 상태라는 것을 기억합시다.

그림 4-4 미끄러지는 밴딧 통로 환경에서의 그래프

4.1.4 그리디: 항상 착취하는 전략

우리가 고려해볼 첫 번째 전략은 사실 전략이 아니고 기준입니다. 이전에 언급했다시피, 알고리즘 내부에서는 약간의 탐색이 필요합니다. 그렇지 않다면 부분적으로만 이상적인 행동에 수렴할 위험이 있습니다. 하지만 비교를 위해서, 탐색이 전혀 없는 알고리즘을 생각해봅시다.

이 기본 전략은 **그리디 전략**greedy strategy 혹은 **순수 착취 전략**pure exploitation strategy이라고 부릅니다. 이 탐욕적으로 행동을 취하는 전략은 항상 가장 높은 추정 가치를 얻는 행동을 취합니다. 물론 처음으로 선택한 행동이 전체적으로 가장 좋은 행동일 수도 있지만, 행동의 가짓수가 많아질수록 그 가능성은 낮아집니다.

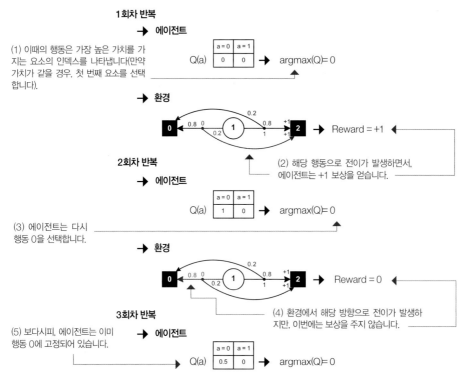

1회차 반복

→ 에이전트

(1) 이때의 행동은 가장 높은 가치를 가지는 요소의 인덱스를 나타냅니다(만약 가치가 같을 경우, 첫 번째 요소를 선택합니다).

Q(a) → argmax(Q)= 0

→ 환경

Reward = +1

(2) 해당 행동으로 전이가 발생하면서, 에이전트는 +1 보상을 얻습니다.

2회차 반복

→ 에이전트

(3) 에이전트는 다시 행동 0을 선택합니다.

Q(a) → argmax(Q)= 0

→ 환경

Reward = 0

(4) 환경에서 해당 방향으로 전이가 발생하지만, 이번에는 보상을 주지 않습니다.

3회차 반복

(5) 보다시피, 에이전트는 이미 행동 0에 고정되어 있습니다.

→ 에이전트

Q(a) → argmax(Q)= 0

그림 4-5 미끄러지는 밴딧 통로 환경에서 순수하게 착취만 하는 과정

생각했던 것처럼 이 탐욕 정책은 행동을 취하는 순간부터 처음 취한 행동을 계속 취합니다. 만약 Q-테이블이 0으로 초기화되었고, 환경에서 음의 보상을 주지 않는다면, 이 탐욕 정책은 항상 처음 취한 행동만 계속 하게 됩니다.

코드 4-1 순수 착취 전략

```
def pure_exploitation(env, n_episodes=5000):
```

(1) 앞으로 구현할 대부분의 전략들이 Q값을 구하는데 이와 같은 저장 코드를 사용합니다.

```
    Q = np.zeros((env.action_space.n), dtype=np.float64)
    N = np.zeros((env.action_space.n), dtype=np.int)
```

(2) 여기서 Q-함수와 얼마나 접근했는지 측정하는 배열을 모두 0으로 초기화합니다.

(3) 다른 변수들은 통계를 위해서 계산하는 것일 뿐, 꼭 필요하지는 않습니다.

```
    Qe = np.empty((n_episodes, env.action_space.n), dtype=np.float64)
    returns = np.empty(n_episodes, dtype=np.float64)
    actions = np.empty(n_episodes, dtype=np.int)
    name = 'Pure exploitation'
```

(4) 여기서, 메인 루프로 들어가면서 환경과 상호작용이 발생합니다.

```
for e in tqdm(range(n_episodes),
              desc='Episodes for: ' + name,
              leave=False):
    action = np.argmax(Q)
```
(5) 여기서는 우리가 추정한 Q값을 최대화할 수 있는 행동을 선택합니다.

(6) 그런 후에, 환경에 해당 행동을 적용하고, 새로운 보상을 받습니다.

```
    _, reward, _, _ = env.step(action)
    N[action] += 1
    Q[action] = Q[action] + (reward - Q[action])/N[action]
```
(7) 접근 배열과 Q-테이블을 갱신합니다.

```
    Qe[e] = Q
    returns[e] = reward
```
(8) 통계도 갱신한 후에 새로운 에피소드를 시작합니다.

```
    actions[e] = action
return name, returns, Qe, actions
```

여기서는 탐욕 전략과 시간의 관계에 대해서 생각해보면 좋겠습니다. 만약 에이전트가 딱 한 에피소드만 남았다면, 그때는 탐욕적으로 행동하는 편이 좋습니다. 만약 전체 인생 중에 딱 하루가 남았다면, 가장 하고 싶었던 일을 할 겁니다. 탐욕 정책은 이런 경향을 확장한 것입니다. 전체 시간 중에서 남은 시간을 가정하고, 그 시간동안 할 수 있는 최선의 행동을 취합니다.

제한된 시간 동안 그렇게 행동하는 것이 이치에 맞기도 합니다. 하지만 시간이 제한적이지 않다면, 이런 조건들로 인해서 시야가 좁아질 것입니다. 먼 미래에 얻을 수 있는 더 나은 결과를 판단할 수 있는 정보를 얻는 일에 대한 보상과 당장의 만족을 판단할 수 없기 때문입니다.

4.1.5 임의 전략: 항상 탐색하는 전략

이번에는 앞에서 다뤘던 방향과 정반대의 전략을 고려해봅시다. 바로 착취하지 않고, 탐색만 하는 전략 말입니다. 이 또 다른 기초 전략을 **임의 전략**random strategy 혹은 **순수 탐색 전략**pure exploration strategy이라고 부릅니다. 이 전략은 어떠한 착취 행위 없이 행동을 결정하는 간단한 방식입니다. 에이전트의 유일한 목표는 정보를 얻는 것입니다.

새로운 프로젝트를 시작할 때, 바로 일을 시작하지 않고, 수많은 시간 동안 '연구'만 하는 사람을 아시나요? 그 사람은 단지 논문만 읽는데도 수 주가 걸립니다. 탐색도 필요한 것이지만, 최대의 가치를 얻는 것과 균형을 맞춰야 한다는 사실을 기억합시다.

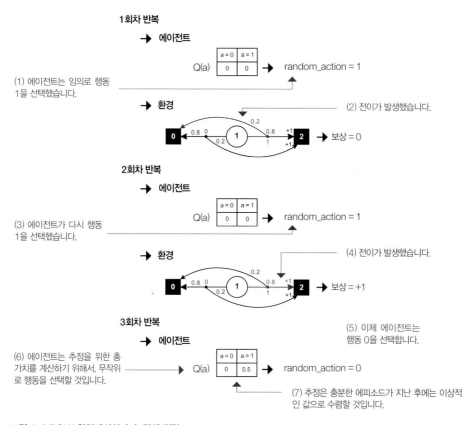

1회차 반복

→ 에이전트

(1) 에이전트는 임의로 행동 1을 선택했습니다.

	a = 0	a = 1
Q(a)	0	0

→ random_action = 1

→ 환경

(2) 전이가 발생했습니다.

보상 = 0

2회차 반복

→ 에이전트

(3) 에이전트가 다시 행동 1을 선택했습니다.

	a = 0	a = 1
Q(a)	0	0

→ random_action = 1

→ 환경

(4) 전이가 발생했습니다.

보상 = +1

3회차 반복

→ 에이전트

(5) 이제 에이전트는 행동 0을 선택합니다.

(6) 에이전트는 추정을 위한 총 가치를 계산하기 위해서, 무작위로 행동을 선택할 것입니다.

	a = 0	a = 1
Q(a)	0	0.5

→ random_action = 0

(7) 추정은 충분한 에피소드가 지난 후에는 이상적인 값으로 수렴할 것입니다.

그림 4-6 BSW 환경에서의 순수 탐색 전략

임의 전략은 절대로 좋은 전략은 아니고, 단지 부가적으로만 이상적인 결과를 얻게 해줍니다. 앞에서 소개했던 항상 착취만 하는 전략과 마찬가지로 항상 탐색만 하는 전략도 원하지는 않을 것입니다. 탐색과 착취가 동시에 이뤄질 수 있는 알고리즘이 필요합니다. 정보를 얻으면서 쓰기도 하는 방법 말입니다.

코드 4-2 순수 탐색 전략

```
def pure_exploration(env, n_episodes=5000):

    <...>    (1) 순수 탐색 전략의 초반부는 이전과 동일하기
             때문에, 간결하게 표현하기 위해서 생략했습니다.

    name = 'Pure exploration'
    for e in tqdm(range(n_episodes),
```

```
                   desc='Episodes for: ' + name,
                   leave=False):
        action = np.random.randint(len(Q))  ◀─── (2) 이 부분이 바로 순수 탐색 전략이 동작하는 원
                                                   리입니다. 기본적으로 행동을 임의로 선택합니다.

        〈...〉  ◀───    (3) 간결함을 위해서 추정하는 부분과 통계를 저장
                        하는 부분을 생략했습니다.

    return name, returns, Qe, actions
            (4) 사실 이 전략을 '순수 탐색 전략'이라고 부르는 것이 약간 안 맞을 수 있습니다. 꼭 행동을 임의로 선택하는 탐색
            밖에도 다양한 탐색 방법이 있기 때문에 '임의 전략' 같은 이름을 가진 전략으로 불러야 합니다.
```

코드에도 주석을 달았지만, 여기서 그 내용을 다시 정의하고 싶습니다. 앞서 소개한 순수 탐색 전략은 임의로 탐색하는 탐색 방법 중 하나입니다. 하지만 다른 탐색 방법도 고려해볼 수 있습니다. 아마 지금까지 취한 행동의 수를 기반으로도 선택할 수 있고, 아니면 지금까지 얻은 보상의 분산에 기반해서도 탐색할 수 있습니다.

여기서 잠깐 짚고 넘어가자면, 착취를 하는 전략은 딱 하나이며, 탐색을 하는 방법은 여러 가지가 있습니다. 착취는 그냥 자기가 좋다고 생각하는 것을 취할 뿐, 매우 직관적인 전략입니다. 만약 A가 최고라고 생각하면, A를 하면 됩니다. 반면, 탐색은 조금 더 복잡합니다. 이 전략에서는 정보를 얻는 것이 중요하지만, 어떻게 모으는지가 다르게 적용될 수 있습니다. 현재 에이전트가 가진 정보를 보완하기 위해서 정보를 모을 수도 있고, 스스로가 잘못 행동하고 있다는 것을 증명하기 위해서 정보를 모을 수 있습니다. 신뢰도confidence에 기반해서 탐색할 수도 있고, 어쩌면 불확실성에 기반해서도 탐색할 수도 있습니다. 이외에도 다른 방법들이 있습니다.

결론을 내리자면 매우 직관적입니다. 착취는 목표이며, 탐색은 이 목표를 달성하기 위한 정보를 제공합니다. 목표에 도달하기 위해서는 정보를 모아야 하고, 그건 명확합니다. 하지만 이와 더불어서 정보를 모으는 방법은 여러 가지가 있고, 여기서 다른 방법을 시도해볼 수 있습니다.

4.1.6 입실론-그리디 전략: 탐욕적으로 행동하면서, 가끔 임의로 탐색하기

앞에서 소개한 두 가지 기본 전략인, 순수하게 착취하는 전략과 순수하게 탐색하는 전략을 합쳐서, 에이전트가 착취도 하면서, 정보에 기반한 결정을 내릴 수 있도록 정보를 모을 수 있도록 합시다. 이렇게 혼합된 전략은 대부분의 시간 동안 탐욕적인 행동을 취하고, 가끔은 무작위로 탐색을 하는 식으로 구성됩니다.

입실론-그리디 전략epsilon-greedy strategy라고 부르는 이 전략은 놀라울 정도로 잘 동작합니다. 만약 대부분의 동작 시간 동안 최고라고 생각하는 행동을 취한다면, 최고라고 생각한 행동에 대한 만족할 만한 결과를 얻겠지만, 충분하게 시도해보지 않은 행동도 선택해볼 수 있습니다. 이렇게 하면, 행동 가치 함수는 실제 값으로 수렴할 가능성을 가지고, 결과적으로 장기적인 관점에서 더 많은 보상을 얻게 될 것입니다.

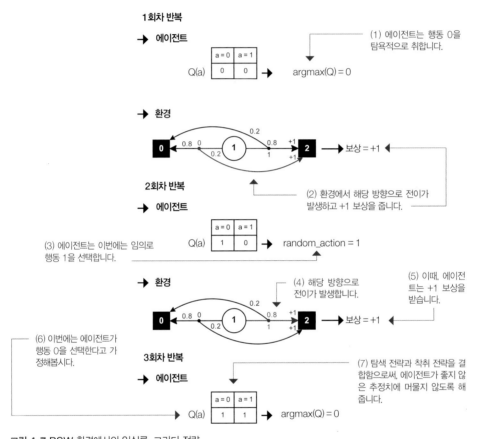

그림 4-7 BSW 환경에서의 입실론-그리디 전략

코드 4-3 입실론-그리디 전략

```
def epsilon_greedy(env, epsilon=0.01, n_episodes=5000):
    <...> ◀─── (1) 이전과 동일하게 초기화 코드를 생략했습니다.
    name = 'Epsilon-Greedy {}'.format(epsilon)
```

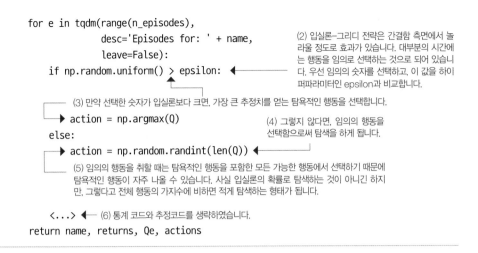

```
for e in tqdm(range(n_episodes),
              desc='Episodes for: ' + name,
              leave=False):
    if np.random.uniform() > epsilon:   ◄─────

            action = np.argmax(Q)
    else:

            action = np.random.randint(len(Q))  ◄

        ⟨...⟩  ◄── (6) 통계 코드와 추정코드를 생략하였습니다.
return name, returns, Qe, actions
```

(2) 입실론–그리디 전략은 간결함 측면에서 놀라울 정도로 효과가 있습니다. 대부분의 시간에는 행동을 임의로 선택하는 것으로 되어 있습니다. 우선 임의의 숫자를 선택하고, 이 값을 하이퍼파라미터인 epsilon과 비교합니다.

(3) 만약 선택한 숫자가 입실론보다 크면, 가장 큰 추정치를 얻는 탐욕적인 행동을 선택합니다.

(4) 그렇지 않다면, 임의의 행동을 선택함으로써 탐색을 하게 됩니다.

(5) 임의의 행동을 취할 때는 탐욕적인 행동을 포함한 모든 가능한 행동에서 선택하기 때문에 탐욕적인 행동이 자주 나올 수 있습니다. 사실 입실론의 확률로 탐색하는 것이 아니긴 하지만, 그렇다고 전체 행동의 가지수에 비하면 적게 탐색하는 형태가 됩니다.

입실론–그리디 전략은 행동을 선택하는데 있어 임의성을 적용했기 때문에 임의 탐색 전략이라고 할 수 있습니다. 우선 에이전트가 착취를 할지 아니면 탐색을 할지를 선택하는데 있어 임의성을 적용했고, 또한 탐색적인 행동을 선택할 때도 임의성을 적용했습니다. (이 장의 뒷부분에서 다루겠지만) 소프트맥스softmax와 같이 처음에 임의로 행동을 결정하지 않는 다른 임의 탐색 전략들이 있습니다.

여기서 강조하고 싶은 점은 만약 입실론이 0.5이고 행동의 가지수가 2개일 경우, 에이전트가 전체 시간 중 50% 동안 탐색한다고 말할 수 없고 여기서 '탐색'이란 탐욕적이지 않은 행동을 취하는 것을 의미합니다. 참고로 입실론–그리디 전략에서 '탐색 단계'에는 탐욕적인 행동을 취하는 것도 포함되어 있습니다. 실제로는 전체 행동의 가지수에 따라서 입실론보다는 적게 탐색하게 될 것입니다.

4.1.7 입실론–그리디 감가 전략: 처음에는 많이 탐색하고 이후에 착취하기

상식적으로 생각해보면, 에이전트가 환경에 대해서 충분히 탐색하지 못한 초기에는 우선 탐색을 해보는 것이 좋습니다. 그렇게 하고 난 후에, 가치 함수에 대한 추정치가 이전보다 나아지면 에이전트가 착취를 더 하면 좋을 것 같습니다. 동작원리는 직관적입니다. 처음에는 입실론을 1보다 작거나 같은 매우 큰 값으로 시작하고, 매 타임 스텝마다 그 값을 감가시키는 것입니다. **입실론–그리디 감가 전략**decaying epsilon–greedy strategy라고 부르는 이 전략은 입실론의 값을 어떻게 변화시키느냐에 따라서 다른 형태를 취할 수 있습니다. 아래 코드에서는 두 가지 방법을 소개합니다.

코드 4-4 선형적으로 감가시키는 입실론-그리디 전략

```python
def lin_dec_epsilon_greedy(env,
                           init_epsilon=1.0,
                           min_epsilon=0.01,
                           decay_ratio=0.05,
                           n_episodes=5000):
    <...>  ◀── (1) 여기서도 초기 부분은 생략했습니다.
    name = 'Lin Epsilon-Greedy {}, {}, {}'.format(init_epsilon,
                                                  min_epsilon,
                                                  decay_ratio)
    for e in tqdm(range(n_episodes),
                  desc='Episodes for: ' + name,
                  leave=False):
        decay_episodes = n_episodes * decay_ratio  ◀──

        epsilon = 1 - e / decay_episodes
        epsilon *= init_epsilon - min_epsilon  ◀──
        epsilon += min_epsilon
        epsilon = np.clip(epsilon, min_epsilon, init_epsilon)
        if np.random.uniform() > epsilon:
            action = np.argmax(Q)  ◀── (4) 이후 모든 동작은 앞의 입실론-그리디 전략과 동일합니다.
        else:
            action = np.random.randint(len(Q))
        <...>  ◀── (5) 통계치는 생략되어 있습니다.
    return name, returns, Qe, actions
```

(2) 입실론을 선형적으로 감가시키는 전략은 입실론을 몇 번의 타임 스텝에 따라서 감가시키는 형태로 구성되어 있습니다. 처음에는 입실론을 가장 작은 값만큼 감가시키기 위해서 전체 에피소드의 수를 계산하는 것부터 시작합니다.

(3) 그러고 난 후, 현재 에피소드에서의 입실론을 계산합니다.

코드 4-5 기하급수적으로 감가하는 입실론-그리디 전략

```python
def exp_dec_epsilon_greedy(env,
                           init_epsilon=1.0,
                           min_epsilon=0.01,
                           decay_ratio=0.1,
                           n_episodes=5000):
    <...>  ◀── (1) 역시 생략되어 있습니다.

    decay_episodes = int(n_episodes * decay_ratio)
    rem_episodes = n_episodes - decay_episodes
```

```
        epsilons = 0.01
        epsilons /= np.logspace(-2, 0, decay_episodes)  ←
        epsilons *= init_epsilon - min_epsilon
        epsilons += min_epsilon
        epsilons = np.pad(epsilons, (0, rem_episodes), 'edge')

        name = 'Exp Epsilon-Greedy {}, {}, {}'.format(init_epsilon,
                                                      min_epsilon,
                                                      decay_ratio)
        for e in tqdm(range(n_episodes),
                      desc='Episodes for: ' + name,
                      leave=False):
            if np.random.uniform() > epsilons[e]:
                action = np.argmax(Q)
            else:
                action = np.random.randint(len(Q))

        <...>  ←  (4) 역시 통계를 위한 코드는 생략되어 있습니다.

    return name, returns, Qe, actions
```

(2) 여기서 기하급수적으로 감가되는 입실론을 계산합니다. 이제 전체 입실론을 한번에 구하고, 루프를 수행하면서 미리 계산된 값을 하나씩 읽어오게 됩니다.

(3) 나머지 코드는 이전과 동일합니다.

입실론을 감가시키는 방법은 이외에도 많이 있습니다. 단순하게 1/에피소드의 수를 취할 수도 있고, 사인 곡선을 사용할 수도 있습니다. 또한 여기 소개된 선형적으로 감가시키는 방법과 기하급수적으로 감가시키는 방법도 다르게 구현해볼 수 있습니다. 요약하자면, 에이전트가 초기에는 높은 확률로 탐색을 수행해야 하고, 이후에는 조금 더 착취를 해야 한다는 것입니다. 초기 상태에는 추정된 값들이 잘못되어 있을 가능성이 매우 큽니다. 시간이 지나 지식이 모여 값의 추정치가 실제 값과 가까워질 가능성이 커지면 이때가 바로 탐색을 이전보다는 적게 하고, 쌓은 지식을 착취를 해야 될 때입니다.

4.1.8 낙관적 초기화 전략: 처음에는 다 좋다고 생각하고 시작하기

탐색-탐욕 갈등을 다루는 또 다른 흥미로운 방법은 환경에 대해서 충분히 탐색하지 못했어도 현재 취한 행동이 가장 좋은 행동이라고 가정을 하고 취하는 것입니다. 마치 천국에 있는 것처럼 말입니다. 이런 방식의 전략을 **불확실성에 맞닿은 낙관성**optimism in the face of uncertainty이라고 표현하기도 합니다. 바로 낙관적 초기화optimistic initialization 전략도 이런 맥락에서 같은 선상에 놓여 있습니다. 낙관적 초기화의 동작방식은 직관적입니다. 처음에 Q-함수를 높은 값으로 초기화하고,

이 추정치를 활용해서 탐욕적으로 행동하는 것입니다. 여기서 두 가지를 명확히 해야되는데, 우선 '높은 값'이란 이후에 설명하겠지만 강화학습에서 접근할 수 없는 무언가를 표현합니다. 일단 여기서는 미리 어떠한 값을 가졌다고 가정해봅시다. 두 번째로, Q값과 더불어, 총 가지수도 1보다 큰 값으로 초기화해야 합니다. 만약 그렇지 않는다면, Q-함수는 매우 빠르게 변화해서, 낙관적 초기화를 적용한 효과도 줄어들게 될 것입니다.

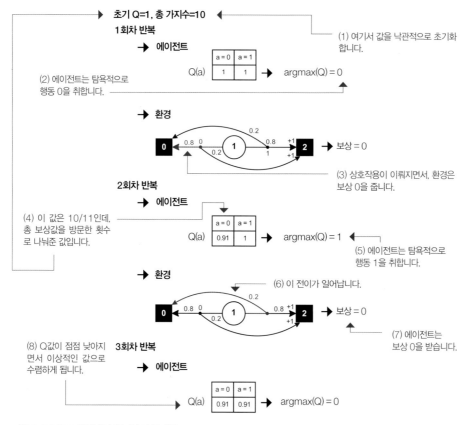

그림 4-8 BSW 환경에서의 낙관적 초기화

```
def optimistic_initialization(env,
                              optimistic_estimate=1.0,
                              initial_count=100,
                              n_episodes=5000):
    Q = np.full((env.action_space.n),
                optimistic_estimate,◀── (1) 이 전략에서는 Q값을 낙관적인 값으로 초기화하면서 시작합니다.
                dtype=np.float64)
    N = np.full((env.action_space.n),
                initial_count,  ◀── (2) 또한 불확실성을 측정할 수 있는 횟수를 초기화해줍니다.
                dtype=np.int)        이 값이 클수록, 불확실성이 줄어듭니다.

    <...> ◀── (3) 일부 코드는 생략했습니다.

    name = 'Optimistic {}, {}'.format(optimistic_estimate,
                                      initial_count)
    for e in tqdm(range(n_episodes),
                  desc='Episodes for: ' + name,
                  leave=False):
        action = np.argmax(Q) ◀── (4) 최종적으로 이전에 언급했던 '완전 착취' 전략과 유사하게, 가장
                                      높은 추정치를 얻을 수 있는 행동을 항상 선택합니다.
        <...> ◀── (5) 일부 코드는 생략했습니다.

    return name, returns, Qe, actions
```

흥미롭지 않나요? 어머니께서 하신 말씀이 맞습니다. 에이전트가 초기에 실제로 얻을 수 있는 것보다 더 큰 보상을 얻을 것이라고 기대했기 때문에, 해당 보상의 원천을 찾을 때까지 계속 탐색할 것입니다. 경험이 축적될수록, 에이전트의 미숙함은 사라지고, 다시 말하자면 Q값이 실제 얻을 수 있는 값으로 수렴할 때까지 계속 낮아질 것입니다.

Q-함수를 높은 값으로 초기화함으로써, 탐색되지 않은 행동에 대한 탐색을 할 수 있게 도와줬습니다. 에이전트는 환경과 상호작용 하면서, 추정치는 낮은 값으로 수렴하기 시작하고, 이렇게 정확해진 추정치는 에이전트가 실제로 높은 보상을 받을 수 있는 행동을 찾고 수렴할 수 있게 해줍니다.

요약하자면, 탐욕적으로 행동하고자 한다면, 적어도 낙관적이어야 한다는 것입니다.

자세한 예제: 두 개의 팔을 가진 베르누이 밴딧 환경

이제 두 개의 팔을 가진 베르누이 밴딧 환경에서 지금까지 살펴봤던 전략들을 어떻게 구현할 수 있는지 비교해봅시다.

두 개의 팔을 가진 베르누이 밴딧 환경은 한 개의 비종료 상태와 두 개의 행동을 가지고 있습니다. 행동 0은 α의 확률로 +1 보상을 받고, $1-\alpha$의 확률로 보상을 받지 못합니다. 행동 1은 β의 확률로 +1 보상을 받고, $1-\beta$의 확률로 보상을 받지 못합니다.

이 환경은 BSW 환경을 확장시킨 것과 유사합니다. BSW에서는 상호보완적인 확률을 가지고 있었습니다. 행동 0을 했을 때는 α의 확률로 +1 보상을 받고, 행동 1을 했을 때, $1-\alpha$의 확률로 +1 보상을 받았습니다. 이런 밴딧 환경에서, 확률은 독립적입니다. 어쩌면 그 확률이 같을 수도 있습니다.

이 두 개의 팔을 가진 베르누이 밴딧 환경에 대한 MDP를 살펴봅시다.

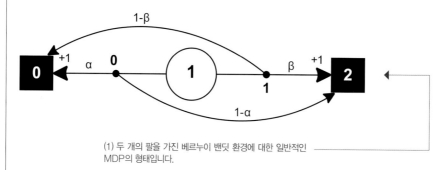

(1) 두 개의 팔을 가진 베르누이 밴딧 환경에 대한 일반적인 MDP의 형태입니다.

그림 4-9 두 개의 팔을 가진 베르누이 밴딧 환경

이 환경을 표현할 수 있는 방법이 다양하게 있다는 사실을 아는 것은 중요합니다. 사실, 제가 이 환경을 코드로 구현하지 않은 이유가 바로 반복적이고 불필요한 정보들이 너무 많기 때문입니다.

예를 들어서 두 개의 종료 상태가 있다고 가정해봅시다. 같은 종료 상태로 전이될 수 있는 행동이 두 개가 있을 수 있습니다. 그렇지만, 알다시피 이를 그림으로 그리게 되면, 너무 중첩되게 됩니다.

여러분 마음껏 스스로 환경을 만들고 표현해봐도 좋습니다. 여기에는 딱 정해진 답이 없습니다. 물론 잘못 표현할 수도 있겠지만 당연히 제대로 표현한 경우도 많을 겁니다. 한번 탐색해보세요. 저도 그랬거든요.

그래프로 확인하는 결과:
두 개의 팔을 가진 베르누이 밴딧 환경에서의 간단한 탐색 전략

여기서는 모든 전략에 대해서 두 개의 하이퍼파라미터를 정의하고 아래와 같이 구동했습니다. 앞에서 다뤘던 입실론-그리디 전략, 두 개의 감가 전략(선형적 감가, 기하급수적 감가) 그리고 낙관적 초기화 전략을 완전히 착취하는 전략과 탐색하는 전략을 기본으로 삼은 상태에서 임의로 확률 α와 β를 초기화하고 수행해보겠습니다. 여기에 임의의 시드는 5개로 잡았습니다. 아래의 결과는 25번 반복해 얻은 평균입니다.

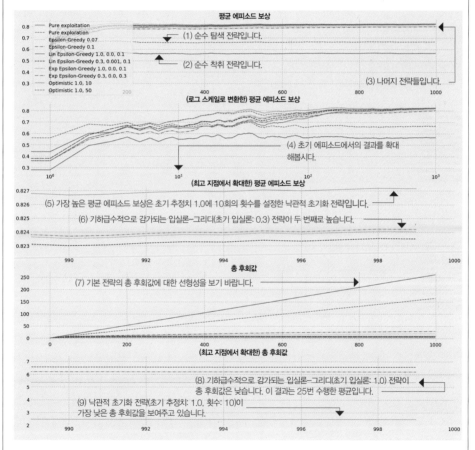

그림 4-10 베르누이 벤딧 환경에서의 알고리즘간 성능 비교

이 실험에서 가장 좋은 성능을 보여주는 전략은 초기 Q값을 1.0, 초기 횟수를 10으로 설정한 낙관적 초기화 전략이었습니다.

모든 전략들이 잘 동작한 것처럼 보이기는 하지만, 설정이 잘 되어 있는 것은 아니기 때문에, 재미로만 살펴볼 뿐 더 이상의 의미는 없습니다. 4장의 노트북을 한번 보고 즐겨주세요.

NOTE_ 더 자세히 살펴보기: 두개의 팔을 가진 베르누이 밴딧 환경에서의 간단한 전략들

이제 이 환경에서의 몇 가지 세부사항들을 살펴봅시다.

우선 저는 서로 다른 두개의 팔을 가진 베르누이 밴딧 환경을 구동하기 위해서 (12, 24, 56, 78, 90) 이라는 시드를 사용했습니다. 모든 밴딧은 각 팔에 대해서 특정 확률로 +1 보상을 받게 된다는 점을 기억하기 바랍니다.

각 환경과 각각이 가진 보상에 대한 확률을 아래와 같이 표현할 수 있습니다.

시드 12를 가진 두개의 팔을 가진 밴딧:

- 보상의 확률: [0.41640234, 0.5545003]

시드 34를 가진 두개의 팔을 가진 밴딧:

- 보상의 확률: [0.88039337, 0.56881791]

시드 56를 가진 두개의 팔을 가진 밴딧:

- 보상의 확률: [0.44859284, 0.9499771]

시드 78를 가진 두개의 팔을 가진 밴딧:

- 보상의 확률: [0.53235706, 0.84511988]

시드 90를 가진 두개의 팔을 가진 밴딧:

- 보상의 확률: [0.56461729, 0.91744039]

모든 시드에 대한 평균 이상치는 0.83입니다.

결과에 대한 임의성을 완화시키고, 축소시키기 위해서, 모든 전략들을 서로 다른 시드 (12, 34, 56, 78, 90)에 대해서 각각의 환경 위에서 구동시켰습니다. 예를 들어서 처음 베르누이 밴딧을 만들 때 시드 12를 사용했고, 시드 12를 사용한 환경에서 각 전략에 대한 성능을 얻기 위해서 시드 12와 34를 사용했습니다.

그리고 난 후, 시드 34에서 또 다른 베르누이 밴딧을 만들고, 시드 34에서 만든 환경에서 각 전략을 평가하기 위해서 시드 12와 34를 사용했습니다. 이 과정을 5개의 모든 환경에 대해서 모든 전략을 수행했습니다. 결과적으로 얻은 결과는 5개의 환경과 5개의 시드에서 얻은 결과에 대한 평균이므로, 총 25번의 전략에 대한 다른 수행을 한 셈이 됩니다.

각 전략에 대해서는 독립적이면서, 수동적으로 속성을 설정했습니다. 근사적으로 10개의 하이퍼파라미터의 집합을 만들고, 여기서 가장 영향이 큰 2개의 하이퍼파라미터를 선택했습니다.

4.2 전략적인 탐색

좋습니다. 차를 운전하는 법을 학습하는 강화학습 에이전트를 만드는 업무를 하고 있다고 가정해봅시다. 그리고 앞에서 배운 입실론-그리디 탐색 전략을 구현하기로 결정했습니다. 그리고나서 차에 내장된 컴퓨터에 해당 프로그램을 올리고, 차의 시동을 켜고 그리고 아름답게 반짝이는 초록색 버튼을 누르면, 차는 탐색을 시작할 것입니다. 마치 동전을 던져서 어떤 임의의 행동을 탐색하기로 결정하면, 차는 역주행을 시작합니다. 이런 상황이 좋아 보이나요? 저도 이런 것은 좋지 않다고 생각합니다. 이 예시가 기존과는 다른 탐색 전략이 필요하다는 것을 깨닫게 해줬길 바랍니다.

물론 이 예제는 과장되어 있습니다. 학습되지 않은 에이전트를 학습을 위해 실제 환경에 직접 적용할 리 없습니다. 차나 드론 그리고 실제 환경에 놓인 일반적인 상황에 강화학습을 사용하기 위해서는, 우선 에이전트를 시뮬레이션 상에서 사전에 학습시켜야 하고, 조금 더 샘플 관점에서 효율적인 방법을 사용해야 합니다.

하지만 저는 다른 부분에 초점을 맞춰보려 합니다. 사람은 임의로 탐색하지 않습니다. 유아라면 임의 탐색을 할지 모르겠지만, 어른들은 그렇지 않습니다. 부정확성은 사람이 임의성을 발휘할 수 있는 근원이라 생각할 수 있지만, 그렇다고 우리가 아무하고나 결혼하지는 않습니다. 대신 어른들은 탐색에서 조금 더 전략적인 방법을 사용합니다. 우리는 사전에 장기적인 만족을 위해서 약간을 희생해야 한다는 것을 압니다. 우리는 정보를 얻을 필요가 있다는 것을 알고 있습니다. 우리는 충분히 시도해보지는 않았지만, 미래에 도움이 될 가능성이 높은 것들을 시도해봄으로써 탐색합니다. 이런 것들을 보면, 우리의 탐색 전략은 미지의 대상에 대한 추정과 그 불확실성이 결합된 형태일지도 모릅니다.

예를 들어서 우리가 식당에 갔을 때도, 평소에 즐겨 먹었던 메뉴를 고를 수도 있겠지만, 평소에 시도해보지 못한 메뉴를 택하면서 좋다고 느낄 수도 있습니다. 어쩌면 우리는 우리가 가진 '궁금증'이나 뭔가에 대한 예측의 오차를 기반으로 탐색할지도 모릅니다. 또 다른 예를 들자면 평소에 좋다고 생각한 음식이 있는 식당에서 새로운 메뉴를 시도해 보니, 지금까지 먹어본 음식 중에서 가장 맛있는 음식일 수도 있습니다. 이때는 '예측치에 대한 오차'와 '놀라움'이 탐색에 대한 지표일지도 모릅니다.

이 장의 나머지 부분에서는 조금 더 발전된 탐색 전략에 대해서 자세하게 살펴보겠습니다. 몇몇 전략은 여전히 임의 탐색 전략이긴 하지만, 행동에 대한 현재의 추정의 일부로 이 임의성을 적용할 수 있습니다. 또 어떤 전략들은 추정에 대한 신뢰도와 불확실성을 반영하기도 합니다.

정리해보자면, 입실론-그리디 전략(그리고 감가되는 형태의 입실론-그리디 전략)이 오늘날에도 많이 쓰이는 가장 유명한 탐색 전략이며, 잘 동작하면서도, 내부 구조가 단순하다는 이유로 선호 받습니다. 이것이 대부분의 강화학습 환경이 컴퓨터 내부에만 존재하는 이유입니다. 가상 현실에서 안전은 아주 약간만 고려하면 됩니다. 이 문제에 대해서 깊게 생각해보는 것은 중요합니다. 탐색과 착취 사이의 갈등에서 균형을 맞추는 것이나 정보를 얻고 활용하는 것은 인간지능과 인공지능 그리고 강화학습의 핵심입니다. 저는 이 분야에서 발전이 이뤄진다면 인공지능이나 강화학습 그리고 이 근본적인 갈등에 관심있는 영역에는 큰 영향을 줄 것이라고 확신합니다.

4.2.1 소프트맥스: 추정치에 비례해서 행동을 임의로 선택하는 기법

임의 탐색 전략은 Q값 추정치를 다루게 될 때, 의미가 있습니다. 이를 활용하면, 낮은 추정치를 가지는 행동이 있을 경우, 그 행동을 덜 취하게 됩니다. 이 전략을 **소프트맥스 전략**softmax strategy 이라 부르고 다음과 같이 동작합니다. 행동-가치 함수에 기반한 확률 분포로부터 행동을 샘플링하는데, 이때 행동을 선택하는 확률은 현재 행동-가치 추정에 비례하도록 합니다. 이 전략은 어떻게 보면 임의 탐색 전략 중 하나라고 볼 수 있는데, 탐색 과정에서 임의성이 들어있기 때문에 앞에서 소개한 입실론-그리디 전략과 관련되어 있습니다. 입실론-그리디 전략은 주어진 상태에서 취할 수 있는 모든 행동에서 균일한 확률로 행동을 선택하는 반면, 소프트맥스 전략은 가장 높은 행동을 선호함에 따라서 샘플링합니다.

소프트맥스 전략을 사용함으로써, 선호도의 지표를 바탕으로 행동-가치 추정을 효과적으로 만들 수 있습니다. 값의 높고 낮음은 중요하지 않습니다. 모든 값에 대해서 상수를 더해도, 전체 확률 분포는 그대로 유지될 것입니다. 단지 Q-함수에 대한 선호도를 매기고, 이 선호도를 기반한 확률 분포에서 행동을 샘플링하면 됩니다. Q값의 추정치 차이는 높은 추정치를 가지는 행동은 자주 선택하고, 낮은 추정치를 가지는 행동은 덜 선택하는 경향을 만듭니다.

Q값의 추정치 차이를 판단하는 알고리즘의 민감성을 조절하는데 하이퍼파라미터를 사용할 수도 있습니다. 이 하이퍼파라미터를 (통계 이론에서 가져온 개념인) **온도**termperature라고 부르는데, Q값에 대한 선호도가 비슷할수록 이 값이 무한대로 가까워집니다. 기본적으로는 행동을

동일한 확률로 임의로 샘플링합니다. 하지만 온도값이 0에 가까워지면, 가장 높은 추정치를 나타내는 행동이 100%의 확률로 샘플링됩니다. 또한 이 하이퍼파라미터를 선형적으로, 또는 기하급수적으로, 아니면 사용자가 정의한 방법대로 감가시킬 수 있습니다. 하지만 실제로 사용할 때는 연산과정에서의 안정성을 유지하기 위해 무한대나 0을 온도값으로 사용하지 않습니다. 대신 매우 높거나 낮은 실수를 사용하고, 이를 정규화하는 방법을 취합니다.

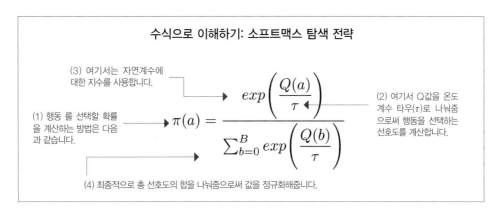

수식으로 이해하기: 소프트맥스 탐색 전략

(3) 여기서는 자연계수에 대한 지수를 사용합니다.

(1) 행동 를 선택할 확률을 계산하는 방법은 다음과 같습니다.

$$\pi(a) = \frac{exp\left(\dfrac{Q(a)}{\tau}\right)}{\sum_{b=0}^{B} exp\left(\dfrac{Q(b)}{\tau}\right)}$$

(2) 여기서 Q값을 온도 계수 타우(τ)로 나눠줌으로써 행동을 선택하는 선호도를 계산합니다.

(4) 최종적으로 총 선호도의 합을 나눠줌으로써 값을 정규화해줍니다.

코드 4-7 소프트맥스 전략

```
def softmax(env,
            init_temp=float('inf'),
            min_temp=0.0,
            decay_ratio=0.04,
            n_episodes=5000):

    <...>  ← (1) 간단하게 표기하기 위해 코드를 생략했습니다.

    name = 'Lin SoftMax {}, {}, {}'.format(init_temp,
                                           min_temp,
                                           decay_ratio)

    for e in tqdm(range(n_episodes),
                  desc='Episodes for: ' + name,
                  leave=False):
        decay_episodes = n_episodes * decay_ratio
        temp = 1 - e / decay_episodes
        temp *= init_temp - min_temp  ← (2) 우선, 앞에서 입실론을 선형적으로 감가시켰던
        temp += min_temp                  것처럼 온도도 선형적으로 감가시킵니다.
```

```
        temp = np.clip(temp, min_temp, init_temp)
```

(4) 여기서는 Q값에 소프트맥스 함수를
적용함으로써 확률을 계산합니다.

(3) 여기서는 0으로 나누는 일을 피하기 위해 min_temp를
0이 되지 않도록 했습니다. 자세한 내용은 노트북을 참고하
시기 바랍니다.

```
        scaled_Q = Q / temp
        norm_Q = scaled_Q - np.max(scaled_Q)  ◀── (5) 수치적인 안정성을 위해서 정규화시킵니다.
        exp_Q = np.exp(norm_Q)
        probs = exp_Q / np.sum(exp_Q)


        assert np.isclose(probs.sum(), 1.0)

        action = np.random.choice(np.arange(len(probs)),  ◀── (6) 마지막으로 좋은 확률을 얻었는지
                                  size=1,                        확인하고, 해당 값을 바탕으로 행동을
                                  p=probs)[0]                    선택합니다.


        _, reward, _, _ = env.step(action)

        <...>  ◀── (7) 여기서도 코드가 생략되었습니다.


    return name, returns, Qe, actions
```

4.2.2 UCB: 단순한 낙관성이 아닌, 현실적인 낙관성

앞 절에서는 낙관적 초기화 전략에 대해서 소개했습니다. 이 전략은 탐색과 착취의 장단점을
다룰 수 있는 똑똑한 (그리고 철학적인) 방법이고, 불확실성이 가미된 전략들 중에서도 낙관
성을 적용할 수 있는 가장 간단한 방법이었습니다. 하지만 낙관적 초기화 전략에는 두 가지 불
편한 점이 있습니다. 우선 우리는 에이전트가 환경으로부터 얻을 수 있는 최대 보상치를 항상
알 수는 없습니다. 만약 낙관 전략에서의 초기 Q값 추정치를 실제 Q값의 최대치보다 높게 설
정할 경우, 불행하게도 알고리즘은 완전하게 최적화되지 않게 동작할텐데, 그 이유는 에이전트
가 ('카운트'라는 하이퍼파라미터에 따라 달라지지만) 실제의 값에 가까운 추정치를 얻기 위해
서 많은 에피소드를 수행하기 때문입니다. 하지만 더 안 좋은 점은, 환경에서 얻을 수 있는 Q
값의 최대치보다 낮은 값을 Q값의 추정치로 설정하면 알고리즘이 더이상 낙관적으로 동작하
지 않고, 잘 수행되지 않을 것이라는 점입니다.

이 전략의 두 번째 문제는 '카운트'라는 변수가 하이퍼파라미터인데, 이 값은 튜닝이 필요한 값입니다. 그런데 실제로 이 값은 추정에 대한 불확실성을 나타내는 값이기 때문에 하이퍼파라미터가 될 수 없습니다. 처음부터 모든 것을 낙관적으로 고려하고, 반복적으로 값을 계산하는 방법 대신에 더 좋은 방법은 낙관적 초기화 전략의 원칙은 그대로 유지하되 불확실성을 추정하는 값을 계산하는데 통계적인 기법을 사용하고, 이를 탐색할 때 일종의 보너스로 사용하는 것입니다. **신뢰 상한**upper confidence bound (UCB) **전략**은 이렇게 동작합니다.

UCB는 여전히 낙관적이긴 하지만, 조금 더 현실적으로 낙관적인 전략입니다. 대신 무작정 최대의 보상을 바라기보다, 값의 추정치에 대한 불확실성을 구합니다. Q값에 대한 추정치가 불확실할수록, 그 값을 찾는 데에 비중을 높이게 됩니다. 이제는 더이상 현재 에이전트가 가지는 값이 '가능한 한 최대의 값'이라고 믿을 필요가 없습니다(물론 그럴 수도 있습니다!). 이제 우리가 신경써야 할 변수는 불확실성이고, 이 불확실성을 궁금증에 대한 보상으로 주면 됩니다.

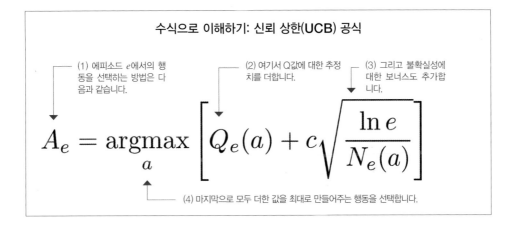

수식으로 이해하기: 신뢰 상한(UCB) 공식

(1) 에피소드 e에서의 행동을 선택하는 방법은 다음과 같습니다.

(2) 여기서 Q값에 대한 추정치를 더합니다.

(3) 그리고 불확실성에 대한 보너스도 추가합니다.

$$A_e = \underset{a}{\mathrm{argmax}} \left[Q_e(a) + c\sqrt{\frac{\ln e}{N_e(a)}} \right]$$

(4) 마지막으로 모두 더한 값을 최대로 만들어주는 행동을 선택합니다.

이 전략을 구현할 때, Q값의 추정치와 행동-불확실성에 대한 보너스 U의 총 합을 최대로 만들어주는 행동을 선택합니다. 다시 말해, 신뢰 상한 $U_t(a)$를 행동 a에 대한 Q값의 추정치에 보너스로 더해주는데, 만약 행동 a를 몇 번 하지 않아도 U 보너스가 크다면, 해당 행동에 대한 탐색을 더 하게끔 유도합니다. 만약 시도한 횟수가 명확해진다면, 이때는 Q값의 추정치에 대해서 조금 더 신뢰를 할 수 있기 때문에, Q값의 추정치에 약간의 U 보너스만 더합니다. 그러면 더이상 탐색을 하지 않아도 됩니다.

```
def upper_confidence_bound(env,
                           c=2,
                           n_episodes=5000):
    <...>  ◀── (1) 간결함을 위해서 코드를 생략했습니다.
    name = 'UCB {}'.format(c)
    for e in tqdm(range(n_episodes),
                  desc='Episodes for: ' + name,
                  leave=False):

        if e < len(Q):  ◀── (2) 우선 0으로 나누는 현상을 피하기 위해서 모든 행동을 한번에 선택합니다.
            action = e
        else:
            U = np.sqrt(c * np.log(e)/N)  ◀── (3) 그리고 나서, 신뢰 한도를 계산하는 과정을 거칩니다.
            action = np.argmax(Q + U)  ◀── (4) 마지막으로 불확실성 보너스를 적용한 추정치가 가장
                                            높은 값을 얻는 행동을 선택합니다. 행동에 대한 가치가 더
        <...>  ◀── (5) 통계를 출력하는 코드는 간결       불확실할수록, 보너스가 더 크게끔 말입니다.
                    함을 위해 생략했습니다.

    return name, returns, Qe, actions
```

실제로, 에피소드와 횟수에 대한 함수로 U에 대한 그래프를 출력해보면, 기하급수적으로 감가하는 그래프와 약간 다를 뿐, 거의 비슷하다는 것을 알게 될 것입니다. 기하급수적으로 감가하는 그래프는 부드럽게 감소하지만, 여기서는 날카롭게 감소하고, 끝이 길게 늘어집니다. 이 말은, 에피소드가 초기일 때는 행동들의 작은 차이에 대해서 높은 보상을 주지만, 에피소드가 지나고, 횟수가 늘어날수록, 불확실성에 대한 보너스가 점점 낮아지기 때문에 발생합니다. 다시 말하자면, 0번 시도했을 때와 100번 시도했을 때를 비교해서 0번 시도했을 때 주는 보상은 100번 시도했을 때와 200번 시도했을 때를 비교해서 100번 시도했을 때 주는 보상보다 높다는 것입니다. 마지막으로 c라는 하이퍼파라미터는 보너스의 단위를 조절합니다. c가 높으면 보너스를 많이 주고, c가 낮으면 보너스를 적게 줍니다.

4.2.3 톰슨 샘플링: 보상과 위험 간의 균형

UCB 알고리즘은 탐색과 착취의 장단점을 다루는 데 있어, Q-함수에 기반한 분포에 대한 최소한의 가정을 두고 있기 때문에 많이 쓰이는 방법입니다. 하지만 베이지안Bayesian 전략과 같은 다른 방식들은 합리적인 가정을 하는데 선행 지식prior를 사용하고, 이 가정을 착취에 활용합니다. **톰슨 샘플링**Thompson sampling 전략은 탐색과 착취의 장단점에서 균형을 잡는데 베이지안 기법을 사용한 샘플링 기반 확률 탐색 전략입니다.

이 전략을 구현하는 간단한 방법은 각 Q값을 하나의 가우시안 분포gaussian distribution (또는 정규 분포normal distribution로 알려져 있습니다)로 고려하는 것입니다. 사실 다른 확률 분포를 선행 지식으로 삼을 수 있습니다. 예를 들어서, 베타 분포도 흔하게 쓰입니다. 여기서는 가우시안 평균이 Q값의 추정치이고, 가우시안 표준편차는 추정치에 대한 불확실성을 나타내는데, 이 값은 매 에피소드마다 업데이트됩니다.

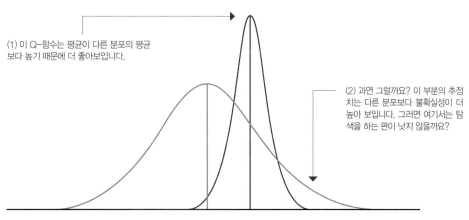

(1) 이 Q-함수는 평균이 다른 분포의 평균 보다 높기 때문에 더 좋아보입니다.

(2) 과연 그럴까요? 이 부분의 추정 치는 다른 분포보다 불확실성이 더 높아 보입니다. 그러면 여기서는 탐 색을 하는 편이 낫지 않을까요?

그림 4-11 가우시안 분포로 표현된 두 개의 행동-가치 함수 비교

이름에도 나와있는 것처럼, 톰슨 샘플링에서는 이 정규 분포들에서 샘플링하고, 가장 높은 샘플을 얻을 수 있는 행동을 선택합니다. 그리고 나서, 처음에는 가우시안 분포의 표준 편차를 업데이트하기 위해서 UCB 전략과 비슷한 공식을 사용해서 불확실성이 높을수록 표준편차가 더 명확해지도록 합니다. 그러면 가우시안 분포는 넓어집니다. 하지만 에피소드가 진행될수록, 평균은 좀 더 좋은 추정치를 향해 이동하게 되고, 표준편차는 낮아져서, 가우시안 분포는 줄어들게 됩니다. 그래서 이 분포에서 나오는 샘플의 값은 추정된 평균에 점점 가까워집니다.

```
def thompson_sampling(env,
                      alpha=1,
                      beta=0,
                      n_episodes=5000):

    <...>  ◀── (1) 초기화 코드는 생략했습니다.

    name = 'Thompson Sampling {}, {}'.format(alpha, beta)
    for e in tqdm(range(n_episodes),
                  desc='Episodes for: ' + name,
                  leave=False):
        samples = np.random.normal(
            loc=Q, scale=alpha/(np.sqrt(N) + beta)) ◀──
        action = np.argmax(samples) ◀── (3) 그리고 나서, 가장 높은 샘플을 얻는 행동을 선택합니다.

    <...> ◀── (4) 역시 통계치를 나타내는 코드는 생략했습니다.
    return name, returns, Qe, actions
```

(2) 가우시안 분포에서 숫자들을 샘플링합니다. 참고로 가우시안 분포의 폭(표준편차)을 나타내는 단위scale에 따라서 각 행동을 취할 횟수가 조절됩니다. 또한 alpha는 가우시안 분포의 초기 폭을 조절하고, beta는 그 폭이 줄어드는 속도를 조절합니다.

코드를 구현할 때, 두 개의 하이퍼파라미터를 사용했습니다. 알파는 가우시안 분포의 크기를 조절하거나 초기 표준편차가 얼마나 클지를 조절해주는 변수이고, 베타는 표준편차가 조금 더 천천히 줄어들도록 감가비율을 조절하는 변수입니다. 이번 예제에서, 하이퍼파라미터들은 거의 튜닝이 필요하지 않은데, 보면 알다시피, 표준편차가 5인 가우시안 분포는 거의 평평하기 때문입니다. 예제에서의 보상(그리고 Q값)이 0과 1 사이의 값을 가지고, 다음 예제에서는 -3과 3 사이의 값을 가지기 때문에, 군이 1보다 큰 표준편차를 가지는 가우시안 분포를 사용하지 않아도 됩니다.

마지막으로, 가우시안 분포는 톰슨 샘플링에서 많이 쓰이는 방식이 아닐거라는 점을 강조하고 싶습니다. 톰슨 샘플링에서는 베타 분포를 더 많이 쓰이는 것처럼 보입니다. 이 문제에서 베타 분포 대신 가우시안 분포를 사용한 이유는 평균을 기준으로 대칭을 이루고, 가르치는 목적에 적합할 만큼 간단하기 때문입니다. 하지만 이 주제에 대해서 조금 더 살펴보고, 알게 된 점을 공유해보면 좋을 것 같습니다.

그래프로 확인하는 결과:
두 개의 팔을 가진 베르누이 밴딧 환경에서의 개선된 탐색 전략

이번에 소개한 새로운 전략(소프트맥스, UCB, 톰슨 샘플링)에 두 개의 하이퍼파라미터를 설정하고, 순수한 착취 전략과 탐색 전략을 비교해서 실험했습니다. 이전과 동일하게 동일한 5개의 베르누이 밴딧 환경에서 성능이 가장 좋은 간단한 전략을 취했습니다. 요약하자면 총 10개의 에이전트가 있고, 5개의 환경에서 5개의 시드를 가지고 실험했으므로, 각 전략별로 25번씩 실험한 셈입니다. 아래의 결과는 전체 수행한 결과의 평균을 나타낸 것입니다.

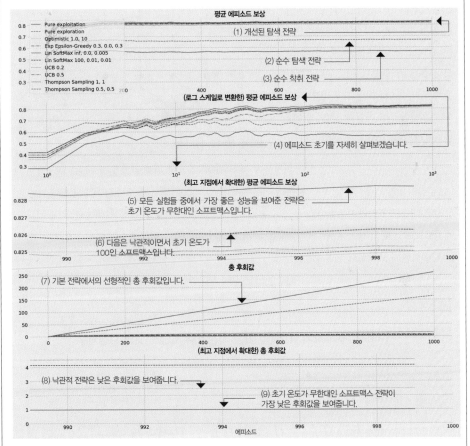

그림 4-12 베르누이 밴딧 환경에서의 개선된 탐색 전략 성능 비교

낙관적인 전략이 우리가 가지고 있을 것이라고 가정하지 못한 기반 지식들을 사용했다고 가정했을 때, 이전 결과와 비교하면 조금 더 개선된 전략들의 성능이 더 좋다는 것을 보여주고 있습니다.

자세한 예제: 10개의 팔을 가진 밴딧 환경

10개의 팔을 가진 가우시안 밴딧 환경도 역시 밴딧 환경이기 때문에, 여전히 단일 비종료 상태를 갖습니다. 이전의 2개의 팔을 가진 베르누이 밴딧 환경과 다르게, 이제는 10개의 팔 또는 행동을 가집니다. 그렇기 때문에 베르누이 밴딧의 보상신호에 대한 확률 분포는 달라집니다.

우선 베르누이 밴딧은 p의 확률로 보상을 받고 $1-p$의 확률로 보상을 받지 않습니다. 하지만 가우시안 밴딧은 (다음에 다루겠지만, 0을 샘플링하지 않는 한) 계속 댓가를 지불합니다. 두 번째로 베르누이 밴딧은 이진 보상 신호를 가집니다. +1 또는 0 보상을 받습니다. 하지만 가우시안 밴딧은 가우시안 분포에서 보상을 샘플링함으로써 매번 보상을 줍니다.

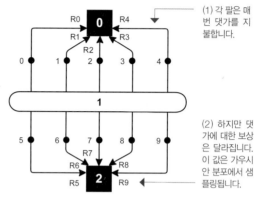

(1) 각 팔은 매번 댓가를 지불합니다.

(2) 하지만 댓가에 대한 보상은 달라집니다. 이 값은 가우시안 분포에서 샘플링됩니다.

그림 4-13 10개의 팔을 가진 가우시안 밴딧

10개의 팔을 가지는 가우시안 밴딧 환경을 만들기 위해서는, 첫 번째로 표준정규분포 (평균이 0이고, 분산이 1인 가우시안 분포를 말합니다)로부터 10번 샘플링해서, 모든 k(10)개의 팔에 대한 이상적인 행동-가치 함수 $q^*(a_k)$를 구합니다. 이 값이 각 행동의 보상 신호에 대한 평균이 됩니다. 에피소드 e일 때의 행동 k에 대한 보상을 얻기 위해서, $q^*(a_k)$의 평균과 1의 분산을 가지는 또 다른 가우시안 분포로부터 샘플링합니다.

수식으로 이해하기: 10개의 팔을 가진 가우시안 밴딧의 보상함수

(1) 환경과 상호작용을 하기에 앞서, 각 팔 별로 행동 k에 대한 이상적인 행동-가치 함수를 계산해 다음과 같은 식을 만듭니다.

(2) 이를 구하기 위해서, 평균이 0이고, 분산이 1인 가우시안 분포인 표준 정규 분포에서 샘플링합니다.

$$a_\pi(s,a) = q_\pi(s,a) - v_\pi(s)$$

(3) 에이전트가 환경과 작용했을 때, 에피소드 에서의 각 팔별로 보상을 구하는 방법은 다음과 같습니다.

(4) 이상적인 Q값을 평균으로 하고, 분산이 1인 가우시안 분포에서 샘플링합니다.

$$R_{k,e} \sim \mathcal{N}(\mu = q^*(a_k), \sigma^2 = 1)$$

그래프로 확인하는 결과:
10개의 팔을 가진 가우시안 밴딧 환경에서의 개선된 탐색 전략

이전에 소개했던 간단한 전략들을 같은 하이퍼파라미터로 실험하되, 이번에는 5개로 이뤄진 10개의 가우시안 밴딧 환경에서 진행했습니다. 당연히 이 환경에서 잘 동작하려면 하이퍼파라미터들이 잘 동작되어야 하기 때문에, 당연히 불공평한 실험이지만, 여기서 제가 보여주고자 하는 것은 환경이 변화해도 개선된 탐색 전략들은 이전의 하이퍼파라미터들을 가지고도 잘 동작한다는 것입니다. 다음 예제에서 이를 확인할 수 있을 것입니다.

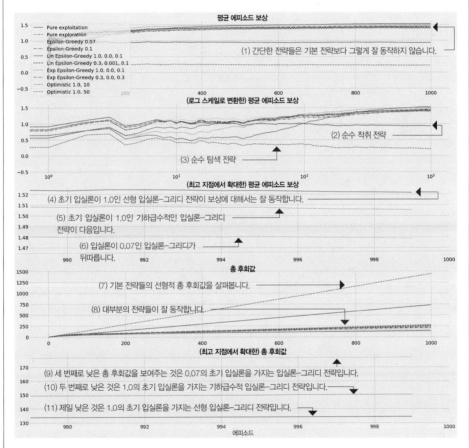

그림 4-14 10개의 팔을 가진 가우시안 밴딧 환경에서 개선된 탐색 전략 성능 비교

보다시피 가장 직관적인 전략들 일부는 5개의 서로 다른 환경에서 가장 낮은 총 후회값을 가지면서도 가장 높은 기대 보상치를 가집니다. 이에 대해서 잠시만 생각해봅시다.

그래프로 확인하는 결과:
10개의 팔을 가진 가우시안 밴딧 환경에서의 개선된 탐색 전략

그리고 나서 이전과 동일한 하이퍼파라미터로 개선된 전략들에 대한 실험을 진행했습니다. 역시 두 개의 기본 전략을 두고 10개의 팔을 가진 가우시안 밴딧 환경에서 돌렸을 때 가장 좋은 두 개의 전략을 선택했습니다. 다른 실험과 마찬가지로 각 에이전트 별로 25개의 실험을 진행했습니다.

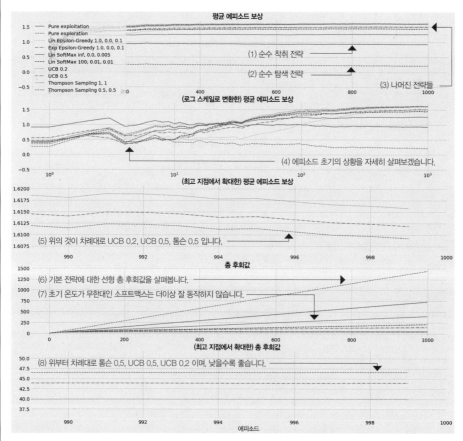

그림 4-15 10개의 팔을 가진 가우시안 밴딧 환경에서 개선된 탐색 전략 성능 비교

이번에는 개선된 전략들이 총 후회값이 매우 낮으면서 좋은 성능을 보여주고 있습니다. 이제 여러분이 노트북을 열고 직접 해보세요. 추가로 진행한 실험이 있다면, 여러분이 얻은 결과를 공유해주시기 바랍니다. 이 실험들을 어떻게 확장시켰을지 기대가 됩니다. 한번 해보세요!

4.3 요약

평가 가능한 피드백으로부터 학습하는 것은 강화학습을 부각시키는 기본적인 도전과제입니다. 만약 +1, +1.345, +1.5, −100, −4 라는 평가가능한 피드백으로부터 학습할 때, 에이전트는 주어진 MDP에 대해서 알지 못하고, 이로 인해서 얻을 수 있는 최대의 보상치에 대해서 모른다고 가정해봅시다. 그러면 에이전트는 '생각'을 하게 됩니다. '내가 +1을 얻었네, 그런데 아직은 잘 모르겠고... 이 바위 밑에 +100 이 있지 않을까?' 이렇게 환경에 놓인 불확실성이 에이전트가 탐색할 수 있도록 만들어줍니다.

하지만 앞에서 배웠다시피, 단순하게 탐색만 할 수는 없습니다. 원론적으로 탐색은 수행시간을 낭비할 수도 있고, 어쩌면 보상을 최대화할 수 있는 착취를 하지 못해서, 에이전트가 최대의 보상치를 얻을 수 없습니다. 아니면 처음에는 정보를 수집하는 탐색 과정 없이도 진행될 수 있습니다. 어찌되었든 간에, 에이전트는 탐색과 착취의 균형을 맞추는 방법을 학습해야 합니다. 서로 맞부딪치는 두 개의 접점 사이의 평형을 찾고, 타협하는 방법을 학습해야 합니다. 삶에서도 이런 원론적인 고민을 경험했을 것이고, 어쩌면 이런 문제들이 직관으로 작용할 것입니다. '손안에 있는 새가 덤불 속의 새 두 마리보다 낫다'나 '사람은 항상 현재를 넘어서야 한다' 같은 문제들 말입니다. 둘 중의 하나를 선택하고 즐겨보되, 어느 하나에 머물지 말고, 균형을 맞춰보기 바랍니다.

이 원론적인 장단점을 이해하기 위해서, 탐색과 착취의 균형을 맞출 수 있는 에이전트나 전략에 대한 몇 가지 기법들을 소개했습니다. 입실론-그리디 전략은 대부분의 시간동안 착취를 수행하고, 일부분만 탐색하는 전략입니다. 탐색할 때는 임의로 행동을 샘플링하게 됩니다. 감가되는 입실론-그리디 전략은 처음에는 에이전트가 탐색이 더 필요하다는 사실동안 착안한 것인데, 이는 처음에 좋은 결정을 내리기 위한 정보를 수집하기 위해서입니다. 하지만 이 전략은 현재의 행동이 이상치와 얼마나 떨어져 있는지를 나타내는 후회값을 누적시키지 않기 위해서, 빠르게 착취를 수행합니다. 입실론-그리디 감가 전략은 에피소드가 늘어날수록 입실론을 감가시켜서, 에이전트가 희망적으로 정보를 얻을 수 있게 해줍니다.

하지만 이후에 배운 다른 전략들은 '희망적'이라는 속성을 조금 더 확실하게 합니다. 낙관적 초기화 전략, UCB, 톰슨 샘플링과 같은 전략들은 추정치와 추정치에 대한 불확실성 그리고 잠재성을 고려하여, 행동을 선택합니다. 소프트맥스 전략은 불확실성을 측정한 값을 실제로 사용하지는 않지만, 추정치에 비례해서 임의로 행동을 선택하며 탐색을 수행합니다.

- 평가 가능한 피드백으로부터 학습하는 것이 어려운 이유는 에이전트가 환경에 놓인 MDP를 볼 수 없기 때문이라는 것을 이해했습니다.
- 이 문제에서 발생하는 탐색과 착취 간의 장단점에 대해서 학습했습니다.
- 이 문제를 다루기 위해서 흔하게 사용되는 많은 전략을 이해했습니다.

트위터에서 만나요!

공부하고 배운 내용을 공유해보시기 바랍니다.

매 장의 마지막 부분에, 제가 다음 단계로 넘어가기 위해서 지금까지 배운 것을 어떻게 활용할 수 있을지에 대한 아이디어를 제공할 것입니다. 원한다면, 당신이 얻은 결과를 세상에 공유하고, 다른 사람이 어떻게 구현했는지도 확인해보기 바랍니다. 이것이 서로한테 좋은 방법이며, 여기서 원하는 것을 얻었으면 좋겠습니다.

- **#gdrl_ch04_tf01**: 밴딧 환경을 해결하는 방법들은 많이 있습니다. 다른 자료들을 살펴보고, 어떤 점이 중요한지 얘기해주세요. 행동을 선택할 때 사용되는 베이지안 방법과 정보 이득량information gain에 기반한 행동 선택 전략들을 살펴보기 바랍니다. 여기서 정보 이득량이란 무엇일까요? 왜 이것이 강화학습의 관점에서 중요할까요? 각 에이전트들의 탐색율을 감가시키는데 정보를 사용하는 감가 전략을 포함해서 다른 흥미로운 행동-선택 전략을 개발할 수 있을까요? 예를 들어서 상태에 방문한 횟수에 기반해서 입실론을 감가시키는 에이전트를 생각해보세요. 다른 계수들도 고려해볼 수 있습니다.

- **#gdrl_ch04_tf02**: 직접 해볼 수 있는 흥미로운 밴딧 환경에 대해서 생각해본 적 있나요? 제 레포지토리(https://github.com/mimoralea/gym-bandits)를 가져다가 몇 개의 밴딧 환경을 추가해보기 바랍니다.

- **#gdrl_ch04_tf03**: 밴딧 환경을 벗어나서, 강화학습 알고리즘을 적용하기 전에, 다른 환경으로 상황적 밴딧 문제contextual bandit problem를 살펴보겠습니다. 어떤 유형의 문제일까요? 이 문제들이 어떤 것인지 이해하는데 도움을 줄 수 있나요? 단순히 이에 대한 블로그 포스트만 작성하지 마시고 상황적 밴딧에 대한 짐 환경도 만들어보세요. 이게 가능할까요? 이 환경을 파이썬 패키지로 만들고, 이 상황적 밴딧 환경을 해결할 수 있는 알고리즘을 담은 파이썬 패키지를 만들어보세요.

- **#gdrl_ch04_tf04**: 매 장마다 마지막 해시태그는 총정리 해시태그로 사용하겠습니다. 마지막 해시태그는 이 장과 관련해 작업한 어떤 것이든 다른 사람들과 논의하는데 사용하길 바랍니다. 여러분이 직접 만든 것만큼 흥미로운 과제도 없답니다. 당신이 어떤 공부를 하고 있는지, 그 결과도 공유해주기 바랍니다.

공부한 것에 대해서 트윗을 쓰고 저(@mimoralea)를 태그해주세요(제가 리트윗하겠습니다). 그리고 여러분이 얻은 결과를 사람들이 위에 적힌 해시태그를 사용하기 바랍니다. 잘못된 결과는 없습니다. 여러분이 찾은 것을 공유하고, 다른 사람이 찾은 것을 확인해보세요. 이 해시태그를 기회로 교류하고 기여하세요. 다같이 기다리고 있을게요!

## CHAPTER 5

에이전트의 행동 평가

"인류의 불행 대부분은 사물의 가치를 잘못 추정해 생긴다고 생각한다."

– 벤자민 프랭클린Benjamin Franklin

미합중국 건국자이자 작가, 정치가, 발명가이며, 시민 활동가

순간적인 목표와 장기간의 목표의 균형을 맞추기가 얼마나 어려운지는 알 것입니다. 그리고 아마 하루에도 여러 번씩 경험할 것입니다. 오늘 밤, 영화를 보는 것이 좋을까요? 아니면 이 책을 계속 읽는 것이 좋을까요? 어떤 선택은 순간적인 만족을 줄 것입니다. 영화를 보게 된다면, 부자가 된 느낌도 얻을 것이고, 사랑을 얻을 수도 있고, 다이어트도 할 수 있을 것입니다. 두 시간 동안 팝콘을 먹으면서 말입니다. 반면, 책을 읽어도 오늘 밤 당장에는 아무것도 생기지 않을 것입니다. 하지만 아마도, 장기간으로 놓고 봤을때 더 큰 만족을 얻을 수 있을 것입니다.

바로 이번에 논의할 문제로 정확하게 이어집니다. 장기간으로 보았을 때, 얼마나 큰 만족이 생길지 정확하게 말할 수 있나요? 이를 찾아낼 방법이 있을까요? 사실, 이것이 바로 삶의 재미입니다. 저도 모르고, 당신도 모를 것이고, 우리 모두 이를 시도하고, 탐색하지 않는 한 모를 것입니다. 삶은 삶에 대한 MDP를 주지 않습니다. 삶은 불확실합니다. 지난 장에서는 정보를 모으는 것과 정보를 활용하는 것 간의 균형을 맞추는 법을 다뤘습니다.

하지만, 이전 장에서는 강화학습의 순차적인 특성을 분리한 채로 문제를 다뤘습니다. 기본적으로 지금 취한 행동이 장시간의 효과가 없다고 가정하고, 현재 상황에서 할 수 있는 가장 최적의 것을 찾는데 집중했습니다. 예를 들자면 좋은 영화나, 좋은 책을 찾는데 집중했고 영화나 책이

우리의 삶에 어떤 영향을 끼칠지에 대해서는 고려하지 않았습니다.

이제 이번 장에서는 순차적이면서, 평가가능한 피드백으로부터 학습하는 에이전트를 살펴봅니다. 에이전트는 순간적인 목표와 장기간의 목표에 대한 균형을 맞추면서, 정보를 얻는 것과 활용하는 것에 대한 균형도 맞춰야 합니다. 앞에서 다뤘던 '영화와 책' 예제를 다시 살펴보겠습니다. 각각의 행동이 장기적으로 어떻게 모이고, 누적되어, 조합되는지 알고 결정을 내려야 합니다. 대부분의 인간처럼 불확실한 삶속에 살고있는 여러분은 최적에 가까운 결정을 내릴 수 있는 존재로서, 영화와 책 중 무엇을 택할까요? 힌트는 여기 있습니다!

똑똑하군요... 이번 장에서는 정책 평가 방법과 유사한 정책의 가치를 추정하는 법을 학습하는 에이전트에 대해서 학습합니다. 대신, 이번에는 MDP없이 진행할 것입니다. 보통 이런 문제를 예측 문제prediction problem라고 하는데, 그 이유는 우리가 가치 함수를 추정해야 하기 때문입니다. 그리고 미래에 얻을 수 있는 감가된 보상에 대한 기대치를 정의할 수 있는데, 다시 말하자면, 미래에 따라서 변하는 값을 보고 우리가 미래를 예측할 수 있도록 학습하는 것입니다. 다음 장에서, MDP없이 정책들을 최적화하는 방법을 살펴볼텐데, 이를 보통 제어 문제control problem 이라고 합니다. 그 이유는 에이전트의 행동을 개선하기 위해서, 이것저것 시도해보기 때문입니다. 이 책에서 확인할 수 있겠지만, 강화학습에서 다음 두 개의 기본적인 요소가 동일하게 취급됩니다. 머신러닝에서는 '모델은 데이터와 동일할 때 좋다(the model is only as good as the data)'라는 말이 있습니다. 강화학습에서는 '정책은 추정과 동일할 때 좋다(the policy is only as good as the estimates)' 혹은 자세히 표현하자면, '정책을 개선하는 것은 추정치에 대한 정확성 좋을 때 좋다(The improvement of a policy is only as good as the accuracy and precision of its estimates)'라고 할 수 있습니다.

다시 말하자면, 심층 강화학습에서는 에이전트가 순차적이면서(단일 행동과는 반대 개념), 동시에 평가가능하고(무언가를 지도하는 개념과 반대), 샘플링이 가능한(데이터가 적은 것과 반대) 피드백으로부터 학습합니다. 이번 장에서는 순차적이면서 평가가능한 피드백으로부터 학습하는 에이전트를 살펴볼 것입니다. 잠깐동안 '샘플링' 개념도 나오겠지만, 해당 내용은 8장에서 더 다룰 것이고, 아주 재미있을 것입니다. 제가 약속합니다.

- 순차적이면서 평가가능한 피드백으로부터 학습할 때, 정책을 평가하는 방법에 대해서 학습합니다.
- 환경 내부의 전이와 보상 함수를 모를때 강화학습 환경에서 정책을 평가하는 알고리즘을 개발합니다.
- 전체 강화학습 문제가 보이는 상황에서 환경에 대한 정책들의 가치를 평가하는 코드를 작성합니다.

5.1 정책들의 가치를 추정하는 학습

이전에 언급했다시피, 이번 장에서는 기존에 다뤘던 정책들의 가치를 추정하는 방법을 학습하는 법을 다룹니다. 제가 이 예측 문제를 처음 접했을 때는, 어떤 감도 찾을 수 없었습니다. 저한테, 만약 정책의 가치를 추정하기를 원한다고 물어본다면, 가장 직관적인 방법은 지금의 정책을 반복적으로 수행하고, 얻은 정보에 대한 평균을 내는 것이었습니다.

사실 이 방법은 확실하게 가능한 방법이고, 어쩌면 가장 자연적인 방법일 것입니다. 다만 그 때 제가 인지하지 못했던 것은 가치 함수를 추정하는 방법들이 더 있다는 것이었습니다. 각 방법 별로 장단점이 있습니다. 대부분의 방법이 서로의 반대처럼 보일 수 있지만, 이 전체 알고리즘의 경향을 표현할 수 있는 중간점 또한 존재합니다.

이번 장에서는 각 접근 방법의 다양성에 대해서 살펴보고, 각각의 장단점을 보면서 서로가 어떻게 연관되어 있는지 보여주겠습니다.

> **NOTE_ 강화학습 용어집: 보상, 반환, 가치 함수**
>
> **보상**reward: 에이전트가 얻을 수 있는 단일 시점에서의 보상 신호를 말합니다. 에이전트가 상태를 관찰하고, 이에 대한 행동을 선택한 후에 보상 신호를 받습니다. 보상 신호는 강화학습의 핵심이지만, 에이전트는 보상을 최대화하려고 하지 않습니다. 만약 에이전트가 단일 시점에서의 보상을 최대화하려고 한다면, 장기적으로는 얻을 수 있는 것보다 적게 얻을 수 있다는 점을 알아야 합니다.
>
> **반환값**return: 감가된 보상의 총합을 말합니다. 반환값은 어떠한 상태를 통해서 계산할 수 있고, 보통은 에피소드가 끝날때까지 계속 계산됩니다. 그 말은, 만약 종료 상태에 도달했을 때, 반환값 계산이 종료된다는 것을 의미합니다. 반환값은 보통 총 보상값, 축적된 보상값, 보상의 총합 등으로 언급되고, 일반적으로 감가된 총 보상값, 축적된 감가 보상값, 감가된 보상의 총합이라는 용어로 표현합니다. 하지만 이 모든 것들은 동일한 의미를 가지고 있는데, 바로 반환값이란 에피소드가 진행되는 동안 에이전트가 '얻을 수 있는' 보상이 얼마나 되는지를 표현하는 것입니다. 아마 알고 있겠지만, 반환값은 장기간에 걸쳐 수집된 형태이며, 단일 에피소드 단위의 보상에 대한 기록이기 때문에 성능을 나타내는 좋은 지표로 사용할 수 있습니다.
>
> 하지만 그렇다고 반환값도 에이전트가 최대화시키려는 것이 아닙니다. 에이전트가 가능한 가장 큰 반환값을 얻고자 할 때, 이때의 정책이 어쩌면 좋지 않을 수도 있습니다. 때로는 그 정책이 큰 반환값을 얻을 수는 있어도, 정책이 수행되는 동안 대부분은 낮은 반환값을 받기 때문입니다.

가치 함수 value function: 반환값에 대한 기대치를 나타냅니다. 당연히, 높은 반환값을 원하기는 하지만, 엄밀하게 말하자면 '(평균적으로) 높은 기대치'를 원하는 것입니다. 만약 에이전트가 복잡한 환경에 놓여져 있거나, 에이전트가 확률적 정책을 수행하는 경우에도 동일한 상황입니다. 에이전트는 총 감가된 보상의 총합에 대한 기대치를 최대화하려고 할 것이고, 결국 이 기대치가 가치 함수가 됩니다.

미겔의 한마디: 보상, 반환, 가치 함수 그리고 삶

여러분은 삶을 어떻게 살아갑니까? 어떤 행동을 결정할 때, 본인에게 좋은 행동을 선택하나요? 아니면 자신보다 남들을 더 우선시하는 사람인가요?

둘 다 부끄러운 일이 아닙니다. 제 생각에 이기적인 행동은 좋은 보상 신호를 줍니다. 이기적인 태도는 사람을 성공으로 이끌고 움직이게 만듭니다. 젊을때는 즉각적으로 돌아오는 보상에 따라서 행동하는 태도는 굉장히 믿을만한 전략입니다.

많은 사람들이 '너무 이기적으로 행동한다'며 나쁘게 평가할 수 있겠지만, 저는 그것이 시작하는 방법이라고 생각합니다. 원하는 대로 일을 하고, 꿈꾸고, 만족감을 주는 일을 하면서 보상을 얻고 또 일을 수행합니다. 아마 이기적이고, 탐욕적으로 보일 수 있겠지만, 그런 것들을 신경쓰지 맙시다.

계속 원하는 일을 하다보면, 아마도 보상에 따라 일을 하는 방식이 그렇게 좋은 전략이 아니라는 사실을 알게 됩니다. 이익 관점에서도 말입니다. 이제 점점 큰 그림을 그리기 시작합니다. 사탕을 많이 먹으면, 충치가 생기고, 온라인 쇼핑에서 돈을 다 써버리면, 금방 망하게 됩니다.

이제는 반환값을 보게 됩니다. 드디어 이기심이나 탐욕적인 의도를 넘어선 뭔가가 있다는 사실을 이해하게 됩니다. 탐욕적인 의도는 장기적인 관점에서는 좋지 않으므로, 어느 정도 덜어냅니다. 그 대신, 여전히 이기심은 유지합니다. 대신 이제는 단지 '총' 보상, 반환값의 관점에서만 고려하게 됩니다. 이건 전혀 부끄러운 일이 아닙니다!

여기까지 오면, 세상이 당신 없이도 잘 굴러가고 있다는 것을 알게 되고, 처음 생각한 것보다도 세상을 구성하는 요소가 더 많다는 것을 알게 됩니다. 그리고 세상에는 뭔가 해석하기 어려운 다이나믹스가 내재되어 있다는 사실도 알게 됩니다. 당신은 어떤 방식으로나 언제든지 '세상이 어떤식으로 굴러가는지'를 깨닫게 될 것입니다.

그러면 이제 한 걸음을 더 물러섭니다. 이제는 보상이나 반환값을 좇는 것이 아니라 가치 함수를 보고 움직입니다. 조금 더 현명해진 것입니다!

이제는 다른 사람이 배우도록 도울수록, 스스로도 배운다는 사실을 학습합니다. 이유는 모르지만 실제로 그렇게 됩니다. 소중하게 여기는 사람들을 더 사랑할수록, 그 사람들 역시 당신을 더 사랑하게 될 것이고, 더 많이 절약할수록, 더 많이 소비할 수 있게 됩니다. 이상하지 않나요? 참고로 여전히 당신은 이기적인 태도를 가지고 있답니다.

하지만 이제 당신은 세상에 내재된 복잡한 다이나믹스를 신경쓰기 시작하고, 당신한테 가장 좋은 방식이 다른 사람에게 잘 대하는 것임을 이해하게 됩니다. 완벽하게 서로한테 이득이 되는 상황입니다.

여기서 보상과 반환값 그리고 가치 함수의 차이가 당신에게 자양분이 되어서, 한번 생각해보는 계기가 되면 좋을 것 같습니다.

보상을 따라가세요!

다음엔 반환값을 한번 보세요!

그 뒤엔 가치함수를 살펴보세요!

자세한 예제: 랜덤 워크 환경

우리가 이번 장에서 주로 사용할 환경은 랜덤 워크^{random walk}(RW) 라고 부릅니다. 이 환경은 통로이자, 한 개의 행으로 구성된 격자 환경이며, 5개의 비종료 상태를 가지고 있습니다. 그런데 이전에 다뤘던 환경과 조금 다르기 때문에, 두 가지 관점에서 설명을 하고자 합니다.

먼저, 랜덤 워크 환경을 왼쪽 행동을 취했을 때 왼쪽으로 갈 확률과 오른쪽으로 갈 확률이 같고 오른쪽 행동을 취했을 때 오른쪽으로 갈 확률과 왼쪽으로 갈 확률이 동일한 환경이라고 생각할 수 있습니다. 다르게 표현하자면, 에이전트는 어느 방향으로 가게 될 것인지 결정권이 없습니다. 에이전트는 어떤 행동을 취했든 간에, 50%의 확률로 왼쪽으로 갈 수도 있고, 50%의 확률로 오른쪽으로 갈 수도 있습니다. 결국 완전히 임의로 행동하니, 헷갈릴 것입니다.

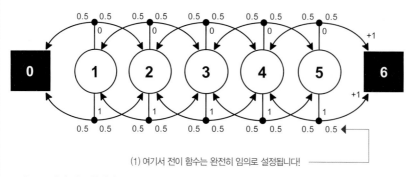

(1) 여기서 전이 함수는 완전히 임의로 설정됩니다!

그림 5-1 랜덤 워크 환경의 MDP

앞선 설명은 랜덤 워크 환경에 대한 설명이 부족해 보입니다. 저는 그래도 에이전트가 뭔가를 결정하고 있다는 생각을 가지고 있기 때문입니다. 제어를 할 수 없는 환경에서 강화학습(이상적인 제어를 학습하는 프레임워크)을 배우는 의미가 존재할까요?!

그렇기 때문에, 랜덤 워크 환경도 어떻게 보면 결정적인 전이 함수 (에이전트가 왼쪽 행동을 취하면 왼쪽으로 가고, 오른쪽 행동을 취하면 오른쪽으로 가는 전이)를 가지는 환경이라고 생각해 볼 수 있습니다. 그때는 에이전트가 행동을 동일한 확률로 선택하는 확률적 정책에 대해서도 평가하기를 원한다고 가정합시다. 왼쪽으로 갈 확률과 오른쪽으로 갈 확률이 동일하다고 말입니다.

어느 측면이나 기본적인 개념은 같습니다. 에이전트가 동일한 확률로 왼쪽이나 오른쪽으로 이동할 수 있는 5개의 비종료 상태를 가지고 있습니다. 여기서의 목표는 이런 환경이 주어졌을 때, 에이전트가 얻을 수 있는 총 감가된 보상에 대한 기대치를 추정하는 것입니다.

5.1.1 첫 방문 몬테카를로: 매 에피소드가 끝난 후에 추정치를 개선하는 방법

좋습니다. 목표는 정책의 가치를 추정하는 것으로, 다시 말하자면 정책으로부터 기대할 수 있는 총 보상이 얼마만큼인지를 학습합니다. 조금 더 자세하게 표현하자면, 목표는 어떤 정책 가 있을 때, 이때의 상태–가치 함수 $v_\pi(s)$를 추정하는 것입니다. 바로 떠오르는 직관적인 방법은 이미 언급했습니다. 밴딧 환경과 마찬가지로 평가하고자 하는 정책을 여러 번 수행하고, 여러 개의 경로를 수집한 다음, 각 상태에 대한 평균을 계산하는 것입니다. 이렇게 가치 함수를 추정하는 방법을 **몬테카를로 예측**Monte Carlo prediction (MC)라고 합니다.

MC는 구현하기 쉽습니다. 우선 에이전트는 정책 π를 이용해서 종료 상태 S_T에 도달할 때까지, 환경과 상호작용을 수행합니다. 여기서 수집된 상태 S_t, 행동 A_t, 다음에 얻을 수 있는 보상 R_{t+1} 그리고 다음의 상태 S_{t+1}를 **경험 튜플**experience tuple이라고 부릅니다. 그리고 이 경험의 집합을 **경로**trajectory라고 합니다. MC를 구현할 때 처음 해야 할 일이 바로 에이전트가 경로를 모을 수 있도록 하는 것입니다.

경로가 모아졌으면, 이 값을 이용해서 방문하는 모든 상태 S_t에 관한 반환값 $G_{t:T}$를 계산합니다. 예를 들어서, 특정 상태 S_t에 대해서 계산하고자 하면, 타임 스텝 t부터 시작해서 T까지의 보상을 더하고 감가시킵니다. 그러면 경로에 대한 R_{t+1}, R_{t+2}, R_{t+3}, ⋯, R_T가 모입니다. 그러면 상태 S_{t+1}에 대해서도 타임 스텝 t+1부터 T까지 모은 보상도 감가시킨 후 더합니다. 이런 식으로 S_{t+2}도 계산하면서 S_T를 제외하고 모두 수행합니다. 참고로 S_T에서의 보상은 정의에 의해서 0이 됩니다. 그러면 $G_{t:T}$는 타임 스텝 t+1부터 에피소드가 끝나는 T까지의 보상을 사용하게 됩니다. 이때 얻은 각각의 보상을 기하급수적으로 감가시킨 계수 ($\gamma^0, \gamma^1, \gamma^2, ..., \gamma^{T-1}$)를 이용해서 감가시킵니다. 다시 말해서 이 감가 계수 γ를 앞에서 구한 보상 R과 곱한 후에, 이를 모두 더하는 형태로 될 것입니다.

이렇게 경로를 생성하고, 모든 상태 S_t에 대한 반환값을 계산했다면, 이제 각 에피소드 e와 이 에피소드가 끝나는 타임 스텝 T에 대한 상태-가치 함수 $v_\pi(s)$를 각 상태 s에서 얻은 반환값에 대한 평균을 구함으로써 계산할 수 있습니다. 다시 말해, 평균을 통해서 기대치를 추정하는 것입니다. 아주 간단합니다.

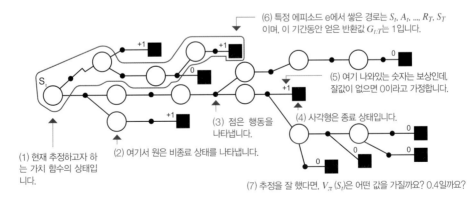

(6) 특정 에피소드 e에서 쌓은 경로는 $S_t, A_t, ..., R_T, S_T$이며, 이 기간동안 얻은 반환값 $G_{t:T}$는 1입니다.

(5) 여기 나와있는 숫자는 보상인데, 잘값이 없으면 0이라고 가정합니다.

(4) 사각형은 종료 상태입니다.

(3) 점은 행동을 나타냅니다.

(2) 여기서 원은 비종료 상태를 나타냅니다.

(1) 현재 추정하고자 하는 가치 함수의 상태입니다.

(7) 추정을 잘 했다면, $V_\pi(S_t)$은 어떤 값을 가질까요? 0.4일까요?

그림 5-2 몬테카를로 예측

수식으로 이해하기: 몬테카를로 학습 1

(1) 주의사항: 여기서는 전체적인 윤곽을 잡기 위해 기호를 많이 사용합니다. 정확히 말씀드리자면, 각 기호는 계산되는 시점을 의미함을 인지하고 있어야 합니다. 예를 들어서 첨자 $t{:}T$는 타임 스텝 t부터 마지막 타임 스텝 T까지 계산한 값을 의미합니다. 만약 T만 있다면, 이는 최종 타임 스텝 T에서 에피소드가 끝나고 계산된 값이라는 의미입니다.

(2) 이전에 다뤘지만, 행동-가치 함수는 반환값에 대한 기대치입니다. 기억해 두면 좋습니다.

$$v_\pi(s) = \mathbb{E}_\pi[G_{t:T} \mid S_t = s]$$

(3) 그리고 반환값은 감가된 보상들의 총합입니다.

$$G_{t:T} = R_{t+1} + \gamma R_{t+2} + \ldots + \gamma^{T-1} R_T$$

(4) 몬테카를로 학습에서 첫 번째로 해야 될 작업은 경로를 쌓기 위해서 정책을 샘플링하는 것입니다.

(5) 경로가 주어졌을 때, 방문한 모든 상태에 대한 반환값을 계산할 수 있습니다.

$$S_t, A_t, R_{t+1}, S_{t+1}, \ldots, R_T, S_T \sim \pi_{t:T}$$

(6) 그 뒤, 각 상태별 반환값들을 모두 더합니다.

$$T_T(S_t) = T_T(S_t) + G_{t:T}$$

(7) 그리고 횟수를 +1 증가시킵니다. 이 부분에 대해서는 추후 언급하겠습니다.

$$N_T(S_t) = N_T(S_t) + 1$$

(8) 경험적 평균[1]을 사용해서 기대치를 추정할 수 있습니다. 이를 통해서 얻은 추정된 특정 상태에서의 상태-가치 함수는 그 상태에서의 평균 반환값입니다.

$$V_T(S_t) = \frac{T_T(S_t)}{N_T(S_t)}$$

(9) 횟수가 무한대로 갈수록, 추정치는 실제 값으로 수렴합니다.

$$N(s) \to \infty \quad V(s) \to v_\pi(s)$$

(10) 하지만 평균도 지속적으로 계산될 수 있으므로, 모든 상태에 대한 반환값의 합을 가지고 있을 필요는 없습니다. 아래 공식은 동일한 의미를 가지는 동시에 더 효율적으로 계산합니다.

$$V_T(S_t) = V_{T-1}(S_t) + \frac{1}{N_t(S_t)}\left[G_{t:T} - V_{T-1}(S_t)\right]$$

(11) 이 부분은 시간에 따라 달라지거나 상수값을 가지는 학습 계수로 대체할 수 있습니다.

$$V_T(S_t) = V_{T-1}(S_t) + \alpha_t \left[\overbrace{G_{t:T} - V_{T-1}(S_t)}^{\text{MC 오차}}\right]$$

MC 목표

(12) 참고로 V는 에피소드가 끝날 때인 타임 스텝 T에서만 계산할 수 있는데, 그 이유는 G를 계산하는데 T를 사용하기 때문입니다.

---

1 옮긴이_ 샘플 평균이라고도 부릅니다.

5.1.2 모든 방문 몬테카를로: 상태 방문을 다루는 또 다른 방법

실제로 구현하다보면, 반환값의 평균을 구하는 알고리즘을 구현하는 방법이 두 가지라는 사실을 알게 될 것입니다. 왜냐하면, 경로 하나에서 같은 상태로 여러 번 방문한 경우도 있기 때문입니다. 이 경우 모든 방문을 독립적으로 생각해 반환값을 계산해야 할까요? 아니면, 모든 상태에 첫 번째로 방문한 경우만 고려해야 할까요?

두 가지 방법 모두 적절한 접근 방법이고, 서로 유사한 이론적인 속성을 가지고 있습니다. 조금 더 표준적인 방법이 앞에서 소개한 첫 방문first-visit MC (FVMC)이고, 이때의 수렴 여부는 증명하기 쉽습니다. 왜냐하면, 이 방법에서 사용되는 경로들이 $v_\pi(s)$에서 독립적이면서 동일한 분포independent and identically distributed (IID)에서 샘플링되었기 때문이며, 그렇기 때문에 무한 개의 샘플링을 모을수록, 추정치는 실제 값으로 수렴하게 됩니다. 모든 방문every-visit MC (EVMC)는 같은 경로 사이에서 동일 상태에 여러 번 방문했기 때문에 더이상 반환값이 독립적이면서 동일한 분포에서 샘플링한 경우가 아니게 된 부분에서 FVMC와 조금 다릅니다. 하지만 기가 막히게도, EVMC도 무한대의 샘플 데이터가 주어졌을 때 수렴한다는 사실이 증명되어 있습니다.

> **NOTE_ 심화개념 구워 삶기: 첫 방문 MC와 모든 방문 MC의 차이**
>
> MC 예측은 정책 π에 대한 반환값의 평균으로 $v_\pi(s)$를 추정합니다. FVMC는 에피소드마다 각 상태별로 딱 하나의 반환값만 사용합니다. 그렇기 때문에 반환값은 첫 방문에 대해서 정의됩니다. 반면 EVMC는 같은 에피소드가 진행되는 동안에도, 해당 상태에 대한 모든 방문의 반환값을 평균내어 계산합니다.

> **NOTE_ 강화학습 역사 한 조각: 첫 방문 몬테카를로 예측**
>
> 아마 이전에는 몬테카를로 시뮬레이션 혹은 몬테카를로 수행이라는 용어로 접했을 것입니다. 일반적으로 몬테카를로 방법이란 1940년대부터 다뤄지기 시작한, 추정시 임의 샘플링을 사용한 알고리즘들을 말합니다. 이 알고리즘들은 역사가 오래됐으면서 광범위하게 쓰였습니다. 하지만, 첫 방문 MC와 모든 방문 MC는 1996년, 사틴데르 싱Satinder Singh과 리처드 서튼Richard Sutton이 쓴 논문 「Reinforcement Learning with Replacing Eligibility Traces」[2]에서 소개되었습니다. 사틴데르 싱과 리처드 서튼은 매사추세츠 대학교 애머스트 캠퍼스에서 컴퓨터 과학 박사학위를 받았고, 앤디 바르토 밑에서 지도받았습니다. 그들이 쌓은 수많은 기초적 지식들은 강화학습에서 핵심이 되었고, 두 사람은 현재 구글 딥마인드에서 연구 고문이 되었습니다. 리처드는 1984년 박사학위를 받았고, 현재 앨버타 대학교에서 교수를 하고 있으며, 사틴데르는 1994년 박사학위를 받고, 미시간 대학교에서 교수를 하고 있습니다.

---

2 옮긴이_ https://link.springer.com/article/10.1023/A:1018012322525

코드 5-1 기하급수적 감가 스케쥴링

```
def decay_schedule(init_value, min_value, ◀─────── (1) 이 함수는 전체 학습 과정 동안
                   decay_ratio, max_steps,              알파에 대한 모든 값을 계산할 수
                   log_start=-2, log_base=10):          있게 해줍니다.

    decay_steps = int(max_steps * decay_ratio) ◀──── (2) 우선 decay_ratio 인자를 사
                                                          용해서 값들을 감가시킬 횟수를 계
                                                          산합니다.
```
(3) 그리고 나서, 로그 곡선의 역을 활용해서 실제 값을 계산합니다. 참고로
여기서는 0과 1사이의 값으로 정규화를 하고, 이 값이 init_value와 min_
value 사이에 있도록 변화시켜줬습니다.
```
    rem_steps = max_steps - decay_steps
    values = np.logspace(log_start, 0, decay_steps, base=log_base, endpoint=True)[::-1]
    values = (values - values.min()) / (values.max() - values.min())
    values = (init_value - min_value) * values + min_value
    values = np.pad(values, (0, rem_steps), 'edge')
    return values
```

코드 5-2 전체 경로 생성

```
def generate_trajectory(pi, env, max_steps=200):
                                                  ─── (1) 이 함수는 매우 직관적입니다. 우선 정책을 수행하면서
    done, trajectory = False, []                      오프라인 처리를 위한 경험 튜플들(경로)을 추출합니다.
    while not done:
        state = env.reset()
        for t in count():
            action = pi(state)
            next_state, reward, done, _ = env.step(action)
            experience = (state, action, reward, next_state, done)
            trajectory.append(experience)
            if done:
                break ─────────────── (2) 이 부분에서는 총 횟수를 지정해줌으로써, 원한다면
            if t >= max_steps - 1:         긴 경로를 잘라낼 수도 있습니다.
                trajectory = []
                break
            state = next_state
    return np.array(trajectory, np.object)
```

코드 5-3 몬테카를로 예측

```
def mc_prediction(pi, ◀─────────── (1) mc_prediction 함수는 첫 방문 MC와 모든 방문 MC
                  env,                  두 경우 모두 사용할 수 있습니다. 여기 소개되어 있는 하이퍼
                  gamma=1.0,            파라미터는 기본적으로 사용할 수 있는 것들입니다. 참고로,
                  init_alpha=0.5,      감가 계수인 감마는 환경에 따라서 달라질 수 있습니다.
```

```python
                    min_alpha=0.01,
                    alpha_decay_ratio=0.5,
                    n_episodes=500,
                    max_steps=200,
                    first_visit=True):
    nS = env.observation_space.n
    discounts = np.logspace(
                    0, max_steps, num=max_steps,
                    base=gamma, endpoint=False)
    alphas = decay_schedule(init_alpha,
                    min_alpha,
                    alpha_decay_ratio,
                    n_episodes)

    V = np.zeros(nS, dtype=np.float64)
    V_track = np.zeros((n_episodes, nS), dtype=np.float64)
    targets = {state:[] for state in range(nS)}

    for e in tqdm(range(n_episodes), leave=False):
        trajectory = generate_trajectory(
                    pi, env, max_steps)
        visited = np.zeros(nS, dtype=np.bool)
        for t, (state, _, reward, _, _) in enumerate(trajectory):

            if visited[state] and first_visit:
                continue
            visited[state] = True

            n_steps = len(trajectory[t:])
            G = np.sum(discounts[:n_steps] * trajectory[t:, 2])
            targets[state].append(G)
            mc_error = G - V[state]
            V[state] = V[state] + alphas[e] * mc_error
        V_track[e] = V
    return V.copy(), V_track, targets
```

(2) 학습 계수인 알파에 대해서 말하자면, 여기서는 초기의 알파(init_alpha)를 0.5부터 시작해서 0.01까지 감가되는 값들을 사용할 것입니다. 이때 총 500회의 에피소드를 수행하면서, 초기의 30%에 대해서만 감가시킬 것입니다(alpha_decay_ratio를 0.3으로 설정). 이미 이전 함수에서 max_steps 인자에 대해서 다뤘으므로, 여기서는 그냥 넘어가겠습니다. 그리고 first_visit 인자는 FVMC와 EVMC를 선택하는 인자입니다.

(3) 구현이 잘 된 부분입니다. 여기서 가능한 모든 감가계수를 한번에 계산했습니다. 감마를 0.99로 하고, max_step을 100으로 설정한 상태에서, 이 logspace 함수를 사용하면 100개의 벡터로 된 배열([1, 0.99, 0.9801, …, 0.3695])을 구할 수 있습니다.

(4) 이 부분에서는 모든 알파 값을 계산합니다.

(5) 여기서 메인 루프에서 사용할 변수들을 초기화해줍니다. 바로 상태-가치 함수 v에 대한 현재 추정치 그리고 오프라인상에서 분석을 하기 위한 v의 에피소드별 복사본입니다.

(6) 매 에피소드마다 이 루프를 수행합니다. 여기서는 'tqdm' 패키지를 사용했습니다. 이 패키지는 진행바를 보여주는데, 저처럼 참을성이 없는 사람한테는 유용한 패키지입니다. (저처럼 참을성이 없는 사람이 아니라면) 이 패키지를 사용하지 않아도 됩니다.

(7) 여기서 전체 경로를 생성합니다.

(8) 방문 여부를 체크하는 벡터를 초기화해줍니다.

(9) 여기에서는 경로에 포함되어 있는 전체 경험에 대해서 루프를 수행합니다.

(10) 해당 경로에서 특정 상태에 방문했는지의 여부를 체크하고 FVMC를 수행합니다.

(11) 그리고 방문했다면 다음 상태에 대해서 처리합니다.

(12) 만약 특정 상태에 처음 방문했거나, 현재 EVMC를 수행한다면 현재 상태에 대해서 처리해줍니다.

(13) 우선 (현재 상태)부터 (종료 상태)까지의 총 횟수를 계산합니다.

(14) 그리고 반환값을 계산합니다.

(15) 마지막으로 가치 함수를 추정합니다.

(16) 각 에피소드별로 v를 기록합니다.

(17) 그리고 V와 종료되었을 때의 기록된 v들을 반환해줍니다.

5.1.3 시간차 학습: 매 스텝 후에 추정치를 개선하는 방법

MC의 가장 큰 단점 중 하나는 에이전트가 상태-가치 함수 $V_T(S_t)$를 갱신하기 전에 실제 반환 값 $G_{t:T}$를 얻을 때까지, 즉 에피소드가 끝날 때까지 기다려야 한다는 것입니다. 대신 MC는 매우 깔끔하게 수렴하는 특성을 가지는데, 그 이유는 참의 상태-가치 함수 $v_\pi(s)$에 대해서 편향되지 않은 추정치인 실제 반환값 $G_{t:T}$를 기반으로 가치 함수 $V_T(S_t)$를 갱신하기 때문입니다.

하지만 사실 실제 반환값이 매우 정확한 추정치라도, 이 값들이 그렇게 중요하지 않습니다. 실제 반환값은 참의 상태-가치 함수 $v_\pi(s)$에 대해서 큰 분산을 가지는 추정치이기 때문입니다. 사실 이유는 이해하기 쉬운데, 우리가 계산한 실제 반환값은 같은 경로에 대해서 수많은 임의의 이벤트를 축적했기 때문입니다. 그렇게 되면 모든 행동과 모든 다음 상태 그리고 모든 보상이 임의의 이벤트가 됩니다. 그러면 실제의 반환값 $G_{t:T}$도 t부터 T까지 여러 타임 스텝을 걸쳐서 이런 임의의 데이터들이 수집되고 합쳐지게 되는 것입니다. 다시 말하지만 실제의 반환값 $G_{t:T}$은 편향이 없어도 높은 분산을 가지게 됩니다.

또한, 실제 반환값 $G_{t:T}$의 분산이 크기 때문에, MC는 샘플링 측면에서 비효율적일 수 있습니다. 앞에서 소개한 모든 임의의 데이터들이 분석의 입장에서는 오차로 작용할 수 있기 때문에, 수많은 데이터와 경로 그리고 실제의 반환 샘플들을 통해서 이를 완화시킬 수 있습니다. 이렇게 높은 분산으로 인해 발생하는 문제를 제거하는 방법 중 하나는 실제의 반환값 $G_{t:T}$를 사용하는 대신에 반환을 추정하는 것입니다. 더 나아가기에 앞서 한번 생각해봅시다. 에이전트가 참의 상태-가치 함수 $v_\pi(s)$에 대한 추정치 $V(s)$를 미리 계산할 수 있다고 합시다. 그러면 전체 반환값을 추정하는데, 이를 어떻게 활용할 수 있을까요? 또 부분적으로만 추정해도 이를 수행할 수 있을까요?

맞습니다. 단일 스텝에서의 보상 R_{t+1}을 사용한다면, 다음 상태 S_{t+1}를 관찰했을 때 상태-가치 함수에 대한 추정치 $V(S_{t+1})$을 다음 스텝에서의 반환값 $G_{t+1:T}$에 대한 추정치로 사용할 수 있습니다. 이것이 바로 시간차temporal difference (TD) 학습을 표현한 공식에서의 관계입니다. MC와는 다르게, 이 방법은 단일-단계에서 얻은 반환값인 순간 보상 R_{t+1}을 사용해 종료되지 않은 에피소드상에서 학습할 수 있습니다. 그리고 다음 상태에서의 상태-가치 함수 추정치 $V(S_{t+1})$를 이용해서 반환값의 추정치인 $R_{t+1} + \gamma V(S_{t+1})$을 구합니다. 이를 **TD 목표**TD Target라고 부릅니다.

> **NOTE_ 심화개념 구워 삶기: 시간차 학습과 부트스트랩**
>
> TD 학습 방법에서는 $v_\pi(s)$에 대한 추정치를 이용해서 $v_\pi(s)$를 추정합니다. 일부의 데이터를 가지고 미리 계산하고, 추정치를 활용해서 새로운 추정치를 계산합니다. 이때 실제의 반환값 대신 추정된 반환값을 사용합니다. 엄밀히 말하자면 $V_{t+1}(S_{t+1})$을 계산하고 추정하기 위해서 $R_{t+1} + \gamma V_t(S_{t+1})$을 사용하는 것입니다.
>
> 이를 계산할 때, 한 타임 스텝에 대한 반환값 R_{t+1}을 사용하기 때문에, 정상적으로 동작합니다. 보상 신호 R_{t+1}은 '실제 상황'을 계산한 추정치에 점진적으로 넣어주는 역할을 하게 됩니다.

수식으로 이해하기: 시간차 학습 공식

(1) 다시 상태–가치 함수의 정의부터 시작하겠습니다.

$$v_\pi(s) = \mathbb{E}_\pi[G_{t:T} \mid S_t = s]$$

(2) 그리고 이 값은 반환값에 대한 정의입니다.

$$G_{t:T} = R_{t+1} + \gamma R_{t+2} + \dots + \gamma^{T-1} R_T$$

(3) 반환값을 통해서 몇 개의 항들을 묶어서 공식을 다시 정리해볼 수 있습니다. 한번 확인해보기 바랍니다.

$$
\begin{aligned}
G_{t:T} &= R_{t+1} + \gamma R_{t+2} + \gamma^2 R_{t+3} + \dots + \gamma^{T-1} R_T \\
&= R_{t+1} + \gamma(R_{t+2} + \gamma R_{t+3} + \dots + \gamma^{T-2} R_T) \\
&= R_{t+1} + \gamma G_{t+1:T}
\end{aligned}
$$

(4) 이제 이전의 반환값이 재귀의 형태를 가지게 됩니다.

(5) 새롭게 구한 정의를 상태–가치 함수 공식에 넣어서 다시 정의해볼 수 있습니다.

$$
\begin{aligned}
v_\pi(s) &= \mathbb{E}_\pi[G_{t:T} \mid S_t = s] \\
&= \mathbb{E}_\pi[R_{t+1} + \gamma G_{t+1:T} \mid S_t = s] \\
&= \mathbb{E}_\pi[R_{t+1} + \gamma v_\pi(S_{t+1}) \mid S_t = s]
\end{aligned}
$$

(6) 다음 상태에서 얻을 수 있는 반환값의 기대치가 결국 다음 상태에서의 상태–가치 함수이기 때문에 이와 같이 정리할 수 있습니다.

(7) 이 식은 매 타임 스텝마다 상태–가치 함수를 추정할 수 있다는 것을 의미합니다.

(8) 이와 같이 단일 상호작용 단계를 샘플링할 수 있습니다.

$$S_t, A_t, R_{t+1}, S_{t+1} \sim \pi_{t:t+1}$$

(9) 그리고 MC와는 다른 방법으로 참의 상태–가치 함수 $v_\pi(s)$에 대한 추정치 $V(s)$를 얻을 수 있습니다.

(10) 우리가 알아야 할 중요한 차이점은 이제 $v_\pi(S_{t+1})$을 추정하기 위한 $v_\pi(S_t)$를 추정하는데, 이 역시 실제 반환값이 아닌 추정치를 사용한다는 점입니다.

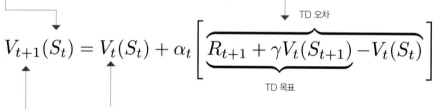

$$V_{t+1}(S_t) = V_t(S_t) + \alpha_t \left[\underbrace{\overbrace{R_{t+1} + \gamma V_t(S_{t+1})}^{\text{TD 오차}} - V_t(S_t)}_{\text{TD 목표}} \right]$$

(11) 이를 통해서 얻을 수 있는 큰 이점은 이제 매 타임 스텝마다 상태–가치 함수의 추정치 $V(s)$를 갱신할 수 있다는 것입니다.

```
def td(pi,                    (1) td는 예측함수입니다. 여기에서는 정책 pi와 상호작용할 환경인 env
       env,                       그리고 감가 계수인 gamma가 인자로 들어갑니다.
       gamma=1.0,
       init_alpha=0.5,        (2) 이 학습 함수는 학습율을 alpha라는 설정가능한 하이퍼파라미터로 설정하고 있습니다.
       min_alpha=0.01,
       alpha_decay_ratio=0.5,     (3) 학습율을 다루는 방법 하나는 이를 기하급수적으로 감가시키는 것입
       n_episodes=500):            니다. 초기값은 init_alpha이고, min_alpha는 최솟값, alpha_decay_
    nS = env.observation_space.n   ratio는 전체 에피소드 중 init_alpha부터 min_alpha까지 alpha를 감
                                    가시킬 에피소드의 비율을 나타냅니다.
    V = np.zeros(nS, dtype=np.float64)    (4) 여기에서 필요한 변수들을 초기화합니다.
    V_track = np.zeros((n_episodes, nS), dtype=np.float64)
    targets = {state:[] for state in range(nS)}
    alphas = decay_schedule(      (5) 그리고 모든 에피소드에서 사용할 학습율을 미리 계산합니다.
        init_alpha, min_alpha,
        alpha_decay_ratio, n_episodes)
                                      (6) 그리고 n_episode만큼 루프를 수행합니다.
    for e in tqdm(range(n_episodes), leave=False):
        state, done = env.reset(), False    (7) 초기 상태를 지정하고, 상호작용 과정을 거칩니다.
        while not done:           (8) 우선, 현재의 상태를 이용해서 정책 pi에서 행동을 샘플링합니다.
                                      (9) 그 후, 이 행동을 사용해 환경과 상호작용합니다. 단일
                                          단계에 대해서 전체 정보들을 나열해봅니다.
            action = pi(state)
            next_state, reward, done, _ = env.step(action)
            td_target = reward + gamma * V[next_state] * (not done)
               (10) 상태-가치 함수의 추정치를 갱신하기 위해서 목표를 바로 계산할 수 있습니다.
            targets[state].append(td_target)
            td_error = td_target - V[state]    (11) 그리고 목표를 사용해서 오차를 계산할 수 있습니다.
            V[state] = V[state] + alphas[e] * td_error    (12) 마지막으로 v(s)를 갱신합니다.
            state = next_state      (13) 다음 루프에서 사용할 상태를 갱신하는 것도 잊지
        V_track[e] = V                  마시기 바랍니다. 이런 오류는 찾기 어렵습니다.
    return V, V_track      (14) V-함수와 에피소드별로 저장된 변수를 반환해줍니다.
```

> **NOTE_ 강화학습 용어집: 참, 실제 그리고 추정된 가치함수**
>
> **참의 가치함수**true value function: 마치 예언가가 말해주는 것처럼 정확하고 완벽한 가치함수를 말합니다. 참의 가치함수는 샘플들을 통해서 에이전트가 추정한 가치함수입니다. 만약 참의 가치함수를 구할 수 있다면, 반환값도 쉽게 추정할 수 있습니다.
>
> **실제 반환값**actual return: 추정된 반환값과 반대되는, 경험을 통해서 쌓은 반환값을 말합니다. 에이전트는 실제 반환값만 경험할 수 있지만, 반환값을 추정할 때는, 추정된 가치함수를 사용할 수도 있습니다. 실제 반환값은 완전 경험을 통해서 쌓은 반환값을 표현합니다.

이제 명확하게 하자면, TD 목표는 참의 상태−가치 함수 $v_\pi(s)$에 대한 편향된 추정치를 말하는데, 현재의 상태−가치 함수를 계산하는데 상태−가치 함수의 추정치를 사용했기 때문입니다. 이렇게 추정치를 사용해서 추정을 갱신하는 방법을 부트스트랩 기법bootstrapping이라고 하는데, 3장에서 다뤘던 동적 프로그래밍과 매우 유사합니다. 차이점이 있다면 DP는 한 단계 기대치에 대해서 추정을 했고, TD 방법은 한 단계 기대치에 대한 샘플로부터 추정을 했다는 것입니다. 샘플이라는 단어가 큰 차이를 만들어낸 셈입니다.

장점을 살펴보면, 새로운 추정된 반환치를 통해서 보았을 때, TD 목표는 참의 상태−가치 함수 $v_\pi(s)$에 대한 편향된 추정치이면서 몬테카를로 방법을 통해서 사용한 실제 반환값 $G_{t:T}$보다는 훨씬 낮은 분산을 가집니다. 그 이유는 TD 목표는 단일 행동과 단일 전이 그리고 단일 보상에 대해서만 연관이 되어 있어, 축적된 임의성이 훨씬 적기 때문입니다. 더불어 TD 학습법은 MC 학습법보다 훨씬 빠르게 학습합니다.

NOTE_ 강화학습 역사 한 조각: 시간차 학습

1988년, 리처드 서튼은 「Learning to Predict by the Methods of Temporal Differences」[3]라는 논문을 발표했는데, 이 논문에서 TD 학습법이 소개되었습니다. 이번 장에서 사용한 랜덤 워크 환경은 이 논문에서 처음 사용되었습니다. 이 논문은 학습법을 구현했다는데 큰 의미가 있습니다. MC계열의 학습은 예측된 반환값과 실제 반환값 간의 차이를 사용해서 오차를 계산했고, TD 계열의 학습은 임시로 구한 연속적인 예측값들 간의 차이를 사용했습니다. 시간차 학습이라는 이름도 여기에서 나왔습니다.

TD 학습법은 SARSA, Q−학습, 이중 Q−학습, 심층 Q 신경망(DQN), 이중 심층 Q 신경망(DDQN) 등의 근간이 되는 기본 학습법입니다. 이 알고리즘들은 뒤에서 다루게 될 것입니다.

---

3 옮긴이_ https://link.springer.com/content/pdf/10.1007/BF00115009.pdf

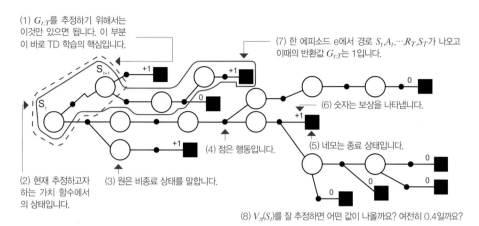

(1) $G_{t:T}$를 추정하기 위해서는 이것만 있으면 됩니다. 이 부분이 바로 TD 학습의 핵심입니다.

(7) 한 에피소드 e에서 경로 $S_t, A_t, \cdots, R_T, S_T$가 나오고 이때의 반환값 $G_{t:T}$는 1입니다.

(6) 숫자는 보상을 나타냅니다.

(5) 네모는 종료 상태입니다.

(4) 점은 행동입니다.

(3) 원은 비종료 상태를 말합니다.

(2) 현재 추정하고자 하는 가치 함수에서의 상태입니다.

(8) $V_\pi(S_t)$를 잘 추정하면 어떤 값이 나올까요? 여전히 0.4일까요?

그림 5-3 TD 예측

저는 RW 환경에서 세 가지 정책 평가 알고리즘을 실행했습니다. 모든 학습 방법은 왼쪽으로 가는 정책을 평가했습니다. 여기서 환경의 다이나믹스가 왼쪽으로 가는 행동이나 오른쪽으로 행동이나 동일한 확률로 전이가 된다는 점을 기억합시다. 이때 평가하는 정책은 관련이 없어집니다.

모든 알고리즘에 대해서 학습율 알파를 동일한 스케쥴링으로 적용시켰습니다. 알파는 0.5부터 시작해서 전체 500회의 에피소드 중 250에피소드까지 0.01씩 기하급수적으로 감소시킵니다. 그러면 전체 에피소드 중 절반동안은 알파를 줄입니다. 이 하이퍼파라미터는 필수적으로 필요합니다. 때때로 알파는 1보다 작은 양의 상수로 정의되는 경우도 있습니다. 이렇게 알파를 상수로 가지면 비정형 환경에서 학습할 때 도움이 됩니다.

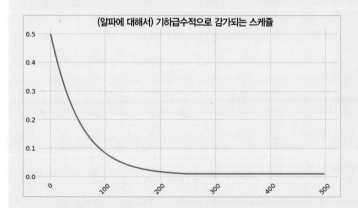

하지만 여기서는 수렴성을 보여주기 위해서 알파를 감가시키는 것을 택했습니다. 이렇게 알파를 감가시키면 알고리즘이 수렴할 수 있도록 해주고, 0까지 감가시키지는 않기 때문에 완전히 수렴되지 않는 결과가 나옵니다. 무엇보다도, 이를 통해 얻은 결과는 각 학습 알고리즘의 차이에서 어떤 직관을 얻는데 도움을 줄 것입니다.

**그래프로 확인하는 결과:
참의 상태-가치 함수에 거의 수렴하는 MC와 TD 학습법**

(1) 여기서는 첫 방문 몬테카를로 예측(FVMC)와 시간차 학습(TD)에 대해서만 보겠습니다. 이번 장에 대한 주피터 노트북을 살펴보면, 모든 방문 몬테카를로 예측에 대한 결과뿐 아니라 관심이 생길만한 여러 가지 그래프를 볼 수 있습니다.

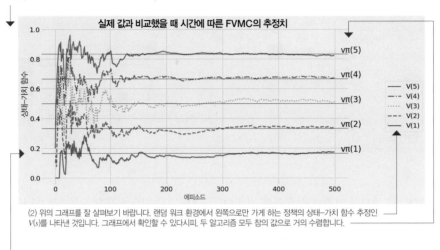

(2) 위의 그래프를 잘 살펴보기 바랍니다. 랜덤 워크 환경에서 왼쪽으로만 가게 하는 정책의 상태-가치 함수 추정인 $V(s)$를 나타낸 것입니다. 그래프에서 확인할 수 있다시피, 두 알고리즘 모두 참의 값으로 거의 수렴합니다.

(3) 이제 각 알고리즘별로 경향의 차이를 보기 바랍니다. FVMC는 추정치가 매우 흔들립니다. 보다시피 참의 값 주변으로 왔다갔다 합니다.

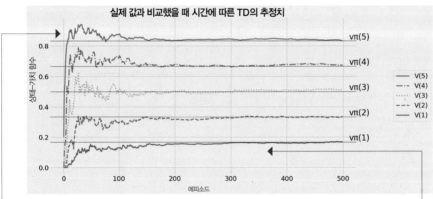

(4) TD는 그렇게까지 변동폭이 심하지 않고, 대부분의 에피소드에 대해서 거의 중앙값에서 약간 떨어져서 움직입니다. 예를 들어서 특정 상태에서의 추정치 $V(1)$가 참의 가치 함수 $V_\pi(1)$보다 낮은 경우도 있고, 다른 특정 상태에서의 추정치 $V(s)$는 참의 가치 함수 $V_\pi(s)$보다 높게 나타나는 경우도 있습니다. 이 값들을 FVMC에서의 추정치와 비교해보면, 뭔가 다른 경향이 눈에 들어옵니다.

그림 4-12 베르누이 밴딧 환경에서의 개선된 탐색 전략 성능 비교

그래프로 확인하는 결과:
잡음이 있는 MC 추정치, 목표치와 거리가 있는 TD 추정치

$$V_T(S_t) = V_{T-1}(S_t) + \alpha_t \left[\underbrace{\overbrace{G_{t:T}}^{\text{TD 오차}} - V_{T-1}(S_t)}_{\text{TD 목표}} \right]$$

(1) 이런 경향을 로그 스케일로 자세히 살펴보면, 무슨 일이 일어나고 있는지 알 수 있습니다. MC 추정치는 참의 값 주변으로 왔다갔다 하는데, 그 이유는 MC에서의 목표치의 분산이 크기 때문입니다.

(2) 이로 인한 장점은 몇 가지가 있습니다. 우선 매우 이른 시점에 참의 값에 가까운 추정치를 확인할 수 있습니다. 또한 추정치가 참의 값 주변으로 왔다갔다 하게 됩니다.

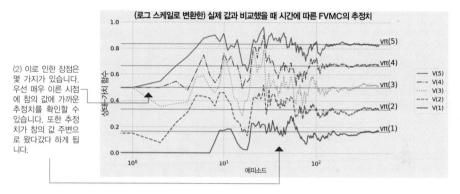

(로그 스케일로 변환한) 실제 값과 비교했을 때 시간에 따른 FVMC의 추정치

$$V_{t+1}(S_t) = V_t(S_t) + \alpha_t \left[\underbrace{\overbrace{G_{t:t+1}}^{\text{TD 오차}} - V_t(S_t)}_{\text{TD 목표}} \right]$$

(3) TD 추정치는 대부분 목표치와 거리가 있지만, MC와 다르게 왔다갔다 하지 않습니다. TD 목표치는 낮은 분산을 가지면서, 어느 정도 편향을 갖기 때문입니다. 이 방법에서는 목표로 추정된 반환값을 사용합니다.

(4) 편향도 마찬가지입니다. 결과적으로 TD 목표도 이후에 조금 더 정확하게 추정하기 위해서 초기의 정확성을 포기합니다. 적어도 이 랜덤 워크 환경에서는 추정치가 어느 정도 안정될 때까지 시간이 걸리는 것도 확인할 수 있습니다.

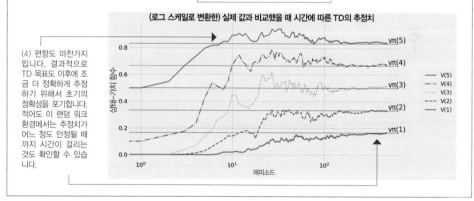

(로그 스케일로 변환한) 실제 값과 비교했을 때 시간에 따른 TD의 추정치

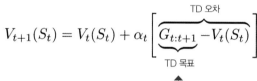

그래프로 확인하는 결과:
높은 분산을 가지는 MC 목표와 편향이 존재하는 TD 목표

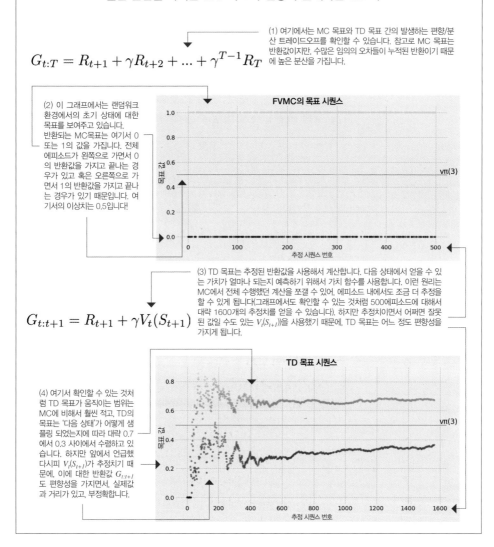

(1) 여기에서는 MC 목표와 TD 목표 간의 발생하는 편향/분산 트레이드오프를 확인할 수 있습니다. 참고로 MC 목표는 반환값이지만, 수많은 임의의 오차들이 누적된 반환이기 때문에 높은 분산을 가집니다.

$$G_{t:T} = R_{t+1} + \gamma R_{t+2} + ... + \gamma^{T-1} R_T$$

(2) 이 그래프에서는 랜덤워크 환경에서의 초기 상태에 대한 목표를 보여주고 있습니다. 반환되는 MC목표는 여기서 0 또는 1의 값을 가집니다. 전체 에피소드가 왼쪽으로 가면서 0의 반환값을 가지고 끝나는 경우가 있고 혹은 오른쪽으로 가면서 1의 반환값을 가지고 끝나는 경우가 있기 때문입니다. 여기서의 이상치는 0.5입니다!

FVMC의 목표 시퀀스

세로축: 목표값 / 가로축: 추정 시퀀스 번호

(3) TD 목표는 추정된 반환값을 사용해서 계산합니다. 다음 상태에서 얻을 수 있는 가치가 얼마나 되는지 예측하기 위해서 가치 함수를 사용합니다. 이런 원리는 MC에서 전체 수행했던 계산을 쪼갤 수 있어, 에피소드 내에서도 조금 더 추정을 할 수 있게 됩니다(그래프에서도 확인할 수 있는 것처럼 500에피소드에 대해서 대략 1600개의 추정치를 얻을 수 있습니다). 하지만 추정치이면서 어쩌면 잘못된 값일 수도 있는 $V_t(S_{t+1})$을 사용했기 때문에, TD 목표는 어느 정도 편향성을 가지게 됩니다.

$$G_{t:t+1} = R_{t+1} + \gamma V_t(S_{t+1})$$

(4) 여기서 확인할 수 있는 것처럼 TD 목표가 움직이는 범위는 MC에 비해서 훨씬 적고, TD의 목표는 '다음 상태'가 어떻게 샘플링 되었는지에 따라 대략 0.7에서 0.3 사이에서 수렴하고 있습니다. 하지만 앞에서 언급했다시피 $V_t(S_{t+1})$가 추정치기 때문에, 이에 대한 반환값 $G_{t:t+1}$도 편향성을 가지면서, 실제값과 거리가 있고, 부정확합니다.

TD 목표 시퀀스

세로축: 목표값 / 가로축: 추정 시퀀스 번호

5.2 여러 단계를 통해서 추정하는 학습

이번 장에서는 주어진 정책에 대해서 환경과의 상호작용을 통해서 가치 함수를 추정하는 두 가지 핵심 알고리즘을 살펴보았습니다. MC 학습은 가치 함수를 추정하기 전에 에피소드의 끝에서 환경에 대한 샘플링을 수행했습니다. 이 계열의 방법들은 실제의 반환값인 감가된 전체 보상을 전체 상태에 대해서 풀어서 사용합니다. 예를 들어서 감가 계수가 1보다 작고, 랜덤워크 환경처럼 반환값이 0 또는 1만 가진다면 MC 목표는 모든 단일 상태에 대해서 0 또는 1의 반환값만 가집니다. 이 동일한 신호가 경로의 시작부터 다시 반영됩니다. 그렇기 때문에 다른 감가 계수나 보상 함수를 가지는 환경을 검증할 수 있는 방법이 아닙니다.

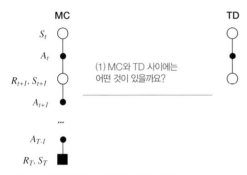

그림 5-4 MC와 TD 사이에 존재하는 영역

반면, TD 학습에서는 에이전트가 환경과 딱 한번만 상호작용을 하고, 반환값에 대한 기대값을 추정합니다. 그리고 나서 목표를 추정하고, 이에 따라서 가치 함수를 추정합니다. TD 방법은 부트스트랩이라고 표현했던 것처럼 추정을 바탕으로 추정하는 형식으로 되어 있습니다. 이 말은, MC 학습법과 같이 실제의 반환값을 얻기 위해서 에피소드가 끝날 때까지 기다리지 않고, TD 학습에서는 단일 단계의 보상을 사용해서 즉시 사용할 반환값의 기대치를 추정하고, 이 값을 다음 상태에서의 가치 함수로 활용한다는 것입니다.

하지만 이 둘 사이에 다른 학습법이 있지 않을까요? TD가 다음 단계에 대해서 추정하는 것도 좋은데, 만약 두 단계를 넘어서 추정하면 어떻게 될까요? 세 단계, 네 단계는요? 반환값의 기대값을 추정하고, 가치 함수를 추정하기 전에 얼마만큼 기다릴 수 있을까요?

나중에 보겠지만, MC와 TD 사이에는 다양한 알고리즘들이 존재합니다. 이번 절에서는 이 둘 사이에 어떤 알고리즘이 있는지 살펴보겠습니다. 우리가 구하고자 하는 목표를 얼마만큼 기다려서 추정하느냐에 따라서, 편향과 분산 사이의 균형을 잡을 수 있는지도 알게 될 것입니다.

미겔의 한마디: 나름대로의 속성을 가지는 MC와 TD

MC계열의 알고리즘을 A형 성향을 가지는 에이전트, TD계열의 알고리즘을 B형 성향을 가지는 에이전트라고 생각해봅시다. 조금만 살펴보면 제가 무슨 이야기를 하는지 알게 될 것입니다. A형 성향을 가지는 사람은 결과 중심적이고, 시간을 중요하게 생각하며, 이윤을 추구하지만, B형 성향을 가지는 사람은 쉽게 행동하고, 반사적으로 행동하며, 느낌에 따라서 움직이는 경향이 있습니다. MC 학습은 실제의 반환값을 사용하지만, TD는 예측된 반환값을 사용한다는 사실은 각 학습법별로 나름의 속성을 가진다고 보면 됩니다. 이에 대해서 잠깐만 생각해보기 바랍니다. 아마도 기억하는데 도움이 될만한 흥미로운 경향을 몇 가지 확인할 수 있을 것입니다.

5.2.1 N-단계 TD 학습: 여러 단계 후에 추정치를 개선하기

이제 할 일은 명확해졌습니다. 양 극단에는 각각 몬테카를로 방법과 시간차 방법이 있습니다. 환경에 따라 하나의 알고리즘이 다른 알고리즘보다 성능이 좋습니다. MC는 결과를 얻기 위해서는 에피소드가 끝날 때까지 기다려야 하기 때문에 무한 단계를 가지는 방법이라고 할 수 있습니다. 여기서 '무한'이라는 단어가 조금 헷갈릴 수도 있지만, 2장의 내용을 되짚어 보면, 보상없이 같은 상태를 계속 반복적으로 방문하면서 취하는 모든 행동과 전이를 가진 상태를 종료 상태라고 정의했습니다. 이와 같이, 에이전트가 특정 루프에 '걸려서' 결과적으로 보상이 누적되거나 상태-가치 함수를 갱신하지 못하고 무한한 단계를 수행하는 경우를 생각해볼 수 있습니다.

반대로 TD는 부트스트래핑하고 이를 바탕으로 상태-가치 함수를 갱신하기 전에 단일 단계 동안 환경과 상호작용을 수행하기 때문에 단일 단계 방법이라고 할 수 있습니다. 이 두 가지 방법을 n-단계로 넓혀서 일반화시킬 수 있습니다. TD에서는 단일 단계에 대해서 연산하는 것이 아니고, 또한 MC처럼 전체 에피소드를 기다려서 연산하는 것 대신에 n-단계에 대해서 가치 함수를 계산하고, 이를 반영하면 어떨까요? 이처럼 n-단계에 걸쳐서 부트스트래핑을 수행하는 방법을 **n-단계 TD 학습법**이라고 합니다. 재미있게도 이렇게 n-단계에 걸쳐서 연산한 결과는 앞서 살펴본 양 극의 알고리즘보다도 성능이 잘 나옵니다. 알겠지만, 너무 극단적으로 행동할 필요는 없습니다.

수식으로 이해하기: n−단계 시간차 공식

$$S_t, A_t, R_{t+1}, S_{t+1}, ..., R_{t+n}, S_{t+n} \sim \pi_{t:t+n}$$

(1) 여기서 n−단계란 가치 함수 $V(s)$를 갱신하기 전에 n−단계만큼 기다려야 한다는 것을 의미합니다.

(2) 이제 n은 MC처럼 무한대일 필요도 없고, TD처럼 1일 필요도 없습니다. 아무 숫자나 고를 수 있습니다. 실제로 n은 종료 상태에 도달하는 단계거나 그보다 작을 수 있습니다. 하지만 그 이상은 정의하지 않습니다.

$$G_{t:t+n} = R_{t+1} + ... + \gamma^{n-1} R_{t+n} + \gamma^n V_{t+n-1}(S_{t+n})$$

(3) 여기서는 매 n−단계마다 가치 함수의 추정치가 대략적으로 갱신되고 있습니다.

$$V_{t+n}(S_t) = V_{t+n-1}(S_t) + \alpha_t \left[\underbrace{G_{t:t+n}}_{\text{n−단계 목표}} - V_{t+n-1}(S_t) \right]$$

n−단계 오차

(4) 하지만 이후에는 전과 동일하게 목표를 집어넣으면 됩니다.

코드 5-5 N−단계 TD

```
def ntd(pi,
        env,
        gamma=1.0,
        init_alpha=0.5,
        min_alpha=0.01,
        alpha_decay_ratio=0.5,
        n_step=3,
        n_episodes=500):

    nS = env.observation_space.n
    V = np.zeros(nS, dtype=np.float64)
    V_track = np.zeros((n_episodes, nS), dtype=np.float64)

    alphas = decay_schedule(
        init_alpha, min_alpha,
        alpha_decay_ratio, n_episodes)
    discounts = np.logspace(
        0, n_step+1, num=n_step+1, base=gamma, endpoint=False)
```

(1) 이 코드는 N−단계 TD 알고리즘을 구현한 것입니다. 다양한 구현 방법이 있으니 이 코드는 참고로 보시면 됩니다.

(2) 이전과 동일한 하이퍼파라미터를 사용합니다. 참고로 n_step은 기본적으로 3으로 설정합니다. 이 말은 3단계를 거친 후에 부트스트래핑을 하거나 부트스트래핑을 하지 않을 때는 해당 단계 이전에 종료 상태에 도달한다는 것을 의미합니다(참고로 정의에 의해서 종료 상태일때 가치는 0입니다).

(3) 이전과 동일한 설정을 합니다.

(4) 미리 알파값을 계산합니다.

(5) 이제 이 부분이 MC와 TD의 절충안입니다. 여기서 감가 계수를 계산할 때, MC에서는 max_steps 변수를 사용했던 것과 다르게, n−단계와 부트스트래핑한 추정치를 포함한 n_step + 1을 사용하게 됩니다.

(6) 이 부분에서 에피소드 루프에 진입합니다.

```
for e in tqdm(range(n_episodes), leave=False):
```

(7) 이 path 변수는 가장 최근 n_step개의 경험을 가집니다.
말하자면 부분적인 경로가 되겠습니다.

```
    state, done, path = env.reset(), False, []
    while not done or path is not None:
```
(8) done이 참이 되거나 path가 None이 될 때 까지 수행합니다.

```
        path = path[1:]
```
(9) 이 코드는 path 배열에서 첫 번째 요소를 제거합니다.

```
        while not done and len(path) < n_step:
            action = pi(state)
            next_state, reward, done, _ = env.step(action)
            experience = (state, reward, next_state, done)
            path.append(experience)
            state = next_state
            if done:
                break
```

(10) 상호작용이 일어나는 부분입니다. done이 참이 되거나 path의 길이가 n_step이 되기 전까지 경험을 축적합니다.

(11) 이때 n은 'n_step'과 같을 수도 있지만, 'path' 배열 내에 종료 상태가 있다면 그보다 작은 값을 가질 수도 있습니다.

```
        n = len(path)
        est_state = path[0][0]
```
(12) 이 코드는 실제 상태가 아닌 추정하려는 상태를 뽑아냅니다.

(13) 보상은 est_state부터 n에 도달할 때까지 얻은 모든 보상을 담은 벡터입니다.

```
        rewards = np.array(path)[:,1]
```

(14) partial_return은 est_state부터 n까지의 감가된 보상에 대한 벡터입니다.

```
        partial_return = discounts[:n] * rewards
```

(15) bs_val은 부트스트래핑한 값입니다. 참고로 이 코드는 다음 상태가 제대로 정의되어 있을 때 계산됩니다.

```
        bs_val = discounts[-1] * V[next_state] * (not done)
```

(16) ntd_target은 부분적인 반환값과 부트스트래핑을 더한 결과입니다.

```
        ntd_target = np.sum(np.append(partial_return, bs_val))
```

(17) 이 부분은 이전에 우리가 쭉 구해왔던 오차입니다.

```
        ntd_error = ntd_target - V[est_state]
```

(18) 상태-가치 함수를 갱신하는 부분은 다음과 같습니다.

```
        V[est_state] = V[est_state] + alphas[e] * ntd_error

        if len(path) == 1 and path[0][3]:
            path = None
```

(19) path 배열이 딱 하나의 경험을 가지고 있고, 경험에 대한 done 플래그가 참일 경우(path에 종료 상태만 있는 경우) 에피소드를 빠져나가기 위해서 path를 None으로 설정합니다.

```
    V_track[e] = V
return V, V_track
```
(20) 이전과 동일하게 가치 함수와 지금까지 누적한 정보를 반환합니다.

5.2.2 선행 TD(λ): 방문한 모든 상태에 대한 추청치 개선

그럼 n의 값은 얼마가 좋을지 질문이 떠오릅니다. 1단계가 좋을까요? 2단계? 3단계? 아니면 더 많이? 이미 앞에서 n이 1보단 큰 값이면 좋다고 언급했지만, 그렇다고 실제 반환값을 얻을 때까지 다 해볼 수는 없습니다. 부트스트래핑을 적용하면 도움이 되겠지만, 이때 발생하는 편향이 문제가 됩니다.

n-단계에 걸쳐서 얻은 목표에 특정 가중치를 가한 조합을 하나의 목표로 보면 어떨까요? 에이전트가 n-단계 목표를 1단계, 2단계, 3단계, 더 나아가 무한 단계에 대한 목표로 나눠서 각각의 값에 기하급수적으로 감가되는 계수를 적용해보는 것입니다.

이 방법이 바로 **선행**forward-view **TD(λ)**입니다. 선행 TD(λ)는 갱신이 한번 발생할 갱신이 한번 발생할 때 여러 개의 n-단계 정보들을 조합하는 예측 방법입니다. 이 내용을 여기서 적용하게 되면, 에이전트는 에피소드가 끝날 때까지 기다리되, 상태-가치 함수에 대한 추정치를 갱신하기 전까지만 기다립니다. 하지만 또 다른 방법인 **후행**backward-view **TD(λ)**는 갱신하는 단계를 부분적으로 나눠서, 매 단계마다 상태-가치 함수의 추정치를 갱신해 적용할 수 있습니다. 마치 경로를 따라서 TD 갱신에 따른 흔적을 남기는 것처럼 말입니다. 조금 더 자세하게 살펴봅시다.

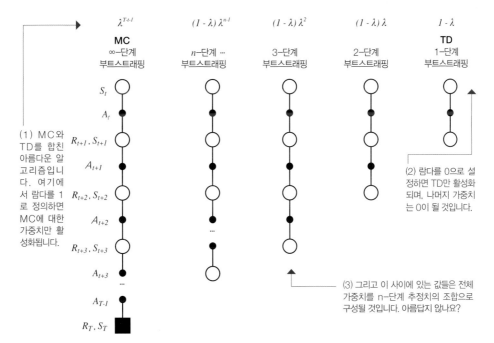

그림 5-5 일반화된 부트스트래핑

수식으로 이해하기: 선행 TD(λ)

(1) 이번에는 이 공식을 풀어보겠습니다. 결론은 최종 스텝 T까지 모든 n–단계 반환값을 사용하고, 이를 기하급수적으로 감가된 값을 반영할 것입니다.

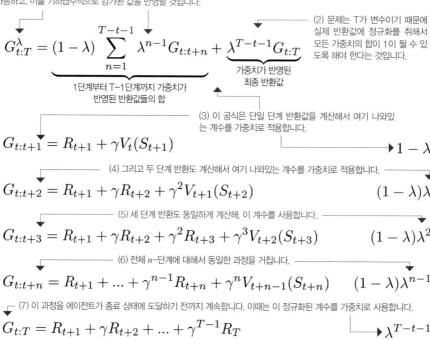

(2) 문제는 T가 변수이기 때문에 실제 반환값에 정규화를 취해서 모든 가중치의 합이 1이 될 수 있도록 해야 한다는 것입니다.

$$G_{t:T}^{\lambda} = (1-\lambda) \sum_{n=1}^{T-t-1} \lambda^{n-1} G_{t:t+n} + \lambda^{T-t-1} G_{t:T}$$

1단계부터 T–1단계까지 가중치가 반영된 반환값들의 합

가중치가 반영된 최종 반환값

(3) 이 공식은 단일 단계 반환값을 계산해서 여기 나와있는 계수를 가중치로 적용합니다.

$$G_{t:t+1} = R_{t+1} + \gamma V_t(S_{t+1})$$

$$1 - \lambda$$

(4) 그리고 두 단계 반환도 계산해서 여기 나와있는 계수를 가중치로 적용합니다.

$$G_{t:t+2} = R_{t+1} + \gamma R_{t+2} + \gamma^2 V_{t+1}(S_{t+2})$$

$$(1-\lambda)\lambda$$

(5) 세 단계 반환도 동일하게 계산해. 이 계수를 사용합니다.

$$G_{t:t+3} = R_{t+1} + \gamma R_{t+2} + \gamma^2 R_{t+3} + \gamma^3 V_{t+2}(S_{t+3})$$

$$(1-\lambda)\lambda^2$$

(6) 전체 n–단계에 대해서 동일한 과정을 거칩니다.

$$G_{t:t+n} = R_{t+1} + ... + \gamma^{n-1} R_{t+n} + \gamma^n V_{t+n-1}(S_{t+n})$$

$$(1-\lambda)\lambda^{n-1}$$

(7) 이 과정을 에이전트가 종료 상태에 도달하기 전까지 계속합니다. 이때는 이 정규화된 계수를 가중치로 사용합니다.

$$G_{t:T} = R_{t+1} + \gamma R_{t+2} + ... + \gamma^{T-1} R_T$$

$$\lambda^{T-t-1}$$

(8) 참고로 이 방법을 적용했을 때의 문제는 이 값들을 계산하기 전에 전체 경로에 대해서 샘플링을 수행해야 한다는 것입니다.

$$S_t, A_t, R_{t+1}, S_{t+1}, ..., R_T, S_T \sim \pi_{t:T}$$

(9) 가치 함수 V는 T 시점에서 사용할 수 있습니다.

λ–오차

$$V_T(S_t) = V_{T-1}(S_t) + \alpha_t \left[\underbrace{G_{t:T}^{\lambda}} - V_{T-1}(S_t) \right]$$

λ–반환

(10) 이 값을 이용하기 때문입니다.

5.2.3 TD(λ): 매 단계가 지난 후에 방문한 모든 상태에 대한 추청치 개선

MC계열의 방법들은 모두 '타임 스텝의 저주'에 갇혀있는데, 종료 상태에 도달한 후에만 상태-가치 함수의 추정치를 갱신할 수 있기 때문입니다. n-단계 부트스트랩 방법을 적용해도 상태-가치 함수에 대한 추정치를 갱신하기 전까지는 환경과 n-단계만큼 상호작용이 발생할 때까지 기다려야 하므로 여전히 '타임 스텝의 저주'에서 벗어나지 못합니다. 즉, 기본적으로 n-단계만큼 지연이 걸린 채로 동작을 수행하게 되는 것입니다. 예를 들어서 5단계 부트스트랩을 적용했다면, 5개의 상태(혹은 종료 상태에 도달한 경우라면 그보다 적은 상태)를 관찰할 때까지 기다려야 하고, 어떠한 계산을 하기 전까지 역시 5개의 보상을 기다려야 합니다. 어떻게 보면 MC계열의 방법과 닮아있습니다.

선행 TD(λ)를 사용해도 타임 스텝 관점에서는 여전히 MC와 동일합니다. 선행 TD(λ)도 상태-가치 함수의 추정치를 갱신하기 전까지는 에피소드의 끝까지 기다려야 합니다. 하지만 이를 통해 어느 정도의 편향을 인정하는 범위 내에서 분산이 적은 목표를 얻을 수 있습니다.

MC와 TD 방법을 결합하고 일반화시킨 이전 알고리즘에 더불어서 이번에 소개할 후행^{backward-view} TD(λ) 혹은 짧게 줄여서 **TD(λ)**라는 알고리즘은 마치 TD계열과 같이 매 타임 스텝마다 상태-가치 함수 추정치를 갱신하면서 편향/분산의 장단점을 조절할 수 있습니다.

TD(λ)가 주는 이점에 대한 과정을 적격 흔적^{eligibility trace}라고 알려져 있습니다. 적격 흔적은 최근에 방문한 상태들을 추적할 수 있는 기억 배열입니다. 기본적인 아이디어는 매 단계마다 상태-가치 함수를 갱신하기에 적절한 상태를 추적하는 것에서 비롯되었습니다. 여기서 단순히 상태가 적절한지 여부만 추적할 것이 아니라, 얼마나 많이 갱신할 수 있는 여부도 확인이 가능해서, 이를 통해서 수행된 갱신 작업이 적절한 상태에 반영될 수 있게끔 해줍니다.

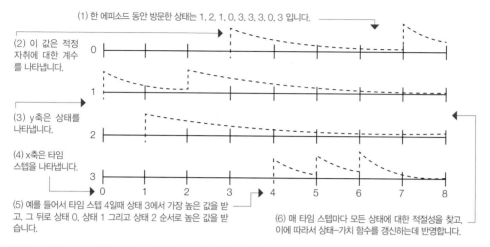

(1) 한 에피소드 동안 방문한 상태는 1, 2, 1, 0, 3, 3, 3, 0, 3 입니다.

(2) 이 값은 적정 자취에 대한 계수를 나타냅니다.

(3) y축은 상태를 나타냅니다.

(4) x축은 타임 스텝을 나타냅니다.

(5) 예를 들어서 타임 스텝 4일때 상태 3에서 가장 높은 값을 받고, 그 뒤로 상태 0, 상태 1 그리고 상태 2 순서로 높은 값을 받습니다.

(6) 매 타임 스텝마다 모든 상태에 대한 적절성을 찾고, 이에 따라서 상태-가치 함수를 갱신하는데 반영합니다.

그림 5-6 8단계로 구성된 에피소드 내에서 4개의 상태를 가진 환경에 대한 적정 자취

예를 들어서, 모든 적격 흔적이 0으로 초기화되어 있는 상태에서 특정 상태에 도달하면 해당 상태의 자취에 1을 더해줍니다. 그리고 매 타임 스텝마다 모든 상태에 대한 가치 함수를 갱신하고, 이를 적격 흔적 배열과 곱해줍니다. 이렇게 하면, 적절한 상태만 갱신이 됩니다. 갱신이 발생한 후, 적격 흔적은 λ(가중치가 반영된 계수)와 γ(감가 계수)만큼 감가시켜서, 미래에 발생하는 과정은 이전의 과정보다 영향이 적게끔 해줍니다. 이를 통해서 가장 최근에 방문한 상태는 동일 에피소드 내에서 일찍 방문한 상태보다는 현재 전이 내에서 보상에 영향을 많이 주게 됩니다. 이는 λ가 1이 아닌 경우이며, 1일 경우는 에피소드 동안 방문한 모든 상태에 동일한 가치(만약 감가가 없다고 가정했을 때)를 주는 MC에서의 갱신과 유사해집니다.

수식으로 이해하기: 후행 TD(λ) − 적격 흔적을 가진 '진짜' TD(λ)

(1) 매 새로운 에피소드마다 적격 흔적 배열을 0으로 설정합니다. $\longrightarrow$ $E_0 = 0$

(2) 그리고 나서, 한 주기만큼 환경과 상호작용을 수행합니다. $\longrightarrow$ $S_t, A_t, R_{t+1}, S_{t+1} \sim \pi_{t:t+1}$

(3) 상태 s에 도달했을 때, 갱신이 적절하게끔 해줍니다. 자세하게 표현하자면, 해당 상태에서의 적격 흔적을 1만큼 더합니다. $\longrightarrow$ $E_t(S_t) = E_t(S_t) + 1$

(4) 이전에 했던 것과 같이 TD 오차를 계산합니다.

$$\delta_{t:t+1}^{TD}(S_t) = \underbrace{R_{t+1} + \gamma V_t(S_{t+1})}_{\text{TD 목표}} - V_t(S_t)$$

(5) 하지만, 여기서 이전과 다른 부분은 추정된 상태-가치 함수를 갱신하는데, 매 타임 스텝마다 전체 함수를 한번에 갱신해주는 것입니다. 여기서 $V_t(S_t)$가 아닌 V_t를 사용했는데, 적격 흔적 배열을 곱하기 때문이며, 이로 인해서 적절한 모든 상태는 이에 따라 계산된 가치를 부여받게 됩니다.

$$V_{t+1} = V_t + \alpha_t \underbrace{\delta_{t:t+1}^{TD}(S_t)}_{\text{TD 오차}} E_t$$

(6) 마지막으로 적격 흔적을 감가시킵니다. $\longrightarrow$ $E_{t+1} = E_t \gamma \lambda$

마지막으로 다시 언급하고자 하는 것은 TD(λ)도 λ가 0이면 이전에 다뤘던 TD 학습과 동일하다는 것입니다. 그렇기 때문에 이를 구분하기 위해서 TD는 보통 TD(0)라고 표기하기도 합니다. 반대로 λ가 1일 때의 TD(λ)는 MC와 동일합니다. 실제로 적용할 때, 오프라인으로 갱신이 일어나는 경우는 갱신이 누적되어 결과적으로는 에피소드가 끝날 때 반영되기 때문에 MC와 같습니다. 온라인으로 갱신이 되면, 추정된 가치 함수는 매 단계마다 변화되며, 이로 인해서 부트스트랩 추정치도 달라지면서 결과적으로 추정치에 대한 진척이 발생합니다. 또한 TD(1)도 거의 MC와 동일하게 간주됩니다. 최근에 제시된 방법인 순수 온라인[true online] TD(λ)는 TD(0)인 TD와 TD(1)인 MC와 거의 완벽하게 동일한 성능을 가지는 TD(λ)계열의 학습 중 하나입니다.

```
def td_lambda(pi,  ◀───────────  (1) td_lambda 함수는 이전에 다뤘던 함수와 동일한 형태를
              env,                    가집니다. 새로 추가된 하이퍼파라미터는 lambda_ 인데, _ 가
              gamma=1.0,              붙은 이유는 lambda라는 키워드가 파이썬에서는 사용할 수
              init_alpha=0.5,         없는 제한된 키워드이기 때문입니다.
              min_alpha=0.01,
              alpha_decay_ratio=0.5,
              lambda_=0.3,
              n_episodes=500):
          ─── (2) 사용할 요소들을 설정합니다.
    nS = env.observation_space.n
    V = np.zeros(nS, dtype=np.float64)
    V_track = np.zeros((n_episodes, nS), dtype=np.float64)
    E = np.zeros(nS, dtype=np.float64)  ◀─── (3) 새로운 요소인 적격 흔적 배열을 추가합니다.
    alphas = decay_schedule(  ◀─── (4) 모든 에피소드에서 사용할 알파를 미리 계산합니다.
        init_alpha, min_alpha,
        alpha_decay_ratio, n_episodes)
    for e in tqdm(range(n_episodes), leave=False):  ◀─── (5) 여기서 에피소드 루프로 진입합니다.
        E.fill(0)
                    ─── (6) 매 새로운 에피소드마다 E를 0으로 설정합니다.
        state, done = env.reset(), False  ◀─── (7) 초기 변수들을 지정합니다.      (9) 우선 한 단계만큼 환경과
        while not done:  ◀─── (8) 타임 스텝이 진행되는 루프로 진입합니다.         상호작용을 수행하고, 경험
            action = pi(state)                                              튜플을 받아옵니다.
            next_state, reward, done, _ = env.step(action) ◀──────┘
            td_target = reward + gamma * V[next_state] * (not done)
            td_error = td_target - V[state]  ◀─── (10) 그리고 나서, 이전과 동일하게 경험 튜플을
                                                       사용해 TD 오차를 계산합니다.
(11) 여기서는 상태에 대한 적격 흔적 ───
배열을 1만큼 증가시킵니다.                           (12) 앞에서 E라고 지정한 모든 적격 상태에
            E[state] = E[state] + 1                 앞에서 구한 오차를 적용합니다.
            V = V + alphas[e] * td_error * E ◀──────────────────┘
            E = gamma * lambda_ * E  ◀─── (13) 여기서 E를 감가시킵니다.
            state = next_state
        V_track[e] = V  ◀─── (14) 그리고 이전과 동일한 동작을 수행합니다.
    return V, V_track
```

그래프로 확인하는 결과:
랜덤 워크 환경에서 n-단계 TD와 TD(λ)를 수행했을 때의 추정치

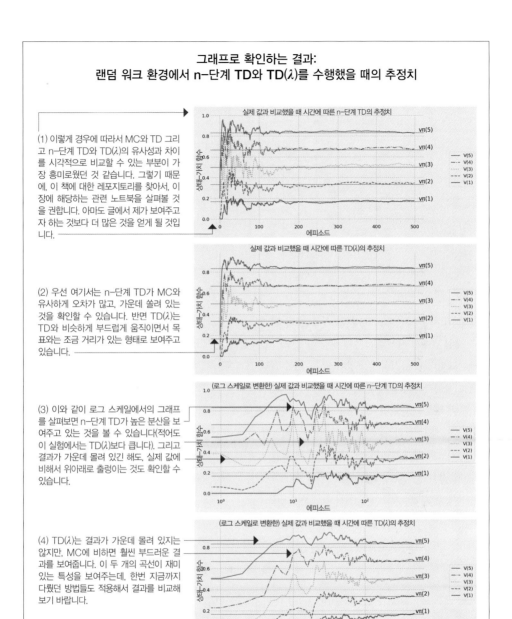

(1) 이렇게 경우에 따라서 MC와 TD 그리고 n-단계 TD와 TD(λ)의 유사성과 차이를 시각적으로 비교할 수 있는 부분이 가장 흥미로웠던 것 같습니다. 그렇기 때문에, 이 책에 대한 레포지토리를 찾아서, 이 장에 해당하는 관련 노트북을 살펴볼 것을 권합니다. 아마도 글에서 제가 보여주고자 하는 것보다 더 많은 것을 얻게 될 것입니다.

(2) 우선 여기서는 n-단계 TD가 MC와 유사하게 오차가 많고, 가운데 쏠려 있는 것을 확인할 수 있습니다. 반면 TD(λ)는 TD와 비슷하게 부드럽게 움직이면서 목표와는 조금 거리가 있는 형태로 보여주고 있습니다.

(3) 이와 같이 로그 스케일에서의 그래프를 살펴보면 n-단계 TD가 높은 분산을 보여주고 있는 것을 볼 수 있습니다(적어도 이 실험에서는 TD(λ)보다 큽니다). 그리고 결과가 가운데 몰려 있긴 해도, 실제 값에 비해서 위아래로 출렁이는 것도 확인할 수 있습니다.

(4) TD(λ)는 결과가 가운데 몰려 있지는 않지만, MC에 비하면 훨씬 부드러운 결과를 보여줍니다. 이 두 개의 곡선이 재미있는 특성을 보여주는데, 한번 지금까지 다뤘던 방법들도 적용해서 결과를 비교해보기 바랍니다.

자세한 예제: 러셀과 노빅의 인공지능 책에서 다룬 격자 환경에서의 이상적인 정책 평가

이번에는 조금 다른 환경에서 지금까지 다룬 알고리즘을 실험해봅시다. 아마도 과거에 여러 번 본 적이 있는 환경일 것입니다. 이 환경은 러셀과 노빅의 인공지능 책[4]에서 소개됐습니다.

러셀과 노빅의 격자환경

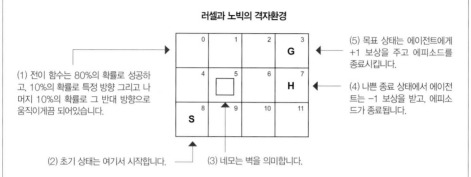

(1) 전이 함수는 80%의 확률로 성공하고, 10%의 확률로 특정 방향 그리고 나머지 10%의 확률로 그 반대 방향으로 움직이게끔 되어있습니다.

(5) 목표 상태는 에이전트에게 +1 보상을 주고 에피소드를 종료시킵니다.

(4) 나쁜 종료 상태에서 에이전트는 −1 보상을 받고, 에피소드가 종료됩니다.

(2) 초기 상태는 여기서 시작합니다.

(3) 네모는 벽을 의미합니다.

러셀-노빅 격자환경(RNG)라고 부르는 이 환경은 3x4 크기의 격자로 되어 있고, 에이전트가 왼쪽 제일 밑에서 시작해 오른쪽 제일 위에 도달해야 합니다. 목표의 남쪽에는 앞에서 다뤘던 프로즌 레이크 환경과 유사하게 구멍이 있고, 시작 상태 근처에는 벽이 있습니다. 전이 함수는 20%의 확률로 오류가 발생합니다. 다시 말해서 80%의 확률로 취한 행동이 성공하며, 20%의 확률이 각각 10%의 확률로 나뉘어서 취하고자 했던 방향에 수직되는 방향으로 임의로 움직이게 됩니다. 보상 함수는 에이전트가 돌아다니는 동안 −0.04만큼의 패널티를 받게 되며, 목표 상태에 도달할 경우는 +1, 구멍에 도달하면 −1 보상을 받게 됩니다. 이제 여기서는 정책을 평가해야 합니다. 아래 그림에는 3장의 노트북에서 구했던 이상적인 정책이 포함되어 있습니다. 3장에서는 이에 대해서 자세하게 언급하지 못했지만, 책과 함께 제공되는 모든 노트북을 실행해보면 알 수 있습니다.

RNG 환경에서의 이상적 정책

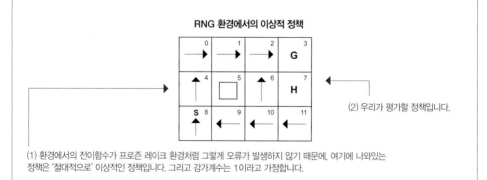

(2) 우리가 평가할 정책입니다.

(1) 환경에서의 전이함수가 프로즌 레이크 환경처럼 그렇게 오류가 발생하지 않기 때문에, 여기에 나와있는 정책은 '절대적으로' 이상적인 정책입니다. 그리고 감가계수는 1이라고 가정합니다.

---

4 옮긴이_ 『인공지능 : 현대적 접근방식』(제이펍, 2021)

그래프로 확인하는 결과:
FVMC, TD, n-단계 TD 그리고 TD(λ)를 RNG 환경에서 돌렸을 때의 결과

(1) 이전에 RW 환경에서 500회를 수행했던 것을 RNG 환경에서는 1000회만큼 수행한 것을 제외하고는 이전과 동일한 하이퍼파라미터를 사용해서 실험했습니다. 오른쪽에 보이는 결과는 전체 12개의 상태 중 임의로 선택한 5개의 상태에 대한 상태-가치 함수의 추정치입니다(임의로 선정하기는 했지만, 쉬운 비교를 위해서 같은 시드값을 사용했습니다. 또한 임계값인 0.1보다 낮은 추정값을 우선적으로 걸렀기 때문에 100% 임의로 선정한 것은 아닙니다). 이를 통해서 그래프를 통해 의미있는 경향을 뽑을 수 있을 것입니다.

(2) 보다시피, 4개의 알고리즘(노트북을 살펴보면 5개로 나와있을 것입니다)들이 모두 참의 상태-가치 함수에 대해서 좋은 추정치를 찾았습니다. 자세히 보면 TD와 TD(λ)가 가장 부드러운 곡선을 나타내고 있습니다. 반대로 MC에 이어 n-단계 TD의 경우는 결과가 중심에 모여있는 경향을 보여주고 있습니다.

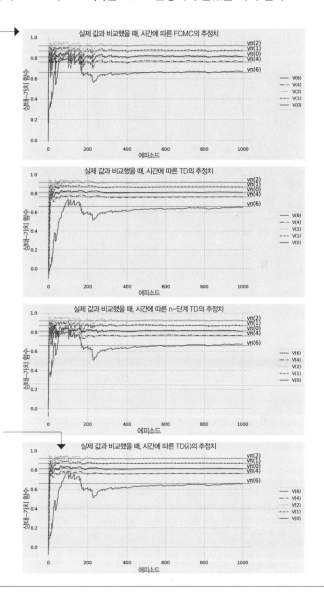

그래프로 확인하는 결과:
추정치에 대해서 편향/분산 효과를 쉽게 확인할 수 있는 RNG 환경

(1) 앞에서 확인했던 그래프를 확대해서 곡선을 보여줄 필요가 있을 것 같습니다. 오른쪽의 그래프는 이전에 다뤘던 것처럼 로그스케일로 출력되어 있지 않습니다. 딱 초반 50회의 에피소드에 대한 결과입니다. 또한 여기에 보여지는 값들이 0.1보다 큰 값만 나타나고 있도록 했지만, 실제로 보다시피 이 값들이 대부분의 상태들을 포함하고 있습니다. 상태 3, 5, 7에서의 가치 함수는 0이고 상태 10과 11은 이상적인 정책을 돌린 결과와 조금 멀리 떨어져 있는데, 그 이유는 상태 9와 6에서 각각 취한 왼쪽과 위로 가는 행동이 결과적으로는 상태 10과 11에서 멀어지는 결과를 나타냈기 때문입니다.

(확대한) 시간에 따른 FVMC 추정치

(확대한) 시간에 따른 TD 추정치

(확대한) 시간에 따른 n-단계 TD 추정치

(2) 시간에 따른 경향을 살펴보기 바랍니다. 아마 확인하기 쉬울 것입니다. 예를 들어서 MC는 지글거리면서 위아래로 흔들리는 경향을 보여줍니다. TD는 부드럽게 움직이지만, 느리게 변화하고 있습니다. n-단계 TD는 TD와 MC 사이에 보여주고, 재미있게도 TD(λ)는 TD와 같이 부드럽게 움직이는 경향도 보여주면서 그렇게 느리게 변화하지 않는 것을 확인할 수 있습니다. 예를 들어서 v(6)에 대한 결과를 살펴보면 25 에피소드 만에 0.4를 넘어선 반면, TD는 45 에피소드 후에야 도달하고 있습니다.

(확대한) 시간에 따른 TD(λ) 추정치

그래프로 확인하는 결과:
RNG 환경의 초기 상태에서의 FVMC 목표와 TD 목표

(1) 마지막 그래프는 초기 상태의 목표치에 대한 순서를 나타낸 것입니다. 예상했던 것과 같이 MC의 목표는 순서와 독립적인데, 이는 목표 자체가 실제 반환값이며, 이를 구하기 위해서 상태-가치 함수에 대해 부트스트랩을 수행하지 않기 때문입니다.

(2) 또한 여기 나와있다시피 분산이 높은 것도 확인할 수 있습니다. 대부분의 목표는 위에 모여있지만, 일부는 이렇게 밑에 놓여있습니다.

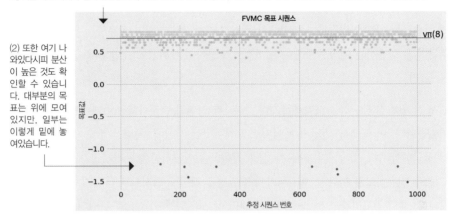

(3) TD 목표는 순서에 영향을 받습니다. 초기 부분을 보면 목표가 조금 흔들리면서 잡음처럼 보이기도 합니다. 하지만 목표가 점점 누적되면서 안정적으로 유지됩니다.

(4) 여기에서 3개의 선이 생기는 것을 확인할 수 있습니다. 앞에서 언급했다시피 이 값들은 초기 상태인 상태 8에 대한 목표이기 때문입니다. 정책을 살펴보면 알겠지만, 상태 8에서는 3가지 전이가 나올 수 있습니다.

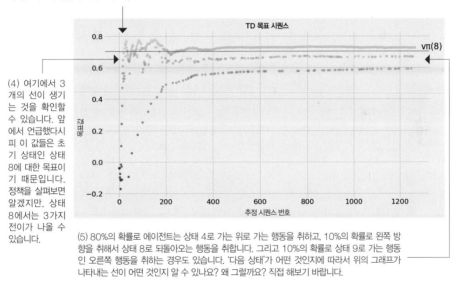

(5) 80%의 확률로 에이전트는 상태 4로 가는 위로 가는 행동을 취하고, 10%의 확률로 왼쪽 방향을 취해서 상태 8로 되돌아오는 행동을 취합니다. 그리고 10%의 확률로 상태 9로 가는 행동인 오른쪽 행동을 취하는 경우도 있습니다. '다음 상태'가 어떤 것인지에 따라서 위의 그래프가 나타내는 선이 어떤 것인지 알 수 있나요? 왜 그럴까요? 직접 해보기 바랍니다.

5.3 요약

순차적인 피드백으로부터 학습하는 것은 어렵습니다. 3장에서도 이에 대해서 많은 것을 배웠습니다. 또한 순간 목표와 장기 목표 간의 균형을 맞출 수 있는 에이전트도 만들었습니다. 가치 반복법(VI)과 정책 반복법(PI) 같은 방법은 강화학습의 핵심입니다. 평가가능한 피드백으로부터 학습하는 것도 어렵습니다. 4장에서는 정보를 수집하는 것과 활용하는 것 사이의 균형을 맞추는 법을 학습하는 에이전트와 이 에이전트가 동작하는 환경에 대한 내용을 다뤘습니다. 입실론-그리디나 소프트맥스, 낙관적 초기화 같은 전략도 역시 강화학습의 핵심입니다.

여기서 잠깐 멈춰 장단점을 생각해봅시다. 저는 각 장점과 단점마다 500페이지가 넘는 책들을 읽어봤습니다. 이 책에서 각각 30페이지로 요약했다는 사실에 기뻐할 수도 있겠지만, 한편으로는 궁금해할 수도 있습니다. 새로운 심층 강화학습 알고리즘을 개발하고자 한다면, 또는 최신 기술을 적용하고자 한다면, 이 두 가지 장단점을 각각 독립적으로 나눠서 공부해보는 것을 권합니다. 계획 알고리즘planning algorithm이나 밴딧 알고리즘bandit algorithm과 관련된 책을 찾아서, 각각의 분야를 이해하는데 시간을 투자해보기 바랍니다. 그러면 다시 강화학습을 다루게 되었을 때 스스로가 발전된 것을 느끼고, 각 알고리즘의 관계에 대해서 이해하게 될 것입니다. 단순히 심층 강화학습을 이해하는 것이 목표라면, 또는 몇 가지 알고리즘을 구현해보거나 현재 하고 있는 프로젝트에 적용해보고자 한다면, 이 책의 내용으로 충분할 겁니다.

이번 장에서는 순차적이면서 평가가능한 피드백을 다룰 수 있는 에이전트에 대해서 배웠습니다. 이전에 언급했다시피, 간단한 내용이 아닙니다! 순간 목표와 장기 목표 간의 균형을 맞추면서, 동시에 정보의 수집과 활용 사이의 균형을 맞추는 것은 어쩌면 대부분의 인간들이 겪는 문제일지도 모릅니다. 물론 이번 장에서는 에이전트의 행동에 대한 추정치를 포함하는 예측 문제로만 한정지어 다뤘습니다. 이를 위해서 몬테카를로 예측과 시간차 학습과 같은 방법을 소개했습니다. 이 방법들은 방법론 측면에서는 극과 극의 방식이고, 이를 n-단계 TD 에이전트와 같이 일반화한 형태도 존재합니다. 단계의 크기를 크게 바꾸지 않아도, 단계별 에이전트를 임의로 얻을 수 있습니다. 하지만 TD(λ)에 대해서 배웠고, 단일 에이전트가 MC와 TD라는 극과 극의 알고리즘을 매우 혁신적인 방법으로 조합하는 법에 대해서 다뤘습니다.

다음 장에서는 제어 문제에 대해서 다루는데, 이는 다름 아닌 에이전트의 행동을 개선하는 것입니다. 정책 반복 알고리즘을 정책 평가와 정책 개선으로 나눴던 것과 같이, 강화학습 문제를 예측 문제와 제어 문제로 나누는 것은 문제에 대해서 더 자세하게 살펴보고, 더 좋은 방법을 찾을 수 있도록 도와줄 것입니다.

- 강화학습의 어려운 점이 에이전트가 환경의 변화함으로 인해서 이에 대한 MDP를 볼 수 없는 부분에서 나타나는 것임을 이해했습니다.
- 이 두 가지 어려움을 어떻게 조합하고, 강화학습 분야에서 어떻게 적용할 수 있는지 배웠습니다.
- 상태-가치 함수를 추정할 때, 목표를 계산하는 다양한 방법에 대해서 배웠습니다.

트위터에서 만나요!

공부하고 배운 내용을 공유해보시기 바랍니다.

매 장의 마지막 부분에, 제가 다음 단계로 넘어가기 위해서 지금까지 배운 것을 어떻게 활용할 수 있을지에 대한 아이디어를 제공할 것입니다. 원한다면, 당신이 얻은 결과를 세상에 공유하고, 다른 사람이 어떻게 구현했는지도 확인해보기 바랍니다. 이것이 서로한테 좋은 방법이며, 여기서 원하는 것을 얻었으면 좋겠습니다.

- **#gdrl_ch05_tf01**: 이번 장에서 다룬 방법 중에는 많은 짐 환경에 존재하는 타임 스텝 제한을 제어할 수 있는 방법이 없었습니다. 무슨 말인지 모르겠다고요? 걱정하지 마세요. 8장에서 이에 대해서 자세하게 다루겠습니다. 하지만 일단 이 파일을 확인해보기 바랍니다(https://github.com/openai/gym/blob/master/gym/envs/__init__.py). 프로즌레이크를 포함해 많은 환경에는 max_episode_steps라는 변수가 있습니다. 환경에 설정되어 있는 타임 스텝 제한입니다. 잠깐만 이에 대해서 생각해봅시다. 이번 장에서 소개된 알고리즘에서는 이 변수가 어떤 영향을 미칠까요? 책의 노트북을 보고, 알고리즘에서 타임 스텝 제한을 올바르게 처리할 수 있도록 수정해봅시다. 그러면 가치 함수의 추정치가 조금 더 정확해 질 것입니다. 혹시 가치 함수가 변화하였나요? 왜 그럴까요? 제가 말하고 있는 내용이 어떤 것인지 이해되지 않는다면, 되돌아가서 내용을 다시 한번 살펴보기 바랍니다.

- **#gdrl_ch05_tf02**: 몬테카를로 목표와 시간차 목표가 유용한지 그래프를 보고 비교해봅시다. 이 차이를 이해하기 쉬운 한 가지 방법은 이 두 가지 목표에 대해서 조금 더 심도있게 분석하고, n-단계 목표와 TD(λ) 목표도 추가해보세요. 타임 스텝을 다르게 했을 때 n-단계 목표를 모아서 보고, TD(λ)에 대해서도 λ를 다르게 해서 해보기 바랍니다. 이 결과를 MC와 TD에 어떻게 비교할 수 있을까요? 추가로 예측 방법을 비교할 수 있는 다른 방법도 고민해보기 바랍니다. 하지만 시각적으로 볼 수 있게, 그래프로 비교해보기 바랍니다.

- **#gdrl_ch05_tf03**: 매 장마다 마지막 해시태그는 총정리 해시태그로 사용하겠습니다. 마지막 해시태그는 이 장과 관련해 작업한 어떤 것이든 다른 사람들과 논의하는데 사용하길 바랍니다. 여러분이 직접 만든 것만큼 흥미로운 과제도 없답니다. 당신이 어떤 공부를 하고 있는지, 그 결과도 공유해주기 바랍니다.

공부한 것에 대해서 트윗을 쓰고 저(@mimoralea)를 태그해주세요(제가 리트윗하겠습니다). 그리고 여러분이 얻은 결과를 사람들이 위에 적힌 해시태그를 사용하기 바랍니다. 잘못된 결과는 없습니다. 여러분이 찾은 것을 공유하고, 다른 사람이 찾은 것을 확인해보세요. 이 해시태그를 기회로 교류하고 기여하세요. 다같이 기다리고 있을게요!

## CHAPTER 6

에이전트의 행동 개선

"목표에 도달할 수 없는 것이 확실해지면 목표를 조정하지 말고 행동 단계를 조정하라"

— 공자

중국 춘추시대의 선생이자 작가, 정치가 그리고 철학가

지금까지 강화학습 에이전트가 다뤄야 하는 세 가지 피드백 '순차적', '평가가능', '샘플가능' 중 두 가지에 대해서 분리해서도 살펴보고, 혼합해서 학습하는 법도 학습하였습니다. 2장에서는 마르코프 결정 과정이라고 알려져 있는 수학 프레임워크를 사용해서 순차적으로 의사 결정을 내려야 하는 문제를 나타내는 방법에 대해서 배웠습니다. 3장에서는 MDP로부터 정책을 추출할 수 있는 알고리즘을 통해서 이런 문제를 해결하는 방법에 대해 다뤘습니다. 4장에서는 멀티 암드 밴딧이라는, MDP가 에이전트에게 나타나지 않은 상황에서 여러 개의 옵션을 가지고 단일 의사 결정을 하는 간단한 제어 문제를 푸는 것에 대해서 배웠습니다. 그리고 5장에서는 제어 문제의 두 가지 유형을 혼합했는데, 다시 말해서 순차적이면서 불확실한 제어 문제를 다루면서 가치 함수를 추정하는 법에 대해서만 학습했습니다. 여기서 예측 문제라고 불리는 문제를 해결했는데, 이를 위해서 정책을 평가하고, 반환값을 예측하는 것을 학습하였습니다.

이번 장에서는 두 가지 요소를 바꿈으로써 제어 문제를 해결할 수 있는 에이전트를 소개할 것입니다. 첫 번째로 이전에 사용했던 상태-가치 함수에 대한 추정치 $V(s)$ 대신 행동-가치 함수에 대한 추정치 $Q(s,a)$를 사용할 것입니다. 행동 가치 함수를 사용하는 이유는 Q-함수는 V-함수와 다르게 MDP에 대한 접근 없이도 행동에 대한 가치를 알 수 있게 해주기 때문입니다. 두 번째로 Q값에 대한 추정치를 얻은 후 이를 정책을 개선하는데 활용하고자 합니다. 이 과정은 앞에서 다뤘던 정책-반복 알고리즘과 유사합니다. 정책 반복 알고리즘에서는 정책을 평가하고, 개선하고, 또 개선된 정책을 평가하고, 다시 평가된 정책을 개선하는 과정을 거쳤습니다. 3장에서 언급했던 것처럼 이런 과정을 **일반화된 정책 반복** generalized policy iteration (GPI)라고 하고, 이 과정은 최신 심층 강화학습 에이전트를 포함해서, 다른 강화학습 알고리즘에도 적용 가능한 구조를 만들 수 있도록 도와줍니다.

이번 장에서 다룰 내용을 요약하면 다음과 같습니다. 우선 일반화된 정책-반복 구조를 설명하고, 제어 문제를 해결할 수 있는 다양한 유형의 에이전트에 대해서 배웁니다. 그리고 몬테카를로 예측과 시간차 학습 에이전트를 제어 문제를 풀 수 있는 형태로 변형한 것에 대해서 다룹니다. 또한 행동으로부터 학습하는 것에서 분리시킨, 기존과는 조금 다른 형태의 에이전트에 대해서도 보게 될 것입니다. 실용적인 관점으로 다시 표현하자면, 이번 장에서는 시행착오를 통해 학습함으로써 문제를 해결하는 법을 학습하는 에이전트를 만들게 될 것입니다. 이 에이전트는 전적으로 환경과의 상호작용을 통해서만 이상적인 정책을 학습할 수 있게 됩니다.

- 순차적이면서 평가가능한 피드백으로부터 학습할 때, 정책을 개선하는 방법에 대해서 학습하게 될 것입니다.
- 환경 내부의 전이와 보상 함수를 모르는 상황에서 강화학습 환경에서 이상적인 정책을 찾는 알고리즘을 개발합니다.
- 에이전트가 가진 경험과 의사 결정만 가지고 임의의 정책으로부터 이상적인 정책을 찾을 수 있는 에이전트를 만들고, 다양한 환경에서 학습시킬 것입니다.

6.1 강화학습 에이전트의 구조

이번 절에서는 대부분의 강화학습 에이전트가 가지고 있는 기본적 구조에 대해서 소개하고자 합니다. 우선 모든 강화학습 에이전트는 경험 샘플을 얻는데, 이 샘플은 환경과 직접 상호작용을 하면서 얻거나 혹은 환경에 대해 학습된 모델에서 취하기도 합니다. 무엇이 되었든, 데이터는 여전히 에이전트를 학습시키기 위해서 생성됩니다. 두 번째로 모든 강화학습 에이전트는 무언가를 추정하는 법을 학습합니다. 어쩌면 환경의 모델이 될 수도 있고, 정책, 가치함수, 아니면 단순한 반환값일 수도 있습니다. 세 번째로 모든 강화학습 에이전트는 정책을 개선하고자 시도합니다. 사실 이것이 강화학습의 전부이기도 합니다.

NOTE_ 기억 되살리기: 보상, 반환 그리고 가치 함수

기억을 되살려보기에 좋은 시점 같습니다. 이전에 다뤘던 보상, 반환 그리고 가치 함수의 차이에 대해서 기억하고 있어야 이번 장에서 다룰 시행착오를 통한 학습으로 이상적인 정책을 학습할 수 있는 에이전트를 개발할 수 있습니다. 한번 되짚어 보겠습니다.

보상reward은 전이의 좋고 나쁜 정도를 나타내는 수치 신호입니다. 에이전트는 상태 S_t를 관찰하고, 행동 A_t를 취합니다. 그러면 환경은 변화하면서 보상 R_{t+1}를 주고 새로운 상태 S_{t+1}로 변화합니다. 여기서 보상은 에피소드의 단일 타임 스텝마다 발생하는 전이의 좋고 나쁜 정도를 나타내는 단일 수치 신호입니다.

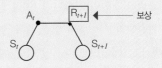

반환return은 에피소드가 진행되는 동안 얻은 보상의 총합입니다. 에이전트는 보상 R_{t+1}를 얻고, 그다음에 R_{t+2}를 얻으면서 종료 상태 S_t에 도달할 때 마지막으로 최종 보상 R_T을 얻을 때까지 계속 수행합니다. 여기서 반환은 에피소

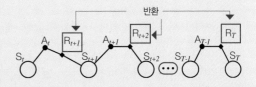

드 동안 얻은 보상들의 총합입니다. 일반적으로 반환을 단순한 총합 대신 감가된 총합으로 정의하기도 합니다. 감가된 총합은 (물론 감가 계수에 따라서 달라지겠지만) 에피소드의 초기에 받았던 보상에 우선 순위를 더주는 형태로 되어있습니다. 사실 감가된 총합이 반환을 나타내는 조금 더 일반적인 정의라고 할 수 있는데, 감가 계수가 1이면 일반적인 총합을 구하는 것과 동일하기 때문입니다.

가치 함수value function는 반환의 기댓값을 말합니다. 기대값은 모든 가능한 가치에 그 가치가 발생할 수 있는 확률을 곱한 값에 대한 총합으로 계산할 수 있습니다. 여기서 무한 개의 샘플이 있을 때의 평균에 대해서 생각해보기 바랍니다. 반환의 기대값은 단일 반환값을 무한 번 샘플링한 후, 이에 대한 평균을 구하는 것과 같습니다. 행동을 취하고 난 후의 반환값을 계산할 때, 기댓값은 상태-행동 쌍의 행동-가치 함수인 $Q(s,a)$와 같습니다. 만약 취한 행동은 신경쓰지 않고, 상태 s에 대해서만 고려한다면, 이 기대값은 상태-가치 함수 $V(s)$가 됩니다.

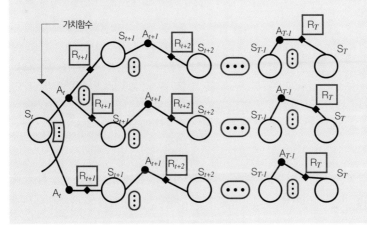

6.1.1 경험 샘플을 수집하는 대부분의 에이전트

강화학습만의 독특한 속성 중 하나는 바로 에이전트가 시행착오를 통해서 학습하는 것입니다. 에이전트는 환경과 상호작용을 하면서, 데이터를 얻습니다. 이후에 짧게 살펴보겠지만, 데이터로부터 학습하는 것은 데이터로부터 개선시키는 것과 다른 개념입니다. 강화학습에는 수집, 학습 그리고 개선이 있습니다. 예를 들어서 에이전트가 데이터를 잘 수집했다고 해도, 그 데이터가 학습하기에는 좋지 않을 수도 있습니다. 아니면 반대로 에이전트가 데이터를 잘 수집하지 못했어도, 데이터로부터 잘 학습하는 경우도 있습니다. 우리 주변에도 필기를 잘 못해도 시험을 잘 보는 친구가 있는가 하면 필기는 잘하는데 시험을 잘 보지 못하는 친구도 있는 경우와 마찬가지 입니다.

3장에서 동적 프로그래밍 방법에 대해서 학습할 때, 가치 반복이나 정책 반복이 강화학습으로는 활용될 수는 없지만 대신 계획하는 용도로는 사용할 수 있다고 언급했는데, 그 이유는 앞의 두 가지 방법이 데이터를 수집할 수는 없기 때문입니다. 동적 프로그래밍 방법으로는 환경과 상호작용을 할 이유가 없는데, 이는 환경에 대한 모델인 MDP가 사전에 주어졌기 때문입니다.

> **NOTE_ 강화학습 용어집: 계획 문제와 학습 문제**
>
> **계획 문제**planning problem: 환경에 대한 모델이 존재해서 학습이 필요없는 상황에서의 문제를 말합니다. 이런 유형의 문제는 가치 반복이나 정책 반복과 같은 계획법으로 해결할 수 있습니다. 이런 유형의 문제가 가지는 목표는 이상적인 정책을 학습하는 것이 아닌, 찾는 것입니다. 예를 들어서 제가 여러분께 지도를 주고 A지점에서 B지점까지 가는 가장 최적의 경로를 찾으라고 하면, 이 문제는 학습이 필요하지 않는 계획에 대한 문제입니다.
>
> **학습 문제**learning problem: 샘플을 통한 학습이 필요한 문제를 말하는데, 이때는 보통 환경에 대한 모델이 존재하지 않거나, 모델을 생성할 수 없기 때문입니다. 학습 문제의 가장 큰 어려움은 샘플을 사용해서 추정을 해야 한다는 것인데, 보통 샘플은 높은 분산을 가지고 있어서 유의미한 정보를 갖고 있지 않아 학습하기 어렵습니다. 또한 샘플에 편향이 생길 수도 있는데, 이는 추정했던 것과 다른 분포로부터 샘플링했거나 기존의 추정치를 사용해 발생합니다. 예를 들어서 이번에는 제가 여러분에게 지도를 주지 않았다고 가정해봅시다. 이때는 '최적의 경로'를 어떻게 찾을 수 있을까요? 앞에서 소개했던 시행착오를 통해 학습해야 합니다.

알고리즘이 기본적인 강화학습 방식이 되기 위해서는 해결하려는 문제의 환경과 상호작용 해야합니다. 대부분의 강화학습 에이전트는 데이터셋이 주어지는 지도학습과는 다르게 스스로 경험 샘플을 수집합니다. 강화학습 에이전트는 데이터셋을 선택하는데 있어서도 어려움을 겪습니다. 대부분의 강화학습 에이전트는 상호작용이 필요한 학습 문제를 강화학습을 통해 해결하기 위해서 경험 샘플을 수집합니다.

NOTE_ 강화학습 용어집: 상호작용이 없는 문제와 상호작용이 있는 학습 문제

상호작용이 없는 학습 문제non-interactive learning problem: 환경과 상호작용할 가능성을 고려하지 않아도 되는 문제를 말합니다. 이 유형의 문제에서는 학습하는 동안 환경과의 상호작용이 일어나지 않습니다. 하지만 기존에 수집한 데이터로부터 학습합니다. 이때의 목표는 주어진 샘플로부터 정책과 같은 어떤 것을 찾는 것인데, 필수적이지는 않습니다. 예를 들어서, 역강화학습inverse RL에서의 목표는 전문가의 행동 샘플로부터 보상 함수를 복원하는 것입니다. 견습학습apprenticeship learning에서의 목표는 복원된 보상함수를 통해서 정책을 찾는 것입니다. 행동복제behavior cloning라는 모방학습imitation learning 방법 중 하나는 지도학습을 이용해서 전문가의 행동 샘플로부터 정책을 직접적으로 찾는 것이 목표입니다.

상호작용이 있는 학습 문제interactive learning problem: 학습과 상호작용이 둘 다 존재하는 문제입니다. 이런 유형의 문제가 가지는 재미있는 요소는 학습하는 개체가 데이터를 수집하는 과정도 제어한다는 것입니다. 샘플로부터 이상적으로 학습하는 것도 어렵고, 이상적 학습을 위한 샘플을 찾는 것도 역시 어렵습니다.

6.1.2 무언가를 추정하는 에이전트

수집한 데이터로 에이전트가 할 수 있는 일은 다양합니다. 예를 들어서 어떤 에이전트는 반환에 대한 기댓값이나 가치 함수를 예측하기 위해서 데이터를 학습합니다. 이전 장에서는 이를 위한 다양한 방법들을 알아보았습니다. 몬테카를로부터 시간차 학습까지 다루기도 하였고, 모든 방문 MC부터 첫방문 MC를 다루기도 하였으며, n-단계에서 λ반환을 다루기도 했습니다. 가치 함수를 추정하는데 사용할 수 있는 목표치를 계산하는 방법은 많이 있습니다.

하지만 에이전트는 경험 샘플로부터 가치 함수만 학습하지 않습니다. 에이전트는 환경에 대한 모델을 설계할 수도 있습니다. 다음 장에서 다루겠지만, 모델 기반 강화학습 에이전트는 수집한 데이터를 전이나 보상 함수를 학습하는데 사용합니다. 환경에 대한 모델을 학습함으로써, 에이전트는 다음 상태와 보상을 예측할 수 있습니다. 더 나아가서 에이전트는 DP에서 했던 것과 유사한 방식으로 행동들을 계획할 수도 있고 혹은 또 다른 무언가를 학습하기 위해서 이 모델로부터 상호작용해서 생성한 합성synthetic 데이터를 사용할 수도 있습니다. 결론적으로 에이전트는 환경의 모델을 학습하도록 설계될 수 있습니다.

게다가 에이전트는 추정된 반환값을 사용해서 직접적으로 정책을 개선할 수 있도록 만들 수 있습니다. 이후 장에서는 상태를 받아서 행동에 대한 확률 분포를 출력으로 얻을 수 있는 함수를 근사하는 방법이 포함된 정책 경사법policy gradient에 대해서 다룰 것입니다. 정책 함수를 개선하기 위해서는 간단하게는 실제 반환값을 사용할 수 있지만, 추정된 가치 함수도 사용할 수 있습니다. 마지막으로 에이전트는 일반적으로 여러 정보를 한번에 추정하도록 설계될 수 있습니다. 중요한 것은 대부분의 에이전트는 무언가를 추정한다는 사실입니다.

기억 되살리기: 몬테카를로 목표와 시간차 목표

되짚어볼만한 또 다른 중요한 개념은 가치함수를 추정하는 다양한 방식입니다. 일반적으로 가치함수를 학습하는 모든 학습 방법들은 점진적으로 추정치를 목표치에 가깝게 움직입니다. 대부분의 학습 방법이 따르는 일반적인 공식은 '추정 = 추정 + 타임 스텝 * 오차'입니다. 여기서 오차는 간단하게 샘플링된 목표와 현재 추정치의 차이를 나타냅니다(목표치 - 추정치). 목표를 계산하는 두 가지 핵심 방법은 몬테카를로와 시간차 학습입니다.

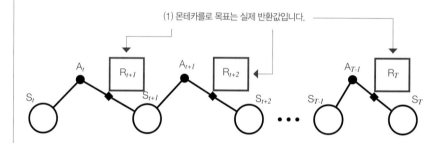

(1) 몬테카를로 목표는 실제 반환값입니다.

몬테카를로 목표는 실제 반환값을 포함합니다. 몬테카를로 추정에서는 (무한대로 샘플링한 결과의 평균을 취할 수 있다면 좋겠지만) 반환값에 대한 기대치로 경험적인 (혹은 관찰된) 평균 반환값을 사용해 가치함수에 대한 추정치를 보정합니다.

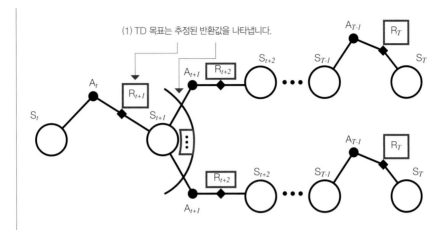

(1) TD 목표는 추정된 반환값을 나타냅니다.

시간차 학습의 목표는 추정된 반환값을 담고 있습니다. '부트스트래핑'을 기억하시나요? 이는 현재 상태로부터 반환값에 대한 기대치를 추정하기 위해서 이후의 상태에 대한 기대 반환값의 추정치를 사용하는 것을 의미합니다. TD는 말그대로 추정으로부터 얻은 추정을 학습하는 것입니다. TD 목표는 현재 사용하고 있는 가치 함수에 대한 추정치를 사용해서 다음 상태로부터 얻어낸 기대 반환값의 추정치와 단일 보상을 사용해서 계산할 수 있습니다.

6.1.3 정책을 개선하는 대부분의 에이전트

마지막으로 대부분의 에이전트는 정책을 개선합니다. 이 마지막 단계는 학습을 진행중인 에이전트의 유형과 에이전트가 무엇을 추정하느냐에 따라 크게 달라집니다. 예를 들어서, 에이전트가 가치 함수를 추정하고 있다면, 가치 함수에 담겨있는 목표 정책을 개선해야 합니다. 목표 정책을 개선하면 데이터를 생성하는 정책인 행동 정책도 동시에 개선되어 에이전트가 이후에 얻을 수 있는 데이터의 질이 향상됩니다. 만약 목표 정책과 행동 정책이 동일하다면, 가치 함수를 개선해 이후에 생성할 데이터의 질도 명확하게 향상시킬 수 있습니다.

만약 정책 경사법이나 액터-크리틱 방법과 같이, 정책이 가치 함수와 같은 형태가 아닌 명확하게 나타나있는 존재라면, 에이전트는 실제 반환값을 사용해서 이 정책들을 개선시킬 수 있습니다. 또한 에이전트는 정책을 향상시키기 위해서 가치 함수를 사용해서 반환값을 추정할 수도 있습니다. 마지막으로 모델 기반 강화학습에서는 정책을 개선시킬 수 있는 다양한 설정들이 있습니다. 하나는 행동들을 계획하기 위해서 환경에 대한 학습된 모델을 사용하는 것입니다. 이 경우, 계획 단계에서 개선된 정책이 명백하게 존재합니다. 또 다른 형태는 모델을 사용해서 명백하게 나타나있는 정책 대신 가치 함수를 학습하는 것입니다. 또한 직접적으로 정책을 개선하는데 모델을 사용하는 경우도 있습니다. 요약하자면 모든 에이전트들이 정책을 개선하고자 시도한다는 것입니다.

NOTE_ 강화학습 용어집: 그리디 정책, 입실론-그리디 정책, 이상적인 정책

그리디 정책greedy policy: 모든 상태에서 매 순간 가장 큰 기대 반환값을 얻을 것이라고 '기대하는' 행동을 '항상' 취하는 정책입니다. 용어 중 '그리디'라는 단어는 가치 함수에 적용됨을 이해해야 합니다. 앞에서 잠깐 언급한 '기대하다'는 내용도 가치 함수로부터 온 것입니다. 여기서 말하고자 하는 것은 누군가가 '그리디 정책'에 대해서 말한다면, 무엇에 대해서 탐욕적인 것인지 궁금해야 한다는 것입니다. 참고로 임의의 가치 함수에 관한 그리디 정책은 매우 나쁜 정책입니다.

입실론-그리디 정책epsilon-greedy policy: 모든 상태에서 매 순간 가장 큰 기대 반환값을 얻을 것이라고 '기대하는' 행동을 '가끔' 취하는 정책입니다. 그리디 정책과 동일하게, 입실론-그리디 정책도 특정 가치 함수에 대해서 입실론-그리디하게 행동을 선택합니다. 여기서 나타내는 가치 함수가 어떤 것인지 항상 이해하고 있는 것이 중요합니다.

이상적인 정책optimal policy: 모든 상태에서 매 순간 가장 큰 기대 반환값을 '실제로' 얻을 수 있는 행동을 '항상' 취하는 정책을 말합니다. 그리디 정책은 이상적인 정책일 수도 있고, 아닐 수도 있지만, 이상적인 정책은 의심할 여지없이 그리디 정책입니다. 여기서도 '무엇에 관해서 탐욕적인가?' 라는 질문을 던질 수 있을까요? 이상적인 정책에서는 유일한 가치 함수인 이상적 가치 함수optimal value function에 관한 그리디 정책입니다.

6.1.4 일반화된 정책 반복법

강화학습 알고리즘 구조를 조금 더 일반적으로 사용하는 또 다른 형태는 **일반화된 정책 반복법**generalized policy iteration(GPI)이라고 하는 것입니다. GPI는 정책 평가와 정책 개선을 연속적으로 수행함으로써 정책을 이상적으로 변화시키는 일반적인 접근법입니다.

기억하겠지만, 정책 반복 알고리즘에는 두 가지 과정이 있습니다. 바로 정책 평가와 정책 개선입니다. 정책 평가 과정에서는 전달된 정책에 대한 평가가 이뤄졌는데, 여기에서는 정책의 가치 함수를 추정했습니다. 정책 개선 과정에서는 추정치인 가치 함수를 사용해서 현재보다 나은 정책을 얻고자 하였습니다. 이 정책 평가와 정책 개선이 어느 정도 안정된다면, 다시 말해 이런 과정이 더이상 어떤 변화를 야기하지 않는다면, 정책과 이에 대한 가치 함수는 이상적이라고 말할 수 있습니다.

기억할지 모르겠지만, 정책 반복법을 학습하고 난 후에, 가치 반복법이라는 다른 알고리즘을 배웠습니다. 이 알고리즘은 정책 반복법과 유사했습니다. 역시 정책 평가와 정책 개선 과정이 포함되어 있습니다. 하지만 가장 큰 차이는 정책 평가가 단 한번의 반복만 수행한다는 것이었습니다. 다시 말하자면, 정책에 대한 평가가 실제 가치 함수는 만들지 못했습니다. 가치 반복법에서의 정책 평가 단계에서는 가치 함수가 실제 가치 함수로 접근하는 추정치를 만들기는 하지만, 이를 완전히 수행하지 않았습니다. 이렇게 정책 평가 단계를 부분적으로만 수행했어도, 가치 반복법에서의 일반화된 정책 반복을 통해서 이상적인 가치 함수와 정책을 만들 수 있습니다.

이 부분에서의 핵심은 이전 장에서 다뤘던 알고리즘과 유사하게 정책 평가법이 일반적으로 가치 함수를 생성하고 추정하는 단계를 포함하고 있다는 것입니다. 알다시피 정책을 평가하는 방법은 다양하고, 정책에 대한 가치 함수를 추정하는 방법도 많으며, 일반화된 정책 반복 과정에서 정책 평가에 필요한 요소를 확인하는 방법도 여러 가지입니다.

추가로 정책 평가 단계에서는 정책을 가치 함수에 관해서 조금 더 탐욕적으로 변화시키는 과정도 포함되어 있습니다. 정책 반복 알고리즘에서의 정책 개선 단계에서는 평가된 정책의 가치 함수에 대해 정책을 완전히 탐욕적으로 수행하게끔 만듭니다. 하지만 이때는 환경에 대한 MDP를 사전에 알고 있었기 때문에 정책을 탐욕적으로 만들 수 있었던 것입니다. 그러나 이전 장에서 학습했던 정책 평가 방법들은 환경에 대한 MDP가 필요하지 않았고, 한계로 남았습니다. 이제는 더이상 정책을 완전하게 탐욕적으로 변화시킬 수 없고, 에이전트를 탐색시켜야 합니다. 이전처럼 정책을 완전하게 탐욕적으로 변화시키지 못하고, 앞으로 전진하면서 탐색을 통해서 정책을 조금 더 탐욕적으로 만들 수 있습니다. 이런 유형의 부분적인 정책 개선 방법은 4장에서 추정치에 대한 각각의 탐색 전략을 비교할 때 사용했습니다.

대부분의 강화학습 알고리즘은 위와 같은 GPI 형태를 가집니다. 각 알고리즘마다 나름의 정책 평가와 개선 과정을 가지고 있기 때문에, 우리는 방법 하나를 선택해야합니다.

미겔의 한마디: 일반화된 정책 반복과 과정 내의 비평에 귀기울여야 하는 이유

일반화된 정책 반복(GPI)는 마치 비평과 실제 동작 사이에서 영원히 춤추는 것과 같습니다. 정책 평가를 통해서 필요한 피드백을 전달하고, 정책 개선에서는 이를 사용해서 정책을 개선시킵니다. 이와 동일한 방식으로, 비평은 실제 동작이 더 잘될 수 있도록 필요한 피드백을 제공합니다.

벤자민 프랭클린은 "비평은 우리의 친구다. 비평을 통해서 우리의 잘못을 볼 수 있기 때문이다"고 말했습니다. 정말 똑똑한 사람입니다. 스스로를 발전시키는데 GPI를 사용한 셈입니다. 여러분도 비평을 통해서 어떤 부분이 개선되어야 할지 확인한 후에, 이를 개선하는데 사용하면 됩니다. 간단하지요! 유명한 회사 중 일부도 이런 과정을 활용하고 있습니다. '데이터 기반 의사 결정'이라는 말을 들어본 적이 있나요? 이 과정도 역시 훌륭한 정책 평가 과정을 사용해서 정책 개선 단계에서 좋은 결과를 도출할 수 있도록 하는 것을 말합니다. 역시 GPI와 동일한 형태입니다. 노먼 빈센트 필 Norman Vincent Peale도 "우리가 가진 문제점은 비평으로 구원받기보다 칭찬으로 파멸되길 바란다는 데 있다"고 말했습니다. 자, 그럼 이제 비평이 여러분을 도와줄 수 있도록 합시다.

대신 조심해야 할 것이 있습니다. 비평이 항상 옳고, 맹목적으로 비평을 받아들여야 한다는 것은 아닙니다. 특히 처음 듣는 비평일수록 말입니다. 비평은 보통 편향되어있고, 정책 평가 또한 마찬가지입니다. 비평을 통한 피드백을 주의깊게 듣고, 가능한 최고의 피드백을 모아, 이 피드백이 확실할 때에만 행동하는 것이 여러분의 역할입니다. 결과적으로, 세상은 실천하는 사람의 것이 될 것입니다.

시어도어 루스벨트 Theodore Roosevelt가 이런 말을 했습니다.

> "경기에서 중요한 것은 비평가가 아닙니다. 무엇이 문제였고, 어떻게 해야 했는지 지적하는 사람들은 중요하지 않습니다. 경기에 대한 공로는 실제로 경기장에 나가 얼굴이 먼지와 땀과 피로 범벅이 되도록 용감하게 싸운 사람, 그리고 거듭 실수하고 기대에 못 미쳐도 실제로 경기를 뛰는 사람, 무한한 열정과 헌신의 가치를 아는 사람, 가치있는 일에 자신을 희생할 수 있는 사람의 몫입니다. 그런 사람이 끝까지 노력하여 마지막에는 크나큰 승리를 쟁취합니다. 비록 실패하더라더라도 최소한 과감하게 도전하다 실패했기에, 승패에 대해서 잘 알지 못하는 냉소하고 소심한 사람들은 그런 사람들을 대신하지 못합니다."

이후 장에서는 액터-크리틱 actor-critic 학습에 대해서 다룰 것입니다. 그리고 믿지 않겠지만 이 학습을 어떻게 확장시킬 수 있는지도 알게 될 것입니다. 실제 행동하는 행위자와 행위자의 행동을 비평하는 비평가가 서로를 도울 것입니다. 한번 기대해도 좋습니다.

이상적인 의사 결정을 내리는 방식이 실제에서도 유효하다는 사실은 참으로 신기합니다. 심층 강화학습을 공부하면서 조금 더 나은 의사 결정자가 될 수 있고, 삶을 통해서 배운 것들은 에이전트를 더 좋게 만들 수 있도록 도와줄 것입니다.

신나지 않나요?

6.2 행동에 대한 정책을 개선하기 위한 학습

이전 장에서는 예측 문제를 해결하는 방법에 대해서 학습했습니다. 보통 예측 문제는 에이전트가 주어진 정책에 대한 가치 함수를 얼마나 정확하게 추정할 수 있는지가 주된 내용이었습니다. 이 방식은 에이전트가 가지고 있으면 좋은 기능이긴 하지만, 업무의 성능을 좋게 만들어 주지는 않았습니다. 이번 절에서는 제어 문제를 해결하는 방법에 대해서 배울 겁니다. 여기서는 에이전트가 정책을 어떻게 최적화할 수 있는지를 살펴봅니다. 이 새로운 기능은 에이전트가 시행착오를 통해 학습함으로써 이상적인 행동을 학습할 수 있도록 도와주며, 보통 여러 정책들을 바탕으로 시작해 최종적으로 이상적인 정책을 찾습니다. 이 장이 끝나면 MDP가 주어진 과업이라면 무엇이든 해결할 수 있는 에이전트를 만들 수 있게 됩니다. 여기서의 과업은 이산적인 상태 영역과 행동 영역을 가진 MDP여야 하지만, 사실 이 부분은 다른 환경에도 적용하기 나름입니다.

몇 가지 에이전트를 소개하기 위해, 앞에서 다뤘던 GPI 유형을 일반화시키겠습니다. 다시 말하자면, 이전 장에서 학습했던 알고리즘 중 하나를 택해서 정책 평가에 활용하겠습니다. 그리고 더 이전에 다뤘던 전략 중 하나도 정책 개선에 사용할 것입니다. 운이 좋다면, 이를 통해서 알고리즘의 활용성을 넓힐 수도 있습니다. 정책 평가와 개선에 사용할 알고리즘을 하나 선택하면, 평가와 개선간의 상호작용을 통해서 모든 것이 잘 동작할 것입니다.

예측 문제prediction problem: 주어진 정책에 대해서 가치 함수를 추정하고, 정책을 평가하는 문제를 말합니다. 가치 함수를 추정하는 것은 반환값을 예측할 수 있도록 학습하는 것과 같습니다. 상태–가치 함수는 상태로부터 기대 반환값을 추정하고, 행동–가치 함수는 상태–행동 쌍으로부터 기대 반환값을 추정합니다.

제어 문제control problem: 이상적인 정책을 찾는 문제를 말합니다. 제어 문제는 보통 일반화된 정책 반복(GPI) 유형을 통해서 해결할 수 있습니다. 이때 정책 평가와 정책 개선 단계가 서로 경쟁하면서 점진적으로 정책을 이상적인 정책에 가깝게 만들어줍니다. 강화학습 알고리즘은 보통 행동–가치 함수를 예측하는 방법에 정책 개선과 행동을 선택하는 전략이 묶인 형태로 되어 있습니다.

정책 평가policy evaluation: 예측 문제를 해결하는 알고리즘을 말합니다. 참고로 동적 프로그래밍에도 정책 평가라고 부르는 기법이 있지만, 여기서는 예측 문제를 해결할 수 있는 모든 알고리즘을 통칭합니다.

정책 개선policy improvement: 기존 정책의 가치 함수에 대해서 조금 더 탐욕적으로 행동을 취하게 하여 기존 정책을 개선한 새로운 정책을 만드는 알고리즘입니다. 참고로 정책 개선 자체로는 제어 문제를 해결할 수 없습니다. 제어 문제를 해결하기 위해서는 정책 평가가 정책 개선과 동반되어야 합니다. 정책 개선은 주어진 평가 결과를 바탕으로 정책을 개선하는 연산만을 언급하는 것입니다.

자세한 예제: 7개의 미끄러지는 칸을 가지는 환경

이번 장에서는 **7개의 미끄러지는 칸을 가지는 환경**slippery walk seven(SWS)라는 환경을 사용합니다. 이 환경은 한 개의 행으로 구성된 통로 방식의 격자 환경입니다. 이 환경은 7개의 비종료 상태를 가집니다. 특징은 통로가 미끄러진다는 것이고, 다시 말하자면 취한 행동에 대한 반응이 확률적입니다. 만약 에이전트가 왼쪽으로 가는 행동을 취했을 경우, 왼쪽으로 갈 확률도 있겠지만, 오른쪽으로 갈 확률도 존재하고, 그 자리에 머물 확률도 존재합니다.

이 환경에 대한 MDP를 보여드리겠습니다. 참고로 에이전트는 전이될 확률에 대해서는 알 수 없는 상태입니다. 그렇기 때문에 환경에 대한 다이나믹스는 에이전트가 알지 못합니다. 그림에 적힌 정보는 학습을 위해 여러분에게만 보여드리는 겁니다.

또한 에이전트 입장에서 상태 간의 상관관계가 없다는 사실을 기억해야 합니다. 에이전트는 전체 통로 환경 중 상태 3이 중간에 있는지 모르고, 이 상태가 상태 2와 상태 4 사이 있다는 것도 모릅니다. 어쩌면 현재 환경이 '통로'인지도 모르는 상황입니다! 또한 에이전트는 행동 0을 취하면 왼쪽으로 가고 행동 1을 취하면 오른쪽으로 가는 것도 모릅니다. 솔직하게 말하자면 여러분이 직접 노트북을 통해 코드를 실행하면서 환경에 대해서 완전히 이해하시기를 바랍니다.

사실을 말씀드리자면 에이전트는 딱 상태 id (1, 2, 3 등)만 볼 수 있고, 행동은 0 또는 1만 선택할 수 있습니다.

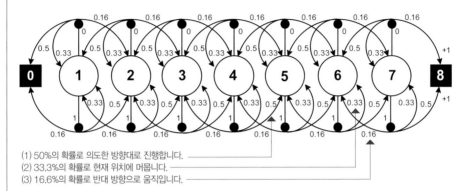

(1) 50%의 확률로 의도한 방향대로 진행합니다.
(2) 33.3%의 확률로 현재 위치에 머뭅니다.
(3) 16.6%의 확률로 반대 방향으로 움직입니다.

그림 6-1 7개의 미끄러지는 칸을 가지는 환경의 MDP

SWS 환경은 이전 장에서 다뤘던 랜덤 워크(RW) 환경과 유사하지만, 조금 더 제어할 수 있는 여건이 존재합니다. 랜덤 워크에서는 왼쪽으로 가는 행동을 취했을 때 왼쪽으로 갈 확률과 오른쪽으로 갈 확률이 동일했습니다. 역시 오른쪽으로 가는 행동을 취했을 때 오른쪽으로 갈 확률은 왼쪽으로 갈 확률이 같았기 때문에, 제어가 들어 있지 않았습니다. 또한 이 환경은 잡음이 존재하기 때문에 에이전트가 취한 행동도 성능이 달라질 수 있습니다. 그리고 5개의 비종료 상태를 가졌던 RW 환경과는 다르게 7개의 비종료 상태를 가집니다.

6.2.1 몬테카를로 제어: 매 에피소드마다 정책을 개선시키는 방법

이제 정책 평가를 하기 위해서 앞에서 다뤘던 몬테카를로 예측을 사용하여 제어할 수 있는 방법을 만들어봅시다. 우선 정책 반복 알고리즘에서는 동일한 정책 개선 단계를 사용한다고 가정해봅시다. 다시 말해, 정책 개선 단계에서는 평가된 정책의 가치 함수에 대해서 탐욕적인 정책을 취하게 될 것입니다. 이렇게 하면 환경과의 상호작용만으로도 이상적인 정책을 찾을 수 있을까요? 사실 그렇지 않습니다. 이 알고리즘이 동작하기 전에 두 가지 정도 변경해야 합니다.

첫 번째로 이전에 추정했던 가치 함수 $V(s, a)$ 대신 행동-가치 함수 $Q(s, a)$를 추정해야 합니다. V-함수를 사용했을 때의 문제는 MDP가 없는 상황에서 주어진 상태에 대한 최적의 행동을 찾기 어렵다는 것입니다. 다시 말해서 정책–개선 단계를 수행할 수 없습니다.

(1) 두 행동(왼쪽, 오른쪽)과 V–함수가 주어져있습니다. 이를 통해서 최적의 정책을 찾을 수 있을까요?

(2) 만약 왼쪽 행동을 취했을 때, 70%의 확률로 오른쪽으로 간다면 어떻게 될까요?
(3) 그러면 최적의 정책은 무엇인가요?
(4) 보다시피 V–함수로는 충분하지 않습니다.

그림 6-2 행동–가치 함수에 대한 추정의 필요성

두 번째로 에이전트가 탐색할 수 있어야 합니다. 문제는 정책 평가에 MDP를 더이상 사용할 수 없다는 것입니다. 샘플링한 데이터로부터 추정할 때, 에이전트가 방문했던 모든 상태–행동 쌍에 대한 가치는 구했지만, 만약 최적의 상태를 방문하지 않은 상태라면 어떻게 될까요?

(1) 결정 정책을 가진 상태에서 시작했다고 가정해봅시다.

(2) 여러분들이 추정한 행동이 모두 왼쪽 행동에 대한 것일때 과연 오른쪽 행동이 왼쪽 행동보다 나은지 여부는 어떻게 알 수 있을까요?
(3) 보다시피, 여러분들의 에이전트는 탐색을 해야 할 필요가 있습니다.

그림 6-3 탐색의 필요성

그렇기 때문에 정책–평가 단계에서는 첫 방문 몬테카를로 예측을 사용하고, 정책–개선 단계에서는 입실론–그리디 전략으로 행동을 선택하는 전략을 사용하겠습니다. 이렇게 하면 여러분은 몬테카를로 예측을 통해서 정책을 평가하고, 감가된 입실론–그리디를 통해 행동을 선택하는 전략을 가지는 모델이 필요없는 완전한 강화학습 알고리즘을 갖게 된 것입니다.

부분적인 정책 평가 단계를 가지는 가치 반복법에서도 동일하게 몬테카를로 예측 방법을 부분적으로 활용할 수 있습니다. 이전 장에서 다뤘던 것처럼 몬테카를로 예측을 사용해서 단일 정책의 가치 함수를 추정하기 위해 여러 에피소드의 정보를 활용하는 대신, 완전한 단일 에피소드 정보와 경로 샘플 추정만 가진 상태에서 부분적으로 예측을 수행하고, 이 추정 단계 이후에 바로 정책을 개선시킵니다. MC 예측과 감가된 입실론–그리디 전략을 교대시키는 것입니다.

이제 첫 번째 MC 제어를 위한 강화학습 알고리즘을 살펴봅시다. 여기에서는 세 가지 함수를 확인할 수 있습니다:

- **decay_schedule**: 함수 인자에 맞춰서 감가되는 값을 구해줍니다.
- **generate_trajectory**: 전체 에피소드에 대해서 환경의 정책에 대한 정보를 풀어줍니다.
- **mc_control**: MC 제어 방법을 구현한 함수입니다.

코드 6-1 기하급수적으로 감가되는 계수에 대한 함수

```python
def decay_schedule(
        init_value, min_value,
        decay_ratio, max_steps,
        log_start=-2, log_base=10):
```

(1) 여기에서 활용한 감가될 주기는 알파와 입실론에 의해서 결정되는데, 이전 장에서 사용했던 값과 동일합니다. 이번에 자세히 살펴봅시다.

(2) 제가 생각하는 이 함수의 장점은 초기값과 최솟값 그리고 max_steps에 대한 비율만 정해주면 값이 초기값부터 최솟값까지 감가된다는 것입니다.

(3) 이 decay_steps는 감가가 중단되는 단계의 지표로, 이 이후부터는 max_steps에 도달할 때까지 min_value가 유지됩니다.

```python
    decay_steps = int(max_steps * decay_ratio)
    rem_steps = max_steps - decay_steps
```

(4) 그렇기 때문에 rem_steps는 둘 간의 차이를 나타냅니다.

(5) 여기서는 기본값을 -2로 지정한 log_start부터 시작해서 0으로 끝나는 로그 스케일 값을 계산합니다. 이때 전체 갯수는 decay_steps 값과 같고, 밑은 log_base인데, 10을 기본으로 설정했습니다. 그리고 마지막에 전체 값의 순서를 뒤집었습니다.

```python
    values = np.logspace(log_start, 0, decay_steps, base=log_base, endpoint=True)[::-1]
```

(6) 현재 값은 로그로 계산되어 있어서 정확히 0으로 끝나지 않기에, 이를 0과 1사이의 값으로 바꿔서, 결과에 대한 곡선이 예쁘게 나오게 합니다.

```python
    values = (values - values.min()) / (values.max() - values.min())
```

(7) 그리고 나서 선형 변환을 통해, init_value와 min_value사이의 값을 구할 수 있습니다.

```python
    values = (init_value - min_value) * values + min_value
```

(8) 여기 있는 pad 함수는 가장 오른쪽에 있는 값을 rem_step에 지정된 값만큼 반복해줍니다.

```python
    values = np.pad(values, (0, rem_steps), 'edge')
    return values
```

코드 6-2 탐색적 정책 경로 생성 함수

```python
def generate_trajectory(
        select_action, Q, epsilon,
        env, max_steps=200):
    done, trajectory = False, []
    while not done:
        state = env.reset()
        for t in count():
            action = select_action(state, Q, epsilon)

            next_state, reward, done, _ = env.step(action)

            experience = (state, action, reward, next_state, done)

            trajectory.append(experience)
            if done:
                break
```

(1) 이번에 다룰 generate_trajectory 함수는 이전과 살짝 다릅니다. 이전에는 탐욕적 정책을 사용했던 것과 다르게 여기서는 행동을 선택하는 전략을 사용해야 합니다.

(2) 우선 플래그 done과 경험을 담을 배열 trajectory를 초기화합니다.

(3) 그리고 나서, done 플래그가 참이 될 때까지, 루프를 수행합니다.

(4) 새로운 에피소드에서 상호작용을 위해 환경을 초기화줍니다.

(5) t로 단계를 셉니다.

(6) 그리고 나서 행동을 사용하기 위해 'selection_action' 인자로 전달한 함수를 사용합니다.

(7) 앞에서 얻은 행동을 사용해서 환경을 한 단계 진행시키고, 전체 경험 튜플을 얻습니다.

(8) 얻은 경험을 trajectory 배열에 추가합니다.

(9) 만약 종료 상태에 도달해서 done 플래그가 설정되었을 경우, 루프를 종료하고 빠져 나옵니다.

```
                                    (10) 만약 현재 경로에서 단계 t가 최대치에 도달하면 경로 배열을 초기화하고,
                                         빠져나와 또 다른 경로를 얻을 수 있도록 합니다.
            if t >= max_steps - 1:
                trajectory = []
                break
                                    (11) 여기서 상태가 갱신됩니다.
            state = next_state
                                         (12) 마지막으로 쉬운 데이터 처리를 위해 경로를
                                              NumPy 용으로 변환시켜 반환합니다.
        return np.array(trajectory, np.object)
```

코드 6-3 몬테카를로 제어

```
def mc_control(env,                     (1) MC 제어 함수는 mc_prediction과 유사합니다. 크게 다른 두 가지
               gamma=1.0,                   부분은 이제 행동-가치 함수를 추정해야 하고, 탐색도 필요한 점입니다.
               init_alpha=0.5,
               min_alpha=0.01,
               alpha_decay_ratio=0.5,
               init_epsilon=1.0,        (2) 함수의 정의부분에서 임의 탐색을 위한 감가
               min_epsilon=0.1,             율 변화를 조절하기 위해서 입실론 계산에 필요
               epsilon_decay_ratio=0.9,     한 값을 인자로 넣습니다.
               n_episodes=3000,
               max_steps=200,
               first_visit=True):
    nS, nA = env.observation_space.n, env.action_space.n
    discounts = np.logspace(            (3) 계산에 앞서 감가 요소를 위한 값들을 미리 계
                                            산합니다. 참고로 경로 리스트의 최대치를 고려하
                0, max_steps,               기 위해서 max_steps 라는 변수를 사용합니다.
                num=max_steps, base=gamma,
                endpoint=False)
    alphas = decay_schedule(            (4) 인자로 받은 값을 이용해서 알파값 역시 미리
                init_alpha, min_alpha,      계산합니다.
                alpha_decay_ratio,
                n_episodes)
    epsilons = decay_schedule(          (5) 마지막으로, 입실론에 대해서도 미리 계
                init_epsilon, min_epsilon,  산해서 전체 학습시 활용할 수 있는 입실론
                epsilon_decay_ratio,        배열을 만듭니다.
                n_episodes)
    pi_track = []                       (6) 이 부분에서 Q-함수를 포함한
    Q = np.zeros((nS, nA), dtype=np.float64)   변수들을 정의합니다.
    Q_track = np.zeros((n_episodes, nS, nA), dtype=np.float64)
```
(7) 스텝이 아닌 각 에피소드별로 입실론을 감가시킬 수 있도록 한 입실론-그리디 전략을 수행하려고 합니다.

```python
select_action = lambda state, Q, epsilon: np.argmax(Q[state]) \
    if np.random.random() > epsilon \
    else np.random.randint(len(Q[state]))
```

(8) 여기서 에피소드 루프로 진입합니다. 전체적으로 n_episodes 만큼 수행합니다. 참고로 tqdm은 학습의 수행 현황을 확인할 수 있는 멋진 진행바를 보여줍니다. 이만한 게 없지요.

```python
for e in tqdm(range(n_episodes), leave=False):

    trajectory = generate_trajectory(select_action,
                                      Q,
                                      epsilons[e],
                                      env,
                                      max_steps)
```

(9) 매 새로운 에피소드 'e' 마다 앞에서 정의했던 select_action 함수가 정의한 탐색 정책으로 새로운 경로를 생성합니다. 전체 경로 리스트의 크기는 max_steps로 제한을 둡니다.

(10) 이제 각 상태-행동 쌍에 대한 방문을 확인할 수 있습니다. 이 부분은 이전의 mc_prediction 함수와는 확연하게 다른 부분입니다.

```python
    visited = np.zeros((nS, nA), dtype=np.bool)
```

(11) 참고로 여기서는 경로에 대해서 오프라인으로 처리하고 있는데, 이 말은 처리하는 도중 환경과의 상호작용이 이뤄지지 않는다는 것입니다.

```python
    for t, (state, action, reward, _, _) in enumerate(trajectory):
        if visited[state][action] and first_visit:
            continue   ← (12) 여기서 방문했던 상태-행동 쌍을 확인하고, 이에 따라서 행동을 결정합니다.
        visited[state][action] = True

        n_steps = len(trajectory[t:])
        G = np.sum(discounts[:n_steps] * trajectory[t:, 2])   ← (13) 이전의 예측 함수에서 수행했던 것처럼 반환값을 동일하게 계산합니다. 다만 이번에는 Q-함수를 사용합니다.
        Q[state][action] = Q[state][action] + \
```
(14) 여기서 인자로 받은 알파를 사용합니다. → `alphas[e] * (G - Q[state][action])`

```python
    Q_track[e] = Q   ← (15) 그 후에, 실험 후 분석을 위한 값들을 저장합니다.
    pi_track.append(np.argmax(Q, axis=1))


V = np.max(Q, axis=1)
pi = lambda s: {s:a for s, a in enumerate(np.argmax(Q, axis=1))}[s]
```
(16) 마지막에서 상태-가치 함수와 탐욕 정책을 얻게 됩니다.
```python
return Q, V, pi, Q_track, pi_track
```

6.2.2 SARSA: 매 스텝마다 정책을 개선하는 방법

이전 장에서 다뤘다시피, 몬테카를로 방법의 단점 중 하나는 에피소드가 진행되는 관점에서 완전히 오프라인^{offline}으로 동작한다는 점입니다. 즉, 가치 함수에 대한 추정을 개선하려면 계속 현재 정책을 수행하면서 종료 상태에 도달할 때까지 기다려야 합니다. 하지만 정책 평가 단계에서는 몬테카를로 예측 대신 시간차 예측을 쓰는 편이 더 직관적일 수 있습니다. 몬테카를로 예측을 TD 예측으로 바꿈으로써, 흔히 SARSA라고 알려져 있는 다른 알고리즘을 사용할 수 있게 됩니다.

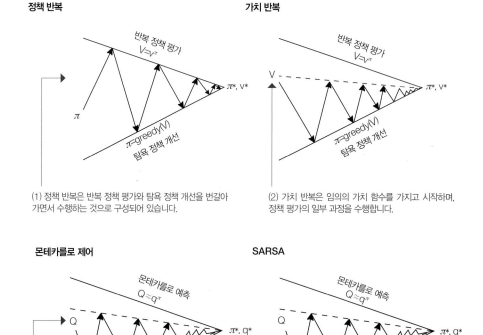

정책 반복

가치 반복

(1) 정책 반복은 반복 정책 평가와 탐욕 정책 개선을 번갈아 가면서 수행하는 것으로 구성되어 있습니다.

(2) 가치 반복은 임의의 가치 함수를 가지고 시작하며, 정책 평가의 일부 과정을 수행합니다.

몬테카를로 제어

SARSA

(3) MC 제어는 Q-함수를 추정하는데, 이때는 MC 예측의 일부 과정만 수행하고, 그 이후에 입실론-그리디 기법을 통해 정책 개선 단계를 수행합니다.

(4) SARSA는 정책 평가시 TD 예측의 일부 과정을 수행하는 것을 제외하고는 MC 제어와 거의 동일합니다.

그림 6-4 계획과 제어간의 비교

```
def sarsa(env,
          gamma=1.0,
          init_alpha=0.5,
          min_alpha=0.01,
          alpha_decay_ratio=0.5,
          init_epsilon=1.0,
          min_epsilon=0.1,
          epsilon_decay_ratio=0.9,
          n_episodes=3000):
```

(1) SARSA 에이전트는 제어 문제에서 TD를 직접적으로 변형시켰습니다. SARSA는 TD에 두 가지 큰 변화를 줬습니다. 먼저, SARSA는 행동-가치 함수 Q를 추정합니다. 또한, 정책 개선 단계에 탐색을 수행합니다.

(2) 여기에서도 앞의 mc_control 함수와 마찬가지로 입실론을 사용합니다.

```
    nS, nA = env.observation_space.n, env.action_space.n
    pi_track = []
```

(3) 우선, 필요한 변수들을 생성합니다. 참고로 pi_track은 에피소드 별로 탐욕 정책을 담습니다.

(4) 그리고 나서, Q-함수를 만듭니다. 여기서 자료형을 np.float64로 사용하는데, 과해보이기도 합니다.

```
    Q = np.zeros((nS, nA), dtype=np.float64)
    Q_track = np.zeros((n_episodes, nS, nA), dtype=np.float64)
```

(5) Q_track은 에피소드별로 추정된 Q-함수를 저장합니다.

```
    select_action = lambda state, Q, epsilon: np.argmax(Q[state]) \
        if np.random.random() > epsilon \
        else np.random.randint(len(Q[state]))
```

(6) select_action 함수는 이전과 동일하게 입실론-그리디 전략을 사용합니다.

(7) SARSA에서는 모든 감가계수를 미리 계산할 필요가 없습니다. 더이상 전체 반환값을 사용하지 않기 때문입니다. 그 대신, 추정된 반환값을 사용하기 때문에, 이를 온라인으로 계산할 수 있습니다.

```
    alphas = decay_schedule(
                            init_alpha, min_alpha,
                            alpha_decay_ratio,
                            n_episodes)
```

(8) 참고로 감가 계수와는 다르게 알파는 미리 계산해둡니다. 이 함수가 호출되면 사용할 알파들을 담은 벡터가 반환됩니다.

(9) select_action 함수는 자체적으로 감가시키는 전략이 아니기 때문에, 미리 감가된 입실론을 계산하고, 에이전트는 이 값을 사용해서 감가된 입실론-그리디 전략을 사용하게 될 것입니다.

```
    epsilons = decay_schedule(init_epsilon,
                              min_epsilon,
                              epsilon_decay_ratio,
                              n_episodes)
```

(10) 여기에서 이제 에피소드 루프로 진입합니다.

```
    for e in tqdm(range(n_episodes), leave=False):
```

(11) 매 에피소드가 시작할 때마다 환경과 done 플래그를 초기화합니다.

```
        state, done = env.reset(), False
        action = select_action(state, Q, epsilons[e])
```

(12) 초기 상태를 얻기 위한 행동(어쩌면 탐색 과정)을 선택합니다.

```
        while not done:
```
(13) 종료 상태에 도달하기 전까지 아래 과정을 반복합니다.

(14) 우선 환경을 한 단계 진행하고, 경험을 쌓습니다.

```
next_state, reward, done, _ = env.step(action)
```

(15) 과정 수행을 위한 계산을 하기에 앞서, 다음 단계를 위한 행동을 얻어야 합니다.

```
next_action = select_action(next_state, Q, epsilons[e])
```

(16) 여기에서 다음 상태-행동 쌍에 대한 td_target을 계산합니다. 여기서 not done이란 구문을 곱함으로써, 종료 상태 전까지의 값을 계산합니다. 이렇게 하면 종료 상태 이후에는 0을 곱하게 됩니다.

```
td_target = reward + gamma * Q[next_state][next_action] * (not done)
```

(17) 그리고 나서, 목표값과 현재 추정치 차이를 통해서 td_error를 계산합니다.

```
td_error = td_target - Q[state][action]
```

(18) 최종적으로 추정치를 오차가 발생한 방향으로 살짝 변화를 주면서 Q-함수를 업데이트합니다.

```
Q[state][action] = Q[state][action] + alphas[e] * td_error
state, action = next_state, next_action
```

(20) 분석을 위해서 Q-함수와 탐욕 정책도 저장합니다.

(19) 그리고 다음 단계에 필요한 상태와 행동도 업데이트 합니다.

```
Q_track[e] = Q
pi_track.append(np.argmax(Q, axis=1))
V = np.max(Q, axis=1)
pi = lambda s: {s:a for s, a in enumerate(np.argmax(Q, axis=1))}[s]
```

(21) 끝으로 이상적인 가치 함수에 대한 추정치와 이를 통해 구한 탐욕 정책을 계산하고, 이 모든 결과를 반환합니다.

```
return Q, V, pi, Q_track, pi_track
```

온라인 학습online learning **문제와 방법들**: '온라인 학습'이란 용어를 들으면, 이 역시 두 가지 중 하나라고 생각해 볼 수 있습니다. 로봇처럼 실제 작동 환경에서 상호작용이 발생하면서 학습하는 경우나 매 타임 스텝마다 수집된 경험을 바탕으로 학습하는 경우로 말입니다.

참고로 오프라인 학습과 온라인 학습은 서로 다른 문맥으로 사용되기도 합니다. 어느 문헌에서는 상호작용이 발생 여부를 구분짓기 위해 오프라인과 온라인의 개념을 쓰기도 하고, 또 어떤 문헌에서는 여기에서 소개했다시피 시뮬레이터에서 학습하느냐 실제 시스템에서 학습하느냐의 차이를 나타내기 위해 표현을 사용하기도 합니다.

여기서 제가 정의한 개념은 수많은 강화학습 연구자들이 흔히 사용하는 것과 동일합니다. 리처드 서튼Richard sutton(2018년 책[1]), 데이비드 실버David silver(2015년 강의[2]), 하도 반 하젤트(2018년 강의[3]), 마이클 리트먼Michael littman(2015년 논문[4]) 그리고 사바 체페스바리Csaba Szepesvari(2009년 책[5])에서도 동일하게 사용됩니다.

용어를 항상 눈여겨 보세요. 용어가 중요한 의미를 담고 있습니다.

6.3 학습에서 행동을 분리하기

상태-가치 함수에서의 TD 업데이트 공식을 한번 생각해봅시다. TD 업데이트 공식에서는 $R_{t+1}+\gamma V(S_{t+1})$을 TD 목표로 사용했습니다. 하지만 행동-가치 함수에서의 TD 업데이트 공식인 $R_{t+1}+\gamma Q(S_{t+1},A_{t+1})$을 살펴보면, 몇 가지 생각해볼 수 있는 여지를 발견하게 됩니다. 이때 사용된 행동을 살펴보고 이 행동이 어떤 의미인지, 어디에 적용할 수 있는지 생각해봅시다. 강화학습에서 가장 핵심적인 발전 중 하나가 바로 **Q-학습**Q-learning 알고리즘입니다. Q-학습은 모델 없이 정책이 생성한 경험만 가지고도 이상적인 정책을 직접적으로 근사할 수 있는, 행동 정책과 학습 정책이 다른 부트스트랩 기법입니다. 이론적으로 에이전트가 임의로 행동해도, 이상적인 가치 함수와 이에 대한 정책을 찾을 수 있습니다. 어떻게 가능할까요?

---

1 옮긴이_ 「Reinforcement Learning: An Introduction 2nd edition」으로 공개되어 있습니다(http://incompleteideas.net/book/the-book.html).

2 옮긴이_ 온라인(https://deepmind.com/learning-resources/-introduction-reinforcement-learning-david-silver)에 공개되어 있습니다.

3 옮긴이_ 온라인(https://deepmind.com/learning-resources/reinforcement-learning-lectures-series-2018)에 공개되어 있습니다.

4 옮긴이_ 「Reinforcement learning improves behaviour from evaluative feedback」라는 제목의 논문입니다(https://www.nature.com/articles/nature14540).

5 옮긴이_ 「Algorithms of Reinforcement Learning」으로 공개되어 있습니다(https://sites.ualberta.ca/~szepesva/rlbook.html).

6.3.1 Q-학습: 선택하지 않은 행동으로도 이상적인 행동을 학습하는 방법

SARSA 알고리즘은 '지금까지 한 행동으로 학습'하는 방법 중 하나입니다. 에이전트는 경험을 생성할 때 사용한 동일한 정책을 학습합니다. 이런 종류의 학습을 활성 정책on-policy라고 합니다. 활성 정책 학습이 굉장한 것은 실수에서도 학습을 한다는 것입니다. 하지만 명확히 해야 할 부분은 현재 취한 실수에 대해서만 학습을 한다는 점입니다. 만약 이전에 취했던 실수에서 학습하고자 한다면 어떻게 해야 할까요? 아니면 다른 에이전트의 실수에서 학습을 하려면 어떻게 해야 할까요? 활성 정책 환경에서는 불가능한 일입니다. 반대로 비활성 정책off-policy 학습은 '다른 것으로부터 학습'하는 방법입니다.

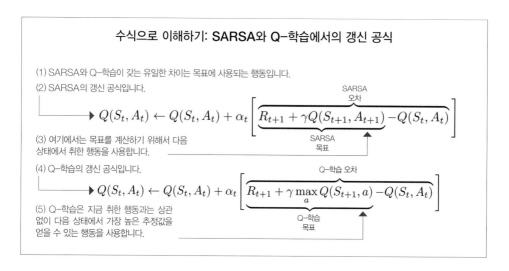

수식으로 이해하기: SARSA와 Q-학습에서의 갱신 공식

(1) SARSA와 Q-학습이 갖는 유일한 차이는 목표에 사용되는 행동입니다.

(2) SARSA의 갱신 공식입니다.

$$Q(S_t, A_t) \leftarrow Q(S_t, A_t) + \alpha_t \left[\underbrace{R_{t+1} + \gamma Q(S_{t+1}, A_{t+1})}_{\text{SARSA 목표}} - Q(S_t, A_t) \right]$$

SARSA 오차

(3) 여기에서는 목표를 계산하기 위해서 다음 상태에서 취한 행동을 사용합니다.

(4) Q-학습의 갱신 공식입니다.

$$Q(S_t, A_t) \leftarrow Q(S_t, A_t) + \alpha_t \left[\underbrace{R_{t+1} + \gamma \max_a Q(S_{t+1}, a)}_{\text{Q-학습 목표}} - Q(S_t, A_t) \right]$$

Q-학습 오차

(5) Q-학습은 지금 취한 행동과는 상관 없이 다음 상태에서 가장 높은 추정값을 얻을 수 있는 행동을 사용합니다.

코드 6-5 Q-학습 에이전트

```
def q_learning(env,                        (1) Q-학습 에이전트 구현의 시작 부분은 SARSA 에이전트 구현의
               gamma=1.0,                      시작 부분과 동일합니다.
               init_alpha=0.5,
               min_alpha=0.01,
               alpha_decay_ratio=0.5,      (2) 사실 두 에이전트 모두 같은 하이퍼파라미터를 사용합니다.
               init_epsilon=1.0,
               min_epsilon=0.1,
               epsilon_decay_ratio=0.9,
               n_episodes=3000):          (3) 여기에서 몇 가지 변수를 정의합니다.
    nS, nA = env.observation_space.n, env.action_space.n
    pi_track = []
```

(4) Q–함수와 오프라인 분석을 위한 추적 변수를 정의합니다.

```python
Q = np.zeros((nS, nA), dtype=np.float64)
Q_track = np.zeros((n_episodes, nS, nA), dtype=np.float64)
```

(5) 이전과 동일한 입실론–그리디에 따라 행동을 선택하는 전략을 사용합니다.

```python
select_action = lambda state, Q, epsilon: np.argmax(Q[state]) \
    if np.random.random() > epsilon \
    else np.random.randint(len(Q[state]))
alphas = decay_schedule(init_alpha,
                        min_alpha,
                        alpha_decay_ratio,
                        n_episodes)
epsilons = decay_schedule(init_epsilon,
                          min_epsilon,
                          epsilon_decay_ratio,
                          n_episodes)
for e in tqdm(range(n_episodes), leave=False):
    state, done = env.reset(), False
```

(6) 학습동안 사용될 모든 알파값을 담은 벡터입니다.

(7) 마찬가지로 학습동안 사용될 모든 입실론 값에 대한 벡터입니다.

(8) 에피소드에 대한 루프를 수행합니다.

(9) 먼저 환경을 초기화 한 후, 초기 상태를 얻고, done 플래그를 False로 설정합니다.

(10) 이제 온라인 학습을 위해서 상호작용을 수행하는 루프로 진입합니다.

```python
    while not done:
```

(11) 종료 상태에 도달하고 done 플래그가 설정될 때까지 루프를 계속 반복 수행합니다.

(12) 우선 여기서 수행되는 것은 현재 상태에 대한 행동을 선택하는 것입니다. 입실론이 어떻게 사용되었는지 확인하시기 바랍니다.

```python
        action = select_action(state, Q, epsilons[e])
```

(13) 환경을 한 단계 진행시키고, 이에 대한 전체 경험 튜플 (s, a, s', r, d)를 얻습니다.

```python
        next_state, reward, done, _ = env.step(action)
```

(14) 다음, TD 목표를 계산합니다. Q–함수는 지금 사용하고 있는 감가되는 입실론–그리디 전략과 같이 탐색 전략을 사용해도 이상적인 행동-가치 함수 를 학습하는 점에서 특별한 알고리즘입니다. 이와 같은 학습 기법을 비활성 정책 학습이라고 합니다.

```python
        td_target = reward + gamma * Q[next_state].max() * (not done)
```

(15) 다시 언급하자면, not done 부분은 종료 상태에서 다음 상태에 대한 최댓값을 0으로 만듭니다. 이 부분은 에이전트가 종료된 후에 보상을 받지 못하게 한다는 점에서 중요합니다.

(16) 이어서 추정치와 목표치간의 차이를 통해서 TD 오차를 계산합니다.

```python
        td_error = td_target - Q[state][action]
```

(17) 그리고 나서, 상태–행동 쌍에 대한 Q–함수를 오차만큼 살짝 움직입니다.

```python
        Q[state][action] = Q[state][action] + alphas[e] * td_error
        state = next_state
    Q_track[e] = Q
    pi_track.append(np.argmax(Q, axis=1))
```

(18) 여기서 상태를 갱신시킵니다.

(19) Q–함수와 정책을 저장합니다.

```python
V = np.max(Q, axis=1)
pi = lambda s: {s:a for s, a in enumerate(np.argmax(Q, axis=1))}[s]
return Q, V, pi, Q_track, pi_track
```

(20) 그리고 Q–함수로부터 V–함수와 최종 정책을 얻습니다.

미겔의 한마디: 활성 정책과 비활성 정책으로 학습하는 사람들

활성 정책 학습은 결정을 내릴때 사용되는 정책을 학습합니다. 마치 '작업하면서 학습한다'고 생각할 수 있습니다. 비활성 정책은 의사결정을 내릴 때 사용되는 정책과 다른 정책을 학습합니다. 이 학습은 '다른 사람의 경험에서 학습한다'거나 '스스로 최고가 되지 않고도, 최고가 되는 법을 학습한다'고 생각해볼 수 있습니다. 두 방법 모두 학습에 있어 중요한 방법으로 의사결정을 내리는 입장에서는 핵심 요소로 생각할 수 있습니다. 흥미롭게도 우리 주변에서도 활성 정책 학습을 사용하는 사람과 비활성 정책을 사용하는 사람을 쉽게 알아볼 수 있습니다.

예를 들어서 제 아들은 활성 정책 학습을 따르는 경향이 있습니다. 아들이 장난감을 가지고 놀다가 어려움을 겪기에 제가 사용하는 방법을 가르쳐주려 들면 아들은 자신을 혼자 내버려둘 때까지 계속 불평합니다. 계속 혼자서 장난감을 가지고 놀다가, 마침내 사용법을 알게 되는데, 그러면 제가 가르쳐 준 방법보다 스스로 학습한 방법을 선호합니다. 활성 정책 학습은 이렇게 학습의 입장에서는 직관적이고, 안정적입니다.

반대로 제 딸의 경우는 비활성 정책 학습으로 만족하는 것 같습니다. 딸은 스스로 시도해보기 이전에 제가 가르쳐준 방법을 익힙니다. 제가 먼저 집을 그리는 방법을 보여주면, 그걸 따라 합니다.

지금 소개한 예시는 비유일 뿐입니다. 모방 학습과 비활성 정책은 같지 않습니다. 비활성 정책 학습은 학습자가 가진 경험을 바탕으로 학습합니다. 예를 들어서 축구를 잘 하기 위해 달리기 경험을 활용하는 식입니다. 어쩌면 요리를 하면서 그림 그리다가 배운 방법을 활용하는 경우도 있을 것이라 확신합니다. 비활성 정책 학습을 수행할 때, 경험이 어디에서 왔는지는 중요하지 않습니다. 목표 정책과 행동 정책이 다른 한, 이런 학습 기법을 비활성 정책 학습이라고 말할 수 있습니다. 또한 강화학습 관점에서 어떤 방식이 '최고의' 방식인지 결론내리기 전에, 두 가지 모두 장단점이 있다는 것을 알아야 합니다. 활성 정책 학습은 직관적이고, 안정적입니다. 만약 피아노를 잘 치고 싶다면, 당연히 피아노 치는 방법을 연습하지 않을까요?

반대로 스스로 쌓은 경험보다 다른 것으로부터 학습하는 것도 유용해 보입니다. 이 모든 것을 한번에 스스로 하기에는 시간이 부족할 수도 있습니다. 어쩌면 명상이 피아노를 치는 방법에 대해서 약간이라도 도움을 줄 수도 있고, 더 잘 치게 해줄 수도 있습니다. 하지만 비활성 정책이 여러 개의 요소(혹은 여러 개의 기술)로부터 학습에 대한 도움을 받을 수 있다고 하더라도, 이런 학습 방식은 분산을 높여서, 결국 수렴하기까지 오래 걸리게 됩니다. 또한 비활성 정책 학습, 부트스트래핑 그리고 함수 근사화 function approximation가 서로 결합되면 학습에 대한 발산을 유발한다고 증명되어 있습니다. 이 방법들은 서로 그렇게 잘 동작하지 않습니다. 비활성 정책 학습, 부트스트래핑은 앞에서 배웠고, 마지막 함수 근사화는 곧 알아보겠습니다.

NOTE_ 강화학습 용어집: 무한대로 탐색했을 때의 극한에 대한 탐욕과 확률적 근사화 이론

무한대로 탐색한 후 탐욕 정책으로의 수렴greedy in the limit with infinite exploration(GLIE)은 몬테카를로 제어와 SARSA 같은 활성 정책 강화학습 알고리즘의 필요한 요소 중 하나로, 이 요소를 따르게 되면 이상적인 정책으로 반드시 수렴합니다. 필요 요소는 아래와 같습니다.

- 모든 상태–행동 쌍은 무한대로 탐색되어야 합니다.
- 정책은 항상 탐욕 정책에 수렴해야 합니다.

실제로 어떻게 사용되는지 설명하기 위해서 입실론–그리디 탐색 전략을 예로 들자면, 이 탐색 전략에서 입실론은 0을 향해서 천천히 수렴해야 합니다. 만약 이 값이 빠르게 감소한다면, 첫 번째 필요 요소가 성립되지 않습니다. 또한 너무 천천히 감소하면, 수렴되기까지 오랜 시간이 소요됩니다.

참고로 Q–학습과 같은 비활성 정책 강화학습 알고리즘에서는 위에 소개된 두 개의 필요 요소 중 첫 번째 요소만 필요합니다. 비활성 정책 학습의 경우 학습되는 정책이 행동을 샘플링하는 정책과 다르기 때문입니다. 예를 들어서 Q–학습에서 모든 상태–행동 쌍이 충분하게 갱신된다면, 이미 첫 번째 조건을 만족합니다.

여기에서 입실론–그리디 전략과 같이 단순한 탐색 전략을 사용해서 필요 요소에 대한 확실성을 확인하는 것은 다른 문제입니다. 간단한 격자 환경과 이 상태에서 이산적인 행동과 상태 영역을 갖는 경우에는 입실론–그리디 전략이 잘 동작할 것입니다. 하지만 임의의 행동보다 더 많이 필요한 복잡한 환경도 생각해볼 수 있습니다.

앞에서 소개한 모든 방법들이 적용된 확률적 근사화 이론에 기반한, 또 다른 수렴의 필수 요소들이 있습니다. 학습이 수행될 때 샘플을 사용하고 이 샘플이 어느 정도의 분산을 가지고 있기 때문에, 이에 대응할 학습율 알파가 0으로 가지 않으면 추정치는 수렴하지 않습니다.

- 학습율의 합은 무한대여야 합니다.
- 학습율의 제곱의 합은 유한이어야 합니다.

이 말은 감가는 되나 절대 0으로 가지 않는 학습율을 선택해야 한다는 점입니다. 예를 들어서 이나 을 학습율로 사용하게 된다면, 학습율은 처음에는 전체 알고리즘이 하나의 샘플에 너무 의존하지 않게끔 충분히 클 것이고, 잡음 사이에서 이상적인 정보를 찾을 수 있을 만큼 충분히 작아질 것입니다.

물론 이런 수렴 조건들이 강화학습 알고리즘 이론을 개발하는데 유용하지만 실제로는 문제에 따라서 학습율이 충분히 작은 상수로 설정됩니다. 보통 이렇게 작은 상수는 실제 세상과 같은 비정상 환경non-stationary environment에서는 잘 동작하는 것으로 알려져 있습니다.

6.3.2 이중 Q-학습: 최댓값의 추정치를 위한 추정치의 최댓값

Q-학습은 가치 함수를 과대추정overestimate하는 경향이 있습니다. 매 단계마다 다음 상태에 대한 행동-가치 함수의 추정치의 최댓값을 얻습니다. 그런데 사실 우리한테 필요한 것은 다음 상태에서의 행동-가치 함수를 최대로 만들어 줄 수 있는 실제값입니다. 다르게 말하면, 추정치에 대한 최댓값을 최댓값에 대한 추정치로 활용하고 있는 것입니다.

이렇게 하면 최댓값에 대한 추정치가 부정확할 뿐만 아니라, TD 목표를 계산하기에 사용하는 부트스트래핑 추정치에 편향이 생긴다는 중요한 문제를 야기합니다. 이렇게 편향된 추정에 대한 최댓값을 최댓값의 추정으로 사용하는 문제를 **최대화 편향**maximization bias라고 합니다.

간단합니다. 모든 실제값이 0인 행동-가치 함수가 있고, 이에 대한 추정치에 편향이 있다고 생각해봅시다. 예를 들어 추정치가 0.11, 0.65, −0.44. −0.26과 같이 어떤 값은 양의 값을 가지고, 어떤 값은 음의 값을 가진다고 합시다. 이미 우리는 가치에 대한 실제 최댓값이 0이라는 것을 알고 있지만, 추정치의 최대는 0.65인 상황입니다. 이제 양의 편향을 가진 상황과 음의 편향을 가진 상황에서 어떤 값을 뽑게 된다면, 문제가 도출되지 않습니다. 하지만 여기서 최댓값을 취하기 때문에, 큰 편향, 다시 말해 가장 큰 오차를 가진다고 할지라도 항상 큰 값을 갖게 됩니다. 이런 과정이 반복되면 오차는 안 좋은 방향으로 모이게 될 것입니다.

긍정적인 생각을 가진 사람이 이런 경향때문에 잘못된 길로 인도하는 경우를 본 적 있을 것입니다. 그렇게 밝지 않은 것에 눈이 멀어버리는 사람도 있습니다. 제 생각에 이런 이유로 많은 사람들이 AI의 성공에 취하지 않도록 조심하기를 조언한다고 생각합니다. 때로는 과대 평가가 적이 될 수 있고, 개선된 성능을 둔화시킬 수도 있습니다.

코드 6-6 이중 Q-학습 에이전트

```
def double_q_learning(env,  ◀─────────  (1) 이중 Q-학습도 Q-학습과 동일한 인자를 받습니다.
                      gamma=1.0,
                      init_alpha=0.5,
                      min_alpha=0.01,
                      alpha_decay_ratio=0.5,
                      init_epsilon=1.0,
                      min_epsilon=0.1,
                      epsilon_decay_ratio=0.9,            (2) 동일한 변수 선언을
                      n_episodes=3000):                    해주면서 시작합니다.
    nS, nA = env.observation_space.n, env.action_space.n
    pi_track = []   ◀──────────────────────────────────────────

    (3) 하지만 바로 여기서 큰 차이를 확인할 수 있습니다. 이제 두 개의 상태-가치 함수 Q1과 Q2를 사용합니다. 교차-검
    증과 유사한 방법으로 볼 수 있습니다. 한 개의 Q-함수 추정치는 다른 Q-함수 추정치를 검증할 수 있도록 도와줍니다.
    문제는 이제 경험을 이 두 개의 함수 사이에서 나눠야 한다는 것입니다. 이때문에 학습이 느려집니다.

    Q1 = np.zeros((nS, nA), dtype=np.float64)
    Q2 = np.zeros((nS, nA), dtype=np.float64)
    Q_track1 = np.zeros((n_episodes, nS, nA), dtype=np.float64)
    Q_track2 = np.zeros((n_episodes, nS, nA), dtype=np.float64)

        (4) 나머지 코드는 매우 직관적이기에, 여기서 어떤 내용이 구현되어 있는지는 이미 알고 있을 것입니다.
        select_action, alphas, epsilons 모두 이전과 동일한 방법으로 계산합니다.
    select_action = lambda state, Q, epsilon: np.argmax(Q[state]) \
        if np.random.random() > epsilon \
        else np.random.randint(len(Q[state]))
    alphas = decay_schedule(init_alpha,
                            min_alpha,
                            alpha_decay_ratio,
                            n_episodes)
    epsilons = decay_schedule(init_epsilon,
                              min_epsilon,
                              epsilon_decay_ratio,
                              n_episodes)
                                                    (6) 매 새로운 에피소드마다 환경을
    (5) 에피소드 루프로 진입합니다.                     초기화하고 초기 상태를 얻음으로써
    for e in tqdm(range(n_episodes), leave=False):   시작합니다.
        state, done = env.reset(), False  ◀──────────
        while not done:  ◀──────  (7) 그리고 종료 상태에 도달할 때까지 반복합니다.
                                  물론 done 플래그가 참이 되어야 합니다.
```

(8) 매 단계마다 앞에서 설정한 select_action 함수를 이용해서 행동을 선택합니다.

```
action = select_action(state, (Q1 + Q2)/2, epsilons[e])
```

(9) 여기서 재미있는 부분이 있습니다. 바로 앞에서 설정한 두 개의 Q-함수의 평균을 사용했다는 것입니다. 또는 Q-함수의 합을 사용할 수도 있습니다. 두 방법 모두 비슷한 결과를 보여줍니다.

```
next_state, reward, done, _ = env.step(action)
```

(10) 그리고 나서, 환경에 행동을 전달한 후, 경험 튜플을 얻습니다.

(11) 이제 여기서부터 뭔가 바뀌기 시작합니다. 우선 Q1과 Q2 중 어떤 것을 갱신할지 결정하기 위해서 동전을 던집니다.

```
if np.random.randint(2):
    argmax_Q1 = np.argmax(Q1[next_state])
```

(12) Q1의 값이 가장 좋은 행동을 취합니다

```
    td_target = reward + gamma * \
                Q2[next_state][argmax_Q1] * (not done)
```

(13) 대신 TD 목표를 계산하는 데에는 Q2 함수를 사용합니다.

(14) 참고로 Q1에 의해서 정의된 행동에 대해서 Q2 함수에서 값을 얻게 됩니다.

```
    td_error = td_target - Q1[state][action]
```

(15) 그리고 나서 Q1의 추정치로부터 TD 오차를 계산합니다.

(16) 마지막으로 앞에서 구한 오차를 사용하여 목표치에 가깝게 추정치를 움직입니다.

```
    Q1[state][action] = Q1[state][action] + alphas[e] * td_error
```

(17) 이제(50%의 확률로 진입하게 될) 반대의 경우를 고려해보겠습니다. 여기에서는 다른 Q-함수인 Q2를 갱신합니다.

```
else:
    argmax_Q2 = np.argmax(Q2[next_state])
```

(18) 기본적인 내용은 앞의 갱신 부분과 거의 유사합니다. 다만 여기에서는 Q2를 최대화할 수 있는 인자를 구합니다.

(19) 그리고 그 인자를 행동으로 사용하는데, 이번에는 다른 Q-함수인 Q1으로부터 추정치를 얻습니다.

```
    td_target = reward + gamma * Q1[next_state][argmax_Q2] * (not done)
```

(20) 여기에서 Q1과 Q2의 역할이 바뀐 것을 확인할 수 있습니다.

(21) 이번에는 Q2로부터 TD 오차를 계산합니다.

```
    td_error = td_target - Q2[state][action]
    Q2[state][action] = Q2[state][action] + alphas[e] * td_error
```

(22) 그리고 이를 이용해서 상태-행동 쌍에 대한 Q2의 추정치를 갱신합니다.

(23) 여기서 처음에 정의한 'alphas'가 사용됩니다.

```
state = next_state
```

(24) 이렇게 state 변수에 대한 값을 바꿔준 후, 종료 상태에 도달하고 done 변수가 참이 될 때까지 계속 루프를 수행합니다.

```
Q_track1[e] = Q1
```
(25) 오프라인 분석을 위해서 Q1과 Q2를 저장합니다.
```
Q_track2[e] = Q2
pi_track.append(np.argmax((Q1 + Q2)/2, axis=1))
```

(26) 여기에서는 정책이 Q1과 Q2의 평균을 최대로 해줄 수 있는 인자임을 알 수 있습니다.

```
Q = (Q1 + Q2)/2.
```
(27) 최종으로 얻은 Q는 평균입니다.
```
V = np.max(Q, axis=1)
```
(28) 그리고 최종으로 얻은 V는 Q의 최댓값입니다.

(29) 마지막 정책은 Q의 평균을 최대로 해줄 수 있는 인자가 됩니다.

```
pi = lambda s: {s:a for s, a in enumerate(np.argmax(Q, axis=1))}[s]
```

(30) 그리고 나서 이 모든 것들을 반환함으로써 종료됩니다.

```
return Q, V, pi, (Q_track1 + Q_track2)/2., pi_track
```

최대화 편향 문제를 다룰 수 있는 방법 중 하나는 두 Q-함수의 추정치를 계속 기록하는 것입니다. 매 타임 스텝마다, 두 함수 중 하나를 선택하고, 이 Q-함수에 따라서 가장 높은 추정치를 얻을 수 있는 행동을 결정합니다. 그리고 같은 행동에 대해 다른 Q-함수의 추정치를 구합니다. 이렇게 함으로써, 항상 양의 편향 오차를 얻게 될 가능성을 낮출 수 있습니다. 그리고 사서, 환경과의 상호작용시 필요한 행동을 선택하기 위해서, 그 상태에 대한 두 Q-함수의 평균 혹은 합을 사용합니다. 만약 합을 사용하게 된다면, $Q_1(S_{t+1})+Q_2(S_{t+1})$에 대한 최대치를 구할 수 있게 됩니다. 이렇게 두 개의 Q-함수를 사용한 기법을 **이중 학습**^{double learning}이라고 하고, 이 기법을 적용한 알고리즘을 **이중 Q-학습**^{double Q-learning}이라고 합니다. 이후 장에서는 **이중 심층 Q-신경망**^{double deep Q-network}(DDQN)라는 심층 강화학습 알고리즘에 대해서 배우게 될텐데, 이 방법도 이중 학습 기법을 적용한 알고리즘 중 하나라고 보면 됩니다.

NOTE_ 더 자세히 살펴보기: SWS 환경에서 첫방문 몬테카를로(FVMC)와 SARSA, Q-학습 그리고 이중 Q-학습

앞에서 다뤘던 7개의 미끄러지는 칸을 가지는 환경(SWS)에서 방금 배운 모든 알고리즘들을 실험해봅시다. 알고 있다시피, 모든 알고리즘에서 같은 하이퍼파라미터(감마, 알파, 입실론, 감가될 값에 대한 스케쥴링)를 사용했습니다. 참고로 알파를 0을 향해서 감가시키지 않는다면, 알고리즘은 완전히 수렴하지 않습니다. 그래서, 보통 간단한 환경에서 많이 사용되는 0.01으로 감가시킵니다. 또한 완전한 수렴을 위해서는 입실론도 0으로 감가되어야 하지만, 실제로는 이렇게 하지 않습니다. 최신 구현 방법에서는 이렇게 입실론이 감가시키지 않고, 대신 상수로 정의합니다. 여기에서는 0.1로 감가되도록 합니다.

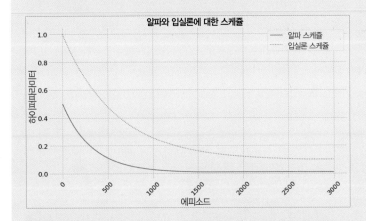

추가로 이번에는 모든 알고리즘이 같은 수의 에피소드를 수행합니다. SWS 환경에서 총 3000번의 에피소드를 수행합니다. 아마 몇몇 알고리즘은 이 실험에서 수렴하지 않는 것을 확인할 수 있는데, 그렇다고 이 알고리즘들이 전혀 수렴하지 않는다는 의미는 아닙니다. 또한 프로즌 레이크와 같이 노트북 내에 포함된 일부 환경은 정해진 몇 스텝 이후에는 종료되게 구현되어 있습니다. 다시 말해서, 매 에피소드가 끝날 때까지

100스텝동안 움직이게 되며, 이후에는 done 플래그가 설정됩니다. 이와 관련된 문제 또한 이후의 장에서 다룰 예정입니다. 일단은 노트북을 실행하고, 한번 해보기 바랍니다. 아마 재미있을 것입니다.

그래프로 확인하는 결과: 부트스트래핑과 활성 정책 방법 사이의 유사한 경향

(1) 첫 방문 몬테카를로 제어에 대한 결과입니다. 예측 알고리즘이기 때문에 추정치에 대한 분산이 높습니다. 참고로 모든 알고리즘이 동일한 행동 선택 전략을 사용했습니다. 유일한 차이는 정책-평가에서 사용된 방법 뿐입니다. 신기하지 않나요?

(2) SARSA는 활성 정책 부트스트래핑 기법입니다. 반면 MC는 활성 정책이기는 하나, 부트스트래핑을 사용하지 않습니다. 결과를 놓고 보았을 때, SARSA가 MC에 비해서 분산이 작지만, 이상적인 값을 얻는데는 같은 시간이 걸림을 확인할 수 있습니다.

(3) Q-학습은 비활성 정책, 부트스트래핑 기법입니다. 결과를 확인하면 추정치가 참의 값으로 빠르게 수렴하는 것을 확인할 수 있습니다. 대신 추정치가 참의 값 주변에서 급격하게 변동되는 모습도 볼 수 있습니다.

(4) 반면, 이중 Q-학습은 Q-학습에 비해 느리게 이상적인 상태-가치 함수를 따라가는 추정치를 얻습니다. 그러나 조금 더 안정적입니다. 물론 여전히 과대 추정된 부분도 있으나, 어느 정도 제어되고 있습니다.

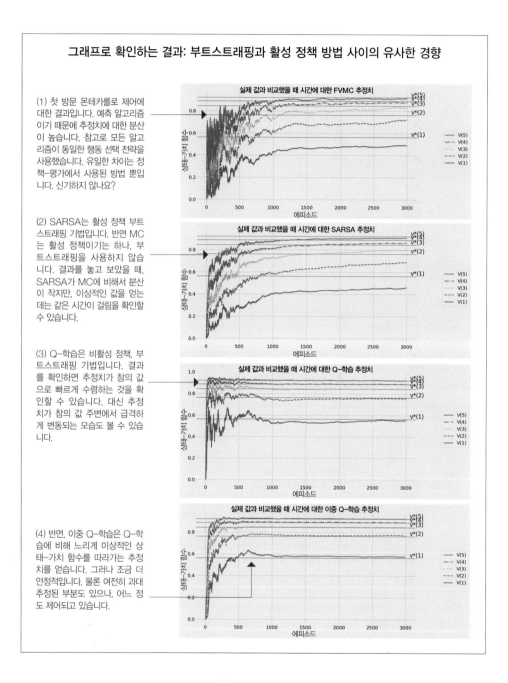

그래프로 확인하는 결과: SWS 환경에서 학습된 정책들의 성능 비교

(1) 알고리즘을 이해하는데 도움이 되는 그래프들입니다. Q-학습이 이상적인 값에는 빠르게 도달하나, 종종 벗어나는 경우를 생각해볼 때, 이런 현상이 성공의 관점에서는 어떻게 해석해야 될까요? 이 그림에서는 이중 Q-학습이 Q-학습보다는 빨리 100% 성공 확률에 도달하는 것을 확인할 수 있습니다. 참고로 여기서 성공이란, SWS 환경에서는 가장 오른쪽에 있는 상태인, '좋은 상태'에 도달하는 것을 말합니다.

(2) 학습되는 동안, 각 에이전트가 얻는 평균 반환값은 어떻게 될까요? 에이전트가 이상적인 정책을 수행할 때, 이들의 성능은 어떻게 측정할 수 있을까요? 물론 이전과 동일하게 이중 Q-학습이 빠르게 이상적인 값에 도달합니다. 옆의 결과는 5개의 임의의 시드에 대한 결과에 평균을 취한 것으로 잡음이 있기는 하지만 모든 알고리즘이 올라가는 경향이 유지되고 있습니다.

(3) 마지막으로 후회값에 대한 이동 평균을 살펴볼 수 있는데, 후회값이란 이상치와의 차이를 나타낸 것으로 에이전트가 환경 위에서 남겨둔 보상이 어느 정도 있는지를 표현한 지표입니다(이 결과는 학습시 쌓은 결과입니다). 다시 한번, 이중 Q-학습이 가장 좋은 성능을 보여주는 것을 확인할 수 있습니다.

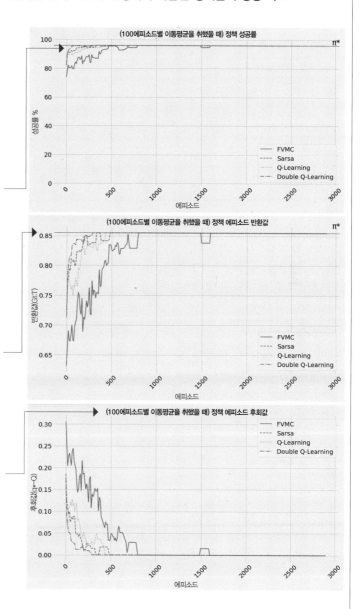

그래프로 확인하는 결과: SWS 환경에서 학습된 가치 함수의 성능 비교

(1) 오른쪽 그래프도 흥미롭습니다. 이 결과는 100번의 에피소드를 수행했을 때, 추정된 기대 반환값의 이동 평균을 나타냅니다. 다시 말해서 (처음부터 종료 상태에 도달할 때까지) 전체 에피소드 동안 에이전트가 얻을 수 있는 기대값과 초기 상태에서의 이상적인 V-함수가 주어졌을 때, 에이전트가 얻었어야 할 기대값이 표기되어 있습니다.

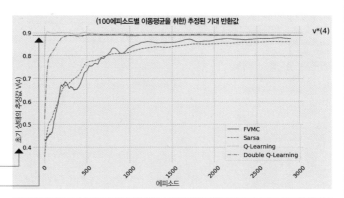

(2) 다음 그림은 상태-가치 함수인 V-함수의 추정 오차를 표현하고 있습니다. 이 결과는 이상적으로 얻은 값과 모든 추정치에 대한 평균 절대 오차를 나타냅니다. Q-학습이 얼마나 빠르게 0까지 감소하는지 확인해보고, 또 이중 Q-학습이 가장 낮은 값에는 제일 먼저 도달하는지도 확인하기 바랍니다. SARSA와 FVMC는 이 간단한 환경에서는 앞의 알고리즘에 비해서는 비교가 될 만한 결과를 보여주고 있습니다.

(3) 마지막으로 행동-가치 함수인 Q-함수에 대한 오차를 보여줍니다. 이 그래프는 앞에서 다뤘던 그림과는 조금 다른 경향을 보여주고 있는데, 앞의 결과는 이상치와 추정된 최대 행동간의 차이를 사용했던 반면, 지금 결과는 전체 행동에 대한 MAE를 계산한 것입니다.

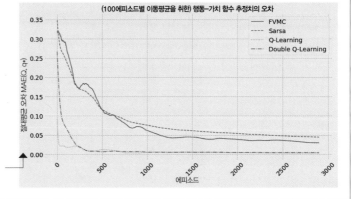

6.4 요약

이번 장에서는 지금까지 배웠던 모든 내용을 실제로 적용했습니다. 여기에서는 시행착오를 통한 학습으로 정책을 최적화하는 알고리즘들을 학습했습니다. 이 알고리즘들은 순차적이면서, 평가가능한 피드백으로부터 학습합니다. 다시 말해 에이전트는 순간 목표와 장기간 목표의 균형을 맞추면서, 정보에 대한 수집과 활용의 균형을 맞추는 방법을 학습합니다. 다만 이전 장에서는 에이전트가 예측 문제만 해결할 수 있도록 제한을 둔 반면, 이번 장에서는 제어 문제를 풀 수 있도록 했습니다.

이번 장에서는 수많은 기본적인 개념들을 다뤘습니다. 정책 평가로 구성된 예측 문제와 정책 최적화로 이루어진 제어 문제도 배웠습니다. 또한 예측 문제에 대한 답은 이전 장에서 배웠다시피 정책 평가 방법에 있다는 것도 알았습니다. 하지만 예기치 않게도 제어 문제는 이전 장에서 배웠던 정책 개선 방법만으로는 해결할 수 없습니다. 대신 제어 문제를 해결하기 위해서는 정책-평가 방법을 사용해야 하는데, 이 방법은 샘플과 정책 개선 방법으로부터 행동-가치 함수를 추정함으로써 학습할 수 있고, 다시 말해 탐색이 필요합니다.

이번 장에서의 핵심 내용은 정책-평가 방법과 정책-개선 방법 간의 상호작용이 포함된 일반화된 정책 반복(GPI)입니다. 정책 평가가 평가된 정책에 대한 가치 함수를 만들고, 정책 개선은 이런 경향을 뒤집어서 개선된 정책을 만들어냅니다. GPI는 앞에서 말한 정책 평가와 정책 개선이 이뤄지면서, 이상적인 정책과 가치 함수로 수렴할 때까지 계속 개선된 정책을 만들어냅니다. 강화학습 이론은 이런 경향을 뒷받침하며, 실제로 이산적인 상태 영역과 행동 영역을 가진 환경에서도 몇 개의 요소만 가지고도 이상적인 정책과 가치 함수를 얻을 수 있습니다. 또한 GLIE와 확률적 근사화 이론을 강화학습 알고리즘에 다른 방향으로 적용하는 법을 다뤘습니다.

이외에도 활성 정책과 비활성 정책 그리고 온라인 학습에서 오프라인 학습에 이르기까지 많은 것에 대해서 학습하였습니다. 이중 Q-학습과 이중 학습은 일반적으로 나중에 실제로 구현하게 될 알고리즘에 필수적인 요소입니다. 다음 장에서는 제어 문제를 해결할 수 있는 조금 더 개선된 방법을 다룰 것입니다. 환경이 조금 더 복잡해지기 때문에, 이상적인 정책을 학습할 수 있는 다른 방법을 사용합니다. 이어서 환경에 대한 문제를 조금 더 효율적으로 해결할 수 있는 방법을 찾고, 실제로 효율적으로 동작하는 것도 확인하겠습니다. 다시 말해, 해당 환경에 대한 문제를 해결하며 이번 장에서 다뤘던 방법들보다 적은 경험 정보만 사용해서 해결할 수 있을 것입니다.

- 대부분의 강화학습 에이전트가 일반화된 정책 반복이라고 알려져 있는 경향을 따른다는 것을 이해했습니다.
- GPI가 정책 반복과 정책 개선을 통해서 제어 문제를 해결할 수 있다는 것을 알게 되었습니다.
- 제어 문제를 해결하는 데 있어, GPI 경향을 따르는 몇몇 에이전트에 대해서 학습했습니다.

트위터에서 만나요!

공부하고 배운 내용을 공유해보시기 바랍니다.

매 장의 마지막 부분에, 제가 다음 단계로 넘어가기 위해서 지금까지 배운 것을 어떻게 활용할 수 있을지에 대한 아이디어를 제공할 것입니다. 원한다면, 당신이 얻은 결과를 세상에 공유하고, 다른 사람이 어떻게 구현했는지도 확인해보기 바랍니다. 이것이 서로한테 좋은 방법이며, 여기서 원하는 것을 얻었으면 좋겠습니다.

- **#gdrl_ch06_tf01**: 이번 장에서 다뤘던 모든 알고리즘들은 두 가지 핵심 변수인 학습율(알파)와 감가계수(감마)를 사용합니다. 이 두 변수에 대한 분석을 해보면 좋을 것 같습니다. 예를 들어서 이 두 개의 변수는 어떻게 동작할까요? 이 변수들이 에이전트가 얻을 수 있는 총 보상과 정책 성공율에는 어떤 영향을 끼칠까요?

- **#gdrl_ch06_tf02**: 이번 장을 끝내고 난 후 모든 알고리즘이 같은 탐색 전략을 사용했다는 점에 대해 생각해볼 수 있습니다. 모두 기하급수적으로 감가되는 입실론–그리디 전략을 사용했습니다. 그런데 이 전략이 최선인가요? 4장에서 언급된 다른 전략을 사용하면 어떨까요? 한번 독자들만의 탐색 전략을 만들어서 실험해보면 어떨까요? 탐색과 관련된 하이퍼파라미터를 변경하면 결과가 어떻게 변화될까요? 어렵지 않을 것입니다. 이번 장의 노트북을 열어서 다양한 하이퍼파라미터를 바꿔보면서 시작하면 됩니다. 그리고 나서, 탐색 전략도 바꿔 보고, 알게 된 부분에 대해서 말해주세요.

- **#gdrl_ch06_tf03**: 궁금한 부분이었겠지만, 이번 장에서 사용된 알고리즘들은 타임 스텝에 대한 제한을 올바르게 설정하지 않았습니다. 제가 어떤 의도로 그랬을지 확인해보고, 이유를 알아냈다면 올바르게 동작하도록 알고리즘을 변경해보기 바랍니다. 결과가 완전히 바뀌었나요? 에이전트가 이전보다 더 잘 동작하나요? 이상적인 가치 함수나 이상적인 정책, 아니면 둘 다 더 나은 결과를 보여주나요? 얼마나 더 좋아졌나요? 한번 분석해보고, 8장 이후에 다시 돌아보겠습니다. 알게된 내용들을 공유해주세요.

- **#gdrl_ch06_tf04**: 매 장마다 마지막 해시태그는 총정리 해시태그로 사용하겠습니다. 마지막 해시태그는 이 장과 관련해 작업한 어떤 것이든 다른 사람들과 논의하는데 사용하길 바랍니다. 여러분이 직접 만든 것만큼 흥미로운 과제도 없답니다. 당신이 어떤 공부를 하고 있는지, 그 결과도 공유해주기 바랍니다.

공부한 것에 대해서 트윗을 쓰고 저(@mimoralea)를 태그해주세요(제가 리트윗하겠습니다). 그리고 여러분이 얻은 결과를 사람들이 위에 적힌 해시태그를 사용하기 바랍니다. 잘못된 결과는 없습니다. 여러분이 찾은 것을 공유하고, 다른 사람이 찾은 것을 확인해보세요. 이 해시태그를 기회로 교류하고 기여하세요. 다같이 기다리고 있을게요!

## CHAPTER 7

조금 더 효율적인 방법으로
목표에 도달하기

"효율성efficiency이란 일을 올바르게 수행하는 것이고, 효과성effectiveness이란 옳은 일을 수행하는
것입니다."

– 피터 드러커Peter Druker

현대 경영사상의 창시자이자 미국 대통령 자유 훈장 수훈자

이번 장에서는 앞서 학습했던 에이전트를 개선하겠습니다. 엄밀히 말하자면, 두 가지 개선 과
정을 수행합니다. 우선 5장에서 다뤘던, 일반화된 정책 반복 형식을 가진 학습에서 정책 평가
단계에서 필요했던 λ–반환을 사용합니다. 이 λ–반환을 사용해서 활성 정책과 비활성 정책 상
황에서 탐색할 것입니다. 적격 흔적eligibility trace를 적용한 λ–반환을 사용하면, 일반적인 방법보
다 옳은 상태–행동 쌍에 빠르게 도달할 수 있도록 하여, 가치–함수에 대한 근사치가 조금 더
실제 값에 빠르게 접근할 수 있도록 해줍니다.

두 번째로 마르코프 결정 과정(MDP)이라는, 경험에 대한 샘플을 이용해 환경에 대한 모델을
학습하는 알고리즘에 대해서 다룹니다. 이를 통해 학습동안 수집된 데이터의 대부분을 추출하
며 때로는 MDP를 적용하지 않은 방법에 비해 이상적인 값에 더 빠르게 도달할 수 있습니다.
이렇게 환경에 대한 모델을 학습하고자 하는 알고리즘 유형을 보통 **모델 기반 강화학습**model-based
reinforcement learning이라고 합니다.

이 두 가지 개선 단계를 별개로 나누어 살펴보겠지만, 두 개선을 결합하지 말라는 법은 없습니다. 바로 시작해봅시다.

- 복잡한 환경과 상호작용할 때, 이상적인 성능에 효율적으로 도달할 수 있는 강화학습 에이전트에 대해서 학습합니다.
- 대부분의 경험을 만들어 목표를 효율적으로 달성하는 강화학습 에이전트에 대해서 학습합니다.
- 수집한 데이터 대부분을 활용하여 이전 장에서 소개했던 에이전트를 개선하고, 이를 통해 성능이 더 빨라지도록 최적화합니다.

NOTE_ 강화학습 용어집: 계획, 모델이 없는 강화학습, 모델 기반 강화학습

계획planning: 정책을 생성하는데 있어 환경에 대한 모델이 필요한 알고리즘을 말합니다. 계획은 정책을 찾는데 있어 상태 영역을 사용하는 상태-영역state-space 계획 유형이 있고, 또는 모든 가능한 계획 영역을 탐색하도록 하는 계획-영역plan-space 계획 유형일 수 있습니다(한번 유전 알고리즘에 대해서 생각해보기 바랍니다). 이 책에서 다뤘던 계획 알고리즘으로는 가치 반복법과 정책 반복법이 있습니다.

모델이 없는 강화학습model-free RL: 환경에 대한 모델을 사용하지 않아도 정책을 생성할 수 있는 알고리즘을 말합니다. 이 방법의 특징은 지도나 모델, 또는 MDP를 사용하지 않고도 정책을 얻을 수 있다는데 있습니다. 대신, 정책을 획득하기 위해 시행착오를 통해서 학습하는 방법을 사용합니다. 이 책에서 다뤘던 모델이 없는 강화학습 알고리즘은 MC와 SARSA 그리고 Q-학습이 있습니다.

모델 기반 강화학습model-based RL: 정책을 생성하는데 있어, 환경에 대한 모델이 꼭 필요하지는 않지만, 이를 통해서 학습할 수 있는 알고리즘을 말합니다. 모델이 없는 강화학습과의 차이는 사전에 모델이 필요하지는 않지만, 모델을 사용하면 잘 활용하며, 더 중요한 점은 환경과의 상호작용을 통해서 모델에 대한 학습을 시도한다는 것입니다. 이번 장에서 다루게 될 모델 기반 강화학습 알고리즘은 Dyna-Q와 경로 샘플링trajectory sampling입니다.

7.1 강건한 목표를 활용한 정책 개선 학습

이번 장에서 다루게 될 첫 번째 개선점은 조금 더 강건한 목표robust target를 정책 평가법에 적용하는 것입니다. 5장에서 다뤘던 내용을 복습하자면, 가치 함수를 추정하기 위해 다양한 형태의 목표를 사용한 정책 평가법을 사용했습니다. 몬테카를로 방식과 TD 방식을 다뤘고, 방문했던 모든 상태를 사용해 얻었던 목표마다 가중치를 적용한 λ-반환이라는 방식도 다뤘습니다.

$\mathrm{TD}(\lambda)$가 바로 정책 평가시 λ-반환을 사용하는 예측 방법입니다. 하지만 이전 장에서의 내용을 기억해보면, 제어 문제를 다루기 위해서는 행동-가치 함수를 추정하기 위한 정책 평가법도 필요하지만, 탐색을 허용하는 정책 개선법도 필요했습니다. 이번 절에서는 SARSA와 Q-학습에서 다뤘던 것과 유사한 제어 방식이긴 하지만, 이번에는 λ-반환을 사용한 경우에 대해 다루겠습니다.

자세한 예제: 7개의 미끄러지는 칸을 가지는 환경

이번 장에서 다룰 알고리즘을 소개하기 위해 이전 장에서 사용한 미끄러지는7개의 미끄러지는 칸을 가지는 환경(SWS)을 사용할 것입니다. 하지만 이번 장 마지막에는 조금 더 복잡한 환경에서 방법들을 실험하겠습니다.

기억하겠지만 SWS는 7개의 비종료 상태를 가지는, 단일 행으로 구성된 통로 형태의 격자 환경입니다. 이 환경은 '미끄러지는' 통로이기 때문에 잡음이 존재하며, 이로 인해서 행동에 대한 효과가 확률적으로 나타납니다. 만약 에이전트가 왼쪽으로 가는 행동을 취했을 경우, 그 방향으로 갈 확률도 존재하지만, 반대로 오른쪽으로 가거나, 아니면 제자리에 있을 확률도 존재합니다.

(1) 이전 장에서 다뤘던 내용과 동일한 환경입니다.

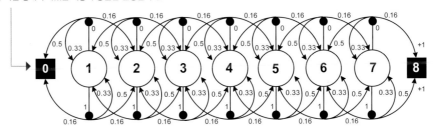

그림 7-1 7개의 미끄러지는 칸을 가지는 환경의 MDP

위의 그림은 환경에 대한 MDP입니다. 항상 유념할 부분은 에이전트가 전이 확률에 대한 정보를 얻을 수 없다는 것입니다. 환경에 대한 다이나믹스 역시 에이전트가 알지 못합니다. 또한 에이전트 관점에서는 상태 간의 관계가 없다는 것이 전제된 상황입니다.

7.1.1 SARSA(λ): 여러 단계 추정치에 기반하여 매 단계마다 정책을 개선하는 방법

SARSA(λ)는 기존의 SARSA 에이전트에 비해서 직관적인 개선점이 있습니다. SARSA와 SARSA(λ)의 차이는 SARSA에서는 한 단계에 대한 부트스트래핑 목표인 TD 목표를 사용했던 것과 다르게 SARSA(λ)에서는 λ-반환을 사용한다는 점입니다. 그게 다입니다. 이미 SARSA(λ)를 구현은 끝났습니다. 이제 기본 개념을 이해하면 더 복잡한 개념이 쉬워진다는 사실을 깨달으셨죠?

이제 5장에서 잠시 다뤘던 적격 흔적이란 개념에 대해서 자세히 설명하겠습니다. 5장에서 다뤘던 적격 흔적 유형은 **누적 흔적**accumulating trace이라고 합니다. 하지만 실제로는 보상에 대응한 상태나 상태-행동 쌍을 추적하는 방법은 다양합니다.

이번 절에서는 누적 흔적을 자세하게 다루고, 이를 제어 문제를 푸는데 활용하도록 하겠습니다. 하지만 **대체 흔적**replacing trace이라고 하는 다른 유형도 살펴본 뒤, 이 두 가지 방법을 모두 SARSA(λ)에 적용해보겠습니다.

NOTE_ 강화학습 역사 한 조각: SARSA와 SARSA(λ) 에이전트

1994년, 개빈 루머리Gavin Rummery와 마헤산 니란잔Mahesan Niranjan은 「Online Q-learning Using Connectionist Systems」[1]이란 논문을 출간했습니다. 이 논문에서는 '수정된 연결주의자 Q-학습'이라는 알고리즘을 소개했습니다. 1996년, 싱과 서튼은 이 알고리즘을 SARSA라고 이름을 지었는데, 그 이유는 알고리즘에서 사용하는 5개의 이벤트가 $(S_t, A_t, R_t, S_{t+1}, A_{t+1})$이기 때문이었습니다. 사람들은 종종 알고리즘의 이름이 어디에서 파생되었는지 알고 싶어하는데, 곧 알게 되겠지만, 강화학습 연구자들은 매우 창의적인 이름을 짓습니다.

재미있게도, 이렇게 공개적인 '비공식적인' 개명이 발생하기 전이었던 1995년, 개빈은 그의 박사 학위 논문인 「Problem Solving with Reinforcement Learning」[2]을 통해 서튼에게 서튼이 선호하는 SARSA라는 이름 대신, 수정된 Q-학습이라는 이름을 사용해 미안하다는 말을 남겼습니다. 서튼 역시 SARSA라는 이름을 계속 사용했고, 결국 강화학습 학계에서는 SARSA라는 이름이 굳어졌습니다. 참고로 개빈 역시 논문에서 SARSA(λ) 에이전트를 소개했습니다.

1995년 박사학위를 딴 이후, 개빈은 프로그래머가 되었고, 〈툼 레이더〉라는 게임 시리즈를 개발하는 회사의 대표 프로그래머가 되었습니다. 이로써 게임 개발자로써 성공적인 경력을 쌓게 되었습니다.

개빈의 이전 지도교수가 사망하며 그의 박사 지도교수가 되었던 마헤산은 1990년 졸업 이후, 쭉 강의와 교수 활동을 통해서 학계 경력을 쌓았습니다.

---

1 옮긴이_ https://citeseerx.ist.psu.edu/viewdoc/download?doi=10.1.1.17.2539&rep=rep1&type=pdf
2 옮긴이_ http://mi.eng.cam.ac.uk/reports/svr-ftp/auto-pdf/rummery_thesis.pdf

제어 문제를 해결하는데 누적 흔적을 적용하기 위해서, 유일하게 변경해야 할 부분은 이전 방식에서 방문했던 상태 대신 방문했던 상태-행동 쌍을 추적해야 한다는 점입니다. 다시 말해서 방문했던 상태를 추적하기 위해 1차원의 적격 벡터eligibility vector를 쓰지 않고, 이제는 방문했던 상태-행동 쌍을 추적하기 위한 적격 행렬eligibility matrix을 사용해야합니다.

대체 흔적 구조도 또한 직관적인 형태로 되어있습니다. 여기에는 적격 흔적내의 최댓값을 1로 제한시킵니다. 이 말은, 제한없이 흔적을 누적하지 않고, 흔적이 1까지만 증가하도록 허용한다는 뜻입니다. 이 전략은 만약 에이전트가 특정 루프 내에서 맴돌 경우, 흔적이 일정 범위 이상으로 증가하지 않는다는 이점을 갖습니다. 이렇게 대체-흔적 전략을 가지는 흔적들은 특정 상태-행동 쌍에 방문하면 1로 설정되고, 이전의 누적-흔적 전략과 유사하게 λ에 따라 감가되는 특성을 가집니다.

NOTE_ 강화학습 역사 한 조각: 적격 흔적 구조

적격 흔적 구조에 대한 일반적인 개념은 1972년에 해리 클로프A. Harry Klopf가 쓴 「Brain Function and Adaptive Systems – A Heterostatic Theory」[3]란 논문에서 나왔습니다. 여기서 그는 시냅스synapse가 외부의 특정 변화가 발생한 후에 변화에 대해서 얼마나 '적격적'으로 변하는지 설명했습니다. 논문에서 그는 "신경 세포에 자극이 발생하면, 이 반응을 야기하는 모든 잠재적인 요인 내에 있는 모든 흥분excitatory 시냅스와 억제inhibitory 시냅스는 자극의 전달로 인한 변화가 발생하기에 충분하다"고 주장했습니다.

하지만 강화학습 관점에서, 적격 흔적 구조는 리처드 서튼의 1984년 박사학위 논문에서 처음 소개됐습니다. 엄밀히 말하면 이 책에서 다룬 누적 흔적인 전통적인 누적 흔적을 소개했습니다.

반대로 대체 흔적은 사틴데르 싱과 리처드 서튼이 1996년에 쓴 「Reinforcement Learning with Replacing Eligibility Traces」[4]이란 논문을 통해서 소개되었고, 바로 이번 장에서 다루는 내용입니다.

이 논문에서는 몇 가지 흥미로운 점을 발견했습니다. 우선, 대체-흔적 구조가 누적-흔적 구조보다 더 빠르고 안정적으로 학습한다는 점입니다. 또한 누적-흔적 구조가 어느 정도의 편향이 있는 반면, 대체-흔적 구조는 편향이 없습니다. 더 흥미로운 부분은 앞에서 소개했던 TD(I)과 MC 그리고 적격 흔적간의 관계를 발견했다는 것입니다.

이에 대해서 자세하게 설명하자면, 대체 흔적을 사용한 TD(I) 알고리즘은 첫 방문 MC와 관련되어있고, 누적-흔적을 사용한 TD(I) 알고리즘은 모든 방문 MC와 관련되어 있습니다. 게다가 대체-흔적을 적용한 TD(I) 알고리즘의 오프라인 형태는 결국 첫 방문 MC와 동일합니다. 세상이 참 좁지요?

---

3 옮긴이_ https://apps.dtic.mil/sti/pdfs/AD0742259.pdf
4 옮긴이_ https://link.springer.com/content/pdf/10.1023/A:1018012322525.pdf

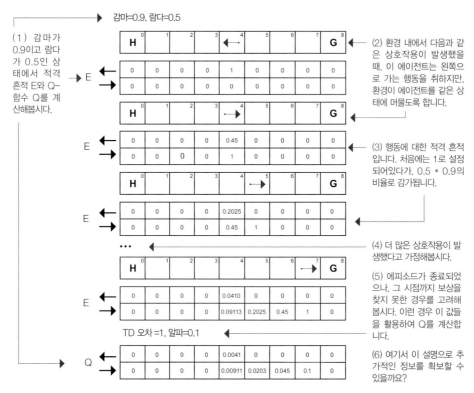

그림 7-2 SWS 환경에서의 누적 흔적

NOTE_ 심화개념 구워 삶기: 누적 흔적 구조에서의 빈도와 최신 휴리스틱 경향

누적 흔적 구조에는 빈도frequency와 최신 휴리스틱recency heuristic 경향이 결합되어있습니다. 에이전트가 특정 상태-행동 쌍을 시도할 경우, 이 쌍에 대한 흔적은 1만큼 증가합니다. 이제 환경에 대한 루프가 수행되고, 에이전트가 동일한 상태-행동 쌍을 여러 번 수행했다고 가정해봅시다. 해당 상태-행동 쌍을 미래에 얻을 보상에 더욱 민감하게 변하도록 만들어야 할까요? 아니면 일반적으로 민감하게 변하도록 만들어야 할까요?

누적 흔적은 대체 흔적과 다르게 1보다 큰 값을 흔적에 담을 수 있습니다. 그래서 이 흔적은 빈도 휴리스틱(해당 상태-흔적 쌍에 얼마나 방문했는지 여부)과 최신 휴리스틱(어느 정도 이전에 해당 상태-행동 쌍에 방문했는지 여부)을 흔적 구조 안에 함축적으로 구현한 형태라고 보면 되겠습니다.

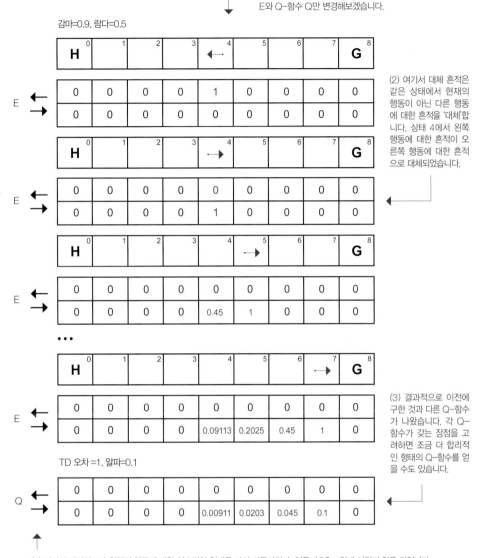

(1) 이전과 동일한 경로를 따르면서 적격 흔적
E와 Q-함수 Q만 변경해보겠습니다.

감마=0.9, 람다=0.5

(2) 여기서 대체 흔적은 같은 상태에서 현재의 행동이 아닌 다른 행동에 대한 흔적을 '대체'합니다. 상태 4에서 왼쪽 행동에 대한 흔적이 오른쪽 행동에 대한 흔적으로 대체되었습니다.

(3) 결과적으로 이전에 구한 것과 다른 Q-함수가 나왔습니다. 각 Q-함수가 갖는 장점을 고려하면 조금 더 합리적인 형태의 Q-함수를 얻을 수도 있습니다.

TD 오차 =1, 알파=0.1

(4) 여기서 에이전트가 취했던 행동에 대한 연속적인 형태를 다시 되돌이킬 수 있을까요? 그렇게 어렵지 않을 것입니다.

그림 7-3 SWS 환경에서의 대체 흔적

```
def sarsa_lambda(env,
                 gamma=1.0,
                 init_alpha=0.5,
                 min_alpha=0.01,
                 alpha_decay_ratio=0.5,
                 init_epsilon=1.0,
                 min_epsilon=0.1,
                 epsilon_decay_ratio=0.9,
                 lambda_=0.5,
                 replacing_traces=True,
                 n_episodes=3000):
    nS, nA = env.observation_space.n, env.action_space.n
    pi_track = []

    Q = np.zeros((nS, nA), dtype=np.float64)
    Q_track = np.zeros((n_episodes, nS, nA),
                       dtype=np.float64)

    E = np.zeros((nS, nA), dtype=np.float64)

    select_action = lambda state, Q, epsilon: \
        np.argmax(Q[state]) \
        if np.random.random() > epsilon \
        else np.random.randint(len(Q[state]))
    alphas = decay_schedule(
        init_alpha, min_alpha,
        alpha_decay_ratio, n_episodes)
    epsilons = decay_schedule(
        init_epsilon, min_epsilon,
        epsilon_decay_ratio, n_episodes)

    for e in tqdm(range(n_episodes), leave=False):

        E.fill(0)
        state, done = env.reset(), False
        action = select_action(state, Q, epsilons[e])
        while not done:

            next_state, reward, done, _ = env.step(action)

            next_action = select_action(next_state, Q, epsilons[e])
```

(1) SARSA 람다 에이전트는 SARSA와 TD 람다 방법이 혼합된 형태입니다.

(2) 여기 있는 lambda_가 바로 하이퍼파라미터입니다. (끝에 _가 붙은 이유는 파이썬에서 lambda 라는 단어를 키워드로 사용하기 때문입니다)

(3) replacing_traces 변수는 알고리즘 내에서 흔적을 대체하거나 누적하는 용도로 사용됩니다.

(4) 이전에 다뤘던 것과 동일한 변수를 사용합니다.

(5) 물론 Q–함수와 값을 추적하기 위한 행렬도 포함합니다.

(6) 갱신에 적합한 상태들을 추적하기 위한 적격 흔적입니다.

(7) 나머지 변수들은 이전에 다뤘던 select_action 함수, alphas, epsilons 변수와 동일합니다.

(8) 매 새로운 에피소드마다 모든 상태에 대한 적격 흔적을 0으로 설정합니다.

(9) 그리고 나서 이전과 동일하게 환경과 done 플래그를 초기화합니다.

(10) 초기 상태에 대한 행동을 선택합니다.

(11) 여기에서 상호작용 루프로 진입합니다.

(12) 환경에 행동을 전달하고, 이에 대한 경험 튜플을 받습니다.

(13) 현재 에피소드에서 설정된 Q-테이블과 입실론을 사용해서 다음 상태에 사용할 행동을 선택합니다.

(14) 기존 SARSA처럼 TD 목표와 TD 오차를 계산합니다.

```
td_target = reward + gamma * Q[next_state][next_action] * (not done)
td_error = td_target - Q[state][action]
E[state][action] = E[state][action] + 1
if replacing_traces: E[state].fill(0)
if replacing_traces: E.clip(0, 1, out=E)

Q = Q + alphas[e] * td_error * E
E = gamma * lambda_ * E
```

(15) 그리고 나서, 상태–행동 쌍을 추적하는 흔적을 증가시키되, replace_trace를 사용하는 경우 최댓값을 1로 제한합니다.

(16) 여기가 중요합니다. 모든 적당한 상태–행동 쌍에 대한 TD 오차를 한번에 적용합니다. 지금 전체 Q–테이블을 사용하고 있긴 하지만, 적격 흔적 E는 적당한 쌍에 대해서만 0보다 큰 값을 갖고 대부분 0을 값으로 갖습니다.

(17) 여기서 적격흔적을 감가시킵니다.

```
state, action = next_state, next_action
```

(18) 변수들을 갱신합니다.

```
Q_track[e] = Q
pi_track.append(np.argmax(Q, axis=1))
```

(19) Q와 pi를 저장합니다.

(20) 마지막으로 학습의 끝에서 V와 pi 그리고 반환값을 추출합니다.

```
V = np.max(Q, axis=1)
pi = lambda s: {s:a for s, a in enumerate(np.argmax(Q, axis=1))}[s]
return Q, V, pi, Q_track, pi_track
```

미겔의 한마디: 누적 흔적과 대체흔적, 글루텐과 바나나

몇 달 전에, 제 딸은 밤에 잠을 잘 못 잤습니다. 밤마다 딸은 여러 번 잠에서 깨어, 매우 시끄럽게 울기만 할 뿐, 어떤 게 문제인지는 말하지 않았습니다.

며칠이 지난 후, 아내와 저는 이에 대해서 뭔가 해보기로 결정하고, 문제에 대한 '흔적'을 되짚어서 잠을 못 자게 하는 원인에 조금 더 효율적으로 '가치를 부여하기'로 했습니다.

탐정 모자를 쓰고(아마 여러분이 부모라면 무슨 말인지 아실 것입니다), 문제를 진단하기 위해 다양한 시도를 했습니다. 한 주 정도 지난 후, 문제 원인은 식단으로 좁혀졌습니다. 딸이 특정 음식을 먹으면, 잠을 잘 못 잔다는 것을 알아냈지만, 어떤 음식이 원인인지는 알지 못했습니다. 저는 딸이 하루동안 시리얼이나 파스타, 크래커 그리고 빵 같이 글루텐이 포함된 탄수화물을 많이 먹고 잠에 들기 전 간식으로 과일을 먹었다는 사실을 알았습니다.

제 머리 속에 있는 '누적 흔적'은 탄수화물에 문제가 있다고 생각했습니다. '글루텐이 나쁘다는 것은 다 알고 있지... 게다가 얘는 하루 종일 글루텐을 먹고 있잖아' 딸이 먹은 글루텐의 횟수를 누적하고, 정보를 따라가다 보니, 글루텐은 명확하게 그 문제를 유발하는 요소였고, 우리는 아이의 식단에서 글루텐을 뺐습니다.

하지만 놀랍게도 문제는 가라앉기는 했지만, 바라던 것처럼 완전히 없어지지는 않았습니다. 며칠 후, 아내는 자신이 어렸을 때 밤에 바나나를 먹으면 속이 안좋았다는 사실을 기억해냈습니다. 믿을 수 없었습니다. 바나나는 과일이고, 과일은 건강에 좋은데 말입니다. 하지만 재미있게도 바나나를 없애니, 아이의 불면증이 사라졌습니다. 믿기가 어려웠습니다.

제가 만약 '누적 흔적' 대신 '대체 흔적'을 사용했다면, 더 보수적으로 딸이 하루 종일 섭취했던 모든 탄수화물을 불면증의 원인으로 지적했을 것입니다.

대신 저는 누적 흔적을 사용했고 딸이 글루텐을 섭취한 횟수에 문제의 원인이 있다고 착각했습니다. 결과적으로 저는 바나나에 원인이 있다는 최신 정보를 살펴보지 못했습니다.

정리하면, 누적 흔적은 빈도에 관련해 정보를 과장^{exaggerate}하는 경향이 있고, 대체 흔적은 자주 발생하는 이벤트에 대한 원인이 집중되는 현상을 완화시켜줍니다. 이렇게 완화시켜주는 경향은 최근에 발생했지만, 자주 발생하지 않는 이벤트를 드러나게 하여, 이를 고려할 수 있도록 해줍니다.

아직 결론을 내리지는 맙시다. 삶의 모든 일들과 강화학습에서는 도구를 이해하는 것이 중요합니다. 무엇이든 단 한 번만에 무시하지는 맙시다. 저는 단지 여러 가지 방법들을 보여주고 있고, 목표에 맞는 도구를 사용하는 것은 여러분의 몫입니다.

7.1.2 왓킨스의 Q(λ): 다시 학습에서 행동을 분리시키기

물론, λ 알고리즘에 대한 비활성 정책 제어 형태도 있습니다. Q(λ)는 일반화된 정책-반복 구조에서 정책-평가시 λ-반환을 사용하는, Q-함수의 확장 형태입니다. 여기에서 변경된 부분은 비활성 정책 제어에 대한 TD 목표(다음 상태에 대한 행동을 취했을 때의 최댓값)가 아닌, 비활성 정책 제어시 λ-반환을 사용한 점을 기억합시다. 적격 흔적을 이용해서 Q-학습을 확장시키는 방법은 두 가지가 있지만, 여기에서는 보통 **왓킨스의 Q(λ)** ^{Watkins's Q(λ)}라고 부르는 기본 형태를 소개하고자 합니다.

NOTE_ 강화학습 역사 한 조각: Q−학습과 Q(λ)

1989년, Q−학습과 Q(λ) 방법은 크리스 왓킨스^{Chris Watkins}가 그의 박사 학위 논문인 「Learning from Delayed Rewards」[5]에서 처음 소개되었는데, 이 논문은 강화학습에서의 현재 이론에 대한 개발의 근간을 담고 있습니다.

Q−학습은 현재까지도 가장 많이 쓰이는 강화학습 알고리즘 중 하나로, 사용하기 간단하면서, 잘 동작해 많이 사용됩니다. Q(λ)는 이제 왓킨스의 Q(λ)로 불리는데, 이는 징 펭^{Jing Peng}과 로날드 윌리엄스^{Ronald Williams}가 1993년과 1996년 사이에 사용한 조금 다른 형태의 Q(λ)가 존재하기 때문입니다(이 형태는 펭의 Q(λ)라고 부릅니다).

1992년, 크리스는 피터 다이안^{Peter Dayan}과 함께 「Technical Note: Q−learning」[6]이란 논문을 출간했는데, 이 논문은 Q−학습에 대한 수렴 이론^{convergence theorem}을 증명했습니다. 이 논문에서는 모든 상태−행동 쌍이 반복적으로 샘플링되고 이산적으로 나타나면, Q−학습은 이상적인 행동−가치 함수에 100%의 확률로 수렴한다는 것을 보여줬습니다.

안타깝게도 크리스는 이 논문을 출간하고 바로 강화학습 연구를 중단했습니다. 그는 런던에 있는 헤지 펀드로 취업했고 그 후, 다양한 연구소(얀 르쿤^{Yann LeCun}의 연구소도 있었습니다)로 옮겨다니며 늘 인공지능 관련 문제를 연구했지만, 강화학습과 관련된 내용은 아니었습니다. 그리고 크리스는 런던대학교에서 인공지능 분야의 교수로 22년이 넘도록 재직하고 있습니다.

피터는 1991년 「Reinforcing Connectionism: Learning the Statistical way」[7]이란 박사 논문(여기서 연결성^{Connectionism}이란 현재 신경망이라 부릅니다. 결국 논문 제목은 심층 강화학습을 말하는 셈입니다)을 마무리한 후, 여러 연구소에서 박사후연구원으로 재직했는데, 토론토 대학교의 제프 힌턴^{Geoff Hinton}과 함께 일한 적도 있습니다. 또한 피터는 딥마인드의 창립자인 데미스 하사비스^{Demis Hassabis}가 박사후연구 과정을 진행할 때 지도 교수이기도 했습니다. 피터는 많은 연구소에서 책임자 위치에 있었고, 최근까지는 막스 플랑크 연구소에 있었습니다.

2018년, 그는 영국에서 가장 높은 영예라고 할 수 있는 왕립 학회의 일원이 되었습니다.

---

5 옮긴이_ http://www.cs.rhul.ac.uk/~chrisw/new_thesis.pdf
6 옮긴이_ https://link.springer.com/article/10.1023/A:1022676722315
7 옮긴이_ https://www.era.lib.ed.ac.uk/bitstream/handle/1842/14754/Dayan1991.pdf

```python
def q_lambda(env,                          (1) 이 Q-람다 에이전트는 Q-학습과 TD 람다 학습이 혼합된 형태입니다.
             gamma=1.0,
             init_alpha=0.5,
             min_alpha=0.01,
             alpha_decay_ratio=0.5,
             init_epsilon=1.0,
             min_epsilon=0.1,
             epsilon_decay_ratio=0.9,
             lambda_=0.5,                  (2) 여기에는 lambda_와 replacing_traces
             replacing_traces=True,            라는 하이퍼파라미터가 쓰입니다.
             n_episodes=3000):
```

(3) 유용한 변수들입니다.

```python
    nS, nA = env.observation_space.n, env.action_space.n
    pi_track = []
```

(4) Q-테이블입니다.

```python
    Q = np.zeros((nS, nA), dtype=np.float64)
    Q_track = np.zeros((n_episodes, nS, nA), dtype=np.float64)
```

(5) 모든 상태-행동 쌍을 담기 위한 적격 흔적 행렬입니다.

```python
    E = np.zeros((nS, nA), dtype=np.float64)
```

(6) 에피소드 루프로 진입합니다.

```python
    select_action = lambda state, Q, epsilon: \
        np.argmax(Q[state]) \
        if np.random.random() > epsilon \
        else np.random.randint(len(Q[state]))
    alphas = decay_schedule(
        init_alpha, min_alpha,
        alpha_decay_ratio, n_episodes)
    epsilons = decay_schedule(
        init_epsilon, min_epsilon,
        epsilon_decay_ratio, n_episodes)
    for e in tqdm(range(n_episodes), leave=False):
        E.fill(0)
        state, done = env.reset(), False
        action = select_action(state, Q, epsilons[e])
```

(7) Q-람다가 비활성 정책 방법이기 때문에, 이제는 E에 대해서 신경써야 합니다. 탐욕 정책에 대해서 학습하면서도, 탐색 정책을 따라야 합니다. 우선 이전과 동일하게 E를 0으로 초기화합니다.

(8) 환경과 done 플래그를 초기화합니다.

(9) 참고로 SARSA에서는 행동을 미리 선택했었지만, Q-학습에서는 그렇게 하지 않습니다. 이는 다음 행동이 탐욕적인지 여부를 먼저 확인해야 하기 때문입니다.

```python
        while not done:
```

(10) 상호작용이 이뤄지는 루프로 진입합니다.

(11) 환경을 한 단계 진행하고, 이에 대한 경험을 얻습니다.

```python
            next_state, reward, done, _ = env.step(action)
```

(12) SARSA와 같은 방식으로 next_action을 선택합니다.

```python
            next_action = select_action(next_state, Q, epsilons[e])
```

(13) 이를 이용해서 다음 단계에서의 행동이 여전히 그리디 정책으로부터 온 것인지 확인합니다.

```
next_action_is_greedy = Q[next_state][next_action] == Q[next_state].max()
```

(14) 이 단계에서 일반적인 Q-학습처럼 max 함수를 사용하여 TD 목표를 계산합니다.

```
td_target = reward + gamma * Q[next_state].max() * (not done)
td_error = td_target - Q[state][action]
```

(15) TD 목표를 사용해서 TD 오차를 계산합니다. 여기에서 다시 목표를 사용해서 TD 오차를 계산하고, 상태-행동 쌍에 대한 현재 추정치도 계산합니다. 여기에서는 next_state가 아닌 state를 사용합니다!!!

(16) 대체 흔적 제어를 수행하기 위해서 현재 상태에 대한 모든 행동 값을 0으로 채우고, 현재 행동에 대해서만 증가시킵니다.

```
if replacing_traces: E[state].fill(0)
E[state][action] = E[state][action] + 1
```

(17) 현재 상태-행동 쌍에 대한 적격 흔적을 1만큼 증가시킵니다.

(18) 이전과 동일하게, 전체 적격 흔적 행렬에 에피소드 e에 따른 오차와 학습율을 곱해줍니다. 그리고 나서 전체 Q-테이블을 해당 오차 방향으로 움직입니다. 이를 통해 모든 방문 상태에서 다양한 방향으로 나가는 신호를 효과적으로 감쇄시킵니다.

```
if replacing_traces: E.clip(0, 1, out=E)
Q = Q + alphas[e] * td_error * E

if next_action_is_greedy:
    E = gamma * lambda_ * E
else:
    E.fill(0)
```

(19) 이 부분도 고려해야합니다. 만약 (이미 선택했던) 다음 상태에서 취할 행동이 탐욕 행동일 경우, 이전과 동일하게 전체 적격 흔적 행렬을 감가시킵니다. 탐욕 행동이 아닐 경우, 적격 흔적을 0으로 초기화시키는데, 이는 탐욕 정책에서 더 이상 학습할 것이 없기 때문입니다.

(20) 단계의 마지막에서 상태와 행동을 다음 상태와 그 때의 행동으로 갱신시킵니다.

```
state, action = next_state, next_action

Q_track[e] = Q
pi_track.append(np.argmax(Q, axis=1))
```

(21) 여기에서 Q와 pi를 저장합니다.

(22) 그리고 학습의 마지막에서 v와 최종 pi도 저장합니다.

```
V = np.max(Q, axis=1)
pi = lambda s: {s:a for s, a in enumerate(np.argmax(Q, axis=1))}[s]

return Q, V, pi, Q_track, pi_track
```
← (23) 최종적으로 이 모든 것들을 반환해줍니다.

7.2 상호작용, 학습 그리고 계획하는 에이전트

3장에서 가치 반복법(VI)과 정책 반복법(PI)과 같은 계획 알고리즘에 대해서 배웠습니다. 이 알고리즘들은 환경에 대한 모델인 MDP가 필요하므로 계획 알고리즘입니다. 계획 알고리즘은 이상적인 정책을 오프라인으로 계산합니다. 반면 6장에서 모델이 없는 강화학습 방법을 소개하며 계획 알고리즘을 넘어선 개선점이 있다고 언급했습니다. 정말 그럴까요?

모델이 없는 강화학습이 계획 알고리즘에 비해 가지는 이점은 MDP가 더 이상 필요하지 않다는 점입니다. 보통 MDP는 사전에 획득하기 어렵습니다. 때때로 MDP를 생성할 수 없는 경우도 있습니다. 10^{170}개만큼의 상태를 가지는 바둑이나, 10^{1685}개의 상태를 가지는 〈스타크래프트 2〉를 상상해보기 바랍니다. 이 값들은 엄청난 숫자이며, 행동 영역이나 전이 함수도 포함되어 있지 않습니다. MDP가 사전에 필요하지 않다는 것은 실용적인 이점입니다.

하지만 잠깐만 생각해봅시다. 사전에 MDP가 필요하지 않다면, 환경과 상호작용하면서 얻는 것으로부터 학습해야 하지 않을까요? 새로운 장소를 갈 때, 당신은 머릿속으로 지도를 만들기 시작합니다. 잠시 걷고 나서, 커피 가게를 방문하고, 커피를 마시면, 어떻게 되돌아갈 수 있는지 알게 됩니다. 이렇게 지도를 학습하는 방법은 매우 직관적입니다. 강화학습 에이전트도 이와 비슷하게 할 수 있을까요?

이번 절에서는 마치 모델이 없는 방법과 같이, 환경과 상호작용하는 에이전트에 대해서 살펴봅니다. 그런데 이 에이전트는 상호작용으로부터 환경에 대한 모델, MDP도 학습합니다. 지도를 학습하는 것과 같이, 에이전트는 이상적인 정책을 학습하기 위해서 경험 샘플이 필요하기도 합니다. 이런 학습 방법을 **모델 기반 강화학습**model-based reinforcement learning이라고 합니다. 문맥상으로는 VI와 PI가 계획 알고리즘으로 소개되었지만, 이를 모델 기반 학습 알고리즘이라고 표현하는 경우도 보게됩니다. 저 같은 경우에는 명확히 선을 그어서 이 알고리즘을 계획 알고리즘이라고 표현하는데, 유용한 정보를 모두 활용하는 측면에서 MDP가 필요하기 때문입니다. SARSA와 Q-학습 알고리즘에는 MDP가 필요하지 않고, 이를 학습하지 않기 때문에 모델이 없는 알고리즘입니다. 이번 절에서 다룰 알고리즘은 MDP가 필요하지 않지만, MDP로부터(여기에는 MDP에 대한 근사도 포함됩니다) 학습하고 활용하므로 모델 기반 알고리즘입니다.

NOTE_ 강화학습 용어집: 샘플링 모델과 분산 모델

샘플링 모델sampling models: 환경이 특정 확률로 전이될 때, 단일 샘플을 만들어내는 환경에서의 모델을 말합니다. 이 경우 모델로부터 전이를 샘플링하게 됩니다.

분산 모델distributional models: 전이에 대한 확률 분포와 보상 함수를 만들어내는 환경에 대한 모델을 말합니다.

7.2.1 Dyna-Q: 샘플링 모델에 대한 학습

Dyna-Q는 계획 알고리즘과 모델이 없는 학습을 통합한 유명한 구조입니다. Dyna-Q는 Q-학습 같은 모델이 없는 강화학습에 가치 함수와 유사한 계획 알고리즘을 끼워놓은 것으로, 보통 행동-가치 함수를 개선하기 위해서 환경으로부터 샘플링한 경험과 학습된 모델로부터 샘플링한 경험을 모두 사용합니다.

Dyna-Q에서는 상태, 행동 그리고 다음 상태로 정의된 3차원의 텐서로 전이 함수와 보상 함수를 모두 추적합니다. 전이 텐서는 이전에 봐왔던 3개의 튜플인 (s, a, s')를 통해서 방문한 횟수를 정의하는데, 튜플은 상태 s에서 상태 s'으로 전이될 때, 행동 a를 선택한 횟수를 표현합니다. 보상 텐서도 역시 3개의 튜플 (s, a, s')을 통해, 상태 s에서 행동 a를 취해 상태 s'로 전이되었을 때에 대한 기대 보상을 나타냅니다.

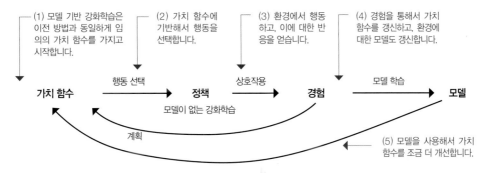

그림 7-4 모델 기반 강화학습 구조

코드 7-3 Dyna-Q 에이전트

```
def dyna_q(env,  ◄─────────── (1) Dyna-Q는 Q-학습 에이전트와 유사하지만, 환경의
           gamma=1.0,                    모델을 학습해 추정치를 개선하는데 사용합니다.
           init_alpha=0.5,
           min_alpha=0.01,
           alpha_decay_ratio=0.5,
           init_epsilon=1.0,
           min_epsilon=0.1,
           epsilon_decay_ratio=0.9,
           n_planning=3,  ◄─────────── (2) n_planning이라는 하이퍼파라미터는 학습된 모델로부터
           n_episodes=3000):            얻을 추정치에 대한 갱신 횟수를 나타냅니다.
    nS, nA = env.observation_space.n, env.action_space.n
      (3) 알고리즘의 처음 부분은 이전과 동일합니다.
    pi_track = []
    T_track, R_track, planning_track = [], [], []
      (4) Q-함수를 0으로 초기화하고, 마찬가지로 Q를 추적할 배열도 초기화합니다.
    Q = np.zeros((nS, nA), dtype=np.float64)
    Q_track = np.zeros((n_episodes, nS, nA), dtype=np.float64)
      (5) 하지만 이 부분에서 전이 함수를 추적하기 위한 함수를 만듭니다.
    T_count = np.zeros((nS, nA, nS), dtype=np.int)
      (6) 보상 신호를 추적할 함수도 만듭니다.
    R_model = np.zeros((nS, nA, nS), dtype=np.float64)
```

8 옮긴이_ http://www.incompleteideas.net/papers/sutton-barto-81-CBT.pdf

9 옮긴이_ https://www.sciencedirect.com/science/article/pii/B9781558601413500304

10 옮긴이_ https://citeseerx.ist.psu.edu/viewdoc/download?doi=10.1.1.48.6005&rep=rep1&type=pdf

(7) 그리고 나서 탐색 전략인 select_action도 초기화합니다. 벡터인 alphas와 epsilons도 마찬가지입니다.

```
select_action = lambda state, Q, epsilon: \
    np.argmax(Q[state]) \
    if np.random.random() > epsilon \
    else np.random.randint(len(Q[state]))
alphas = decay_schedule(
    init_alpha, min_alpha,
    alpha_decay_ratio, n_episodes)
epsilons = decay_schedule(
    init_epsilon, min_epsilon,
    epsilon_decay_ratio, n_episodes)

for e in tqdm(range(n_episodes), leave=False):
    state, done = env.reset(), False
    while not done:    ← (8) 에피소드 루프로 진입합니다.
```

(9) 매 새로운 에피소드마다 환경을 초기화하고, 초기 상태를 얻습니다. 또한 done 플래그도
False로 정의하고 상호작용하는 루프로 진입합니다.

```
        action = select_action(state, Q, epsilons[e])
```

(10) 기존 Q-학습과 마찬가지로 (루프 내에서) 행동을 선택합니다.

```
        next_state, reward, done, _ = env.step(action)
```

(11) 환경을 한 단계 진행시키고, 경험 튜플을 얻습니다.

```
        T_count[state][action][next_state] += 1
        r_diff = reward - R_model[state][action][next_state]
```

(12) 그리고 모델을 학습하기 시작합니다! 여기에서는 전체 전이가 한번 더 발생했음을 나타내기 위해 state,
action, next_state로 구성된 배열에 대해 전이 횟수를 증가시킵니다.

(13) 또한 보상 신호에 대한 평균 증가 수준을 계산합니다. 이를 위해서 계산된 값과
실제 보상의 차이를 구합니다.

```
        R_model[state][action][next_state] += \
                (r_diff / T_count[state][action][next_state])
```

(14) 앞에서 구한 차이와 전이 회수를 이용해서 보상 신호를 학습합니다.

```
        td_target = reward + gamma * Q[next_state].max() * (not done)
```

(15) 이전과 마찬가지로 Q-학습에서 구한대로 TD 목표를 계산합니다.
(Q-학습은 비활성 정책 구조이므로 max 함수를 사용합니다)

```
        td_error = td_target - Q[state][action]
```

(16) 또한 TD 목표와 현재의 추정치를 이용해서 TD 오차도 계산합니다.

```
        Q[state][action] = Q[state][action] + alphas[e] * td_error
        backup_next_state = next_state    ← (17) 최종적으로 Q-함수를 갱신합니다.
        for _ in range(n_planning):
            if Q.sum() == 0: break
```

(18) 계획 단계로 진입하기 전에 다음 상태에
대한 변수를 미리 저장해놓습니다.

(19) 이전에 구한 Q-함수에서 갱신된 것이 있는지를 확인합니다.
갱신된 것이 없으면, 계획할 필요도 없겠지요.

```
            visited_states = np.where(np.sum(T_count, axis=(1, 2)) > 0)[0]
            state = np.random.choice(visited_states)
```

(20) 경험 튜플로부터 얻은 에이전트가 사전에 방문한
상태들의 집합에서 특정 상태를 선택합니다.

```
actions_taken = np.where(np.sum(T_count[state], axis=1) > 0)[0]
```

(21) 해당 상태에서 취했던 행동도 선택합니다.

```
action = np.random.choice(actions_taken)
```

(22) 다음 상태에 들어갈 확률을 계산하기 위해서 전이 횟수를 저
장한 행렬을 사용하고, 그 확률을 이용해 다음 상태도 계산합니다.

```
probs = T_count[state][action]/T_count[state][action].sum()
next_state = np.random.choice(np.arange(nS), size=1, p=probs)[0]
```

(23) 보상에 대해서도 앞에서 정의한 보상 모델을 사용해서 얻습니다.

```
reward = R_model[state][action][next_state]
planning_track.append((state, action, reward, next_state))

td_target = reward + gamma * Q[next_state].max()
td_error = td_target - Q[state][action]
Q[state][action] = Q[state][action] + alphas[e] * td_error
```

(24) 이렇게 시뮬레이션된 경험을 사용해서 Q-함수를 갱신합니다.

```
state = backup_next_state
```
◄── (25) 계획의 마지막 단계에서 다음 상태를 현재 상태로 저장합니다.

(26) 나머지 부분은 이전과 동일합니다.

```
T_track.append(T_count.copy())
R_track.append(R_model.copy())
Q_track[e] = Q
pi_track.append(np.argmax(Q, axis=1))

V = np.max(Q, axis=1)
pi = lambda s: {s:a for s, a in enumerate(np.argmax(Q, axis=1))}[s]
return Q, V, pi, Q_track, pi_track, T_track, R_track, np.array(planning_track)
```

그래프로 확인하는 결과: 전이와 보상 함수를 학습하는 모델 기반 학습

(1) 오른쪽 첫 번째 그림을 보겠습니다. 한 에피소드가 경과한 후에 학습된 Dyna-Q에서의 모델입니다. 이 모델과 관련한 당연한 문제들이 있긴 하지만, 이 모델은 딱 한 에피소드 이후에 생성되었습니다. 에피소드의 초반에 학습된 모델을 사용하면 부정확한 모델로부터 샘플링해 편향이 발생하는 문제가 생길 수 있습니다.

(2) 10에피소드가 경과한 후, 모델이 어느 정도 모양을 잡아가는 모습을 확인할 수 있습니다. 두 번째 그림에서 모든 값들이 올바른 확률을 보여주고 있습니다. 오른쪽 축은 초기 상태 s를 나타내며, 왼쪽 축은 도착 상태를 나타내고, 색깔은 행동, 막대의 높이는 전이될 확률을 표현한 것입니다.

(3) 100에피소드가 지나면, 확률들이 실제 MDP에 매우 근접합니다. 사실 현재의 환경은 매우 간단하기 때문에, 에이전트는 MDP에 대한 모델을 빨리 만들 수 있도록 충분한 경험 샘플을 모을 수 있습니다.

(4) 여기에서 보다시피 확률이 MDP를 정확하게 묘사할 만큼 좋아졌습니다. 이미 알겠지만 상태 7에서 오른쪽 행동을 취했을때 상태 8로 갈 확률이 50%이며, 제자리에 있을 확률이 30%, 상태 6으로 갈 확률이 20%입니다.

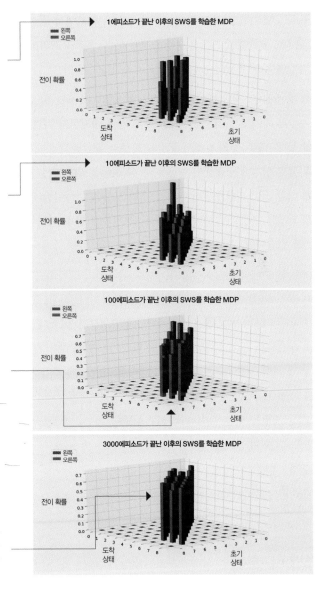

7.2.2 경로 샘플링: 가까운 미래에 대한 계획 세우기

이전에 소개했다시피, Dyna-Q에서는 기본적인 Q-학습처럼 행동-가치 함수를 조정하며 모델을 학습합니다. 그리고 알고리즘의 마지막 부분에서 몇 번의 계획 단계를 수행합니다. 참고로 앞에서 구현한 코드에서 모델을 학습하는 부분과 계획에 관한 부분을 제거하면, 이전 장에서 다뤘던 것과 동일한 Q-학습 알고리즘만 남습니다.

계획 단계에서는 방문했던 상태-행동 쌍으로부터 샘플링을 수행하기 때문에, 에이전트가 모델이 정보를 가지고 있지 않은 상태-행동 쌍에 대해서는 자원을 낭비하지 않습니다. 이렇게 방문했던 상태-행동 쌍을 통해서 동일한 확률로 균일하게 상태를 샘플링하고, 같은 방법으로 동일한 확률로 이전에 선택했던 행동들 중 한 행동을 샘플링합니다. 이렇게 하면 주어진 상태-행동 쌍에 대한 전이 확률로부터 다음 상태와 보상을 샘플링할 수 있게 됩니다. 직관적으로 보면 이전체 과정이 부정확해 보이지 않나요? 동일한 확률로 선택한 임의의 상태를 계획을 하는 데 사용하고 있습니다.

어쩌면 현재 에피소드가 진행되는 동안 마주치리라 기대되는 상태를 사용하면 조금 더 효율적이지 않을까요? 이에 대해서 조금만 생각해봅시다. 하루, 한 주, 한 달 그리고 한 해에 대한 계획을 우선시하는 편이 좋을까요? 아니면 일생동안 '어쩌다' 마주칠만한 임의의 사건에 대한 계획을 우선하는 편이 좋을까요? 만약 당신이 소프트웨어 개발자라면 지금 당장 프로그래밍 책을 읽고 사이드 프로젝트를 진행할 계획을 세우는게 좋을까요? 아니면 언젠가 의약과 관련된 일을 하게 될 때를 대비한 계획을 세우는게 좋을까요? 조금 더 나은 접근 방법은 가까운 미래에 대한 계획을 짜는 것입니다. **경로 샘플링**trajectory sampling은 이런 방식으로 동작하는 모델 기반 강화학습입니다.

NOTE_ 심화개념 구워 삶기: 경로 샘플링

Dyna-Q가 학습된 모델에서 동일한 확률로 임의로 샘플링하는 반면, 경로 샘플링은 경로를 얻는데, 이 경로란 가까운 미래에 겪을 전이와 보상들을 말합니다. 일생 중 임의의 시간에 대해서는 계획하기보다는 이번 주에 대해서 계획하는 편이 조금 더 이치에 맞는 것처럼 말입니다. 전통적인 경로 샘플링 방식은 활성 정책 경로를 사용해서 종료 상태에 도달할 때까지 초기 상태에서부터 샘플링을 수행합니다. 다시 말해, 주어진 타임 스텝에 대해서 동일한 행동 정책으로부터 행동을 샘플링합니다. 하지만 이 접근 방식에 고정되면 안됩니다. 실험을 해야합니다. 이 구현은 초기 상태가 아닌 현재 상태부터 시작해 정해진 스텝 내에서 도달할 수 있는 종료 상태까지 샘플링해, 현재 추정치를 고려해 탐욕스럽게 정책을 샘플링하고 있습니다. 다르게 구현할 수도 있습니다. 어떤 방식이든 경로만 샘플링한다면, 모두 경로 샘플링이라고 할 수 있습니다.

```
def trajectory_sampling(env,
                        gamma=1.0,
                        init_alpha=0.5,
                        min_alpha=0.01,
                        alpha_decay_ratio=0.5,
                        init_epsilon=1.0,
                        min_epsilon=0.1,
                        epsilon_decay_ratio=0.9,
                        max_trajectory_depth=100,
                        planning_freq=5,
                        greedy_planning=True,
                        n_episodes=3000):
    nS, nA = env.observation_space.n, env.action_space.n
    pi_track = []

    Q = np.zeros((nS, nA), dtype=np.float64)
    Q_track = np.zeros((n_episodes, nS, nA), dtype=np.float64)

    T_count = np.zeros((nS, nA, nS), dtype=np.int)
    R_model = np.zeros((nS, nA, nS), dtype=np.float64)

    select_action = lambda state, Q, epsilon: \
        np.argmax(Q[state]) \
        if np.random.random() > epsilon \
        else np.random.randint(len(Q[state]))
    alphas = decay_schedule(
        init_alpha, min_alpha,
        alpha_decay_ratio, n_episodes)
    epsilons = decay_schedule(
        init_epsilon, min_epsilon,
        epsilon_decay_ratio, n_episodes)

    for e in tqdm(range(n_episodes), leave=False):
        state, done = env.reset(), False
        while not done:
            action = select_action(state, Q, epsilons[e])

            next_state, reward, done, _ = env.step(action)

            T_count[state][action][next_state] += 1

            r_diff = reward - R_model[state][action][next_state]
```

(1) 경로 샘플링 코드는 몇 가지만 제외하면 앞에서 다룬 Dyna-Q와 거의 동일합니다.

(2) 이전에 사용했던 n_planning 변수 대신 경로의 길이를 제한하기 위한 max_trajectory_depth라는 변수를 사용합니다.

(3) 알고리즘의 대부분은 Dyna-Q와 동일합니다.

(4) Q-함수도 마찬가지입니다.

(5) 전이 함수를 모델링하기 위해 동일한 변수를 사용합니다.

(7) select_action 함수와 벡터 alphas와 epsilons 역시 동일합니다.

(6) 마찬가지로, 보상 함수를 모델링하기 위한 동일한 변수를 준비합니다.

(9) 다시 언급하지만, 매 에피소드마다 환경을 초기화하고, 초기 상태를 얻습니다. 또한 done 플래그를 False로 설정하고 상호작용을 수행하는 루프로 진입합니다.

(8) 여기에서 에피소드 루프로 진입합니다.

(10) 행동을 선택합니다.

(11) 환경을 한 단계 진행시키고, 경험 튜플을 얻습니다.

(12) 여기에서 Dyna-Q와 같이 모델을 학습합니다. state과 action 그리고 next_state의 조합으로 표현할 수 있는 배열에 전체 전이가 발생했다는 것을 표현하기 위해 1을 증가시킵니다.

(13) 이어서 다시 보상 신호에 대한 평균의 증가 정도를 계산합니다. 이를 위해서 먼저 차이를 구합니다.

(14) 그리고 나서, 이 차이와 앞에서 구한 전이 횟수를 이용하여 보상 신호를 학습합니다.

```
R_model[state][action][next_state] += \
                    (r_diff / T_count[state][action][next_state])
```

(15) 이전과 동일하게 TD 목표를 계산합니다.

```
td_target = reward + gamma * Q[next_state].max() * (not done)
```

(16) TD 목표와 현재의 추정치를 이용해서 TD 오차를 계산합니다.

```
td_error = td_target - Q[state][action]
```

(17) 그리고 Q-함수를 갱신합니다.

```
Q[state][action] = Q[state][action] + alphas[e] * td_error
```

(18) 계획 단계로 진입하기 전에 다음 상태 변수를 저장해둡니다.

```
backup_next_state = next_state

        if e % planning_freq == 0:
```

(19) 이제는 max_trajectory_depth 변수를 사용하지만, 여전히 계획 단계를 수행하고 있습니다.

```
            for _ in range(max_trajectory_depth):
```

(20) 동일하게 Q-함수에 변화가 생겼는지 확인해 계산을 계속할지 결정합니다.

```
                if Q.sum() == 0: break
```

(21) 활성 정책이든 비활성 정책이든 (탐욕 정책을 사용해) 행동을 뽑아냅니다.

```
                # action = select_action(state, Q, epsilons[e])
                action = Q[state].argmax()
```

(22) 만약 뽑아낸 행동에 대한 전이를 경험하지 못한 상태라면 계획이 이상해지므로, 중단합니다.

```
                if not T_count[state][action].sum(): break
```

(23) 그렇지 않다면 다음 상태의 확률을 구하고, 이를 따라서 모델을 샘플링합니다.

```
                probs = T_count[state][action]/T_count[state][action].sum()
                next_state = np.random.choice(np.arange(nS), size=1, p=probs)[0]
```

(24) 이에 따라 보상 신호 모델에 의해 정의된대로 보상을 얻습니다.

```
                reward = R_model[state][action][next_state]
```

(25) 이를 실제 경험 취급해 Q-함수를 갱신합니다.

```
                td_target = reward + gamma * Q[next_state].max()
                td_error = td_target - Q[state][action]
                Q[state][action] = Q[state][action] + alphas[e] * td_error

                state = next_state
```

(26) 다시 루프로 진입해 활성 정책에 대한 계획 단계를 수행하기 전에 상태 변수를 갱신합니다.

```
            state = backup_next_state
```

(27) 계획 단계에 대한 루프가 종료되면 이전에 저장한 상태를 복원시켜 다시 실제 상호작용 단계를 수행합니다.

(28) 이 이후는 앞서 살펴본 코드들과 동일합니다.

```
        Q_track[e] = Q
        pi_track.append(np.argmax(Q, axis=1))

    V = np.max(Q, axis=1)
    pi = lambda s: {s:a for s, a in enumerate(np.argmax(Q, axis=1))}[s]
    return Q, V, pi, Q_track, pi_track, T_track, R_track, np.array(planning_track)
```

그래프로 확인하는 결과:
학습된 모델에서 서로 다르게 샘플링하는 Dyna-Q와 경로 샘플링

(1) 첫 번째 그래프는 Dyna-Q의 계획 단계에서 샘플링된 상태와 이 상태에서 선택된 행동을 표현한 것입니다. 보다시피, Dyna-Q는 동일한 확률로 상태뿐 아니라 해당 상태에 대한 행동도 임의로 선택합니다.

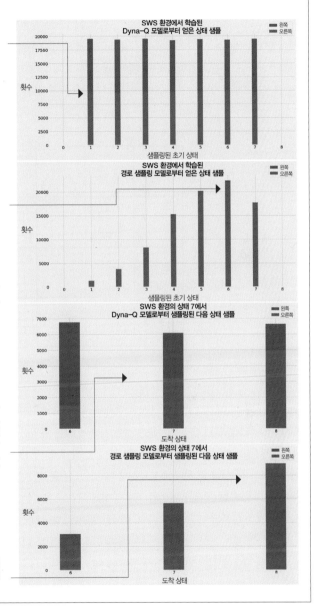

(2) 경로 샘플링에서는 다른 샘플링 전략이 사용됩니다. 기억하겠지만, SWS 환경에서의 가장 오른쪽에 있는 상태 8은 유일하게 0이 아닌 보상을 주는 상태입니다. 상태 8에 도달하면 +1 보상을 받습니다. 탐욕적인 경로 샘플링 전략은 탐욕적인 행동 선택을 개선하기 위해서 모델을 샘플링합니다. 샘플링된 상태들이 목표 상태인 상태 8에 쏠려있는 이유도 이때문입니다. 행동을 샘플링할 때도 동일한 현상이 나타납니다. 보다시피 전체 수행 중에서 오른쪽으로 가는 행동이 왼쪽으로 가는 행동보다 더 많이 샘플링됩니다.

(3) 서로 다른 샘플링 전략들이 주는 의미를 이해하기 위해서, 상태 7에서 행동을 샘플링하고 난 후의 도착 상태를 그려보았습니다. 이 상태는 목표 상태의 왼쪽에 있는 상태인데, 보다시피 Dyna-Q가 동일한 확률로 임의로 샘플링했기 때문에, 전체적인 확률이 MDP를 반영하고 있습니다.

(4) 반대로 경로 샘플링은 목표 상태에 더 자주 도착했습니다. 모델에서 0이 아닌 보상을 받는 경우가 자주 발생했습니다.

자세한 예제: 프로즌 레이크 환경

2장에서 프로즌 레이크(FL) 환경에 대한 MDP를 구현했습니다. 기억하겠지만, FL은 간단한 격자 환경으로 되어 있습니다. 해당 환경은 16개의 이산적인 상태 영역과 4개의 행동 영역을 갖습니다.

에이전트의 목표는 시작 지점에서 시작해 구멍에 떨어지지 않고 목표 지점에 도착하는 것입니다. 프로즌 레이크 환경으로 한정하면, 에이전트의 목표는 상태 0에서 상태 15로 가는 것입니다. 문제는 환경의 표면이 얼어있기 때문에, 매우 미끄럽다는 점입니다.

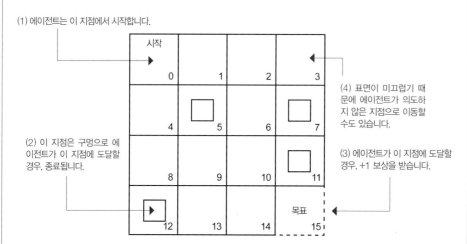

그림 7-7 프로즌 레이크 환경

FL 환경은 16개의 칸으로 이뤄진 4x4 격자로, 왼쪽 최상단부터 가장 오른쪽 아래까지 상태가 0부터 15까지 있습니다. 상태 0은 초기 상태 분포에 있는 유일한 상태로써, 매 새로운 에피소드마다 에이전트는 이 상태를 시작 상태로 인지합니다. 상태 5, 7, 11, 12 그리고 15는 종료 상태이므로 에이전트가 이 상태 중 하나에 도달하면 에피소드는 종료됩니다. 그 중에서 상태 5, 7, 11, 12는 구멍이고, 상태 15는 목표 지점입니다. 구멍과 목표의 차이는 보상 함수에 있습니다. 목표 상태인 상태 15로 이동하는 모든 전이는 +1 보상을 받지만, 나머지 상태에 대한 전이는 보상을 받지 못합니다. 에이전트는 자연적으로 +1 전이가 되도록 시도하며, 더불어 구멍을 피하려 합니다. 이 환경은 취하는 행동에 확률적인 요소가 있어서, 에이전트는 1/3 확률로만 의도한대로 움직입니다. 나머지 2/3의 확률로는 다른 방향으로 움직입니다. 만약 에이전트가 격자 환경의 바깥쪽으로 이동하게 될 경우, 시도했던 자리로 되돌아갑니다.

NOTE_ 더 자세히 살펴보기: 프로즌레이크 환경에서의 하이퍼파라미터

프로즌 레이크 (FL) 환경은 앞에서 소개한 7개의 미끄러지는 칸을 가지는 환경(SWS)보다 조금 더 복잡합니다. 그렇기 때문에 에이전트가 환경과 상호작용할 에피소드를 증가시키는 일이 가장 중요합니다. SWS 환경에서는 에이전트가 딱 3,000번의 에피소드 동안만 상호작용을 수행했습니다. 반면 FL 환경에서는 에이전트가 10,000에피소드에 대한 경험을 쌓도록 하겠습니다. 이렇게 간단한 변화가 자동적으로 알파와 입실론의 감가 스케줄에도 영향을 줍니다.

n_episodes 변수의 값을 3,000에서 10,000으로 변경시키면 에이전트가 탐색하고 학습하는 양도 자동적으로 변화합니다. 이제 알파는 전체 에피소드의 절반인 5,000에피소드동안 초기값 0.5에서 최솟값이 0.01 까지 감가되고, 입실론은 전체 에피소드의 90%인 9,000에피소드동안 초기값 1.0에서 최솟값인 0.1까지 감가됩니다.

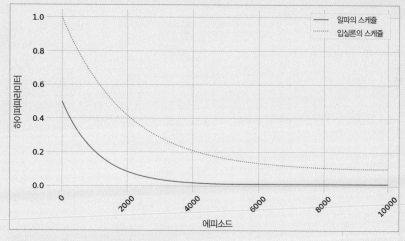

그림 7-8 알파와 입실론의 감가 스케줄링

마지막으로, 감마값은 0.99이며 프로즌레이크 환경[11]은 오픈AI 짐 패키지로 구현했으므로 time limt이라는 짐 래퍼wrapper로 한번 씌워져 있습니다. 이 시간과 관련된 래퍼는 에이전트가 100스텝을 넘어서지 않은 상태에서 에피소드를 종료시킬 수 있도록 강제해줍니다. 상세하게 말하자면, 이 두 가지 요소(감마와 시간 래퍼)는 에이전트가 학습할 이상적인 정책과 가치 함수를 변화시키므로 가볍게 넘어갈 수 없습니다. 우선은 7장의 노트북에서 FL 환경을 실험하되, 이번에는 감마를 다른 값(1, 0.5, 0)으로 바꿔보고, env = env.unwrapped같은 코드를 통해 환경 객체에 unwrapped 속성[12]을 설정해 시간 래퍼를 제거해보기 바랍니다. 두 가지 요소가 정책과 가치 함수에 어떤 영향을 끼치는지 이해해봅시다.

---

11 옮긴이_ https://github.com/openai/gym/blob/master/gym/wrappers/time_limit.py
12 옮긴이_ 시간 제한을 걸지 않은 기존 환경을 사용할 수 있는 속성을 말합니다.

그래프로 확인하는 결과:
몇 번의 에피소드만으로도 실제값에 가까워지는 모델 기반 강화학습의 추정치

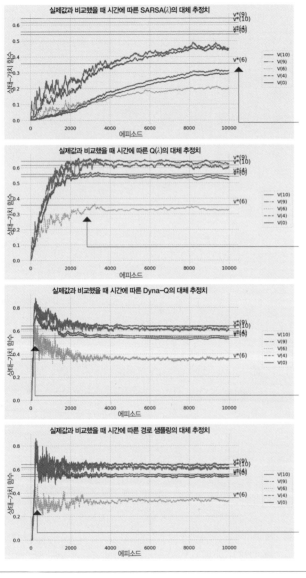

(1) 이 환경에서 반드시 순수 SARSA 에이전트와 Q-학습 에이전트를 학습시키고 결과를 비교하길 추천합니다. SARSA(λ) 에이전트는 이상적인 상태-가치 함수를 추정하려 합니다. 그래프의 수평선은 주어진 상태에 대한 이상적인 상태-가치 함수를 나타냅니다. 각 수평선은 상태 0, 4, 6, 9, 10에 대한 이상적인 상태-가치 함수입니다.

(2) Q(λ) 에이전트는 비활성 정책이므로 SARSA(λ)와는 다르게 이상적인 상태-가치 함수에 대한 추정치가 실제값 쪽으로 움직입니다. 사실 이는 수행 스텝 수의 차이입니다. SARSA(λ)도 더 많은 에피소드가 주어졌다면 실제 값에 수렴할 수 있다고 확신합니다.

(3) Dyna-Q 에이전트는 실제값을 따라가는데 있어 Q(λ)보다 빠르지만, 학습 초기에 큰 오차가 발생하기도 합니다. 이 현상은 초기에는 모델이 부정확한 상태이고, Dyna-Q 자체가 현재 방문한 상태가 충분하지 않더라도 학습한 모델로부터 임의로 샘플링하기 때문입니다.

(4) 제가 구현한 경로 샘플링은 탐욕 경로를 사용했기 때문에 에이전트가 방문한 상태에 대해서만 샘플링을 수행합니다. 어쩌면, 이 이유로 경로 샘플링이 안정적으로 동작한다고 볼 수 있습니다.

그래프로 확인하는 결과: 경험 처리에 효율적인 경로와 모델 기반 학습

(1) 이제 성공과 관련해서 이전 페이지에서 소개한 결과를 살펴봅시다. 오른쪽 첫 번째 그래프를 살펴보면 SARSA(λ)를 제외한 모든 알고리즘들이 이상적인 정책과 같은 성공 횟수에 도달했습니다. 또한 모델 기반 강화학습 방법들이 빠르게 성공하기는 하지만, 그렇다고 성공 횟수가 높지는 않습니다. 참고로 여기서 언급한 성공 횟수란 에이전트가 목표 상태(FL 환경에서는 상태 15)에 도달한 횟수를 의미합니다.

(2) 두 번째 그래프에서는 초기 상태에서의 기대 반환값에 대한 추정치를 볼 수 있습니다. 참고로 모든 모델 기반 방법들이 학습 초기에 큰 오차가 발생하고, 경로 샘플링 방법은 Dyna-Q보다 더 빠르고 안정적으로 수렴하지만 여전히 오차가 발생합니다. Q(λ) 학습이 큰 오차 없이 빠르게 수렴하는 반면, SARSA(λ)는 학습이 멈추기 전까지 수렴하지 못합니다.

(3) 세 번째 그래프는 실제 에피소드 반환값을 100에피소드 주기로 평균낸 결과를 나타냅니다. 보다시피 모델 기반 에이전트와 Q(λ) 에이전트는 거의 2,000에피소드가 경과한 후 기대 반환값을 얻을 수 있었습니다. 반면 SARSA(λ) 에이전트는 학습 과정이 멈추기 전까지도 도달하지 못했습니다. 앞서 말했듯 시간만 충분했다면, SARSA(λ)도 기대 반환값을 얻었을 것입니다.

(4) 마지막 그래프는 행동-가치 함수에 대한 절대 평균 오차입니다. 보다시피 모델 기반 학습들은 다른 알고리즘보다 오차가 빠르게 0에 가까워집니다. 하지만 2000에피소드가 경과한 후에는 모델 기반 방법과 Q(λ) 방법이 동일한 결과를 보여줍니다. SARSA(λ) 방법은 여기에서도 역시 느리게 떨어지고 있습니다.

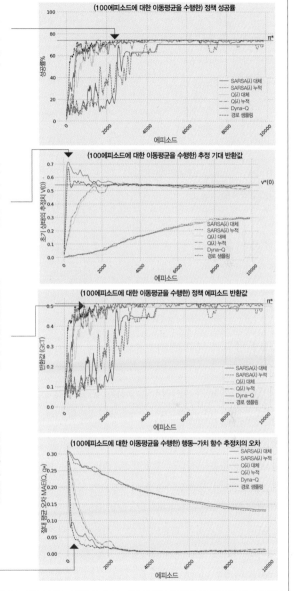

자세한 예제: 프로즌 레이크 8x8 환경

이번에는 조금 더 나아가 앞에서 배운 알고리즘을 조금 더 복잡한 환경에서 수행해보도록 하겠습니다. 이 환경은 프로즌 레이크 8x8 (FL8x8)로, 이름대로 FL과 유사한 속성을 가진 8x8 행렬로 구성된 격자 환경입니다. 초기 상태는 상태 0이고, 가장 왼쪽 위에 위치해 있습니다. 종료 상태이자 목표 상태는 상태 63이며, 가장 오른쪽 아래에 있습니다. 취한 행동에 대한 확률성은 동일합니다. 에이전트는 의도한 칸으로 33.33%의 확률로 움직이며, 동일한 확률로 다른 방향으로 움직입니다.

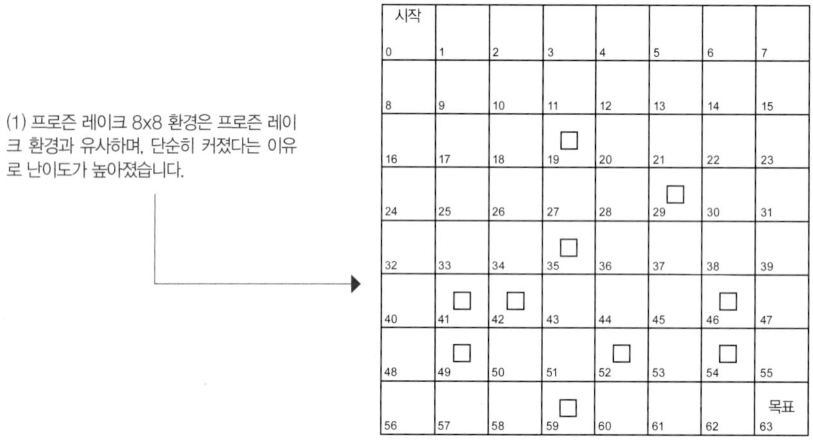

(1) 프로즌 레이크 8x8 환경은 프로즌 레이크 환경과 유사하며, 단순히 커졌다는 이유로 난이도가 높아졌습니다.

그림 7-11 프로즌 레이크 8x8 환경

이 환경의 주요 차이는 아마 알겠지만, 환경 상에 수많은 구멍들이 놓여져 있으며, 제각기 떨어져 있다는 것입니다. 상태 19, 29, 35, 41, 42, 46, 49, 52, 53, 59, 총 10개의 상태가 구멍입니다.

이전의 프로즌 레이크 환경과 유사하게 FL8x8 환경에서는 올바른 정책을 통해서 에이전트가 에피소드 내에 종료 상태에 무조건 도달합니다. 하지만 오픈AI 짐 패키지내에 구현되어 있는 부분에서는 이상적인 정책을 학습한 에이전트가 앞에서 다뤘던 감마나 시간 래퍼 속성으로 인해서 특정 정책을 찾지 못하는 경우가 있습니다. 이에 대해서 잠깐만 생각해보겠습니다. 환경의 확률성을 생각하면, 시간 래퍼가 적용되고 있는 상태에서 가장 안전한 정책이 보상을 받지 않고 끝날 가능성도 발생합니다. 또한 감마가 1보다 작을 경우, 에이전트가 단계를 수행할 때마다, 보상이 반환에 미치는 영향도 낮아집니다. 이런 이유로 인해서 안전한 정책이 항상 이상적인 정책일 필요는 없어져 에이전트는 안전한 정책을 학습하지 않습니다. 참고로 목표는 전체 시간동안 목표에 도달하는 정책을 찾는 것처럼 단순하지 않고, FL 환경에서는 100스텝 안에, 그리고 FL8x8 환경에서 200스텝 안에 목표에 도달할 수 있는 정책을 찾는 것임을 기억하기 바랍니다. 에이전트는 이 목표를 달성하기 위해 위험을 감수할 필요가 생기기도 합니다.

NOTE_ 더 자세히 살펴보기: 프로즌 레이크 8x8 환경에서의 하이퍼파라미터

프로즌레이크 8×8 (FL8×8) 환경은 이 책에서 가장 복잡한 이산적인 상태 영역과 행동 영역을 가진 환경입니다. 이 환경이 복잡한 이유는 몇 가지가 있습니다. 먼저 지금까지 다뤄본 환경 중 상태가 64개로 가장 많습니다. 또, 0이 아닌 보상을 하나만 준다는 점이 환경을 더 복잡하게 만듭니다.

0이 아닌 보상을 하나만 준다면, 에이전트가 처음으로 종료 상태에 도달해야만 제대로 움직였음을 알게 됩니다. 이 모든 일이 다 임의로 일어납니다! 이렇게 에이전트가 0이 아닌 보상에 대한 전이를 찾으면, SARSA나 Q-학습을 적용한 에이전트(여기서는 λ를 적용하지 않은 기본 형태입니다)는 에이전트를 목표 상태로 전이시킨 상태의 가치만 갱신합니다. 그 상태가 보상을 받기 한 단계 이전의 상태이기 때문입니다. 그리고 난 후, 에이전트는 임의로 움직이면서 앞에서 구한 상태보다 또 한 단계 이전 상태를 찾아 가치 함수를 역전파합니다. 하지만 앞에서 언급했듯 지금은 λ를 사용하지 않습니다. 만약 SARSA(λ)나 Q(λ)였다면, 가치에 대한 변화는 λ에 따라서 바뀔 것입니다. 그렇기 때문에 이번 장에서 다루는 모든 실험에서는 λ를 0.5로 정의했는데, 이는 에이전트가 수집한 경로 중 절반에 대한 가치를 변화시킵니다(물론 어떤 경로를 사용했는지 여부에 따라서도 바뀔 수 있습니다만, 여기에서는 예외로 해두겠습니다).

놀랍게도 에이전트에 준 유일한 변화는 에이전트가 환경과 상호작용할 에피소드의 횟수뿐입니다. SWS 환경에서는 3,000에피소드 동안만 에이전트가 환경과 상호작용을 수행했지만, FL 환경에서는 10,000에피소드에 대해서 에이전트가 경험을 수집할 수 있도록 했고, FL8×8 환경에서는 30,000에피소드를 설정했습니다. 이 말은 알파가 이제 초기값인 0.5부터 최솟값이 0.01까지 감가되는데 전체 에피소드의 절반인 15,000에피소드가 소요되고, 입실론도 초기값이 1.0부터 최솟값이 0.1까지 감가되는데 전체 에피소드의 90%인 27,000에피소드가 걸린다는 의미입니다.

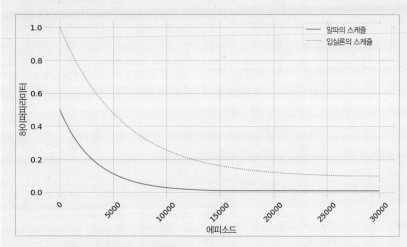

그림 7-12 알파와 입실론에 대한 스케줄링

그래프로 확인하는 결과:
활성 정책 학습이 아닌 경로 샘플링이 적용된 비활성 정책 학습과 모델 기반 학습의 효과

(1) 결과는 같은 경향성을 나타냅니다. SARSA(λ) 에이전트가 유의미한 결과를 얻어내기에는 너무 많은 시간이 걸립니다. 이전에 언급했다시피, 이는 해당 정책이 활성 정책 알고리즘이라 생기는 문제일 수 있습니다. 결과를 살펴보면, 모든 추정치가 이상적다.

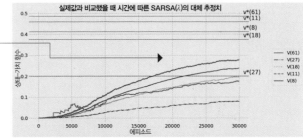

(2) 반면, Q(λ) 에이전트는 이상적인 값에 가까운 추정치를 가집니다. 대신 이 에이전트가 가지는 단점은 이 그래프에서 보이는 이상적인 값들이 에이전트가 상호작용하며 경험하는 시간 제한을 고려하지 않았다는 점입니다. 이런 요소도 추정치에 영향을 주었을 것입니다.

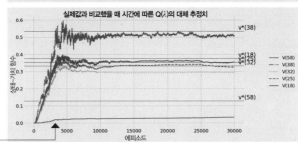

(3) Dyna-Q 에이전트는 다른 에이전트에 비해서 큰 이점을 가집니다. 모델 기반 강화학습 에이전트이기 때문에 종료 상태에 도달하기 전에 쌓은 모든 상호작용 단계가 MDP를 학습하는데 도움이 됩니다. 한번 에이전트가 보상을 찾게 된다면, 모델 기반 강화학습 방법에 포함된 계획 단계에서는 이상적인 가치를 빠르게 찾아냅니다.

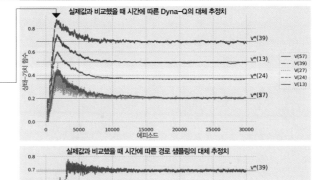

(4) 이전에 소개했던 경로 샘플링 에이전트의 결과와 비슷한 경향을 보여줍니다. 추정치가 이상적인 값으로 따라가며, 모델 오차로 인해서 발생하는 추정치와 이상치 간의 차이도 그렇게 크지 않습니다. 경로 샘플링에서 추정치는 조금 더 안정적인 곡선을 보여주고 있습니다.

그래프로 확인하는 결과: 몇몇 모델 기반 학습이 보여주는 큰 오차

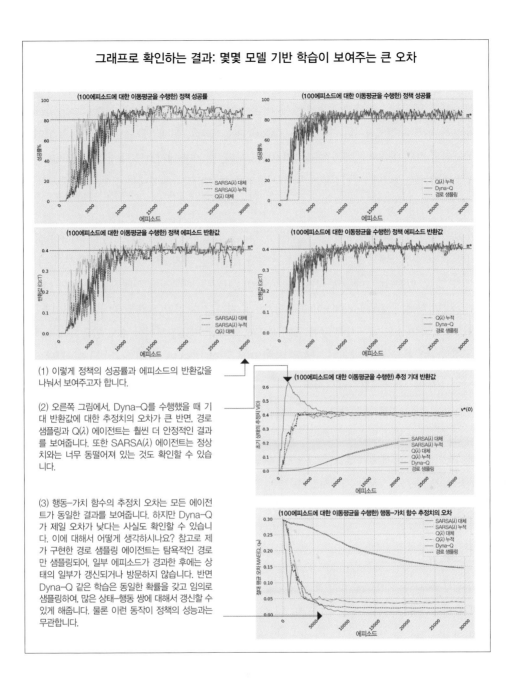

(1) 이렇게 정책의 성공률과 에피소드의 반환값을 나눠서 보여주고자 합니다.

(2) 오른쪽 그림에서, Dyna-Q를 수행했을 때 기대 반환값에 대한 추정치의 오차가 큰 반면, 경로 샘플링과 Q(λ) 에이전트는 훨씬 더 안정적인 결과를 보여줍니다. 또한 SARSA(λ) 에이전트는 정상치와는 너무 동떨어져 있는 것도 확인할 수 있습니다.

(3) 행동–가치 함수의 추정치 오차는 모든 에이전트가 동일한 결과를 보여줍니다. 하지만 Dyna-Q가 제일 오차가 낮다는 사실도 확인할 수 있습니다. 이에 대해서 어떻게 생각하시나요? 참고로 제가 구현한 경로 샘플링 에이전트는 탐욕적인 경로만 샘플링되어, 일부 에피소드가 경과한 후에는 상태의 일부가 갱신되거나 방문하지 않습니다. 반면 Dyna-Q 같은 학습은 동일한 확률을 갖고 임의로 샘플링하여, 많은 상태–행동 쌍에 대해서 갱신할 수 있게 해줍니다. 물론 이런 동작이 정책의 성능과는 무관합니다.

7.3 요약

이번 장에서는 강화학습을 효과적이면서, 효율적으로 만들어주는 방법을 배웠습니다. 이번 장에서 소개한 에이전트는 효과성 관점에서 제한된 에피소드동안 환경과의 상호작용을 통해서 문제를 해결할 수 있었습니다. 기본적인 SARSA나 Q-학습, 몬테카를로 제어와 같은 에이전트는 제한된 스텝 내에서 문제를 해결하기 어렵습니다. 30,000에피소드 내에서는 FL8x8 환경 문제를 풀기 어렵습니다. 에이전트가 원하는 결과를 성공적으로 얻어내는 것이 이번 장에서 이야기하는 효과성입니다.

또한 효율적인 알고리즘에 대해서도 살펴보았습니다. 효율성이란 데이터 관점에서의 효율성을 의미합니다. 이번 장에서 소개한 에이전트는 같은 데이터만 가지고도 다른 에이전트보다 더 많은 것을 할 수 있습니다. 예를 들어 SARSA(λ)와 Q(λ)는 기본적인 형태인 SARSA와 Q-학습보다는 더 빠르게 보상을 가치-함수 추정치로 수렴시킬 수 있었습니다. 하이퍼파라미터 λ를 조절하면서, 에피소드 내에서 방문한 모든 상태에 대해서 가치를 부여할 수도 있습니다. λ를 1로 설정한다고 항상 좋은 결과가 나오지는 않지만, 적어도 SARSA(λ)와 Q(λ)를 사용할 때 적용할 수 있는 요소로 사용할 수 있습니다.

또한 Dyna-Q와 경로 샘플링과 같은 모델 기반 강화학습도 학습했습니다. 이 방법들은 조금 다른 관점에서 샘플링 효율성을 가집니다. 바로 환경에 대한 모델을 학습하는데 샘플을 사용하는데, 만약 상태 s에서 행동 a를 취했을 때, 다음 상태 s'에 도달하는 샘플이 백만 개 있다면 이 정보를 가치 함수와 정책을 개선시킬 수 있는 정보로 활용하면 어떨까요? 발전된 형태의 모델 기반 심층 강화학습 방법들은 보통 경험을 쌓는데 비용이 많이 드는 환경에서 주로 사용됩니다. 보통 로봇이나, 고속의 시뮬레이션이 불가능하거나, 또는 큰 비용이 드는 하드웨어가 사용되는 환경 말입니다.

책의 뒷부분에서는 강화학습에서 비선형 함수 근사를 사용했을 때 야기되는 세부적인 내용에 대해서 다룹니다. 물론 지금까지 다뤘던 내용들이 여전히 적용됩니다. 유일한 차이가 있다면 가치 함수와 정책을 저장하는 데 벡터와 행렬을 사용하지 않고, 지도학습과 함수 근사를 사용한다는 것입니다. 참고로 심층 강화학습에서는 에이전트가 (순간적이지 않은) 순차적이면서, 동시에 (지도 가능하지 않고) 평가가능하고, (데이터를 모두 쓰지 않고) 샘플링된 피드백으로부터 학습하게 됩니다. 아직 샘플링에 대한 내용을 다루지 않았기 때문에, 에이전트는 항상 모든 상태나 상태–행동 쌍에 방문할 수 있었지만, 다음 장부터는 이렇게 샘플링할 수 없는 문제에 집중해보고자 합니다.

- 조금 더 효과적으로 목표에 도달할 수 있는 강화학습 에이전트를 만드는 법을 살펴보았습니다.
- 샘플링 관점에서 효율적인 강화학습 에이전트를 만드는 법을 배웠습니다.
- 순차적이면서 평가가능한 피드백을 어떻게 다루는지 다뤘습니다.

트위터에서 만나요!

공부하고 배운 내용을 공유해보시기 바랍니다.

매 장의 마지막 부분에, 제가 다음 단계로 넘어가기 위해서 지금까지 배운 것을 어떻게 활용할 수 있을지에 대한 아이디어를 제공할 것입니다. 원한다면, 당신이 얻은 결과를 세상에 공유하고, 나른 사람이 어떻게 구현했는지도 확인해보기 바랍니다. 이것이 서로한테 좋은 방법이며, 여기서 원하는 것을 얻었으면 좋겠습니다.

- **#gdrl_ch07_tf01** : 이번 장에서 소개한 알고리즘들은 프로즌 레이크 8x8 환경에서만 실험했습니다만 혹시 이전 장에서 소개한 알고리즘과 비교해보고 싶은가요? 그러면 한 번 해보세요. 책의 노트북을 열어서 이전 장에서 소개한 알고리즘을 이번 노트북으로 복사하고, 수행하면서 알고리즘의 성능을 비교할 정보를 뽑아보세요.
- **#gdrl_ch07_tf02** : 테이블을 사용한 발전된 형태의 알고리즘들이 많이 있습니다. 흥미로운 알고리즘에 대해서 나열해보고, 공유해보세요.
- **#gdrl_ch07_tf03** : 이제 나열된 알고리즘 중 하나를 구현해보고, 다른 사람이 나열한 항목 중 하나도 구현해보기 바랍니다. 만약 이 해시태그를 처음 쓴다면, 나열된 알고리즘 두 개를 구현해보세요.
- **#gdrl_ch07_tf04** : 우선 소멸prioritized sweeping이라는 원론적인 알고리즘이 있습니다. 이 알고리즘에 대해서 공부해보고, 공유해보세요. 구현한 것도 공유하고, 이번 장의 노트북에 추가해서 다른 알고리즘들과 비교해보기 바랍니다.
- **#gdrl_ch07_tf05** : 프로즌 레이크 8x8과 같은 환경을 만들어보세요. 조금 더 복잡한 프로즌 레이크 16x16은 어떨까요? 이제 모든 알고리즘을 수행해보고, 어떻게 동작하는지 살펴봅시다. 다른 알고리즘보다 이번 장에서 소개한 알고리즘이 더 좋게 동작하는 것이 있을까요?
- **#gdrl_ch07_tf06** : 매 장마다 마지막 해시태그는 총정리 해시태그로 사용하겠습니다. 마지막 해시태그는 이 장과 관련해 작업한 어떤 것이든 다른 사람들과 논의하는데 사용하길 바랍니다. 여러분이 직접 만든 것만큼 흥미로운 과제도 없답니다. 당신이 어떤 공부를 하고 있는지, 그 결과도 공유해주기 바랍니다.

공부한 것에 대해서 트윗을 쓰고 저(@mimoralea)를 태그해주세요(제가 리트윗하겠습니다). 그리고 여러분이 얻은 결과를 사람들이 위에 적힌 해시태그를 사용하기 바랍니다. 잘못된 결과는 없습니다. 여러분이 찾은 것을 공유하고, 다른 사람이 찾은 것을 확인해보세요. 이 해시태그를 기회로 교류하고 기여하세요. 다같이 기다리고 있을게요!

## CHAPTER 8

가치 기반 심층 강화학습 개요

"인간의 행동은 다음의 세 가지 원천에서 우러난다. 바로 욕망desire, 감정emotion 그리고 지
식knowledge이다."

— 플라톤Plato

고대 그리스의 철학가이자 아카데메이아 학원의 설립자

지금까지 배운 많은 개념을 바탕으로 이제 심층 강화학습을 완벽하게 이해할 준비가 되었습니
다. 2장에서는 마르코프 결정 과정(MDP)을 사용해 강화학습 에이전트가 해결할 수 있는 문
제에 대해서 배웠습니다. 3장에서는 이 MDP를 풀 수 있는 알고리즘을 구현했습니다. 순차적
인 의사결정을 내려야 하는 문제에서 이상적인 행동을 내릴 수 있는 에이전트 말입니다. 이어
서 4장에서는 전체 MDP에 접근하지 않아도, 다음 단계 MDP에 대해서 해결할 수 있는 알고
리즘에 대해서 배웠습니다. 보통 이런 문제는 불확실uncertain하다고 표현하는데, 그 이유는 에이
전트가 MDP에 대한 정보에 접근할 수 없기 때문입니다. 이 경우 에이전트는 시행착오를 통해
서 학습하는 방식으로 이상적인 행동을 찾는 방법을 학습합니다. 5장에서는 앞에서 언급한 두
가지 유형의 문제인 순차적과 불확실성이 혼합된 문제를 다뤘습니다. 이 문제를 해결하기 위해
서 정책을 평가하는 법을 학습하는 에이전트에 대해서 살펴보았습니다. 여기서 다룬 에이전트
는 비록 이상적인 정책을 찾지는 못해도, 정책을 평가할 수 있었고, 가치 함수를 정확하게 추정
할 수 있었습니다. 이어서 6장에서는 불확실성이 가미된, 순차적인 의사결정이 필요한 문제에
서 이상적인 정책을 찾는 에이전트를 배웠습니다. 이 에이전트는 환경과 상호작용을 많이 하지
않더라도, 임의의 정책에서 이상적인 정책을 찾아가고, 더불어 학습을 위해서 신중하게 경험을

수집했습니다. 7장에서는 이렇게 쌓은 경험을 활용해서 이상적인 정책을 조금 더 효율적으로 찾는 에이전트에 대해서 다뤘습니다.

내용을 정리했을 때, 2장의 내용은 전체 책의 기본이 되는 내용이 담겨 있습니다. 3장에서는 순차적인 피드백을 다룰 수 있는 계획 알고리즘에 대해 살펴보았습니다. 4장은 평가가능한 피드백을 다룰 수 있는 밴딧 알고리즘에 대한 내용을 다뤘습니다. 5장, 6장 그리고 7장은 순차적이면서 동시에 평가가능한 피드백을 다룰 수 있는 알고리즘인 강화학습 알고리즘에 대한 내용이었습니다. 지금까지 다뤘던 문제들을 보통 표 기반^{tabular} 강화학습이라고 표현하기도 합니다. 이번 장부터는 심층 강화학습에 대해서 자세하게 다루고자 합니다.

엄밀하게 말하자면, 이번 장에서는 강화학습 문제를 해결하기 위해서 심층 신경망을 사용하는 방법부터 다룹니다. 심층 강화학습에서는 심층 신경망 같은 엄청난 비선형 함수 근사기의 능력을 활용할 수 있는 방법들이 다양하게 있습니다. 가치 기반 학습법이 될 수 있고 혹은 정책 기반 학습, 액터-크리틱, 모델 기반 학습, 아니면 경사가 필요없는$^{gradient-free}$ 학습법 등이 이에 대한 예시입니다. 우선 이번 장에서는 가치 기반 심층 강화학습에 대해서 자세하게 다뤄보겠습니다.

- 비선형 함수 근사기를 적용한 강화학습 에이전트를 학습시키는데 발생하는 본질적인 어려움에 대해서 이해합니다.
- 하이퍼파라미터를 최소한으로 바꾸면서 학습시켜 문제를 해결할 수 있는 심층 강화학습 에이전트를 만듭니다.
- 강화학습 문제를 해결할 때, 가치 기반 학습을 사용함으로써 얻는 이점과 불이익을 구별합니다.

(1) 지금부터 3장에 걸쳐 이 학습법에 대해서 다룹니다.

그림 8-1 이 책에서 다뤘던 알고리즘 접근 방식의 유형들

8.1 심층 강화학습 에이전트가 사용하는 피드백의 유형

심층 강화학습에서는 평가가능하면서, 순차적이고, 샘플링가능한 피드백으로부터 학습할 수 있는 에이전트를 만듭니다. 이 책에서 계속해 이 내용을 강조하는 이유는 여러분이 이 말이 무슨 의미인지 이해해야 하기 때문입니다.

1장에서 심층 강화학습이란 불확실성이 가미된 상태에서 복잡한 순차적 의사 결정을 내리는 문제를 다룬다고 언급했습니다. 아마 설명이 참 길다고 불평했을지도 모릅니다. 하지만 제가 약속했다시피, 모든 단어에는 그 의미가 있습니다. 순차적인 의사 결정 문제는 3장에서 다뤘습니다. 불확실성상에 놓인 문제는 4장에서 배웠습니다. 5장, 6장 그리고 7장에서는 불확실성이 있는 상태에서 순차적인 의사 결정을 내리는 문제에 대해서 학습했습니다. 그리고 이번 장에서는 전체 문장에 '복잡한' 이란 용어를 더하겠습니다. 우선 이번 절에서는 심층 강화학습 에이전트가 학습시 사용할 세 가지 유형의 피드백에 대해서 복습해봅시다.

NOTE_ 심화개념 구워 삶기: 심층 강화학습에서의 피드백 유형

표 8-1 심층 강화학습에서의 피드백 유형

	순차적 (순간적인 개념과 반대의 의미)	평가가능 (지도의 개념과 반대의 의미)	샘플링가능 (샘플을 극도록 사용하는 것과 반대의 의미)
지도 학습	X	X	V
계획 (3장)	V	X	X
밴딧 (4장)	X	V	X
표 기반 강화학습 (5장, 6장, 7장)	V	V	V
심층 강화학습 (8장, 9장, 10장, 11장, 12장)	V	V	V

8.1.1 순차적인 피드백을 다루는 심층 강화학습 에이전트

심층 강화학습 에이전트는 연속적인 피드백을 다룰 수 있어야 합니다. 연속적인 피드백을 다루는데 가장 큰 문제점은 에이전트가 지연된 정보를 받을 수 있다는 것입니다. 체스게임에서 처음 몇 번 말을 잘못 움직였다고 가정해봅시다. 하지만 이게 잘못된 움직임이었다는 사실은 게임의 마지막에 가서야 손실을 실제화했을 때 나타납니다.

지연된 피드백은 피드백이 발생하는 원인을 알기 어렵게 해줍니다. 순차적인 피드백은 결국 시간적 가치 정의 문제를 야기하게 되는데, 보통 이 문제는 어떤 상태나 행동, 또는 상태-행동 쌍이 보상과 연관되어 있는지를 파악하는 것과 관련되어 있습니다. 문제에 시간적인 요소가 있고, 행동들이 지연된 상태로 연속적으로 정의되어 있다면, 각각 보상에 대한 가치를 정의하기가 어려워 집니다.

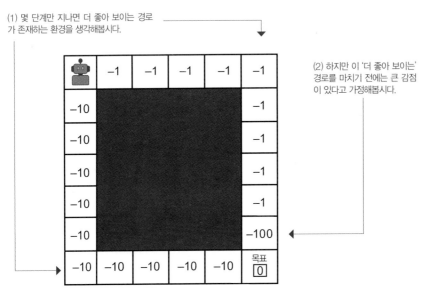

(1) 몇 단계만 지나면 더 좋아 보이는 경로가 존재하는 환경을 생각해봅시다.

(2) 하지만 이 '더 좋아 보이는' 경로를 마치기 전에는 큰 감점이 있다고 가정해봅시다.

(3) 이것이 순차적인 피드백에 대한 어려운 부분으로, 이로 인해서 행동을 결정할 때는 보상이 아닌 가치 함수를 사용합니다.

그림 8-2 순차적인 피드백

8.1.2 피드백이 순차적이지 않을 경우

지연된 피드백의 반대되는 개념은 순간적인immediate 피드백입니다. 다르게 표현하자면, 순차적인 피드백의 반대 개념은 순간one-shot 피드백입니다. 순간 피드백을 다루는 문제의 예로는 지도

학습이나 멀티 암드 밴딧 등이 있는데, 보통 의사 결정이 장기간의 형태를 지니지 않습니다. 예를 들어서 분류 문제는 이미지를 정확하게 분류하였는지 여부가 미래에 이미지를 분류하는 성능에 영향을 미치지 않습니다. 예를 들어 다음 모델에 존재하는 이미지들은 해당 모델이 이전 배치에 대한 이미지들을 잘 분류했는지 여부와는 상관이 없습니다. 반면 심층 강화학습에서는 순차적 속성에 대한 의존성이 존재합니다.

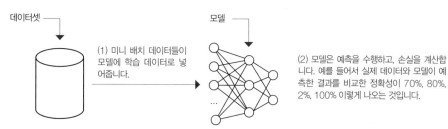

그림 8-3 분류 문제

게다가 밴딧 문제도 장기간 연속성이 없습니다. 그렇지만 이유를 이해하기는 조금 더 어렵습니다. 밴딧 문제는 한 개의 상태를 가지고, 한 스텝만으로 끝나는 MDP로, 한 번 행동을 선택하고 난 후에는 에피소드가 종료됩니다. 그렇기 때문에 해당 에피소드에서 행동은 에이전트의 성능에 대한 장기간 연속성을 갖지 않습니다.

참고: 이 문제에 사용되는 슬롯 머신은 보상에 대한 확률이 변하지 않습니다. 슬롯 머신의 팔을 당긴다고 해도 보상에 대한 확률이 바뀌지 않습니다. 사실 현실의 슬롯 머신은 그렇지 않습니다

(1) 카지노에 가서 슬롯 머신을 할 때의 목표는 가장 높은 보상을 주는 머신을 찾아 팔을 당기는 것입니다.

(2) 밴딧 문제에서는 매번 팔을 당겨도 보상에 대한 확률이 동일한 상황을 가정합니다. 이 같은 조건이 바로 문제에 대한 순간성을 나타냅니다.

그림 8-4 두 개의 팔을 가진 밴딧

8.1.3 평가가능한 피드백을 다루는 심층 강화학습 에이전트

우리가 다룬 두 번째 속성은 평가가능한 피드백이었습니다. 심층 강화학습이나 표 기반 강화학습, 밴딧 문제 모두 평가가능한 피드백을 다룹니다. 평가가능한 피드백은 환경이 가지는 불확실성으로 인해, 피드백의 좋고 나쁜 정도가 상대적이 된다는 어려움이 있습니다. 사실 우리는 환경에 내재되어 있는 실제 다이나믹스를 알지 못합니다. 그렇기 때문에 전이 함수나 보상 신호에 대해서 접근할 수 없습니다.

결과적으로 환경이 어떻게 되어있는지 파악하기 위해서는 환경을 탐색해야 합니다. 다만, 탐색으로 인해서 현재 가지고 있는 지식을 이해하지 못하는 경우가 발생하고, 이런 현상이 결국 후회가 누적되는 현상으로 이어지게 된다는 문제가 있습니다. 이로 인해서, 탐색-착취 간의 선택 문제가 발생합니다. 이는 불확실성이 만들어내는 부산물입니다. 환경에 대한 모델에 접근하지 못하면, 새로운 정보를 얻거나, 현재 가지고 있는 지식을 개선시키기 위해서는 반드시 탐색을 해야합니다.

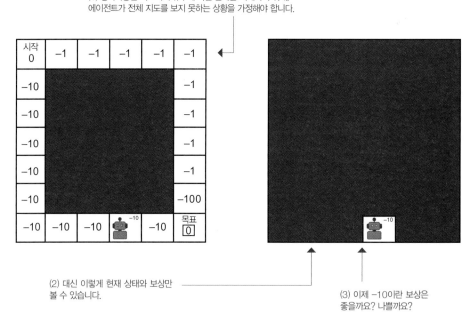

그림 8-5 평가가능한 피드백

8.1.4 피드백이 평가가능하지 않을 경우

평가가능한 피드백과 반대되는 개념은 지도가능한 피드백입니다. 분류 문제에서 모델은 감독을 받습니다. 다시 말해, 학습이 진행되는 동안, 모델은 제공되는 각 샘플에 대한 올바른 라벨을 전달받습니다. 추측이란 존재하지 않습니다. 만약 모델이 잘못 분류하는 경우, 곧바로 올바른 정답이 제공됩니다. 참 좋은 방법이죠?

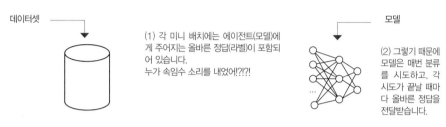

데이터셋

(1) 각 미니 배치에는 에이전트(모델)에게 주어지는 올바른 정답(라벨)이 포함되어 있습니다.
누가 속임수 소리를 내었어!?!?!

모델

(2) 그렇기 때문에 모델은 매번 분류를 시도하고, 각 시도가 끝날 때마다 올바른 정답을 전달받습니다.

(3) 하지만 알겠지만 삶은 '올바른' 정답을 주지 않습니다.

그림 8-6 '지도가능한' 분류

학습하는 알고리즘에게 올바른 정답이 주어지면 평가가능한 피드백을 받는 문제보다 지도가능한 피드백을 받는 문제가 쉬어집니다. 이 부분은 지도학습 문제와 평가가능한 피드백을 다루는 문제를 구분지을 수 있는 명확한 차이라고 볼 수 있습니다.

밴딧 문제는 사실 순차적인 피드백을 꼭 다룰 필요는 없지만, 평가가능한 피드백으로 학습할 수 있습니다. 바로 이 부분이 밴딧 문제가 해결해야 할 핵심 문제이기도 합니다. 평가가능한 피드백이 주어지면, 에이전트는 탐색과 착취의 균형을 맞춰야 합니다. 만약 받는 피드백의 유형이 평가가능하면서, 동시에 순차적이라면, 문제는 조금 더 명확해집니다. 이를 해결할 알고리즘은 반드시 순간적인 목표와 장기간 목표 사이의 균형을 맞추면서, 동시에 정보 수집과 활용 사이의 균형을 맞춰야 합니다. 표 기반 강화학습과 심층 강화학습 에이전트는 순차적이면서 동시에 평가가능한 피드백으로부터 학습합니다.

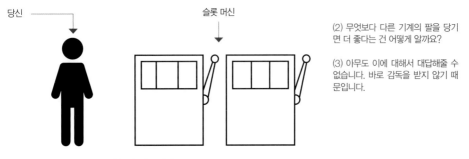

(1) 왼쪽 기계의 팔을 당겼을 때, $10을 얻게 된다면, 좋은 것일까요? 나쁜 것일까요? 만약 오른쪽 기계가 $50을 준다면요?
왼쪽 기계가 500회 동안, 매번 $1씩 준다면 어떨까요?

당신

슬롯 머신

(2) 무엇보다 다른 기계의 팔을 당기면 더 좋다는 건 어떻게 알까요?

(3) 아무도 이에 대해서 대답해줄 수 없습니다. 바로 감독을 받지 않기 때문입니다.

그림 8-7 평가가능한 피드백을 다루는 밴딧

8.1.5 샘플링된 피드백을 다루는 심층 강화학습 에이전트

심층 강화학습은 문제의 복잡성으로 표 기반 강화학습과 구분지을 수 있습니다. 심층 강화학습에서는 에이전트가 모든 가능한 피드백을 극도로 샘플링하지 않습니다. 보통 에이전트는 주어진 피드백을 사용해 일반화하고, 이 일반화된 정보를 기반으로 지능적인 의사 결정을 수행합니다.

이에 대해서 한번 생각해봅시다. 삶 속에서도 극도의 피드백이 주어지지 않습니다. 한 사람이 동시에 의사와 변호사, 엔지니어까지 할 수는 없습니다. 셋 중 하나라도 잘 하고 싶다면 말이죠. 미래를 위한 현명한 결정을 내리려면 이전에 쌓은 경험을 사용해야 합니다. 이것이 기본입니다. 고등학교에서 수학을 잘했나요? 수학과 관련된 학위를 따세요. 예술에 재능이 있나요? 그러면 그 길을 따라가세요. 일반화란 어떤 현상에 대한 유형을 찾고, 가정을 세워 본인이 생각하는 이상향에 닿을 수 있도록 길을 명확하게 해줍니다.

한편, 지도 학습은 샘플링된 피드백을 다룹니다. 실제로 지도 학습의 근본적인 어려움은 이런 샘플링된 피드백으로부터 학습한다는 점에서 나옵니다. 새로운 샘플링 데이터를 일반화할 수 있느냐 여부인데, 이는 멀티 암드 밴딧이나 표 기반 강화학습에서는 수행할 수 없습니다.

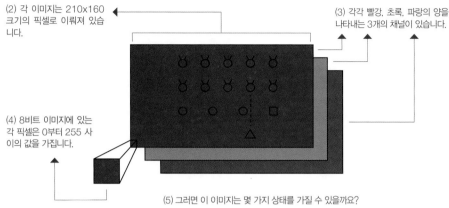

(1) 에이전트에게 이미지를 상태로 제공하고 있다고 가정해봅시다.

(2) 각 이미지는 210x160 크기의 픽셀로 이뤄져 있습니다.

(3) 각각 빨강, 초록, 파랑의 양을 나타내는 3개의 채널이 있습니다.

(4) 8비트 이미지에 있는 각 픽셀은 0부터 255 사이의 값을 가집니다.

(5) 그러면 이 이미지는 몇 가지 상태를 가질 수 있을까요?

(6) 바로 $(255^8)^{210 \times 160} = (16581375)^{33600}$개 입니다. 참 많지요?

(7) 참고로, 실제로 파이썬에서 계산해봤는데, 자릿수만 242,580개인 숫자가 나왔습니다. 이 수가 얼마나 큰 숫자인가 하면, 보통 우리가 살고 있는 우주에 있는 원자가 10^{78}개에서 10^{82}개 인데, 이 숫자만 해도 자리수가 83개에 불과합니다.

그림 8-8 샘플링된 피드백

8.1.6 샘플링된 피드백이 아닌 경우

샘플링된 피드백의 반대되는 개념은 극도의 피드백입니다. 환경에 대해 극도로 샘플링한 데이터를 사용한다는 것은 에이전트가 이미 모든 가능한 샘플에 대해서 접근할 수 있다는 의미입니다. 예를 들어 표 기반 강화학습이나 밴딧 에이전트의 경우 이상적인 성능을 얻는데 필요한만큼만 정보를 샘플링하면 됩니다. 그래서 표 기반 강화학습에서 극도의 피드백 수집은 이상적인 성능으로 수렴하는 결과를 보장합니다. '무한 개의 데이터'나 '무한대에 걸친 매 상태–행동 쌍 샘플링' 같은 일반적인 가정이 유한한 상태 영역과 행동 영역을 가지는 작은 격자 환경에서 적용할 만한 가정입니다.

(1) 다시 한번 말하자면, 순차적인 피드백은
아래와 같이 구성됩니다.

(2) 평가가능한 피드백은
아래와 같습니다.

시작 0	−1	−1	−1	−1	−1
−10					−1
−10					−1
−10					−1
−10					−1
−10					−100
−10	−10	−10	🤖 −10	−10	목표 0

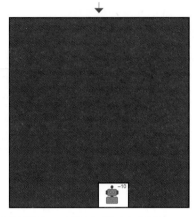

(3) 하지만, 이산적인 상태와 행동이 주어져 있을 경우, 환경에 대한 샘플링을 극도로 수행할 수 있습니다. 작은 상
태 영역과 행동 영역을 가지는 환경에서는 실제로도 적용하기 쉽고, 이론적으로도 사용할 수 있습니다. 하지만 상태
와 행동 영역의 크기가 커질수록, 함수 근사화를 해야 할 필요성도 명확해집니다.

그림 8-9 순차적이면서, 평가가능하고, 극도로 사용하는 피드백

지금까지 다뤄보지 않은 차원의 문제입니다. 지금까지는 표 기반 강화학습 문제들을 살펴보았
습니다. 표 기반 강화학습에서는 평가가능하면서, 순차적이고, 극도로 사용가능한 피드백으로
부터 학습합니다. 하지만 에이전트가 환경에 대해 극도로 샘플링할 수 있는 상황을 가정할 수
없는 조금 더 복잡한 문제에서는 어떻게 될까요? 만약 10^{170}개의 상태를 가진 바둑판처럼 고차
원의 상태 영역이라면 어떨까요? 60Hz의 프레임률을 갖는 $(255^3)^{210*160}$개의 상태를 갖는 아
타리 게임은 어떻고요? 또 환경의 상태 영역이 로봇 팔의 관절 각도를 나타내는 것처럼 연속적
인 변수를 가지면 어떨까요? 고차원이면서 연속적인 상태를 가지거나 혹은 고차원이면서 연속
적인 행동 영역을 가지는 문제도 있습니다. 이런 복잡한 문제들이 바로 심층 강화학습이 존재
하는 이유입니다.

8.2 강화학습을 위한 함수 근사화

우선 강화학습에 왜 함수 근사화를 사용하는지 이해해야 합니다. 이름에 담긴 과대 포장이 잘
못된 이해와 오해를 일으키는 경우가 흔합니다. 알다시피, 딥러닝이란 단어를 들으면, 비선형

함수 근사화란 단어를 들을 때보다 뭔가 대단해 보이지만, 사실 두 단어는 같은 말입니다. 이런 현상은 인간의 자연적인 심리이기도 하고, 저도 그렇게 느낍니다. 많은 부분에서 이런 경향이 나타납니다. 하지만 이 책의 목표는 이런 오해를 제거하고, 생각을 단순화하는 것입니다.

이번 절에서는 일반적으로 강화학습 문제를 해결하기 위해 함수 근사화를 사용하는 이유를 설명하고자 합니다. 아마 이번 절에서 다루는 내용은 강화학습의 전반적인 내용보다는 가치 함수에 국한된 내용이겠지만, 내용에 포함되어 있는 의도는 모든 심층 강화학습에 적용할 수 있습니다.

8.2.1 고차원의 상태 영역과 행동 영역을 가지는 강화학습 문제

표 기반 강화학습이 갖는 큰 단점 중 하나는 복잡한 문제에서는 표를 통해 가치 함수를 표현하는 것이 실용적이지 않다는 것입니다. 이때 환경은 고차원의 상태 영역을 가지는데, 여기서 고차원이란 단일 상태를 표현하며 필요한 변수가 다양하게 존재함을 의미합니다. 예를 들어 아타리 게임의 상태는 고차원이라고 소개하는데, 이는 각 상태가 3개의 색상 채널로 이뤄진 210x160개의 픽셀로 구성되어 있기 때문입니다. 여기서 이야기 하는 차원은 각 픽셀들이 가지는 값과는 상관이 없고, 각 상태를 나타내는 변수의 수를 의미합니다.

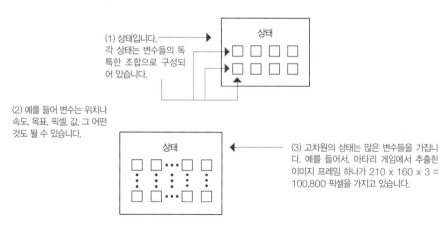

(1) 상태입니다.
각 상태는 변수들의 독특한 조합으로 구성되어 있습니다.

(2) 예를 들어 변수는 위치나 속도, 목표, 픽셀, 값, 그 어떤 것도 될 수 있습니다.

(3) 고차원의 상태는 많은 변수들을 가집니다. 예를 들어서, 아타리 게임에서 추출한 이미지 프레임 하나가 210 x 160 x 3 = 100,800 픽셀을 가지고 있습니다.

그림 8-10 고차원의 상태 영역

8.2.2 연속적인 상태 영역과 행동 영역을 가지는 강화학습 문제

환경은 연속적인 변수를 추가적으로 가질 수 있는데, 변수가 무한대의 값을 가질 수 있음을 의미합니다. 조금 더 명확히 하자면, 상태 영역과 행동 영역은 이산적인 변수들로 구성된 고차원일 수도 있고, 연속적인 변수들로 구성된 저차원일 수도 있습니다.

변수들이 연속적이지 않아, 다시 말해 무한대로 확장시킬만큼 크지 않더라도, 상태는 이미 많은 변수들로 구성되어 함수 근사화가 없다면 학습을 비효율적으로 만듭니다. 예를 들어서 아타리 게임에서는 각 픽셀별로 256개의 값(0~255 사이의 정수)을 가집니다. 이때 유한한 상태 영역을 가지기는 하지만, 이 값도 학습시 함수 근사화가 필요할만큼 충분히 큽니다.

하지만 어떤 경우에는 저차원의 상태 영역이라도 무한대로 큰 상태 영역으로 확장시켜 생각할 수 있습니다. 예를 들어서 로봇이 x, y, z 좌표값을 상태 영역으로 활용하는 문제를 가정해봅시다. 물론 3개의 변수로 구성된 상태 영역은 매우 낮은 차원의 상태 영역 환경을 가지지만, 만약 이 변수들이 무한대로 표현할 수 있는 형태를 가진다면 어떻게 될까요? 다시 말해서 극소의 정밀성을 가지는 변수 말입니다. 같은 값의 변수라도 1.56 이나 1.5683 아니면 1.5683256이 될 수 있습니다. 그러면 이 값들을 모두 고려할 수 있는 표는 어떻게 만들까요? 물론, 상태 영역을 이산화discretize시킬 수도 있습니다. 하지만 일단 간단하게 넘어가자면, 함수 근사화가 필요합니다.

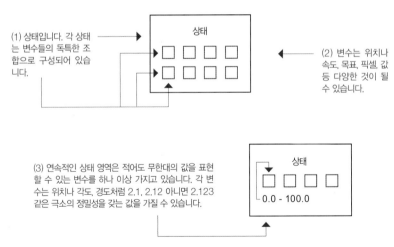

그림 8-11 연속적인 상태 영역

자세한 예제: 카트폴 환경

카트폴 환경[1]은 강화학습에서는 고전적인 환경입니다. 상태 영역은 저차원이지만, 연속적인 값을 가지므로 알고리즘을 개발하기에는 훌륭한 환경입니다. 약간의 어려운 점은 있지만 학습은 빠르게 진행되며 함수 근사화를 활용하면 도움이 될 수 있습니다.

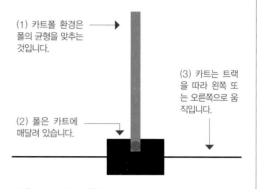

(1) 카트폴 환경은 폴의 균형을 맞추는 것입니다.

(2) 폴은 카트에 매달려 있습니다.

(3) 카트는 트랙을 따라 왼쪽 또는 오른쪽으로 움직입니다.

그림 8-12 카트폴 환경

여기서 상태 영역은 4개의 변수로 구성됩니다.

- −2.4~2.4 사이의 값을 가지는 트랙(x축)상의 카트 위치
- −inf~inf 사이의 값을 가지는 트랙(x축)상의 카트 속도
- −40°~40° 사이의 값을 가지는 폴의 각도
- −inf~inf 사이의 값을 가지는 폴 끝점의 속도

그리고 매 상태마다 두 개의 행동을 취할 수 있습니다.

- 행동 0은 카트에 −1의 힘을 가합니다(왼쪽으로 밉니다).
- 행동 1은 카트에 +1의 힘을 가합니다(오른쪽으로 밉니다).

만약 다음 상태일 경우 종료됩니다.

- 폴의 각도가 수직 위치에서 12도 이상 차이날 경우
- 카트의 중심이 트랙의 중심에서 2.4만큼 떨어진 경우
- 에피소드가 500회에 도달한 경우(이는 나중에 살펴보겠습니다)

보상 함수는 아래와 같습니다

- 매 타임 스텝마다 +1 보상을 받습니다

---

1 옮긴이_ 오픈AI 짐에 포함되어 있는 카트폴 환경은 강화학습을 접하면 다루게 되는 고전 제어(classic_control) 계열의 환경 중 하나입니다(https://gym.openai.com/envs/CartPole-v0/). 이 환경은 1983년 앤드류 바르토가 발표한 「Neuronlike Adaptive Elements That Can Solve Difficult Learning Control Problems(http://incompleteideas.net/papers/barto-sutton-anderson-83.pdf)」라는 논문을 통해서 처음 소개되었으며, 마찰이 없는 지표면상에 있는 카트에 오른쪽/왼쪽 힘을 가하면서, 카트에 부착되어있는 막대기(폴)이 최대한 오래 서있게 하는 것이 목적입니다.

8.2.3 함수 근사화를 사용했을 때의 이점

고차원이나 연속적인 상태 영역을 다루는 환경에서 딱히 함수 근사화를 사용하지 않을 이유가 없다고 이해했으리라 생각합니다. 이전 장에서는 계획법과 강화학습 알고리즘에 대해서 다뤘습니다. 이때 다룬 방법은 표를 사용해서 가치 함수를 표현합니다.

기억 되살리기: 가치 순환법이나 Q-학습같은 알고리즘에서 가치 함수로 사용한 표

가치 순환법은 MDP를 받아 해당 MDP에 대한 이상적인 상태-가치 함수 $v*$를 계산해서 이상적인 정책을 도출하는 방법입니다. 이를 위해서 가치 순환법은 반복되는 횟수동안 변화하는 상태-가치 함수 를 계속 유지합니다. 여기서 가치 함수에 대한 추정치는 상태를 통해서 값을 찾을 수 있는 벡터로 표현됩니다. 이 벡터는 추정치를 찾고 갱신하기 위한 참조표^{lookup table} 형태로 저장됩니다.

(1) 상태-가치 함수는 상태를 통해서 값을 찾을 수 있고, 주어진 상태에 대한 이동 보상의 기대치를 나타내는 값을 반환합니다.

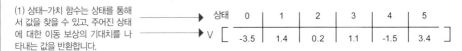

그림 8-13 상태-가치 함수

Q-학습 알고리즘은 MDP가 필요하지 않고, 상태-가치 함수를 사용하지 않습니다. 대신 Q-학습에서는 이상적인 행동-가치 함수인 $q*$의 값을 추정합니다. 행동-가치 함수는 벡터가 아닌, 행렬로 표현합니다. 이 행렬은 상태와 행동을 통해서 값을 찾을 수 있는 2차원의 표로 구성됩니다.

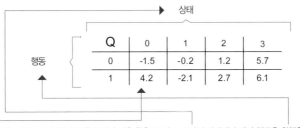

행동-가치 함수인 Q는 상태와 행동을 통해서 값을 찾을 수 있고, 주어진 상태에서 해당 행동을 취했을 때의 이동 보상에 대한 기대치를 나타내는 값을 반환합니다.

그림 8-14 행동-가치 함수

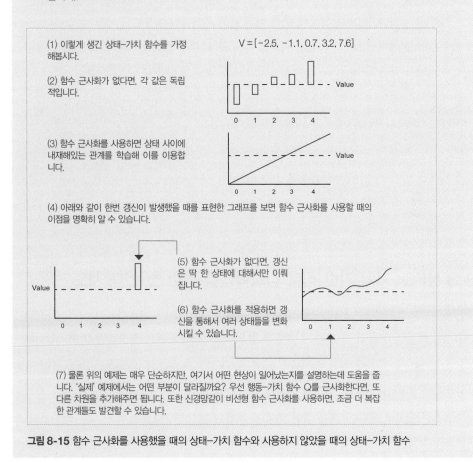
가치 순환법이나 Q-학습에서 문제를 해결할 때 샘플링된 피드백을 사용하면 알고리즘이 비실용적이 되고, 더불어 일반화가 부족하다면 이런 알고리즘은 더욱 비효율적이 됩니다. 이렇게 연속적인 값을 가지는 상태로 이뤄진 환경에서 표를 사용할 수도 있지만, 이를 위해서는 댓가를 치뤄야 합니다. 예를 들어 값을 이산화하는 방법도 표를 계속 사용할 수 있는 방법이기도 합니다. 하지만, 이렇게 표를 사용해서 가치 함수를 저장하는 방법을 고안해 실제로 수행해도 일반화를 통한 이점을 누릴 수는 없을 것입니다.

예를 들어서, 카트폴 환경에서 함수 근사화는 에이전트가 x 거리에 대한 관계를 학습할 수 있도록 도와줍니다. 가령 에이전트는 중심에서 2.35 단위만큼 떨어진 것이 2.2 단위만큼 떨어진 것보다 더 위험하다고 학습할 수 있습니다. 참고로 2.4가 x축에서의 가장자리라는 것은 이미 알고 있습니다. 일반화를 사용하는데 있어 이와 같은 추가적인 이유도 무시할 수 없습니다. 가치 함수는 보통 에이전트가 학습하고 이용할 수 있는 내재된 관계를 가지고 있는 경우가 많습니다. 신경망과 같은 함수 근사기는 이와 같은 내재된 관계를 발견할 수 있습니다.

> **NOTE_ 심화개념 구워 삶기: 함수 근사화를 사용하는 이유**
>
> 함수 근사화를 사용하는 이유는 단지 해결할 수 없는 문제를 풀겠다는 목적뿐 아니라 문제를 더 효율적으로 풀겠다는 목적도 있습니다.

8.3 NFQ: 가치 기반 심층 강화학습을 위한 첫 번째 시도

이번에 소개할 알고리즘은 **신경망으로 적합시킨 Q 순환**neural fitted Q iteration (NFQ)으로, 아마도 강화학습 문제를 해결할 때 함수 근사화에 신경망을 성공적으로 사용한 초기 알고리즘 중 하나입니다.

이번 장의 나머지 부분에서는 대부분의 가치 기반 심층 강화학습 알고리즘이 가지는 몇 가지 구성요소를 설명하겠습니다. 그래서 문제를 해결할 때 사용할 수 있는 다양한 요소들을 결정하는 기회로 삼았으면 합니다. 예를 들어 NFQ를 적용한 손실함수를 소개하면, 다른 대안들도 소개해드릴 것입니다. 처음 알고리즘이 소개됐을 때 적용된 방식은 제가 적용한 방법과 똑같지 않습니다. 만약 최적화 방법을 선택할 때, 제곱근 전개root mean square propagation (RMSprop)나 적응형 운동량 추정법adaptive moment estimation (Adam)을 사용하게 될텐데, 제가 선택하는 방식을 왜 사용하는지 설명할 겁니다. 하지만 무엇보다도 여러분 스스로 여러분에게 맞는 방법을 선택할 수 있도록 정보를 드리겠습니다.

저는 단순히 알고리즘만 설명하고 끝내기보다 이 책을 읽는 독자가 시도해볼 수 있는 다양한 방식을 소개하고 싶습니다. 수많은 강화학습 알고리즘이 '바로 적용해서 확인가능한plug-and-play' 구조로 되어 있으므로, 이 부분을 유념해서 보기 바랍니다.

8.3.1 첫 번째 선택: 근사화시킬 가치 함수 선택

신경망을 사용해서 가치 함수를 근사시키는 방법은 다양합니다. 또한 근사시킬 수 있는 가치 함수도 많습니다.

기억 되살리기: 가치 함수

지금까지 배운 가치 함수입니다.

- 상태-가치 함수 $v(s)$
- 행동-가치 함수 $q(s,a)$
- 행동-이점 함수 $a(s,a)$

아마도 이전에 다뤘던 상태-가치 함수 $v(s)$는 다양한 목적을 가지고 유용하게 사용하긴 했어도, 이것만 가지고는 제어 문제를 해결하는데 충분하지 않다는 것을 기억할 것입니다. $v(s)$를 찾는 것은 상태 s에서 정책 π를 사용했을 때 얻을 수 있는 총 감가 보상에 대한 기대치가 얼마 정도인지를 파악하는데 도움을 줍니다. 하지만 이 V-함수를 활용해서 어떤 행동을 취해야 할지 결정하려면 환경에 대한 MDP 또한 필요하고, 이를 통해서 각 행동을 취하고 난 후에 얻을 수 있는 모든 상태에 대해서 미리 한 단계 먼저 수행할 수 있게 됩니다.

또한 행동-가치 함수 $q(s,a)$는 제어 문제를 풀 수 있어, 앞에서 소개한 카트폴 환경을 해결하는데 조금 더 적합하다는 사실도 기억할 것입니다. 참고로 카트폴 환경에서는 카트를 제어해 폴의 균형을 맞추려면 모든 상태에 대한 행동의 가치를 학습해야 합니다. 만약 상태-행동 쌍에 대한 가치를 구할 수 있다면, 각 행동에 대해서 미분을 취할 수 있습니다. 예를 들어서 탐색 행동을 취할 경우에는 정보를 얻을 수 있도록 행동을 보정해주고, 탐욕적인 행동을 취할 경우에는 기대 반환값을 최대화할 수도 있습니다.

카트폴 환경에서는 단순한 행동-가치 함수가 아닌 이상적인 행동-가치 함수를 추정하려 합니다. 하지만 앞에서 배운 일반화된 정책 반복 형식은 입실론-그리디 정책을 사용해 활성 정책 학습을 수행해 이때의 가치를 직접적으로 추정할 수도 있고 비활성 정책 학습을 적용해 현재 추정치에 관한 탐욕 정책을 추정할 수도 있습니다. 결과적으로는 이렇게 학습된 정책이 이상적인 정책입니다.

마지막으로 행동-이점 함수 $a(s,a)$에 대해서도 다뤘는데, 이 함수는 서로 다른 행동에 대한 가치를 미분할 수 있게 해주고, 결과적으로는 취한 행동이 평균보다 얼마만큼 더 성능이 좋은지를 쉽게 보여줍니다.

앞으로 다룰 장에서는 $v(s)$와 $a(s,a)$를 어떻게 사용하는지에 대해서 다룹니다. 지금은 일반적인 Q-학습처럼 행동-가치 함수 $q(s,a)$를 추정하는데 초점을 맞춰봅시다. 참고로 행동-가치 함수 추정치에 대한 근사값을 $Q(s,a;\theta)$라고 표기하는데, 이는 Q 추정치가 신경망의 가중치인 θ와 상태 s 그리고 행동 a에 의해서 좌우된다는 의미입니다.

8.3.2 두 번째 선택: 신경망 구조 선택

앞에서 언급한 것처럼 근사화된 행동-가치 함수 $Q(s,a;\theta)$를 학습하는데 초점을 맞춥니다. 하지만 여기서 언급한 함수가 θ와 s 그리고 a에 의해서 좌우된다고 하더라도, 이것이 전부는 아닙니다. 이번에 다룰 부분은 신경망 구조입니다.

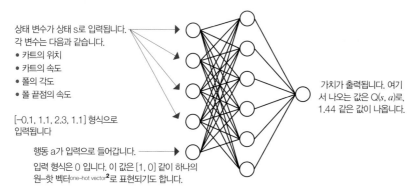

상태 변수가 상태 s로 입력됩니다.
각 변수는 다음과 같습니다.
- 카트의 위치
- 카트의 속도
- 폴의 각도
- 폴 끝점의 속도

[-0.1, 1.1, 2.3, 1.1] 형식으로
입력됩니다

행동 a가 입력으로 들어갑니다.
입력 형식은 0 입니다. 이 값은 [1, 0] 같이 하나의
원-핫 벡터one-hot vector[2]로 표현되기도 합니다.

가치가 출력됩니다. 여기서 나오는 값은 $Q(s, a)$로, 1.44 같은 값이 나옵니다.

그림 8-16 상태-행동이 입력으로 들어가고 가치가 출력으로 나오는 구조

앞에서 Q-학습 에이전트를 구현했을 때, 행동-가치 함수를 담은 행렬이 상태-행동의 쌍을 통해서 값을 찾았습니다. 이와 같은 직관적인 신경망 구조는 상태(카트폴 환경에서의 4개의 상태 변수)와 평가하기 위한 행동이 입력으로 들어갑니다. 그리고 출력은 해당 상태-행동 쌍에 대한 Q값이 하나의 노드를 통해서 나오게 됩니다.

이 구조는 카트폴 환경에서 잘 동작합니다. 하지만 이보다 조금 더 효율적인 구조는 상태(카트폴 환경에서의 4개의 상태 변수)만 신경망의 입력으로 들어가고 해당 상태에서의 모든 행동에

---

2 옮긴이_ 원-핫 벡터란 1 x N 크기의 벡터를 통해서 표현하고 싶은 정보에 대한 인덱스를 1로 표현하고, 그 나머지 인덱스를 0으로 표현하는 기법을 말합니다.

대한 Q값(카트폴 환경에서는 2개의 행동 변수)을 출력으로 내보내는 형식입니다.

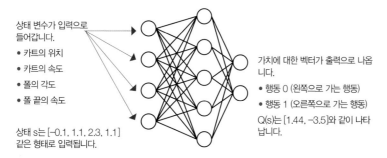

상태 변수가 입력으로
들어갑니다.
- 카트의 위치
- 카트의 속도
- 폴의 각도
- 폴 끝의 속도

상태 s는 [-0.1, 1.1, 2.3, 1.1]
같은 형태로 입력됩니다.

가치에 대한 벡터가 출력으로 나옵니다.
- 행동 0 (왼쪽으로 가는 행동)
- 행동 1 (오른쪽으로 가는 행동)
Q(s)는 [1.44, -3.5]와 같이 나타납니다.

그림 8-17 상태가 입력으로 들어가고 가치가 출력으로 나오는 구조

이 구조는 입실론-그리디나 소프트맥스와 같은 탐색 전략을 사용할 때, 확실한 이점이 보이는데, 주어진 상태에 대해서 모든 행동에 대한 가치를 한번에 구할 경우 성능이 더 좋게 나오며, 더 나아가서 행동이 많은 환경의 경우에는 그 영향이 크게 나타납니다.

이번에 소개하는 NFQ 구현에서는 **상태가 입력으로 들어가고 가치가 출력으로 나오는 구조**state-in-values-out를 사용하게 되는데, 이 경우 카트폴 환경에 대해서 4개의 입력 노드와 2개의 출력 노드를 가집니다.

코드 8-1 (상태를 입력으로 받고 가치가 출력으로 나오는 구조에서의) 완전 결합 Q-함수

```
class FCQ(nn.Module):
    def __init__(self,
                 input_dim,
                 output_dim,
                 hidden_dims=(32,32),
                 activation_fc=F.relu):
        super(FCQ, self).__init__()
        self.activation_fc = activation_fc

        self.input_layer = nn.Linear(input_dim, hidden_dims[0])  ←
        self.hidden_layers = nn.ModuleList()
```

(1) 여기에서는 입력 계층만 정의합니다. input_dim과 hidden_dims 벡터의 첫 번째 요소를 출력으로 사용하는 부분을 확인해보기 바랍니다.

(2) 이어서 은닉 계층을 생성합니다. 이 클래스의 유연성으로 인해서 계층의 갯수와 각 계층별 가지는 노드의 수를 자유롭게 변화시킬 수 있습니다. 예를 들어 (64, 32, 16)과 같이 서로 다른 튜플을 인자로 넣으면, 이 값은 hidden_dims 변수에 저장되어, 각각 64, 32, 16개의 노드를 가지는 3개의 계층으로 이뤄진 신경망이 만들어지게 됩니다.

```
        for i in range(len(hidden_dims)-1):  ←
            hidden_layer = nn.Linear(hidden_dims[i], hidden_dims[i+1])
```

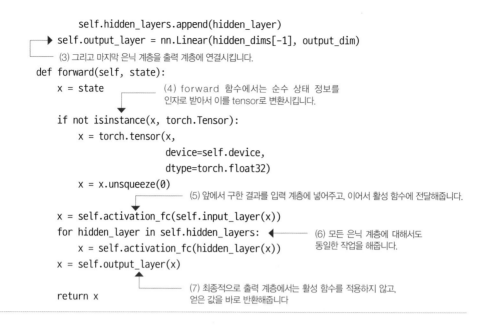

```
            self.hidden_layers.append(hidden_layer)
      ▶ self.output_layer = nn.Linear(hidden_dims[-1], output_dim)
            (3) 그리고 마지막 은닉 계층을 출력 계층에 연결시킵니다.
    def forward(self, state):
        x = state                    (4) forward 함수에서는 순수 상태 정보를
                                     인자로 받아서 이를 tensor로 변환시킵니다.

        if not isinstance(x, torch.Tensor):
            x = torch.tensor(x,
                             device=self.device,
                             dtype=torch.float32)
            x = x.unsqueeze(0)
                                     (5) 앞에서 구한 결과를 입력 계층에 넣어주고, 이어서 활성 함수에 전달해줍니다.
        x = self.activation_fc(self.input_layer(x))
        for hidden_layer in self.hidden_layers:  ◀   (6) 모든 은닉 계층에 대해서도
            x = self.activation_fc(hidden_layer(x))      동일한 작업을 해줍니다.
        x = self.output_layer(x)
                                     (7) 최종적으로 출력 계층에서는 활성 함수를 적용하지 않고,
        return x                         얻은 값을 바로 반환해줍니다
```

8.3.3 세 번째 선택: 최적화할 대상 선정

카트폴 환경이 지도학습 문제라는 것에 잠깐 주목해봅시다. 지금 우리는 상태를 입력으로 하고 가치 함수를 라벨로 가지는 데이터셋을 가지고 있습니다. 어떤 가치 함수를 라벨로 써야 할까요?

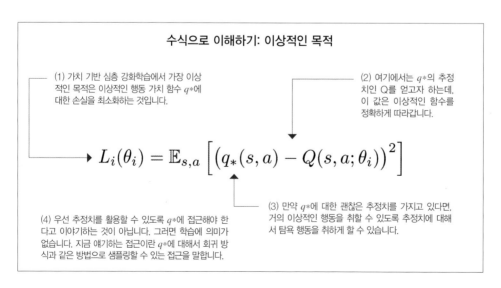

수식으로 이해하기: 이상적인 목적

(1) 가치 기반 심층 강화학습에서 가장 이상적인 목적은 이상적인 행동 가치 함수 $q*$에 대한 손실을 최소화하는 것입니다.

(2) 여기에서는 $q*$의 추정치인 Q를 얻고자 하는데, 이 값은 이상적인 함수를 정확하게 따라갑니다.

$$L_i(\theta_i) = \mathbb{E}_{s,a}\left[\left(q_*(s,a) - Q(s,a;\theta_i)\right)^2\right]$$

(4) 우선 추정치를 활용할 수 있도록 $q*$에 접근해야 한다고 이야기하는 것이 아닙니다. 그러면 학습에 의미가 없습니다. 지금 얘기하는 접근이란 $q*$에 대해서 회귀 방식과 같은 방법으로 샘플링할 수 있는 접근을 말합니다.

(3) 만약 $q*$에 대한 괜찮은 추정치를 가지고 있다면, 거의 이상적인 행동을 취할 수 있도록 추정치에 대해서 탐욕 행동을 취하게 할 수 있습니다.

물론 주어진 상태–행동 입력 쌍에 대한 이상적인 Q값(참고로 소문자 q는 실제 값을 나타내고, 대문자 Q는 보통 추정치를 나타냅니다)은 행동–가치 함수에서 학습을 위한 이상적인 라벨이 됩니다. 바로 이것이 여러분이 아는 것처럼 이상적인 행동–가치 함수 $q*(s,a)$가 의미하는 바이기도 합니다.

만약 이상적인 행동–가치 함수에 접근할 수 있다면, 이 정보를 그대로 활용하면 좋겠지만, 이상적인 행동–가치 함수에 대해서 샘플링할 수 있는 권한만 있더라도, 근사화된 값과 이상적인 행동–가치 함수 사이에 존재하는 손실을 최소화할 수 있습니다.

우리는 이상적인 행동–가치 함수를 찾아야합니다.

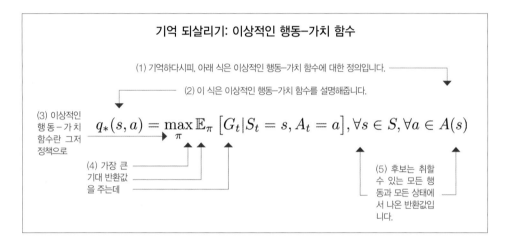

기억 되살리기: 이상적인 행동–가치 함수

(1) 기억하다시피, 아래 식은 이상적인 행동–가치 함수에 대한 정의입니다.

(2) 이 식은 이상적인 행동–가치 함수를 설명해줍니다.

(3) 이상적인 행동–가치 함수란 그저 정책으로

$$q_*(s, a) = \max_\pi \mathbb{E}_\pi \left[G_t | S_t = s, A_t = a \right], \forall s \in S, \forall a \in A(s)$$

(4) 가장 큰 기대 반환값을 주는데

(5) 후보는 취할 수 있는 모든 행동과 모든 상태에서 나온 반환값입니다.

하지만 왜 이렇게 하는 것이 불가능할까요? 딱 보이는 원인으로 우리가 이상적인 행동–가치 함수 $q*(s,a)$를 모른다는 점을 짚을 수 있지만, 사실 그보다는 이상적인 정책을 가지고 있지 않아 각각의 이상적인 Q값에 대해서 샘플링할 수 없다는 탓이 큽니다.

다행스럽게도 앞장에서 다뤘던 일반화된 정책 반복법에서 좋은 정책을 찾기 위해 정책 평가와 정책 개선 과정 사이의 대안과 동일한 접근 방식을 사용할 수 있습니다. 하지만 지금은 신경망과 같은 비선형 함수 근사를 사용하고 있어서, 더이상 수렴이 보장되지 않습니다. 비선형 함수 근사란 마치 '심층' 세계의 황량한 서부와도 같습니다.

앞에서 구현한 NFQ에서도 초기에는 임의로 초기화된 행동–가치 함수(와 이에 대한 암시적인 정책)을 가지고 시작합니다. 그리고 5장에서 배웠듯 이로부터 행동을 샘플링해 정책을 평가합니다. 이후에 4장에서 배운대로 입실론-그리디와 같은 탐색 전략을 사용해서 정책을 개선합니다. 마지막으로 6, 7장에서 다룬 것처럼, 이상적인 성능에 도달할 때까지 해당 실험을 반복하면 됩니다.

NOTE_ 심화개념 구워 삶기: 사용할 수 없는 이상적인 목표

이상적인 행동-가치 함수에 접근할 수 없기 때문에 이상적인 목표를 사용할 수 없고, 샘플링할 이상적인 정책도 가지고 있지 않습니다. 대신 번갈아가며 (이로부터 나오는 행동을 샘플링해) 정책을 평가하고 (입실론-그리디와 같은 탐색전략을 사용해) 정책을 개선해야 합니다. 이런 방식이 바로 6장에서 다룬 일반화된 정책 반복법 형식입니다.

8.3.4 네 번째 선택: 정책 평가를 위한 목표 선정

정책을 평가하는 방법은 여러 가지가 있습니다. 엄밀하게 말하자면 정책 에 대한 행동-가치 함수를 추정할 때 사용할 수 있는 **목표**가 다양하게 있습니다. 지금까지 다뤘던 대표적인 목표는 몬테카를로(MC) 목표, 시간차(TD) 목표, n-단계 목표 그리고 람다 목표였습니다.

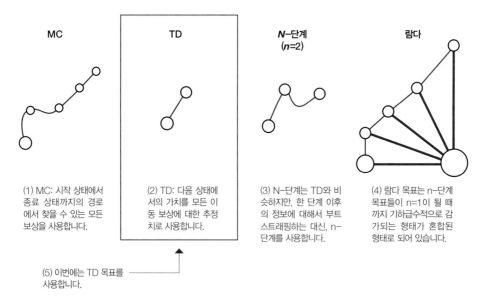

MC	TD	N-단계 (n=2)	람다
(1) MC: 시작 상태에서 종료 상태까지의 경로에서 찾을 수 있는 모든 보상을 사용합니다.	(2) TD: 다음 상태에서의 가치를 모든 이동 보상에 대한 추정치로 사용합니다.	(3) N-단계는 TD와 비슷하지만, 한 단계 이후의 정보에 대해서 부트스트래핑하는 대신, n-단계를 사용합니다.	(4) 람다 목표는 n-단계 목표들이 n=1이 될 때까지 기하급수적으로 감가되는 형태가 혼합된 형태로 되어 있습니다.

(5) 이번에는 TD 목표를 사용합니다.

그림 8-18 MC, TD, n-단계 그리고 람다 목표

위의 목표 중 어떤 것을 사용하더라도 괜찮은 결과를 얻을 수 있지만, 이번에 NFQ를 구현할 때는 단순하게 TD 목표를 사용하겠습니다.

기억하겠지만, TD 목표는 부트스트래핑을 했는지 여부에 따라 활성 정책이나 비활성 정책이 될 수 있습니다. TD 목표를 부트스트래핑하는 두 가지 방법은 주어진 상태에서 에이전트가 취할 행동에 대한 행동-가치 함수를 사용하거나, 아니면 다음 상태에서 가장 높은 추정치를 가지는 행동의 가치를 사용하는 방법이 있습니다.

일반적으로 사용되는 표현을 가져오자면, TD 목표에 대한 활성 정책 형태를 **SARSA 목표**라고 하고, 비활성 정책 형태를 **Q-학습 목표**라고 하기도 합니다.

수식으로 이해하기: 전체 후회값 계산

(1) 참고로 활성 정책 목표와 비활성 정책 목표는 모두 행동-가치 함수를 추정합니다.

(2) 하지만 활성 정책 목표를 사용한다면, 목표는 행동 정책을 근사할 것이고, 이로 인해서 행동을 생성하는 정책과 학습하고자 하는 정책이 같아집니다.

$$y_i^{Sarsa} = R_{t+1} + \gamma Q(S_{t+1}, A_{t+1}; \theta_i)$$

$$y_i^{Q-learning} = R_{t+1} + \gamma \max_a Q(S_{t+1}, a; \theta_i)$$

(3) 반대로 비활성 정책 목표에서는 행동을 생성하는 정책이 완전한 탐욕 정책이 아닐지라도, 항상 탐욕 정책에 대해서 근사화가 이뤄집니다

NFQ 구현에서는 Q-학습 알고리즘에서 사용한 비활성 정책 TD 목표를 사용합니다. 그렇기 때문에, 목표 함수를 얻기 위해서는 이상적인 행동-가치 함수 $q*(s,a)$를 Q-학습 목표로 대체할 필요가 있습니다.

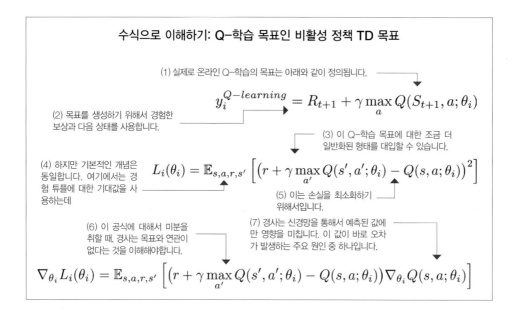

수식으로 이해하기: Q-학습 목표인 비활성 정책 TD 목표

(1) 실제로 온라인 Q-학습의 목표는 아래와 같이 정의됩니다.

$$y_i^{Q-learning} = R_{t+1} + \gamma \max_a Q(S_{t+1}, a; \theta_i)$$

(2) 목표를 생성하기 위해서 경험한 보상과 다음 상태를 사용합니다.

(3) 이 Q-학습 목표에 대한 조금 더 일반화된 형태를 대입할 수 있습니다.

(4) 하지만 기본적인 개념은 동일합니다. 여기에서는 경험 튜플에 대한 기대값을 사용하는데

$$L_i(\theta_i) = \mathbb{E}_{s,a,r,s'} \left[\left(r + \gamma \max_{a'} Q(s', a'; \theta_i) - Q(s, a; \theta_i) \right)^2 \right]$$

(5) 이는 손실을 최소화하기 위해서입니다.

(6) 이 공식에 대해서 미분을 취할 때, 경사는 목표와 연관이 없다는 것을 이해해야합니다.

(7) 경사는 신경망을 통해서 예측된 값에만 영향을 미칩니다. 이 값이 바로 오차가 발생하는 주요 원인 중 하나입니다.

$$\nabla_{\theta_i} L_i(\theta_i) = \mathbb{E}_{s,a,r,s'} \left[\left(r + \gamma \max_{a'} Q(s', a'; \theta_i) - Q(s, a; \theta_i) \right) \nabla_{\theta_i} Q(s, a; \theta_i) \right]$$

코드 8-2 Q-학습 목표

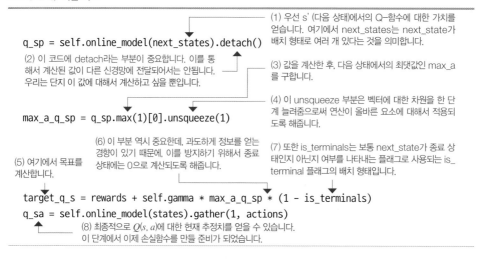

```
q_sp = self.online_model(next_states).detach()
```

(1) 우선 s' (다음 상태)에서의 Q-함수에 대한 가치를 얻습니다. 여기에서 next_states는 next_state가 배치 형태로 여러 개 있다는 것을 의미합니다.

(2) 이 코드에 detach라는 부분이 중요합니다. 이를 통해서 계산된 값이 다른 신경망에 전달되어서는 안됩니다. 우리는 단지 이 값에 대해서 계산하고 싶을 뿐입니다.

(3) 값을 계산한 후, 다음 상태에서의 최댓값인 max_a를 구합니다.

```
max_a_q_sp = q_sp.max(1)[0].unsqueeze(1)
```

(4) 이 unsqueeze 부분은 벡터에 대한 차원을 한 단계 늘려줌으로써 연산이 올바른 요소에 대해서 적용되도록 해줍니다.

(5) 여기에서 목표를 계산합니다.

(6) 이 부분 역시 중요한데, 과도하게 정보를 얻는 경향이 있기 때문에, 이를 방지하기 위해서 종료 상태에는 0으로 계산되도록 해줍니다.

(7) 또한 is_terminals는 보통 next_state가 종료 상태인지 아닌지 여부를 나타내는 플래그로 사용되는 is_terminal 플래그의 배치 형태입니다.

```
target_q_s = rewards + self.gamma * max_a_q_sp * (1 - is_terminals)
q_sa = self.online_model(states).gather(1, actions)
```

(8) 최종적으로 $Q(s, a)$에 대한 현재 추정치를 얻을 수 있습니다. 이 단계에서 이제 손실함수를 만들 준비가 되었습니다.

여기에서 TD 목표를 사용한 심층 강화학습 알고리즘에서 주로 발견할 수 있는 두 가지 문제에 대해서 살펴보면 좋을 것 같습니다.

첫 번째는 예측된 값에 대해서만 역전파 연산을 수행해야 한다는 점입니다. 알다시피 지도 학습에서는 학습된 모델에서 나오는 예측된 값이 있고, 보통 사전에 상수로 주어지는 참의 값들

이 있습니다. 강화학습에서는 이 '참의 값'이 예측된 값에 따라 결정됩니다. 다시 말해 모델로부터 나온다는 것입니다.

예를 들어서 TD 목표를 생성할 때, 상수로 주어진 보상과 다음 상태에서의 감가된 값을 사용하는데, 이 값은 모델로부터 나옵니다. 참고로 이 값 자체도 참의 값은 아니기에 다음 장에서 소개될 모든 종류의 문제를 일으킵니다. 일단 지금은 이렇게 예측된 값이 신경망으로부터 나온다는 사실만 기억합시다. 이 예측된 값도 상수로 만들어줘야 합니다. 파이토치에서는 detach 함수를 호출해서 수행할 수 있습니다. 앞에 소개된 두 코드를 살펴보고, 여기에서 설명한 부분을 이해해야 합니다. 이 부분이 바로 심층 강화학습 알고리즘을 안정적으로 구현할 수 있는 핵심 요소입니다.

두 번째 문제는 코드에서 사용하고 있는 종료 상태가 오픈AI 짐의 환경에 의해서 관리된다는 것입니다. 오픈AI 짐에서의 **step** 함수는 환경과 상호작용이 일어날 때 사용되는데, 매 스텝마다 에이전트가 종료 상태에 도달했는지 여부를 나타내는 플래그를 반환합니다. 이 플래그는 에이전트가 종료 상태에서의 가치를 강제로 0을 받게 해주는데, 2장에서 다뤘다시피, 이는 가치 함수가 발산하지 않도록 막아주는 필수 요소입니다. 알다시피 죽음 이후의 삶은 무의미합니다.

(1) 이 상태에서의 가치는 어떻게 될까요?

(2) 힌트: 현재 상태는 매우 좋아보입니다. 카트폴은 똑바로 서있는 안정적인 상태처럼 보입니다. 이때 최적의 행동은 오른쪽으로 가는 것이겠지만, 그리 중요해 보이지 않습니다. 모든 행동이 아마도 비슷한 가치를 가지지 않을까요?

그림 8-19 이 상태에서의 가치

여기에서는 카트폴과 같은 오픈AI 짐 환경에는 특정 에피소드가 일정 타임 스텝 이후에는 강제로 종료시키는 래퍼 코드를 눈여겨봐야합니다. 예를 들어서 CartPole-v0에서는 타임 스텝 제한이 200으로 설정되어 있고, CartPole-v1에서는 500으로 설정되어 있습니다. 이 래퍼 코드는 에이전트가 한 에피소드를 길게 수행하지 않도록 막아주는데, 이는 유용할 수도 있고, 문제를 일으킬 수도 있습니다. 타임 스텝이 500이 경과한 후 폴이 똑바로 서있다면 가치는 어떨 것 같나요? 만약 폴이 똑바로 서있는 스텝마다 +1 보상을 받는다고 가정하면, 똑바로 서있는 상태의 가치는 무한대가 됩니다. 만약 이를 고려하지 않으면 타임 스텝이 500에 도달해서 에이전트가 종료되고, 이로 인해서 종료 플래그가 에이전트에게 전달됐을때, 0이란 값에 대해서 부트스트래핑을 수행하게 됩니다. 안 좋은 일입니다. 이보다 더 강조할 수 없습니다. 이 문제를 다루기 위한 방법들은 많이 있지만, 여기에서는 두 가지 방법을 소개하겠습니다. 아래 조건 중 하나에 해당될 때, 0에 대해서 부트스트래핑하는 대신 신경망으로부터 예측된 다음 상태에서의 값을 부트스트래핑합니다.

1 환경에 설정된 타임 스텝 제한에 도달했을 때

2 info 딕셔너리에서 TimeLimit.truncated라는 키를 찾았을 때

여기에서 두 번째 조건을 구현해보겠습니다.

코드 8-3 종료 상태를 적절하게 다루는 방법

```
new_state, reward, is_terminal, info = env.step(action)
```
(2) TimeLimit.truncated 라는
키가 있는지를 확인합니다.

(1) 평소와 같이 경험 튜플을 수집합니다.

```
is_truncated = 'TimeLimit.truncated' in info and info['TimeLimit.truncated']
is_failure = is_terminal and not is_truncated
experience = (state, action, reward, new_state, float(is_failure))
```
(3) 없을 경우에 대해서도 정의합니다.

(4) 최종적으로 에피소드가 해당 키 없이 종료될 경우 종료 플래그를 추가합니다. 만약 키가 있다면 new_state 값에 대한 부트스트래핑을 수행합니다.

8.3.5 다섯 번째 선택: 탐색 전략 선정

이번에는 우리가 사용할 일반화된 정책 반복에서 어떤 정책 개선 단계를 밟을지 결정해야 합니다. 6장과 7장에서 다뤘다시피, 일반화된 정책 반복법에서는 MC나 TD와 같은 정책 평가법을 사용하기도 하고, 감가된 입실론-그리디와 같이 탐색과 관련된 정책 개선법을 번갈아가면서 사용합니다.

4장에서는 탐색과 착취 사이에 발생하는 장단점의 균형을 맞추는 여러 가지 방법에 대해서 알아보았고, 대부분의 방법들이 잘 동작했습니다. 하지만 문제를 간단히 정의하기 위해서, 이번 NFQ 구현에서는 입실론-그리디 전략을 사용할 것입니다.

하지만, 우선 우리가 비활성 정책 학습 알고리즘을 학습하고 있다는 사실을 부각하고 싶습니다. 알다시피 학습에는 두 가지 정책이 있는데, 하나는 행동을 생성하는 정책으로 이번 경우에서는 입실론-그리디 정책과 같습니다. 또 다른 정책은 우리가 학습하고 있는(궁극적으로 이상적인) 탐욕 정책을 말합니다.

6장에서 다뤘던 비활성 정책 학습 알고리즘에서는 사실상 무엇이든 바로 행동을 생성하는 정책이 될 수 있습니다. 다시 말해, 무엇이든 모든 상태-행동 쌍에 대해서 충분한 탐색만 보장이 된다면 행동을 생성하는 정책이 될 수 있다는 말입니다. 지금 구현하는 NFQ 구현은 전체 학습의 50%동안 임의로 행동을 선택하는 입실론-그리디 전략을 사용합니다. 하지만 학습된 에이전트를 평가할 때는 학습된 행동-가치 함수에 대해서 탐욕적으로 선택된 행동을 사용합니다.

코드 8-4 입실론-그리디 탐색 전략

```
class EGreedyStrategy():
    <...>

    def select_action(self, model, state):
        self.exploratory_action_taken = False
        with torch.no_grad():                            ─── (1) 입실론-그리디 전략에서의 select_action 함수는 상태 s에 대한
                                                                 Q값을 얻어내며 시작합니다.

          q_values = model(state).cpu().detach().data.numpy().squeeze()
          ─── (2) 구한 값을 '넘파이에서 쓸 수 있게' 만들고, 추가로 생성된 차원을 제거합니다.

        if np.random.rand() > self.epsilon:    ◀───── (3) 임의의 숫자를 뽑았을 때, 이 값이 입실론보
            action = np.argmax(q_values)                    다 크면, 탐욕적으로 행동을 취합니다.
        else:
            action = np.random.randint(len(q_values))
                                                            (4) 그렇지 않다면, 행동의 총 수에
        <...>  ◀───── (5) 참고사항: 저는 전체 통계를 계산하기 위해            대해서 임의로 행동을 선택합니다.
                            모델에 대한 정보를 매번 읽어오지만, 만약 성능
        return action       을 염두에 뒀다면, 이렇게 해선 안됩니다.
```

8.3.6 여섯 번째 선택: 손실함수 선정

손실함수loss function는 신경망의 예측이 얼마나 잘 이뤄지는지 측정하는 척도입니다. 지도 학습에 서는 손실함수를 조금 더 직관적으로 이해합니다. 만약 예측된 배치만큼의 데이터와 이에 관련된 참의 값이 주어졌을 때, 손실함수는 신경망이 해당 배치에 대해서 얼마나 잘 예측하는지를 표시하기 위해서 거리 점수distance score를 계산합니다.

거리 점수를 계산하는 방법을 다양하게 있습니다만, 이번 장에서 단순하게 넘어가기 위해서 가장 흔하게 사용되는 것 중 하나인 평균 제곱 오차mean square error (MSE 혹은 L2 손실)를 사용합니다. 앞에서도 언급했던 내용이지만, 강화학습에서의 한 가지 어려운 점은 지도 학습과 다르게 참의 값을 신경망으로부터 나온 예측값을 사용한다는 것입니다.

평균 제곱 오차(혹은 L2 손실)는 예측된 값과 참의 값 사이의 오차에 대한 제곱의 평균으로 계산합니다. 여기에서는 예측된 값으로는 신경망으로부터 바로 나오는 행동-가치 함수의 예측된 값을 사용합니다. 모든 것이 정상적입니다만, 여기에서 사용되는 참의 값은 알다시피 TD 목표이며, 이 값은 역시 신경망으로부터 나오는 예측값인 다음 상태 값에 따라 달라집니다.

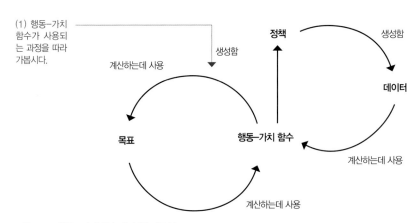

그림 8-20 행동-가치 함수의 순환 의존성

위와 같은 순환 의존성은 좋지 않습니다. 이렇게 되어 있으면 잘 동작하지 않는데, 그 이유는 지도 학습 문제에서 가정해야 할 몇 가지 조건이 성립하지 않기 때문입니다. 이 가정이 어떤 것인지는 이번 장의 마지막에 다룰 것이고, 이를 위반함으로써 발생하는 문제에 대해서는 다음 장에서 다루겠습니다.

8.3.7 일곱 번째 선택: 최적화 방법 선정

경사하강법gradient descent은 몇 가지 가정이 성립된 상태에 안정적으로 수행되는 최적화 기법입니다. 데이터들은 독립적이면서 동일한 형태로 분포independent and identically distributed(IID)되어야 하고, 목표가 고정되어야 합니다. 하지만 강화학습에서는 이와 같은 가정이 성립되는 것을 보장할 수 없기 때문에, 손실함수를 최소화할 수 있는 강력한 최적화 기법을 선택해도 때로는 수렴할 수도 있고, 발산할 수도 있습니다.

만약 손실함수를 계곡과 꼭대기 그리고, 평지로 구성된 형태로 시각화해본다면, 최적화 기법이란 관심 영역을 찾는 등반 전략인데, 보통 관심 영역은 지면에서 가장 낮거나 높은 지점이 됩니다.

지도학습에서의 고전적인 최적화 기법은 배치 경사하강법batch gradient descent라고 합니다. 이 배치 경사하강법은 전체 데이터를 한번에 받고, 주어진 데이터셋에 대한 경사를 계산한 후, 해당 경사 방향으로 한번에 조금씩 움직입니다. 그리고 전체적인 경향이 수렴될 때까지 이런 과정을 반복합니다. 앞에서 언급한 지평면 시각화로 표현하면, 이 경사는 우리가 움직여야 할 방향을 나타내는 신호가 됩니다. 사실 배치 경사하강법은 연구자들이 많이 사용하는 방법이 아닌데, 한번에 어마어마한 데이터셋을 처리하는 것은 실용적이지 않기 때문입니다. 만약 수백만 개의 샘플로 구성된 그나마 합리적인 데이터셋을 사용한다고 해도, 배치 경사하강법은 실제로 사용하기엔 매우 느리게 동작합니다. 게다가 강화학습에서는 데이터들을 미리 가져올 수 없기 때문에, 배치 경사하강법은 우리가 사용할 목적에는 적합하지 않습니다.

조금 더 작은 데이터 배치를 다룰 수 있는 최적화 기법은 미니 배치 경사하강법mini-batch gradient descent라고 합니다. 미니 배치 경사하강법에서는 데이터의 일부분만을 사용합니다.

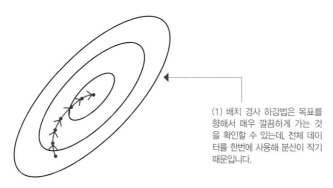

(1) 배치 경사 하강법은 목표를 향해서 매우 깔끔하게 가는 것을 확인할 수 있는데, 전체 데이터를 한번에 사용해 분산이 작기 때문입니다.

그림 8-21 배치 경사하강법

우선 손실을 찾기 위해서 샘플에 대한 미니 배치를 처리하고, 해당 손실에 대한 경사를 계산하기 위해서 역전파 연산을 수행합니다. 그리고 미니 배치에 대한 값을 조금 더 잘 예측할 수 있도록 신경망의 가중치를 조절합니다. 미니 배치 경사 하강법에서도 미니 배치의 크기를 조절해서 더 큰 데이터를 처리할 수 있도록 할 수 있습니다.

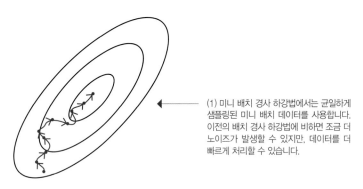

(1) 미니 배치 경사 하강법에서는 균일하게 샘플링된 미니 배치 데이터를 사용합니다. 이전의 배치 경사 하강법에 비하면 조금 더 노이즈가 발생할 수 있지만, 데이터를 더 빠르게 처리할 수 있습니다.

그림 8-22 미니 배치 경사 하강법

극단적으로 미니 배치의 크기를 전체 데이터셋 크기로 설정하면, 다시 배치 경사 하강법을 사용하는 꼴이 됩니다. 반대로, 미니 배치의 크기를 단일 데이터 샘플로 설정한다면, 이제 확률적 경사 하강법stochastic gradient descent이라고 부르는 알고리즘을 사용하게 됩니다.

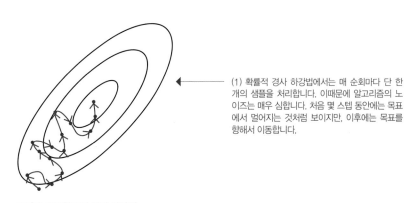

(1) 확률적 경사 하강법에서는 매 순회마다 단 한 개의 샘플을 처리합니다. 이때문에 알고리즘의 노이즈는 매우 심합니다. 처음 몇 스텝 동안에는 목표에서 멀어지는 것처럼 보이지만, 이후에는 목표를 향해서 이동합니다.

그림 8-23 확률적 경사 하강법

배치 크기를 크게 할수록, 최적화 기법에서 수행할 때의 분산은 작아지게 됩니다. 하지만 배치의 크기가 너무 커지면, 학습이 매우 느려집니다. 배치 크기를 극단적으로 크게 만들면 실제로

사용하기에 너무 느려지기 때문에, 보통 미니 배치의 크기를 32부터 1024 사이 값으로 정하곤
합니다.

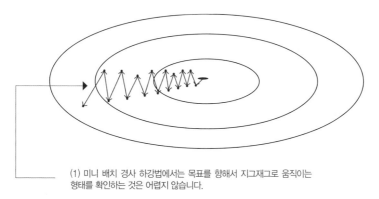

(1) 미니 배치 경사 하강법에서는 목표를 향해서 지그재그로 움직이는
형태를 확인하는 것은 어렵지 않습니다.

그림 8-24 미니 배치 경사 하강법에서의 지그재그로 움직이는 형태

조금 더 개선된 경사 하강법은 운동량이 고려된 경사 하강법gradient descent with momentum 혹은 짧게
운동량법momentum이라고 부릅니다. 이 방법도 미니 배치 경사 하강법인데, 경사 자체의 값으로
움직이지 않고, 경사에 대한 평균 이동 방향으로 신경망의 가중치를 갱신합니다.

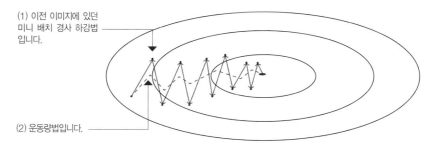

(1) 이전 이미지에 있던
미니 배치 경사 하강법
입니다.

(2) 운동량법입니다.

그림 8-25 미니 배치 경사 하강법과 운동량법

이 운동량을 사용하는 방법의 대안이 **제곱근 전개**(RMSprop)입니다. RMSprop과 운동량법
모두 지그재그로 움직이는 형태를 감쇠시키고, 목표를 향해서 조금 더 직접적으로 접근하는 측
면에서는 동일하지만, 동작하는 방식은 서로 다릅니다.

운동량법이 경사에 대한 이동 평균 방향으로 진행하는 반면, RMSprop은 경사의 절대 크기에

대한 이동 평균의 비율로 전체 경사를 조절하는, 조금 더 안전한 방법을 취합니다. 이를 통해서 경사의 제곱에 대한 이동 평균을 제곱근한 후, 해당 비율로 경사를 조절하며, 조금 더 간단하게 표현하자면 현재 경사에 대한 크기의 비율로 이동 평균을 취함으로써 진동을 완화시킵니다.

미겔의 한마디: 가치 기반 심층 강화학습에서의 최적화 기법

RMSprop에 대한 감을 잡기 위해, 지금 사용한 손실함수의 표면에서 가장 급격하게 변화하는 부분을 생각해봅시다. 만약 경사가 아래로 움직이는 것처럼 크다면, 표면은 직각을 깎이는 계곡처럼 표현됩니다. 반면 경사가 작다면 경사의 크기에 대한 이동 평균은 가장 최근의 경사보다 커지고, 이로 인해서 움직이는 범위가 감소해 진동과 발산 현상을 막게 됩니다.

만약 거의 평평한 지면처럼 경사가 작은 상태에서 갑자기 아래로 움직이는 것처럼 경사가 변하게 되면, 평균 경사는 작으면서 새로 얻은 경사는 크기 때문에 움직이는 범위가 커지면서 학습을 빠르게 만들어줍니다.

마지막으로 소개하고자 하는 최적화 기법은 **적응형 운동량 추정법**(Adam)입니다. Adam은 RMSprop과 운동량법이 혼합된 형태입니다. Adam기법은 운동량법처럼 경사의 속도에 대한 방향으로 움직입니다. 그러면서 RMSprop처럼 경사 크기를 이동 평균의 비율로 변화시켜 갱신합니다. 이로 인해서 Adam은 RMSprop보다는 조금 더 공격적으로 최적화하면서 운동량법에 비해서는 덜 공격적으로 최적화합니다.

실제로 Adam과 RMSprop은 가치 기반 심층 강화학습에 적절한 기법입니다. 이 책 내에서는 이 두 가지 방법을 활용했습니다. 하지만 곧 알게 되겠지만, 저는 가치 기반 방법을 사용할 때는 RMSprop을 더 선호하는 편입니다. RMSprop은 안정적이면서 하이퍼파라미터에 대해 덜 민감한데, 가치 기반 심층 강화학습에서 이 부분은 중요하게 작용합니다.

NOTE_ 강화학습 역사 한 조각: NFQ 알고리즘

NFQ는 2005년 마틴 리드밀러[Martin Riedmiller]가 「Neural Fitted Q Iteration – First Experiences with a data efficient neural reinforcement learning method」[3]라는 논문을 통해서 소개했습니다. 마틴은 13년간 유럽의 여러 대학교에서 교수 생활을 한 후, 구글 딥마인드에서 연구 과학자로서의 일을 하기 시작했습니다.

---

3 옮긴이_ http://ml.informatik.uni-freiburg.de/former/_media/publications/rieecml05.pdf

NOTE_ 더 자세히 살펴보기: 완전 신경망으로 학습시킨 Q-반복(full neural fitted Q-iteration)**(NFQ) 알고리즘**

지금까지 다음과 같은 결정을 내렸습니다.

- 행동-가치 함수 $Q(s,a; \theta)$를 근사화했습니다.

- 상태를 입력으로 받고 가치를 출력으로 내는 신경망 구조를 사용합니다(이때 층별 노드의 수는 4, 512, 128, 2입니다).

- 이상적인 행동-가치 함수 $q^*(s,a)$를 근사하기 위해서 행동-가치 함수를 최적화합니다.

- 정책을 평가하기 위해 비활성 정책 TD 목표($r + \gamma^* max_{a'} Q(s',a';\theta)$)를 사용합니다.

- 정책을 개선하기 위해 입실론-그리디 전략(입실론은 0.5로 정의합니다)을 사용합니다.

- 손실함수로 평균 제곱 오차(MSE)를 사용합니다.

- 최적화 함수로 학습률이 0.0005인 RMSprop를 사용합니다.

NFQ는 다음의 세단계 주요 과정을 거칩니다.

1. E라는 경험을 수집하는데, (s, a, r, s', d)라는 튜플로 되어 있습니다. 여기서 1024개의 샘플을 사용합니다.

2. 비활성 정책 TD 목표를 계산합니다: $r + \gamma^* max_{a'} Q(s',a';\theta)$

3. MSE와 RMSprop를 사용해서 행동-가치 함수 $Q(s,a; \theta)$를 학습시킵니다.

이 알고리즘은 단계 1로 되돌아가기 전에 단계 2와 단계 3을 K번 반복합니다. 이 절차가 내부의 루프를 통해서 학습되는 과정입니다. 여기에서는 K를 40으로 사용합니다.

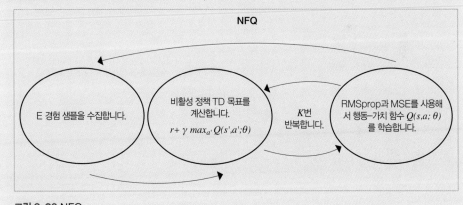

그림 8-26 NFQ

그래프로 확인하는 결과: 카트폴 환경에서 잘 동작하는 NFQ

NFQ가 최신 알고리즘과는 거리가 있지만, 가치 기반 심층 강화학습 알고리즘으로써, 카트폴과 같은 간단한 환경에서 훌륭한 성능을 보여줍니다.

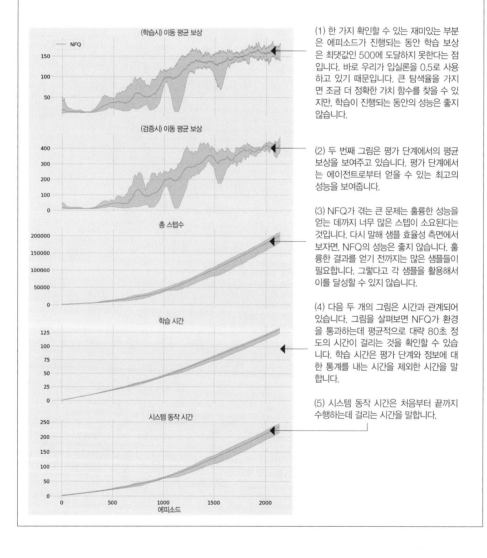

(1) 한 가지 확인할 수 있는 재미있는 부분은 에피소드가 진행되는 동안 학습 보상은 최댓값인 500에 도달하지 못한다는 점입니다. 바로 우리가 입실론을 0.5로 사용하고 있기 때문입니다. 큰 탐색율을 가지면 조금 더 정확한 가치 함수를 찾을 수 있지만, 학습이 진행되는 동안의 성능은 좋지 않습니다.

(2) 두 번째 그림은 평가 단계에서의 평균 보상을 보여주고 있습니다. 평가 단계에서는 에이전트로부터 얻을 수 있는 최고의 성능을 보여줍니다.

(3) NFQ가 겪는 큰 문제는 훌륭한 성능을 얻는 데까지 너무 많은 스텝이 소요된다는 것입니다. 다시 말해 샘플 효율성 측면에서 보자면, NFQ의 성능은 좋지 않습니다. 훌륭한 결과를 얻기 전까지는 많은 샘플들이 필요합니다. 그렇다고 각 샘플을 활용해서 이를 달성할 수 있지 않습니다.

(4) 다음 두 개의 그림은 시간과 관계되어 있습니다. 그림을 살펴보면 NFQ가 환경을 통과하는데 평균적으로 대략 80초 정도의 시간이 걸리는 것을 확인할 수 있습니다. 학습 시간은 평가 단계와 정보에 대한 통계를 내는 시간을 제외한 시간을 말합니다.

(5) 시스템 동작 시간은 처음부터 끝까지 수행하는데 걸리는 시간을 말합니다.

8.3.8 문제가 발생할 수 있는 요소들

사실 우리가 구현한 알고리즘에는 두 가지 문제가 있습니다. 첫 번째로 매우 강력한 함수 근사화를 적용하면서 상태-행동 쌍에 대한 일반화를 시키는 부분은 훌륭하지만, 이로 인해 신경망이 다른 비슷한 상태에 대한 값들도 한번에 조절해 버린다는 문제가 있습니다.

이에 대해서 잠깐 동안 생각해봅시다. 목표는 다음 상태에 대한 값에 따라 바뀌는데, 보통 이 값은 안정적으로 처음 얻은 상태에서의 값과 유사하다고 가정할 수 있었습니다. 다시 말해, 지금 상황은 학습이 이뤄지는 동안 비정상성non-stationary 목표를 만들고 있습니다. 이 경우, 근사화된 Q-함수에 대한 가중치를 갱신하게 되므로, 목표는 점점 움직이면서, 가장 최근에 갱신한 정보들이 사라집니다. 결국 학습이 빠른 속도로 불안정해집니다.

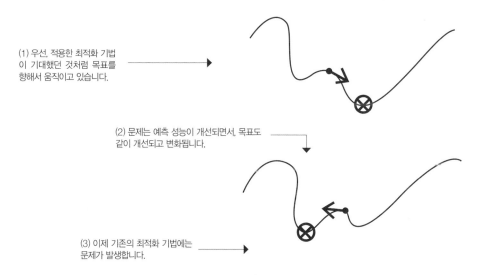

(1) 우선, 적용한 최적화 기법이 기대했던 것처럼 목표를 향해서 움직이고 있습니다.

(2) 문제는 예측 성능이 개선되면서, 목표도 같이 개선되고 변화됩니다.

(3) 이제 기존의 최적화 기법에는 문제가 발생합니다.

그림 8-28 비정상성 목표

두 번째 문제는 지금 구현한 NFQ는 온라인으로 수집된 1024개의 경험 샘플에서 배치를 취하고, 이 미니 배치를 통해서 신경망을 갱신한다는 점입니다. 상상이 되겠지만, 이 샘플들은 같은 경로와 정책에서부터 나왔으므로 서로 연관되어 있습니다. 이 말은 신경망이 서로 비슷한 샘플들로 구성된 미니 배치로부터 학습하고, 이후에도 나름의 상관관계를 가지는 또 다른 미니 배치로부터 학습하는데, 이 경우 처음 학습했던 미니 배치와는 달라지고, 결과적으로 과거의 정책이 수집했던 샘플과는 확연히 달라집니다.

다시 말해 IID 가정이 성립되지 않으면서 문제가 발생하게 되는데, 기본적으로 최적화 기법은 학습에 사용되는 데이터 샘플이 독립적이면서 동일한 분포를 띄어야 한다는 조건이 성립해야만 동작할 수 있기 때문입니다. 하지만 지금과 같은 상황에서는 완전히 반대의 조건이 형성된 것입니다. 새로운 상태 s에 대한 산출물이 현재 상태 s에 대해서 의존적이기 때문에, 더이상 현재의 데이터 분포에서 얻은 샘플들은 독립적이지 않게 됩니다.

또한, 우리가 사용한 샘플은 데이터를 생성하는 주체인 정책이 시간에 따라서 계속 변하기 때문에 동일한 분포를 띄지도 않습니다. 이는 곧 데이터 분포가 고정되어 있지 않다는 말입니다. 대신 데이터를 생성해야 하는 정책은 주기적으로 좋은 방향으로 개선되고 변화합니다. 매 순간 정책이 변할 때마다, 에이전트는 새롭고 기존과는 다른 경험을 얻게 됩니다. 보통 최적화 기법은 특정 조건이 걸린 상태에서의 IID 가정을 만족해야 하는데, 강화학습에서는 이와 같은 가정이 성립되지 않으므로, 이에 대처할 방법이 필요합니다.

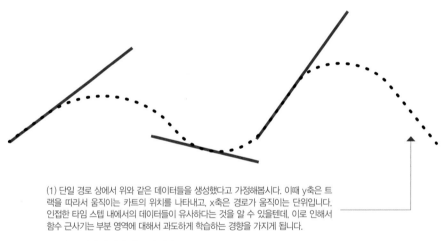

(1) 단일 경로 상에서 위와 같은 데이터들을 생성했다고 가정해봅시다. 이때 y축은 트랙을 따라서 움직이는 카트의 위치를 나타내고, x축은 경로가 움직이는 단위입니다. 인접한 타임 스텝 내에서의 데이터들이 유사하다는 것을 알 수 있을텐데, 이로 인해서 함수 근사기는 부분 영역에 대해서 과도하게 학습하는 경향을 가지게 됩니다.

그림 8-29 시간과 상관 관계가 있는 데이터

다음 장에서는 이 두 가지 문제를 완화하는 방법을 알아봅니다. 우선 NFQ를 개선해서 심층 강화학습의 혁명이 발생하게 된 알고리즘인 DQN을 살펴봅니다. 이후 수년에 걸쳐서 기본 DQN 알고리즘을 개선한 여러 가지 요소들을 탐색합니다. 또한 이중 DQN도 같이 살펴보며, 10장에서는 듀얼링 DQN과 PER에 대해서도 살펴보겠습니다.

8.4 요약

이번 장에서는 고차원적으로 샘플링된 피드백이 순차적이면서 평가가능한 피드백과 어떻게 상호작용이 발생하는지 살펴보았습니다. 또한 Q-함수를 근사한 간단한 심층 강화학습 에이전트에 대해서도 소개했는데, 이전 장에서는 이 Q-함수를 참조표와 같은 표 기반 형태로 표현했습니다. 이번 장에서는 가치 기반 심층 강화학습에 대해서 소개했습니다.

이를 통해서 고차원적이면서 연속적인 상태 영역과 행동 영역의 차이에 대해서 학습했습니다. 고차원적이라는 표현은 단일 상태를 구성하는 숫자가 많다는 것을 의미하고, 연속적이란 거의 무한대의 숫자를 가질 수 있는 변수가 적어도 한 개 이상 존재한다는 의미입니다. 이번 장을 통해서 의사 결정을 내려야 하는 문제는 고차원이면서 연속적인 변수를 가질 수 있으며, 이로 인해서 비선형 함수 근사법이 필요하기도 합니다.

또한 함수 근사화가 단순히 적은 샘플만 가지고 있는 경우 가치에 대한 기대값을 추정하는 것에만 이점이 있는 것이 아니라 내재되어 있는 상태 차원과 행동 차원에 대해서도 학습할 수 있는 측면에서 좋습니다. 좋은 모델을 갖고 있으면, 샘플이 없거나 이미 얻은 경험을 모두 사용한 경우에서도 값을 추정할 수 있습니다.

이번 장에서는 심층 강화학습 에이전트를 만들 때 자주 사용되는 각 요소에 대해 심도있게 살펴보았습니다. 여기에서 상태-가치 함수 $v(s)$부터 행동-가치 함수 $q(s,a)$까지 다양한 가치 함수에 대해서도 근사화가 가능함을 배웠습니다. 그리고 서로 다른 신경망 구조를 통해서 가치 함수를 근사화하는 법도 다뤘습니다. 내용 중에서는 상태-행동 쌍을 입력으로 받고 가치를 출력으로 보내는 구조도 있었지만, 조금 더 효율적인 구조로 상태를 입력으로 받고 가치를 출력으로 내보내는 구조도 살펴보았습니다. 또한 Q-학습을 사용할 때는 동일한 목적 함수를 사용하고, 비활성 정책 제어시에는 TD 목표를 사용한다는 사실도 알았습니다. 신경망을 학습시킬 때 수많은 목표들이 존재합니다. 학습에 사용할 수 있는 탐색 전략과 손실함수 그리고 최적화 기법들도 다뤘습니다. 심층 강화학습 에이전트는 우리가 선택한 손실함수와 최적화 기법에 민감하다는 사실도 배웠습니다. RMSprop이나 Adam 같은 최적화 기법은 안정적으로 학습시킬 수 있는 기법이라는 사실도 다뤘습니다.

마지막으로 앞에서 언급한 요소들을 모두 합쳐 신경망으로 적합시킨 Q 순환이라는 알고리즘을 만드는 법을 배웠습니다. 또, 가치 기반 심층 강화학습 알고리즘에서 흔하게 발생하는 문제들도 다뤘습니다. 그리고 IID 가정과 목표에 대한 고정성에 대해서도 배웠습니다. 그러면서 이 두 가지 요소에 신경쓰지 않는다면 문제가 발생한다는 사실도 학습했습니다.

- 순차적이면서 평가가능하고, 샘플링된 피드백으로부터 학습하는 법을 이해했습니다.
- 연속적인 상태 영역을 가진 강화학습 문제를 해결할 수 있습니다.
- 가치 기반 심층 강화학습 에이전트의 요소와 발생하는 문제들에 대해서 배웠습니다.

트위터에서 만나요!

공부하고 배운 내용을 공유해보시기 바랍니다. 매 장의 마지막 부분에, 제가 다음 단계로 넘어가기 위해서 지금까지 배운 것을 어떻게 활용할 수 있을지에 대한 아이디어를 제공할 것입니다. 원한다면, 당신이 얻은 결과를 세상에 공유하고, 다른 사람이 어떻게 구현했는지도 확인해보기 바랍니다. 이것이 서로한테 좋은 방법이며, 여기서 원하는 것을 얻었으면 좋겠습니다.

- **#gdrl_ch08_tf01**: 표 기반 강화학습을 배우고 나서, 심층 강화학습에 대해서 다루기 전에 몇 가지 살펴봐야 할 내용들이 있습니다. 해당 해시태그를 단 후, 상태 이산화state discretization와 타일 코딩tile coding에 대해서 살펴보고, 결과를 공유해주세요. 그리고 우리가 알아야 할 또 다른 기법들이 있을까요?

- **#gdrl_ch08_tf02**: 살펴봐야 할 또 다른 요소는 심층 신경망 대신 선형 함수 근사화linear function approximation를 사용하는 것입니다. 또 다른 비교할 만한 함수 근사화 기법이 있을까요? 어떤 기법이 좋은 결과를 보여줄까요?

- **#gdrl_ch08_tf03**: 이번 장에서는 책의 뒷부분에서 사용할 최적화 기법으로 경사 하강법에 대해서 소개했습니다. 하지만 신경망을 최적화하는 방법으로 경사 하강법만 있는 게 아니라는 사실은 알고 있나요? 유전 알고리즘과 같은 블랙박스 최적화 기법부터 그렇게 유명하지 않은 다른 최적화 기법까지 신경망을 최적화할 수 있는 다양한 방법들에 대해서 살펴보기 바랍니다. 알게 된 사실을 공유하시고, 예제가 포함된 노트북을 만든 후, 결과를 공유해주세요.

- **#gdrl_ch08_tf04**: 이번 장은 함수 근사화를 적용한 Q-학습을 수행하는 더 좋은 방법에 대해서 다루면서 시작했습니다. 이것만큼 중요한 것은 위의 기법이 동작하지 않는 간단한 방법을 구현해보는 것입니다. 신경망을 적용한 Q-학습이 잘 동작할 수 있도록 간단하게 수정해보세요. 다시 말하자면 6장에서 다뤘던 것처럼 온라인 경험에 대한 Q-학습을 구현하면 됩니다. 한번 해보고, 결과를 공유해주기 바랍니다.

- **#gdrl_ch08_tf05**: 매 장마다 마지막 해시태그는 총정리 해시태그로 사용하겠습니다. 마지막 해시태그는 이 장과 관련해 작업한 어떤 것이든 다른 사람들과 논의하는데 사용하길 바랍니다. 여러분이 직접 만든 것만큼 흥미로운 과제도 없답니다. 당신이 어떤 공부를 하고 있는지, 그 결과도 공유해주기 바랍니다.

공부한 것에 대해서 트윗을 쓰고 저(@mimoralea)를 태그해주세요(제가 리트윗하겠습니다). 그리고 여러분이 얻은 결과를 사람들이 위에 적힌 해시태그를 사용하기 바랍니다. 잘못된 결과는 없습니다. 여러분이 찾은 것을 공유하고, 다른 사람이 찾은 것을 확인해보세요. 이 해시태그를 기회로 교류하고 기여하세요. 다같이 기다리고 있을게요!

## CHAPTER 9

조금 더 안정적인
가치 기반 학습 방법들

"사람의 일생이란 무거운 짐을 지고 먼 길을 걷는 것과 같아 서둘러서는 안된다."

— 도쿠가와 이에야스德川家康

에도 막부의 설립자이며, 첫 번째 쇼군, 일본을 통일시킨 세 명 중 한 명

지난 장에서는 가치 기반 심층 강화학습에 대해 학습했습니다. 가치 기반 강화학습에서 흔하게 접할 수 있는 두 가지 문제가 있습니다. 먼저, 강화학습에서 사용하는 데이터는 독립적이면서 동일한 분포를 띄지 않는 문제입니다. 엄밀하게 말하자면 정확히 반대의 성향을 가집니다. 학습시 쌓는 경험은 경험을 생성하는 정책에 의존합니다. 그리고, 정책이 학습 과정 동안 계속 변하기 때문에 동일한 분포를 띄지도 않습니다. 다음으로는 사용하는 목표가 고정적이지 않다는 문제입니다. 최적화 기법이 좋은 성능을 내기 위해서는 고정된 목표가 필요합니다. 지도학습을 살펴보면 이를 쉽게 찾을 수 있습니다. 지도학습에서는 이미 만들어진 레이블이 상수처럼 고정된 데이터가 있으며, 최적화 기법은 주어진 데이터 생성 함수를 확률적으로 근사화 할 때 이 고정된 목표를 사용합니다. 반면 강화학습에서는 TD 목표와 같은 목표는 주어진 상태에 대한 감가된 보상에 대한 예측값과 보상을 목표로 사용합니다. 하지만 이 예측값이 우리가 최적화하고자 하는 신경망에서 나오게 되고, 신경망은 최적화하는 동안 매번 변화합니다. 이런 문제는 목표를 계속 움직이게 만들어 학습과정에서 불안정성을 야기하는 요소가 됩니다. 앞서 만든 NFQ는 이 두 가지 문제를 간단히 해결합니다.

NFQ는 데이터에 대한 배치를 사용해 이를 극복합니다. 배치의 크기를 증가시키면서, 여러 개

의 샘플에 대한 최적화를 동시에 할 수 있습니다. 배치의 크기가 커질수록, 우리가 모을 경험 샘플도 다양해질 가능성이 커집니다. 이를 통해 IID 가정이 어느 정도 성립됩니다. 또한 NFQ 는 여러번의 순차적인 최적화 과정에서 동일한 미니 배치 데이터를 사용해 목표에 대한 고정성을 유지시킵니다. 참고로 NFQ에서는 매 E라는 에피소드동안, 동일한 미니 배치 데이터에 대해서 신경망을 K번 '적합'시켰습니다. 이 K번이라는 횟수 덕에 최적화는 목표를 향해서 더 안정적으로 움직이도록 합니다. 여러 번 배치 데이터를 모으고 모델을 학습시키는 과정은 지도학습에서 여러 에포크동안 데이터셋을 모으고 학습시키는 과정과 유사합니다.

NFQ도 잘 동작하지만, 이를 조금 더 개선할 수 있습니다. 문제를 파악했으니, 조금 더 나은 기법을 사용해 이를 해결할 수 있습니다. 이번 장에서는 이런 문제를 해결하면서 가치 기반 강화학습 알고리즘을 조금 더 안정적으로 만드는 방법에 대해서 살펴보겠습니다.

- 이전 장에서 다뤘던 알고리즘을 조금 더 안정적으로 만들면서, 이를 통해 발산하지 않도록 개선시킵니다.
- 조금 더 발전된 가치 기반 심층 강화학습 알고리즘과 가치 기반 방법들을 조금 더 잘 동작할 수 있도록 해주는 다양한 요소들에 대해서 탐색하게 됩니다.
- 카트폴 환경에서도 적은 수의 샘플만 가지고도 더 안정적이고 일관된 결과를 보여주게 됩니다.

9.1 DQN: 강화학습을 지도학습처럼 만들기

이번 장에서 처음 다룰 알고리즘은 **심층 Q 신경망**(DQN)입니다. DQN은 강화학습 분야의 다양한 연구에 혁신의 토대를 마련해 역사에 한 장면을 만들어내며 유명한 심층 강화학습 알고리즘이 되었습니다. DQN은 처음으로 에이전트가 이미지에서 뽑아낸 순수 픽셀 데이터를 학습하는 아타리 게임 벤치마크에서 인간을 뛰어넘는 성능을 보여줬습니다.

시간이 흘러, DQN에 다양한 개선점들이 제안됐습니다. 또한 기존의 DQN은 바로 적용할 수 있는 알고리즘이 아니었지만, 이 책에서 학습하게 될 개선방식을 통해서, DQN은 지금도 잘 동작하는 강화학습 에이전트들 사이에 한 자리를 차지하고 있습니다.

9.1.1 가치 기반 심층 강화학습에서 발생할 수 있는 문제들

여기에서는 가치 기반 심층 강화학습에서 지속적으로 나타나는 두 가지 문제를 명확히 하고, 이해할 필요가 있습니다. 바로 IID 가정 위반과 목표의 고정성 여부입니다.

지도학습은 사전에 전체 데이터셋을 얻습니다. 이 데이터들을 전처리하고, 섞어주고, 학습을 위해 데이터를 데이터셋으로 분리합니다. 이 처리 중 데이터셋을 섞어주는 과정은 중요합니다. 이를 통해서, 최적화시 편향bias에 대해서 과적합overfitting되는 현상을 막고, 학습 과정 동안 분산을 줄어들며, 학습에 대한 수렴이 빠르게 이뤄지고, 결과적으로 내재되어 있는 데이터 생성 과정에서 만나는 일반적인 형태를 학습할 수 있습니다. 불행하게도 강화학습에서는 데이터가 오프라인으로 수집됩니다. 결과적으로 $t+1$ 시점에 생성된 경험 샘플은 t 시점에 생성된 경험 샘플과 상관관계correlate를 가집니다. 게다가 정책이 개선되며, 내재되어 있는 데이터 생성 과정도 변화하기 때문에 새로 생성된 데이터는 지역적으로만 상관 관계를 가지고, 균일하게 분포하지 않게 됩니다.

> **NOTE_ 심화개념 구워 삶기: 독립적이면서 동일한 분포(IID)를 띄지 않는 데이터들**
>
> 첫 번째 문제는 데이터에 대한 IID 가정의 불일치성입니다. 최적화 기법은 보통 학습시 사용할 데이터셋의 샘플들이 독립적이면서 동일한 분포를 띄는 가정하에 수행됩니다.
>
> 이미 알고 있는대로, 사용할 샘플은 독립적이지 않습니다. 대신 이 샘플들은 순차적이면서, 시계열의 성향을 가지는 경로를 이룹니다. $t+1$ 시점에서의 샘플은 t 시점에서의 샘플과 관련되어 있습니다. 그렇기 때문에 샘플끼리 상관 관계를 가지며, 이를 막을 방법은 없습니다. 온라인 학습의 특성상 자연적으로 발생하는 일입니다.
>
> 또한 샘플들은 동일한 분포를 띄지 않는데, 이 샘플들이 행동을 생성하는 정책과 관련되어 있기 때문입니다. 이미 알고 있겠지만, 정책은 시간에 따라 계속 변화하며, 이는 당연합니다. 우리는 정책을 개선시키고자 합니다. 하지만 이는 샘플(방문한 상태-행동에 대한 쌍)의 분포 역시 정책의 개선에 따라서 변화한다는 의미입니다.

또한 지도학습에는 학습에 사용되는 목표가 데이터셋에서의 고정된 값으로 주어집니다. 다시 말해 학습 과정 동안에는 목표가 고정됩니다. 일반적으로 강화학습에서는 신경망이 매번 학습될 때마다 목표가 움직입니다. 온라인 학습에서의 극단적인 경우에서는 더욱 많이 움직입니다. 이렇게 매번 학습을 통한 갱신이 일어날 때마다, 근사화된 가치 함수는 최적화되고, 이로 인해 함수의 형태와 어쩌면 전체 가치 함수까지 변합니다. 가치 함수가 변화한다는 뜻은 목표 또한 그에 따라 변화하여, 이전에 사용한 목표가 더 이상 유효하지 않게 된다는 의미입니다. 목표는 신경망의 출력으로 나오므로, 목표를 사용하기 전부터 목표가 유효하지 않거나 적어도 편향되어 있다고 가정할 수 있습니다.

NOTE_ 심화개념 구워 삶기: 목표에 대한 비정상성

목표의 비정상성에 대한 문제는 아래와 같이 묘사됩니다. 신경망을 학습할 때 사용하는 목표지만, 이 목표 자체가 신경망에서 계산되어 나오는 값이기도 합니다. 결과적으로 신경망이 매번 갱신될 때마다 함수가 변화하고, 결과적으로 목표도 변화합니다.

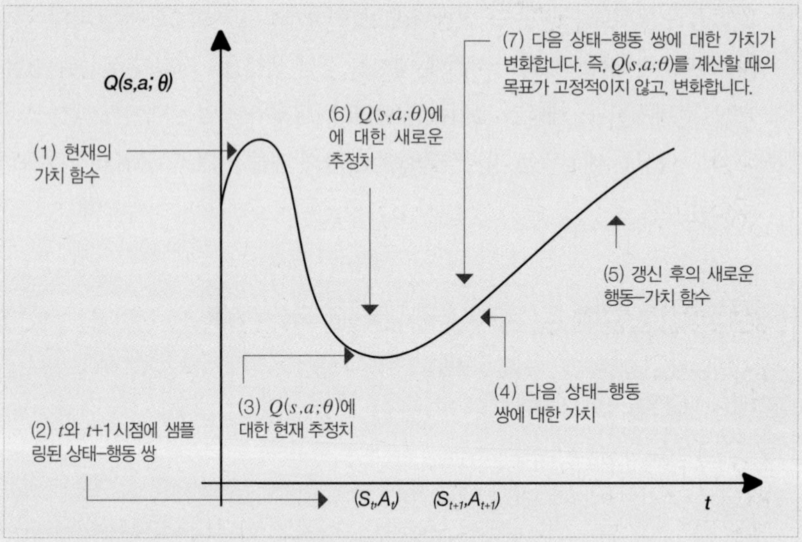

그림 9-1 목표의 비정상성

NFQ에서는 작은 고정 데이터셋에 대해서 배치를 만들고 여러 회에 걸쳐서 신경망을 학습시켜 문제를 완화했습니다. NFQ에서는 작은 데이터셋을 모으고, 목표를 계산하며, 샘플을 더 모으기 전까지 신경망을 여러 번 최적화합니다. 샘플의 큰 배치 데이터에 이를 적용함으로써, 신경망에 대한 갱신이 함수의 여러 지점에 걸쳐 적용되면서, 동시에 변화를 조금 더 안정적이 됩니다.

DQN은 '어떻게 하면 강화학습을 지도학습처럼 만들 수 있을까?'라는 질문에 대한 해결책을 제시한 알고리즘입니다. 이 질문에 대해서 잠깐 생각해보고, 여러분이라면 어떻게 데이터를 IID처럼 보이게 만들고, 목표를 고정시킬지 고민해봅시다.

9.1.2 목표망 사용하기

목표값을 조금 더 고정적으로 만들 수 있는 직관적인 방법은 조금 여러 번에 걸쳐서 수정할 수 있는 분리된 신경망을 사용해 고정된 목표를 계산하는데 사용하는 것입니다. DQN에서 이 목적을 위해 만든 신경망을 **목표망**target network이라고 합니다.

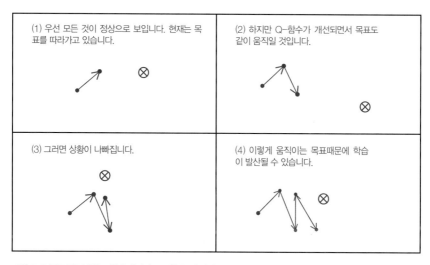

그림 9-2 목표망이 없는 상태에서의 Q-함수 최적화

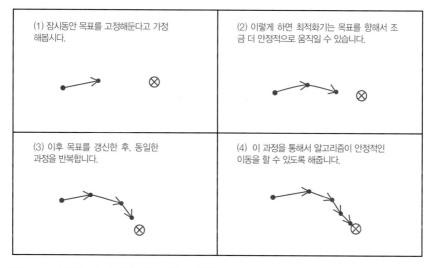

그림 9-3 목표망이 있는 상태에서의 Q-함수 근사화

목표를 고정시키기 위해 목표망을 사용함으로써, 에이전트에게 약간의 작은 지도학습 문제를 생성하여 순차적으로 제공해 '자기 꼬리 잡기chasing your own tail' 문제를 어느 정도 극복할 수 있습니다. 사용하는 목표망이 고정되어 있기 때문에, 목표도 고정됩니다. 이를 통해, 학습이 수렴될 수 있도록 개선되지만, 이 값이 이상적인 값은 아닙니다. 보통 비선형 함수 근사화에서 수렴만이 가능할 뿐 이상적인 값은 존재할 수 없기 때문입니다. 이 방법은 가치 기반 심층 강화학습 알고리즘에서 자주 발생하는 학습의 발산이 일어날 가능성을 근본적으로 줄여준다는 점이 아주 중요합니다.

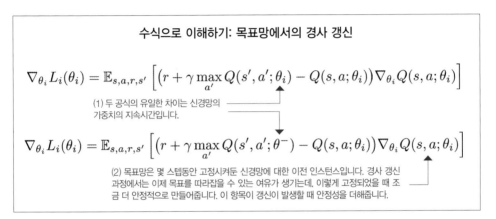

수식으로 이해하기: 목표망에서의 경사 갱신

$$\nabla_{\theta_i} L_i(\theta_i) = \mathbb{E}_{s,a,r,s'}\left[\left(r + \gamma \max_{a'} Q(s',a';\theta_i) - Q(s,a;\theta_i)\right)\nabla_{\theta_i} Q(s,a;\theta_i)\right]$$

(1) 두 공식의 유일한 차이는 신경망의 가중치의 지속시간입니다.

$$\nabla_{\theta_i} L_i(\theta_i) = \mathbb{E}_{s,a,r,s'}\left[\left(r + \gamma \max_{a'} Q(s',a';\theta^-) - Q(s,a;\theta_i)\right)\nabla_{\theta_i} Q(s,a;\theta_i)\right]$$

(2) 목표망은 몇 스텝동안 고정시켜둔 신경망에 대한 이전 인스턴스입니다. 경사 갱신 과정에서는 이제 목표를 따라잡을 수 있는 여유가 생기는데, 이렇게 고정되었을 때 조금 더 안정적으로 만들어줍니다. 이 항목이 갱신이 발생할 때 안정성을 더해줍니다.

여기서 실제로 두 개의 '신경망'을 가지는 것이 아니라, 신경망의 가중치에 대한 두 개의 인스턴스가 있다는 것을 기억해야합니다. 여기에서는 동일한 신경망 구조를 사용하고, 매번 최적화하는 신경망인 온라인망online network과 가중치를 동일하게 맞추기 위해서 목표망의 가중치를 자주 갱신합니다. 여기서 '자주'란 불행하게도 문제에 따라서 조금씩 달라질 수 있습니다. 일반적으로는 10스텝이나 10,000스텝 정도 목표망의 가중치를 고정시키지만, 이 값은 문제에 따라서 다릅니다(참고로 이 값은 타임 스텝이며, 에피소드의 단위가 아닙니다. 이 부분을 조심해야 합니다). 앞에서 소개한 아타리 게임 에이전트처럼 학습에 합성곱 신경망을 사용하는 에이전트는 10,000스텝 단위를 주로 사용합니다. 하지만 카트폴 환경과 같은 조금 더 직관적인 문제에서는 10-20스텝 정도면 적당합니다.

이렇게 목표망을 사용해 학습 과정이 나선형을 그리며 발산하는 현상을 막을 수 있습니다. 이는 여러 타임 스텝동안 목표를 고정시켜 갱신으로 최적화 문제가 변해 새 목표가 생기기 전에, 온라인망의 가중치가 조금 더 안정적으로 목표를 향해 움직일 수 있도록 합니다. 결국 목표망을 사용하면 학습이 안정적으로 수행되지만, 최신 가치에 대해서 학습할 수 없어 학습이 느려지게 됩니다. 앞에서 설정한 값을 가져오면 한번에 10,000스텝동안 목표망의 가중치가 지연되는 셈입니다. 반드시 안정성과 학습 속도간의 균형을 맞추고, 이에 대한 하이퍼파라미터를 설정해야합니다.

코드 9-1 DQN에서 목표망과 온라인망의 적용

```
def optimize_model(self, experiences):
    states, actions, rewards, next_states, is_terminals = experiences
    batch_size = len(is_terminals)
```

(1) 다음 상태에 대한 추정치를 얻기 위한 목표망을 가지고 오는 과정을 참고하기 바랍니다.

(2) 앞에서 구한 값의 최댓값을 구하고, 이에 따른 종료 상태를 적절하게 처리합니다.

```
    max_a_q_sp = self.target_model(next_states).detach().max(1)[0].unsqueeze(1)
```

(3) TD 목표를 생성합니다.

```
    target_q_sa = rewards + (self.gamma * max_a_q_sp * (1 - is_terminals))
```

(4) 그리고 현재의 '온라인' 추정치를 가져옵니다.

```
    q_sa = self.online_model(states).gather(1, actions)
```

(5) 오차를 계산하기 위해 앞에서 계산한 값을 사용합니다.

```
    td_error = q_sa - target_q_sa
    value_loss = td_error.pow(2).mul(0.5).mean()
    self.value_optimizer.zero_grad()  ◀── (6) 손실을 계산하고, 이를 바탕으로 온라인망을 최적화합니다.
    value_loss.backward()
    self.value_optimizer.step()

def interaction_step(self, state, env):
```

(7) 여기에서 행동을 선택하기 위해서 온라인망을 어떻게 사용하는지 참고하기 바랍니다.

```
    action = self.training_strategy.select_action(self.online_model, state)
    new_state, reward, is_terminal, info = env.step(action)

    <...>

    return new_state, is_terminal
```

(8) 목표망(지연된 망)이 온라인망(최신 망)으로 갱신되는 과정입니다.

```
def update_network(self):
    for target, online in zip(self.target_model.parameters(),
                              self.online_model.parameters()):
        target.data.copy_(online.data)
```

9.1.3 더 큰 신경망 사용

비정상성 문제를 다룰 수 있는 또 다른 방법은 어느 정도 수준으로 큰 신경망을 사용하는 것입니다. 조금 더 강력한 신경망을 사용하면, 상태 간의 미세한 차이도 쉽게 발견할 수 있습니다. 큰 신경망은 상태-행동 쌍이 축약aliasing되는 현상을 줄여줍니다. 강력한 신경망을 사용할수록, 축약되는 정도가 낮아지고, 그에 따라 연속된 샘플들 간의 상관관계가 더 명확해집니다. 이를 통해서 목표값과 현재의 추정치가 서로 독립적인 것처럼 만들 수 있습니다.

여기서 축약이란 두 상태가 신경망에게 동일한 (아니면 유사한) 상태처럼 보이지만, 여전히 다른 행동을 요구하는 현상을 말합니다. 그래서 상태 축약은 신경망의 표현력이 부족해지는 문제를 야기할 수 있습니다. 결과적으로 신경망은 유사성을 찾아 이를 일반화하고자 하는데, 신경망이 너무 작으면 잘못된 방향으로 일반화 과정을 진행할 수 있습니다. 이 경우, 신경망은 간단하고 찾기 쉬운 유형에 집중하게 됩니다.

목표망을 사용하는 이유는 서로 연관된 상태끼리 차이를 조금 더 쉽게 구분지을 수 있도록 하기 때문입니다. 이때 조금 더 자원이 풍부한 신경망을 사용하면 미세한 차이에 대해서도 학습할 수 있습니다.

하지만, 더 강력한 신경망을 사용하면 학습에 더 오랜 시간이 걸립니다. 여기에는 더 많은 데이터(상호작용 시간)뿐 아니라 더 많은 연산(처리 시간)도 필요합니다. 목표망을 사용하면 비정상성 문제를 다루는데 조금 더 강력한 방법이긴 하지만, 우선은 모든 기법들에 대해서 소개하고자 합니다. 에이전트의 두 가지 속성(신경망의 크기와 주기적으로 갱신되는 목표망의 사용)을 어떻게 설정하느냐는 선택하기 나름이고, 두 속성 모두 유사한 방식으로 상호작용하고 최종 성능에 영향을 미칩니다.

NOTE_ 심화개념 구워 삶기: 강화학습에서 목표가 비정상성을 띌 때 이를 다루는 방법들

여기에서 비정상성 문제를 다루는 방법에 대해서 다시 설명하면 아래와 같습니다.

1. 임시적으로 고정 목표값을 제공하는 목표망을 만듭니다

2. 충분히 큰 신경망을 만들어서 (마치 임시적으로 상관관계를 갖는) 유사한 상태끼리 갖는 작은 차이도 '인지'할 수 있도록 합니다.

목표망은 잘 동작하며, 여러 번에 걸쳐서도 잘 동작함이 증명되어 있습니다. '큰 신경망' 같은 기법은 뭔가 과학적으로 매번 동작하는 것이 증명되었다기 보다 일종의 트릭입니다. 이번 장에 포함된 노트북에서 한번 자유롭게 실험해보기 바랍니다. 아마도 쉽게 값과 시험 가설을 바꿀 수 있다는 것을 알게 될 것입니다.

9.1.4 경험 재현 사용

NFQ 실험에서는 1024개의 샘플에 대한 미니 배치 데이터를 사용했고, 이를 40회 동안 학습시키면서 새로운 목표 계산과 신경망 최적화를 번갈아 수행합니다. 이 1024개의 샘플들은 임시적으로나마 상관관계를 가지는데, 이는 해당 샘플들 대부분이 같은 경로에서 뽑아내었고, 카트폴 환경에서 에피소드 당 최대로 움직일 수 있는 최대 스텝의 수는 500이기 때문입니다. 이를 개선할 수 있는 방법 중 하나는 **경험 재현**experience replay라는 기법을 활용합니다. 경험 재현은 특정 데이터 구조를 가지고 있는데, 보통 여러 스텝에 대한 경험 샘플(1024스텝보다는 훨씬 큰 샘플들)을 담을 수 있는 재현 버퍼 혹은 재현 메모리로 표현됩니다. 이를 통해서 과거의 경험들로부터 미니 배치 데이터를 샘플링할 수 있도록 해줍니다. 이렇게 재현 버퍼를 가지면, 에이전트는 두 가지 중요한 기능이 가능해집니다. 우선 학습 과정에서 갱신을 진행할 때, 조금 더 다양한 미니 배치 데이터를 사용할 수 있습니다. 또, 에이전트는 여러 번 반복해서 학습을 반복하기 위해 모델을 일관된 크기의 미니 배치로 맞출 필요가 없게 됩니다. 충분히 큰 재현 버퍼로부터 적절하게 샘플링을 수행하게 되면 기존보다 천천히 움직이는 목표를 만들기 때문에, 에이전트가 이제 학습이 발산될 위험을 낮춘 상태에서 매번 샘플링과 학습을 수행할 수 있습니다.

> **NOTE_ 강화학습 역사 한 조각: 경험 재현**
>
> 경험 재현은 롱지 린Long-Ji Lin의 논문인 「Self-Improving Reactive Agents Based On Reinforcement Learning, Planning and Teaching」[1]에서 처음 소개되었습니다. 믿진 않겠지만, 이 논문은 1992년에 발표되었습니다. 1992년이 맞습니다. 이때는 불행하게도 신경망이 연결성connectionism이라는 이름으로 불리던 때입니다.
>
> 카네기 멜런 대학교Carnegie Mellon University(CMU)에서 박사학위를 딴 린 박사는 여러 다양한 회사에서 기술직을 수행했습니다. 현재는 시그니파이드Signifyd에서 대표 연구자로 있으면서 온라인 상거래에서 발생하는 사기를 예측하고 막는 시스템을 개발하는 팀을 이끌고 있습니다.

경험 재현을 사용하면서 얻을 수 있는 이점은 여러 가지가 있습니다. 임의로 샘플링하면서, 신경망이 갱신될 때 낮은 분산을 가질 확률을 증가시킵니다. 또한 NFQ에서 배치 데이터를 사용할 때, 배치에 들어있는 대부분의 샘플들은 서로 상관관계를 가지고 유사했습니다. 이렇게 비슷한 샘플을 가지고 갱신을 수행하면, 가치 함수가 제한된 범위에 치중하게 되고, 잠재적으로

---

1 옮긴이_ https://link.springer.com/content/pdf/10.1007/BF00992699.pdf

는 갱신에 대한 변화의 폭에 지나치게 영향받을 수 있습니다. 반대로 충분한 버퍼에서 균일한 확률로 임의로 샘플을 뽑아낸다면, 신경망 갱신이 골고루 이뤄질 가능성이 생기며, 결과적으로 실제 가치 함수를 조금 더 잘 표현할 수 있습니다.

재현 버퍼를 사용하면, 앞에서 문제가 되었던 데이터에 대한 IID 가정이 성립되며, 최적화 방법이 안정적으로 적용됩니다. 샘플을 여러 경로와 정책에서 한번에 추출하였기 때문에, 독립적이면서 동일한 분포를 띄고 있다고 말할 수 있습니다.

경험을 저장하고, 여기에서 균일한 분포로 샘플링함으로써, 최적화 기법이 적용되는 데이터는 마치 독립적이면서 동일한 분포를 띄는 것처럼 보이게 됩니다. 실제로 재현 버퍼는 이상적으로 동작하기 위해 충분한 공간이 필요하며, 문제에 따라 10,000개부터 1,000,000개의 경험을 저장하는 일도 있습니다.

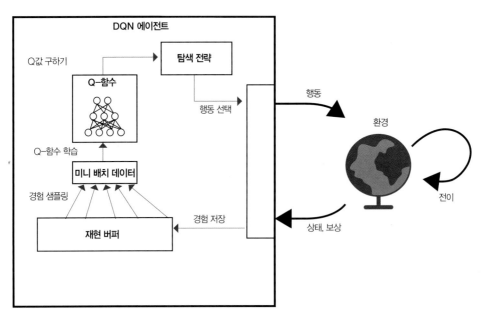

그림 9-4 재현 버퍼가 적용된 DQN

불행하게도 재현 버퍼의 구현은 고차원 관찰 데이터를 다룰 때 어려울 수 있습니다. 고차원 환경에서 잘못 구현된 재현 버퍼는 하드웨어의 메모리 자원을 빠르게 소모하기 때문입니다. 예를 들어서 이미지를 다루는 환경은 각 상태를 최근 4개의 이미지 프레임을 중첩시킨 형태로 표현하는데(아타리 게임에서는 이 방법을 일반적으로 사용합니다), 일반적으로 사용하는 개인용 PC는 이 1백만 개의 경험 샘플을 온전히 저장할 수 있는 충분한 메모리 공간을 가지고 있지 않습니다. 카트폴 환경에서는 그렇게 큰 문제가 되지 않습니다. 우선, 문제를 해결하는데 1백만 개의 샘플이 필요하지 않아 5만 개의 버퍼를 사용합니다. 또한 상태는 4개의 요소로 이뤄진 벡터 형식으로 표현되기 때문에, 구현도 크게 어렵지 않습니다.

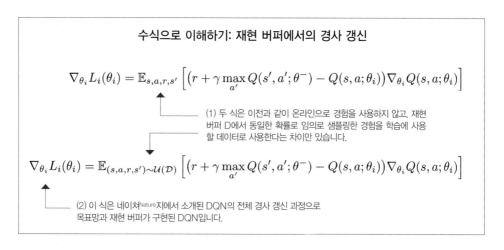

수식으로 이해하기: 재현 버퍼에서의 경사 갱신

$$\nabla_{\theta_i} L_i(\theta_i) = \mathbb{E}_{s,a,r,s'} \left[\left(r + \gamma \max_{a'} Q(s',a';\theta^-) - Q(s,a;\theta_i) \right) \nabla_{\theta_i} Q(s,a;\theta_i) \right]$$

(1) 두 식은 이전과 같이 온라인으로 경험을 사용하지 않고, 재현 버퍼 D에서 동일한 확률로 임의로 샘플링한 경험을 학습에 사용할 데이터로 사용한다는 차이만 있습니다.

$$\nabla_{\theta_i} L_i(\theta_i) = \mathbb{E}_{(s,a,r,s') \sim \mathcal{U}(\mathcal{D})} \left[\left(r + \gamma \max_{a'} Q(s',a';\theta^-) - Q(s,a;\theta_i) \right) \nabla_{\theta_i} Q(s,a;\theta_i) \right]$$

(2) 이 식은 네이처(Nature)지에서 소개된 DQN의 전체 경사 갱신 과정으로 목표망과 재현 버퍼가 구현된 DQN입니다.

그럼에도 불구하고, 재현 버퍼를 사용하면, 데이터가 실제보다 조금 더 IID 가정에 맞고, 목표도 조금 더 고정성을 띄게됩니다. 동일한 확률로 샘플링된 미니 배치 데이터를 바탕으로 학습함으로써, 온라인으로 수집한 강화학습 경험들이 IID 데이터와 고정된 목표를 가진 전통적인 지도학습처럼 보이게 됩니다. 물론 새로 얻은 데이터를 추가하고, 과거의 샘플을 버리는 과정에서 데이터는 여전히 변화하겠지만, 이런 변화는 천천히 일어나고, 학습된 신경망과 최적화기에 의해서 감춰질 것입니다.

코드 9-2 간단한 재현 버퍼

```
class ReplayBuffer():                    (1) 최대 크기 50000과 64개 샘플을 기본 배치 크기로
    def __init__(self,                       가지는 간단한 재현 버퍼입니다.
                 max_size=50000,
                 batch_size=64):
        self.ss_mem = np.empty(shape=(max_size), dtype=np.ndarray)
        self.as_mem = np.empty(shape=(max_size), dtype=np.ndarray)
        <...>                            (2) 상태와 행동, 보상, 다음 상태 그리고 done 플래그를 저장하는
                                             5개의 배열을 초기화합니다. 여기에서는 생략했습니다.

        self.max_size = max_size         (3) 저장과 샘플링에 사용할 몇 가지 변수들을 초기화합니다.
        self.batch_size = batch_size
        self._idx = 0
        self.size = 0

    def store(self, sample):
        s, a, r, p, d = sample           (4) 새로운 샘플을 저장할 때, sample 변수를 풀어주면서
        self.ss_mem[self._idx] = s           각 배열에 올바른 값들이 저장될 수 있도록 해줍니다.
        self.as_mem[self._idx] = a
        <...>                            (6) _idx는 수정되어야 할 다음 인덱스를 나타내기 때문에, 이 값을
                                             증가시키고, 버퍼의 최대 크기에 도달한 경우(버퍼의 끝부분) 값이
        (5) 다른 코드를 생략합니다.           다시 시작 위치로 돌아올 수 있도록 해줍니다.

        self._idx += 1
        self._idx = self._idx % self.max_size

                                         (7) 매번 새로운 샘플이 저장될 때마다 크기값 역시
        self.size += 1                       증가하지만, 최대 크기에 도달하면 0으로 되돌아가
                                             지 않고 증가가 중단됩니다.
```

```
            self.size = min(self.size, self.max_size)

    def sample(self, batch_size=None):
        if batch_size == None:  ◀─────────────── (8) 샘플링 함수에서는 처음에 설정된 배치 크기를
            batch_size = self.batch_size                정의합니다. 배치 크기에 대해서 인자를 넣어주지 않
                                                        은 경우에는 64개를 기본으로 설정합니다.

        idxs = np.random.choice(
            self.size, batch_size, replace=False)
                          ▲──────────── (9) 0부터 size만큼 배치 id를 샘플링합니다.
        experiences = np.vstack(self.ss_mem[idxs]), \  ◀─────┐
                      np.vstack(self.as_mem[idxs]), \
                      np.vstack(self.rs_mem[idxs]), \        (10) 그리고 나서, 샘플링된 id를 사용해
                      np.vstack(self.ps_mem[idxs]), \        서 재현 버퍼에서 경험을 추출합니다.
                      np.vstack(self.ds_mem[idxs])
        return experiences  ◀─────────── (11) 그리고 이 경험들을 반환합니다.

    def __len__(self):  ◀────────── (12) 이 함수는 len(buffer)가 호출되었을 때, 버퍼의 정확한 크기를 반환
        return self.size                해주는 간단한 함수입니다.
```

9.1.5 또 다른 탐색 전략 사용

탐색은 강화학습의 핵심 요소입니다. NFQ 알고리즘에서는 입실론-그리디 탐색 전략을 사용
했는데, 입실론으로 정의된 확률에 따라서 임의로 행동하는 과정으로 구성되어 있습니다. 우선
(0, 1) 사이의 값을 균일한 분포로 샘플링합니다. 만약 이 값이 입실론이라고 부르는 하이퍼파
라미터 상수보다 작다면 에이전트는 동일한 확률로 임의로 행동을 선택합니다(물론 여기에는
탐욕 행동도 포함되어 있습니다). 그렇지 않다면 탐욕 행동을 수행합니다.

DQN 실험에서는 4장에서 소개한 다른 탐색전략들을 9장의 노트북에 추가했습니다. 이를 신
경망과 같이 사용할 수 있도록 수정했고, 이어서 다시 설명하겠습니다. 다른 노트북들도 살펴
보고 한번 실행해보기 바랍니다.

코드 9-3 선형적으로 감가되는 입실론-그리디 탐색 전략

```
class EGreedyLinearStrategy():  ◀─────────── (1) 선형적으로 감가되는 입실론-그리디 전략에서는 초기에 큰
    <...>                                        값의 epsilon을 가지고, 선형적으로 이 값이 감가되는 형태를
    def _epsilon_update(self):                   취합니다.
        epsilon = 1 - self.t / self.decay_steps
```

```
        epsilon = (self.init_epsilon - self.min_epsilon) * epsilon + self.min_epsilon
```
┌─── (2) epsilon이 초기값과 최솟값 사이에 위치할 수 있도록 제한을 둡니다.
```
    └▶  epsilon = np.clip(epsilon, self.min_epsilon, self.init_epsilon)
        self.t += 1  ◀──── (3) 입실론이 갱신되는 횟수를 저장할 변수입니다.
        return epsilon
```

```
    def select_action(self, model, state): ◀──────  (4) select_action 함수에서는 model과
                                                        state를 사용합니다.
        self.exploratory_action_taken = False
        with torch.no_grad():
            q_values = model(state).cpu().detach().data.numpy().squeeze()
```
(6) 균일 분포에서 임의의 값을 추출한 후,   (5) 기록을 확인할 목적으로 여기에
이 값을 epsilon과 비교합니다.   서 q_values를 항상 추출합니다.

(7) 만약 앞에서 구한 값이 크다면 q_values에
대한 argmax를 사용하고, 그렇지 않다면 임의
행동을 사용합니다.
```
        if np.random.rand() > self.epsilon:
            action = np.argmax(q_values)
        else: ◀──
            action = np.random.randint(len(q_values))

        self.epsilon = self._epsilon_update()
        self.exploratory_action_taken = action != np.argmax(q_values)
        return action ◀──────  (8) 최종적으로 epsilon을 갱신하고, 확인할 목적으로
                                  변수를 설정하며, 선택된 행동을 반환합니다.
```

코드 9-4 기하급수적으로 감가되는 입실론–그리디 탐색 전략

```
class EGreedyExpStrategy():
    <...>
    def _epsilon_update(self):
```
┌─── (1) 기하급수적으로 감가되는 전략은 epsilon이 기하급수 단위에서 감가된다는 차이만 존재합니다.
```
    └▶  self.epsilon = max(self.min_epsilon, self.decay_rate * self.epsilon)
        return self.epsilon
```
(2) 밑의 함수는 epsilon을 기하급수적으로 감가시키는 또 다른 방법인데, 여
기에서는 exponential 함수를 사용합니다. 결과로 나오는 epsilon 값은 동
일하지만, 감가되는 비율은 조금 다릅니다.
```
#   def _epsilon_update(self):
#       self.decay_rate = 0.0001
#       epsilon = self.init_epsilon * np.exp(-self.decay_rate * self.t)
#       epsilon = max(epsilon, self.min_epsilon)
#       self.t += 1
#   return epsilon
```
(3) select_action 함수는 이전 전략과 동일합니다. 한 가지 언급하고 싶은 부분은 여기
에서 q_values를 매번 얻고 있는데, 이는 여기에서 수집되는 정보를 직접 확인하기 위해
서입니다. 성능을 고려한다면, 좋지 않은 생각입니다. 더 빠르게 동작하기 위해서는 선택
된 탐욕 정책이 정의된 이후에 망에서 정보를 얻어와야 합니다.
```
  ▼ def select_action(self, model, state):
        self.exploratory_action_taken = False
        with torch.no_grad():
```

```
                    q_values = model(state).detach().cpu().data.numpy().squeeze()

        if np.random.rand() > self.epsilon:
            action = np.argmax(q_values)
        else:
            action = np.random.randint(len(q_values))

        self._epsilon_update()
        self.exploratory_action_taken = action != np.argmax(q_values)
        return action   ◄───────────
```

(4) exploratory_action 변수는 에피소드마다 탐색 행동을 취한 비율을 계산하기 위해서 사용합니다. 단순히 정보를 확인할 목적으로만 사용됩니다.

코드 9-5 소프트맥스 탐색 전략

```
class SoftMaxStrategy():
    <...>
    def _update_temp(self):
        temp = 1 - self.t / (self.max_steps * self.exploration_ratio)  ◄──
        temp = (self.init_temp - self.min_temp) * temp + self.min_temp
        temp = np.clip(temp, self.min_temp, self.init_temp)

        self.t += 1
        return temp

    def select_action(self, model, state):
        self.exploratory_action_taken = False
        temp = self._update_temp()

        with torch.no_grad():
            q_values = model(state).cpu().detach().data.numpy().squeeze()  ◄──
            scaled_qs = q_values/temp

        norm_qs = scaled_qs - scaled_qs.max()  ◄────
        e = np.exp(norm_qs)   ◄────
        probs = e / np.sum(e)  ◄────
        assert np.isclose(probs.sum(), 1.0)

        action = np.random.choice(np.arange(len(probs)), size=1, p=probs)[0]  ◄──
        self.exploratory_action_taken = action != np.argmax(q_values)
        return action
```

(1) 소프트맥스 전략에서는 온도계수를 사용합니다. 온도계수는 0에 가까울수록 값 사이의 차이가 더 뚜렷해지면서, 행동 선택을 조금 더 탐욕적으로 수행할 수 있도록 합니다. 온도계수는 선형적으로 감가됩니다.

(2) 온도계수가 선형적으로 감가되고 난 후, 적절한 범위 내에서만 움직이도록 범위에 제한을 둡니다.

(3) 참고로 소프트맥스 전략에서는 모델로부터 q_values를 추출하지 못하는 경우가 거의 없습니다. 그렇기 때문에 모든 행동이 해당 값과 직접적으로 연관되어 있습니다.

(4) 모든 값을 추출하고 난 후, (temp가 1이 되지 않는 한) 값 사이의 차이를 부각합니다.

(5) 지수 연산 과정에서 발생하는 넘침 현상을 막기 위해서 앞에서 구한 값들을 정규화시킵니다.

(6) 지수 연산을 수행합니다.

(7) 그리고 앞에서 구한 값을 확률로 변경합니다.

(8) 최종적으로 앞에서 구한 확률을 이용해서 행동을 선택합니다. 여기에서 함수의 인자로 정의된 p에 probs를 넣는 부분을 참고하면 됩니다.

(9) 그리고 이전과 동일한 변수 정의를 해줍니다. 여기서 구한 행동이 탐욕 행동일까요? 아니면 탐색 행동일까요?

NOTE_ 더 자세히 살펴보기: 성능 측면에서 큰 효과를 주는 탐색 전략들

(1) NFQ에서는 0.5를 상수로 정의한 입실론 그리디 전략을 사용했습니다. 이렇게 하면 50%의 확률로 탐욕적으로 행동하고, 50%의 확률로는 균등한 확률로 임의 행동을 취하게 됩니다. 이 환경에서 취할 수 있는 행동은 딱 두 개만 존재하므로, 탐욕 행동을 취할 실제 확률은 75%이고, 탐욕적이지 않은 행동을 취할 실제 확률은 25%가 됩니다. 참고로 큰 행동 영역을 가지는 상황이라면 탐욕 행동을 취할 확률은 더 작아지게 됩니다. 노트북에서는 'ex 100.' 조건 하의 효율적인 확률값을 출력해보았습니다. 'ex 100.'이란 '최근 100스텝 동안 탐색 행동을 취한 비율'을 나타냅니다.

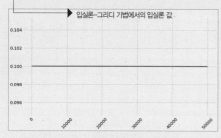

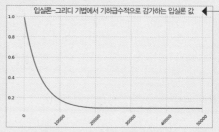

(2) DQN과 이번 장과 이어지는 장에서 다루는 나머지 가치 기반 알고리즘에서는 기하급수적으로 감가되는 입실론–그리디 전략을 사용합니다. 매우 간단하면서 잘 동작하기 때문입니다. 하지만 조금 더 발전된 다른 전략들도 시도해볼 가치는 있습니다. 참고로 하이퍼파라미터를 조금만 변경해도 성능 측면에서 큰 변화가 있다는 것을 확인했습니다. 직접 확인해보세요.

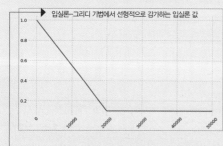

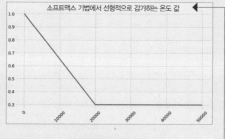

(3) 박스 안에 그래프는 9장의 노트북에서 다룬 각 탐색 전략의 감가 스케줄입니다. 여기서 수많은 하이퍼파라미터와 다른 탐색 전략들을 직접 수행해보면서 경험하기를 추천합니다. 이 부분이 어떻게 보면 단순 알고리즘보다는 심층 강화학습에 가까운 내용입니다.

NOTE_ 더 자세히 살펴보기: 심층 Q 신경망 (DQN) 전체 알고리즘

이번에 구현한 DQN은 앞에서 구현한 NFQ와 유사한 요소와 설정을 가집니다.

- 행동–가치 함수 $Q(s,a;\theta)$를 근사화합니다.

- 상태를 입력으로 받고 가치를 출력으로 내보내는 구조를 사용합니다(이때 층별 노드수는 4, 512, 128, 2 입니다).

- 이상적인 행동–가치 함수 $q*(s,a)$를 근사화하기 위해서 행동–가치 함수를 최적화합니다.

- 정책을 평가하기 위해서 비활성 정책 TD 목표 $(r+\gamma \max_{a'}Q(s',a';\theta)$을 사용합니다.

- 손실함수로는 평균 제곱 오차(MSE)를 사용합니다

- 0.0005를 학습률로 가지는 RMSprop를 최적화기로 사용합니다.

DQN 구현시 몇 가지 차이도 존재합니다.

- 정책을 개선하기 위해서 기하급수적으로 감가되는 입실론–그리디 전략을 사용하는데, 이때 20,000스텝에 걸쳐서, 1.0에서 0.3으로 감가됩니다.

- 320개의 샘플을 최소로 가지면서 50,000개의 샘플을 최대로 가지고, 여기에서 64개의 샘플을 미니 배치 데이터로 쓸 수 있는 재현 버퍼를 사용했습니다.

- 매 15스텝마다 갱신할 수 있는 목표망을 사용했습니다.

DQN은 다음과 같은 세 가지 주요 과정을 거칩니다.

1. 경험을 수집합니다. $(S_t,A_t,R_{t+1},S_{t+1},D_{t+1})$와 같이 수집하고, 이를 재현 버퍼에 넣습니다.

2. 버퍼로부터 임의의 미니 배치 데이터를 샘플링하고 전체 배치에 대해서 비활성 정책 TD 목표를 계산합니다$(r+\gamma \max_{a'}Q(s',a';\theta))$.

3. MSE와 RMSprop를 사용해서 행동–가치 함수 $Q(s,a;\theta)$를 학습시킵니다.

NOTE_ 강화학습 역사 한 조각: DQN 알고리즘

DQN은 2013년 블라드 므니흐가 쓴 「Playing Atari with Deep Reinforcement Learning」[2]이라는 논문에서 소개되었습니다. 이 논문에서는 DQN을 경험 재현과 함께 소개하였습니다. 2015년에는 또 다른 논문인 「Human–level control through deep reinforcement learning」[3]이 발표되었습니다. 이 두 번째 논문에서는 방금 전에 배웠던 목표망이 추가된 DQN을 소개하였습니다.

블라드는 딥러닝의 아버지 중 한 명인 제프리 힌턴$^{Geoffery\ Hinton}$ 밑에서 박사학위를 받았고, 구글 딥마인드에서 연구 과학자로 일하고 있습니다. 그는 DQN의 개발자로 알려져 있으며, 2017년 MIT 테크놀로지 리뷰$^{Technology\ Review}$에서 뽑은 35세 미만의 35명의 선구자에 포함되었습니다.

---

2 옮긴이_ https://arxiv.org/abs/1312.5602
3 옮긴이_ https://www.nature.com/articles/nature14236?wm=book_wap_0005

그래프로 확인하는 결과: 카트폴 환경에서 수행한 DQN

아래 결과 중 가장 유의미한 내용은 NFQ는 문제를 해결하기 위해서 DQN보다 더 많은 샘플이 필요했다는 것입니다. 샘플링 측면에서는 DQN 더 효율적이라는 이야기입니다. 하지만 학습(연산)시간과 실제 수행 시간^{wall-clock time}은 동일했습니다.

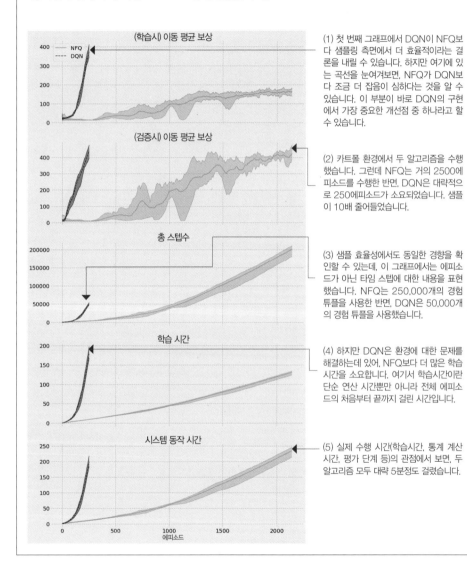

(1) 첫 번째 그래프에서 DQN이 NFQ보다 샘플링 측면에서 더 효율적이라는 결론을 내릴 수 있습니다. 하지만 여기에 있는 곡선을 눈여겨보면, NFQ가 DQN보다 조금 더 잡음이 심하다는 것을 알 수 있습니다. 이 부분이 바로 DQN의 구현에서 가장 중요한 개선점 중 하나라고 할 수 있습니다.

(2) 카트폴 환경에서 두 알고리즘을 수행했습니다. 그런데 NFQ는 거의 2500에피소드를 수행한 반면, DQN은 대략적으로 250에피소드가 소요되었습니다. 샘플이 10배 줄어들었습니다.

(3) 샘플 효율성에서도 동일한 경향을 확인할 수 있는데, 이 그래프에서는 에피소드가 아닌 타임 스텝에 대한 내용을 표현했습니다. NFQ는 250,000개의 경험 튜플을 사용한 반면, DQN은 50,000개의 경험 튜플을 사용했습니다.

(4) 하지만 DQN은 환경에 대한 문제를 해결하는데 있어, NFQ보다 더 많은 학습시간을 소요합니다. 여기서 학습시간이란 단순 연산 시간뿐만 아니라 전체 에피소드의 처음부터 끝까지 걸린 시간입니다.

(5) 실제 수행 시간(학습시간, 통계 계산 시간, 평가 단계 등)의 관점에서 보면, 두 알고리즘 모두 대략 5분정도 걸렸습니다.

9.2 이중 DQN: 행동-가치 함수에 대한 과도추정 극복

이번 절에서는 과거 제안된 DQN의 주요 개선점 중 하나인 **이중 심층 Q 신경망**^{double deep} Q-networks(이중 DQN 혹은 DDQN)에 대해서 소개하고자 합니다. 기존에 구현했던 DQN 에이전트에 이중 학습의 개념을 추가한 개선입니다. 구현하기엔 직관적이며, 기존의 DQN보다는 조금 더 지속적으로 더 나은 성능을 선보입니다. DQN을 기반으로 이중 DQN을 구현할 때 이중 Q-학습을 구현하기 위해 Q-학습에 적용한 변경사항이 거의 유사하게 적용되지만 논의해야 할 차이점도 몇 가지 존재합니다.

9.2.1 과도추정의 문제, 두 번째 이야기

6장에서 다뤘던 내용을 기억하겠지만, Q-학습은 행동-가치 함수를 과도추정^{overestimate}하는 경향이 있습니다. 앞에서 구현한 DQN 에이전트도 별 차이는 없습니다. 동일한 비활성 정책 TD 목표를 사용하고, 구한 값에 대한 최대를 찾는 연산을 수행합니다. 이때 발생하는 문제의 요점은 간단합니다. 바로 추정된 값에 대한 최대치를 찾고 있다는 것입니다. 추정된 값은 보통 중심에서 떨어져 있는데, 어떤 경우는 참의 값보다 클 수도, 어떤 경우는 작을 수도 있습니다. 어쨌건 결론적으로 추정된 값은 중심에서 떨어져 있습니다. 문제는 이렇게 추정된 값의 최대치를 항상 취한다는 것인데, 이로 인해서 큰 값에 대한 선호도가 생깁니다. 구한 값이 올바르지 않더라도 말입니다. 앞에서 다룬 알고리즘은 양의 편향을 가지고, 이로 인해 성능이 저하되는 현상이 발생합니다.

미겔의 한마디: 과도추정된 에이전트와 사람을 다룰 때의 문제

제가 이중 DQN에 대해서 학습하기 전까지는 초긍정적인 사람들을 좋아했습니다. 정말입니다. 정말 긍정적인 사람을 만났다고 상상해봅시다. DQN이라고 부르도록 하겠습니다. DQN은 매우 낙관적입니다. 그는 삶 속에서 치열한 실패부터 엄청난 성공까지 다양한 경험을 했습니다. DQN의 문제는 자기가 실제로 무얼 했든 상관없이 매 순간 얻을 수 있는 가장 큰 결과를 기대한다는 것입니다. 이게 문제일까요?

어느 날, DQN이 카지노에 갔습니다. 카지노에 간 건 처음이었지만, 운이 좋은 DQN은 슬롯머신에서 잭팟을 터뜨렸습니다. DQN은 낙관적이기 때문에, 즉각적으로 자신의 가치 함수를 조절했습니다.

'카지노에 가면 보상을 잘 받을거야(이때 $Q(s,a)$의 값은 클 것입니다). 왜냐하면 카지노에 가면, 슬롯머신에 가고(다음 상태 s'), 슬롯머신을 하면 잭팟[$max_a·Q(s', a')$]을 터뜨릴테니까'

하지만 이 발상에는 몇 가지 문제점이 있습니다. 우선 DQN은 카지노에 갈 때마다 슬롯머신을 하는 건 아닙니다. 그는 새로운 시도 또한 좋아합니다(탐색). 그래서 어쩔 때는 룰렛이나 포커, 블랙잭(다른 행동)을 해볼 수도 있습니다. 어쩌면 슬롯머신이 고장나서 즐기지 못하는 경우(환경이 다른 곳으로 전이시킴)도 있을 것입니다. 추가로 DQN이 슬롯머신을 하는 대부분의 시간동안 잭팟을 터뜨리지 못합니다(환경이 확률적). 괜히 슬롯머신을 밴딧이라고 부르는 게 아니랍니다.

9.2.2 행동 평가에서 행동 선택 분리하기

양의 편향을 이해하고, 함수 근사화를 사용했을 때 해당 편향을 다루는 좋은 방법은 목표 계산에 사용되는 최대(max) 연산을 풀어서 처리하는 것입니다. Q-함수에서의 max 연산은 argmax인 행동에 대한 Q-함수 값과 동일합니다.

기억 되살리기: argmax란 무엇인가요?

argmax 함수는 최댓값을 만들어주는 인자arguments of the maxima를 뜻합니다. 행동-가치 함수의 argmax, Q-함수에 대한 argmax는 $argmax_a Q(s,a)$로 나타내는데, 이는 주어진 상태 s에 대해서 최댓값을 얻을 수 있는 행동의 인덱스를 나타냅니다.

예를 들어서, 행동 0부터 3에 대한 가치가 각각 [-1, 0, -4, -9]인 $Q(s)$가 있다면, $max_a Q(s,a)$는 0이며, 이는 Q-함수의 최댓값을 나타냅니다. 그리고 $argmax_a Q(s,a)$는 최댓값을 얻을 수 있는 인덱스인 1을 나타냅니다.

---

max와 argmax를 통해 아까 전 문장을 정리해봅시다. 앞서 Q-함수를 이중 Q-학습으로 바꿀 때와 똑같이 변경할텐데, 앞처럼 함수 근사화가 적용된 상태에서는 조금 신경써야 합니다. 우선 이와 같이 풀어서 정의하는 과정이 조금 바보처럼 보일지도 모르지만, 이를 통해서 문제를 해결하는 과정을 이해할 수 있습니다.

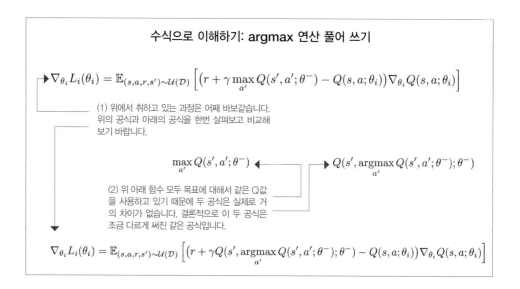

수식으로 이해하기: argmax 연산 풀어 쓰기

$$\nabla_{\theta_i} L_i(\theta_i) = \mathbb{E}_{(s,a,r,s') \sim \mathcal{U}(\mathcal{D})} \left[\left(r + \gamma \max_{a'} Q(s', a'; \theta^-) - Q(s, a; \theta_i) \right) \nabla_{\theta_i} Q(s, a; \theta_i) \right]$$

(1) 위에서 취하고 있는 과정은 어째 바보같습니다. 위의 공식과 아래의 공식을 한번 살펴보고 비교해 보기 바랍니다.

$$\max_{a'} Q(s', a'; \theta^-) \longleftarrow \quad \longrightarrow Q(s', \underset{a'}{\mathrm{argmax}}\, Q(s', a'; \theta^-); \theta^-)$$

(2) 위 아래 함수 모두 목표에 대해서 같은 Q값을 사용하고 있기 때문에 두 공식은 실제로 거의 차이가 없습니다. 결론적으로 이 두 공식은 조금 다르게 써진 같은 공식입니다.

$$\nabla_{\theta_i} L_i(\theta_i) = \mathbb{E}_{(s,a,r,s') \sim \mathcal{U}(\mathcal{D})} \left[\left(r + \gamma Q(s', \underset{a'}{\mathrm{argmax}}\, Q(s', a'; \theta^-); \theta^-) - Q(s, a; \theta_i) \right) \nabla_{\theta_i} Q(s, a; \theta_i) \right]$$

코드 9-6 DQN에서의 max 연산 풀어 쓰기

───

(1) 기존 DQN에서 목표를 계산하는 방법입니다. (2) 이 부분이 중요한데, 목표를 떼어내어 신경망에서 역전파 연산을 수행하지 않도록 해줍니다.

```
q_sp = self.target_model(next_states).detach()
max_a_q_sp = q_sp.max(1)[0].unsqueeze(1)  ← (3) 다음 상태에 대한 Q값을 가져와 max 연산을 수행합니다.
max_a_q_sp *= (1 - is_terminals)              (4) 종료 상태에 대한 값을 0으로 설정하고,
target_q_sa = rewards + self.gamma * max_a_q_sp  ← 목표값을 계산합니다.
```

(5) 이 아래 부분도 동일하게 목표를 계산하는데, 여기에서는 'max를 풀어 쓰는' 방법을 사용합니다.

```
argmax_a_q_sp = self.target_model(next_states).max(1)[1]
```

(6) 우선 다음 상태에 대해서 argmax 행동을 구합니다.

```
q_sp = self.target_model(next_states).detach()
```

(7) 그리고 나서, 이전과 동일하게 다음 상태에 대한 Q값을 구합니다.

```
max_a_q_sp = q_sp[np.arange(batch_size), argmax_a_q_sp]
```

(8) 이제 앞에서 구한 인덱스값을 사용해 다음 상태에서의 최댓값을 구합니다.

```
max_a_q_sp = max_a_q_sp.unsqueeze(1)
max_a_q_sp *= (1 - is_terminals)
target_q_sa = rewards + self.gamma * max_a_q_sp  ← (9) 그리고 이전과 동일한 연산을 수행합니다.
```

───

여기에서 max 연산은 신경망에게 다음과 같은 질문을 던집니다. '상태 s에서 가장 큰 가치를 얻을 수 있는 행동의 값은 무엇인가요?'

하지만 실제로는 이 하나의 질문에는 두 가지 질문이 담겨있습니다. 우선 이 식은 argmax 연산을 취합니다. 그에 따라 '상태 s에서 가장 큰 가치를 얻을 수 있는 행동은 무엇인가요?'라고

묻습니다.

그리고 나서 행동의 값을 구하는 질문을 합니다. '상태 s에서 이 행동(바로 앞에서 구한 가장 큰 가치를 주는 행동)의 값은 무엇인가요?'

같은 Q-함수에 두 질문을 던지면 생겨날 수 있는 문제 중 하나는 모든 답변이 같은 방향으로 편향을 일으킨다는 점입니다. 다른 말로 표현하자면, 함수 근사화기가 이렇게 대답하는 것과 같습니다. '제가 생각하기에는 이 값이 상태 s에서 가장 큰 가치를 얻을 수 있는 행동이고, 그 행동에 대한 값은 이렇습니다.'

9.2.3 해결책

양의 편향이 발생할 확률을 줄이는 방법은 행동-가치 함수에 대한 인스턴스를 두 개 가지는 것인데, 이는 우리가 6장에서 다뤘던 내용입니다.

만약 다른 곳에서도 추정을 뽑을 수 있다면, 어떤 질문을 던졌을 때, 두 인스턴스에 각각 다른 질문을 던질 수 있습니다. 이는 어떻게 보면 투표나 공평하게 케이크 나눠먹는 과정과 같고, 한편으로는 진단 결과에 대해서 다른 의사의 의견을 듣는 것과 같습니다.

이중 학습에서는 하나의 추정기가 가장 큰 가치를 얻을 수 있는 행동의 인덱스를 구하면, 또 다른 추정기가 해당 행동의 값을 계산합니다.

기억 되살리기: 이중 학습 과정

6장에서 표 기반 강화학습에서도 이중 Q-학습 에이전트에 이 과정을 수행했습니다. 수행 과정은 다음과 같았습니다:

- 우선 두 개의 행동-가치 함수, Q_A와 Q_B를 만듭니다.
- 동전을 던져서, 어떤 행동-가치 함수를 갱신시킬지 결정합니다. 예를 들어서 앞면이 나오면 Q_A를 갱신하고, 뒷면이 나오면 Q_B를 하는 것처럼 말입니다.
- 만약 앞면이 나와서 Q_A를 갱신하게 되었다면, Q_B로부터 평가를 하기 위한 행동의 인덱스를 선택하고, 추정된 Q_A에서 예측한 값을 사용해서 이를 평가합니다. 그 후에 Q_A를 갱신하고, Q_B는 그대로 놔둡니다.
- 만약 뒷면이 나와서 Q_B를 갱신할 경우, 앞의 과정과 반대로 수행하게 됩니다. 우선 Q_A로부터 인덱스를 구한 후, Q_B로부터 추정된 값을 구합니다. 그러면 Q_B는 갱신되고, Q_A는 그대로 유지됩니다.

하지만 위와 같은 이중 학습 과정을 (DQN처럼) 함수 근사화가 적용된 상태에서 그대로 적용하게 되면, 불필요한 과정이 발생하게 됩니다. 이렇게 진행하면, 결국 학습을 위한 두 개의 신경망 (Q_A, Q_B)와 두 개의 목표망, 총 4개의 신경망이 존재하게 되고, 이 중 각각 한 개의 신경망은 온라인 신경망으로 남습니다.

추가로 이중 학습은 한 번에 딱 하나의 신경망만 학습할 수 있기 때문에 학습이 느려집니다. 그렇기 때문에 매 단계마다 딱 하나의 신경망만 개선될 수 있습니다. 정말 낭비가 아닐 수 없습니다.

분명 함수 근사화기가 적용된 이중 학습 과정은 위와 같은 불필요한 과정이 있음에도, 아무 것도 적용하지 않은 과정보다는 여전히 성능이 좋습니다. 운이 좋게도 DQN에 기존의 이중 학습 과정을 적용할 수 있는 간단한 수정이 존재해, 불필요한 과정 없이 실질적인 개선이 가능합니다.

9.2.4 조금 더 실용적인 해결책

학습 속도에 좋지 않은 불필요한 과정을 추가하는 대신 우리가 이미 다룬 또 다른 망인 목표망을 사용해도 이중 학습을 수행할 수 있습니다. 하지만 실제 사용하는 온라인망과 목표망을 둘 다 학습시키지 않고, 이번에는 온라인망만 학습시키되, 목표망은 소위 추정치에 대한 교차 검증만 하는 식으로 도움을 줄 수 있습니다.

어떤 망을 행동을 선택하는데 사용하고, 어떤 망을 행동에 대한 평가에 사용할지를 결정하는 것은 주의해야 합니다. 처음 구현할 때는 움직이는 목표를 따라가는 현상을 막아 학습을 안정적으로 수행하도록 목표망을 추가했습니다. 이런 목적을 계속 유지하기 위해서, 우리가 학습시킬 신경망을 온라인망으로 선택하고자 합니다. 이렇게 되면 첫 번째 질문에 대한 답을 할 수 있습니다. 다르게 표현하면, 온라인망을 사용해 최고의 가치를 주는 행동에 대한 인덱스를 찾습니다. 그리고 나서 두 번째 질문에 답합니다. 목표망을 사용해 앞서 선택한 행동을 평가합니다.

이런 방식이 실제로 잘 동작하는 구성의 순서이며, 어떻게 이런 방식이 잘 동작하는지도 이해할 수 있습니다. 목표망을 가치 평가에 사용함으로써, 안정적인 학습을 위해 목표값을 계속 고정시킬 수 있습니다. 만약 앞에서 언급한 방법과 다른 방식으로 구현하여, 온라인망에서 값이 도출된다면, 매 타임 스텝마다 추정값이 갱신되어, 지속적인 변화를 일으킵니다.

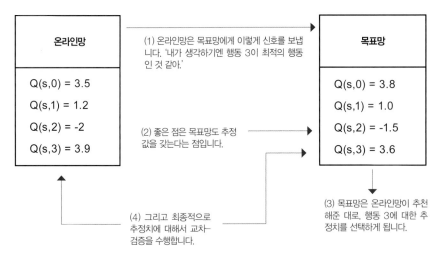

그림 9-7 행동 선택과 행동 평가

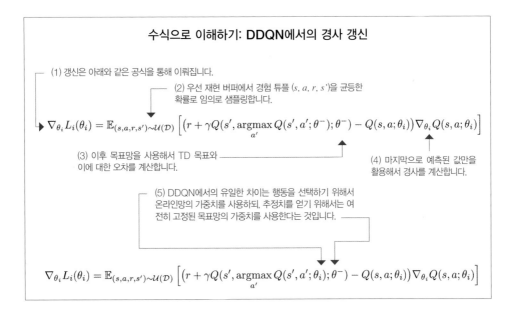

수식으로 이해하기: DDQN에서의 경사 갱신

(1) 갱신은 아래와 같은 공식을 통해 이뤄집니다.

(2) 우선 재현 버퍼에서 경험 튜플 (s, a, r, s')을 균등한 확률로 임의로 샘플링합니다.

$$\nabla_{\theta_i} L_i(\theta_i) = \mathbb{E}_{(s,a,r,s') \sim \mathcal{U}(\mathcal{D})} \left[\left(r + \gamma Q(s', \underset{a'}{\arg\max}\, Q(s', a'; \theta^-); \theta^-) - Q(s, a; \theta_i) \right) \nabla_{\theta_i} Q(s, a; \theta_i) \right]$$

(3) 이후 목표망을 사용해서 TD 목표와 이에 대한 오차를 계산합니다.

(4) 마지막으로 예측된 값만을 활용해서 경사를 계산합니다.

(5) DDQN에서의 유일한 차이는 행동을 선택하기 위해서 온라인망의 가중치를 사용하되, 추정치를 얻기 위해서는 여전히 고정된 목표망의 가중치를 사용한다는 것입니다.

$$\nabla_{\theta_i} L_i(\theta_i) = \mathbb{E}_{(s,a,r,s') \sim \mathcal{U}(\mathcal{D})} \left[\left(r + \gamma Q(s', \underset{a'}{\arg\max}\, Q(s', a'; \theta_i); \theta^-) - Q(s, a; \theta_i) \right) \nabla_{\theta_i} Q(s, a; \theta_i) \right]$$

코드 9-7 이중 DQN

```
def optimize_model(self, experiences):
    states, actions, rewards, next_states, is_terminals = experiences
    batch_size = len(is_terminals)

    # argmax_a_q_sp = self.target_model(next_states).max(1)[1]
    argmax_a_q_sp = self.online_model(next_states).max(1)[1]
```

(1) 이중 DQN에서는 다음 상태에서 가장 큰 가치를 주는 행동의 인덱스를 뽑기 위해서 온라인망을 사용하고, 이후에 argmax를 취합니다. 참고로 여기에서는 argmax연산을 토치 수행 과정에서 분리시키지 않았는데, 그 이유는 해당 값이 미분가능하지 않기 때문입니다. 여기서 max(1)[1]은 max값에 대한 인덱스를 반환하는데, 이 값은 이미 토치 수행 과정에서 이미 '분리된' 상태입니다.

```
    q_sp = self.target_model(next_states).detach()
```

(2) 그리고 나서, 목표망에 따라서 다음 상태에 대한 Q값을 추출합니다.

```
    max_a_q_sp = q_sp[np.arange(batch_size), argmax_a_q_sp].unsqueeze(1)
```

(3) 이 후 목표망에 의해서 제공된 Q값에 온라인망에서 제공된 행동 인덱스를 통해 접근합니다.

```
    target_q_sa = rewards + (self.gamma * max_a_q_sp * (1 - is_terminals))
```

(4) 이어서 평소와 같이 목표를 설정해줍니다.

```
    q_sa = self.online_model(states).gather(1, actions)
```

(5) 현재 추정치를 얻습니다. 이 부분이 경사가 흘러가는 방향입니다.

```
    td_error = q_sa - target_q_sa
    value_loss = td_error.pow(2).mul(0.5).mean()
    self.value_optimizer.zero_grad()      ← (6) 손실을 계산한 후, 최적화기를 한단계 수행합니다.
    value_loss.backward()
    self.value_optimizer.step()
```

```
                                                          (7) 여기에서는 행동 선택을 위해서
                                                             온라인망을 계속 사용합니다.
    def interaction_step(self, state, env):
        action = self.training_strategy.select_action(self.online_model, state)
        new_state, reward, is_terminal, _ = env.step(action)
        return new_state, is_terminal

    def update_network(self):  ◀──  (8) 목표망을 갱신하는 부분은 이전과 동일합니다.
        for target, online in zip(
                            self.target_model.parameters(),
                            self.online_model.parameters()):
            target.data.copy_(online.data)
```

9.2.5 조금 더 관용적인 손실함수

이전 장에서는 **평균 제곱 오차**(MSE)라고 알려져 있는 L2 손실을 손실함수로 사용했습니다.
MSE는 범용성과 간편함으로 많이 알려져 있습니다. 그리고 실제로 카트폴 환경과 같은 문제
에서는 깊이 살펴볼 이유가 딱히 없습니다. 하지만 지금 이 알고리즘의 입출력에 대해서 가르
치면서, 단순히 망치로 못을 박는 방법만을 알려주려는 것이 아니라 적용할 수 있는 다른 방법
도 소개해 조금 더 도전적인 문제를 접했을 때 여러 방면으로 시도할 수 있도록 하고자 합니다.

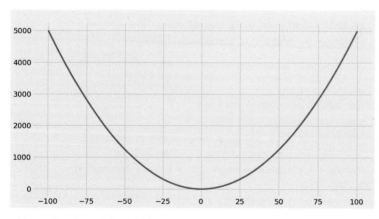

그림 9-8 평균 제곱 오차 (MSE/L2)

MSE는 간단하기 때문에 어디에서나 많이 접할 수 있는 손실함수로 잘 동작합니다. 하지만 강
화학습에서 MSE를 사용하면 발생할 수 있는 문제 하나는 이 손실함수가 작은 오차보다는 큰

오차에 대해서 더 많이 페널티를 부여한다는 점입니다. 이런 방식은 목표값이 실제 참값이며, 학습이 진행되는 동안 값이 고정되어 있어 지도학습을 수행할 때 이점이 됩니다. 다시 말해 지도학습에서 모델이 매우 잘못 동작하고 있다면, 작은 오차가 발생할 때보다 큰 오차에 대해서 더 큰 페널티가 부여되어야 한다는 의미입니다.

하지만 여러 번 언급했듯, 강화학습에서는 이런 참의 값이 없고, 망을 학습시킬 때는 에이전트 자체와 관련된 값을 사용합니다. 관점이 바뀌는 셈입니다. 게다가 목표는 지속적으로 변화하고 있고, 목표망을 사용할 때조차도 목표는 계속 변화합니다. 강화학습에서는 매우 잘못된 동작을 기대하며 환영하기도 합니다. 하루를 마무리하고 이에 대해서 고민해본다면, 우리가 에이전트를 학습시킨 것이 아니라 에이전트가 스스로 학습한 것임을 알게될 것입니다. 잠깐 생각해보세요.

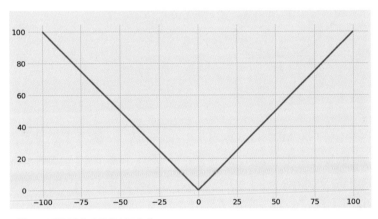

그림 9-9 평균 절대 오차 (MAE/L1)

관용적이면서 특이치outlier에 대해 강건한 손실함수는 MAE 혹은 L1 손실이라고 알려져 있는 **평균 절대 오차**mean absolute error(MAE)입니다. MAE는 예측치와 실제값 간의 절대 차이의 평균으로 정의되는데, 여기에서는 예측된 행동−가치 함수와 TD 목표의 차이를 사용합니다. MAE는 MSE와 같은 이차 방식의 형태가 아닌 선형 함수이기 때문에, MAE는 큰 오차를 작은 오차와 동일하게 처리할 수 있습니다. 지금 적용할 환경에서는 이 방법이 적당한데, 사용하는 행동−가치 함수가 학습 도중 종종 잘못된 값을 줄 수 있기 때문입니다. 보통 시작할 때 잘못된 값을 주는 경우가 많습니다. 특이치에 대해서 이렇게 유연하게 대응할 수 있는 속성은 오차에 대한 영향을 완화시켜 줍니다. 이는 신경망의 변화 측면에서 MSE와 비교했을 때 학습을 안정적으로 수행할 수 있다는 의미입니다.

반대로 MAE가 아닌 MSE만 가지고 있는 유용한 점은 손실이 0으로 갈수록 경사가 감소한다는 것입니다. 이런 특성은 최적화를 수행할 때 유용한데, 그 이유는 극점에 도달하기 쉬워지기 때문입니다. 경사가 낮으면 결국 신경망의 변화가 적습니다. 운이 좋게도 이런 MSE의 특성과 MAE가 혼합된 손실함수가 존재하는데, 이를 후버 손실Huber loss이라고 합니다.

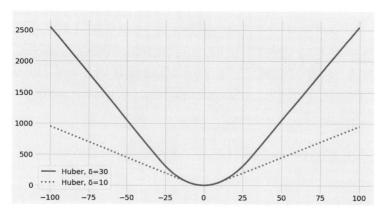

그림 9-10 후버 손실

후버 손실은 0에 가까운 손실에 대해 MSE처럼 페널티를 이차원적으로 부여하지만, 큰 손실에 대해서는 이차원적인 페널티를 부여하지 않습니다. 대신 후버 손실은 0에 가까운 오차에 대하서는 이차원적 특성(곡선)을 가지지만, 특정 임계값보다 큰 오차에 대해서는 선형적인 특성(직선)을 가집니다. 이렇게 MSE와 MAE 각각의 장점을 가짐으로써, 후버 손실은 MAE와 같이 특이치에 대해서는 강건하고, MSE처럼 0에서 미분가능한 특성을 가집니다.

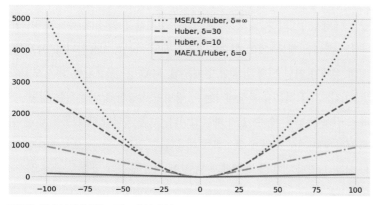

그림 9-11 MAE, MSE 그리고 후버 손실

후버 손실은 하이퍼파라미터 δ를 가지는데, 이 값은 손실이 이차원적 특성에서 선형적인 특성으로 변화하는, 즉 MSE가 MAE로 변화하는 임계점을 나타냅니다. 만약 δ가 0이라면, 거의 MAE에 가까운 특성을 가지고, δ가 무한대라면, MSE에 가까운 특성을 가집니다. 일반적으로 δ는 1로 설정하지만, 조금 더 복잡한 방법으로 손실함수와 최적화기법 그리고 학습률이 상호작용하는 경우에는 유심히 살펴봐야 합니다. 만약 어느 하나를 변경하면, 다른 것도 다시 설정할 필요가 있습니다. 이번 장에서 제공되는 노트북을 통해서 확인해보기 바랍니다.

재미있게도, 후버 손실함수를 구현하는 방법에는 적어도 두 가지가 있습니다. 미리 정의되어 있는 후버 손실을 사용할 수도 있고, MSE 손실을 사용하면서 임계값보다 큰 모든 경사를 특정 크기로 고정시키는 방법도 있습니다. 이렇게 경사의 크기를 고정시킵니다. 전자의 방법은 사용하는 심층학습 프레임워크에 따라서 달라지지만, 어떤 경우에는 δ 하이퍼파라미터를 설정하지 못하는 프레임워크도 있어서, 이를 사용할 경우 δ가 1로 고정되어, 잘 동작하지 않는 문제가 발생합니다. 후자의 경우는 보통 **손실 절단법**loss clipping 혹은 더 나은 표현으로 **경사 절단법**gradient clipping이라 불리고는 하는데, 전자의 방법보다 훨씬 유연하게 사용할 수 있어서, 이번 장의 노트북에 구현했습니다.

코드 9-8 후버 손실이 적용된 이중 DQN

```
def optimize_model(self, experiences):
    states, actions, rewards, next_states, is_terminals = experiences
    batch_size = len(is_terminals)
    <...>  ◀── (1) 우선 이전과 동일하게 이중 학습을 사용하여 목표를 계산하고, 현재의 가치를 얻습니다.
    td_error = q_sa - target_q_sa
    value_loss = td_error.pow(2).mul(0.5).mean()  ◀── (2) 그리고 나서, 이전과 동일하게 평균 제곱
                                                         오차를 손실함수로 계산합니다.
    self.value_optimizer.zero_grad()
          └── (3) 최적화기의 경사를 0으로 설정하고, 역전파 단계를 거쳐서 경사를 계산합니다.
    value_loss.backward()
                                (4) 이제 얻은 경사들을 max_gradient_norm 값으로 자릅니다.
                                이 값은 임의로 어떤 값이든 가질 수 있지만, 학습률과 같이 다른 하
    torch.nn.utils.clip_grad_norm_(  ◀── 이퍼파라미터와 상호작용이 이뤄질 수 있다는 점을 기억합시다.
                        self.online_model.parameters(),
                        self.max_gradient_norm)
    self.value_optimizer.step()  ◀── (5) 마지막으로 최적화기를 한 단계 수행합니다.
```

참고로 **보상 절단법**reward clipping이라는 방법도 존재하는데 경사 절단법과는 다릅니다. 이 두 가지 방법은 서로 다르기 때문에 조심해야 합니다. 하나는 보상에 대해서 절단을 수행하고, 또 다른 하나는 손실에 대해서 절단을 수행합니다. 이 둘과 또 다른 방법인 **Q값 절단법**Q-value clipping도 있는데 실수로라도 헷갈려서는 안됩니다.

절단법의 목표는 경사가 너무 커지지 않도록 방지하는 것입니다. 이를 위해서 주어진 TD 오차의 절대값에 대한 임계값을 넘어서는 손실에 대해서는 선형적으로 만들 수도 있고, 아니면 최대 경사 크기 임계값을 넘어서는 값에 대해서는 경사를 상수로 고정시킬 수도 있습니다.

노트북에서 제공하는 카트폴 환경은 경사 절단법을 사용해 후버 손실함수를 구현했습니다. 다시 말해 MSE를 사용하고, 경사에 대해서 절단을 수행했습니다. 하지만 이전에 언급했다시피 최대 경사값에 대한 하이퍼파라미터는 무한대로 설정했습니다. 그러니 사실상 MSE입니다. 하지만, 부탁하건대, 직접 실험해보고 즐겨보면서 탐색해보기 바랍니다. 제가 만든 노트북은 책만큼이나 학습에 도움을 줄 것입니다. 이를 바탕으로 자유롭게 즐겨보세요.

NOTE_ 더 자세히 살펴보기: 이중 심층 Q 신경망 (DDQN) 전체 알고리즘

DDQN은 DQN과 거의 동일한 구조로 되어 있지만, 몇 가지 차이점이 존재합니다.

- 행동-가치 함수 $Q(s,a;\theta)$를 근사화합니다.
- 상태를 입력으로 받고 가치를 출력으로 내보내는 구조를 사용합니다(이때 층별 노드수는 4, 512, 128, 2 입니다).
- 이상적인 행동-가치 함수 $q*(s,a)$를 근사화하기 위해서 행동-가치 함수를 최적화합니다.
- 정책을 평가하기 위해서 비활성 정책 TD 목표 $(r + \gamma \max_{a'} Q(s',a';\theta))$을 사용합니다.

이제 아래와 같은 설정을 적용할 것입니다.

- 조절이 가능한 후버 손실을 사용하지만, 여기서 max_gradient_norm 변수를 float('inf')로 설정했으므로 사실상 평균 제곱 오차 손실함수를 사용합니다.
- 학습률을 0.0007로 설정한 RMSprop을 최적화기로 사용합니다. 이전에는 학습률을 0.0005로 설정했는데, 그 이유는 이중 학습이 적용되지 않은 형태 (기본 DQN)에서는 학습률을 0.0007로 설정했을때, 몇몇 시드에서 실패하는 경향이 나왔기 때문입니다. 아마도 안정성때문일까요? 반대로 DDQN에서는 조금 더 높은 학습률에서의 학습이 좋은 성능을 보여줬습니다.

DDQN에서는 여전히 아래의 설정을 따릅니다.

- 정책을 개선하기 위해서 기하급수적으로 감가되는 입실론-그리디 전략(20,000스텝에 대해서 입실론이 1.0부터 0.3까지 떨어집니다)을 사용합니다.
- 최소 320개부터 최대 50,000개까지 담고 한 번에 64개의 배치 데이터를 샘플링할 수 있는 재현 버퍼를 가집니다.
- 15 스텝에 걸쳐서 고정된 후에 갱신되는 목표망을 가집니다.

DDQN은 DQN과 유사하게 동일한 세단계 과정을 밟습니다:

1. 경험 튜플 $(S_t, A_t, R_{t+1}, S_{t+1}, D_{t+1})$을 수집하고, 이를 재현 버퍼에 집어넣습니다.
2. 버퍼에서 임의로 미니 배치 데이터를 샘플링하고, 전체 배치에 대한 비활성 정책 TD 목표를 계산합니다: $(r + \gamma \max_{a'} Q(s', a';\theta))$
3. MSE와 RMSprop를 사용해서 행동-가치 함수 $Q(s,a;\theta)$를 적합시킵니다.

위의 내용을 통해 DDQN의 구현이나 하이퍼파라미터는 DQN과 동일하지만, 이중 학습을 적용하면서 조금 더 높은 학습률을 가진다는 차이가 있다는 결론을 내릴 수 있습니다. 후버 손실을 추가한 부분은 사실 영향을 미치지 못하는데, 이는 경사를 절단하는 기준을 무한대로 삼으면 MSE와 동일해지기 때문입니다. 하지만 다른 환경에서는 이 손실함수의 영향이 있으므로, 해당 하이퍼파라미터를 조절할 필요가 있습니다.

그래프로 확인하는 결과: NFQ나 DQN보다 조금 더 안정적인 DDQN

DQN과 DDQN은 카트폴 환경에서는 유사한 성능을 보여줍니다. 하지만 카트폴 환경은 매우 유연한 보상을 가지는 간단한 환경입니다. 실제로는 DDQN이 항상 좋은 성능을 보여줘야 합니다.

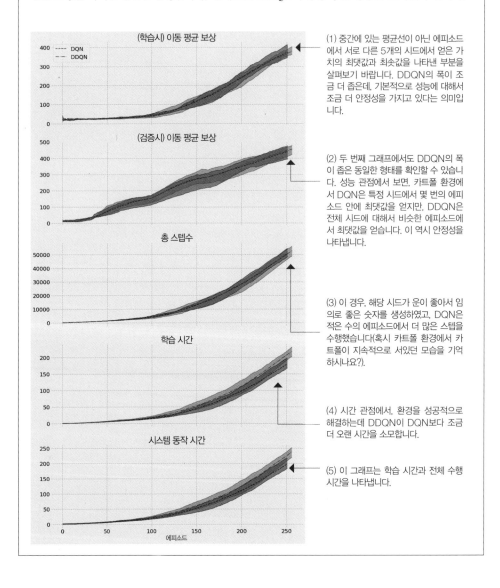

(1) 중간에 있는 평균선이 아닌 에피소드에서 서로 다른 5개의 시드에서 얻은 가치의 최댓값과 최솟값을 나타낸 부분을 살펴보기 바랍니다. DDQN의 폭이 조금 더 좁은데, 기본적으로 성능에 대해서 조금 더 안정성을 가지고 있다는 의미입니다.

(2) 두 번째 그래프에서도 DDQN의 폭이 좁은 동일한 형태를 확인할 수 있습니다. 성능 관점에서 보면, 카트폴 환경에서 DQN은 특정 시드에서 몇 번의 에피소드 안에 최댓값을 얻지만, DDQN은 전체 시드에 대해서 비슷한 에피소드에서 최댓값을 얻습니다. 이 역시 안정성을 나타냅니다.

(3) 이 경우, 해당 시드가 운이 좋아서 임의로 좋은 숫자를 생성하였고, DQN은 적은 수의 에피소드에서 더 많은 스텝을 수행했습니다(혹시 카트폴 환경에서 카트폴이 지속적으로 서던 모습을 기억하시나요?).

(4) 시간 관점에서, 환경을 성공적으로 해결하는데 DDQN이 DQN보다 조금 더 오랜 시간을 소모합니다.

(5) 이 그래프는 학습 시간과 전체 수행 시간을 나타냅니다.

9.2.6 더 개선할 수 있는 여지

물론 현재 사용하고 있는 가치 기반 심층 강화학습 방법이 완벽하지는 않지만, 그래도 괜찮은 성능을 보여줍니다. DDQN은 수많은 아타리 게임에서 인간을 뛰어넘는 성능을 보여줍니다. 이 결과를 얻기 위해서는 신경망에 이미지를 (객체의 방향이나 속도와 같은 정보를 얻어올 수 있도록 4개의 이미지를 한 번에 묶은 형태로) 입력할 수 있도록 변경해줘야 하며, 물론 하이퍼파라미터도 설정해줘야 합니다.

하지만 여전히 조금 더 개선될 여지가 있습니다. 쉽게 구현할 수 있으면서 긍정적인 방향으로 성능에 영향을 주는 여러 가지 개선점들이 있습니다.

첫 번째 개선점은 현재의 신경망 구조를 다시 한번 고려해 찾을 수 있습니다. 현재 신경망은 Q-함수를 있는 그대로 구현하고 있습니다.

기억 되살리기: 현재 신경망 구조

'강화학습을 지도학습처럼 만드는 과정'을 수행하고 있습니다. 하지만 이 제한에서 벗어날 수 있으며 벗어나야 합니다. 이 범주를 벗어나 생각해봅시다.

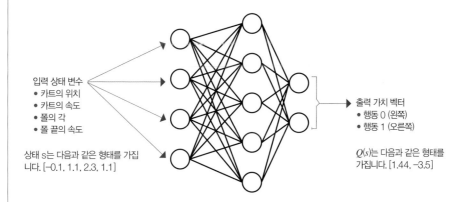

입력 상태 변수
- 카트의 위치
- 카트의 속도
- 폴의 각
- 폴 끝의 속도

상태 s는 다음과 같은 형태를 가집니다. [-0.1, 1.1, 2.3, 1.1]

출력 가치 벡터
- 행동 0 (왼쪽)
- 행동 1 (오른쪽)

$Q(s)$는 다음과 같은 형태를 가집니다. [1.44, -3.5]

그림 9-13 상태를 입력으로 받고, 가치를 출력으로 내보내는 구조

Q-함수를 표현하는 더 좋은 방법이 있을까요? 다음 장에 있는 그림을 보면서 잠시 생각해봅시다.

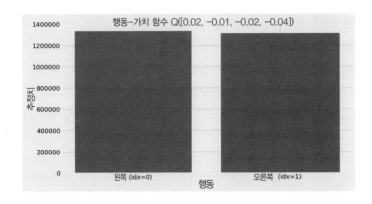

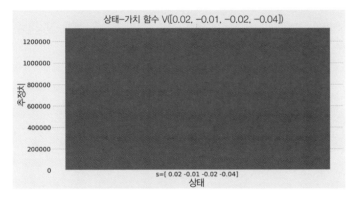

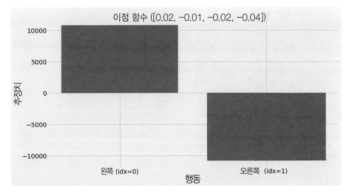

그림 9-14 [0.02, −0.01, −0.02, −0.04]에서의 가치 함수들

오른쪽에 있는 그래프들은 카트폴 환경에서 폴의 위치가 거의 수직으로 서 있는 상태에서의 추정된 행동–가치 함수 Q, 상태–가치 함수 V 그리고 행동–이점 함수 A를 나타낸 막대 그래프입니다.

서로 다른 함수와 가치를 보면서 어떤 신경망 구조가 데이터를 효율적으로 사용하는지 생각해 봅시다. 힌트를 주자면, 상태에 대한 Q값이 V-함수와 관련되어 있다는 사실을 기억해봅시다. 행동-가치 함수 Q는 상태-가치 함수 V와 밀접한 관계를 가지고 있는데, 이는 $Q(s)$에서의 두 행동이 같은 상태 s에 대해서 인덱싱되고 있기 때문입니다(그래프의 예시에서는 s=[0.02, −0.01, −0.02, −0.04] 입니다).

여기서 $Q(s, 1)$에 대한 샘플을 사용하면 $Q(s, 0)$에 대해서 학습할 수 있는지에 대한 질문을 던질 수 있습니다. 한번 행동-이점 함수 $A(s)$를 나타내는 그래프를 보고, 행동-가치 함수 $Q(s)$와 비교했을 때 어떤 함수가 추정치에 대한 탐욕 행동을 찾기 쉬운지 알아봅시다. 이에 대해서는 어떻게 생각하나요? 다음 장에서는 이와 같은 관계를 활용할 수 있도록 하는 구조인 **듀얼링 신경망**dueling network에 대해서 살펴볼 것입니다.

또한 재현 버퍼로부터 경험을 샘플링하는 방법에서 개선을 고려해볼 수 있습니다. 지금까지는 버퍼로부터 균등한 확률로 임의로 샘플링했는데, 아마 직관적으로 이런 방식에 대한 의문이 생길 것이고, 이를 개선할 방법을 떠올릴 겁니다.

인간은 어떤 임의의 시간에 기존에 학습한 어떤 임의의 것을 기억해내려고 복잡한 행동을 취할 필요가 없습니다. 에이전트에게는 '기억을 재현하는' 더 체계적인 방법이 있습니다. 저희 집 개가 꿈 속에서 토끼를 쫓는 모습을 보면 확실합니다. 어떤 경험은 목표에 있어 다른 경험보다 중요합니다. 인간은 예상하지 못했던 즐거움이나 고통을 느낀 경험들을 재현하곤 합니다. 같은 경험을 더 만들어내거나 피하기 위해서는 이런 중요한 경험에 대한 학습을 해야합니다. 다음 장에서는 우선 순위가 부여된 경험 재현prioritized experience replay (PER)을 살펴보면서 샘플링한 경험에 우선 순위를 두는 방법에 대해서 살펴보겠습니다.

9.3 요약

이번 장에서는 가치 기반 심층 강화학습에서 발생할 수 있는 문제에 대해서 학습했습니다. 온라인으로 수집된 데이터는 고정성이 없을 뿐 아니라 대부분의 최적화 기법이 기대하는 만큼 독립적이면서 동일한 분포를 띄지 않기 때문에, 가치 기반 학습에서 의심할 여지를 만드는 수많은 문제를 일으키게 됩니다.

그래서 여러 개의 벤치마크를 통해 경험적으로 쌓은 결과를 이용하여 다양한 기법들을 적용하여 가치 기반 심층 강화학습을 안정적으로 만드는 방법을 학습하였습니다. 그리고 가치 기반 강화학습이 조금 더 안정적으로 수행할 수 있도록 해주는 요소에 대해서도 다뤘습니다. 다시 말해, 목표망과 재현 버퍼를 사용한 기법인 DQN(네이처 DQN 혹은 순수 DQN)에 대해서 배웠습니다. 이렇게 목표망을 사용함으로써 목표를 최적화기에 대해서 고정적으로 만들어 안정성 측면에서는 이점이 생겼지만, 대신 수렴 속도를 희생하는 부분이 있었습니다. 또한 재현 버퍼를 사용함으로써, 온라인 데이터를 조금 더 IID를 만족하게 만들어 가치 기반 부트스트래핑 방법들이 겪는 주요 문제의 원인을 해소시킬 수 있었습니다. 이 두 기법이 결합되어, 여러 심층 강화학습 문제에서 해당 알고리즘이 충분히 잘 동작할 수 있도록 안정적으로 만들어줬습니다.

하지만 여전히 가치 기반 기법에서 적용시킬 수 있는 잠재적인 개선점이 존재합니다. 이번 장에서 성능에 직접적인 영향을 줄 수 있도록 직관적인 변화를 적용했습니다. 또한 함수 근사화를 수행할 때, 기본 DQN 에이전트에 이중 학습 전략을 추가한 DDQN 에이전트를 구현했고, 이 에이전트는 비활성 정책 가치 기반 학습법에서 발생하는 과도추정 문제를 해결할 수 있습니다.

이 새로운 알고리즘과 더불어, 가치 기반 학습법에서 사용할 수 있는 또 다른 탐색 전략법에 대해서도 학습했습니다. 이전에는 선형적으로 감가되는 입실론-그리디 전략과 기하급수적으로 감가되는 입실론-그리디 전략 그리고 소프트맥스 탐색 전략에 대해서 배웠는데, 이번에는 함수 근사화 관점에서 살펴보았습니다. 또한 다른 손실함수를 다루면서 어떤 함수가 강화학습에서 적합한 형태이며, 그 이유에 대해서 살펴보았습니다. 이때, 후버 손실함수에 대해서 다뤘는데, 이 함수는 하나의 하이퍼파라미터를 바탕으로 MSE와 MAE 사이를 설정할 수 있도록 해주어, 가치 기반 심층 강화학습 방법에서 많이 사용되는 손실함수 중 하나입니다.

- 가치 기반 심층 강화학습 환경에서 고정적이고 IID 데이터를 가정한 최적화기로 신경망을 학습시킬 때 온라인 데이터를 사용하면 문제가 발생하는 이유를 이해했습니다.
- 연속적인 상태 영역을 가지는 강화학습 문제를 더 안정적이어서, 지속적인 결과를 주는 알고리즘을 통해 해결할 수 있었습니다.
- 최신 가치 기반 심층 강화학습 알고리즘에 대해 이해하고 복잡한 문제를 해결할 수 있습니다.

트위터에서 만나요!

공부하고 배운 내용을 공유해보시기 바랍니다.

매 장의 마지막 부분에, 제가 다음 단계로 넘어가기 위해서 지금까지 배운 것을 어떻게 활용할 수 있을지에 대한 아이디어를 제공할 것입니다. 원한다면, 당신이 얻은 결과를 세상에 공유하고, 다른 사람이 어떻게 구현했는지도 확인해보기 바랍니다. 이것이 서로한테 좋은 방법이며, 여기서 원하는 것을 얻었으면 좋겠습니다.

- **#gdrl_ch09_tf01** : 이번 장과 다음 장에서는 딱 카트폴 환경에서만 알고리즘들을 실험했습니다. 에이전트들을 실험해볼 수 있는 다른 환경들을 찾아봅시다. 예를 들어 LunarLander 환경(LunarLander: `https://gym.openai.com/envs#box2d`)나 Mountain Car 환경 (`https://gym.openai.com/envs#classic_control`) 등이 있습니다. 에이전트에서 하이퍼파라미터를 제외한 다른 것들을 수정해서 이 환경에서 동작할 수 있도록 할 수 있을까요? 이 모든 환경을 해결할 수 있는 하나의 하이퍼파라미터 집합을 찾아보기 바랍니다. 정리하자면, 각 환경 별로 처음부터 에이전트를 학습시킬 수 있는 하나의 하이퍼파라미터 집합을 찾아야 합니다. 모든 환경에서 잘 동작하는 에이전트를 한 번에 학습시키는 하나의 하이퍼파라미터 집합을 찾는 것이 아닙니다.

- **#gdrl_ch09_tf02** : 이번 장과 다음 장에서는 연속적이지만, 저차원의 환경에서 알고리즘들을 실험했습니다. 어떤 환경이 고차원 환경일까요? 바로 아타리 게임 환경입니다. 한번 이 환경에 대해서 찾아보기 바랍니다(중간에 저장이 되지 않는 '램' 없는 게임들입니다 - `https://gym.openai.com/envs#atari`). 이제 이번 장에 있는 신경망과 재현 버퍼 그리고 에이전트를 수정해서 이미지 기반 환경에서 문제를 풀 수 있도록 해봅시다. 참고로 이 문제들은 간단하지 않기 때문에, 학습시키는데 수 시간부터 수 일까지 긴 시간이 걸릴 것입니다.

- **#gdrl_ch09_tf03** : 가치 기반 학습법들이 하이퍼파라미터에 대해서 민감하다는 것에 대해서 언급했습니다. 실제로는 부트스트래핑 데이터와 비활성 정책이 좋지 않은 상태에서 신경망을 사용하면 '죽음의 삼인방deadly triad'[4]이라고 부릅니다. 이에 대해서 한번 살펴보기 바랍니다.

- **#gdrl_ch09_tf04** : 매 장마다 마지막 해시태그는 총정리 해시태그로 사용하겠습니다. 마지막 해시태그는 이 장과 관련해 작업한 어떤 것이든 다른 사람들과 논의하는데 사용하길 바랍니다. 여러분이 직접 만든 것만큼 흥미로운 과제도 없답니다. 당신이 어떤 공부를 하고 있는지, 그 결과도 공유해주기 바랍니다.

공부한 것에 대해서 트윗을 쓰고 저(@mimoralea)를 태그해주세요(제가 리트윗하겠습니다). 그리고 여러분이 얻은 결과를 사람들이 위에 적힌 해시태그를 사용하기 바랍니다. 잘못된 결과는 없습니다. 여러분이 찾은 것을 공유하고, 다른 사람이 찾은 것을 확인해보세요. 이 해시태그를 기회로 교류하고 기여하세요. 다같이 기다리고 있을게요!

---

4 옮긴이_ 논문 「Deep Reinforcement Learning and the Deadly Triad」(Hasselt et al, 2018)에서 이에 대한 내용을 다룹니다.

## CHAPTER 10

샘플 효율적인 가치 기반 학습 방법들

"지능은 해당 종이 생존하는데 필요한 일을 얼마나 효율적으로 하게 됐는가로 판단합니다."

— 찰스 다윈Charles Darwin
영국의 자연학자이자 지질학자이며 진화 과학에 대한 기여로 잘 알려진 생물학자

이전 장에서는 DQN과 DDQN으로 NFQ 구현을 개선하였습니다. 이번 장에서는 가치 기반 심층 강화학습 방법을 개선하는 두 가지 추가 기법을 통해서 이전 알고리즘을 개선해보겠습니다. 대신 이번에는 개선되는 지점은 안정성이 아닙니다. 물론 개선 과정에서 부가적으로 안정성도 쉽게 개선될 수 있습니다. 하지만 엄밀하게 말하자면, 이번 장에서 소개할 기법들은 DQN과 다른 가치 기반 강화학습 방법을 통해 샘플의 효율성을 높입니다.

우선 이전의 Q-함수 표현을 두 가지 갈래로 분리한 기능적인 신경망 구조를 소개합니다. 한 가지 갈래는 V-함수를 근사하고, 나머지는 A 함수를 근사합니다. V-함수는 각 상태당 가치를 나타내는 반면, A 함수는 V-함수로부터 각 행동의 거리를 표현합니다.

이런 구조는 주어진 상태에서의 모든 행동에서 나온 샘플들로부터 얻은 정보를 같은 상태에 대한 V-함수로 투영시킨 강화학습에 특화된 구조입니다. 다시 말하자면 단일 경험 튜플은 그 상태에서 취할 수 있는 모든 행동들의 추정 가치를 개선할 수 있도록 도와줍니다. 이를 통해 에이전트의 샘플 효율성을 향상시킬 수 있습니다.

이번 장에서 소개할 두 번째 개선점은 재현 버퍼에 있습니다. 이전 장의 내용을 기억한다면,

DQN에 구현된 기본적인 재현 버퍼는 균일한 확률로 경험을 샘플링합니다. 이런 샘플링 방식은 실제로 데이터를 생산하는 내재된 분포에 비례한 경사를 유지해, 갱신에 대한 편향이 생기지 않는다는 장점이 있습니다. 하지만 만약 우선 순위가 반영된 경험을 추출할 수 있다면, 학습에 가장 유용한 샘플을 사용할 수 있습니다. 그렇기 때문에 이번 장에서는 경험을 샘플링하는 다른 기법을 소개해 에이전트가 실제로 개선될 수 있도록 가장 유용한 정보를 제공할 샘플을 뽑도록 하겠습니다.

- 가치 기반 심층 강화학습 알고리즘에서 존재했던 몇 가지 요소에서 이점을 가져올 수 있는 심층 신경망을 구현합니다.
- 경험에 대해서 놀란 정도에 따라 우선순위를 부여한 재현 버퍼를 만듭니다.
- 이전에 다뤘던 가치 기반 심층 강화학습 에이전트보다도 적은 에피소드로도 거의 이상에 가까운 정책을 학습할 수 있는 에이전트를 만들게 됩니다.

10.1 듀얼링 DDQN: 강화학습에 초점을 맞춘 신경망 구조

이제 듀얼링 망dueling network 구조라는 조금 특화된 신경망 구조에 대해서 자세히 살펴봅시다. 듀얼링 망은 알고리즘이 아닌 신경망 구조에 적용시킬 수 있는 개선점입니다. 다시 말해서 알고리즘에 대해서는 변화를 적용하지 않고, 신경망 구조에 대해서만 수정을 진행합니다. 그렇기 때문에 듀얼링 망은 기존의 DQN 알고리즘에서 제안되었던 어떠한 개선점이든 거의 다 결합시킬 수 있습니다. 듀얼링 DQN 에이전트도 만들 수 있고, 듀얼링 이중 DQN(듀얼링 DDQN) 에이전트도 만들 수 있습니다. 이 밖에도 많습니다. 모든 개선점들은 적용하면 바로 활용할 수 있는 구조이기 때문에, 이번 장에서는 이런 이점을 살려보고자 합니다. 이제 실험에 사용할 수 있도록 듀얼링 구조를 구현해보고, 만드는 방법도 학습해봅시다.

10.1.1 지도학습 문제가 아닌 강화학습

이전 장에서는 강화학습을 지도학습 문제처럼 만드는 데 집중했습니다. 재현 버퍼를 사용해 만든 온라인 데이터는 에이전트가 경험하면서 순차적으로 쌓은 데이터로 지도학습에서 찾을 수 있는 독립적이면서 동일한 분포를 띄는 데이터셋입니다.

또한 목표를 조금 더 정적으로 만들었는데, 이 또한 지도학습 문제에서 흔히 발견할 수 있는 흔적이기도 합니다. 이는 학습을 안정적으로 만들어주기도 하지만, 한편으로는 강화학습이 문제를 해결하는데 있어서 가장 좋은 방법이 아니라는 문제점을 외면하게 됩니다.

이번 장에서 다룰 가치 기반 강화학습 에이전트가 가지고 있는 미묘한 속성 중 하나는 가치 함수끼리 서로 연관되는 방식입니다. 조금 더 명확하게 이야기하면, 상태-가치 함수 $V(s)$와 행동-가치 함수 $Q(s, a)$를 행동-이점 함수 $A(s, a)$를 통해서 서로 연관되어 있습니다.

기억 되살리기: 가치 함수에 대한 복습

$$q_\pi(s, a) = \mathbb{E}_\pi[G_t | S_t = s, A_t = a]$$

(1) 정책에 대한 행동-가치 함수는 상태 s에서 행동 a를 취할 때, 현재 정책을 계속 수행하면 얻을 수 있는 반환값에 대한 기대값을 나타냅니다.

$$v_\pi(s) = \mathbb{E}_\pi[G_t | S_t = s]$$

(2) 정책에 대한 상태 s의 상태-가치 함수는 해당 정책을 계속 수행한다는 가정한 상태에서 상태 s에서 얻는 반환값의 기대값입니다.

$$a_\pi(s, a) = q_\pi(s, a) - v_\pi(s)$$

(3) 행동-이점 함수는 상태 s에서 행동 a를 취했을 때의 가치와 정책에서 정해진 기본 행동을 취했을 때의 가치의 차이를 알려줍니다.

$$\mathbb{E}_{a \sim \pi(s)}\left[a_\pi(s, a)\right] = 0$$

(4) 상태-행동 쌍에 대해서 정책을 무한대로 샘플링하면 기대값은 0이 됩니다. 왜일까요? 그 이유는 기본 행동을 취했을 때 이점이 전혀 발생하지 않기 때문입니다.

$$q_\pi(s, a) = v_\pi(s) + a_\pi(s, a)$$

◀── (5) 결과적으로 이와 같이 행동-이점 공식을 다시 써볼 수 있습니다. 곧 이 식을 활용하겠습니다.

10.1.2 가치 기반 강화학습 방법 미묘함

행동-가치 함수 $Q(s, a)$는 상태-가치 함수 $V(s)$와 행동-이점 함수 $A(s, a)$의 합으로 정의할 수 있습니다. 즉, Q-함수는 모든 행동이 공유하는 가치와 각 행동이 갖는 독특한 가치, 두 가지 요소로 분리시킬 수 있습니다. 다르게 표현하면, Q-함수는 행동에 의존성을 갖는 요소와 그렇지 않은 요소로 구성됩니다.

현재는 행동-가치 함수 $Q(s, a)$를 행동별로 분리해서 학습하지만, 이는 비효율적입니다. 물론 신경망이 내부적으로 연결되어 있기 때문에 이 과정에서 약간의 일반화 과정이 수행됩니다. 이로 인해 신경망내 노드끼리 정보를 공유하게 됩니다. 하지만 $Q(s, a_1)$를 학습할 때 사용하는 정보를, $Q(s, a_2)$, $Q(s, a_3)$를 비롯해 상태 s에서 수행가능한 모든 행동에 대한 학습에서도 사용할 수 있다는 사실을 무시하게 됩니다. 사실 $V(s)$는 모든 행동 $a_1, a_2, a_3, \cdots, a_N$에 대해서 공통적인 값을 갖습니다.

(1) Q-함수를 직접적으로 근사함으로써, 각 샘플에 대한 정보를 압축해서 그 정보를 한 바구니에 모두 집어넣습니다.

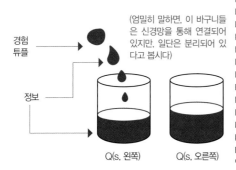

(엄밀히 말하면, 이 바구니들은 신경망을 통해 연결되어 있지만, 일단은 분리되어 있다고 봅시다)

경험 튜플

정보

Q(s, 왼쪽)   Q(s, 오른쪽)

(2) 만약 두 개의 흐름을 분리했다고 생각해봅시다. 하나는 공통 정보를 수집한 것($V(s)$)이고, 다른 하나는 행동($A(s, a_1)$, $A(s, a_2)$) 사이의 차이를 수집한 것입니다. 이러면 신경망은 조금 더 빠르게 정확해질 것입니다.

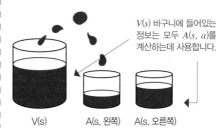

$V(s)$ 바구니에 들어있는 정보는 모두 $A(s, a)$를 계산하는데 사용합니다.

V(s)   A(s, 왼쪽)   A(s, 오른쪽)

그림 10-1 효율적인 경험 사용

NOTE_ 심화개념 구워 삶기: 상태-가치 함수 V(s)와 관련되어 있는 행동-가치 함수 Q(s, a)

행동의 가치들이 상태의 가치와 관련되어 있고, 이 사실을 적당히 사용하면 좋습니다. 결과적으로 좋은 상태에서 가장 안 좋은 행동을 취하는 것이 나쁜 상태에서 가장 좋은 행동을 취한 것보다 더 나을 수 있습니다. 앞서 말한 '행동의 가치는 상태의 가치와 관련되어 있다'는 말의 의미를 이해하셨나요?

듀얼링 망 구조는 이런 상태-가치 함수 V(s)에 대한 행동-가치 함수 Q(s, a)의 의존성을 사용해 매번 갱신이 일어날 때마다 모든 행동에 공통적인 상태-가치 함수 V(s)의 추정치를 개선합니다.

10.1.3 이점을 사용할 때의 장점

이제 예를 한번 들어봅시다. 카트폴 환경에서는 폴이 정가운데 위치에 있을 경우, 왼쪽으로 가는 행동과 오른쪽으로 가는 행동의 가치가 거의 동일합니다. 사실 폴이 정확하게 정가운데 있을 때(폴이 가운데 정확하게 있는 상태에서 모든 속도가 0인 상황) 어떤 행동을 취하건 상관없습니다. 이렇게 완벽한 상태에서는 왼쪽이나 오른쪽으로 가는 행동은 동일한 가치를 가져야 합니다. 하지만 예를 들어서 폴의 위치가 오른쪽으로 10도 기울어져 있다면 취하는 행동이 상관 있습니다. 이 상태에서는 기울어진 방향의 반대로 움직이도록 오른쪽으로 카트를 움직이는 것이 에이전트가 취할 수 있는 최선의 행동입니다. 반대로 왼쪽으로 가거나 계속 기울어진 상태를 유지하는 것은 좋지 않은 생각입니다. 행동-이점 함수 $A(s, a)$는 현재 상태 s에서 어떤 행동 a를 취했을 때 평균보다 얼마만큼 좋아질지 표현합니다.

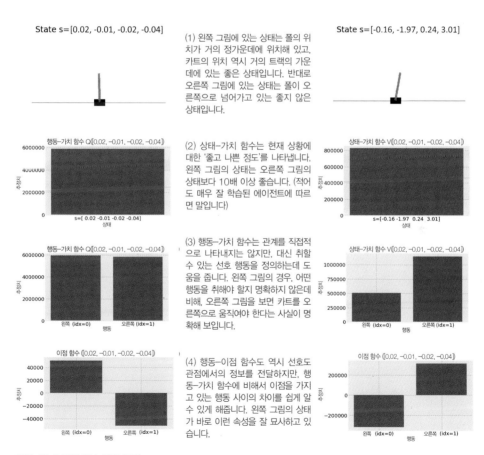

그림 10-2 가치 함수 간의 관계

10.1.4 강화학습에 초점을 맞춘 신경망 구조

듀얼링 신경망 구조는 두 개의 분리된 추정기로 구성됩니다. 하나는 상태–가치 함수 $V(s)$에 대한 추정기고, 다른 하나는 행동–이점 함수 $A(s, a)$에 대한 추정기입니다. 신경망을 나누기 전에, 신경망끼리 확실히 내부 노드를 공유하도록 만들고 싶을 수 있습니다. 예를 들어서, 이미지를 입력으로 사용하면 합성곱 계층이 공유되어, 결과적으로 특징을 추출해내는 계층도 공유되기를 바랄 것입니다. 카트폴 환경에서는 은닉 계층을 공유합니다. 이렇게 내부 노드와 계층들이 공유되고 난 후, 출력 계층 바로 이전의 계층은 두 줄기로 나뉩니다. 상태–가치 함수 $V(s)$에 대한 줄기와 행동–이점 함수 $A(s, a)$에 대한 줄기입니다. V–함수를 출력으로 내보내는 계층은 항상 단일 노드로 마무리되는데, 그 이유는 상태에 대한 가치는 항상 단일 숫자로 표현되기 때문입니다. 하지만 Q–함수에 대한 출력 계층은 행동의 갯수와 같은 크기의 벡터를 출력으로 내보냅니다. 카트폴 환경에서는 행동–이점 함수 줄기에 대한 출력 계층은 왼쪽 행동에 대한 노드와 오른쪽 행동에 대한 노드, 총 두 개의 노드로 구성됩니다.

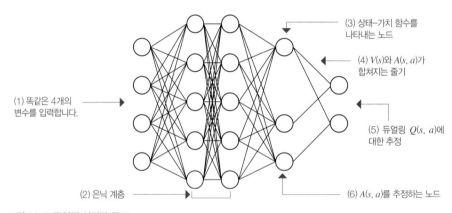

그림 10-3 듀얼링 신경망 구조

NOTE_ 강화학습 역사 한 조각: 듀얼링 신경망 구조

듀얼링 신경망 구조는 2015년 지유 왕[Ziyu Wang]의 옥스포드 대학교에서 박사과정 논문 「Dueling Network Architectures for Deep Reinforcement Learning」[1]을 통해 소개되었습니다. 이 논문은 가치 기반 심층 강화학습에 특화된 변형된 심층 신경망 구조를 소개한 첫 논문입니다. 지유는 현재 구글 딥마인드에서 연구 과학자로 활동하고 있으며, 여전히 심층 강화학습 분야에 기여를 하고 있습니다.

---

1 옮긴이_ https://arxiv.org/abs/1511.06581

10.1.5 듀얼링 신경망 만들기

듀얼링 신경망을 만드는 과정은 직관적입니다. 입력 계층 이후라면 어디서든지 신경망을 분리할 수 있고, 분리된 신경망은 잘 동작합니다. 물론 두 개의 분리된 신경망으로 구현해볼 수도 있지만, 이렇게 해서 얻는 이점은 없어 보입니다. 일반적으로는 최대한 많은 계층들을 공유하고, 출력 계층 바로 전 계층에서 두 개의 줄기로만 분리했다가 출력계층에서 하나로 합치는 방식을 추천합니다.

코드 10-1 듀얼링 신경망 만들기

```
class FCDuelingQ(nn.Module):
    def __init__(self,
                 input_dim,
                 output_dim,
                 hidden_dims=(32,32),
                 activation_fc=F.relu):
        super(FCDuelingQ, self).__init__()
        self.activation_fc = activation_fc

        self.input_layer = nn.Linear(input_dim, hidden_dims[0])
        self.hidden_layers = nn.ModuleList()

        for i in range(len(hidden_dims)-1):
            hidden_layer = nn.Linear(hidden_dims[i], hidden_dims[i+1])
            self.hidden_layers.append(hidden_layer)

        self.output_value = nn.Linear(hidden_dims[-1], 1)
        self.output_layer = nn.Linear(hidden_dims[-1], output_dim)
```

(1) 듀얼링 신경망은 일반적인 신경망과 유사합니다. 이전과 동일하게 입력 계층과 출력 계층에 대한 노드의 갯수와 은닉 계층의 형태 그리고 활성 함수를 정의한 변수가 필요합니다.

(2) 다음으로 입력 계층을 만든 후, 첫 번째 은닉 계층과 연결시킵니다. 여기에서 input_dim 변수는 입력 노드의 갯수를 나타내고, hidden_dims[0]는 첫 번째 은닉계층의 노드의 갯수를 나타냅니다. nn.Linear 로 입력과 출력에 대한 계층을 생성합니다.

(3) 여기에서는 hidden_dims 변수에 정의되어 있는 대로 은닉 계층을 만듭니다. 예를 들어서 (64, 32, 16)이란 값을 가지면 64개의 입력 노드와 32개의 출력 노드를 가지는 계층과 32개의 입력 노드와 16개의 출력 노드로 구성된 계층을 만듭니다.

(4) 최종적으로 두 개의 출력 계층을 만드는데, 두 계층 모두 마지막 은닉 계층과 연결됩니다. value_output은 단일 노드 출력을 가지고, advantage_output은 output_dim만큼의 노드를 가집니다. 카트폴 환경에서는 이 숫자는 2로 정의되어 있습니다.

10.1.6 행동–가치 함수 다시 만들기

우선 듀얼링 구조가 나오게 된 동기는 이전의 신경망을 개선시킬 수 있는 새로운 신경망을 만들되, 내재되어 있는 제어 방식에 대한 변화는 없도록 하기 위함이었습니다. 변화 중에서도 그렇게 파괴적이지는 않고 이전의 방식과 호환되는 변화가 필요합니다. 이를 수행할 수 있는 신경망으로 교체해야 합니다.

이를 위해서, 신경망에서 나온 두 개의 출력을 활용하여 행동-가치 함수 $Q(s, a)$를 다시 만들어, 이전에 사용했던 어떠한 방식이든 듀얼링 신경망 구조를 사용할 수 있게 만드는 방법을 찾아야 합니다. 이런 과정을 거쳐 이전에 만들었던 DDQN 에이전트에 듀얼링 구조를 결합한 듀얼링 DDQN 에이전트를 만듭니다. 듀얼링 신경망과 DQN 에이전트를 결합하면 듀얼링 DQN 에이전트도 만들 수 있습니다.

수식으로 이해하기: 듀얼링 구조가 적용된 공식들

(1) Q-함수는 θ와 α, β에 의해서 조절됩니다. θ는 공유되는 계층의 가중치를 나타내고, 알파는 행동-이점 함수 줄기의 가중치, 베타는 상태-가치 함수 줄기의 가중치를 나타냅니다.

$$Q(s, a; \theta, \alpha, \beta) = V(s; \theta, \beta) + A(s, a; \theta, \alpha)$$

$$Q(s, a; \theta, \alpha, \beta) = V(s; \theta, \beta) + \left(A(s, a; \theta, \alpha) - \frac{1}{|\mathcal{A}|} \sum_{a'} A(s, a'; \theta, \alpha) \right)$$

(2) 하지만 V와 A로부터 Q를 완벽하게 복원시킬 수 없기 때문에, 실제로는 위와 같은 식을 사용합니다. 이 공식에서는 Q-함수에서 자유도를 1만큼 제거합니다. 행동-이점 함수와 상태-가치 함수는 이를 통해서 원래의 식이 가지고 있던 본질적인 의미를 잃게 됩니다. 하지만 실제로 적용해보면, 두 함수는 상수만큼 중심에서 떨어져 있기 때문에, 최적화 수행 시 조금 더 안정적으로 움직입니다.

하지만 출력은 어떻게 도출할까요? 어떤 사람은 V와 A를 그냥 더하면 될거라 생각할 수도 있습니다. 앞서 제가 그렇게 정의했으니 말입니다. 여러분 중 몇몇은 $Q(s, a)$에 대한 추정치만 주어졌을 때, $V(s)$와 $A(s, a)$를 완전하게 복원할 수 있는 방법이 없다는 사실을 알고 있을 것입니다. 한번 생각해봅시다. 만약 $V(s)$에 10을 더하고, $A(s, a)$에서 10을 빼도, $V(s)$와 $A(s, a)$의 값은 달라도 $Q(s, a)$의 값은 유지되는 경우를 마주할 것입니다.

듀얼링 구조에서 이 문제를 해결하는 방법은 행동-가치 함수 $Q(s, a)$의 추정치에서 이점 함수의 평균을 빼는 것입니다. 이렇게 $V(s)$와 $A(s, a)$를 상수만큼 움직임으로써, 최적화 과정이 안정적으로 수행되게 됩니다.

추정치가 상수만큼 떨어져 있는 동안, $A(s, a)$의 상대적인 랭크값에 대해서는 변화가 없기 때문에, $Q(s, a)$도 이에 맞는 랭크를 가지게 됩니다. 이 모든 과정에서 제어 알고리즘은 변경하지 않습니다. 아주 잘 이뤄졌습니다.

```python
class FCDuelingQ(nn.Module):
    <...>
    def forward(self, state):
        x = state
        if not isinstance(x, torch.Tensor):
            x = torch.tensor(x,
                            device=self.device,
                            dtype=torch.float32)
            x = x.unsqueeze(0)
        x = self.activation_fc(self.input_layer(x))
```

(1) 이전과 동일한 클래스 형태입니다. 다른 설명을 위해서 신경망을 만들기 위한 코드는 생략했습니다.

(2) 포워드 연산에서는 신경망의 입력인 상태가 기대한 형태와 모양을 가지는지 확인하며 시작합니다. 입력으로 들어오는 상태 데이터가 배치의 형태(학습하는 경우)일 수도 있고, 단일 상태(추론하는 경우)인 경우도 있기 때문입니다. 때로는 상태 데이터를 넘파이 벡터의 형태로 받는 경우도 있습니다.

(3) 이 부분에서는 입력(앞에서 처리한 방식에 따라서 입력은 단일 상태 또는 상태에 대한 배치 데이터일 수 있습니다)을 변수 x에 넣고, 신경망이 어떤 값을 출력하는지 확인합니다. 이렇게 생성한 변수 x를 입력 계층에 넣게 되는데, 이때 신경망의 입력 크기는 input_dim 변수로 정의되어있고, 출력의 크기는 hidden_dim[0]으로 정의되어있습니다. 신경망의 출력값은 활성 함수를 거치게 됩니다.

(4) 앞에서 구한 출력은 첫 번째 은닉 계층의 입력으로 사용합니다. 이때 사용하는 변수 x는 신경망의 입력으로 들어와서 각 은닉 계층과 활성함수를 순차적으로 거쳐 출력으로 나가는 데이터의 흐름 속에서의 현재 상태를 나타냅니다.

```python
        for hidden_layer in self.hidden_layers:
            x = self.activation_fc(hidden_layer(x))
```

(5) 이제 x가 마지막 은닉 계층과 이와 연결된 활성 함수를 거친 출력값을 가집니다. 이 값을 advantage_output 계층과 value_output 계층의 입력으로 사용합니다. v는 a에 더해져야 하는데, 지금은 단일 값의 형태를 가지고 있으므로, 차원을 확장시킵니다.

```python
        a = self.output_layer(x)
        v = self.output_value(x).expand_as(a)
```

(6) 마지막으로 v와 a를 더하고 난 후, 이 값에서 a에 대한 평균을 뺍니다. 이 값이 바로 모든 상태에 대한 모든 행동들의 추정값이 포함된 $Q(s, \cdot)$ 추정치입니다.

```python
        q = v + a - a.mean(1, keepdim=True).expand_as(a)
        return q
```

10.1.7 목표망을 지속적으로 갱신하기

현재 에이전트는 목표망을 사용하는데, 이 신경망은 온라인 망과 동기화하면서 망의 가중치에 대한 갱신이 크게 일어나기 전까지의 몇 단계 동안은 이전 값을 가집니다. 카트폴 환경에서는 대략적으로 15스텝 정도이지만, 조금 더 복잡한 환경에서는 이 값이 수만 스텝이 될 수도 있습니다.

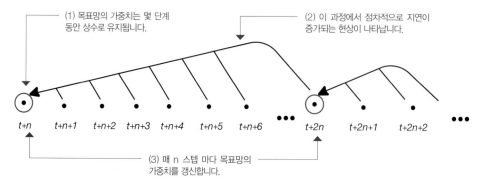

(1) 목표망의 가중치는 몇 단계 동안 상수로 유지됩니다.

(2) 이 과정에서 점차적으로 지연이 증가되는 현상이 나타납니다.

$t+n$ $t+n+1$ $t+n+2$ $t+n+3$ $t+n+4$ $t+n+5$ $t+n+6$ $t+2n$ $t+2n+1$ $t+2n+2$

(3) 매 n 스텝 마다 목표망의 가중치를 갱신합니다.

그림 10-4 전체 목표망 갱신

이런 접근 방식에서는 몇 가지 문제가 발생할 수 있습니다. 그 중 하나는 가중치가 몇 스텝에 걸쳐서 고정되어 있어, 지속적으로 지연된 데이터에 대한 추정을 연산하게 된다는 점입니다. 갱신되는 시점에 도달하면, 신경망의 학습 과정에 도움이 되지 않는 추정치에 대한 유사도가 높아집니다. 반대로 큰 변화가 자주 발생하게 되면 신경망의 동작도 변화됩니다. 갱신이 크게 일어나면 손실함수의 경향이 한번에 크게 변화하는 경향을 보여줍니다. 그래서 때로는 너무 기존과 유사한 갱신이 일어날 수도 있고, 동시에 너무 급격한 갱신이 일어날 수도 있습니다.

이러한 문제를 마주하게 되는 이유는 우리가 만든 신경망이 안정성을 위해 너무 빠르게 움직이지 않게 하고, 그러면서 원하는 경향을 계속 유지하게끔 하길 원하기 때문입니다. 그러면 어떻게 보면 비슷하지만 조금 완화된 방법으로 이를 해결할 수 있지 않을까요? 가중치를 고정하는 대신, 목표망을 조금 느리게 갱신하면 어떨까요?

이런 방법을 폴략 평균$^{Polyak\ averaging}$이라고 하는데, 이는 매 스텝마다 온라인망의 가중치를 목표망으로 합치는 과정으로 구성되어 있습니다. 다른 관점에서 보자면, 매 스텝마다 큰 비율로 목표망의 비중을 가지고, 낮은 비율로 온라인망의 비중을 가지는 새로운 목표망을 만듭니다. 그리고 매 스텝마다 새로운 정보의 1%만큼을 새로운 신경망에 추가시킵니다. 이를 통해서 신경망은 항상 지연이 발생하지만, 이전 방식보다는 그 차이가 훨씬 적어집니다. 추가적으로 매 스텝마다 신경망을 갱신시킬 수도 있습니다.

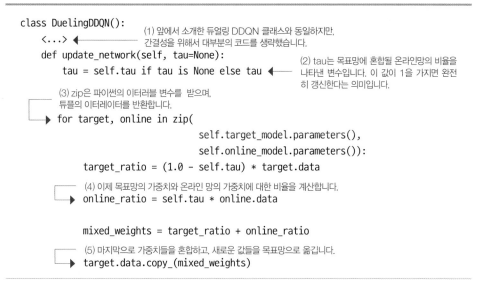

수식으로 이해하기: 폴랴크 평균

(1) 매 N 스텝마다 목표망을 온라인망과 같게 하는 대신, 잠시 동안 이를 고정시킵니다.

(2) 조금 더 자주, 아니면 매 스텝마다 온라인망의 아주 작은 일부를 목표망에 혼합 하면 어떨까요?

$$\theta_i^- = \tau\theta_i + (1-\tau)\theta_i^-$$

(3) 여기 있는 타우는 혼합 계수를 나타냅니다.

(4) 지금 이 과정을 듀얼링 신경망에서 적용하고 있 기 때문에, 행동-이점 흐름과 상태-가치 흐름을 비 롯한 모든 과정의 계수들이 혼합됩니다.

$$\alpha_i^- = \tau\alpha_i + (1-\tau)\alpha_i^-$$
$$\beta_i^- = \tau\beta_i + (1-\tau)\beta_i^-$$

코드 10-3 목표망의 가중치와 온라인망의 가중치 혼합

```
class DuelingDDQN():
    <...>                    (1) 앞에서 소개한 듀얼링 DDQN 클래스와 동일하지만,
                                 간결성을 위해서 대부분의 코드를 생략했습니다.
    def update_network(self, tau=None):
        tau = self.tau if tau is None else tau    (2) tau는 목표망에 혼합될 온라인망의 비율을
                                                       나타낸 변수입니다. 이 값이 1을 가지면 완전
                                                       히 갱신한다는 의미입니다.
        (3) zip은 파이썬의 이터러블 변수를 받으며,
            튜플의 이터레이터를 반환합니다.
        for target, online in zip(
                                  self.target_model.parameters(),
                                  self.online_model.parameters()):
            target_ratio = (1.0 - self.tau) * target.data
            (4) 이제 목표망의 가중치와 온라인 망의 가중치에 대한 비율을 계산합니다.
            online_ratio = self.tau * online.data

            mixed_weights = target_ratio + online_ratio
            (5) 마지막으로 가중치들을 혼합하고, 새로운 값들을 목표망으로 옮깁니다.
            target.data.copy_(mixed_weights)
```

10.1.8 듀얼링 신경망이 등장하게 된 요인

행동-이점 함수는 이전에 직접 확인한 것과 같이 유사한 가치를 가진 행동들이 많이 있을 때 유용합니다. 엄밀하게 말하자면, 듀얼링 구조는 정책 평가를 개선할 수 있는데, 특히 유사한 값

을 가지는 행동들이 많은 경우에 효과가 있습니다. 듀얼링 신경망을 사용하면, 에이전트는 조금 더 빠르고 정확하게 유사한 가치를 가지는 행동들을 비교할 수 있고, 카트폴 환경에서는 이런 방식이 어느 정도 효과가 있습니다.

신경망과 같은 함수 근사화기는 예상대로 오차를 가지고 있습니다. 이전에 사용했던 신경망 구조에서는 모든 상태-행동 쌍이 각자 나눠져 있으므로 그에 따른 오차들도 잠재적으로 다른 성향을 가집니다. 하지만 상태-가치 함수가 특정 상태에서 모든 행동에서 동일한 행동-가치 함수의 일부라는 사실을 놓고 봤을 때, 듀얼링 구조를 사용하게 되면, 이때 발생하는 함수의 오차와 분산을 줄일 수 있습니다. 상태-가치 함수 $V(s)$ 값이 유사한 행동에서 가장 큰 비중을 차지하는 요소가 갖는 오차값이 이제 모든 행동에 대해서 동일해졌기 때문입니다.

만약 듀얼링 신경망이 에이전트가 정책 평가 과정을 개선한다면, 완전히 학습된 듀얼링 DDQN 에이전트는 왼쪽으로 가는 행동과 오른쪽으로 가는 행동이 동일한 가치를 가지는 DDQN보다 더 좋은 성능을 가져야 합니다. 저는 DDQN과 듀얼링 DDQN 에이전트, 두 에이전트에 대해 100에피소드의 상태를 수집하는 실험을 수행했습니다. 만약 유사한 가치를 가지는 행동을 평가할 때 한 에이전트가 다른 에이전트에 비해서 잘 동작한다면, 더 나은 에이전트는 훨씬 작은 범위로 움직일 거라 생각했습니다. 이는 폴이 정확히 정가운데 있다고 해도, 더 나은 에이전트는 왼쪽으로 가는 행동과 오른쪽으로 가는 행동의 차이를 학습했을 것이라 생각했기 때문입니다. 참고로 저는 이에 대해서 추가적으로 공부를 하지는 않았지만, 직접 구현하면서 실험한 결과로는 듀얼링 DDQN 에이전트가 앞에서 언급한 상태에 대해서는 다른 에이전트에 비해서 잘 평가할 수 있다는 사실을 확인했습니다.

(1) 여기서 어떤 결론도 내리지는 않겠지만, 아래 그래프는 5개의 시드에 걸쳐서 완전히 학습된 DDQN 에이전트와 듀얼링 DDQN 에이전트가 방문한 상태를 나타냅니다.

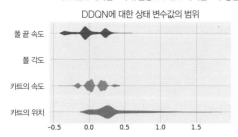
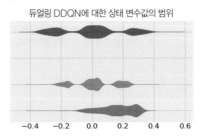

(2) 완전히 학습된 DDQN 에이전트는 카트의 위치가 중심에서 오른쪽으로 약 1.5배 정도까지 움직인 반면, 완전히 학습된 듀얼링 DDQN 에이전트는 동일한 하이퍼파라미터를 가진 상태에서도 중심에 머물러 있습니다. 이런 결과로 듀얼링 DDQN 에이전트한테는 더 좋은 정책 평가라고 판단할 수 있을까요? 한번 생각해보고, 직접 실험해보세요.

그림 10-5 완전히 학습된 카트폴 에이전트가 방문한 상태 영역

NOTE_ 더 자세히 살펴보기: 듀얼링 이중 심층 Q 신경망 (듀얼링 DDQN) 알고리즘

듀얼링 DDQN은 DDQN, DQN과 거의 동일하지만 몇 가지 부분만 수정되었습니다. 각 알고리즘의 변화는 최소한으로 유지하면서, 다양한 개선점을 적용시킬 수 있다는 점을 보여주고자 합니다. 분명히 이들 알고리즘의 대다수가 하이퍼파라미터 몇 개만 살짝 바꿔도 성능에 큰 영향을 받을 것입니다. 그렇기 때문에 여기에서는 에이전트를 최적화하지 않았습니다. 이전과 동일하게 어떤 부분이 동일하게 유지되고 있는지 살펴봅시다.

- 신경망은 행동–가치 함수 $Q(s,a;\theta)$를 출력으로 내보냅니다.
- 이상적인 행동–가치 함수 $q*(s,a)$로 근사하기 위해서 행동–가치 함수를 최적화합니다.
- 정책을 평가하기 위해서 비활성 정책 TD 목표$(r+\gamma \max_{a'} Q(s',a';\theta))$를 사용합니다.
- 조절가능한 후버 손실을 사용하지만 max_gradient_norm을 float('inf')로 설정했습니다. 이로 인해서, MSE를 사용하는 것과 같습니다.
- 학습률 0.0007를 가지는 RMSprop을 최적화기로 사용합니다.
- 정책을 개선하기 위해서 기하급수적으로 감가되는 입실론–그리디 전략(20,000스텝에 걸쳐서 1.0에서 0.3으로 떨어집니다)을 사용했습니다.
- 평가 단계에서는 그리디 행동 선택 전략을 사용했습니다.
- 최소 320개, 최대 50,000개의 샘플을 가지면서 64개의 배치 데이터를 샘플링할 수 있는 재현 버퍼를 사용합니다.

아래의 내용이 변경되었습니다.

- 신경망 구조를 변경했습니다. 이제는 상태를 입력으로 받고 가치를 출력으로 내보내는 듀얼링 신경망 구조를 사용합니다(이때 V의 각 계층의 노드수는 4, 512, 128, 1개이며 A의 각 계층의 노드수는 2, 2개입니다).
- 기존에는 15스텝 동안 고정시켰던 목표망을, 이제는 폴라크 평균을 사용해서 갱신합니다. 이때 매 타임 스텝마다 온라인망의 0.1과 목표망의 0.9을 혼합해서 새로운 목표망의 가중치를 형성합니다.

듀얼링 DDQN은 DDQN과 동일한 알고리즘이지만, 다른 신경망 구조를 가집니다:

1. 경험 튜플 $(S_t, A_t, R_{t+1}, S_{t+1}, D_{t+1})$을 수집하고, 이를 재현 버퍼에 넣습니다.
2. 버퍼에서 배치 데이터를 추출하고, 이중 학습을 사용해서 비활성 정책 TD 목표$(r+\gamma \max_{a'} Q(s',a';\theta))$를 계산합니다.
3. MSE와 RMSprop를 사용해서 행동–가치 함수 $Q(s,a;\theta)$를 적합시킵니다.

한 가지 괜찮은 점은 모든 개선점들이 마치 레고 블록처럼 되어 있어, 여러분에게 창조성을 부여한다는 점입니다. 이중 학습없이도 듀얼링 DQN을 구현할 수 있고, 경사를 절단한 후버 손실을 사용할 수도 있습니다. 아니면 매 5타임 스텝마다 50:50의 비율로 가중치가 혼합된 폴라크 평균을 사용할 수도 있습니다. 이는 여러분이 사용하기 나름입니다. 제가 구성한 코드가 다양한 시도를 해 볼 수 있는 자유를 주었기를 바랍니다.

그래프로 확인하는 결과:
이전의 다른 방법들에 비해서 데이터 측면에서 효율적인 듀얼링 DDQN

듀얼링 DDQN과 DDQN은 카트폴 환경에서 유사한 성능을 보여줍니다. 듀얼링 DDQN이 데이터 측면에서는 조금 더 효율적입니다. DDQN은 문제를 해결하기 위해 듀얼링 DDQN보다 더 많은 샘플을 요구합니다. 하지만 듀얼링 DDQN은 DDQN보다 시간이 조금 더 많이 걸립니다.

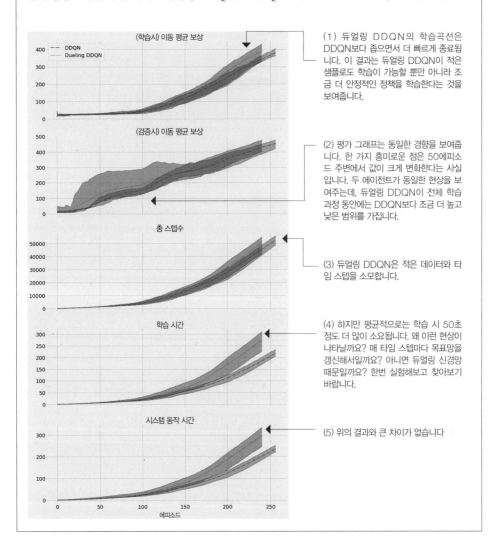

(1) 듀얼링 DDQN의 학습곡선은 DDQN보다 좁으면서 더 빠르게 종료됩니다. 이 결과는 듀얼링 DDQN이 적은 샘플로도 학습이 가능할 뿐만 아니라 조금 더 안정적인 정책을 학습한다는 것을 보여줍니다.

(2) 평가 그래프는 동일한 경향을 보여줍니다. 한 가지 흥미로운 점은 50에피소드 주변에서 값이 크게 변화한다는 사실입니다. 두 에이전트가 동일한 현상을 보여주는데, 듀얼링 DDQN이 전체 학습 과정 동안에는 DDQN보다 조금 더 높고 낮은 범위를 가집니다.

(3) 듀얼링 DDQN은 적은 데이터와 타임 스텝을 소모합니다.

(4) 하지만 평균적으로는 학습 시 50초 정도 더 많이 소요됩니다. 왜 이런 현상이 나타날까요? 매 타임 스텝마다 목표망을 갱신해서일까요? 아니면 듀얼링 신경망 때문일까요? 한번 실험해보고 찾아보기 바랍니다.

(5) 위의 결과와 큰 차이가 없습니다

10.2 PER: 유의미한 경험 재현에 대한 우선순위 부여

이번 절에서는, 조금 더 지능적인 경험 재현 기법을 소개하고자 합니다. 이 기법의 목적은 학습 시 가장 유용한 잠재력을 가진 경험 튜플에 대해서 자원을 할당하는 것입니다. **우선순위가 반영된 경험 재현**prioritized experience replay은 이런 목표를 달성하기 위해 특화된 재현 버퍼입니다.

10.2.1 경험을 재현하는 더 똑똑한 방법

지금까지 구현한 에이전트는 재현 버퍼에서 동일한 확률로 임의로 경험 튜플을 샘플링했습니다. 수학적으로 이런 특성은 정상적으로 보이며, 실제로도 잘 동작했습니다. 하지만 직관적으로 봤을 때, 이는 경험을 재현하는데 있어서 약간 부족해 보이기도 합니다. 동일한 확률로 임의로 샘플링한 경험을 재현하면 중요하지 않은 경험에도 자원을 할당합니다. 에이전트가 현재 상태에 대해서 어떠한 정보를 주지 않는 상황에서 학습을 위해 자원과 시간을 소비하는 것은 적절하지 않습니다.

하지만, 여기에서 조심해야 할 부분이 있습니다. 동일한 확률로 임의로 샘플링하는 것은 좋지 않아 보이지만, 조금 더 나은 학습 신호를 찾아내는데 있어 인간의 직관도 부족한 것도 사실입니다. 처음 논문을 읽지 않은 상태에서 우선순위가 반영된 경험 재현을 구현했을 때, 이런 생각이 들었습니다. '가능하면 누적된 감가 보상이 가장 큰 에이전트를 원해. 그러면 단순히 큰 보상을 가진 경험만 재현하면 될 것 같아.' 물론, 이 방식은 동작하지 않았습니다. 저는 그런 후에 에이전트에게 부정적인 경험도 필요하다는 사실을 알고, 이런 생각이 들었습니다. '아! 그러면 보상에 대한 절대값이 가장 큰 경험을 재현할 수 있는 에이전트가 필요하네!' 게다가 저는 abs 함수를 좋아했습니다. 하지만 이 방식도 역시 동작하지 않았습니다. 왜 이런 방식들이 동작하지 않았을까 생각해보셨나요? 만약 에이전트가 상태에 따라 보상을 받는 경험을 학습하기를 원했다면 저는 그런 경험을 재현해서, 여기서 학습해야만 했습니다.

10.2.2 '중요한' 경험에 대한 좋은 척도

이번에는 기대하지 않은 가치를 가진 경험, 놀라운 경험 그리고 예측과는 다른 가치를 지닌 경험으로부터 학습하려 합니다. 이런 경험들은 우리에게 현실을 깨닫게 하기 때문에 의미가 있습니다. 이를 통해서 세상을 바라보는 관점이 생기고, 결과물을 예상할 수 있으며, 우리가 기대했던 것과 실제와의 차이가 명확할 경우, 그에 관해서도 학습해야 할 필요성을 느낄 것입니다.

강화학습에서 이렇게 놀라움을 측정할 수 있는 척도는 TD 오차에서 파생됩니다! 엄밀히 말하자면 TD 오차에 대한 절대값입니다. TD 오차는 에이전트가 현재가 가지고 있는 추정치와 목표값 간의 차이를 알려줍니다. 현재의 추정치는 에이전트가 어떤 특정한 방식으로 행동을 취했을 때 얻을 수 있는 예상 가치를 나타냅니다. 목표값은 동일한 상태–행동 쌍에 대한 새로운 추정치를 알려주는데, 이 값은 실제로 적용해봄으로써 확인해볼 수 있습니다. 앞에서 소개한 값 간의 절대 차이는 우리가 목표점에서 얼마나 벗어나 있는지 현재의 경험이 얼마나 예상치 못했던 것인지 그리고 우리가 받았던 정보가 얼마나 새로운 것인지를 나타내, 배움의 기회를 나타낼 수 있는 좋은 척도가 될 수 있습니다.

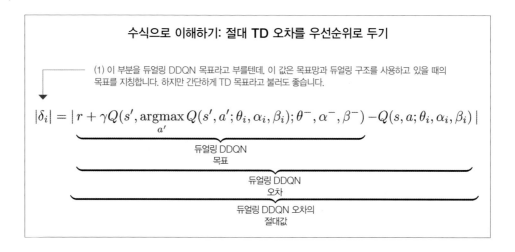

수식으로 이해하기: 절대 TD 오차를 우선순위로 두기

(1) 이 부분을 듀얼링 DDQN 목표라고 부를텐데, 이 값은 목표망과 듀얼링 구조를 사용하고 있을 때의 목표를 지칭합니다. 하지만 간단하게 TD 목표라고 불러도 좋습니다.

$$|\delta_i| = |\, r + \gamma Q(s', \underset{a'}{\operatorname{argmax}} Q(s', a'; \theta_i, \alpha_i, \beta_i); \theta^-, \alpha^-, \beta^-) - Q(s, a; \theta_i, \alpha_i, \beta_i)\,|$$

듀얼링 DDQN
목표

듀얼링 DDQN
오차

듀얼링 DDQN 오차의
절대값

TD 오차는 가장 좋은 학습 기회를 나타내는 완벽한 척도라고는 할 수 없지만, 이를 반영한 최선의 요소라고 할 수는 있습니다. 실제로 학습에 대한 최선의 지침은 신경망 내에서 계수를 갱신하는 과정 안에 숨겨져 있습니다. 하지만 매 타임 스텝마다 재현 버퍼에 있는 모든 경험에 대한 경사를 계산하는 것은 실용적이지 않아 보입니다. TD 오차는 계산에 필요한 요소를 미리다 제공해주며, 경험 재현에 우선순위를 부여할 수 있는 좋은 기준이 됩니다.

10.2.3 TD 오차에 의한 탐욕적 우선순위 부여

경험에 대한 우선순위를 부여하기 위해 아래와 같이 TD 오차를 사용한다고 가정하겠습니다.

- 상태 s에서 행동 a를 취하고, 새로운 상태 s'과 보상 r 그리고 완료 플래그 d를 받습니다.
- 신경망으로부터 현재 상태에 대한 추정치 $Q(s,a;\theta)$를 찾습니다.
- 해당 경험에 대한 새로운 목표치(목표 $= (r+\gamma \, \underset{a'}{max}Q(s',a';\theta))$를 계산합니다.
- 절대 TD 오차(절대 오차 $= abs(Q(s,a;\theta)-목표))$를 계산합니다.
- 재현 버퍼에 경험 튜플 $(s, a, r, s', d, 절대 오차)$를 넣습니다.
- 절대 오차에 의해서 정렬된 재현 버퍼에서 가장 최상단의 경험을 뽑아옵니다.
- 이 경험으로 학습하고, 위의 과정을 반복합니다.

위와 같은 방식에서는 여러 문제점들이 있지만, 일단 하나씩 접근해봅시다. 우선, 위의 식에서는 TD 오차를 두 번 계산합니다. 첫 번째는 버퍼에 경험을 넣기 전에 TD 오차를 계산하고, 신경망에서 데이터를 학습시키고 있을 때도 과정을 반복합니다. 이와 더불어, 신경망이 변할 때마다 TD 오차도 변화한다는 사실을 무시하고 있는데, 이는 동일한 신경망에서 오차를 계산하고 있기 때문입니다. 하지만 매 타임 스텝마다 TD 오차 전부가 갱신되지 않는 것이 정상이고, 이로 인해서 연산도 그렇게 많이 수행하지 않게 됩니다.

이런 문제들을 해결하기 위해 신경망을 갱신할 때 사용되는 경험(재현된 경험)에 대해서만 TD 오차를 갱신하고, 재현 버퍼 내 모든 경험들이 적어도 한번은 재현될 수 있도록 버퍼 내에서 가장 큰 크기를 가지는 TD 오차에 대한 새로운 경험을 집어넣습니다.

하지만 이렇게 대안을 수행해도, 새로운 문제가 발생합니다. 우선 첫 번째 갱신시 TD 오차가 0일 경우 경험이 다시 재현될 가능성이 없습니다. 두 번째로 함수 근사화기를 사용할 경우, 오차가 느리게 수렴하게 될텐데, 이로 인해서 재현 버퍼의 일부가 지속적으로 갱신이 발생합니다. 결국 TD 오차에 노이즈가 생깁니다.

위와 같은 이유로 인해서 TD 오차에 기반해서 경험을 샘플링하되, 탐욕적이지 않으면서 확률적으로 샘플링될 전략이 필요합니다. 만약 우선순위가 적용된 경험을 확률적으로 샘플링할 수 있다면, 버퍼내의 모든 경험들이 재현될 가능성이 생김과 동시에, 경험 샘플링에 대한 확률도 절대 TD 오차에 대해서 일관성을 가지게 됩니다.

> **NOTE_ 심화개념 구워 삶기: TD 오차와 우선순위 그리고 확률**
>
> 이번 페이지에서 소개하는 가장 중요한 것은 TD 오차만 가지고는 충분하지 않다는 것입니다. 대신 우선순위를 계산하기 위해서 TD 오차를 사용하고, 이 우선순위를 통해서 확률을 계산합니다.

10.2.4 우선순위를 적용한 경험의 확률적 샘플링

왜 확률적 우선순위 부여가 필요한지에 대해서 설명하겠습니다. 확률적 전이가 많이 발생하는 환경highly stochastic environment에서는 TD 오차에 기반하여 탐욕적으로 샘플링한 경험을 통해서 학습하게 되면 노이즈를 따라갈 수 있습니다.

TD 오차는 한 단계 이후의 보상과 다음 상태에 대한 행동-가치 함수에 따라서 좌우되는데, 이 두 요소 모두 매우 확률적으로 변화합니다. 확률적 전이가 많이 발생하는 환경에서의 TD 오차에 대한 분산은 큽니다. 이런 환경에서는 에이전트가 TD 오차에 의해서만 의사를 결정할 경우 문제가 발생할 가능성이 생깁니다. 우리가 만든 에이전트도 뭔가 놀랄만한 상황에 고정되어 있는 것을 원하지는 않을 것입니다. TD 오차에서 발생할 수 있는 노이즈의 요인 중 하나는 신경망입니다. 신경망과 같은 극도의 비선형 함수 근사화기는 TD 오차에서의 노이즈에 영향을 주는데, 특히 학습 초기에 오차가 클 때 발생합니다. 만약 TD 오차에만 온전히 의존해서 탐욕적으로 샘플링했다면, 학습시간의 대부분을 잠재적으로 부정확한 큰 TD 오차를 가진 경험에 쓰게 될 것입니다.

> **NOTE_ 심화개념 구워 삶기: 확률적으로 우선순위가 적용된 경험을 샘플링하기**
>
> TD 오차는 노이즈가 존재하면서, 느리게 수렴합니다. 노이즈로 인해서 TD 오차가 0이 되어 경험의 재현을 멈추고 싶지는 않습니다. 또한 노이즈로 인해서 큰 TD 오차를 가지는 경험에 머무르는 것도 원하지 않습니다. 물론 초기에 큰 TD 오차로 인해서 특정 경험에 고정되어 있는 현상도 원하지 않습니다.

> **NOTE_ 강화학습 역사 한 조각: 우선순위가 적용된 경험 재현 버퍼**
>
> 논문 「Prioritized Experience Replay」[2]는 2015년 구글 딥마인드에서 듀얼링 구조 논문을 발표할 때 함께 소개되었습니다.
>
> 구글 딥마인드에서 선임 연구 과학자로 재직 중인 톰 샤울Tom Shaul이 주저자입니다. 톰은 뮌헨기술대학교에서 2011년 박사학위를 취득했습니다. 뉴욕 대학교에서 2년여간의 박사후 과정을 거친 후에, 톰은 딥마인드에 입사했고 6개월 후에는 딥마인드가 구글로 인수되어 오늘날의 구글 딥마인드가 되었습니다.
>
> 톰은 파이썬으로 구현된 모듈 방식의 기계학습 라이브러리 파이브레인PyBrain 프레임워크의 주요 개발자입니다. 파이브레인은 기계학습과 강화학습 그리고 블랙박스 최적화 알고리즘을 구현할 수 있는 초창기 프레임워크 중 하나였습니다. 그는 파이게임PyGame상위에서 동작하는 고수준의 비디오 게임 설명 언어 PyVGDL의 핵심 개발자이기도 합니다.

10.2.5 비례적인 우선순위 부여

TD 오차에 기반하여 버퍼 내의 각 샘플에 대한 우선순위를 계산해봅시다. 이를 위한 첫 번째 과정은 절대 TD 오차에 비례해서 경험을 샘플링하는 것입니다. 이를 위해서 각 경험에 대한

---

2 옮긴이_ https://arxiv.org/abs/1511.05952

절대 TD 오차에 작은 상수인 입실론을 더해서 TD 오차가 0인 샘플도 재현될 수 있도록 했습니다.

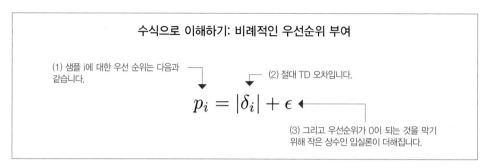

수식으로 이해하기: 비례적인 우선순위 부여

(1) 샘플 i에 대한 우선 순위는 다음과 같습니다.

(2) 절대 TD 오차입니다.

$$p_i = |\delta_i| + \epsilon$$

(3) 그리고 우선순위가 0이 되는 것을 막기 위해 작은 상수인 입실론이 더해집니다.

이렇게 구한 우선순위에 알파를 지수화하여 값의 단위를 확장시키는데, 이때 알파는 0과 1 사이의 하이퍼파라미터입니다. 이를 통해서 동일한 확률로 임의로 샘플링하는 것과 우선순위에 기반하여 샘플링하는 것 사이의 간격을 채워^{interpolate}줍니다. 결과적으로 앞에서 논의했던 확률적 우선순위 부여가 가능해집니다.

알파가 0이 되면, 모든 값이 1이 되면서, 결과적으로 같은 우선순위를 갖습니다. 반대로 알파가 1이 되면 모든 값들이 동일한 절대 TD 오차를 가지면서 우선순위가 절대 TD 오차에만 비례하게 됩니다. 이렇게 되면 임의로 샘플링하는 방식과 우선순위 샘플링 방식이 혼합된 형태가 될 것입니다.

이렇게 값의 단위가 확장된 우선순위는 해당 우선순위를 전체 값들의 합으로 나눠줌으로써 실제 확률로 변환됩니다. 그러면 재현 버퍼로부터 샘플링할 때 이 확률을 이용할 수 있습니다.

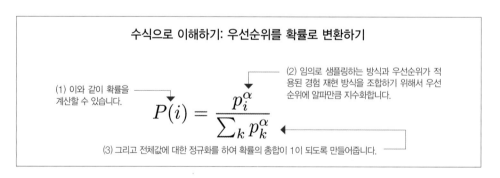

수식으로 이해하기: 우선순위를 확률로 변환하기

(1) 이와 같이 확률을 계산할 수 있습니다.

(2) 임의로 샘플링하는 방식과 우선순위가 적용된 경험 재현 방식을 조합하기 위해서 우선순위에 알파만큼 지수화합니다.

$$P(i) = \frac{p_i^\alpha}{\sum_k p_k^\alpha}$$

(3) 그리고 전체값에 대한 정규화를 하여 확률의 총합이 1이 되도록 만들어줍니다.

10.2.5 랭크 기반 우선순위 부여

앞에서 소개한 바와 같이 비례적으로 우선순위를 부여했을 때의 문제는 특이치에 대해서 민감해질 수 있다는 것입니다. 이 말은 다른 경험들보다 TD 오차가 큰 경험이 존재할 경우, 해당 경험이 실제로 발생한 것인지 아니면 노이즈인지 여부와는 상관없이 상대적으로 낮은 값을 가지는 경험에 비해 자주 샘플링됩니다. 이로 인해서 예상하지 않은 부작용이 나타날 수 있습니다.

그래서 우선순위를 계산하는데 있어 앞서 소개한 방식과 약간 다른 접근 방식은 절대 TD 오차에 의해서 정렬된 상태에서 샘플의 랭크rank를 사용해서 샘플링하는 것입니다.

여기서 랭크란 절대 TD 오차가 높은 순서부터 내림차순으로 정렬했을 때의 각 샘플의 위치를 의미하지, 그 이상의 것도 아닙니다. 예를 들어서 랭크 기반 우선 순위를 적용할 경우 가장 큰 절대 TD 오차를 가지는 경험은 랭크 1을 부여받고, 두 번째로 큰 오차의 경험은 랭크 2를 받는 식입니다.

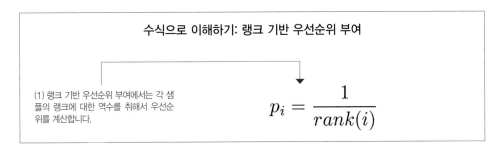

수식으로 이해하기: 랭크 기반 우선순위 부여

(1) 랭크 기반 우선순위 부여에서는 각 샘플의 랭크에 대한 역수를 취해서 우선순위를 계산합니다.

$$p_i = \frac{1}{rank(i)}$$

TD 오차에 의해서 랭크를 매겼을 때, 이 랭크에 대한 역수를 우선순위로 계산합니다. 그리고 이전의 비례적 우선순위 계산과 동일하게, 우선순위를 계산하면서 우선순위에 알파로 지수화하여 값의 범위를 확장시킵니다. 역시 동일하게 전체 합이 1이 되도록 정규화를 수행하여 우선순위에서 실제 확률을 계산합니다.

> **NOTE_ 심화개념 구워 삶기: 랭크 기반 우선순위 부여**
>
> 비례적인 우선순위 부여 방식이 절대 TD 오차에 TD오차가 0인 경험을 위한 작은 상수를 추가한 형식으로 되어있는 반면, 랭크 기반 우선순위 부여 방식은 절대 TD 오차에 대해서 내림차순으로 정렬했을 때 샘플의 랭크에 대한 역수를 사용합니다.
>
> 두 우선순위 방식 모두 앞에서 계산한 우선순위에서 동일한 방식을 통해 실제 확률을 계산합니다.

10.2.6 우선순위 부여에서의 편향

어떠한 값을 추정하기 위해서 특정 분포를 사용하면, 추정치에 대한 편향이 발생합니다. 앞에서 구한 확률과 우선순위 그리고 TD 오차에 기반하여 샘플링하고 있으므로, 편향에 대한 고려를 할 필요가 있습니다.

우선 이에 대해서 조금 더 자세하게 설명해보겠습니다. 갱신시 사용되는 데이터의 분포는 기대치의 분포와 동일해야 합니다. 상태 s에서 행동 a를 취할 때에 대한 행동–가치 함수를 갱신할 경우, 이에 대한 목표도 같이 갱신되어야 합니다.

목표는 기대치에 대한 샘플링 결과로, 이 말은 다음 단계에 나올 보상과 상태는 확률적이라는 의미입니다. 그렇기 때문에 상태 s에서 행동 a를 취했을 때 나올 수 있는 가능한 보상과 상태의 조합이 많습니다.

이런 사실을 무시하고, 단일 샘플을 기대치에서 나타나는 샘플 수보다 자주 갱신한다면, 해당 값에 대한 편향이 만들어집니다. 이 문제는 특히 학습이 마무리되어 수렴될 때 큰 영향을 미칩니다.

편향 문제를 해결할 수 있는 방법은 **가중치가 가해진 중요도 샘플링**weighted importance sampling이란 기법입니다. 이 기법은 각 샘플의 확률로 계산한 가중치를 이용해 TD 오차의 단위를 재조정합니다.

가중치가 가해진 중요도 샘플링을 통해서 갱신시 발생하는 값의 단위를 변화시켜, 샘플이 균등 분포에서 샘플링될 수 있도록 해줍니다.

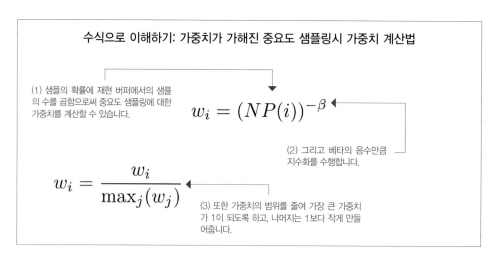

수식으로 이해하기: 가중치가 가해진 중요도 샘플링시 가중치 계산법

(1) 샘플의 확률에 재현 버퍼에서의 샘플의 수를 곱함으로써 중요도 샘플링에 대한 가중치를 계산할 수 있습니다.

$$w_i = (NP(i))^{-\beta}$$

(2) 그리고 베타의 음수만큼 지수화를 수행합니다.

$$w_i = \frac{w_i}{\max_j(w_j)}$$

(3) 또한 가중치의 범위를 줄여 가장 큰 가중치가 1이 되도록 하고, 나머지는 1보다 작게 만들어줍니다.

우선순위가 적용된 재현 버퍼를 활용해서 효과적으로 가중치가 가해진 중요도 샘플링을 수행하기 위해 수정 범위를 조절해주는 편리한 하이퍼파라미터 베타를 추가합니다. 만약 베타가 0이될 경우, 수정이 발생하지 않고, 베타가 1이 되면, 전체적으로 편향에 대한 수정이 이뤄집니다.

추가적으로 구한 가중치를 전체 가중치의 최댓값으로 정규화해서, 가장 큰 가중치가 1이 되게하고, 나머지 가중치는 TD 오차의 단위를 줄여줍니다. 이를 통해서 TD 오차가 너무 크게 변화하는 것을 막아주고, 학습이 안정적으로 유지되도록 해줍니다.

이런 중요도 샘플링 가중치는 손실함수에서 사용됩니다. 경사 갱신시 TD 오차를 직접적으로 사용하지 않는 대신, PER에서는 경사에 중요도 샘플링 가중치를 곱하고, TD 오차에 대한 값의 범위를 줄여서 분포가 어긋나는 현상에 대해 보상하게 됩니다.

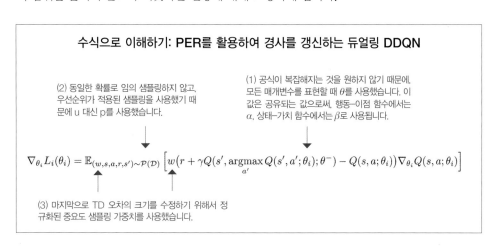

수식으로 이해하기: PER를 활용하여 경사를 갱신하는 듀얼링 DDQN

(2) 동일한 확률로 임의 샘플링하지 않고, 우선순위가 적용된 샘플링을 사용했기 때문에 u 대신 p를 사용했습니다.

(1) 공식이 복잡해지는 것을 원하지 않기 때문에, 모든 매개변수를 표현할 때 θ를 사용했습니다. 이 값은 공유되는 값으로써, 행동-이점 함수에서는 α, 상태-가치 함수에서는 β로 사용됩니다.

$$\nabla_{\theta_i} L_i(\theta_i) = \mathbb{E}_{(w,s,a,r,s') \sim \mathcal{P}(\mathcal{D})} \left[w\left(r + \gamma Q(s', \underset{a'}{\arg\max} Q(s', a'; \theta_i); \theta^-) - Q(s, a; \theta_i)\right) \nabla_{\theta_i} Q(s, a; \theta_i) \right]$$

(3) 마지막으로 TD 오차의 크기를 수정하기 위해서 정규화된 중요도 샘플링 가중치를 사용했습니다.

코드 10-4 우선순위가 적용된 재현 버퍼 1/2

```
class PrioritizedReplayBuffer():
    <...>
    def store(self, sample):
        priority = 1.0
        if self.n_entries > 0:
            priority = self.memory[
                :self.n_entries,
                self.td_error_index].max()

        self.memory[self.next_index,
                self.td_error_index] = priority
```

(1) PrioritizedReplayBuffer 클래스의 store 함수는 직관적으로 되어 있습니다. 우선 해야할 일은 샘플을 위한 우선순위 계산입니다. 우선순위를 최댓값으로 설정한다는 것을 잊으면 안됩니다. 아래의 코드는 기본값으로 1을 설정한 후 우선순위의 최댓값이 계산되면, 이 값을 덮어쓰게 됩니다.

(2) 우선순위와 샘플링된 경험을 가지고, 이들을 메모리에 넣습니다.

```
self.memory[self.next_index,
                self.sample_index] = np.array(sample)
```

(3) 여기에서는 버퍼 안의 경험의 횟수를 나타내는 변수를 증가시켜줍니다. 하지만 버퍼가 max_samples를 넘어서지 않도록 해줍니다.

```
self.n_entries = min(self.n_entries + 1, self.max_samples)
```

(4) 다음 변수는 다음 경험이 삽입될 인덱스를 나타냅니다. 이 변수는 max_samples를 넘어서게 되면 0으로 돌아가 다시 계산됩니다.

```
self.next_index += 1
self.next_index = self.next_index % self.max_samples

def update(self, idxs, td_errors):
```

(5) update 함수는 경험을 나타내는 인덱스에 대한 배열과 새로운 TD 오차를 입력으로 받습니다. 그리고 난 후, 적절한 위치에 절대 TD 오차를 삽입합니다.

```
self.memory[idx, self.td_error_index] = np.abs(td_errors)
```

(6) 만약 랭크 기반 샘플링을 수행할 경우, 추가로 배열을 정렬해줍니다. 참고로 배열은 우선순위가 반영된 재현 버퍼를 구현하는데 있어 차선의 형태로 되어있는데, 이는 배열에 대한 정렬이 샘플의 갯수에 따라 달라지기 때문입니다. 성능에는 좋지 않습니다.

```
if self.rank_based:
    sorted_arg = self.memory[:self.n_entries,
                    self.td_error_index].argsort()[::-1]
    self.memory[:self.n_entries] =self.memory[sorted_arg]
```

코드 10-5 우선순위가 적용된 재현 버퍼 2/2

```
class PrioritizedReplayBuffer():
    <...>
    def sample(self, batch_size=None):
```

(1) batch_size를 계산하고, beta를 조절한 후, 입력된 데이터 중 0으로 채워진 행은 제거합니다.

```
batch_size = self.batch_size if batch_size == None else batch_size
self._update_beta()
entries = self.memory[:self.n_entries]
```

(2) 이제 우선순위를 계산합니다. 만약 랭크 기반 우선순위를 적용한다면, 우선 순위는 랭크의 역수가 됩니다 (앞의 update 함수에서 이들을 정렬했습니다). 비례적인 우선순위 방식에서는 우선순위가 0인 경우를 배제하기 위해서 절대 TD 오차에 입실론이라는 작은 상수를 더합니다.

```
if self.rank_based:
    priorities = 1/(np.arange(self.n_entries) + 1)
else: # proportional
    priorities = entries[:, self.td_error_index] + EPS
scaled_priorities = priorities**self.alpha
```

(3) 여기에서는 우선순위를 확률로 변환합니다. 우선 균등하게 조합한 후, 확률을 구합니다.

```
probs = np.array(scaled_priorities/np.sum(scaled_priorities), dtype=np.
                float64)
```

(4) 그리고 나서, 확률을 이용하여 중요도 샘플링에 대한 가중치를 계산합니다.

```
weights = (self.n_entries * probs)**-self.beta
```

(5) 가중치에 대해서 정규화를 수행합니다. 이때 최대 가중치는 1이 되게 합니다.

```python
normalized_weights = weights/weights.max()
```

(6) 확률을 이용해서 버퍼에 있는 경험들에 대한 인덱스를 샘플링합니다.

```python
idxs = np.random.choice(self.n_entries, batch_size, replace=False, p=probs)
```

(7) 그리고 버퍼에서 샘플을 꺼내옵니다.

```python
samples = np.array([entries[idx] for idx in idxs])
```

(8) 마지막으로 인덱스와 가중치 그리고 경험 튜플 순으로 샘플들을 쌓고, 이를 반환해줍니다.

```python
samples_stacks = [np.vstack(batch_type) for \
                    batch_type in np.vstack(samples[:, self.sample_index]).T]
idxs_stack = np.vstack(idxs)
weights_stack = np.vstack(normalized_weights[idxs])
return idxs_stack, weights_stack, samples_stacks
```

코드 10-6 우선순위가 반영된 재현 버퍼에서의 손실함수 1/2

```python
class PER():
    <...>          (1) 다른 코드에서도 언급했지만, 이 부분도 전체 코드의 일부입니다.
                    다만 아래 부분이 더 중요해 책에서는 생략했습니다.
    def optimize_model(self, experiences):
              (2) 이제 경험과 더불어 인덱스와 가중치도 가지고 있습니다.
        idxs, weights, \
        (states, actions, rewards, next_states, is_terminals) = experiences
        weights = self.online_model.numpy_float_to_device(weights)
        batch_size = len(is_terminals)

        argmax_a_q_sp = self.online_model(next_states).max(1)[1]
        q_sp = self.target_model(next_states).detach()
        max_a_q_sp = q_sp[
            np.arange(batch_size), argmax_a_q_sp].unsqueeze(1)
```

(3) 이전과 동일하게 목표 값을 계산합니다.

```python
        target_q_sa = rewards + (self.gamma * max_a_q_sp * (1 - is_terminals))
```

(4) 현재의 추정치를 얻습니다. 이전과 다를 것이 없습니다.

```python
        q_sa = self.online_model(states).gather(1, actions)
```

(5) 동일하게 TD 오차를 계산합니다.

```python
        td_error = q_sa - target_q_sa
```

(6) 여기에서 달라지는데, 이제 손실함수에서 가중치에 의해서 값의 범위가 줄어든 TD 오차를 가지게 됩니다.

```python
        value_loss = (weights * td_error).pow(2).mul(0.5).mean()
        self.value_optimizer.zero_grad()
        value_loss.backward()
```

(7) 이전과 동일하게 최적화 과정을 수행합니다.

```python
        torch.nn.utils.clip_grad_norm_(self.online_model.parameters(),
                                        self.max_gradient_norm)
        self.value_optimizer.step()
```

```
priorities = np.abs(td_error.detach().cpu().numpy())
self.replay_buffer.update(idxs, priorities)
```

코드 10-7 우선순위가 적용된 재현 버퍼에서의 손실함수 2/2

```
class PER():
    <...>
                         (1) PER와 동일한 클래스이지만, 여기에서는 train 함수를 다룹니다.
    def train(self, make_env_fn, make_env_kargs, seed, gamma,
              max_minutes, max_episodes, goal_mean_100_reward):

        <...>          (2) 에피소드 루프로 진입합니다.
        for episode in range(1, max_episodes + 1):

            <...>      (3) 타임 스텝 루프로 진입합니다.
            for step in count():
                state, is_terminal = self.interaction_step(state, env)

                <...>                (4) 학습되는 동안 매 타임 스텝마다 아래의 코드를 수행합니다.
                if len(self.replay_buffer) > min_samples:
                                     (5) 여기에서 버퍼로부터 경험을 가져옵니다.
                    experiences = self.replay_buffer.sample()
                                     (6) 경험으로부터 인덱스와 가중치 그리고 경험 튜플을 가져옵니다.
                                     아래와 같은 방식으로 샘플 변수를 GPU에 읽어들입니다.
                    idxs, weights, samples = experiences
                    experiences = self.online_model.load(samples)
                                     (7) 그리고 나서, 다시 변수를 쌓습니다. 참고로 샘플을 GPU에 읽어올 뿐만 아니라 이
                                     변수들은 학습시 활용될 수 있도록 준비되어 있습니다.
                    experiences = (idxs, weights) + (experiences,)
                                     (8) 앞 페이지에서 살펴본 함수를 활용해 모델을 최적화합니다.
                    self.optimize_model(experiences)
                (9) 그리고 이전과 동일한 작업을 수행합니다.
                if np.sum(self.episode_timestep) % self.update_target_every_steps == 0:
                    self.update_network()

                if is_terminal:
                    break
```

NOTE_ 더 자세히 살펴보기: 우선순위가 적용된 재현 버퍼를 사용한 듀얼링 DDQN

마지막으로 앞서 다룬 모든 가치 기반 심층 강화학습 방법들을 개선하겠습니다. 이번에는 재현 버퍼를 개선합니다. 상상했던 바와 같이 대부분의 하이퍼파라미터는 이전과 동일합니다. 조금 더 자세하게 살펴봅시다. 아래의 항목들은 이전과 동일하게 유지됩니다.

- 신경망은 행동–가치 함수 $Q(s,a;\theta)$를 출력으로 내보냅니다.

- 상태를 입력으로 받고 가치를 출력으로 내보내는 듀얼링 신경망 구조를 사용했습니다(이때 V의 각 계층의 노드 수는 4, 512, 128, 1개이며 A의 각 계층의 노드 수는 2, 2개입니다).

- 이상적인 행동–가치 함수 $q*(s,a)$로 근사하기 위해서 행동–가치 함수를 최적화합니다.

- 정책을 평가하기 위해서 비활성 정책 TD 목표($r+\gamma \max_a Q(s',a';\theta)$)를 사용합니다.

- 조절가능한 후버 손실을 사용하지만 max_gradient_norm을 float('inf')로 설정했습니다. 이로 인해서, MSE를 사용하는 것과 같아집니다.

- 학습률 0.0007을 가지는 RMSprop을 최적화기로 사용했습니다.

- 정책을 개선하기 위해서 기하급수적으로 감가되는 입실론–그리디 전략 (20,000스텝에 걸쳐서 1.0에서 0.3으로 떨어집니다)을 사용했습니다.

- 평가 단계에서는 그리디 행동 선택 전략을 사용했습니다.

- τ(혼합 계수)을 0.1로 가지는 폴랴크 평균을 사용하여 매 타임 스텝마다 갱신되는 목표망을 가집니다.

- 320개의 샘플을 최소한으로 가지고, 최대 50,000개의 샘플을 가지면서 64개의 배치 데이터를 샘플링 할 수 있는 재현 버퍼를 사용합니다.

아래의 내용이 변경됩니다.

- TD 오차(이 값은 손실함수에서 변경됩니다)를 조절하기 위해서 가중치가 반영된 중요도 샘플링을 사용합니다.

- 비례적인 우선순위를 적용한 재현 버퍼를 사용합니다. 이때 샘플의 최댓값은 10,0000이고, 알파(우선순위와 균등 샘플의 비율은 0.6(최고값 1)으로 설정되며, 베타(편향 수정을 위한 값)는 0.1(최고값 1)로 정의됩니다. 그리고 베타에 대한 조절값은 0.99992를 가집니다(보통 30,000 타임 스텝에서 완전히 조절됩니다).

PER는 듀얼링 DDQN과 DDQN 그리고 DQN과 동일한 알고리즘으로 되어 있습니다.

1. 경험 튜플 $(S_t, A_t, R_{t+1}, S_{t+1}, D_{t+1})$을 수집하고, 이를 재현 버퍼에 넣습니다.

2. 버퍼에서 배치 데이터를 추출하고, 이중 학습을 사용해서 비활성 정책 TD 목표($r+\gamma \max_a Q(s',a';\theta)$)를 계산합니다.

3. MSE와 RMSprop를 사용해서 행동–가치 함수 $Q(s,a;\theta)$를 적합시킵니다.

4. 재현 버퍼 내의 TD 오차를 조정합니다.

그래프로 확인하는 결과: 데이터 효율성을 개선한 PER

우선순위가 적용된 재현 버퍼는 이전에 소개된 다른 방법들보다도 훨씬 적은 샘플들을 활용해서 학습할 수 있습니다. 그리고 아래의 그래프를 보면 알겠지만, 이전보다도 조금 더 안정적으로 수행하는 것처럼 보이지 않나요?

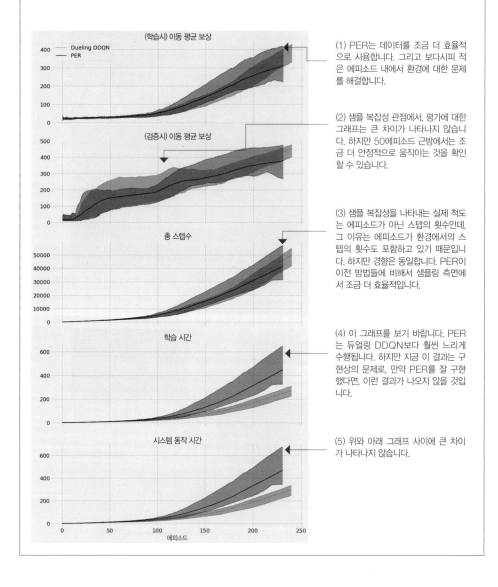

(1) PER는 데이터를 조금 더 효율적으로 사용합니다. 그리고 보다시피 적은 에피소드 내에서 환경에 대한 문제를 해결합니다.

(2) 샘플 복잡성 관점에서, 평가에 대한 그래프는 큰 차이가 나타나지 않습니다. 하지만 50에피소드 근방에서는 조금 더 안정적으로 움직이는 것을 확인할 수 있습니다.

(3) 샘플 복잡성을 나타내는 실제 척도는 에피소드가 아닌 스텝의 횟수인데, 그 이유는 에피소드가 환경에서의 스텝의 횟수도 포함하고 있기 때문입니다. 하지만 경향은 동일합니다. PER이 이전 방법들에 비해서 샘플링 측면에서 조금 더 효율적입니다.

(4) 이 그래프를 보기 바랍니다. PER는 듀얼링 DDQN보다 훨씬 느리게 수행됩니다. 하지만 지금 이 결과는 구현상의 문제로, 만약 PER를 잘 구현했다면, 이런 결과가 나오지 않을 것입니다.

(5) 위와 아래 그래프 사이에 큰 차이가 나타나지 않습니다.

10.3 요약

이번 장에서는 가치 기반 심층 강화학습 방법들에 대한 공부를 마무리했습니다. 이번 장에서, 가치 기반 방법들을 조금 더 효율적으로 데이터를 활용할 수 있는 방법들에 대해서 살펴보았습니다. 듀얼링 구조에 대해서 배웠고, $Q(s, a)$를 상태-가치 함수 $V(s)$와 행동-이점 함수 $A(s, a)$ 두 가지로 분리함으로써 가치 기반 강화학습의 미묘함을 살렸습니다. 이 분리를 통해서 신경망을 갱신하는데 사용되는 모든 경험에 모든 행동에 대해서 공통의 값을 가지는 상태-가치 함수 $V(s)$에 대한 추정치와 관련된 정보를 더했습니다. 이를 통해서 샘플에 대한 복잡성을 줄이면서 조금 더 빠르게 올바른 추정치에 도달할 수 있게 됩니다.

또한 경험에 대한 우선 순위 부여에 대해서도 살펴보았습니다. TD 오차가 우선 순위를 생성하고, 그 우선 순위로부터 확률을 계산할 수 있었습니다. 또한 우리가 추정하고자 하는 기대치의 분포가 변화하는 것에 대해서 보상이 이뤄져야 한다는 사실을 알았습니다. 이를 위해서 편향을 수정하기 위한 기법인 중요도 샘플링에 대해서도 다뤘습니다.

지난 세 개의 장을 통해서 가치 기반 심층 강화학습 영역에 머리를 들이밀었습니다. 시작은 간단한 NFQ였습니다. 그리고 나서, DQN와 DDQN에 소개되어 있는 개선점을 통해서 조금 더 안정적인 기법을 구현했습니다. 이후에 듀얼링 DDQN과 PER를 통해서 샘플링 측면에서 효율성을 가져올 수 있었습니다. 결과적으로 매우 강력한 알고리즘을 만든 것입니다. 하지만 모든 것이 그렇듯, 가치 기반 방법에도 단점은 있습니다. 우선 하이퍼파라미터의 변화에 민감합니다. 이 문제는 매우 잘 알려져 있는 문제이기도 하고, 직접 하이퍼파라미터를 바꿔보면서 확인해볼 수 있습니다. 두 번째로 가치 기반 방법들은 기본적으로 마르코프 가정이 반영된 환경^{Markovian environment}에서 상호작용이 일어나는 경우를 가정하고 있는데, 이 환경은 기본적으로 상태에 에이전트가 필요한 모든 정보가 담겨있습니다. 이런 가정은 일반적으로 부트스트래핑과 가치 기반 학습 방법이 아닌 방법에서는 적용할 수 없는 가정입니다. 마지막으로 보통 '죽음의 삼인방'이라고 알려져 있는 부트스트래핑과 비활성 정책 학습 그리고 함수 근사화입니다. 이 죽음의 삼인방은 학습이 발산하도록 만든다고 알려져 있는데, 연구자들이 현재까지도 이를 막을 방법을 찾지 못하고 있습니다.

그렇다고 이후 장에서 다룰 방법들보다 가치 기반 학습법의 성능이 떨어진다는 것을 의미하는 것은 결코 아닙니다. 그 방법들도 역시 나름의 문제를 가지고 있습니다. 원론적으로 내릴 수 있는 결론은 가치 기반 심층 강화학습 방법들이 보통 발산하는 문제를 가지고 있고, 이는 약점으로 작용한다는 점입니다. 이를 해결하는 방법은 여전히 연구되고 있지만, 현실적인 대안은 목표망과 재현 버퍼, 이중 학습 그리고 충분히 낮은 학습률(그렇다 너무 낮은 값은 아닙니다), 마지막으로 약간의 인내를 가지는 것입니다. 안타깝게도, 여기에는 어떤 규칙도 없습니다.

- 연속적인 상태 영역을 가지는 강화학습 문제를 해결할 수 있습니다.
- 가치 기반 심층 강화학습 에이전트를 안정화하는 방법에 대해서 배웠습니다.
- 가치 기반 심층 강화학습 에이전트가 샘플링 측면에서 더 나은 효율성을 가지는 방법을 살펴보았습니다.

트위터에서 만나요!

공부하고 배운 내용을 공유해보시기 바랍니다.

매 장의 마지막 부분에, 제가 다음 단계로 넘어가기 위해서 지금까지 배운 것을 어떻게 활용할 수 있을지에 대한 아이디어를 제공할 것입니다. 원한다면, 당신이 얻은 결과를 세상에 공유하고, 다른 사람이 어떻게 구현했는지도 확인해보기 바랍니다. 이것이 서로한테 좋은 방법이며, 여기서 원하는 것을 얻었으면 좋겠습니다.

- **#gdrl_ch10_tf01**: 이번 장과 이전 장에서 다뤘던 재현 버퍼는 카트폴 환경과 다른 저차원의 환경을 해결하기에는 충분합니다. 하지만 다른 복잡한 환경에서는 우선순위가 적용된 버퍼가 병목으로 작용할 수 있다는 사실을 알았을 것입니다. 속도를 개선할 수 있도록 모든 재현 버퍼의 코드를 다시 만들어보기 바랍니다. 아직까지는 다른 사람이 구현한 코드를 보지 말고, 단순히 재현 버퍼를 빠르게 해보세요. 우선순위가 적용된 버퍼에서는 병목이 샘플들을 정렬하는 부분에서 발생하는 것을 확인할 수 있을 것입니다. 이 부분을 빠르게 할 수 있는 방법도 살펴보세요.
- **#gdrl_ch10_tf02**: 아타리 게임과 같은 고차원 환경을 풀고자 할 때, 이번 장과 이전 장에서 소개했던 재현 버퍼는 매우 느리게 동작해서 거의 쓸 수 없을 정도일 것입니다. 그럼 어떻게 해야 할까요? 다른 사람들이 우선순위가 적용된 버퍼를 사용할 때의 문제를 어떻게 해결했는지 찾아보기 바랍니다. 찾은 내용에 대해서 공유해보고, 스스로 데이터 구조를 구현해보기 바랍니다. 이를 잘 이해하고, 이를 사용했을 때의 장점에 대해서 설명한 블로그 글을 써보기 바랍니다.
- **#gdrl_ch10_tf03**: 마지막 두 장에서는 고차원이면서 연속적인 상태 영역을 가지는 문제를 풀 수 있는 방법에 대해서 다뤘습니다. 그러면 행동 영역이 연속적인 경우는 어떻게 해야 할까요? 알고리즘들이 한 번에 한 행동만 선택할 수 있고, 이 행동이 이산적인 값만 가질 수 있다면 그렇게 좋지 않아 보입니다. 그러면 DQN같은 방법들은 크기가 1인 이산적인 행동 영역을 가지는 문제에 대해서만 해결할 수 있을까요? 조사해보고 공유해주세요.

- **#gdrl_ch10_tf04:** 매 장마다 마지막 해시태그는 총정리 해시태그로 사용하겠습니다. 마지막 해시태그는 이 장과 관련해 작업한 어떤 것이든 다른 사람들과 논의하는데 사용하길 바랍니다. 여러분이 직접 만든 것만큼 흥미로운 과제도 없답니다. 당신이 어떤 공부를 하고 있는지, 그 결과도 공유해주기 바랍니다.

공부한 것에 대해서 트윗을 쓰고 저(@mimoralea)를 태그해주세요(제가 리트윗하겠습니다). 그리고 여러분이 얻은 결과를 사람들이 위에 적힌 해시태그를 사용하기 바랍니다. 잘못된 결과는 없습니다. 여러분이 찾은 것을 공유하고, 다른 사람이 찾은 것을 확인해보세요. 이 해시태그를 기회로 교류하고 기여하세요. 다같이 기다리고 있을게요!

## CHAPTER 11

정책-경사법과 액터-크리틱 학습법

"역경보다 더 나은 것은 없습니다. 모든 패배와 슬픔, 손실 속에는 그 나름의 씨앗이 있고, 이 씨앗들은 다음에 더 나은 성과를 위한 자양분이 됩니다."

– 맬컴 엑스Malcolm X

미국 무슬림 성직자이자 인권운동가

이 책에서는 가치함수의 도움을 받아 이상적이거나 거의 이상적에 가까운 정책을 찾는 방법에 대해서 탐구했습니다. 하지만 이 알고리즘들 모두 정책이 필요할 때 가치함수를 학습했습니다.

이번 장에서는 기존의 알고리즘과 대비되는 알고리즘과 그 사이에 있는 알고리즘에 대해서 탐색하게 됩니다. 먼저 정책을 직접적으로 최적화하는 방법부터 살펴봅니다. **정책 기반**policy-based **학습법** 혹은 **정책경사법**policy-gradient이라고 부르는 이 학습법은 정책을 계수화parameterize하고, 기대 반환값을 최대화할 수 있도록 계수를 조절합니다.

기초적인 정책 경사법을 소개한 후에, 정책과 가치함수를 모두 학습하는, 결합된 부류의 학습법에 대해서 다룹니다. 이 방법은 보통 액터-크리틱[1]이라고 표현하는데, 그 이유는 행동을 선택하는 정책을 액터로 보고, 정책을 평가하는 가치함수는 크리틱으로 보기 때문입니다. 액터-크리틱 학습법은 수많은 심층 강화학습 벤치마크에서 가치 기반 학습법이나 정책경사법보다 더 좋은 성능을 보여줍니다. 이와 같은 학습법들을 학습하면 조금 더 도전적인 문제를 해결할 수 있게 됩니다.

---

1 옮긴이_ 경우에 따라서는 행위자-평가자 학습법으로 표현하는 책도 있습니다.

이 방법들은 이전 세 장에서 다뤘던 가치함수 학습과 이번 장의 첫 번째 절에서 배울 정책 학습을 결합합니다. 액터-크리틱 학습법은 넓은 범위의 심층 강화학습 벤치마크에서 최고의 성능을 보여줍니다.

- 가치함수 없이도 성능을 직접적으로 최적화할 수 있는 심층 강화학습 중 한 부류를 배우게 됩니다.
- 가치함수를 사용하여 알고리즘의 성능을 더 좋게 만들 수 있는 방법을 학습합니다.
- 여러 개의 프로세스를 한번에 사용하여 가장 빠르게 학습시킬 수 있는 심층 강화학습 알고리즘을 구현하게 됩니다.

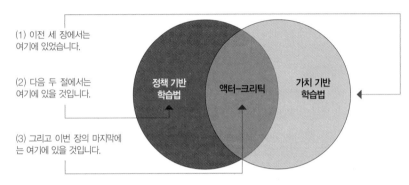

그림 11-1 정책 기반 학습법, 가치 기반 학습법 그리고 액터-크리틱 학습법

11.1 REINFORCE: 결과기반 정책 학습

이번 절에서는 정책 기반 학습법을 사용하는 동기부터 다루며 시작하겠습니다. 그리고 난 후, 이런 학습법들을 사용했을 때 얻을 수 있는 여러 가지 장점에 대해서 논의하고, 마지막으로 가장 단순한 정책 경사 알고리즘인 REINFORCE에 대해서 소개할 것입니다.

11.1.1 정책경사 학습법에 대한 소개

첫 번째로 강조하고 싶은 부분은 정책경사 학습법은 가치 기반 학습법과는 다르게 목적 함수를 최대화하려 합니다. 가치 기반 학습법에서는 주로 정책을 평가하는 방법을 학습하는데, 이를 위해서는 예측값과 목표값 사이의 손실 최소화를 목표로 두었습니다. 조금 더 자세하게 말하자면, 우리의 목표는 주어진 정책에 대한 참의 행동–가치 함수를 맞추는 것이기 때문에, 가치함수를 조절하는 계수를 통해서 예측값과 목표값 사이의 평균 제곱 오차를 최소화했습니다. 참고로 참의 목표값에 대한 정보를 가지고 있지 않기 때문에, 해당 값 대신 몬테카를로 학습법에서 얻은 실제 반환값이나 부트스트래핑 기법을 통해서 얻은 예측된 반환값을 사용했습니다.

정책 기반 학습법에서는 앞의 방식과는 반대로 계수로 조절되는 정책parameterized policy에 대한 성능을 최대화해야 하기 때문에, 이를 위해서 경사상승법gradient ascent (음의 성능치에 대한 일반적인 경사하강법)을 수행합니다. 에이전트의 성능은 초기 상태에서 얻을 수 있는 감가된 보상에 대한 총합의 기대치라고 할 수 있고, 이 값은 주어진 정책에서 모든 초기 상태에 대한 상태–가치 함수의 기대치와도 동일합니다.

수식으로 이해하기: 가치 기반 학습과 정책 기반 학습법에서의 목적함수

(1) 가치 기반 학습법의 목적은 손실함수를 최소화하는 것인데, 보통 손실함수는 참의 Q-함수와 계수로 조절되는 Q-함수의 평균 제곱 오차를 나타냅니다.

$$L_i(\theta_i) = \mathbb{E}_{s,a}\left[\left(q_\pi(s,a) - Q(s,a;\theta_i)\right)^2\right]$$

(2) 정책 기반 학습법에서는 성능 척도를 최대화하는 목표를 갖는데, 이 성능 척도는 모든 초기 상태에 대한 계수로 조절되는 정책의 실제 가치 함수를 말합니다.

$$J_i(\theta_i) = \mathbb{E}_{s_0 \sim p_0}\left[v_{\pi_{\theta_i}}(s_0)\right]$$

NOTE_ 강화학습 용어집: 가치 기반, 정책 기반, 정책경사 그리고 액터–크리틱 학습법 비교

가치 기반 학습법: 가치함수를 학습하고 가치함수만을 다루는 알고리즘을 말합니다. Q-학습, SARSA, DQN같은 알고리즘들이 모두 가치 기반 학습법입니다.

정책 기반 학습법: 유전 알고리즘과 같이 블랙박스 최적화 기법을 포함한, 정책을 최적화하는 넓은 범위의 알고리즘들을 말합니다.

정책경사 학습법: 계수로 조절할 수 있는 정책의 성능에 대한 경사에 관한 최적화 문제를 푸는 학습법을 말하며, 이번 장에서 다루게 될 것입니다.

액터–크리틱 학습법: 정책과 가치함수를 모두 학습하는 학습법을 말하며, 주로 가치함수는 부트스트래핑을 통해서 학습되고, 이를 확률적 정책경사에 대한 점수로 활용합니다. 이번 장과 다음 장에서 다룰 내용입니다.

11.1.2 정책경사 학습법의 장점

계수로 조절되는 정책을 학습할 때의 큰 장점은 정책이 이제는 학습할 수 있는 함수가 되었다는 점입니다. 가치 기반 학습법에서는 주로 이산적인 행동 영역을 가진 환경에서 작업했는데, 대부분은 이런 행동 사이에서 최대의 가치를 얻을 수 있는 행동을 찾을 수 있습니다. 하지만 고차원의 행동 영역을 가진 환경에서는 최댓값이 너무나 높아 사실상 얻을 수 없는 경우도 있습니다. 게다가 연속적인 행동 영역을 가지는 경우에는 가치 기반 학습법은 심각하게 제한됩니다.

반대로 정책 기반 학습법은 확률적 정책을 쉽게 배울 수 있는데 이는 여러 장점을 추가로 가집니다. 우선 확률적 정책에 대한 학습은 부분적으로만 관찰되는 환경에서 더 나은 성능을 보여줍니다. 이는 에이전트가 행동에 대한 임의의 확률을 학습함으로써, 에이전트가 마르코프 가정에 조금 덜 의존적이 되기 때문입니다. 예를 들어서 에이전트가 현재 노출된 관찰로부터 여러 상태들을 구분지을 수 없다면 보통 특정 확률로 임의 행동하도록 두는 것이 가장 좋은 전략입니다.

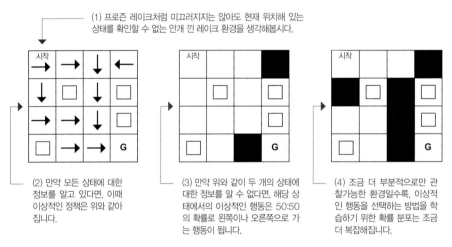

그림 11-2 문제에서 벗어날 여지를 만들어주는 확률적 정책 학습

흥미롭게도, 확률적 정책을 학습하더라도, 해당 정책이 학습을 통해 결정적^{deterministic} 정책이 될 수 있습니다. 바로 이 부분이 가치 기반 학습법과 다른 점인데, 학습이 진행되는 동안, 이상성을 계속 유지하려면 탐색이 일정 확률로 이뤄지도록 해야 합니다. 확률적 정책을 가지는 정책 기반 학습법에서는 학습되는 함수에 탐색 과정이 내재되어 있고, 학습이 이뤄지는 동안 주어진

상태에 대한 결정적 정책으로 수렴합니다.

또한, 확률적 정책을 학습할 때 함수 근사화를 사용하는 데 있어 가치함수보다 정책을 조금 더 직관적으로 표현할 수 있다는 장점이 있습니다. 경우에 따라 가치 함수가 실제로 필요한 것보다 불필요하게 많은 정보를 담기도 합니다. 보통 상태나 상태-행동 쌍에 대한 정확한 값을 구하는 과정이 너무 복잡하거나 불필요합니다.

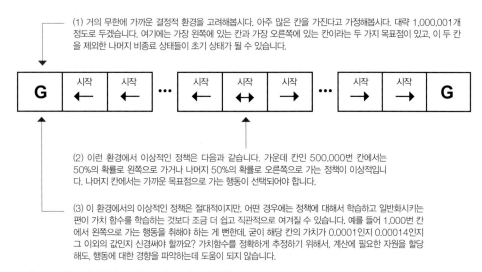

(1) 거의 무한에 가까운 결정적 환경을 고려해봅시다. 아주 많은 칸을 가진다고 가정해봅시다. 대략 1,000,001개 정도로 두겠습니다. 여기에는 가장 왼쪽에 있는 칸과 가장 오른쪽에 있는 칸이라는 두 가지 목표점이 있고, 이 두 칸을 제외한 나머지 비종료 상태들이 초기 상태가 될 수 있습니다.

(2) 이런 환경에서 이상적인 정책은 다음과 같습니다. 가운데 칸인 500,000번 칸에서는 50%의 확률로 왼쪽으로 가거나 나머지 50%의 확률로 오른쪽으로 가는 정책이 이상적입니다. 나머지 칸에서는 가까운 목표점으로 가는 행동이 선택되어야 합니다.

(3) 이 환경에서의 이상적인 정책은 절대적이지만, 어떤 경우에는 정책에 대해서 학습하고 일반화시키는 편이 가치 함수를 학습하는 것보다 조금 더 쉽고 직관적으로 여겨질 수 있습니다. 예를 들어 1,000번 칸에서 왼쪽으로 가는 행동을 취해야 하는 게 뻔한데, 굳이 해당 칸의 가치가 0.0001인지 0.00014인지 그 이외의 값인지 신경써야 할까요? 가치함수를 정확하게 추정하기 위해서, 계산에 필요한 자원을 할당해도, 행동에 대한 경향을 파악하는데 도움이 되지 않습니다.

그림 11-3 쉽게 일반화된 문제를 풀 수도 있는 정책 학습

마지막으로 정책이 연속적인 가치에 따라서 조절되기 때문에, 행동에 대한 확률 분포가 학습된 계수로 이뤄진 함수처럼 부드럽게 변화한다는 장점이 있습니다. 이로 인해서 정책 기반 학습법은 다른 학습법보다 조금 더 잘 수렴하는 경향을 가집니다. 이전 장에서 다뤘던 내용을 기억한다면, 가치 기반 학습법은 위아래로 요동을 치는 경향도 있으면서, 어떤 경우에는 발산하는 경우도 있습니다. 이런 현상이 나타나는 이유 중 하나는 가치 함수에서 발생할 수 있는 작은 변화라도, 행동 영역에서는 큰 변화로 작용할 수도 있기 때문입니다. 보통 행동 영역에서 큰 차이가 발생하는 경우에는 기존과는 전혀 다른 경로를 만들어내기도 하고, 이로 인해서 불안정성이 생깁니다.

가치 기반 학습법에서는 가치함수를 변화시킬 때 조금 과격한 연산을 사용하는데, 바로 Q값의 추정치에 대한 최댓값을 활용하는 방법입니다. 정책 기반 학습법에서는 확률적 정책에 대한 경

사를 대신 활용하는데, 이 부분이 행동에 대한 변화를 점진적이면서 부드럽게 만들어줍니다. 만약 정책의 경사를 직접적으로 따라왔다면, 가치함수는 적어도 지역 최적점으로 향하는 형태로 수렴을 보장합니다.

코드 11-1 이산적인 행동 영역을 가지는 확률적 정책

```python
class FCDAP(nn.Module):
    def __init__(self,
                 input_dim,
                 output_dim,
                 hidden_dims=(32,32),
                 activation_fc=F.relu):
        super(FCDAP, self).__init__()
        self.activation_fc = activation_fc

        self.input_layer = nn.Linear(input_dim, hidden_dims[0])

        self.hidden_layers = nn.ModuleList()
        for i in range(len(hidden_dims)-1):
            hidden_layer = nn.Linear(hidden_dims[i], hidden_dims[i+1])
            self.hidden_layers.append(hidden_layer)

        self.output_layer = nn.Linear(hidden_dims[-1], output_dim)

    def forward(self, state):
        x = state

        if not isinstance(x, torch.Tensor):
            x = torch.tensor(x, dtype=torch.float32)
            x = x.unsqueeze(0)

        x = self.activation_fc(self.input_layer(x))

        for hidden_layer in self.hidden_layers:
            x = self.activation_fc(hidden_layer(x))

        return self.output_layer(x)

    def full_pass(self, state):

        logits = self.forward(state)
        dist = torch.distributions.Categorical(logits=logits)
```

(1) 이번 클래스인 FCDAP는 완전결합된 이산적 행동 정책(fully connected discrete-action policy)의 약자입니다.

(2) 이 계수들을 통하여 완전결합된 신경망 구조와 활성함수 그리고 최대의 가중치와 편향을 설정할 수 있습니다.

(3) __init__ 함수는 입력 계층과 첫 번째 은닉계층 간의 선형 연결이 이뤄지도록 해줍니다.

(4) 그리고 난 후, 이후의 모든 은닉계층들을 연결해줍니다.

(5) 출력계층을 생성하면서 마지막 은닉계층과 연결시켜줍니다.

(6) 이 함수는 전방향 연산을 가능하도록 해줍니다.

(7) 우선, 입력으로 받은 상태를 신경망의 입력으로 넣기 전에, 상태의 형태와 모양이 기대한 것과 같은 것인지를 확인합니다.

(8) 다음으로 적절한 형태를 갖춘 상태를 입력계층에 통과시키고, 이에 대한 결과를 활성함수에 넣습니다.

(9) 이어서 첫 번째 활성함수에 대한 출력을 연속된 은닉계층과 각 계층에 붙어있는 활성함수에 통과시킵니다.

(10) 마지막으로 행동에 대한 선호도를 나타내는 로짓(logit)으로 이뤄진 출력을 얻습니다.

(11) 이 부분에서는 완전 전방향 연산을 수행합니다. 이 함수는 확률과 행동 그리고 학습에 필요한 모든 것들을 얻을 수 있습니다.

(12) 전방향 연산은 행동에 대한 선호도를 나타내는 로짓을 반환합니다.

```
        action = dist.sample()  ◀——  (13) 다음으로 특정 확률로부터 행동을 샘플링합니다.
```
──── (14) 이어서 해당 행동에 대한 로그 확률을 계산 후, 학습에 필요한 형태로 맞춰줍니다.

```
➤ logpa = dist.log_prob(action).unsqueeze(-1)
```
──── (15) 이 부분에서는 정책에 대한 엔트로피를 계산합니다.

```
➤ entropy = dist.entropy().unsqueeze(-1)
```
──── (16) 선택된 정책이 탐색의 의도를 가지고 있는지 통계를 위해 확인합니다.

```
➤ is_exploratory = action != np.argmax(logits.detach().numpy())
```
──── (17) 마지막으로 환경에 직접적으로 반영할 수 있는 행동과 해당 행동이 탐색의 의도를 가지고 있는지에
      대한 여부를 나타내는 플래그, 행동에 대한 로그 확률 그리고 정책의 엔트로피를 반환합니다.

```
➤ return action.item(), is_exploratory.item(), logpa, entropy
```
                                ──── (18) 이 함수는 샘플링된 행동만 필요할 때 사용합니다.

```
def select_action(self, state):
    logits = self.forward(state)
    dist = torch.distributions.Categorical(logits=logits)
    action = dist.sample()
    return action.item()
```
                                ──── (19) 그리고 이 함수는 정책에 의해서 선택된 탐욕 행동이 필요할 때 사용합니다.

```
def select_greedy_action(self, state):
    logits = self.forward(state)
    return np.argmax(logits.detach().numpy())
```

11.1.3 직접적으로 정책 학습하기

직접적으로 정책을 최적화함으로써 얻을 수 있는 큰 장점은 정책을 최적화하는 행위 자체가 우리가 바라던 목적이라는 점입니다. 가치함수에 대해서 학습하지 않거나, 환경에 대한 다이나믹스에 대해서 관여하지 않고도 가치 함수를 직접적으로 최적화할 수 있는 정책을 배우는 것입니다. 어떻게 가능한 일일까요?

11.1.4 정책 경사에 대한 분산 줄이기

환경의 전이 함수에 대한 정보 없이도 정책에 대한 경사를 계산할 수 있는 방법은 유용하게 활
용할 수 있습니다. 이 알고리즘은 경로에 대한 모든 행동의 로그 확률을 전체 반환값에서 좋고
나쁜 정도에 비례해서 증가시킵니다. 다르게 표현하면, 우선 전체 경로를 얻은 후, 감가된 전체
반환값을 계산합니다. 그리고 나서, 이 값을 이용해서 $A_t, A_{t+1}, \cdots, A_{T-1}$과 같이 해당 경로에서

취해진 모든 행동에 대한 로그 확률에 가중치를 부여합니다.

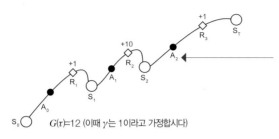

(1) 이 부분은 어떻게 보면 직관적이지 못하다고 할 수 있는데, 그 이유는 행동 A_0를 취하고 난 후의 반환값이 행동 A_2에서의 반환값보다 크더라도, 행동 A_0을 취했을 때와 동일한 비율로 행동 A_2에 대한 유사 확률을 높이기 때문입니다. 이 시점에서는 과거를 되돌릴 수 없고, 현재의 행동이 과거의 보상과는 연관이 없다는 것은 알고 있습니다. 이걸 해결해봅시다.

그림 11-4 행동에 대한 결과로 보상 사용하기

수식으로 이해하기: 정책 경사에 대한 분산 줄이기

(1) 바로 다음에 다룰 REINFORCE 알고리즘에서 추정하려는 경사입니다.

$$\nabla_\theta J(\theta) = \mathbb{E}_{\tau \sim \pi_\theta} \left[\sum_{t=0}^{T} G_t(\tau) \nabla_\theta \log \pi_\theta(A_t | S_t) \right]$$

(2) 이 부분은 경로를 샘플링하고 있다는 의미입니다.

(3) 경로의 매 스텝마다 해당 스텝에 대한 반환값을 계산합니다.

(4) 그리고 구한 값을 사용해서 해당 스텝에 취해진 행동에 대한 로그 확률의 가중치로 적용합니다.

NOTE_ 강화학습 역사 한 조각: REINFORCE 알고리즘

로날드 윌리엄스는 1992년 「Simple Statistical Gradient-Following Algorithms for Connectionist Reinforcement Learning」[2]이라는 논문을 통해서 REINFORCE 계열의 알고리즘을 소개했습니다.

1986년, 그는 제프리 힌튼과 함께 「Learning representations by back-propagating errors」[3]라는 논문을 써 당시에 인공신경망(ANN)의 발전을 야기한 원동력을 마련했습니다.

---

2 옮긴이_ https://link.springer.com/content/pdf/10.1007/BF00992696.pdf

3 옮긴이_ https://www.iro.umontreal.ca/~vincentp/ift3395/lectures/backprop_old.pdf

```
class REINFORCE():  ◀─────────── (1) REINFORCE 알고리즘입니다. 〈...〉은 생략한 부분이므로,
    〈...〉                              전체 코드를 확인하려면, 이 장의 노트북을 확인하기 바랍니다.

    def optimize_model(self):
        T = len(self.rewards)
```

(2) 우선 완전 몬테카를로 학습법에 사용할 감가 가중치를 계산합니다. 위와 같은 계수를 사용한
logspace 함수는 타임 스텝별 감마에 대한 값들을 [1, 0.99, 0.9801, ...] 같은 형식으로 반환해줍니다.

```
        discounts = np.logspace(0, T, num=T, base=self.gamma, endpoint=False)
        returns = np.array(   ◀─── (3) 다음으로 모든 타임 스텝에 대해 감가된 반환값의 총합을 계산합니다.
                [np.sum(discounts[:T-t] * self.rewards[t:]) for t in range(T)])
```

(4) 이 부분을 강조하자면, 타임 스텝이
0일때의 초기 상태부터 종료 전인 T−1
까지 해당 에피소드에서의 모든 타임
스텝에서의 반환값을 나타냅니다.

〈...〉 (5) 참고로 이 부분에서는 수학적으로 올바른 정책 경사 갱신을
사용했는데, 아마도 잘 보지 못한 형태일 것입니다. 여기에서 추
가로 감가된 값은 초기 상태에서의 감가된 반환값에 대한 기대값
을 최적화하고 있다는 것을 전제로 하며, 이를 통해서 에피소드
동안에 이후에 얻은 반환값은 감가가 적용됩니다.

```
        policy_loss = -(discounts * returns * self.logpas).mean()
```

(6) 이 부분은 정책 손실값입니다. 바로 행동이 선택되고 난 후, 얻은 반환값이 가중치로 적용되었을 때 취한 행동에
대한 로그 확률을 나타냅니다. 참고로 파이토치는 기본적으로 경사하강법을 수행합니다. 우리는 성능의 최댓값을
얻으려 하기 때문에 해당 함수를 뒤집어야 합니다. 이를 위해 성능에 대한 음의 평균을 사용합니다. 이를 통해서 성
능에 대한 경사 상승이 적용되는 것을 생각해보기 바랍니다. 또한, 현재 감가된 정책 경사를 고려하고 있기 때문에,
반환값을 앞에서 구한 감가값과 곱해줍니다.

```
        self.policy_optimizer.zero_grad()
        policy_loss.backward()  ◀─────── (7) 이 3가지 과정에서는 다음과 같은 과정이 수행됩니다. 우선 최적화기
        self.policy_optimizer.step()           에 있는 경사를 0으로 설정하고 난 후, 역전파 연산을 수행합니다. 그리
                                               고 나서 경사의 방향으로 한 단계 움직입니다.
```

(8) 이 함수는 환경에 넣어줄 행동과 학습에 필요한
모든 변수들을 얻을 수 있습니다.

```
    def interaction_step(self, state, env):
        action, is_exploratory, logpa, _ = self.policy_model.full_pass(state)
        new_state, reward, is_terminal, _ = env.step(action)
        〈...〉
        return new_state, is_terminal
```

(9) train 함수는 에이전트를 학습시키는 시작점입니다.

```
    def train(self, make_env_fn, make_env_kargs, seed, gamma,
              max_minutes, max_episodes, goal_mean_100_reward):
        for episode in range(1, max_episodes + 1):  ◀─── (10) 매 에피소드마다 루프로 진입합니다.

            state, is_terminal = env.reset(), False ◀
            〈...〉 ◀                                          (11) 매 새로운 에피소드마다 학습에 필요한
                                                             변수와 통계치를 초기화합니다.
            self.logpas, self.rewards = [], [] ◀
```

(12) 그리고 나서 매 타임스텝마다 다음 과정을 수행합니다.

```
            for step in count():
```

```
        state, is_terminal = self.interaction_step(state, env) ◄─────┐
                                                                       │
    if is_terminal:                    (13) 우선 종료 상태에 도달하기 전까지 경험을 수집합니다.
        break ◄─────────────────────────────────────────────────────┘
self.optimize_model() ◄──── (14) 이어 해당 에피소드의 모든 타임 스텝 동안 얻은 배치
                                   데이터에 대해 최적화 과정을 한 번 수행합니다.

              (15) 제가 보여주고자 하는 또 다른 부분은 평가 단계 동안 정책을 선택하는 과정입니다.
           ┌─ 탐욕 정책을 선택하지 않고, 학습된 확률적 정책에서 행동을 샘플링합니다. 물론 환경에
           │    따라 올바른 행동은 다르지만, 샘플링이 가장 안전합니다.
           ▼
def evaluate(self, eval_policy_model, eval_env, n_episodes=1, greedy=True):
    rs = []
    for _ in range(n_episodes):
        <...>
        for _ in count():
            if greedy:
                a = eval_policy_model.select_greedy_action(s)
            else:
                a = eval_policy_model.select_action(s)
            s, r, d, _ = eval_env.step(a)
            <...>
    return np.mean(rs), np.std(rs)
```

11.2 VPG: 가치함수 학습하기

이전 절에서 다뤘던 REINFORCE 알고리즘은 간단한 문제에서 잘 동작하고, 항상 수렴합니다. 하지만 경사를 계산하기 위해서 완전 몬테카를로 학습법을 사용했기 때문에, 이에 따른 분산이 문제로 작용합니다. 이번 절에서는 **순수 정책 경사법**vanilla policy gradient 혹은 **베이스라인이 적용된 REINFORCE**REINFORCE with baseline라고 부르는 알고리즘을 통해 분산을 다루는 접근 방법을 논의하고자 합니다.

11.2.1 정책 경사에 대한 분산 더 줄이기

REINFORCE는 원칙에 가까운 알고리즘이긴 하지만, 높은 분산을 가지고 있습니다. 이미 5장에서 몬테카를로로 목표에 대해서 다뤘지만, 여기에서 다시 언급해보겠습니다. 경로에 걸쳐서 누적된 임의의 현상에는 초기 상태 분포에서 샘플링된 최초의 상태도 포함하는데, (여기에서 상

태 분포란 전이 함수에 대한 확률을 나타내는데, 이번 장에서는 확률적 정책이 적용됩니다) 이 때 행동 선택에 대한 임의성이 혼합됩니다. 이렇게 모든 임의성이 반환값에 반영되면서, 높은 분산을 가져 해석하기 어려운 결과가 나오게 됩니다.

행동에 대한 로그 확률을 변경할 때, 전체 반환값이 아닌 부분 반환값을 사용하면 분산을 줄일 수 있습니다. 사실 이 부분은 이미 이전에 구현했습니다. 그런데 이때 행동에 대한 로그 확률이 반환값에 비례해서 변한다는 문제가 발생합니다. 이 말은 만약 다른 값과 비교될 만큼 큰 양의 반환값을 얻게 될 경우, 해당 반환값을 만든 행동이 발생할 확률은 큰 폭으로 증가한다는 것을 의미합니다. 반대로 다른 값과 비교될 만큼 큰 음의 반환값을 얻을 경우, 해당 반환값을 일으키는 행동이 발생할 확률 역시 큰 폭으로 감소하게 됩니다.

하지만 카트폴과 같은 환경을 떠올리면, 이때의 보상과 반환값은 모두 양의 값을 갖습니다. 이 경우, 최고의 행동에서 적당한 행동을 적절하게 분리하기 위해서는 수많은 데이터가 필요합니다. 반면, 분산은 구별하기 어려울 것입니다. 만약 이렇게 잡음이 있는 반환값을 사용하지 않고, 같은 상태에서 행동의 가치를 구별할 수 있는 수단이 있다면 좋을 것 같습니다. 혹시 기억하시나요?

기억 되살리기: 정책 경사 학습법에서 추정된 이점 사용하기

(1) 이 공식은 실제 행동–이점 함수에 대한 정의입니다. $\longrightarrow$ $a_\pi(s, a) = q_\pi(s, a) - v_\pi(s)$

(2) 여기에서 이점 함수는 다음과 같이 근사화할 수 있습니다.

$$\longrightarrow A(S_t, A_t) \approx R_t + \gamma R_{t+1} + ... + \gamma^{T-1} R_T - v_\pi(S_t)$$

(3) 이점 함수에 대한 그렇게 나쁘지 않은 추정치는 반환 값 G_t에서 해당 상태에서 뽑은 기대 반환값에 대한 추정 $\longrightarrow$ $A(S_t, A_t) = G_t - V(S_t)$ 치를 뺀 값과 같습니다. 쉽게 사용할 수 있습니다.

11.2.2 가치 함수 학습

이전 페이지에서 확인했던 것처럼, 실제 반환값 대신 행동–이점 함수에 대한 추정치를 사용하면 정책 경사의 분산을 더 낮출 수 있습니다. 이때 이점 함수는 0을 기준으로 평균보다 좋은 행동에 대해 양의 점수를 주고, 반대의 경우에는 음의 점수를 줍니다. 전자의 경우는 행동이 일어날 확률을 높이게 되고, 후자는 행동이 일어날 확률을 낮춥니다.

지금은 바로 이런 방식으로 구현하고 있는 것입니다. 이제 두 개의 신경망을 만드는데, 하나는 정책을 위한 신경망이고, 다른 하나는 상태-가치 함수인 V를 학습하는 신경망입니다. 그리고 나서 상태-가치 함수와 반환값을 사용하여, 이점 함수에 대한 추정치를 계산합니다. 바로 이어서 이에 대한 설명이 나옵니다.

(1) 카트폴 환경에서 사용할 정책 신경망은 REINFORCE에서 사용했던 것과 동일합니다. 신경망은 4개의 노드로 구성된 입력계층과 2개의 노드로 구성된 출력계층으로 구성되어 있습니다. 자세한 설명은 뒤에 나올 실험 소개에서 이어지겠습니다.

정책 신경망

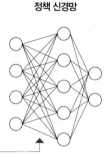

가치 신경망

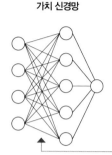

(2) 카트폴 환경에서 사용할 가치 신경망은 상태를 나타내는 4개의 노드로 구성된 입력계층과 상태에 대한 가치를 나타내는 1개의 노드로 구성된 출력계층으로 이뤄져 있습니다. 이 신경망은 입력 상태에 대한 기대 반환값을 출력으로 내보냅니다. 역시 자세한 내용은 뒤에 이어집니다.

그림 11-5 정책을 위한 신경망과 가치 함수를 위한 신경망

NOTE_ 강화학습 용어집: REINFORCE와 순수 정책 경사 학습법, 베이스라인 그리고 액터-크리틱 학습법

이미 심층 강화학습을 접한 사람이라면 위와 같은 방식을 '액터-크리틱 학습법'이라고 부르지 않는 데에 의문을 제기할 수 있습니다. 위 학습법들은 정책과 그에 대한 가치 함수를 학습하기 때문에, 당연히 '액터-크리틱'이라 불려야 할 것 같습니다. 하지만 안타깝게도 이 개념은 강화학습을 처음 접하는 사람을 헷갈리게 만드는 '강화학습 개념' 중 하나입니다. 그 이유에 대해서 설명하겠습니다.

우선, 강화학습의 아버지 중 한명인 리처드 서튼에 따르면 정책 경사 학습법은 근사화된 가치 함수를 학습했는지 여부에 관계없이 성능 척도에 대한 경사를 근사화합니다. 하지만 심층 강화학습에 큰 족적을 남긴 사람 중 한 명이자 서튼의 제자이기도 한 데이비드 실버는 이런 주장에 동의하지 않습니다. 그는 정책 기반 학습법은 가치 함수를 추가적으로 학습하지 않고, 액터-크리틱 학습법만이 가치 함수를 추가로 학습한다고 말했습니다. 하지만 서튼은 더 나아가 부트스트래핑 기법을 사용해서 가치 함수를 학습하는 유일한 방법이 액터-크리틱 학습법이라 주장하며, 이는 부트스트래핑 기법이 가치 함수에 편향을 추가해 '크리틱'으로 동작하기 때문이라고 이유를 들었습니다. 저는 서튼이 주장하는 내용에 동의하기 때문에, 이 책에서 소개하는 REINFORCE와 VPG는 액터-크리틱 학습법이라고 설명하지 않습니다. 하지만 이렇게 사람에 따라서는 개념이 일관적이지 않을 수 있으므로 용어 사용에 주의해야 합니다.

11.2.3 탐색에 대한 장려

정책 경사 학습법의 근본적인 개선점 중 하나는 손실함수에 엔트로피^{entropy} 항을 추가했다는 것입니다. 엔트로피는 다양하게 정의할 수 있습니다. 분포에서 샘플링을 통해 얻을 수 있는 정보의 양을 설명하는 것부터 집합을 구성하는 경우의 수를 말하는 경우도 있습니다.

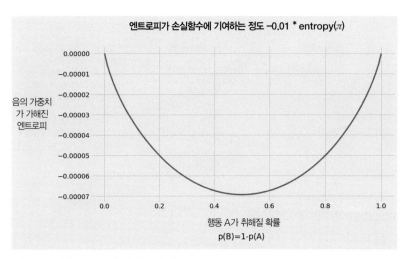

그림 11-6 손실함수에서의 엔트로피의 비중

제가 생각하는 엔트로피의 개념은 직관적입니다. 샘플들이 고르게 분포하고 있는 균등 분포는 높은 엔트로피를 가지는데, 사실 균등 분포의 엔트로피가 다른 분포 중에서도 가장 큽니다. 예를 들어서, 두 개의 샘플을 가진 집합에서, 각각을 선택할 확률이 50%인 조합의 엔트로피가 가장 큽니다. 만약 4개의 샘플을 가진 집합에서는, 각각 선택할 확률이 25%의 확률로 선택될 조합이 엔트로피가 가장 클 것입니다. 역설적이게도 만약 100%의 확률을 가진 샘플과 0%의 확률을 가지는 샘플 두 개로 구성된 조합에서 엔트로피는 항상 가장 낮은 0을 가리킬 것입니다. 파이토치에서는 엔트로피를 계산할 때, 이진로그^{binary log}가 아닌 자연로그^{natural log}를 사용합니다. 자연로그가 오일러의 수^{Euler's number}인 e를 사용하면서, 해당 숫자를 조금 더 '자연스럽게' 만들어주기 때문입니다. 하지만 엄밀하게 말하자면 두 방식은 차이가 없고, 결과도 동일합니다. 두 개의 행동을 가지는 카트폴 환경에서의 엔트로피는 0에서 0.6931 사이의 값을 가집니다.

정책 경사 학습법에서 엔트로피를 사용하는 방법은 고르게 분포하는 행동을 선택할 수 있도록 손실함수에 음의 가중치가 가해진 엔트로피 항을 추가합니다. 이를 통해서 균등한 분포를 가지는 행동으로 구성된 정책은 가장 큰 엔트로피를 가지게 되고, 손실을 최소화하는데 기여합니다. 반대로 단일 행동으로 수렴하는 정책은 엔트로피가 0이기 때문에 손실을 감소시킬 수 없습니다. 이 경우 에이전트는 이상적인 행동으로 조금 더 잘 수렴하게 됩니다.

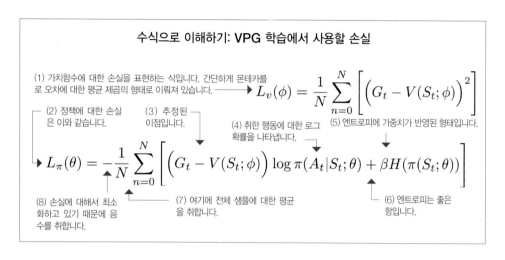

수식으로 이해하기: VPG 학습에서 사용할 손실

(1) 가치함수에 대한 손실을 표현하는 식입니다. 간단하게 몬테카를로 오차에 대한 평균 제곱의 형태로 이뤄져 있습니다.

$$L_v(\phi) = \frac{1}{N} \sum_{n=0}^{N} \left[\left(G_t - V(S_t; \phi) \right)^2 \right]$$

(2) 정책에 대한 손실은 이와 같습니다.

(3) 추정된 이점입니다.

(4) 취한 행동에 대한 로그 확률을 나타냅니다.

(5) 엔트로피에 가중치가 반영된 형태입니다.

$$L_\pi(\theta) = -\frac{1}{N} \sum_{n=0}^{N} \left[\left(G_t - V(S_t; \phi) \right) \log \pi(A_t | S_t; \theta) + \beta H(\pi(S_t; \theta)) \right]$$

(8) 손실에 대해서 최소화하고 있기 때문에 음수를 취합니다.

(7) 여기에 전체 샘플에 대한 평균을 취합니다.

(6) 엔트로피는 좋은 항입니다.

코드 11-3 상태–가치 함수에 대한 신경망 모델

```
class FCV(nn.Module):          (1) 이 클래스는 상태–가치 함수를 표현한 신경망입니다.
    def __init__(self,              이전에 사용했던 Q–함수 신경망과 유사합니다.
                 input_dim,
                 hidden_dims=(32,32),    (2) 여기에서는 임의로 하이퍼파라미터를 설정했지만, 자
                 activation_fc=F.relu):      유롭게 변경하면서 실험해보기 바랍니다.
        super(FCV, self).__init__()
        self.activation_fc = activation_fc
        (3) 입력 노드와 첫 번째 은닉계층의 선형 결합을 형성합니다.
        self.input_layer = nn.Linear(input_dim, hidden_dims[0])
        self.hidden_layers = nn.ModuleList()
        for i in range(len(hidden_dims)-1):
            (4) 나머지 은닉계층 사이의 결합을 형성합니다.
            hidden_layer = nn.Linear(hidden_dims[i], hidden_dims[i+1])
            self.hidden_layers.append(hidden_layer)

        (5) 마지막으로 최종 은닉계층과 출력 계층을 연결하는데, 이때 출력 계층은
        상태의 가치를 나타내는 노드 하나로 이뤄져 있습니다.
        self.output_layer = nn.Linear(hidden_dims[-1], 1)
    (6) 이 부분은 전방향 연산에 대한 함수입니다.
    def forward(self, state):
        x = state
```

```python
        if not isinstance(x, torch.Tensor):
            x = torch.tensor(x, dtype=torch.float32)  ◄── (7) 이 부분에서 우리가 기대한 형태로
            x = x.unsqueeze(0)                                입력의 틀을 맞춰줍니다.
        x = self.activation_fc(self.input_layer(x))
        for hidden_layer in self.hidden_layers:  ◄── (8) 전체 전방향 연산을 수행합니다.
            x = self.activation_fc(hidden_layer(x))
        return self.output_layer(x)  ◄── (9) 그리고 상태에 대한 가치를 반환합니다.
```

코드 11-4 순수 정책 경사 학습법 (일명 베이스라인이 적용된 REINFORCE)

```python
class VPG():  ◄──── (1) 이 클래스가 바로 VPG 알고리즘입니다. 코드를 약간 생략했지만, 만약 전체
    <...>  ◄────         구현을 확인하고 싶다면 이번 장에 대한 노트북을 참고하기 바랍니다.
    def optimize_model(self):
        T = len(self.rewards)
        discounts = np.logspace(0, T, num=T, base=self.gamma, endpoint=False)
```
┌──── (2) 이를 통해서 타임 스텝 0부터 T까지의 감가된 보상의 총합을 간단하게 계산할 수 있습니다.
```python
      ► returns = np.array(
            [np.sum(discounts[:T-t] * self.rewards[t:]) for t in range(T)])
```
(3) 0부터 1, 2, 3을 지나 종료 상태인 T에 도달할 때까지 루프가 차례대로 진행되며, 루프는 각 상태마다 타임
스텝 t부터 종료 상태 T까지의 감가된 보상의 총합인 반환값을 계산한다는 것을 강조하고 싶습니다.

```python
        discounts = torch.FloatTensor(discounts[:-1]).unsqueeze(1)
        returns = torch.FloatTensor(returns[:-1]).unsqueeze(1)
```
┌──── (4) 우선 가치에 대한 오차를 계산합니다. 그리고 이를 이용해서 행동에 대한 로그 확률의 점수를 매깁니다. 이
│   후, 감가된 정책 경사 학습을 수행할 수 있도록 해당 점수를 감가시키고, 이에 대한 음의 평균을 사용합니다.
```python
      ► value_error = returns - self.values
      ► policy_loss = -(discounts * value_error.detach() * self.logpas).mean()
```
┌──── (5) 엔트로피를 계산하고, 여기에 손실에 대한 비중을 추가합니다.
```python
      ► entropy_loss = -self.entropies.mean()
        loss = policy_loss + self.entropy_loss_weight * entropy_loss
        self.policy_optimizer.zero_grad()
        loss.backward()  ◄──── (6) 이제 정책을 최적화합니다. 최적화기를 0으로 설정한 후, 역전파 연산을 수
                                      행하고, 이어서 원하는 경우 경사에 대한 절단을 수행합니다.

        torch.nn.utils.clip_grad_norm_(self.policy_model.parameters(),
                                       self.policy_model_max_grad_norm)
        self.policy_optimizer.step()  ◄── (7) 그리고 나서 최적화기를 한 단계 진행시킵니다.
```
(8) 마지막으로 가치함수에 대한 신경망을 최적화합니다.
```python
        value_loss = value_error.pow(2).mul(0.5).mean()
        self.value_optimizer.zero_grad()
      ► value_loss.backward()
        torch.nn.utils.clip_grad_norm_(self.value_model.parameters(),
                                       self.value_model_max_grad_norm)
        self.value_optimizer.step()
```

11.3 A3C: 병렬적 정책 갱신

VPG는 간단한 문제에 대한 매우 잘 동작하는 학습법입니다. 대부분의 경우 정책과 가치 함수를 학습에 편향이 가해지지 않은 목표를 사용해 편향적이지 않습니다. 다시 말해서 어떠한 부트스트래핑 기법없이도, 환경으로부터 직접 경험한 완벽한 실제 반환값인 몬테카를로 반환값을 사용합니다. 전체 알고리즘 내에서 유일하게 존재하는 편향은 함수 근사화가 내장하고 있는 편향뿐입니다. 사실 인공신경망은 실제 반환값에 대한 분산을 낮출 수 있는 유일한 베이스라인이므로 편향은 거의 나타나지 않습니다.

하지만 편향된 알고리즘은 반드시 피해야 합니다. 때로는 분산을 낮추기 위해서 임의로 편향을 추가하기도 합니다. **비동기 이점 액터-크리틱**^{asynchronous advantage actor-critic} (A3C) 학습법이라 부르는 이 알고리즘은 분산을 낮추기 위해서 다음과 같은 과정을 수행합니다. 우선 부트스트래핑 기법이 적용된 n-단계 반환값을 사용해서 정책과 가치함수를 사용하고, 두 번째로 여러 개의 액터를 동시에 사용하여 광범위한 경험 샘플들을 병렬적으로 만들어냅니다. 한번 자세하게 살펴봅시다.

11.3.1 액터 워커 활용하기

다양한 심층 강화학습 알고리즘 사이에서 차이가 발생하는 주된 이유는 온라인으로 수집된 샘플들이 갖는 상관관계와 비정상성^{non-stationary}에 있습니다. 가치 기반 학습법은 대부분 독립적이면서 동일한 분포를 가지는 데이터 속에서 균등한 확률로 미니배치 데이터를 샘플링하기 위해서 재현 버퍼를 사용합니다. 하지만 분산을 줄이기 위해 경험-재현 구조를 사용하는 방법은 비활성 정책 학습법에서만 가능한데, 그 이유는 활성 정책에서의 에이전트가 이전에 사용했던 정책에 의해서 생성된 데이터를 재사용할 수 없기 때문입니다. 다르게 표현하면 모든 최적화 단계는 활성 정책을 통해 새롭게 얻은 경험에 대한 배치 데이터를 필요로 합니다.

이번 장에서 다루는 정책 경사 알고리즘 같은 활성 정책 학습법에서는 병렬적으로 경험을 생성할 수 있는 여러 개의 워커를 사용해서 비동기적으로 정책과 가치 함수를 갱신해 재현 버퍼를 대체할 수 있습니다. 병렬적으로 환경에 대한 여러 개의 인스턴스에서 경험을 생성하는 여러 개의 워커를 가지면 학습시 사용되는 데이터에 대한 상관관계를 없애주면서 알고리즘에서 나타나는 분산을 낮춰주는 효과를 보여줍니다.

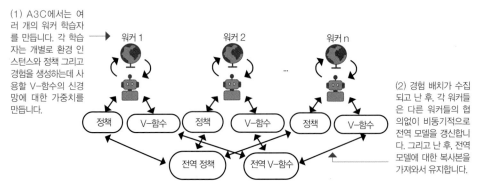

(1) A3C에서는 여러 개의 워커 학습자를 만듭니다. 각 학습자는 개별로 환경 인스턴스와 정책 그리고 경험을 생성하는데 사용할 V-함수의 신경망에 대한 가중치를 만듭니다.

(2) 경험 배치가 수집되고 난 후, 각 워커들은 다른 워커들의 협의없이 비동기적으로 전역 모델을 갱신합니다. 그리고 난 후, 전역 모델에 대한 복사본을 가져와서 유지합니다.

그림 11-7 비동기적 모델 갱신

코드 11-5 A3C 워커 구조

```
class A3C():  ◄──  (1) A3C 에이전트입니다.
    <...>  ◄──  (2) 이전과 동일하게 이 부분에도 코드가 생략했습니다. 어디서 볼 수 있는지는 아시죠?
    def work(self, rank):  ◄────
        last_debug_time = float('-inf')
        self.stats['n_active_workers'].add_(1)
```

(3) 각 워커들이 루프를 돌면서 수행하는 work 함수입니다. rank 계수는 각 워커들을 구별하는 id로 사용합니다.

(4) 여기에서 각 워커별로 개별 시드를 만드는 방법을 확인하기 바랍니다. 이를 통해서 다양한 경험을 쌓기를 원합니다.

```
        local_seed = self.seed + rank
```

(5) 각 워커마다 개별 시드로 설정된 환경을 생성합니다.

```
        env = self.make_env_fn(**self.make_env_kargs, seed=local_seed)
        torch.manual_seed(local_seed)
        np.random.seed(local_seed)  ◄──
        random.seed(local_seed)
```

(6) 또한 파이토치와 넘파이 그리고 파이썬을 위한 개별 시드를 사용합니다.

(7) 학습에 사용할 변수들입니다.

```
        nS, nA = env.observation_space.shape[0], env.action_space.n
```

(8) 이 부분에서는 지역 정책 모델을 생성합니다. 하나로 공유되는 정책 신경망에서 가중치를 어떻게 초기화하는지 확인해보기 바랍니다. 이 신경망은 주기적으로 각 에이전트와 동기화됩니다.

```
        local_policy_model = self.policy_model_fn(nS, nA)
        local_policy_model.load_state_dict(self.shared_policy_model.state_dict())
```

(9) 가치 함수에 대한 모델에서도 동일한 작업을 수행합니다. 참고로 출력 차원을 계산할 때 앞에서 선언한 nA는 필요하지 않습니다.

```
        local_value_model = self.value_model_fn(nS)
        local_value_model.load_state_dict(self.shared_value_model.state_dict())

        global_episode_idx = self.stats['episode'].add_(1).item() - 1
```

(10) 학습 루프로 진입하면서 워커가 종료될 때까지 계속 수행됩니다.

```
        while not self.get_out_signal:
```

```
        episode_start = time.time()
```

(11) 먼저, 환경을 초기화시키고 is_terminal이나 done이란 플래그를 false로 만들어줍니다.

```
        state, is_terminal = env.reset(), False

        # collect n_steps rollout
```

(12) 보다시피, 정책과 가치 함수를 학습할 때 n-단계 반환값을 사용합니다.

```
        n_steps_start, total_episode_rewards = 0, 0
        total_episode_steps, total_episode_exploration = 0, 0
        logpas, entropies, rewards, values = [], [], [], []
```

(13) 이제 에피소드 루프로 진입합니다. 우선 한 단계 수행에 대한 경험을 수집합니다.

```
        for step in count(start=1):
            state, reward, is_terminal, is_truncated,\

            is_exploratory = self.interaction_step(
                state, env, local_policy_model, local_value_model,
                logpas, entropies, rewards, values)

            total_episode_steps += 1
            total_episode_rewards += reward
            total_episode_exploration += int(is_exploratory)
```

(14) 여기서 n-단계 최댓값을 수집합니다. 만약 종료 상태에 도달하면, 여기에서 멈춥니다.

```
            if is_terminal or step - n_steps_start == self.max_n_steps:
```

(15) 이 부분에서는 환경의 외부에 있는 타임 래퍼가 실행되었는지, 혹은 현재의 상태가 진짜 종료 상태인지를 확인합니다.

```
                is_failure = is_terminal and not is_truncated
```

(16) 만약 실패한 경우, 다음 상태에 대한 가치가 0이 되고, 그렇지 않다면 부트스트래핑 기법을 사용합니다.

```
                next_value = 0 if is_failure else \
                    local_value_model(state).detach().item()
```

(17) 보다시피 이 부분에서는 next_value를 보상이 담긴 배열에 추가하고 있습니다. 이를 통해서 VPG에서 수행되는 최적화 부분이 거의 그대로 유지됩니다. 한번 직접 해보기 바랍니다.

```
                rewards.append(next_value)
```

(18) 이어서 모델을 최적화합니다. 이 함수는 잠시 후 살펴보겠습니다.

```
                self.optimize_model(logpas, entropies, rewards, values,
                        local_policy_model, local_value_model)
```

(19) 최적화 과정이 끝난 후에 변수를 초기화하고, 루프를 다시 수행합니다.

```
                logpas, entropies, rewards, values = [], [], [], []
                n_steps_start = step
```

```
            if is_terminal:
```

(20) 그리고 현재 상태가 종료 상태인 경우, 당연히 에피소드 루프를 빠져나옵니다.

```
                break
        <...>
```

(21) 여기에는 많은 코드들이 생략됐습니다.

11.3.2 n-단계 추정치 활용하기

이전 페이지에서는 다음 상태가 종료 상태인지 여부에 관계없이 보상 배열에 다음 상태의 가치를 추가했습니다. 이는 부분적인 경로에서 뽑은 모든 보상과 마지막 상태에서 상태-가치에 대한 추정치가 보상 변수에 포함되어 있음을 의미합니다. 또한 보상 변수에는 부분적인 반환값partial return과 예측된 잔여 반환값predicted remaining return이 함께 들어있다고 볼 수도 있습니다. 참고로 부분적인 반환값이란 보상에 대한 배열을 말하고, 예측된 잔여 반환값은 하나의 정수로 구성된 추정치입니다. 이 값이 실제 반환값이 아닌 유일한 이유는 앞에서 다룬 반환값과 다르게 감가된 합으로 이뤄져 있지 않기 때문인데, 그렇다 하더라도 이를 활용할 수 있습니다.

앞에서 설명한 값이 바로 5장에서 다룬 n-단계 반환입니다. n-단계에 걸친 보상을 수행한 뒤 결과에 대해 부트스트래핑을 하며, 만약 n-단계 이전에 종료 상태에 도달하면 그 때까지의 보상을 수행한 후 부트스트래핑 합니다.

A3C는 몬테카를로 반환값과 비교했을 때 낮은 분산을 가지는 n-단계 반환의 장점을 취할 수 있습니다. 또한 가치 함수를 사용하여 정책을 갱신할 때 사용할 수 있는 반환값을 예측할 수 있습니다. 참고로 부트스트래핑 기법을 사용하게 되면 분산을 낮춰주지만, 그만큼 편향을 더하게 됩니다. 그렇기 때문에 정책 경사 학습법에서는 이를 보완하기 위한 크리틱을 추가해줍니다. 액터-크리틱 학습법의 세상으로 들어오신 여러분을 환영합니다.

수식으로 이해하기: n-단계 부트스트래핑 추정치 활용

(1) 이전에는 이점에 대한 추정치를 계산할 때 전체 ⟶ 반환값을 사용했습니다.

$$A(S_t, A_t; \phi) = G_t - V(S_t; \phi)$$

(2) 이제는 부트스트래핑 기법이 적용된 n-단계 반환값을 사용합니다.

$$A(S_t, A_t; \phi) = R_t + \gamma R_{t+1} + \dots + \gamma^n R_{t+n} + \gamma^{n+1} V(S_{t+n+1}; \phi) - V(S_t; \phi)$$

(3) 행동에 대한 확률을 갱신할 때에도 n-단계 이점에 대한 추정치를 사용합니다.

$$L_\pi(\theta) = -\frac{1}{N} \sum_{n=0}^{N} \left[A(S_t, A_t; \phi) \log \pi(A_t | S_t; \theta) + \beta H(\pi(S_t; \theta)) \right]$$

(4) 또한 n-단계 반환값을 사용하여 가치 함수의 추정치를 개선시킬 수 있습니다. 여기에서도 부트스트래핑 기법이 적용됩니다. 바로 이 부분이 전체 알고리즘을 액터-크리틱 학습법으로 만들어줍니다.

$$L_v(\phi) = \frac{1}{N} \sum_{n=0}^{N} \left[\left(R_t + \gamma R_{t+1} + \dots + \gamma^n R_{t+n} + \gamma^{n+1} V(S_{t+n+1}; \phi) - V(S_t; \phi) \right)^2 \right]$$

```
class A3C():    ◄───────────────────── (1) A3C의 최적화와 관련된 함수입니다.
    <...>

    def optimize_model(self, logpas, entropies, rewards, values, ◄
                       local_policy_model, local_value_model):
```

(2) 우선 보상이 들어있는 배열의 크기를 구합니다. 참고로 보상이 들어있는
배열에는 부트스트래핑된 값도 포함되어 있습니다.

```
        T = len(rewards)
```

(3) 다음으로 0부터 T까지 걸쳐 감가될 비율을 미리 계산합니다.

```
        discounts = np.logspace(0, T, num=T, base=self.gamma, endpoint=False)
```

(4) 이제 이 부분은 n-단계에 걸쳐 예측된 반환값이 됩니다.

```
        returns = np.array([np.sum(discounts[:T-t] * rewards[t:]) for t in range(T)])
```

(5) 이어서 몇 가지 요소를 제거하고, 다음 과정에서 계산할 수 있도록 변수의 형태를 맞춰줍니다.

```
        discounts = torch.FloatTensor(discounts[:-1]).unsqueeze(1)
        returns = torch.FloatTensor(returns[:-1]).unsqueeze(1)
```

(6) 이제 예측된 반환값에서 추정치를 빼줌으로써 가치에 대한 오차를 계산합니다.

```
        value_error = returns - values
        policy_loss = -(discounts * value_error.detach() * logpas).mean()
        entropy_loss = -entropies.mean()    ◄─── (7) 이전과 동일하게 손실을 계산합니다.
        loss = policy_loss + self.entropy_loss_weight * entropy_loss
        self.shared_policy_optimizer.zero_grad()
        loss.backward()    ◄─── (8) 참고로 먼저 공유된 정책 최적화기를 0으로 설정한 후에 손실을 계산해줍니다.
```

(9) 그리고 나서 경사의 크기에 절단을 수행합니다.

```
        torch.nn.utils.clip_grad_norm_(local_policy_model.parameters(),
                                       self.policy_model_max_grad_norm)
```

(10) 여기에서는 모든 지역 신경망과 공유되는 정책 신경망의 계수에 대한 순회를 해보겠습니다.

```
        for param, shared_param in zip(local_policy_model.parameters(),
                                       self.shared_policy_model.parameters()):
```

(11) 이 부분에서는 지역 신경망에 있는 모든 경사들을 공유 모델로 복사합니다.

```
            if shared_param.grad is None:
                shared_param._grad = param.grad
```

(12) 경사가 공유 최적화기에 모두 복사되면, 최적화 과정을 수행합니다.

```
        self.shared_policy_optimizer.step()
```

(13) 그리고 곧바로 공유 모델을 지역 모델로 읽어옵니다.

```
        local_policy_model.load_state_dict(self.shared_policy_model.state_dict())
```

(14) 다음으로 상태-가치 신경망에 대해서도 동일한 작업을 수행합니다. 여기에서는 손실을 계산합니다.

```
        value_loss = value_error.pow(2).mul(0.5).mean()
```

(15) 가치 함수에 대한 공유 최적화기를 0으로 설정합니다.

```
        self.shared_value_optimizer.zero_grad()
        value_loss.backward()    ◄─── (16) 경사에 대해 역전파 연산을 수행합니다.
```

(17) 그리고 결과에 대한 절단을 수행합니다.

```
        torch.nn.utils.clip_grad_norm_(local_value_model.parameters(),
```

```
                                self.value_model_max_grad_norm)
    for param, shared_param in zip(local_value_model.parameters(),
                              self.shared_value_model.parameters()):
```
(18) 이어서 지역 모델의 모든 경사들을 공유 모델로 복사합니다.
```
        if shared_param.grad is None:
            shared_param._grad = param.grad
    self.shared_value_optimizer.step()   ◀── (19) 최적화기를 한 단계 수행합니다.
```
(20) 마지막으로 공유 모델을 지역 모델로 읽어옵니다.
```
    local_value_model.load_state_dict(self.shared_value_model.state_dict())
```

11.3.3 논블로킹 모델 갱신

A3C는 신경망에 대한 갱신이 비동기적이면서 동기화에 대한 락에서 자유롭다 lock-free는 핵심
특성을 갖습니다. 앞에서 다뤘던 구조와 같이 공유 모델을 사용하는 경우에는 현재 워커의 갱
신이 다른 워커의 갱신에 대해서 덮어쓰는 현상을 막기 위해서 블로킹blocking 구조를 취하는 경
향이 있습니다. 재미있게도 A3C에서는 Hogwild![4] 라고 부르는 갱신 형식을 사용하는데, 이
형식은 거의 이상에 가까운 수렴율을 보여줄 뿐만 아니라 크기에 따라 순서대로 설정되는 락을
사용하는 다른 방식들보다 더 좋은 성능을 보여줍니다.

코드 11-7 공유되는 Adam 최적화기

```
class SharedAdam(torch.optim.Adam):   ◀────────
    <...>
    for group in self.param_groups:
        for p in group['params']:
            state = self.state[p]
            state['step'] = 0
            state['shared_step'] = torch.zeros(1).share_memory_()
            state['exp_avg'] = torch.zeros_like(p.data).share_memory_()

            <...>◀──  (3) 여기에는 많은 변수가 생략되어 있습니다.

    def step(self, closure=None):
        for group in self.param_groups:
            for p in group['params']:
```

(1) 여기에서는 내부 변수들을 공유 메모리에 넣은
Adam 최적화기 (노트북에서는 RMSprop 최적
화기)가 필요합니다. 파이토치에서는 직관적으로
구현되어 있습니다.

(2) 단순히 워커에 걸쳐서 공유되어야 할 변수는
share_memory_ 함수만 호출해주면 됩니다.

(4) 이어서 step 함수에 대한 오버라이드를
수행하여, 공유 메모리에 쉽게 넣을 수 없는
step 변수를 수동적으로 증가시켜줍니다.

---

4 옮긴이_ 「Hogwild!: A Lock-Free Approach to Parallelizing Stochastic Gradient Descent(https://arxiv.org/abs/1106.5730)」

```
        if p.grad is None:
            continue

    self.state[p]['steps'] = self.state[p]['shared_step'].item()
    self.state[p]['shared_step'] += 1
super().step(closure) ◀── (5) 마지막으로 부모 클래스의 step 함수를 호출합니다.
```

NOTE_ 강화학습 역사 한 조각: 비동기 이점 액터-크리틱 (A3C) 학습법

블라드 므니흐는 2016년, 「Asynchronous Methods for Deep Reinforcement Learning」[5]이란 논문을 통해서 A3C를 소개했습니다. 제대로 기억한다면, 블라드는 2013년과 2015년에 발표한 논문을 통해 DQN 에이전트도 소개했습니다. DQN 학습법이 심층 강화학습 연구의 발전에 불을 지폈다면, A3C는 이전의 많은 관심들을 액터-크리틱 학습법으로 조금 더 명확하게 이끌었습니다.

11.4 GAE: 강력한 이점 추정

A3C는 목표에 대한 분산을 낮추기 위해서 n-단계 반환값을 사용합니다. 그래도 5장에서 다뤘던 내용처럼 부트스트래핑이 적용된 여러 개의 n-단계 목표를 결합하여 하나의 목표로 사용하는 조금 더 강력한 방법이 있습니다. 바로 단일 n-단계 목표가 아닌 조금 더 강력한 목표인 λ목표를 사용하는 것입니다. **일반화된 이점 추정**Generalized advantage estimation (GAE)는 TD(λ)에서의 λ목표와 유사하지만, 이번에는 이점에 관해서 추정합니다.

11.4.1 일반화된 이점 추정

GAE는 그 자체로 에이전트는 아니지만 대부분의 액터-크리틱 학습에 적용할 수 있는, 이점 함수에 대한 목표를 추정하는 방법입니다. 조금 더 자세하게 설명하자면, GAE는 TD(λ)에서 λ목표가 n-단계 상태-가치 함수의 목표에 지수로 가중치를 가하는 방식으로, n-단계 행동-이점 함수 목표에 지수로 가중치를 가합니다. 이렇게 λ목표에 대해 동일하게 설정한 목표는 약간의 편향 문제를 감수하면서, 정책 경사 학습법의 추정치에 대한 분산을 상당히 감소시킵니다.

---

5 옮긴이_ http://proceedings.mlr.press/v48/mniha16.html

(1) 참고로 신경망이 GAE 값을 계산할 때 사용했던 상태–가치 함수를 학습하는 데 다양한
목표를 사용할 수 있습니다.

(2) 여기에서 보통 몬테카를로 반환이라고 알려져 있는 이동 보상을 사용하기도 합니다.

$$y_t = \sum_{t'=t}^{T} \gamma^{t'-t} R_{t'}$$

(3) 여기에서 사용한 n–단계 부
트스트래핑 목표는 TD 목표도
포함합니다.

$$y_t = R_t + \gamma R_{t+1} + \ldots + \gamma^n R_{t+n} + \gamma^{n+1} V(S_{t+n+1}; \phi)$$

(4) GAE에서는 TD(λ)에 대한 추정치를 다음과 같
이 나타낼 수 있습니다.

$$y_t = A^{GAE(\gamma,\lambda)}(S_t, A_t; \phi) + V(S_t; \phi)$$

NOTE_ 강화학습 역사 한 조각: 일반화된 이점 추정

존 슐만은 2015년, 「High–dimensional Continuous Control Using Generalized Advantage Estimation」[6]이란 논문을 출간하면서 GAE를 소개했습니다.

존은 오픈AI의 연구자로, GAE와 신뢰 영역 정책 최적화Trust Region Policy Optimization(TRPO)[7] 그리고 다음 장에서 다루게 될 근위 정책 최적화Proximal Policy Optimization(PPO)[8] 알고리즘을 개발했습니다. 2018년에는 이 알고리즘들을 만든 업적으로 35세 이하의 혁신적인 인물 중 한 명으로 뽑혔으며, 이 알고리즘들은 현재까지도 최고의 성능을 보여주고 있습니다.

코드 11-8 GAE에서의 정책 최적화 과정

```
class GAE():  ◀── (1) 이 클래스에서 GAE 모델을 최적화합니다.
    <...>
    def optimize_model(self, logpas, entropies, rewards, values,
                       local_policy_model, local_value_model):
        T = len(rewards)
        discounts = np.logspace(0, T, num=T, base=self.gamma, endpoint=False)
        returns = np.array([np.sum(discounts[:T-t] * rewards[t:]) for t in range(T)])
        (2) 우선, A3C와 마찬가지로 감가된 반환값을 만듭니다.
        logpas = torch.cat(logpas)
        entropies = torch.cat(entropies)
        values = torch.cat(values)
```

---

6 옮긴이_ https://arxiv.org/abs/1506.02438

7 옮긴이_ https://arxiv.org/abs/1502.05477

8 옮긴이_ https://arxiv.org/abs/1707.06347

(3) 다음 두 줄은 두 가지 요소를 만드는데, 첫 번째는 모든 상태에 대한 가치를 담은 넘파이 배열이고, 다른 하나는 이 값에 $(\gamma*\lambda)$를 적용합니다. 참고로 λ 대신 τ라고 표현하는 책도 있습니다. 저는 τ를 사용하였습니다.

```
np_values = values.view(-1).data.numpy()
tau_discounts = np.logspace(0, T-1, num=T-1, base=self.gamma* \
                                            self.tau, endpoint=False)
```

(4) 이 줄은 TD 오차에 대한 배열을 생성합니다. 타임 스텝 t=0부터 T까지의 $R_t+\gamma v_{t+1}-v_t$를 담고 있습니다.

```
advs = rewards[:-1] + self.gamma * np_values[1:] - np_values[:-1]
```

(5) 여기에서는 감가된 τ에 TD 오차를 곱한 GAE를 계산하고 있습니다.

```
gaes = np.array([np.sum(tau_discounts[:T-1-t] * advs[t:]) for t in
                    range(T-1)])
```

`<...>` ← (6) 이제 정책의 손실을 계산하기 위해 앞에서 구한 GAE를 사용합니다.

```
policy_loss = -(discounts * gaes.detach() * logpas).mean()
entropy_loss = -entropies.mean()
loss = policy_loss + self.entropy_loss_weight * entropy_loss
```

(7) 그리고 이전과 동일한 과정을 수행합니다.

```
value_error = returns - values
value_loss = value_error.pow(2).mul(0.5).mean()
<...>
```

11.5 A2C: 동기화된 정책 갱신

A3C에서 워커는 비동기적으로 신경망을 갱신합니다. 하지만 이렇게 비동기적으로 활동하는 워커때문에 A3C가 최고 성능을 내지 못할지도 모릅니다. 이점 액터-크리틱advantage actor-critic(A2C)는 A3C에서 동기화가 적용된 형태로, 숫자가 하나 낮아졌음에도 A3C가 소개된 이후에 개발되었으며, A3C와 비교할 만한 성능을 보여줍니다. 이번 절에서는 A2C를 살펴보면서 정책 경사 학습법에 적용할 수 있는 몇 가지 변화에 대해서 살펴보겠습니다.

11.5.1 가중치를 공유하는 모델

이전의 알고리즘에서 변경된 부분 중 하나는 정책과 가치 함수에 단일 신경망을 사용한다는 사실입니다. 이렇게 모델을 공유하면 이미지로부터 학습할 때 장점으로 작용하는데, 그 이유는 이미지로부터 특징을 추출하는 과정이 연산에 필요한 자원을 많이 소모하기 때문입니다. 하지만 이렇게 모델을 공유하게 되면, 정책과 가치 함수 갱신 시 발생하는 잠재적인 크기의 차이로 인해서 문제가 발생할 수 있습니다.

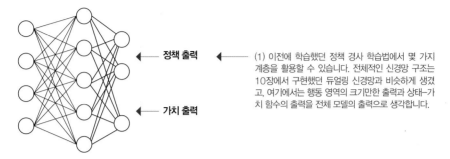

(1) 이전에 학습했던 정책 경사 학습법에서 몇 가지 계층을 활용할 수 있습니다. 전체적인 신경망 구조는 10장에서 구현했던 듀얼링 신경망과 비슷하게 생겼고, 여기에서는 행동 영역의 크기만한 출력과 상태-가치 함수의 출력을 전체 모델의 출력으로 생각합니다.

그림 11-8 정책 출력과 가치 출력 간의 가중치 공유

코드 11-9 가중치를 공유하는 액터-크리틱 신경망 모델

```
class FCAC(nn.Module):        ◀── (1) 완전 결합된 액터-크리틱 모델입니다.
    def __init__(self,
                 input_dim,
                 output_dim,
                 hidden_dims=(32,32),
                 activation_fc=F.relu):
        super(FCAC, self).__init__()
        self.activation_fc = activation_fc
        self.input_layer = nn.Linear(input_dim, hidden_dims[0])
        self.hidden_layers = nn.ModuleList()
```
(2) 신경망을 형성하는 과정입니다. 개별적으로 신경망을 구성하는 과정과 유사합니다.
```
        for i in range(len(hidden_dims)-1):
            hidden_layer = nn.Linear(hidden_dims[i], hidden_dims[i+1])
            self.hidden_layers.append(hidden_layer)

        self.value_output_layer = nn.Linear(hidden_dims[-1], 1)
        self.policy_output_layer = nn.Linear(hidden_dims[-1], output_dim)
```
── (3) 여기에서 은닉 계층들 중에서 마지막 계층과 연결한 가치 출력과 정책 출력에 대한 계층을 만들었습니다.
```
    def forward(self, state):        (4) 전방향 연산 함수에서는 입력 데이터의 형태를 기대한
        x = state ◀──────────────        변수의 형태와 크기를 가지도록 변경시킵니다.
        if not isinstance(x, torch.Tensor):
            x = torch.tensor(x, dtype=torch.float32)
            if len(x-size()) == 1:
                x = x.unsqueeze(0)
```

```
        x = self.activation_fc(self.input_layer(x))
        for hidden_layer in self.hidden_layers:
            x = self.activation_fc(hidden_layer(x))
        return self.policy_output_layer(x), self.value_output_layer(x)
                                                        ↑
    def full_pass(self, state):                    (5) 이 부분에서 정책 계층과 가치 계층에 대한 출력이
        logits, value = self.forward(state)            어떻게 나오는지 확인하기 바랍니다.
        dist = torch.distributions.Categorical(logits=logits)
        action = dist.sample()
        logpa = dist.log_prob(action).unsqueeze(-1)
        entropy = dist.entropy().unsqueeze(-1)
        action = action.item() if len(action) == 1 else action.data.numpy()
        is_exploratory = action != np.argmax(
                            logits.detach().numpy(), axis=int(len(state)!=1))
```
┌─── (6) 이 함수는 로그 확률과 엔트로피 그리고 여타 변수를 한번에 얻을 수 있는 간단한 함수입니다.
└▶ `return action, is_exploratory, logpa, entropy, value`

```
    def select_action(self, state):
        logits, _ = self.forward(state)
        dist = torch.distributions.Categorical(logits=logits)
        action = dist.sample()
        action = action.item() if len(action) == 1 else action.data.numpy()
```
┌─── (7) 이 함수는 주어진 상태나 상태에 대한 배치 데이터에 대한 행동 혹은 행동들을 선택해줍니다.
└▶ `return action`

11.5.2 정책 갱신시 순서 복원하기

앞에서 언급한 Hogwild! 방식으로 신경망을 갱신하는 것은 재앙과도 같을 수 있는데, 락 구조
를 적용하게 되면 A3C의 성능이 눈에 띌 만큼 낮아집니다. A2C에서는 워커를 에이전트에서
환경 쪽으로 뺍니다. 그래서 여러 개의 액터 학습자를 가지는 것 대신에, 단일 학습자를 위한 여
러 개의 액터를 가지는 형태를 취합니다. 이 구조에서도 확인할 수 있는 것처럼, 경험을 추출할
수 있는 워커를 가지는 부분은 이 알고리즘이 정책 경사 학습법에 속하는 요소이기도 합니다.

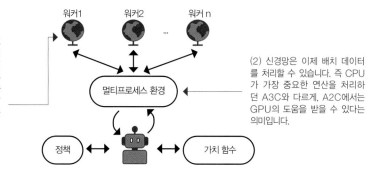

(1) A2C에서는 환경과 상호 작용을 수행하는 단일 에이 전트를 가집니다. 하지만 이 경우에는 여러 환경으로부 터 한번에 샘플들을 획득하 기 위해서 멀티프로세스^{multi-process}를 수행할 수 있는 클 래스로 되어 있습니다.

(2) 신경망은 이제 배치 데이터 를 처리할 수 있습니다. 즉 CPU 가 가장 중요한 연산을 처리하 던 A3C와 다르게, A2C에서는 GPU의 도움을 받을 수 있다는 의미입니다.

그림 11-9 동기화된 모델 갱신

코드 11-10 멀티프로세스 환경에 대한 래퍼

```
class MultiprocessEnv(object):
    def __init__(self, make_env_fn, make_env_kargs, seed, n_workers):
        self.make_env_fn = make_env_fn
        self.make_env_kargs = make_env_kargs
        self.seed = seed
        self.n_workers = n_workers
        self.pipes = [mp.Pipe() for rank in range(self.n_workers)]
        self.workers = [
            mp.Process(
                target=self.work,
                args=(rank, self.pipes[rank][1])) for rank in range(self.n_workers)]
        [w.start() for w in self.workers]

    def work(self, rank, worker_end):
        env = self.make_env_fn(**self.make_env_kargs, seed=self.seed+rank)
        while True:
            cmd, kwargs = worker_end.recv()
            if cmd == 'reset':
                worker_end.send(env.reset(**kwargs))
            elif cmd == 'step':
                worker_end.send(env.step(**kwargs))
            elif cmd == '_past_limit':
                worker_end.send(env._elapsed_steps >= env._max_episode_steps)
            else:
                # including close command
                env.close(**kwargs)
```

(1) 멀티프로세스 환경 클래스로, 워커 자체와 워커와 환경간의 의사소통을 할 수 있는 파이프⁹를 만듭니다.

(2) 이 부분에서 워커들을 만듭니다.

(3) 여기에서부터 시작합니다.

(4) 우선 워커는 환경을 만듭니다.

(5) 그 뒤, 명령을 듣기 위해 해당 루프로 진입합니다.

(6) 각 명령은 이와 연계된 env 함수를 호출하고, 그 반응을 부모 프로세스에 되돌려줍니다.

---

9 옮긴이_ 운영체제에서 통신을 위해서 사용하는 구조입니다(https://en.wikipedia.org/wiki/Pipeline_(Unix)).

```
            del env
            worker_end.close()
            break
```

(7) 이 부분이 주요 스텝 함수입니다.

```
def step(self, actions):
    assert len(actions) == self.n_workers
    [self.send_msg(
        ('step', {'action':actions[rank]}),
        rank) for rank in range(self.n_workers)]
    results = []

    for rank in range(self.n_workers):
        parent_end, _ = self.pipes[rank]
        o, r, d, i = parent_end.recv()
        if d:
            self.send_msg(('reset', {}),rank)
            o = parent_end.recv()

        results.append((o,
                        np.array(r, dtype=np.float),
                        np.array(d, dtype=np.float),
                        i))

    return [np.vstack(block) for block in np.array(results).T]
```

(8) 이 부분이 호출되면, 명령과 이와 관련된 인자들을 각 워커들에게 송출합니다.

(9) 각 워커들은 각자에게 할당된 명령을 수행하고, 이에 대한 반응을 되돌려줍니다. 그리고 이 부분에서 데이터가 수집됩니다.

(10) 완료된 경우 여기에서 자동적으로 초기화됩니다.

(11) 마지막으로 관찰된 정보와 보상, 완료 여부, 이외 정보들에 대한 결과를 쌓고 배열에 추가합니다.

코드 11-11 A2C 학습 과정

```
class A2C():

    def train(self, make_envs_fn, make_env_fn, make_env_kargs, seed, gamma,
              max_minutes, max_episodes, goal_mean_100_reward):

        envs = self.make_envs_fn(make_env_fn, make_env_kargs, self.seed,
                                 self.n_workers)

        <...>

        self.ac_model = self.ac_model_fn(nS, nA)
        self.ac_optimizer = self.ac_optimizer_fn(self.ac_model,
                                                 self.ac_optimizer_lr)


        states = envs.reset()
```

(1) A2C 에이전트가 멀티프로세스 환경에서 학습되는 과정입니다.

(2) 벡터화된 환경을 어떻게 만드는지 확인하기 바랍니다.

(3) 단일 모델을 만들고 있습니다. 이 모델은 정책과 가치를 출력으로 가지는 액터-크리틱 모델로 되어 있습니다.

(4) 보다시피, 멀티프로세스 환경을 초기화하고, 상태에 대한 정보를 받습니다.

```
                    for step in count(start=1):
                  ┌─▶ states, is_terminals = self.interaction_step(states, envs)
```
(5) 이 부분의 핵심은 이렇게 적층된 정보를 활용하고 있다는 점입니다.
```
                       if is_terminals.sum() or step - n_steps_start == self.max_n_steps:
                  │        past_limits_enforced = envs._past_limit()
                  │        is_failure = np.logical_and(is_terminals,
                  │                    ┌─▶ np.logical_not(past_limits_enforced))
                  └───┐
                      └─▶ next_values = self.ac_model.evaluate_state(
                             states).detach().numpy() * (1 - is_failure)
```
(6) 하지만 근본적으로는 모든 것이 이전과 동일합니다.
```
                         self.rewards.append(next_values)
                         self.values.append(torch.Tensor(next_values))
                         self.optimize_model()
                  ┌─▶ self.logpas, self.entropies, self.rewards, self.values = [], [], [], []
                         n_steps_start = step
```

코드 11-12 A2C에서의 모델 최적화 과정

```
    class A2C(): ◀── (1) A2C에서 모델을 최적화하는 과정을 살펴보겠습니다.
        def optimize_model(self):
            T = len(self.rewards)
            discounts = np.logspace(0, T, num=T, base=self.gamma, endpoint=False)
            rewards = np.array(self.rewards).squeeze()
            returns = np.array([[np.sum(discounts[:T-t] * rewards[t:, w])
```
(2) 이제 워커별로 각 타입 스텝별로 쌓은 벡터로 이뤄진 행렬을 다뤄야 합니다.
```
                  ┌─▶ for t in range(T)]
                  └─▶ for w in range(self.n_workers)])

            np_values = values.data.numpy()
            tau_discounts = np.logspace(0, T-1, num=T-1,
                            base=self.gamma*self.tau, endpoint=False)
```
```
          ┌── (3) 놀랍게도, 몇몇 과정은 이전과 완전히 동일합니다.
          └─▶ advs = rewards[:-1] + self.gamma * np_values[1:] - np_values[:-1]

            gaes = np.array(
                [[np.sum(tau_discounts[:T-1-t] * advs[t:, w]) \
                            for t in range(T-1)]
                            for w in range(self.n_workers)]) ◀────┐
            discounted_gaes = discounts[:-1] * gaes                │
```
(4) 모든 워커들에게 적용할 수 있도록 루프를 추가합니다.

```
    value_error = returns.detach() - values
    value_loss = value_error.pow(2).mul(0.5).mean()
    policy_loss = -(discounted_gaes.detach() * logpas).mean()
    entropy_loss = -entropies.mean()
```

(5) 이 부분에서 단일 손실함수를 어떻게 만드는지 확인하기 바랍니다.

```
    loss = self.policy_loss_weight * policy_loss + \
        self.value_loss_weight * value_loss + \
        self.entropy_loss_weight * entropy_loss


    self.ac_optimizer.zero_grad()
    loss.backward()    ◀──  (6) 마지막으로, 단일 신경망을 최적화합니다.
    torch.nn.utils.clip_grad_norm_(
        self.ac_model.parameters(),
        self.ac_model_max_grad_norm)
    self.ac_optimizer.step()
```

NOTE_ 더 자세히 살펴보기: CartPole-v1 환경에서의 모든 정책 경사 학습법 수행

정책 경사 알고리즘의 성능을 확인하고, 이전 장에서 다뤘던 가치 기반 학습법과 쉽게 비교하기 위해서, 가치
기반 학습법에서 실험할 때 사용한 설정과 동일하게 실험을 수행합니다. 자세한 것은 아래와 같습니다.

REINFORCE:

• 4-128-64-2개의 노드로 구성된 정책 신경망과 Adam 최적화기을 사용했고, Adam 최적화기와 이에
대한 학습률을 0.0007로 설정합니다.

• 매 에피소드가 끝날 때 몬테카를로 반환값을 이용해서 학습합니다. 이때 베이스라인을 사용하지 않습
니다.

VPG (몬테카를로 베이스라인을 적용한 REINFORCE):

• REINFORCE와 동일한 정책 신경망을 사용하되, 손실함수에 0.0001만큼의 가중치를 적용한 엔트로피
항을 추가합니다. 그리고 경사에 대한 항이 1보다 큰 경우에는 절단을 수행합니다.

• 이제 가치함수를 학습하고, 이를 베이스라인으로 활용하는데, 크리틱으로는 사용하지 않습니다. 이 말
은 MC 반환값이 부트스트래핑없이 사용되면서, 가치 함수는 단지 반환값의 단위를 낮추는 역할에만
사용된다는 것을 의미합니다. 여기에서 가치함수 신경망은 4-256-128-1의 노드로 이뤄진 신경망과
RMSprop 최적화기를 사용했고, 이때의 학습률은 0.001로 설정합니다. 경사에 대한 절단은 수행하지
않습니다.

A3C:

- 이전과 동일한 방법으로 정책 신경망과 가치 신경망을 학습시킵니다.

- 이제 매 50스텝을 최대로 가지는 반환값 (혹은 중간에 종료 상태에 도달하는 경우 해당 스텝까지)에 대해서 부트스트래핑을 수행합니다. 바로 이 방식이 액터–크리틱 방식입니다.

- 8개의 워커에 대해서 신경망을 복사하여 사용하였고, Hodwild! 갱신 방식을 따랐습니다.

GAE:

- 다른 알고리즘들과 완전히 동일한 하이퍼파라미터를 사용합니다.

- 큰 차이는, GAE에서 이점을 감가시키기 위해서 하이퍼파라미터를 추가했다는 데 있습니다. 여기에서는 를 0.95로 설정합니다. 참고로 에이전트는 기존의 n–단계 부트스트래핑 방식과 동일한데, 어쩌면 이 부분은 논문에서 언급된 GAE 구현과 조금 다를 수 있습니다. 일반적으로는 전체 에피소드에 대한 배치들이 한번에 처리되는 것을 확인할 수 있는데, 그러면서도 성능은 잘 나옵니다.

A2C:

- A2C에서는 대부분의 하이퍼파라미터들이 변경됩니다. 우선 4–256–128–3 (정책에 대한 2개의 출력 노드와 가치에 대한 1개의 출력노드)로 이뤄진 단일 신경망을 가지고, Adam 최적화기로 학습하면서, 이때 학습률은 0.002로 설정합니다. 그리고 경사의 노름norm을 1로 설정합니다.

- 정책은 1.0만큼 가중치를 주고, 가치함수는 0.6 그리고 엔트로피 항에 대해서는 0.001만큼의 가중치를 줍니다.

- 10단계에 걸쳐 부트스트래핑을 수행하고, 8명의 워커가 0.95만큼의 로 설정된 상태로 수행됩니다.

알고리즘들이 개별적으로 성능이 잘 나오도록 설정되지는 않았지만, 잘 동작할 것입니다.

그래프로 확인하는 결과:
CartPole-v1 환경에서의 정책 경사 학습법과 액터-크리틱 학습법

(1) 앞에서 언급한 모든 정책 경사 학습법을 카트폴 환경에서 수행했기 때문에
정책 기반 학습법과 가치 기반 학습법을 쉽게 비교할 수 있습니다.

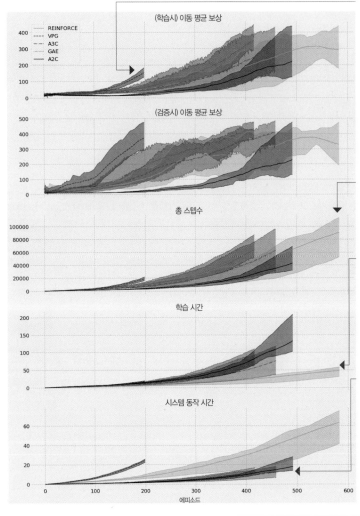

(2) VPG 기법이 A3C 나 A2C처럼 조금 더 복 잡한 학습법들보다도 조 금 더 효율적으로 샘플링 을 수행한다는 점을 눈여 겨봐야 합니다. A3C와 A2C는 여러 개의 워커 를 사용하면서 초반에 진 척이 많이 진행되지 않았 음에도 데이터를 많이 활 용하기 때문입니다.

(3) REINFORCE는 여 타 실용적인 알고리즘들 에 비하면 약간 비효율적 입니다.

(4) 하지만 학습시 간의 관점에서 보면, REINFORCE가 가장 적은 자원을 사용하는 것 을 확인할 수 있습니다. 더불어 워커를 사용하는 알고리즘이 연산에 자원 을 조금 더 사용한다는 점도 확인할 수 있습니 다.

(5) 흥미롭게도 실제 실 행시간의 관점에서 보 면, 병렬적으로 학습하 는 기법들이 놀라울 정 도로 빠르게 학습하면서 CartPole-v1 환경을 푸는데 평균적으로 10초 안팎의 시간이 걸리는 것 을 알 수 있습니다. 대략 500스텝 정도가 소요된 셈입니다. 인상적이지요!

11.6 요약

이번 장에서는 정책-경사법과 액터-크리틱 학습법에 대해서 살펴보았습니다. 우선 정책-경사법과 액터-크리틱 학습법을 고려해야 할 몇 가지 이유를 설정했습니다. 강화학습 방식들의 궁극적인 목표는 직접적으로 정책을 학습하는 것이라는 사실을 배웠습니다. 또한 정책을 학습하면서, 확률적 정책을 사용할 수 있고, 이 정책은 부분적으로만 관찰할 수 있는 환경에서는 가치 기반 학습법보다도 좋은 성능을 보여줍니다. 그리고 이렇게 확률적 정책을 학습하더라도, 신경망이 결정적 정책을 학습하는 것을 막을 수는 없다는 사실도 확인했습니다. 그리고 네 가지 알고리즘을 살펴보았습니다. 첫 번째로 REINFORCE를 다뤘고, 이 알고리즘이 어떻게 직관적으로 정책을 개선시키는지 확인했습니다. REINFORCE에서는 정책을 개선하기 위한 점수로써 전체 반환값이나 이동 보상을 사용할 수 있습니다.

이어서 베이스라인이 적용된 REINFORCE라고 알려져 있는 순수 정책 경사법을 학습하였습니다. 이 알고리즘에서는 몬테카를로 반환값을 목표로 사용하여 가치함수를 학습했습니다. 이때 가치함수는 크리틱이 아닌, 베이스라인으로 사용합니다. VPG에서는 부트스트래핑을 사용하지 않습니다. 대신 REINFORCE와 같이 이동보상을 사용했고, 경사에 대한 분산을 낮추기 위해서 학습된 가치함수를 뺐습니다. 다르게 표현하면 이점함수를 정책에 대한 점수로 활용한 셈입니다. 또한 A3C 알고리즘도 다뤘습니다. A3C에서는 가치함수를 학습하고, 정책에 대한 점수를 매기기 위해서 가치함수에 대한 부트스트래핑을 수행합니다. 엄밀하게 말하자면 모델을 개선하기 위해 n-단계 반환값을 사용합니다. 추가적으로 여러 개의 액터 학습자를 사용하여, 각각이 정책을 수행하고, 반환값을 평가하면서, Hogwild! 방식을 사용하여 정책 모델과 가치 모델을 갱신합니다. 이때 각 워커는 락이 없는 모델을 사용하여 비동기적으로 갱신합니다.

그 후에 GAE에 대해서 배웠고, 이 방식이 TD(λ)와 λ반환과 유사한 방식으로 이점을 추정한다는 사실을 알았습니다. GAE는 조금 더 강력한 이점에 대한 추정치를 만들기 위해서 모든 n-단계 이점에 대해 지수로 가중치를 적용했습니다. 이를 통해서 부트스트래핑에 대한 효과를 올리고, 편향이나 실제 반환값 그리고 궁극적으로 분산에 대해서 쉽게 조절할 수 있습니다.

마지막으로 A2C에 대해서 학습하였고, 어떠한 특정 최적화기를 구현할 필요없이 A3C의 비동기 부분을 제거하는지 살펴보았습니다.

- 가치 기반 학습법, 정책 기반 학습법, 정책 경사법 그리고 액터-크리틱 학습법의 주요 차이점에 대해서 이해할 수 있었습니다.

- 스스로 기본적인 정책 경사법과 액터-크리틱 학습법을 구현할 수 있었습니다.
- 다양한 환경에 적용할 수 있도록 정책 경사법과 액터-크리틱 학습법을 수정할 수 있었습니다.

트위터에서 만나요!

공부하고 배운 내용을 공유해보시기 바랍니다.

매 장의 마지막 부분에, 제가 다음 단계로 넘어가기 위해서 지금까지 배운 것을 어떻게 활용할 수 있을지에 대한 아이디어를 제공할 것입니다. 원한다면, 당신이 얻은 결과를 세상에 공유하고, 다른 사람이 어떻게 구현했는지도 확인해보기 바랍니다. 이것이 서로한테 좋은 방법이며, 여기서 원하는 것을 얻었으면 좋겠습니다.

- **#gdrl_ch11_tf01 :** 이번 장의 서두에서는 가상의 안개가 낀 프로즌레이크 환경에 대해서 언급했는데, 이 환경이 가상인 이유는 아직 여러분이 구현하지 않았기 때문입니다. 직접 안개가 낀 레이크 환경을 구현해보고, 안개가 낀 프로즌레이크도 구현해보기 바랍니다. 이때, 에이전트가 받아들이는 관찰 정보가 실제 환경에서의 내부 상태와는 다르게 설정하기 바랍니다. 예를 들어서 만약 에이전트가 3번 칸에 있을 경우에도, 내부 상태는 비밀을 유지하면서, 에이전트는 단지 안개가 낀 칸 안에 있다는 것만 관찰할 수 있어야 합니다. 이런 경우, 안개가 낀 모든 칸들은 동일한 관찰정보를 주어야 하며, 이로 인해서 에이전트는 스스로가 어디에 있는지 알 수 없습니다. 환경을 구현하고 난 후, (이전 장에서 다뤘던 것처럼) 결정적 정책만 학습할 수 있는 심층 강화학습 에이전트를 실행해보고, (이번 장에서 다뤘던) 확률적 정책을 학습할 수 있는 에이전트도 실행해보기 바랍니다. 아마 신경망을 사용하기 위해서는 관찰 정보에 대해서 원-핫 인코딩이 적용되어야 할 것입니다. 환경에 대한 파이썬 패키지를 만들어보고, 노트북을 통해서 재미있는 실험과 이에 대한 결과를 경험해보세요.
- **#gdrl_ch11_tf02 :** 이번 장에서는 CartPole-v1 환경을 테스트베드로 사용했지만, 여러분은 환경을 바꿔도 직관적으로 동작해야 한다는 것을 알고 있을 것입니다. 우선 동일한 에이전트를 LunarLander-v2나 MountainCar-v0와 같이 유사한 환경에서도 실행해보기 바랍니다. 참고로 이 환경들이 유사한 이유는 관찰 정보가 저차원이면서 연속적이고, 행동은 저차원이면서 이산적이기 때문입니다. 이어서 고차원적이면서, 연속적인 관찰이나 행동 영역을 가지는 다른 환경에서도 실험해보기 바랍니다.
- **#gdrl_ch11_tf03 :** 매 장마다 마지막 해시태그는 총정리 해시태그로 사용하겠습니다. 마지막 해시태그는 이 장과 관련해 작업한 어떤 것이든 다른 사람들과 논의하는데 사용하길 바랍니다. 여러분이 직접 만든 것만큼 흥미로운 과제도 없답니다. 당신이 어떤 공부를 하고 있는지, 그 결과도 공유해주기 바랍니다.

공부한 것에 대해서 트윗을 쓰고 저(@mimoralea)를 태그해주세요(제가 리트윗하겠습니다). 그리고 여러분이 얻은 결과를 사람들이 위에 적힌 해시태그를 사용하기 바랍니다. 잘못된 결과는 없습니다. 여러분이 찾은 것을 공유하고, 다른 사람이 찾은 것을 확인해보세요. 이 해시태그를 기회로 교류하고 기여하세요. 다같이 기다리고 있을게요!

## CHAPTER 12

발전된 액터–크리틱 학습법

> "비평은 받아들이기 어려울지 몰라도, 반드시 필요하다. 고통이 신체에서 건강하지 않은 부분
> 을 찾아내듯 비평도 좋지 않은 부분을 찾아낸다."
>
> — 윈스턴 처칠winston churchill
>
> 영국의 정치가이자 군인, 작가 그리고 영국의 수상

이전 장에서 심층 강화학습 문제를 해결할 때 기존과는 다르면서 조금 더 직접적인 기법에 대해서 학습하였습니다. 우선 에이전트가 정책을 직접적으로 근사함으로써 정책을 학습하는 정책–경사법을 소개했습니다. 순수 정책–경사 학습법은 기존 가치 기반 학습법과 다르게 정책을 찾기 위해 가치 함수를 사용하지 않습니다. 사실 가치 함수를 전혀 사용하지 않습니다. 대신 직접 확률적 정책을 학습합니다.

하지만, 가치 함수는 여전히 중요한 역할을 수행하면서 정책–경사법을 조금 더 개선시킬 수 있습니다. 그리고 그 방법으로 액터–크리틱 학습법을 소개했습니다. 이 학습법은 에이전트가 정책과 가치 함수를 모두 학습합니다. 이런 접근 방식을 활용하면, 다른 근사법들의 약점을 완화시킬 수 있는 어떤 함수 근사법의 강점을 활용할 수 있습니다. 예를 들어서, 어떤 환경에서는 충분히 정확한 가치 함수를 학습하기보다는 정책을 학습하는 편이 조금 더 직관적일 수 있는데, 이는 행동 영역에서의 관계가 어떻게 보면 가치에 대한 관계보다도 훨씬 명확할 수 있기 때문입니다. 여전히 상태에 대한 가치를 정확하게 아는 것이 조금은 더 복잡할지라도, 이에 대해 적절하게 근사화를 수행하면 정책–경사법에서 목적에 대한 분산을 낮출 때 유용할 수 있습니다. 이

전 장에서 확인했던 것처럼, 가치 함수를 학습하고 이를 베이스라인으로 활용하거나 이점을 계산할 때 사용하면 정책-경사법에서 갱신시 사용하는 목표에 대한 분산을 적절하게 낮출 수 있습니다. 게다가 이렇게 분산을 낮추게 되면 학습 속도가 빨라지는 효과를 낳기도 합니다.

하지만 이전 장에서는 확률적 정책을 갱신할 때 크리틱으로서 가치 함수를 사용하는 것에 초점을 맞췄습니다. 가치 함수를 학습할 때 서로 다른 목표를 사용했고, 약간 다른 방식으로 진행 방식에 대한 병렬화를 수행했습니다. 하지만 알고리즘은 정책을 학습하는 방식과 일관된 방식으로 학습된 가치함수를 사용했고, 이때 학습된 정책은 확률적 정책이므로 동일한 속성을 가집니다. 그래서 학습된 정책과 가치 함수를 처음부터 살펴봤습니다. 이번 장에서는 액터-크리틱 학습법의 본질을 조금 더 깊게 살펴보고, 네 개의 서로 다른 어려운 환경에서 이를 학습시켜보고자 합니다. 바로 펜들럼^{pendulum}과 호퍼^{hopper}, 치타^{cheetah} 그리고 루나랜더^{lunar lander} 입니다. 곧 확인하겠지만, 이런 환경들은 더 어려울 뿐 아니라, 대부분은 우리가 처음 접하게 될 연속적인 행동 공간을 가지고, 그로 인해 나름의 독특한 정책 모델들이 필요합니다.

이런 환경들을 해결하기 위해, 우선 결정적 정책^{deterministic policy}을 학습할 수 있는 방법을 살펴보겠습니다. 다시 말해, 같은 상태에 도달했을 때는 같은 행동을 취하는 정책으로, 이때의 행동은 이상적이라고 믿는 행동입니다. 또한 이런 결정적 정책을 심층 강화학습 문제를 해결하는데 있어 최신의 방식을 접목시킬 수 있는 개선점들에 대해서 공부하게 됩니다. 그리고 나서 액터-크리틱 학습법에 대해서 조금 더 탐색하면서, 이번에는 손실함수에서 엔트로피를 사용하지 않고, 가치함수의 공식에서 엔트로피를 직접적으로 사용합니다. 마지막으로 정책이 갱신될 때 작은 변화만 수용할 수 있도록 제한을 둬 정책 개선 과정이 조금 더 안정적으로 수행될 수 있는 알고리즘을 살펴보며 마무리 하겠습니다. 이렇게 정책이 작은 변화만 수용하게 되면, 정책-경사법이 지속적으로 움직이면서, 성능 측면에서 단조로운 개선이 이뤄져 몇몇 심층 강화학습 벤치마크에서 최고의 성능을 보여줄 수 있도록 합니다.

- 오늘날, 심층 강화학습에서 최신의 알고리즘적 개선점을 적용한 심층 강화학습 알고리즘에 대해서 학습하게 됩니다.
- 연속적인 행동 영역을 가지는 문제부터 고차원의 행동 영역을 가치는 문제까지 다양한 심층 강화학습 관련 문제를 해결하는 방법에 대해서 학습합니다.
- 최신 액터-크리틱 학습법을 처음부터 구현하고, 범용 인공지능과 관련된 조금 더 발전된 개념을 이해할 수 있는 문을 열게 됩니다.

12.1 DDPG: 결정적 정책에 대한 근사화

이번 절에서는 **심층 결정적 정책 경사법**deep deterministic policy gradient (DDPG)이란 알고리즘에 대해서 탐색하게 됩니다. DDPG는 어떻게 보면 근사화된 DQN으로 볼 수 있고, 아니면 연속된 행동 영역을 가지는 DQN이라고도 볼 수 있습니다. DDPG는 DQN에서 확인할 수 있는 동일한 기법들을 많이 사용합니다. 비활성 정책으로 행동-가치 함수를 학습시키기 위해서 재현 버퍼를 사용하고, 학습을 안정적으로 수행하기 위해서 목표망을 사용하기도 합니다. 하지만 DDPG는 이상적인 행동을 근사화하기 위해서 정책을 학습하기도 합니다. 이로 인해서 DDPG는 연속적인 행동 영역으로 한정된 결정적 정책-경사법이라고 할 수 있습니다.

12.1.1 DQN에서 많은 기법들을 가져온 DDPG

우선, DDPG를 DQN과 동일한 구조를 가지는 알고리즘으로 시각화해봅시다. 학습과정은 유사합니다. 에이전트가 온라인 형식으로 경험을 수집하고, 이렇게 온라인으로 수집한 경험에 대한 샘플들을 재현 버퍼에 저장합니다. 매 스텝마다, 에이전트는 재현 버퍼로부터 균일한 확률로 임의로 샘플링한 미니 배치 데이터를 꺼냅니다. 그 후 샘플링한 미니 배치 데이터를 사용하여 부트스트래핑된 TD 목표를 계산하고, Q-함수를 학습합니다.

DQN과 DDPG의 차이는 DQN이 argmax 연산을 사용해서 탐욕적 행동을 취할 때 목표 Q-함수를 사용하는 반면, DDPG는 탐욕적 행동을 근사화하기 위해 학습된 목표 결정적 정책 함수target deterministic policy function를 사용합니다. DQN에서는 탐욕적 행동을 얻기 위해서 다음 상태에 대한 Q-함수에 argmax 연산을 수행하지만, DDPG에서는 정책 함수를 사용하여 다음 상태에서의 가장 최적의 행동을 직접적으로 근사화합니다. 두 방식 모두 최대의 값을 구하기 위해서 Q-함수에 앞에서 구한 행동을 사용합니다.

코드 12-1 DDPG에서의 Q-함수 신경망

```
class FCQV(nn.Module):  ◀── (1) 이 클래스는 DDPG에서 사용되는 Q-함수 신경망입니다.
    def __init__(self,
                 input_dim,
                 output_dim,
                 hidden_dims=(32,32),
                 activation_fc=F.relu):
        super(FCQV, self).__init__()
        self.activation_fc = activation_fc

                                        (2) 이전과 동일한 형태의 구조로
                                            시작합니다.

        self.input_layer = nn.Linear(input_dim, hidden_dims[0])
        self.hidden_layers = nn.ModuleList()
        for i in range(len(hidden_dims)-1):
            in_dim = hidden_dims[i]
            if i == 0:  ◀── (3) 첫 번째 변경점입니다. 첫 번째 은닉계층의 차원을 출력의 차원만큼 증가시켰습니다.
                in_dim += output_dim
            hidden_layer = nn.Linear(in_dim, hidden_dims[i+1])
            self.hidden_layers.append(hidden_layer)
        self.output_layer = nn.Linear(hidden_dims[-1], 1)
                    (4) 참고로 신경망의 출력은 상태-행동 쌍에 대한
        <...>           가치를 나타내는 단일 노드로 되어 있습니다.

    def forward(self, state, action):  ◀── (5) 전방향 연산은 다음과 같습니다.
```

```
x, u = self._format(state, action)
x = self.activation_fc(self.input_layer(x))
for i, hidden_layer in enumerate(self.hidden_layers):
    if i == 0:                    (6) 하지만 첫 번째 은닉계층에서 상태를 나타내는 노드에 행동을 덧붙입니다.
        x = torch.cat((x, u), dim=1)  ◀──
    x = self.activation_fc(hidden_layer(x))  ◀──  (7) 그리고 이전과 동일하게 구성합니다.
return self.output_layer(x)  ◀──  (8) 마지막으로 출력을 반환합니다.
```

12.1.2 결정적 정책 학습

이제 이 알고리즘이 정상적으로 수행되도록 정책 신경망을 추가해야 합니다. 주어진 상태에 대해서 이상적인 행동을 알려줄 수 있는 신경망을 학습시켜야 합니다. 그렇기 때문에 해당 신경망은 행동에 대한 미분이 가능해야 합니다. 그래서 행동 영역은 효과적인 경사기반 학습에서도 동작할 수 있도록 연속적이어야 합니다. 목표는 단순합니다. 정책 신경망 μ를 사용해서 Q값의 기대값을 사용하는 것입니다. 다시 말하면, 에이전트는 가치를 최대화할 수 있는 행동을 찾으려 합니다. 참고로 실제 구현에는, 값에 대한 최소화 기법을 사용하므로, 결과적으로 우리는 해당 목표에 대한 음의 값을 최소화하는 형태를 추구합니다.

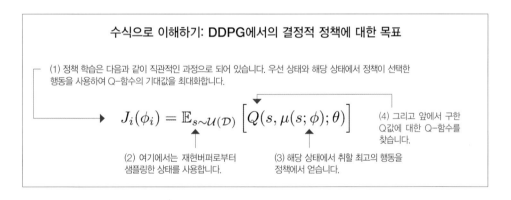

수식으로 이해하기: DDPG에서의 결정적 정책에 대한 목표

(1) 정책 학습은 다음과 같이 직관적인 과정으로 되어 있습니다. 우선 상태와 해당 상태에서 정책이 선택한 행동을 사용하여 Q-함수의 기대값을 최대화합니다.

$$J_i(\phi_i) = \mathbb{E}_{s \sim \mathcal{U}(\mathcal{D})} \Big[Q(s, \mu(s; \phi); \theta) \Big]$$

(4) 그리고 앞에서 구한 Q값에 대한 Q-함수를 찾습니다.

(2) 여기에서는 재현버퍼로부터 샘플링한 상태를 사용합니다.

(3) 해당 상태에서 취할 최고의 행동을 정책에서 얻습니다.

참고로 이번에는 목표망을 쓰지 않지만, 행동 선택을 위한 정책과 가치 함수(행동에 대한 평가)를 위한 온라인 신경망을 대신 사용합니다. 추가로 가치함수를 학습시킬 때, 상태에 대한 미니배치 데이터를 샘플링하는 것과 더불어, 동일한 상태를 정책 신경망을 학습시킬 때도 사용할 수 있습니다.

코드 12-2 DDPG에서의 결정적 정책 신경망

```python
class FCDP(nn.Module):    ◀—— (1) 이 클래스는 DDPG에서 사용되는 정책 신경망인, 완전 결합 결정적 정책입니다.
    def __init__(self,
                 input_dim,
                 action_bounds,
                 hidden_dims=(32,32),
                 activation_fc=F.relu,    ◀——— (2) 이번에는 출력 계층의 활성함수가 다릅니다.
                 out_activation_fc=F.tanh):    이번에는 출력을 (-1, 1) 사이의 값을 가지게 하기
        super(FCDP, self).__init__()          위해서 tanh 활성함수를 사용합니다.
        self.activation_fc = activation_fc
        self.out_activation_fc = out_activation_fc
        self.env_min, self.env_max = action_bounds
        (3) 여기에서는 행동에 대한 최솟값과 최댓값이 필요한데,
            이를 통해서 신경망의 출력인 (-1, 1) 사이의 값을 기대한 범위로 다시 재조정할 수 있습니다.

        self.input_layer = nn.Linear(input_dim, hidden_dims[0])
                                                         (4) 구조는 예상과 같이 상태를 입력으
        self.hidden_layers = nn.ModuleList()             로 받고, 행동을 출력으로 내보내는 구
        for i in range(len(hidden_dims)-1):              조로 되어 있습니다.
            hidden_layer = nn.Linear(hidden_dims[i], hidden_dims[i+1])
            self.hidden_layers.append(hidden_layer)
        self.output_layer = nn.Linear(hidden_dims[-1], len(self.env_max))  ◀—

    def forward(self, state):    ◀—— (5) 전방향 연산도 역시 직관적으로 되어 있습니다.
        x = self._format(state)
        x = self.activation_fc(self.input_layer(x))    ◀—— (6) 입력 부분입니다.
        for hidden_layer in self.hidden_layers:    ◀—— (7) 은닉 계층 부분입니다.
            x = self.activation_fc(hidden_layer(x))    ◀—— (8) 출력 계층입니다.
```

---

1 옮긴이_ https://arxiv.org/abs/1509.02971

```python
        x = self.output_layer(x)
```

(9) 참고로 이 부분에서는 출력 활성 함수로 정의된 함수를 통해 출력을 활성화합니다.

```python
        x = self.out_activation_fc(x)
```

(10) 중요한 것은 이 부분에서 행동을 기존의 −1과 1 사이의 값에서 환경에 맞게끔 재조정한다는 점입니다. 여기에서는 rescale_fn에 대한 정의를 설명하지는 않지만, 자세한 내용은 노트북에서 확인할 수 있습니다.

```python
        return self.rescale_fn(x)
```

코드 12-3 DDPG에서의 모델 최적화 과정

```python
    def optimize_model(self, experiences):
```
(1) optimize_model 함수는 경험에 대한 미니 배치 데이터를 입력으로 받습니다.

```python
        states, actions, rewards, next_states, is_terminals = experiences
        batch_size = len(is_terminals)
```

(2) 이와 더불어, 다음 상태에서의 예측된 최댓값을 사용하여, 목표를 계산하고,
이어 정책을 통해 행동을 구하고, Q−함수를 이용해서 가치를 계산합니다.

```python
        argmax_a_q_sp = self.target_policy_model(next_states)
        max_a_q_sp = self.target_value_model(next_states, argmax_a_q_sp)
        target_q_sa = rewards + self.gamma * max_a_q_sp * (1 - is_terminals)
        q_sa = self.online_value_model(states, actions)
```

(3) 그리고 나서 예측된 값을 얻고, 오차와 손실을 계산합니다. 참고로 현재는 목표와 온라인 신경망을 사용합니다.

```python
        td_error = q_sa - target_q_sa.detach()
        value_loss = td_error.pow(2).mul(0.5).mean()
        self.value_optimizer.zero_grad()
```
(4) 최적화 과정은 이전에 다뤘던 형태와 동일합니다.

```python
        value_loss.backward()
        torch.nn.utils.clip_grad_norm_(self.online_value_model.parameters(),
                                        self.value_max_grad_norm)
        self.value_optimizer.step()
```

(5) 다음으로 미니 배치 데이터에 포함되어 있는 상태에 대하여 온라인 정책으로부터 예측된 행동을 얻습니다.
그리고 이렇게 구한 행동을 사용하여 온라인 가치 신경망을 이용해서 가치에 대한 추정치를 계산합니다.

```python
        argmax_a_q_s = self.online_policy_model(states)
        max_a_q_s = self.online_value_model(states, argmax_a_q_s)
        policy_loss = -max_a_q_s.mean()
```
(6) 다음으로 정책에 대한 손실을 구합니다.

```python
        self.policy_optimizer.zero_grad()
        policy_loss.backward()
```

(7) 마지막으로 최적화기를 0으로 설정하고, 손실에 대한 역전파 연산을 수행한 후,
경사에 대한 절단을 수행합니다. 이어 최적화기를 한 단계 수행합니다.

```python
        torch.nn.utils.clip_grad_norm_(self.online_policy_model.parameters(),
                                        self.policy_max_grad_norm)
        self.policy_optimizer.step()
```

12.1.3 결정적 정책에서의 탐색

DDPG에서는 결정적 탐욕 정책을 학습합니다. 완벽한 환경이라면, 이 정책은 특정 상태를 입력으로 받았을 때, 해당 상태에서의 이상적인 행동을 반환합니다. 하지만 학습되지 않은 정책일 경우, 반환되는 행동은 결정적인 성질을 지닐 뿐, 그렇게 정확하지 않습니다. 이전에 언급했던 것처럼 에이전트는 탐색을 하면서도 착취에 대한 지식과의 균형을 맞춰야만 합니다. 하지만 DDPG 에이전트는 결정적 정책을 학습하기 때문에, 더 이상 활성 정책으로 탐색할 수 없게 됩니다. 에이전트가 고집스러워서 항상 같은 행동을 선택한다고 상상해봅시다. 이런 문제를 다루려면 비활성 정책으로 탐색을 수행해야 합니다. 그래서 DDPG에서는 정책으로부터 선택된 행동에 가우시안 잡음gaussian noise를 넣어줍니다.

이전 장에서는 여러 개의 심층 강화학습 에이전트를 통해 탐색하는 방법을 학습했습니다. NFQ나 DQN같은 가치 기반 알고리즘에서는 Q값에 기반한 탐색 전략을 사용했습니다. 이때 학습된 Q-함수를 사용해서 주어진 상태에 대한 행동들의 가치를 얻었고, 해당 가치를 기반으로 탐색을 수행했습니다. REINFORCE나 VPG 같은 정책 기반 알고리즘에서는 확률적 정책을 사용해 탐색이 활성정책인 상태로 수행됩니다. 그 말은 탐색은 확률적인 속성을 가지므로 정책 그 자체를 따라 수행된다는 의미입니다. 말 그대로 임의의 성질을 가집니다. DDPG에서는 에이전트가 행동에 외부의 잡음을 추가함으로써 탐색을 수행하는데, 이런 형태가 바로 비활성 정책으로 탐색 전략입니다.

코드 12-4 결정적 정책 경사법에서의 탐색

```
class NormalNoiseDecayStrategy():          (1) 이 함수는 이 전략 클래스에 구현되어 있
                                               는 select_action 함수입니다.

    def select_action(self, model, state, max_exploration=False):
        if max_exploration:
                    (2) 탐색을 최대로 하기 위해서는 잡음의 범위를 행동의 최댓값으로 설정합니다.
            noise_scale = self.high
        else:
            noise_scale = self.noise_ratio * self.high

                                  (3) 그렇지 않을 경우 잡음의 범위
                                      를 낮춥니다.

        with torch.no_grad():
                    (4) 여기에서는 신경망으로부터 직접적으로 탐욕적 행동을 취합니다.
            greedy_action = model(state).cpu().detach().data.numpy().squeeze()
```

(5) 이어서 앞에서 정의한 범위와 0 평균값을 사용하여 행동에 대한 가우시안 잡음을 구합니다.

```
noise = np.random.normal(loc=0, scale=noise_scale, size=len(self.high))
noisy_action = greedy_action + noise
action = np.clip(noisy_action, self.low, self.high)
```

(6) 이 잡음을 행동에 더해주고, 특정 범위 내에서 절단을 수행합니다.

(7) 다음으로 잡음의 비중에 대한 스케줄을 갱신합니다. 이때 잡음의 비중은 상수가 될 수도 있고, 선형적 혹은 지수적으로 변경될 수 있습니다.

```
self.noise_ratio = self._noise_ratio_update()
```

```
return action
```
(8) 마지막으로 행동을 반환합니다.

자세한 예제: 펜들럼 환경

Pendulum-v0 환경은 펜들럼이 뒤집혀 있는 형태로 되어 있어 에이전트가 회전을 시켜야만, 가능한 적은 힘으로 상태를 유지시킬 수 있습니다. 상태 영역은 벡터 $(\cos\theta, \sin\theta, \dot{\theta})$으로 구성되어 있고, 각각 막대기가 서있는 각도에 대한 코사인값, 사인값 그리고 각속도를 나타냅니다.

행동 영역은 −2와 2 사이의 연속적인 값을 가지는 단일 변수로, 관절에 가하는 힘을 나타냅니다. 이때 관절이란 막대기의 안에 있는 까만 점을 말합니다. 행동은 바로 관절에 가하는 힘인데, 시계 방향으로 주거나, 반시계 방향으로 가할 수 있습니다.

보상 함수는 각과 속도 그리고 힘으로 이뤄진 공식으로 되어 있습니다. 이때의 목적은 아무런 힘을 가하지 않고, 완벽한 평형을 유지하는 것입

그림 12-1 펜들럼 환경

니다. 이와 같은 이상적인 상황에 도달했을 때, 에이전트는 보상으로 최댓값인 0을 받습니다. 에이전트가 지불하는 가장 큰 비용(혹은 가장 낮은 보상)은 대략적으로 −16 정도입니다. 보상에 관한 정확한 공식은 $-(\theta^2 + 0.1 \cdot \theta_{dt}^2 + 0.001 \cdot 행동^2)$입니다.

이 환경은 연속적인 환경이기 때문에, 종료 상태가 존재하지 않습니다. 하지만 동일한 효과를 주기 위해서 200스텝이 경과한 후에 종료됩니다. 환경은 해결되지 않은 상태를 가정하는데, 이 말은 목표 반환값이 없다는 것을 의미합니다. 하지만 −150 정도가 달성해야 할 이상적인 임계치입니다.

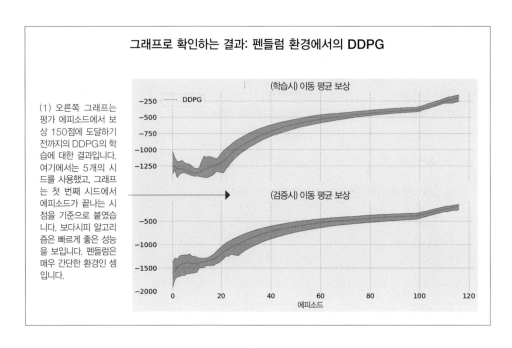

그래프로 확인하는 결과: 펜들럼 환경에서의 DDPG

(1) 오른쪽 그래프는 평가 에피소드에서 보상 150점에 도달하기 전까지의 DDPG의 학습에 대한 결과입니다. 여기에서는 5개의 시드를 사용했고, 그래프는 첫 번째 시드에서 에피소드가 끝나는 시점을 기준으로 붙였습니다. 보다시피 알고리즘은 빠르게 좋은 성능을 보입니다. 펜들럼은 매우 간단한 환경인 셈입니다.

12.2 TD3: DDPG를 넘어선 성능을 보이는 개선점들

DDPG는 수년동안 제어 분야에서 최고의 성능을 보여주는 심층 강화학습 방법 중 하나였습니다. 하지만 성능 관점에서 큰 차이를 보일 수 있도록 제안된 개선점들이 있습니다. 이번 절에서는 **이중 지연**twin-delayed **DDPG**(TD3)라고 불리는 새로운 알고리즘을 형성하는 개선점들에 대해 논의하겠습니다. TD3는 기존의 DDPG 알고리즘에서 3가지 주요 항목에 대한 변화를 주었습니다. 첫 번째로 이전에 다뤘던 이중 Q-학습과 DDQN과 같은 이중 학습 기법이 추가되었는데, 이번에는 독특한 '쌍둥이'twin 신경망 구조를 사용했다는 점에서 차이가 있습니다. 두 번째로 잡음이 추가되었는데, 이 잡음은 환경에 입력으로 들어가는 행동뿐만 아니라 목표 행동에도 추가됨으로써 정책 신경망이 근사 오차에 대해서 조금 더 강건하게 동작할 수 있도록 해줍니다. 그리고 마지막으로 정책 신경망과 목표망 그리고 쌍둥이 목표망에 대한 갱신이 지연되도록 해, 내부의 쌍둥이 망이 더 자주 갱신되도록 해줍니다.

12.2.1 DDPG에서의 이중 학습

TD3에서는 두 개의 분리된 줄기로 되어 있으며, 상태-행동 쌍을 나타내는 두 개의 분리된 추정치를 출력으로 내보내는 특별한 종류의 Q-함수 신경망을 사용합니다. 대부분의 과정 동안, 이 두 줄기는 완전히 독립적인 관계를 가지기 때문에, 어떻게 보면 두 개의 분리된 신경망으로 생각할 수 있습니다. 하지만 만약 환경이 이미지를 다루는 환경이라면 특징 계층을 공유하는 것이 유용할 수 있습니다. 이 경우, 합성곱 신경망(CNN)이 공통의 특징을 추출하고 잠재적으로 빠르게 학습할 수 있습니다. 그럼에도 불구하고, 이렇게 공유된 계층을 가지는 신경망은 보통 학습시키기 어렵기 때문에, 어떤 구조를 가지고 실험할지는 여러분이 결정하기에 달렸습니다.

이어지는 구현 부분에서는 두 개의 줄기가 분리된 형태로 되어 있고, 두 신경망이 공유하는 유일한 요소는 최적화기뿐입니다. 아마 쌍둥이 신경망의 손실함수에서 확인할 수 있겠지만, 각각의 신경망에 대한 손실들을 더해서, 이 복합적인 손실에 대해서 두 신경망을 최적화시키는 과정을 수행합니다.

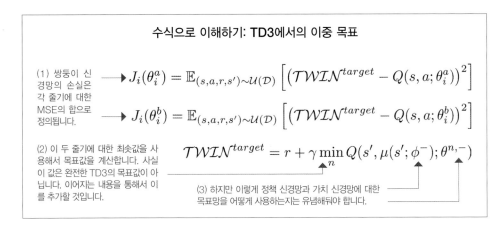

수식으로 이해하기: TD3에서의 이중 목표

(1) 쌍둥이 신경망의 손실은 각 줄기에 대한 MSE의 합으로 정의됩니다.

$$J_i(\theta_i^a) = \mathbb{E}_{(s,a,r,s') \sim \mathcal{U}(\mathcal{D})} \left[\left(\mathcal{TWIN}^{target} - Q(s,a;\theta_i^a) \right)^2 \right]$$

$$J_i(\theta_i^b) = \mathbb{E}_{(s,a,r,s') \sim \mathcal{U}(\mathcal{D})} \left[\left(\mathcal{TWIN}^{target} - Q(s,a;\theta_i^b) \right)^2 \right]$$

(2) 이 두 줄기에 대한 최솟값을 사용해서 목표값을 계산합니다. 사실 이 값은 완전한 TD3의 목표값이 아닙니다. 이어지는 내용을 통해서 이를 추가할 것입니다.

$$\mathcal{TWIN}^{target} = r + \gamma \min_n Q(s', \mu(s';\phi^-); \theta^{n,-})$$

(3) 하지만 이렇게 정책 신경망과 가치 신경망에 대한 목표망을 어떻게 사용하는지는 유념해둬야 합니다.

코드 12-5 TD3에서의 쌍둥이 Q 신경망

```
class FCTQV(nn.Module):
    def __init__(self,
                 input_dim,
                 output_dim,
                 hidden_dims=(32,32),
                 activation_fc=F.relu):
        super(FCTQV, self).__init__()
```

(1) 이 클래스는 완전 결합된 쌍둥이 Q 신경망입니다. TD3 알고리즘이 쌍둥이 줄기를 이용하여 Q값을 근사화하는 방법이 구현됩니다.

```python
        self.activation_fc = activation_fc
```

(2) 두 개의 입력 계층이 존재합니다. 다시 한번 언급하자면, 두 줄기는 실제로 분리된 신경망 두 개입니다.

```python
        self.input_layer_a = nn.Linear(input_dim + output_dim, hidden_dims[0])
        self.input_layer_b = nn.Linear(input_dim + output_dim, hidden_dims[0])
```

(3) 다음으로 각 줄기에 대한 은닉 계층을 생성합니다.

```python
        self.hidden_layers_a = nn.ModuleList()
        self.hidden_layers_b = nn.ModuleList()
        for i in range(len(hidden_dims)-1):
            hidden_layer_a = nn.Linear(hidden_dims[i], hidden_dims[i+1])
            self.hidden_layers_a.append(hidden_layer_a)

            hidden_layer_b = nn.Linear(hidden_dims[i], hidden_dims[i+1])
            self.hidden_layers_b.append(hidden_layer_b)

        self.output_layer_a = nn.Linear(hidden_dims[-1], 1)
        self.output_layer_b = nn.Linear(hidden_dims[-1], 1)
```

(4) 두 개의 출력 계층으로 마무리하는데, 이때 Q 값을 나타내는 단일 노드로 되어 있습니다.

```python
    def forward(self, state, action):
        x, u = self._format(state, action)
        x = torch.cat((x, u), dim=1)
```

(5) 먼저 전방향 연산에서 신경망이 입력으로 받을 수 있는 형태로 입력의 형태를 맞춥니다.

(6) 이어서 상태와 행동을 하나로 붙여준 후, 이를 각 줄기로 통과시킵니다.

```python
        xa = self.activation_fc(self.input_layer_a(x))
        xb = self.activation_fc(self.input_layer_b(x))
        for hidden_layer_a, hidden_layer_b in zip(
                    self.hidden_layers_a, self.hidden_layers_b):
```

(7) 앞에서 구한 결과를 모든 은닉 계층과 각 계층에 할당된 활성 함수에 통과시킵니다.

```python
            xa = self.activation_fc(hidden_layer_a(xa))
            xb = self.activation_fc(hidden_layer_b(xb))
        xa = self.output_layer_a(xa)
        xb = self.output_layer_b(xb)
        return xa, xb
```

(8) 마지막으로 이전의 결과를 출력 계층에 통과시킨 후, 이에 대한 결과를 바로 반환합니다.

(9) 이 부분은 Qa 줄기에 대한 전방향 연산입니다. 특히 정책 갱신시 목표를 계산할 때 사용할 가치를 구할 때 유용하게 사용할 수 있습니다.

```python
    def Qa(self, state, action):
        x, u = self._format(state, action)
        x = torch.cat((x, u), dim=1)
        xa = self.activation_fc(self.input_layer_a(x))
```

(10) 역시 입력의 형태를 맞춰준 후, a 줄기로 통과시키기 전에 상태와 행동을 붙여줍니다.

(11) 이어서 은닉 계층 a로 통과시킵니다.

```python
        for hidden_layer_a in self.hidden_layers_a:
            xa = self.activation_fc(hidden_layer_a(xa))
```

(12) 마치 시작부터 하나의 신경망으로 시작한 것처럼, 출력 계층으로도 통과시키고 이에 대한 결과를 반환합니다.

```python
        return self.output_layer_a(xa)
```

12.2.2 정책 갱신시 사용할 목표를 부드럽게 만들기

앞에서 DDPG에 탐색 기능을 개선하기 위해서, 환경에서 사용될 행동에 가우시안 잡음을 넣었습니다. TD3는 이런 개념을 가져와서 잡음을 추가하는데, 단순히 탐색에 사용할 행동 뿐 아니라, 목표를 계산할 때 사용될 행동에도 추가하는 것입니다.

이렇게 잡음이 섞인 목표를 가지고 정책을 학습하는 것은 어떻게 보면 정규화기^{regularizer}로도 볼 수 있는데, 그 이유는 이를 통해서 신경망이 유사한 행동에 대해서 일반화를 수행하도록 할 수 있기 때문입니다. 이 기법을 통해서 정책망이 올바르지 않은 행동으로 수렴하는 것을 막아주는데, 그 이유는 학습 초반에는 Q-함수가 특정 행동에 대해서 부정확한 값을 가지고 있기 때문입니다. 그래서 행동에 대한 잡음을 적용할 경우, 적용하지 않은 경우보다 행동에 대한 가치의 범주가 더 넓어지게 됩니다.

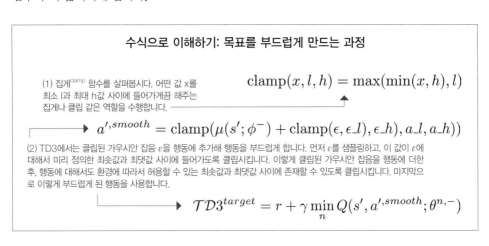

수식으로 이해하기: 목표를 부드럽게 만드는 과정

(1) 집계^{clamp} 함수를 살펴봅시다. 어떤 값 x를 최소 l과 최대 h값 사이에 들어가게끔 해주는 집계나 클립 같은 역할을 수행합니다.

$$\text{clamp}(x, l, h) = \max(\min(x, h), l)$$

$$a'^{,smooth} = \text{clamp}(\mu(s'; \phi^-) + \text{clamp}(\epsilon, \epsilon\_l), \epsilon\_h), a\_l, a\_h))$$

(2) TD3에서는 클립된 가우시안 잡음 ϵ을 행동에 추가해 행동을 부드럽게 합니다. 먼저 ϵ를 샘플링하고, 이 값이 ϵ에 대해서 미리 정의한 최솟값과 최댓값 사이에 들어가도록 클립시킵니다. 이렇게 클립된 가우시안 잡음을 행동에 더한 후, 행동에 대해서도 환경에 따라서 허용할 수 있는 최솟값과 최댓값 사이에 존재할 수 있도록 클립시킵니다. 마지막으로 이렇게 부드럽게 된 행동을 사용합니다.

$$\mathcal{TD}3^{target} = r + \gamma \min_n Q(s', a'^{,smooth}; \theta^{n,-})$$

코드 12-6 TD3에서의 모델 최적화 과정

```
def optimize_model(self, experiences):          (1) TD3 모델을 최적화하기 위해서, 경험에 대한
    states, actions, rewards, next_states, is_terminals = experiences    미니 배치 데이터를 입력으로 받습니다.
    batch_size = len(is_terminals)

    with torch.no_grad():
        env_min = self.target_policy_model.env_min          (2) 우선 환경에 대한 최솟값과
        env_max = self.target_policy_model.env_max          최댓값을 얻습니다.
        a_ran = self.target_policy_model.env_max - self.target_policy_model.env_min
        a_noise = torch.randn_like(actions) * self.policy_noise_ratio * a_ran
```

(3) 잡음을 구한 후, 행동 크기의 범주에 맞게끔 잡음의 범주도 확장시킵니다.

(4) 잡음에 대한 클립된 최솟값과 최댓값을 구합니다.

```
n_min = env_min * self.policy_noise_clip_ratio
n_max = env_max * self.policy_noise_clip_ratio
```

(5) 앞에서 구한 값들을 바탕으로 잡음을 클립합니다.

```
a_noise = torch.max(torch.min(a_noise, n_max), n_min)
```

(6) 목표 정책 모델로부터 행동을 취합니다.

```
argmax_a_q_sp = self.target_policy_model(next_states)
```

(7) 그리고 앞에서 구한 잡음을 행동에 추가한 후,
행동에 대해서도 클립합니다.

```
noisy_argmax_a_q_sp = argmax_a_q_sp + a_noise
noisy_argmax_a_q_sp = torch.max(torch.min(noisy_argmax_a_q_sp,
                                          self.target_policy_model.env_max),
                                self.target_policy_model.env_min)
```

(8) 이렇게 클립된 잡음이 더해진 행동을
사용하여 최댓값을 구합니다.

```
max_a_q_sp_a, max_a_q_sp_b = \
        self.target_value_model(next_states, noisy_argmax_a_q_sp)
```

(9) 참고로 이 최댓값은 두 개의 줄기 사이에서 예측된 가치에 대한 최솟값을 구함으로써 얻을 수 있는데,
이에 대한 출력을 목표로 사용하게 됩니다.

```
max_a_q_sp = torch.min(max_a_q_sp_a, max_a_q_sp_b)
target_q_sa = rewards + self.gamma * max_a_q_sp * (1 - is_terminals)


q_sa_a, q_sa_b = self.online_value_model(states, actions)
td_error_a = q_sa_a - target_q_sa
td_error_b = q_sa_b - target_q_sa
```

(10) 이어서 혼합된 손실과 오차를 계산하기 위해서
두 개의 줄기로부터 예측된 값을 얻습니다.

```
value_loss = td_error_a.pow(2).mul(0.5).mean() + td_error_b.pow(2).mul(0.5).mean()
self.value_optimizer.zero_grad()
```
(11) 그런 다음, 쌍둥이 망에서 일반적인 역전파 연산을 수행합니다.
```
value_loss.backward()
torch.nn.utils.clip_grad_norm_(self.online_value_model.parameters(),
                               self.value_max_grad_norm)
self.value_optimizer.step()
```

(12) 참고로 여기에서는 정책에 대한 갱신을 지연시키고 있습니다. 이에 대해서는 다음 장에서 조금 더 설명하겠습니다.

```
if np.sum(self.episode_timestep) % self.train_policy_every_steps == 0:
```

(13) 갱신 과정은 DDPG와 유사하지만, 이번에는 단일 줄기인 'Qa'만을 사용합니다.

```
    argmax_a_q_s = self.online_policy_model(states)
    max_a_q_s = self.online_value_model.Qa(states, argmax_a_q_s)
```

(14) 하지만 사용하는 손실은 동일합니다.

```
    policy_loss = -max_a_q_s.mean()
    self.policy_optimizer.zero_grad()
    policy_loss.backward()
```

(15) 이 부분이 바로 정책 최적화 과정인데, 일반적인 과정을 취하고 있습니다.

```
    torch.nn.utils.clip_grad_norm_(self.online_policy_model.parameters(),
                                   self.policy_max_grad_norm)
    self.policy_optimizer.step()
```

12.2.3 갱신 지연

DDPG에서 TD3로 넘어오면서 적용된 마지막 개선점은 정책 신경망과 목표 신경망에 대한 갱신을 지연시켜 온라인 Q-함수가 다른 요소들보다 더 높은 확률로 갱신이 일어나게 합니다. 보통 이런 신경망에 대한 연산을 지연시키면 온라인 Q-함수는 학습 과정 중 초반에 비정상적인 모양으로 변화하는 경우가 있어 이점이 생깁니다. 이렇게 정책 갱신에 대한 속도를 늦추면, 이 정책 갱신은 몇 번의 가치함수에 대한 갱신이 발생한 후에 갱신되기 때문에, 가치 함수가 정책에게 목표를 알려주기 전에 조금 더 정확한 값을 가질 수 있게 됩니다. 보통 정책 신경망과 목표 신경망에 대한 갱신이 지연되는 주기는 온라인 Q-함수에서 다른 요소에 대한 갱신이 일어난 이후에 일어나게끔 설정하도록 권장합니다.

정책 갱신 시 참고해야 할 또 다른 요소는 정책으로부터 나오는 행동에 대해서 추정된 Q값을 얻기 위해서는 온라인 가치 모델 중 한 줄기를 사용해야 한다는 점입니다. TD3에서는 두 줄기 중 하나를 사용하기는 하지만, 한번 사용한 줄기를 매번 사용하게 됩니다.

NOTE_ 강화학습 역사 한 조각: TD3 에이전트

TD3는 스콧 후지모토Scott Fujimoto가 2018년에 쓴 「Addressing Function Approximation Error in Actor-Critic Methods」[2]란 논문을 통해서 소개되었습니다. 스콧은 맥길 대학교의 컴퓨터 과학과에서 데이비드 메저David Meger교수와 도이나 프리컵Doina Precup 교수의 지도 아래 박사과정을 밟고 있습니다.

자세한 예제: 호퍼 환경

우리가 사용할 호퍼hopper 환경은 MuJoCo와 로보스쿨Roboschool에 있는 호퍼 환경을 오픈소스화한 것이고, 이는 불렛Bullet 물리엔진을 기반으로 동작합니다. MuJoCo는 다양한 모델과 동작들로 구성되어 있는 물리엔진입니다. MuJoCo가 심층 강화학습 연구에서 널리 활용되기는 하지만, 이를 사용하기 위해서는 라이선스가 필요합니다. 만약 학생이 아니라면, 라이선스를 구매하기 위해 수천 달러가 필요합니다. 로보스쿨은 오픈AI가 MuJoCo 환경을 오픈소스화 하기 위해서 만들어졌지만, 불렛에 밀려서 개발이 중단됐습니다. 불렛 물리엔진은 MuJoCo에서 찾을 수 있는 환경을 많이 가지고 있는 오픈소스 프로젝트입니다.

---

2 옮긴이_ https://arxiv.org/abs/1802.09477

그림 12-3 호퍼 환경

HopperBulletEnv-v0 환경은 관찰 영역을 나타내는 연속형 변수 15개로 이뤄진 벡터를 사용합니다. 이때 변수는 각각 호퍼 로봇의 서로 다른 관절값을 나타냅니다. 그리고 -1과 1 사이의 범위를 가지는 3개의 연속형 변수로 구성된 벡터도 있는데, 각 성분은 대퇴골[high]과 다리 그리고 다리 관절을 제어하는 행동을 나타냅니다. 참고로 단일 행동을 취하면 이렇게 3개의 요소로 구성된 벡터가 한번에 입력으로 들어갑니다. 이 에이전트의 목적은 호퍼의 전진이고, 이때 보상 함수는 이런 목적을 따라 강화시키면서, 최소한의 에너지 사용을 추구합니다.

NOTE_ 더 자세히 살펴보기: 호퍼 환경에서 TD3 학습시키기

아마 이번 장에 대한 노트북을 살펴보면, 100개의 연속된 에피소드 동안 1,500이라는 평균 보상에 도달하기 전까지 에이전트를 학습시킨다는 사실을 알 수 있습니다. 실제로 권장하는 임계 보상치는 2,500입니다. 하지만 노트북에서는 5개의 서로 다른 시드를 사용해서 학습시키고, 각 학습당 거의 한 시간 씩 소요되기 때문에, 임계치를 약간 줄여 노트북이 완료되는데 걸리는 시간을 줄이기로 했습니다. 사실 1,500으로 설정해도, 노트북에 있는 GIF 파일을 보면 알겠지만, 호퍼는 전진 행동을 잘 수행합니다.

이제 책에서 확인한 모든 구현은 매 에피소드가 끝날 때마다 한번의 평가 에피소드를 수행하므로 오랜 시간이 걸린다는 걸 아셨을 겁니다. 사실 매 에피소드마다 성능을 평가할 필요도 없을뿐더러, 대부분의 목적에 비하면 과도하기도 합니다. 학습을 위한 목적이라면 괜찮지만, 이와 같은 과정은 필요한 것이며, 만약 코드를 다른 환경에서 재사용하기를 원한다면, 해당 구조는 제거하고, 10에서 100에피소드마다 한번씩 성능을 측정하도록 바꾸는 편이 좋습니다. 또한 세부 구현을 자세히 살펴보기 바랍니다. 책에 구현되어 있는 TD3는 정책 신경망과 가치 신경망을 분리해서 최적화하고 있습니다. 만약 CNN을 사용해서 학습하고자 한다면, 한번에 합성곱에 대한 가중치를 공유하고, 최적화해야 합니다. 하지만 다시 한번 언급하자면, 그런 과정은 많은 설정이 필요합니다.

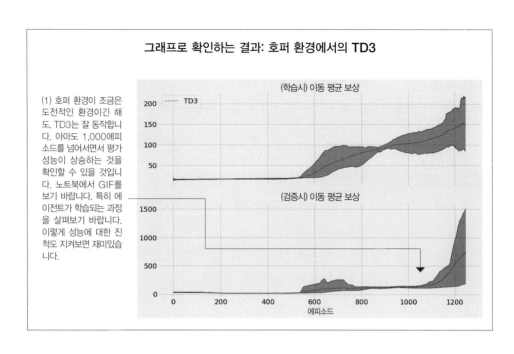

그래프로 확인하는 결과: 호퍼 환경에서의 TD3

(1) 호퍼 환경이 조금은 도전적인 환경이긴 해도, TD3는 잘 동작합니다. 아마도 1,000에피소드를 넘어서면서 평가 성능이 상승하는 것을 확인할 수 있을 것입니다. 노트북에서 GIF를 보기 바랍니다. 특히 에이전트가 학습되는 과정을 살펴보기 바랍니다. 이렇게 성능에 대한 진척도 지켜보면 재미있습니다.

12.3 SAC: 기대 반환값과 엔트로피를 최대화하기

이전에 다뤘던 알고리즘인 DDPG와 TD3는 결정적 정책을 학습시키는 비활성 정책 학습법이었습니다. 이전 내용을 되짚어보자면, 비활성 정책은 최적화하고자 하는 정책과는 다른 행동 정책으로부터 생성된 경험을 사용하는 방법이었습니다. DDPG와 TD3의 경우, 두 알고리즘 모두 이전의 정책들로부터 생성된 경험이 담긴 재현 버퍼를 사용했습니다. 또한 최적화된 정책이 결정적이었는데, 이것은 매 순간마다 얻어지는 같은 행동이 반환된다는 의미이며, 또한 두 알고리즘 모두 비활성 정책 탐색 전략을 사용합니다. 그리고 구현 부분에서도, 둘 다 환경에 입력으로 넣을 행동 벡터에 가우시안 잡음을 넣어주었습니다.

조금 더 넓게 보자면, 이전 장에서 다뤘던 에이전트는 활성 정책을 학습했습니다. 참고로 에이전트들은 확률적 정책을 학습했고, 이 말은 정책에 대해 임의성을 부여해 결과적으로 탐색이 가능하도록 만들었다는 의미입니다. 이렇게 확률적 정책의 임의성을 증강시키기 위해서, 손실 함수에 엔트로피 항을 추가합니다.

이번 절에서는 소프트 액터–크리틱soft actor-critic(SAC)라고 부르는 알고리즘에 대해서 다루겠습니다. 이 알고리즘은 앞에서 소개했던 두 개의 방식을 적절히 혼합한 형태를 가집니다. SAC는 DDPG와 TD3와 같이 비활성 정책 알고리즘이면서 (DDPG나 TD3와 같은 결정적 정책이 아닌) REINFORCE와 A3C, GAE 그리고 A2C와 같은 확률적 정책을 학습합니다.

12.3.1 벨만 방정식에 엔트로피 항 추가하기

SAC의 가장 핵심적인 요소는 확률적인 정책에 대한 엔트로피가 에이전트가 최대화하고자 하는 가치함수의 일부가 되었다는 것입니다. 이번 절에서 보겠지만, 이렇게 총 보상에 대한 기대값과 총 엔트로피값을 교차적으로 최대화하는 과정은 궁극적으로 기대 반환값을 최대한으로 유지하면서, 가능한 다양한 행동을 야기하는 역할을 합니다.

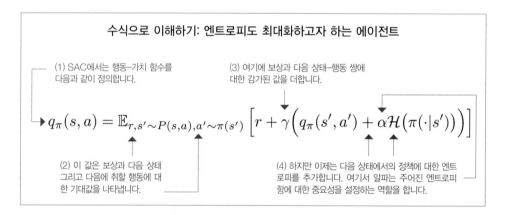

수식으로 이해하기: 엔트로피도 최대화하고자 하는 에이전트

(1) SAC에서는 행동–가치 함수를 다음과 같이 정의합니다.

(3) 여기에 보상과 다음 상태–행동 쌍에 대한 감가된 값을 더합니다.

$$q_\pi(s,a) = \mathbb{E}_{r,s' \sim P(s,a), a' \sim \pi(s')} \left[r + \gamma \Big(q_\pi(s',a') + \alpha \mathcal{H}\big(\pi(\cdot|s')\big) \Big) \right]$$

(2) 이 값은 보상과 다음 상태 그리고 다음에 취할 행동에 대한 기대값을 나타냅니다.

(4) 하지만 이제는 다음 상태에서의 정책에 대한 엔트로피를 추가합니다. 여기서 알파는 주어진 엔트로피 항에 대한 중요성을 설정하는 역할을 합니다.

12.3.2 행동–가치 함수 학습

실제로 SAC는 TD3와 유사한 방법으로 가치함수를 학습합니다. SAC는 Q–함수를 근사화하는 두 개의 신경망을 사용하고, 대부분 연산에서 신경망으로부터 추정된 값 중 최솟값을 취합니다. 하지만 약간 몇 가지 차이가 있다면 다음과 같습니다. SAC에서는 각 Q–함수에 대해서 독립적으로 최적화함으로써 더 좋은 결과를 보여주지만 이 부분은 뒤에서 구현합니다. 또, 엔트로피 항을 목표 가치에 더했으며, 마지막으로 TD3처럼 목표 행동을 직접적으로 부드럽게 만드는 과정을 사용하지 않았습니다. 이 부분을 제외하고는, 전체 형태는 TD3와 동일합니다.

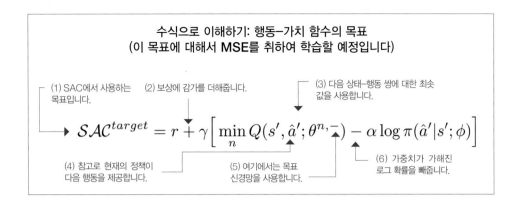

수식으로 이해하기: 행동-가치 함수의 목표
(이 목표에 대해서 MSE를 취하여 학습할 예정입니다)

(1) SAC에서 사용하는 목표입니다.

(2) 보상에 감가를 더해줍니다.

(3) 다음 상태-행동 쌍에 대한 최솟값을 사용합니다.

$$\mathcal{SAC}^{target} = r + \gamma \left[\min_n Q(s', \hat{a}'; \theta^{n,-}) - \alpha \log \pi(\hat{a}'|s'; \phi) \right]$$

(4) 참고로 현재의 정책이 다음 행동을 제공합니다.

(5) 여기에서는 목표 신경망을 사용합니다.

(6) 가중치가 가해진 로그 확률을 빼줍니다.

12.3.3 정책 학습

확률적 정책을 학습하기 위해 이번에는 약간 뭉개진^squashed 가우시안 정책을 사용하는데, 이 정책은 전방향 연산시 평균과 표준편차를 반환해줍니다. 그리고 나서 이를 사용하여, 해당 분포로부터 데이터를 샘플링하고, 쌍곡탄젠트 함수 tanh를 사용해서 값을 뭉개줍니다. 그리고 나서 환경에서 사용할 수 있도록 값의 범주를 다시 넓혀줍니다.

정책을 학습하는 과정에서는 재매개변수화^reparameterization 기법을 사용하는데, 재매개변수화 기법이란 신경망으로부터 확률적인 특성을 가져와서 입력으로 넣어주는 것입니다. 이때, 신경망은 결정적이기 때문에, 학습시킬 때 문제가 발생하지 않습니다. 이 트릭은 파이토치에서 직관적으로 구현되며, 다음 페이지에서 이를 확인할 수 있습니다.

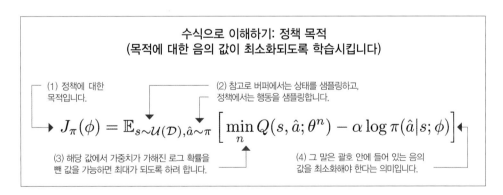

수식으로 이해하기: 정책 목적
(목적에 대한 음의 값이 최소화되도록 학습시킵니다)

(1) 정책에 대한 목적입니다.

(2) 참고로 버퍼에서는 상태를 샘플링하고, 정책에서는 행동을 샘플링합니다.

$$J_\pi(\phi) = \mathbb{E}_{s \sim \mathcal{U}(\mathcal{D}), \hat{a} \sim \pi} \left[\min_n Q(s, \hat{a}; \theta^n) - \alpha \log \pi(\hat{a}|s; \phi) \right]$$

(3) 해당 값에서 가중치가 가해진 로그 확률을 뺀 값을 가능하면 최대가 되도록 하려 합니다.

(4) 그 말은 괄호 안에 들어 있는 음의 값을 최소화해야 한다는 의미입니다.

12.3.4 엔트로피 계수 자동 설정

SAC에서의 핵심은 엔트로피의 계수를 나타내는 알파인데, 이 값은 자동적으로 설정됩니다. SAC에서는 휴리스틱하게 기대하는 엔트로피를 향해서 알파에 대한 경사 기반 최적화를 수행합니다. 보통 권장되는 목표 엔트로피는 행동 영역의 형태에 기반합니다. 조금 더 자세하게 언급하자면, 목표 엔트로피는 행동 영역의 형태에 대한 음의 벡터곱입니다. 이 목표 엔트로피를 사용해 알파를 자동적으로 최적화할 수 있고, 결과적으로는 엔트로피 항을 정규화하는 하이퍼파라미터가 없어집니다.

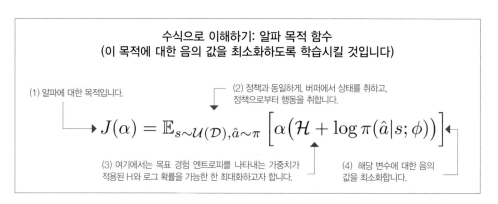

수식으로 이해하기: 알파 목적 함수
(이 목적에 대한 음의 값을 최소화하도록 학습시킬 것입니다)

(1) 알파에 대한 목적입니다.

(2) 정책과 동일하게, 버퍼에서 상태를 취하고, 정책으로부터 행동을 취합니다.

$$J(\alpha) = \mathbb{E}_{s \sim \mathcal{U}(\mathcal{D}), \hat{a} \sim \pi} \left[\alpha \big(\mathcal{H} + \log \pi(\hat{a}|s; \phi) \big) \right]$$

(3) 여기에서는 목표 경험 엔트로피를 나타내는 가중치가 적용된 H와 로그 확률을 가능한 한 최대화하고자 합니다.

(4) 해당 변수에 대한 음의 값을 최소화합니다.

코드 12-7 SAC에서 사용하는 가우시안 정책

```python
class FCGP(nn.Module):        # (1) SAC에서 사용하는 가우시안 정책입니다.
    def __init__(self,
    <...>
        self.input_layer = nn.Linear(input_dim,    # (2) 다른 정책 신경망과 동일하게 입력
                             hidden_dims[0])        # 부터 은닉 계층을 설정해줍니다.

        self.hidden_layers = nn.ModuleList()
        for i in range(len(hidden_dims)-1):
            hidden_layer = nn.Linear(
                hidden_dims[i], hidden_dims[i+1])
            self.hidden_layers.append(hidden_layer)
        # (3) 하지만 은닉 계층은 두 개의 줄기로 연결되어 있습니다. 하나는 행동에 대한 평균을 나타내고,
        # 다른 하나는 행동에 대한 로그 표준 편차를 의미합니다.
        self.output_layer_mean = nn.Linear(hidden_dims[-1], len(self.env_max))
        self.output_layer_log_std = nn.Linear(hidden_dims[-1], len(self.env_max))
        # (4) 목표 경험 엔트로피인 H를 계산합니다.
        self.target_entropy = -np.prod(self.env_max.shape)
```

(5) 이어서 변수를 만들고, 0으로 초기화하며, 알파에 대한 로그값을 최적화하는 최적화기를 생성합니다.

```python
        self.logalpha = torch.zeros(1, requires_grad=True, device=self.device)
        self.alpha_optimizer = optim.Adam([self.logalpha], lr=entropy_lr)

    def forward(self, state):  ◀──── (6) 전방향 연산 부분은 이전과 동일합니다.
        x = self._format(state)  ◀──────────────── (7) 여기에서 입력 변수의 형태를 맞춰주고, 이를
        x = self.activation_fc(self.input_layer(x))     전체 신경망에 입력으로 넣어줍니다.
        for hidden_layer in self.hidden_layers:
            x = self.activation_fc(hidden_layer(x))
        x_mean = self.output_layer_mean(x)
        x_log_std = self.output_layer_log_std(x)
        x_log_std = torch.clamp(x_log_std,  ◀──── (8) 로그 표준편차를 -20과 2 사이에 들어오도
                                self.log_std_min,      록 조절하여, 합리적인 값을 가지도록 합니다.
                                self.log_std_max)
        return x_mean, x_log_std  ◀──── (9) 해당 값들을 반환합니다.

    def full_pass(self, state, epsilon=1e-6):  ◀──── (10) 전체 전방향 연산을 하면, 평균과 로그 표준
        mean, log_std = self.forward(state)            편차를 얻습니다.

        pi_s = Normal(mean, log_std.exp())  ◀──── (11) 앞에서 구한 값을 바탕으로 정규 분포를 생성합니다.
        pre_tanh_action = pi_s.rsample()  ◀──── (12) 여기에서 샘플링을 하면서
                                                재매개변수화 트릭을 수행합니다.
        (13) 그리고 행동을 -1과 1 사이의 값을 가지도록 뭉개줍니다.
        tanh_action = torch.tanh(pre_tanh_action)
        action = self.rescale_fn(tanh_action)  ◀──── (14) 그리고 환경에서 기대하는 범위만큼 해당
                                                      값을 확장시킵니다.
        log_prob = pi_s.log_prob(pre_tanh_action) - torch.log(
            (1 - tanh_action.pow(2)).clamp(0, 1) + epsilon)
        log_prob = log_prob.sum(dim=1, keepdim=True)
(15) 여기에서는 로그 확률과 평균에 대해서도 값의 범위를 확장시켜야 합니다. ─────────
        return action, log_prob, self.rescale_fn(torch.tanh(mean))
```

코드 12-8 SAC 최적화 과정

```python
def optimize_model(self, experiences):  ◀──── (1) SAC의 최적화 과정입니다.
    states, actions, rewards, next_states, is_terminals = experiences

    batch_size = len(is_terminals)
                                         (2) 미니 배치 데이터로부터 경험들을 얻습니다.

    # policy loss          (3) 이어서 현재의 행동과 상태 s에 대한 로그 확률을 구합니다. ─────
    current_actions, logpi_s, _ = self.policy_model.full_pass(states)  ◀──────
```

```python
target_alpha = (logpi_s + self.policy_model.target_entropy).detach()
alpha_loss = -(self.policy_model.logalpha * target_alpha).mean()
```

(4) 알파의 손실에 대해서 계산하고, 알파에 대한 최적화기를 수행합니다.

```python
self.policy_model.alpha_optimizer.zero_grad()
alpha_loss.backward()
self.policy_model.alpha_optimizer.step()
```

```python
alpha = self.policy_model.logalpha.exp()
```
(5) 알파의 현재값을 구합니다.

(6) 이 줄에서는 온라인 모델과 현재의 행동으로부터 Q값을 얻습니다.
```python
current_q_sa_a = self.online_value_model_a(states, current_actions)
current_q_sa_b = self.online_value_model_b(states, current_actions)
```

(7) 그리고 나서, Q값에 대한 최소 추정치를 사용합니다.
```python
current_q_sa = torch.min(current_q_sa_a, current_q_sa_b)
policy_loss = (alpha * logpi_s - current_q_sa).mean()
```
(8) 앞에서 구한 Q값에 대한 최소 추정치를 사용해서 정책의 손실을 계산합니다.
```python
self.policy_optimizer.zero_grad()
policy_loss.backward ()
```
(9) 정책의 손실에 대한 최적화기를 수행합니다.
```python
torch.nn.utils.clip_grad_norm_(self.policy_model.parameters(),
                               self.policy_max_grad_norm)
self.policy_optimizer.step()
```

(10) 가치 손실을 계산하기 위해서, 예측된 다음 행동을 얻습니다.
```python
ap, logpi_sp, _ = self.policy_model.full_pass(next_states)
```

(11) 목표 가치 모델을 사용해서, 다음 상태–행동 쌍에 대한 Q값의 추정치를 계산합니다.
```python
q_spap_a = self.target_value_model_a(next_states, ap)
q_spap_b = self.target_value_model_b(next_states, ap)
```

(12) Q값의 추정치 중 최솟값을 구한 후, 엔트로피에 적용해줍니다.
```python
q_spap = torch.min(q_spap_a, q_spap_b) - alpha * logpi_sp
```

(13) 이 부분이 바로 목표를 계산하는 과정인데, 여기에서는 보상에 감가가 적용된 다음 상태의 가치 중 최솟값에 엔트로피를 적용한 것을 더해줍니다.
```python
target_q_sa = (rewards + self.gamma * q_spap * (1 - is_terminals)).detach()
```

(14) 여기에서는 온라인 모델을 사용해서 상태–행동 쌍에 대한 예측된 값을 계산하고 있습니다.
```python
q_sa_a = self.online_value_model_a(states, actions)
q_sa_b = self.online_value_model_b(states, actions)
```

(15) 손실을 계산하고, 각 Q–함수를 따로따로 최적화합니다. 우선 a에 대해서 과정을 수행합니다.
```python
qa_loss = (q_sa_a - target_q_sa).pow(2).mul(0.5).mean()
qb_loss = (q_sa_b - target_q_sa).pow(2).mul(0.5).mean()
```

```python
self.value_optimizer_a.zero_grad()
qa_loss.backward()
torch.nn.utils.clip_grad_norm_(self.online_value_model_a.parameters(),
                               self.value_max_grad_norm)
self.value_optimizer_a.step()
```

(16) 이어서 b에 대해서 최적화를 수행합니다.

```
self.value_optimizer_b.zero_grad()
qb_loss.backward()
torch.nn.utils.clip_grad_norm_(self.online_value_model_b.parameters(),
                                self.value_max_grad_norm)
self.value_optimizer_b.step()
```

(17) 마지막으로 정책에 대한 최적화를 수행합니다.

```
self.policy_optimizer.zero_grad()
policy_loss.backward()
torch.nn.utils.clip_grad_norm_(
                    self.policy_model.parameters(),
                    self.policy_max_grad_norm)
self.policy_optimizer.step()
```

NOTE_ 강화학습 역사 한 조각: SAC 에이전트

SAC는 2018년 투마스 하노야[Tuomas Haarnoja]가 쓴 「Soft actor-critic: Off-policy maximum entropy deep reinforcement learning with a stochastic actor」[3]란 논문에서 소개되었습니다. 논문 발표 당시 투마스는 UC버클리에서 피에트르 아빌[Pieter Abbeel]과 세르게이 레빈[Sergey Levine] 교수의 지도를 받으면서 박사과정을 밟고 있었고, 구글에서 연구 인턴을 하고 있었습니다. 2019년에는 구글 딥마인드의 연구 과학자가 되었습니다.

자세한 예제: 치타 환경

HalfCheetahBulletEnv-v0 환경은 범위가 정해지지 않은 연속형 변수 26개로 이뤄진 벡터로 동작합니다. 이때 변수는 각각 로봇의 서로 다른 관절값을 나타냅니다. 또한 -1과 1 사이의 값을 가지는 6개의 연속형 변수를 가지는 벡터도 있는데, 이는 행동을 나타냅니다. 에이전트의 목표는 앞에서 다뤘던 호퍼와 마찬가지로 치타를 전진시키는 것이고, 보상함수는 이를 강화하면서, 최소한의 에너지를 소모하도록 합니다.

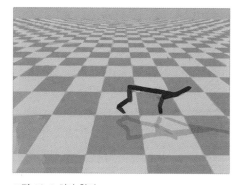

그림 12-5 치타 환경

---

3 옮긴이_ http://proceedings.mlr.press/v80/haarnoja18b

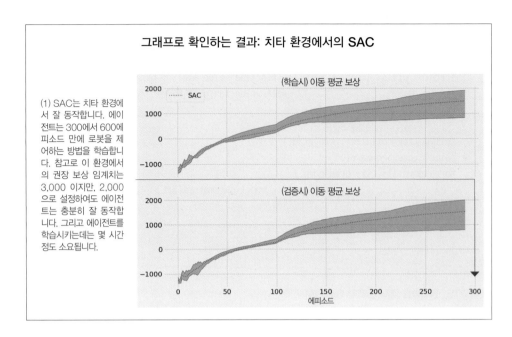

그래프로 확인하는 결과: 치타 환경에서의 SAC

(1) SAC는 치타 환경에서 잘 동작합니다. 에이전트는 300에서 600에 피소드 만에 로봇을 제어하는 방법을 학습합니다. 참고로 이 환경에서의 권장 보상 임계치는 3,000 이지만, 2,000으로 설정하여도 에이전트는 충분히 잘 동작합니다. 그리고 에이전트를 학습시키는데는 몇 시간 정도 소요됩니다.

12.4 PPO: 최적화 과정을 제한하기

이번 절에서는 **근위 정책 최적화**proximal policy optimization(PPO)라고 하는 액터−크리틱 알고리즘을 소개하고자 합니다. PPO는 A2C와 동일한 구조로 되어있는 알고리즘이라고 생각하면 됩니다. PPO는 A2C 구현에 사용했던 코드들을 재사용해 구현할 수 있습니다. 즉, PPO는 여러 개의 환경을 병렬적으로 수행하면서, 경험들을 미니 배치 데이터로 추출할 수 있으며, 크리틱을 사용하여 GAE 추정치를 얻을 수 있고, A2C를 학습시켰던 것과 유사한 방법으로 액터와 크리틱을 학습시킬 수 있다는 것을 의미합니다.

PPO의 가장 핵심적인 요소는 활성 정책이 경험에 대한 동일한 미니 배치 데이터로부터 여러 번의 경사 계산 과정을 수행할 수 있게 해주는 대리 목적 함수surrogate objective function라는 것입니다. 이전 장에서 다뤘던 A2C는 활성 정책 학습법이었기 때문에 최적화 과정에서 경험을 재사용할 수 없었습니다. 일반적으로, 활성 정책 학습법은 최적화기를 한 단계 수행한 직후, 바로 사용했던 경험 샘플을 버려야만 했습니다.

하지만 PPO는 정책이 최적화 과정을 수행한 후에 크게 달라지는 현상을 막기 위해서 클립된 목적 함수를 도입했습니다. 이렇게 정책을 보존적으로 최적화함으로써, 정책 경사법에 의해 활성 정책에서 분산으로 인한 성능저하 현상을 막을 뿐만 아니라 경험에 대한 미니 배치 데이터를 재사용하고, 각 미니 배치 데이터마다 여러 번의 최적화 과정을 수행할 수 있습니다. 이렇게 경험을 재사용하는 기법은 PPO가 앞서 이전 장에서 다뤘던 다른 활성 정책 학습법보다 샘플링 측면에서 조금 더 좋은 효율성을 가지도록 해줍니다.

12.4.1 A2C와 같은 액터-크리틱 구조 사용

PPO를 개선된 A2C라고 생각합시다. 이번 장에서 다룬 알고리즘인 DDPG나 TD3, SAC 그리고 다른 알고리즘들도 유사성을 가지고 있지만 말입니다. PPO를 개선된 SAC로 착각하면 안됩니다. TD3는 DDPG에서 직접적으로 개선된 알고리즘이고, SAC는 TD3와 동시에 개발되었습니다. 하지만 SAC의 저자는 SAC를 소개한 첫 번째 논문을 발표한 이후 얼마되지 않아 TD3의 몇 가지 기능들을 포함한 두 번째 SAC 논문을 발표했습니다. SAC는 TD3의 직접적인 개선 알고리즘은 아니지만, 몇몇 특징을 공유하고 있습니다. 하지만 PPO는 A2C의 개선된 알고리즘으로, 여기에서도 A2C 코드의 대부분을 재사용합니다. 조금 더 자세하게 말하면, 미니 배치 데이터를 수집하기 위해서 환경을 병렬적으로 샘플링하고, 정책 목표에 대해서 GAE를 사용합니다.

> **NOTE_ 강화학습 역사 한 조각: PPO 에이전트**
>
> PPO는 2017년 존 슐만이 발표한 「Proximal Policy Optimization Algorithms」[4]라는 논문을 통해서 소개되었습니다. 존은 오픈AI의 연구 과학자이자, 창립 멤버 중 한 명이며, 강화학습 팀을 이끄는 리더입니다. 그는 UC버클리에서 피에트르 아빌 교수의 지도를 받으며, 박사 학위를 받았습니다.

12.4.2 경험을 배치 데이터로 만들기

A2C가 가지지 못했던 PPO만의 특징 중 하나는 경험 샘플을 재사용할 수 있다는 것입니다. 이를 수행하기 위해 NFQ에서 했던 것처럼 수많은 경로들에 대한 배치 데이터를 수집할 수 있

---

[4] 옮긴이_ https://arxiv.org/abs/1707.06347

고, 모델을 이 데이터에 대해 '적합'시키고, 이에 대해서 최적화를 지속적으로 수행해볼 수 있습니다. 하지만 더 나은 접근 방식은 재현 버퍼를 만들고, 매 최적화 과정마다 많은 양의 미니 배치 데이터를 샘플링하는 것입니다. 이를 통해서 각 미니 배치 데이터 별로 확률성의 효과를 부여할 수 있는데, 이는 장기간에 거쳐서 모든 샘플들이 재사용되지 않는 한, 항상 동일하지 않기 때문입니다.

코드 12-9 에피소드 재현 버퍼

```
class EpisodeBuffer():    ◀── (1) 에피소드 재현 버퍼 클래스입니다.
    def fill(self, envs, policy_model, value_model):       (2) 워커에 대한 정보를 묶어서 유지하는
        states = envs.reset()                                  변수가 정의되어 있습니다.

        worker_rewards = np.zeros(shape=(n_workers, self.max_episode_steps), dtype=np.
float32)
        worker_exploratory = np.zeros(shape=(n_workers, self.max_episode_steps),
dtype=np.bool)
        worker_steps = np.zeros(shape=(n_workers), dtype=np.uint16)
        worker_seconds = np.array([time.time(),] * n_workers, dtype=np.float64)

        buffer_full = False
                          (3) 버퍼를 채우기 위해 루프로 진입합니다.
        while not buffer_full and \
              len(self.episode_steps[self.episode_steps > 0]) < self.max_episodes/2:
                        (4) 먼저 현재의 행동과 로그 확률 그리고 통계치를 얻습니다.
            with torch.no_grad():
                actions, logpas, are_exploratory = policy_model.np_pass(states)
                values = value_model(states)
                        (5) 앞에서 구한 행동을 환경에 통과시키고, 이에 대한 경험을 얻습니다.
            next_states, rewards, terminals, infos = envs.step(actions)
            self.states_mem[self.current_ep_idxs, worker_steps] = states
            self.actions_mem[self.current_ep_idxs, worker_steps] = actions
                        (6) 이어서 경험을 재현 버퍼에 저장합니다.
            self.logpas_mem[self.current_ep_idxs, worker_steps] = logpas
                        (7) 각 워커별로 두 개의 변수를 만듭니다. 참고로 워커는 환경에 내재되어 있습니다.
            worker_exploratory[np.arange(self.n_workers),
                               worker_steps] = are_exploratory
            worker_rewards[np.arange(self.n_workers), worker_steps] = rewards

            for w_idx in range(self.n_workers):
(8) 너무 많이 수행된      if worker_steps[w_idx] + 1 == self.max_episode_steps:
스텝에서 수동으로 에           terminals[w_idx] = 1
피소드를 잘라냅니다.
```

```
                    infos[w_idx]['TimeLimit.truncated'] = True

        if terminals.sum():   ◄─── (9) 종료 상태를 확인한 후, 종료 상태에 대한 전처리를 수행합니다.
            idx_terminals = np.flatnonzero(terminals)
            next_values = np.zeros(shape=(n_workers))
            truncated = self._truncated_fn(infos)
            if truncated.sum():
                idx_truncated = np.flatnonzero(truncated)
                with torch.no_grad():       (10) 종료 상태가 절단된 정보에 대해서
                                                부트스트래핑을 수행합니다.
                                                        ▼
                    next_values[idx_truncated] = value_model(
                        next_states[idx_truncated]).cpu().numpy()

        states = next_states   ◄──┐  (11) 상태 변수를 갱신하고,
        worker_steps += 1      ◄──┘  스텝 횟수를 증가시킵니다.
                                            (12) 이 부분에서는 워커가 종료되었는지를 확인하고,
        if terminals.sum():   ◄──────────── 이에 대한 처리를 수행합니다.
            new_states = envs.reset(ranks=idx_terminals)
            states[idx_terminals] = new_states

            for w_idx in range(self.n_workers):
                if w_idx not in idx_terminals:
                    continue   ◄── (13) 종료된 워커에 대해서 한번에 하나씩 처리합니다.

                e_idx = self.current_ep_idxs[w_idx]
                T = worker_steps[w_idx]
                self.episode_steps[e_idx] = T
                self.episode_reward[e_idx] = worker_rewards[w_idx, :T].sum()
                self.episode_exploration[e_idx] = worker_exploratory[\
(14) 처리가 이뤄진 이후 결과를 출력하고, 분석하기 위해서 통계치를 수집합니다.  ──►  w_idx, :T].mean()
                self.episode_seconds[e_idx] = time.time() - worker_seconds[w_idx]
                                            (15) 앞에서 구한 부트스트래핑된 값을 보상 벡터에
                ep_rewards = np.concatenate(    추가합니다. 그리고 예측된 반환값을 계산합니다.
                    (worker_rewards[w_idx, :T], [next_values[w_idx]]))  ◄─┐
                ep_discounts = self.discounts[:T+1]                        │
                ep_returns = np.array(\   ◄───────────────────────────────┘
                    [np.sum(ep_discounts[:T+1-t] * ep_rewards[t:]) \
                                            for t in range(T)])
                self.returns_mem[e_idx, :T] = ep_returns

                ep_states = self.states_mem[e_idx, :T]
                with torch.no_grad():
```

(16) 여기에서는 예측된 값을 얻고, 역시 부트스 ───→

```
          ep_values = torch.cat((value_model(ep_states),
                                 torch.tensor([next_values[w_idx]],
                                              device=value_model.device,
                                              dtype=torch.float32)))
          np_ep_values = ep_values.view(-1).cpu().numpy()
          ep_tau_discounts = self.tau_discounts[:T]
          deltas = ep_rewards[:-1] + self.gamma * \
                                np_ep_values[1:] - np_ep_values[:-1]
```

(16) 여기에서는 예측된 값을 얻고, 역시 부트스 트래핑된 값을 벡터에 추가합니다.

```
          gaes = np.array(\
              [np.sum(self.tau_discounts[:T-t] * deltas[t:]) \
                                        for t in range(T)])
          self.gaes_mem[e_idx, :T] = gaes
```

(17) 이 부분에서 일반화된 이점 추정치를 계산하고, 그 값을 버퍼에 저장합니다.

```
          worker_exploratory[w_idx, :] = 0
          worker_rewards[w_idx, :] = 0
          worker_steps[w_idx] = 0
          worker_seconds[w_idx] = time.time()
```

(18) 그리고 다음 에피소드를 수행 할 수 있도록 모든 워커 변수들을 초기화해줍니다.

```
          new_ep_id = max(self.current_ep_idxs) + 1
          if new_ep_id >= self.max_episodes:
              buffer_full = True
              break
```

(19) 큐에 어떤 에피소드가 다음으로 수행되는지 확인하고, 너무 많이 수행된 경우에는 루프를 빠져나갑니다.

(20) 만약 버퍼가 채워지지 않았다면, 워커에게 새로운 에피소드에 대한 id를 설정합니다.

```
          self.current_ep_idxs[w_idx] = new_ep_id
```

(21) 이 부분이 수행된다면 에피소드가 완전히 수행되었다는 의미로, 이때부터는 샘플링을 위해 메모리에 대한 연산을 수행합니다.

```
      ep_idxs = self.episode_steps > 0
      ep_t = self.episode_steps[ep_idxs]
```

(22) 앞에서 모든 버퍼를 한번에 초기화하므로, 모든 에피소드와 스텝 동안에 메모리에 수집된 숫자가 아닌 정보를 모두 제거해야 합니다.

```
      self.states_mem = [row[:ep_t[i]] for i,\
                      row in enumerate(self.states_mem[ep_idxs])]
      self.states_mem = np.concatenate(self.states_mem)
      self.actions_mem = [row[:ep_t[i]] for i, \
                      row in enumerate(self.actions_mem[ep_idxs])]
      self.actions_mem = np.concatenate(self.actions_mem)
      self.returns_mem = [row[:ep_t[i]] for i, \
                      row in enumerate(self.returns_mem[ep_idxs])]
      self.returns_mem = torch.tensor(np.concatenate(self.returns_mem),
                              device=value_model.device)
      self.gaes_mem = [row[:ep_t[i]] for i,\
                      row in enumerate(self.gaes_mem[ep_idxs])]
      self.gaes_mem = torch.tensor(np.concatenate(self.gaes_mem),
                              device=value_model.device)
```

```
self.logpas_mem = [row[:ep_t[i]] for i,\
                row in enumerate(self.logpas_mem[ep_idxs])]
self.logpas_mem = torch.tensor(np.concatenate(self.logpas_mem),
                            device=value_model.device)


ep_r = self.episode_reward[ep_idxs]
ep_x = self.episode_exploration[ep_idxs]    ◀── (23) 마지막으로 출력을 통계치를 추출합니다.
ep_s = self.episode_seconds[ep_idxs]


return ep_t, ep_r, ep_x, ep_s    ◀── (24) 그리고 통계치를 반환합니다.
```

12.4.3 정책 갱신에 대한 클리핑 수행

일반적인 정책 경사법은 매개변수 영역에서 어떤 값이 살짝 변경되어도 성능의 큰 변화를 야기
할 수 있다는 문제가 있습니다. 이렇게 매개변수 영역과 성능 간의 이질감으로 인해서 정책 경
사법은 낮은 학습율을 사용해야 하며, 이렇게 수행해도, 정책 경사법의 분산은 여전히 크다는
문제가 존재합니다. 클립된 PPO에서는 매 학습단계마다 목적 함수에 대한 제한을 설정해서,
정책이 어느 정도 범주에서만 움직이게끔 해줍니다. 직관적으로 생각해보면, 이렇게 클립된 목
적함수는 결과치에 대해서 너무 과도하게 행동하지 못하도록 막는 감독의 역할을 수행한다고
생각할 수 있습니다. 만약 우리 팀이 이전에 새로운 전략을 사용해 좋은 점수를 얻었다면 어떨
까요? 좋지만, 그렇다고 너무 과도하게 사용하지 맙시다. 새로운 결과로 인해 전체의 결과를
버리기보단 한번에 조금씩만 개선해봅시다.

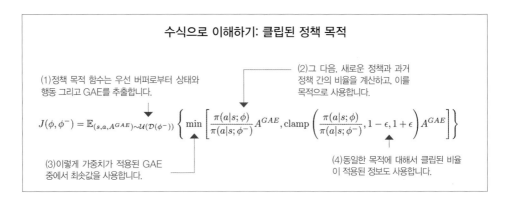

수식으로 이해하기: 클립된 정책 목적

(1)정책 목적 함수는 우선 버퍼로부터 상태와
행동 그리고 GAE를 추출합니다.

(2)그 다음, 새로운 정책과 과거
정책 간의 비율을 계산하고, 이를
목적으로 사용합니다.

$$J(\phi, \phi^-) = \mathbb{E}_{(s,a,A^{GAE}) \sim \mathcal{U}(\mathcal{D}(\phi^-))} \left\{ \min \left[\frac{\pi(a|s;\phi)}{\pi(a|s;\phi^-)} A^{GAE}, \text{clamp}\left(\frac{\pi(a|s;\phi)}{\pi(a|s;\phi^-)}, 1-\epsilon, 1+\epsilon \right) A^{GAE} \right] \right\}$$

(3)이렇게 가중치가 적용된 GAE
중에서 최솟값을 사용합니다.

(4)동일한 목적에 대해서 클립된 비율
이 적용된 정보도 사용합니다.

12.4.4 가치 함수 갱신에 대한 클리핑 수행

동일한 개념을 바탕으로 가치함수에도 유사한 클리핑 전략을 적용해볼 수 있습니다. 매개변수 영역에 대한 변화가 Q값을 변화시키되, 정해둔 범주에서만 허용하게 합시다. 이렇게 하면, 클리핑 기법은 매개변수 영역에 대한 변화가 부드럽거나 부드럽지 않아도, 부드럽게 만들고자 하는 것에 대한 분산을 유지시켜줍니다. 이제는 매개변수 영역에 대해 작은 변화만 추구하지 않아도 됩니다. 대신 성능과 가치에 대한 변화가 있어야 합니다.

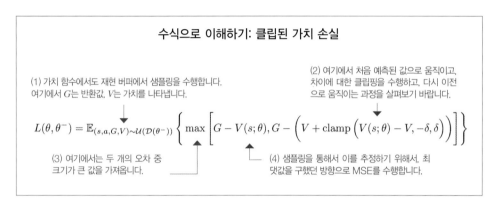

수식으로 이해하기: 클립된 가치 손실

(1) 가치 함수에서도 재현 버퍼에서 샘플링을 수행합니다. 여기에서 G는 반환값, V는 가치를 나타냅니다.

(2) 여기에서 처음 예측된 값으로 움직이고, 차이에 대한 클립핑을 수행하고, 다시 이전으로 움직이는 과정을 살펴보기 바랍니다.

$$L(\theta, \theta^-) = \mathbb{E}_{(s,a,G,V) \sim \mathcal{U}(\mathcal{D}(\theta^-))} \left\{ \max \left[G - V(s;\theta), G - \left(V + \text{clamp}\left(V(s;\theta) - V, -\delta, \delta \right) \right) \right] \right\}$$

(3) 여기에서는 두 개의 오차 중 크기가 큰 값을 가져옵니다.

(4) 샘플링을 통해서 이를 추정하기 위해서, 최댓값을 구했던 방향으로 MSE를 수행합니다.

코드 12-10 PPO 최적화 과정

```
def optimize_model(self):  ◀──  (1) 앞의 두 공식을 코드로 살펴보겠습니다.

    (2) 우선 버퍼로부터 경험에 대한 전체 배치 데이터를 가져옵니다.
    states, actions, returns, gaes, logpas = self.episode_buffer.get_stacks()
    values = self.value_model(states).detach()  ◀──  (3) 모델을 최적화하기 전에 값을 미리 구합니다.
    gaes = (gaes - gaes.mean()) / (gaes.std() + EPS)  ◀──  (4) GAE도 구하고, 배치를 정규화합니다.
    n_samples = len(actions)

    (5) 이제 미리 정의한 에포크 동안 정책을 최적화해봅시다.
    for _ in range(self.policy_optimization_epochs):
        batch_size = int(self.policy_sample_ratio * n_samples)

        (6) 전체 배치 데이터에서 미니 배치 데이터를 부분적으로 샘플링합니다.
        batch_idxs = np.random.choice(n_samples, batch_size, replace=False)
        states_batch = states[batch_idxs]
        actions_batch = actions[batch_idxs]  ◀──  (7) 임의로 샘플링한 인덱스를 사용해
        gaes_batch = gaes[batch_idxs]              서 미니 배치 데이터를 추출합니다.
        logpas_batch = logpas[batch_idxs]

                                                  (8) 온라인 모델을 사용해서
                                                      예측값을 구합니다.
        logpas_pred, entropies_pred = \
                        self.policy_model.get_predictions(\  ◀──
```

```
                                                states_batch,actions_batch)
```

(9) 비율을 계산합니다. 이때 확률에 대한 비율에 로그 확률을 적용해 나타냅니다.

```
ratios = (logpas_pred - logpas_batch).exp()
pi_obj = gaes_batch * ratios
```

(10) 그리고 목적과 클립된 목적을 계산합니다.

```
pi_obj_clipped = gaes_batch * ratios.clamp(1.0 - self.policy_clip_range,
                                           1.0 + self.policy_clip_range)
```

(11) 목적의 최솟값에 음의 값을 사용해서 손실을 계산합니다.

```
policy_loss = -torch.min(pi_obj, pi_obj_clipped).mean()
```

(12) 또한 엔트로피 손실을 계산하고, 적절하게 가중치를 부여합니다.

```
entropy_loss = -entropies_pred.mean() * self.entropy_loss_weight

self.policy_optimizer.zero_grad()
```

(13) 최적화기를 0으로 설정하고, 학습을 시작합니다.

```
(policy_loss + entropy_loss).backward()
torch.nn.utils.clip_grad_norm_(self.policy_model.parameters(),
                               self.policy_model_max_grad_norm)
self.policy_optimizer.step()
```

(14) 최적화기를 한 단계 수행하고 난 후, 앞에서 언급했던 새로운 정책이 기존의 정책에서 어느 정도 떨어져 있는지 확인해, 최적화 진행 여부를 결정하는 트릭을 사용합니다.

```
with torch.no_grad():
    logpas_pred_all, _ = self.policy_model.get_predictions(states, actions)
```

(15) 여기에서는 두 정책에 대한 KL-발산을 계산합니다.

```
kl = (logpas - logpas_pred_all).mean()
if kl.item() > self.policy_stopping_kl:
    break
```

(16) 그리고 이 값이 종료 조건보다 큰지 확인하고, 루프를 종료시킵니다.

(17) 이어서 가치 함수에 대해 비슷한 갱신 과정을 수행합니다.

```
for _ in range(self.value_optimization_epochs):
    batch_size = int(self.value_sample_ratio * n_samples)
```

(18) 정책에서 했던 것과 동일하게, 전체 배치 데이터로부터 미니 배치 데이터를 가져옵니다.

```
batch_idxs = np.random.choice(n_samples, batch_size, replace=False)
states_batch = states[batch_idxs]
returns_batch = returns[batch_idxs]
values_batch = values[batch_idxs]
```

(19) 모델에 따른 예측값을 구하고, 일반적인 손실을 계산합니다.

```
values_pred = self.value_model(states_batch)
v_loss = (returns_batch - values_pred).pow(2)
```

(20) 그리고 클립된 예측값도 계산합니다.

```
values_pred_clipped = values_batch + \
            (values_pred - values_batch).clamp( \
                            -self.value_clip_range,
                            self.value_clip_range)
```

(21) 이어서 클립된 손실을 계산합니다.

```
v_loss_clipped = (returns_batch - values_pred_clipped).pow(2)
```

(22) 앞에서 구한 일반적인 손실과 클립된 손실 중 큰 값에 대한 MSE를 계산합니다.

```
value_loss = torch.max(v_loss, v_loss_clipped).mul(0.5).mean()
```

(23) 마지막으로 최적화기를 0으로 설정하고, 손실에 대한 역전파 연산을 수행한 후, 경사를 클리핑한 뒤 수행합니다.

```
self.value_optimizer.zero_grad()
value_loss.backward()
torch.nn.utils.clip_grad_norm_(self.value_model.parameters(),
                               self.value_model_max_grad_norm)
self.value_optimizer.step()

with torch.no_grad():
```

(24) 이 부분에서는 마지 초기 중단(early stopping)과 유사한 방법을 수행하는데, 이번에는 가치 함수를 사용합니다.

```
    values_pred_all = self.value_model(states)
    mse = (values - values_pred_all).pow(2).mul(0.5).mean()
```

(25) 새로운 정책과 기존 정책의 예측된 값에 대한 MSE를 확인합니다.

```
    if mse.item() > self.value_stopping_mse:
        break
```

자세한 예제: 루나랜더 환경

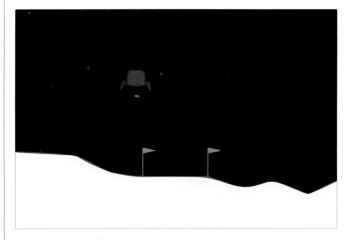

그림 12-7 루나랜더 환경

이번 장에서 다뤘던 다른 환경들과는 다르게, 루나랜더 환경은 이산적인 행동 영역을 가집니다. DDPG나 TD3와 같은 알고리즘은 연속적 행동 영역을 가지는 환경에서만 동작하고, 펜들럼과 같은 단일 행동 변수로 이뤄진 환경이나 벡터 형식을 가지는 호퍼와 치타 환경도 동일합니다. DQN과 같은 에이전트는 카트폴과 같은 이산적 행동 영역을 가지는 환경에서만 동작합니다. A2C와 PPO 같은 액터-크리틱 학습법은 앞에서 언급한 학습법과 비교했을때, 어떠한 행동 영역에서도 동작할 수 있는 확률적 정책 모델을 사용할 수 있어 큰 장점을 가집니다.

이 환경에서는 에이전트가 매 스텝마다 4개의 행동 중 하나를 선택해야 합니다. 0은 아무 행동을 하지 않고, 1은 왼쪽 엔진을, 2는 주 엔진을, 3은 오른쪽 엔진을 작동시킵니다. 관찰 영역은 8개의 요소로 구성된 벡터로 되어 있는데, 각 요소는 위치와 각도, 속도, 각 다리가 지면에 붙어있는지 여부를 나타냅니다. 보상 함수는 착륙 지점까지의 거리와 연료 소비량을 기반으로 계산됩니다. 환경을 풀기 위한 보상의 임계치는 200으로 주어져 있으며, 수행할 수 있는 스텝의 제한은 1,000으로로 되어 있습니다.

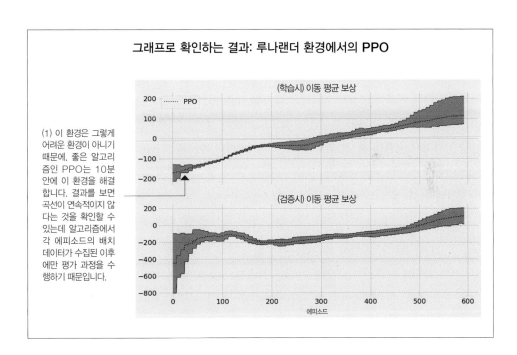

(1) 이 환경은 그렇게 어려운 환경이 아니기 때문에, 좋은 알고리즘인 PPO는 10분 안에 이 환경을 해결합니다. 결과를 보면 곡선이 연속적이지 않다는 것을 확인할 수 있는데 알고리즘에서 각 에피소드의 배치 데이터가 수집된 이후에만 평가 과정을 수행하기 때문입니다.

12.5 요약

이번 장에서는 최신 액터-크리틱 기법과 심층 강화학습 기법에 대해서 살펴보았습니다. 우선 결정적 정책을 학습하는 DDPG 학습법에 대해서 학습했습니다. 이런 학습법들이 결정적 정책을 학습하기 때문에, 보통 비활성 정책 탐색 전략과 갱신 공식을 사용합니다. 예를 들어서 DDPG와 TD3에서는 행동을 선택하는 과정에서 가우시안 잡음을 주입하여, 결정적 정책이 탐색을 수행할 수 있도록 해줍니다.

추가적으로 DDPG를 3가지 관점에서 개선한 TD3에 대해서 학습했습니다. 우선 TD3는 DDQN에서 했던 것과 유사하게 이중 학습 시법을 사용했고, 이를 쌍둥이 Q신경망을 사용함으로써 가치함수로부터 계산되는 추정치를 교차 검증하는 효과를 가져왔습니다. 두 번째로 TD3에서는 환경에 통과시키는 행동에 가우시안 잡음을 주입함과 더불어, 목표 행동에도 가우시안 잡음을 더해서 정책이 이상한 Q값에 대한 추정치를 기반으로 행동을 학습하지 않도록 해줍니다. 마지막으로 TD3는 정책 신경망에 대한 갱신을 지연시켜서, 가치 신경망이 정책을 변화시키기 위해 사용하기 전에 더 나은 추정치를 가질 수 있도록 해줬습니다.

이어서 SAC라고 부르는 엔트로피를 최대화하는 기법에 대해서 탐색하였습니다. 이 방법은 가치함수와 정책 엔트로피의 교차 목적을 최대화하는 과정으로 이뤄져 있는데, 이와 같은 과정은 직관적으로 가장 발산하는 정책을 바탕으로 가장 많은 보상을 얻을 수 있도록 해줍니다. SAC 에이전트는 DDPG와 TD3와 유사한 방법으로 비활성 정책 방식으로 학습하며, 이는 정책을 개선하기 위해서 경험을 재사용한다는 것을 의미합니다. 하지만 DDPG와 TD3와는 다르게 SAC는 확률적 정책을 학습하는데, 이를 통해서 탐색이 활성 정책처럼 되면서, 학습된 정책안에 내재됩니다.

마지막으로 PPO라고 하는 알고리즘을 살펴보았습니다. 이 알고리즘은 A2C에서 직접적으로 파생된 알고리즘으로 활성 정책 학습법이면서 활성 정책 탐색 전략을 사용하였습니다. 하지만 클립된 목적함수를 사용했기 때문에 PPO는 학습된 정책을 조금 더 보존적으로 개선시킬 수 있으며, 또한 정책-개선 과정에서 이전의 경험을 재사용할 수 있었습니다.

다음 장에서는 심층 강화학습 영역을 둘러싸고 있는 범용 인공지능^{artificial general intelligence} (AGI)이라는 연구 영역을 다룰 것입니다. AGI는 인간 지능을 재창조함으로써 인간의 지능을 이해할 수 있는 기회를 제공합니다. 물리학자 리처드 파인만^{Richard Feynman}은 이렇게 말했습니다. "만들 수 없다면 이해하지 못한 것이다." 한번, 지능을 이해하러 출발해볼까요?

- 조금 더 발전된 액터-크리틱 알고리즘과 이와 연관된 기법에 대해 이해하였습니다.
- 최신 심층 강화학습 방법론을 구현해보고, 다른 사람들에게 공유할 수 있을 만큼 이 알고리즘들에 대한 개선점을 소개했습니다.
- 최신 심층 강화학습 알고리즘을 다양한 환경에 적용해볼 수 있었고, 궁극적으로 스스로 만든 환경에 적용해 볼 수 있습니다.

트위터에서 만나요!

공부하고 배운 내용을 공유해보시기 바랍니다.

매 장의 마지막 부분에, 제가 다음 단계로 넘어가기 위해서 지금까지 배운 것을 어떻게 활용할 수 있을지에 대한 아이디어를 제공할 것입니다. 원한다면, 당신이 얻은 결과를 세상에 공유하고, 다른 사람이 어떻게 구현했는지도 확인해보기 바랍니다. 이것이 서로한테 좋은 방법이며, 여기서 원하는 것을 얻었으면 좋겠습니다.

- **#gdrl_ch12_tf01**: 연속적 행동 영역을 가지는 환경을 선택하여, 이번 장에서 다뤘던 모든 알고리즘들을 수행해보기 바랍니다. 참고로 PPO를 수행하기 위해서는 이 환경에 맞게 변경해야 합니다. 하지만 다른 알고리즘을 비교하는 것은 그만큼 학습의 가치가 있습니다.

- **#gdrl_ch12_tf02**: PPO 코드를 가져다가, 이전 장의 노트북에 복사해보기 바랍니다. 유사한 환경에서 수행해보고 결과를 비교해봅시다. 참고로 현재의 PPO 구현은 갱신이 일어나기 전에 약간의 경험을 가지고 있는 것으로 되어 있습니다. 비교가 공정하게 이뤄질 수 있도록 코드나 하이퍼파라미터를 조절해봅시다. PPO의 성능이 어떻게 나오나요? 카트폴 환경보다 더 복잡한 환경에서도 수행해봅시다.

- **#gdrl_ch12_tf03**: 소프트 Q-학습^{soft Q-learning}과 같이 엔트로피를 최대화하는 심층 강화학습 방법들이 있습니다. 이렇게 엔트로피를 최대화하는 목적이 구현된 알고리즘을 찾아보고, 하나를 골라 구현해봅시다. 이를 수행해보고, SAC를 포함한 다른 에이전트들과 결과를 비교해봅시다. 각 학습법의 장점과 단점을 설명한 블로그 글을 써봅시다.

- **#gdrl_ch12_tf04**: 이번 장에서 다뤘던 모든 알고리즘들을 고차원 관찰 영역을 가지면서 연속적 행동 영역을 가지는 환경에서 수행해봅시다. 예를 들어서 카 레이싱 환경(https://gym.openai.com/envs/CarRacing-v0/)을 살펴봅시다. 이와 같은 다른 환경들도 좋습니다. 코드를 수정하여, 에이전트가 그 환경에서 학습할 수 있도록 해봅시다.

- **#gdrl_ch12_tf05**: 매 장마다 마지막 해시태그는 총정리 해시태그로 사용하겠습니다. 마지막 해시태그는 이 장과 관련해 작업한 어떤 것이든 다른 사람들과 논의하는데 사용하길 바랍니다. 여러분이 직접 만든 것만큼 흥미로운 과제도 없답니다. 당신이 어떤 공부를 하고 있는지, 그 결과도 공유해주기 바랍니다.

공부한 것에 대해서 트윗을 쓰고 저(@mimoralea)를 태그해주세요(제가 리트윗하겠습니다). 그리고 여러분이 얻은 결과를 사람들이 위에 적힌 해시태그를 사용하기 바랍니다. 잘못된 결과는 없습니다. 여러분이 찾은 것을 공유하고, 다른 사람이 찾은 것을 확인해보세요. 이 해시태그를 기회로 교류하고 기여하세요. 다같이 기다리고 있을게요!

## CHAPTER 13

범용 인공지능을 향한 길

> "우리의 궁극적인 목적은 인간처럼 경험에서 효율적으로 학습하는 프로그램을 만드는 것입니다."
>
> — 존 매카시John McCarthy
>
> 인공지능 영역의 개척자이자 LISP 프로그래밍 언어의 창시자

이 책은 의사결정 알고리즘과 강화학습 에이전트에 대해 넓은 범위로 다뤘습니다. 3장에서는 계획법에 대해 다뤘고 바로 이전 장에서는 최신 심층 강화학습 에이전트에 대해 다뤘습니다. 이 책은 알고리즘의 입력과 출력에 대해서 가르치는 데 초점을 두었습니다. 하지만 심층 강화학습 영역은 지금까지 다룬 내용보다 더 넓기에, 앞으로 나아갈 방향을 제시하고자 합니다.

이번 장에서는 몇 가지 요소에 대해서 짚고 넘어가겠습니다. 첫 번째 절에서는 전체 책의 내용을 다시 살펴봅니다. 여기에서 큰 그림을 확대해 다시 한번 살펴봤으면 좋겠습니다. 여기에서 어떤 내용을 배웠는지를 이해하고, 어디로 가야 할지 스스로 선택할 수 있으면 좋겠습니다. 또한 이 책이 마무리되기 전까지 다루지 못했던 몇 가지 알려진 에이전트에 대해서도 언급하겠습니다. 하지만 알다시피 이 책에서 다룬 기초적인 방법들과 개념들이 적용된 알고리즘도 있습니다.

이렇게 이전에 다룬 내용과 다루지 못한 내용을 설명한 후, 범용 인공지능artificial general intelligence (AGI)가 궁극적으로 형성될 수 있도록 이끈 심층 강화학습의 몇몇 선행 연구 분야를 소개하겠습니다. 물론 AGI가 매우 활발하게 논의되는 주제이지만, 동시에 많은 사람들이 단

순히 속임수 차원에서 사용하고 있다는 사실도 알고 있습니다. 흥미롭고 논쟁이 오가는 주제인 만큼, 많은 사람들이 관심을 끄는 데 사용하고 있는 것입니다. 그런 사람들에게 힘을 쏟지 마세요. 그릇된 방향에는 가지 말고, 관심도 두지 말기 바랍니다. 대신 여러분 앞에 있는 중요한 문제에 대해서만 집중하기 바랍니다. 그 문제가 무엇이든 간에 목표를 향해서 전진하기 바랍니다.

저는 인류가 끊임없는 시도로 결국 AGI를 만들어 내리라 믿습니다. 지능에 대해서 이해하고, 일을 자동화하려는 시도는 인류가 수 세기에 걸쳐서 오랫동안 지속해오고 시도해오던 목표이며, 이런 경향은 변하지 않을 것입니다. 또한 인간은 철학과 스스로에 대한 이해를 통해서 지능을 이해하려 합니다. 그리고 자기 성찰을 통해서도 지능에 대한 해답을 찾습니다. 저는 대다수의 AI 연구자들이 부분적으로는 철학자에 가깝다고 생각합니다. 그들은 스스로를 발전시키기 위해서 강화학습에서 배운 것들을 사용하고 있습니다.

또한 인간은 자동화를 사랑합니다. 바로 지능이 우리에게 준 축복이기도 합니다. 우리는 자동화된 삶을 만들기 위해 계속 도전할 것이고 언젠가 그 목표를 이룰 것입니다. 오늘날 AGI가 세계를 지배할 인간과 같은 로봇의 시작이라 불리고 있는 한편, 아직 우리는 모든 아타리 게임을 초인적인 능력으로 해결하는 에이전트 하나도 학습시키지 못합니다. 그 말은 범용적인 알고리즘이 각 게임을 개별적으로 학습한다고 해도, 해당 알고리즘이 담긴 에이전트는 전체 게임을 다 해결할 수 없다는 의미입니다. 하지만 AGI는 신중하게 고려해야 합니다.

이번 장과 책을 마무리할 때, 저는 여러분이 더 나아갈 수 있는 아이디어를 제시하고자 합니다. 저는 각자만의 환경과 문제에 심층 강화학습을 적용하는 방법에 대한 질문을 많이 받습니다. 이게 제 일이기 때문에, 이를 어떻게 해야 할지에 대해서 아이디어를 공유해드릴 수 있습니다. 또한 이 분야에 관심을 가진 사람들을 위한, 직업적인 조언도 드리고, 책을 마무리하는 이별 메세지도 담았습니다. 이제 한 장 남았네요. 한번 해봅시다.

- 이 책에서 다뤘던 알고리즘을 다시 살펴보며, 깊게 살펴보지 못했던 심층 강화학습 학습법을 다룹니다.
- 결합되었을 때 범용 지능을 가진 에이전트를 만드는 발전된 형태의 심층 강화학습 기법에 대해 학습합니다.
- 인공지능과 심층 강화학습이라는 훌륭한 분야에서 꿈을 실현하고, 기여할 수 있는 방법에 대해 조언합니다.

13.1 다룬 내용과 다루지 못한 내용

이 책에서는 MDP부터 MDP가 내재되어 있는 최신 액터-크리틱 알고리즘까지 심층 강화학습의 기초 대부분을 다뤘고, 복잡한 환경에서 이 알고리즘들을 학습시키는 방법에 대해서 설명했습니다. 심층 강화학습은 매달마다 새로운 알고리즘이 발표되는 매우 활동적인 연구 영역이기도 합니다. 이 분야가 매우 빠른 속도록 발전하고 있기 때문에, 책 한 권으로 이 모든 내용을 심도있게 설명하는 것은 불행하게도 어렵습니다.

다행히, 다루지 못한 선행 개념의 대부분은 많은 상황에서 필요하지 않습니다. 물론 이런 주제들이 전혀 필요 없다는 소리는 아닙니다. 저는 여러분이 심층 강화학습을 공부하는 여정을 계속하기를 강력하게 권합니다. 그 길을 나아가는 동안 제게 의지하셔도 좋습니다. 이제부터는 책에서 언급되지 않았던 핵심적인 요소에 두 가지를 살펴보겠습니다. 모델 기반 심층 강화학습 방법과 미분과정이 없는derivative-free 최적화 방법입니다.

이번 절에서는 이 책에서 학습했던 알고리즘과 방법론에 대해서 빠르게 복습하고, 우리가 놓쳤던 두 가지 핵심 방법들에 대해서 다뤄봅시다.

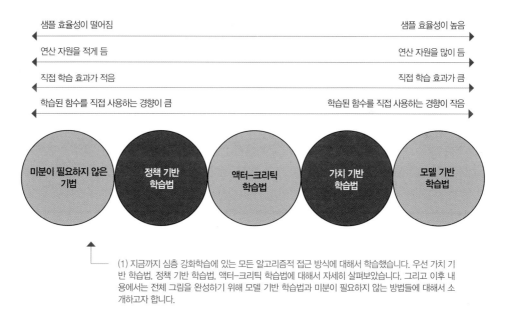

(1) 지금까지 심층 강화학습에 있는 모든 알고리즘적 접근 방식에 대해서 학습했습니다. 우선 가치 기반 학습법, 정책 기반 학습법, 액터-크리틱 학습법에 대해서 자세히 살펴보았습니다. 그리고 이후 내용에서는 전체 그림을 완성하기 위해 모델 기반 학습법과 미분이 필요하지 않는 방법들에 대해서 소개하고자 합니다.

그림 13-1 심층 강화학습에서의 서로 다른 알고리즘 비교

13.1.1 마르코프 결정 과정

이 책의 첫 두 장에서는 강화학습 분야에 대한 소개와 해결하고자 하는 문제를 표현하는 방식을 다뤘습니다. MDP는 항상 유념해야 할 핵심적인 요소로, 비록 간단하고, 제한적인 것처럼 보여도, 강력한 힘을 가지고 있습니다. 이 분야에 대해서 탐색해볼 수 있는 내용들이 많이 남아 있습니다. 제가 이 개념에서 여러분께 언급하고자 하는 것은 문제를 MDP의 관점으로 생각해 보는 능력입니다. 여러분 스스로 연습해보기 바랍니다. 문제를 떠올리고, 이를 상태와 관찰, 행동 그리고 문제를 MDP로 만드는데 필요한 모든 요소로 나눠보기 바랍니다.

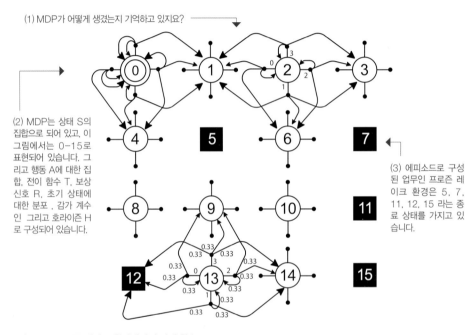

그림 13-2 프로즌 레이크 환경에서의 전이 함수

아마도 여러분은 환경이 비정상적이고, 마르코프 성질을 띄지 않을지라도, 이를 동작할 수 있도록 무언가를 변형시켜, 환경을 MDP처럼 만들 수 있다는 사실을 알았을 것입니다. 실제 환경의 확률 분포가 변화하나요? 아니면 실제 분포를 정의하기에 충분한 데이터를 가지고 있지 않나요? 미래가 과거의 상태와 관련이 있나요? 아니면 상태 영역이 너무 고차원적이어서 환경에 대한 모든 기록을 단일 상태로 생각할 수 없나요? 다시 한번 말하지만, 하나의 예시로써 문제를 MDP 구조에 맞도록 시도해봅시다. 이런 과정은 여러분의 문제에 심층 강화학습 알고리

즘을 적용할 때 유용할 것입니다.

13.1.2 계획법

3장에서는 MDP가 존재하는 문제에서 이상적인 정책을 찾을 수 있도록 도와주는 방법을 알아봤습니다. 가치 반복법이나 정책 반복법과 같은 방법들은 반복적으로 이상적인 가치 함수를 계산하는데, 이를 통해서 이상적인 정책을 빠르게 추출할 수 있게 해줍니다. 정책은 모든 상황에서 대처할 수 있는 전체적인 계획을 나타냅니다.

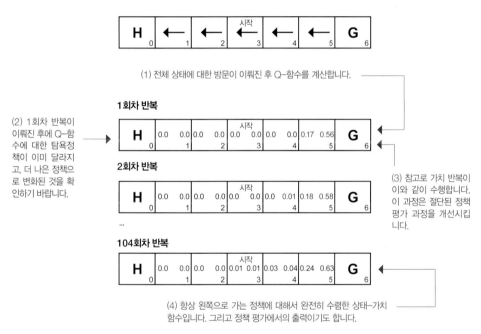

그림 13-3 SWF 환경에서의 항상 왼쪽으로 가는 정책에 대한 평가

이번 절에서 중요한 결론은 두 가지입니다. 우선 이 알고리즘들은 순차적인 의사 결정 문제에서 분리되어 있습니다. 이 알고리즘들은 MDP를 사용하므로 불확실성이 존재하지 않고, 이산적인 상태 영역과 행동 영역에서만 수행하기 때문에 어떠한 복잡성도 가지지 않습니다. 두 번째로, 알고리즘에는 일정한 패턴이 존재합니다. 알고리즘은 행동을 개선하려는 만큼, 행동을 평가하기도 합니다. 사실 저도 여러 번 놓쳤던 부분입니다. 저한테는 무언가를 개선하고 최적

화하는 일에 관심이 갔었기 때문에, 정책 평가법이 중요하다는 사실에 대해서는 알지 못했습니다. 하지만 이렇게 평가가 올바르게 이뤄지면, 개선이 쉬워진다는 사실을 이해하게 될 것입니다. 여기에서는 보통 정책을 정확하고 정밀하게 평가하는 일이 가장 어렵습니다. 하지만 만약 MDP가 있다면, 이 값들을 올바르고 직관적으로 계산할 수 있습니다.

13.1.3 밴딧

4장에서는 평가가능한 피드백에 대해서 학습하였습니다. 이 경우, MDP를 배제해 강화학습의 불확실한 측면에 대해서 다뤘습니다. MDP를 감추고, 대신 단일 상태로 구성되고, 한 스텝의 호라이즌을 가지는 MDP를 만들어 매우 간단하게 했습니다. 이때 최소의 에피소드만 가지고 이상적인 행동이나 행동에 대한 분포를 찾습니다. 이렇게 총 후회값을 최소화할 수 있습니다.

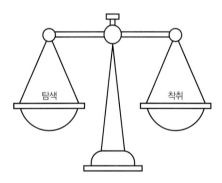

그림 13-4 4장에서 다뤘던 탐색과 착취의 장단점을 비교할 수 있는 효과적인 방법

몇 가지 탐색 전략을 살펴보았고, 이를 여러 밴딧 환경에서 수행했습니다. 4장의 목표는 불확실성 그 자체로도 별도로 공부해야 할 주제임을 보여주는 것이었습니다. 불확실성과 관련된 여러 훌륭한 책들이 있으니, 혹시 관심이 있다면 이 쪽을 연구해도 좋습니다. 이 길 또한 충분히 연구할 가치가 있답니다.

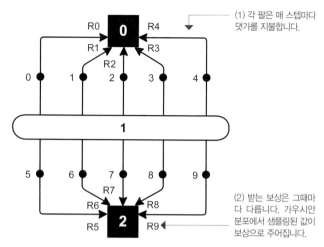

그림 13-5 10개의 팔을 가진 가우시안 밴딧

4장에서는 강화학습이 3장에서 다룬 계획법과 달리 MDP에 접근할 수 없어 더 어렵다는 사실을 배웠습니다. MDP가 없으면 불확실성이 존재하며, 결국 탐색을 통해서만 해결할 수 있습니다. 탐색 전략은 에이전트가 스스로 시행착오를 통해 학습하는 이유이며, 이 분야를 흥미롭게 하는 요소입니다.

13.1.4 표 기반 강화학습

5장과 6장 그리고 7장에서는 강화학습에서 순차적인 요소와 불확실성이 혼합하는 법을 다뤘습니다. 불확실성이 내재한 상황에서 순차적인 의사결정이 필요한 문제는 쉽게 연구할 수 있는 강화학습의 핵심입니다. 단 크고 고차원적인 상태 영역이나 행동 영역에 대한 복잡성을 배제한 상태를 가정한 것입니다.

5장에서는 정책을 평가하는 법에 대해서 언급했고, 6장은 정책을 최적화하는 방법 그리고 7장에서는 정책을 평가하고, 최적화하는 조금 더 발전된 기법에 대해서 다뤘습니다. 저는 이 부분이 강화학습의 핵심이고, 이 개념에 대해서 공부하면 여러분이 심층 강화학습을 조금 더 빠르게 이해할 수 있다고 생각합니다. 심층 강화학습을 표 기반 강화학습과 분리해 생각하지 말기 바랍니다. 그것은 잘못된 생각입니다. 복잡성은 문제의 한 차원일 뿐, 동일한 문제를 다룹니다. 최고의 심층 강화학습 연구소에서도 이산적인 상태 영역과 행동 영역을 가지는 문제를 해결한 논문을 발표함을 확인할 수 있습니다. 어떤 경우에는 괜찮은 접근 방법이 될 수 있으며, 실험을 할 때 이 사실을 유념해야 합니다. 처음부터 높은 복잡성을 가지는 문제로 시작하지 마시기 바랍니다. 대신 분리하고, 문제를 해결한 후에 복잡성을 높이는 편이 좋습니다.

이 세 장에서는 다양한 알고리즘들을 다뤘습니다. 우선 첫 방문 몬테카를로 예측과 모든 방문 몬테카를로 예측, 시간차 예측, n-단계 TD 그리고 TD(λ)와 같은 평가 기법을 다뤘습니다. 또한 첫 방문 몬테카를로 제어와 모든 방문 몬테카를로 제어, SARSA, Q-학습, 이중 Q-학습 그리고 SARSA(λ)와 Q(λ)와 같은 흔적을 대체하거나 누적하는 방식의 발전된 제어 방식에 대해서도 다뤘습니다. 또한 Dyna-Q와 경로 샘플링과 같은 모델 기반 방법들도 학습했습니다.

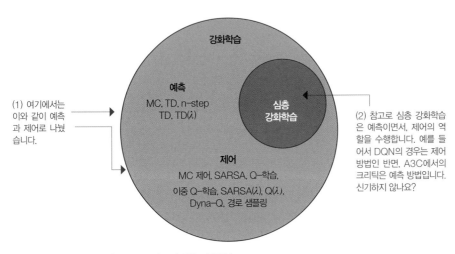

그림 13-3 강화학습의 넓은 영역 중 일부인 심층 강화학습

13.1.5 가치 기반 심층 강화학습

8장과 9장 그리고 10장은 가치 기반 심층 강화학습 방법론에 대해 배웠습니다. 우선 신경망으로 적합한 Q-반복법(NFQ)와 심층 Q 신경망(DQN), 이중 심층 Q 신경망(DDQN), DDQN에 듀얼링 구조가 반영된 형태(듀얼링 DDQN)와 우선순위가 적용된 경험 재현(PER)에 대해서 다뤘습니다. 먼저 DQN부터 시작하여 한 번에 하나씩 개선점을 추가했습니다. 그리고 카트폴 환경에서 모든 알고리즘을 수행했습니다.

기본 알고리즘에 구현할 수 있는 수많은 개선점들이 있으며, 직접 구현해보길 권합니다. 레인보우Rainbow라 부르는 알고리즘을 찾아보고, 이 책에서 소개되지 않은 DQN의 개선점을 구현해보기 바랍니다. 이와 관련된 블로그 포스트를 작성해보고, 다른 사람들에게 공유해보세요. 이렇게 가치 기반 심층 강화학습을 구현하면서 여러분이 배울 수 있는 기법들은 액터-크리틱 학습에서 크리틱을 학습시키는 것처럼 다른 심층 강화학습 방법들을 학습시키는데 필수적입니다. 이 밖에도 찾을 수 있는 수많은 개선점과 기법들이 있습니다. 이런 기법들을 직접 찾아보고, 즐겨보기 바랍니다.

13.1.6 정책 기반 심층 강화학습과 액터-크리틱 심층 강화학습

11장에서는 정책 기반 학습법과 액터-크리틱 학습법을 소개했습니다. 정책 기반 학습법은 책에서 다루는 알고리즘 중 정책과 관련한 새로운 접근 방식이었기 때문에 REINFORCE라고 알려져 있는 직관적인 알고리즘의 개념에 대해서 소개했습니다. 이 알고리즘은 정책에 대한 계수를 조절합니다. REINFORCE는 계수를 조절하기 위해 가치함수를 전혀 사용하지 않고, 직접적으로 정책을 근사화했습니다. REINFORCE에서 정책을 최적화하기 위해 사용했던 정보는 몬테카를로 반환값인데, 이 값은 에피소드가 진행되는 동안 에이전트가 경험한 실제 반환값을 나타냅니다.

이후에 몬테카를로 반환값의 분산을 낮추도록 가치함수를 학습하는 알고리즘을 살펴보았습니다. 이 알고리즘을 순수 정책 경사법(VPG)이라고 불렀습니다. 이름에도 의미가 담겨있지만, 어떻게 보면 베이스라인이 적용된 REINFORCE라고 표현하면 더 좋을 것 같습니다. 그럼에도 불구하고, 이 알고리즘이 중요한 것은 가치함수를 학습해도, 액터-크리틱 방식으로 볼 수 없습니다. 이 알고리즘에서 가치함수는 베이스라인으로 사용될 뿐, 크리틱으로 사용되지 않기 때문입니다. 여기서 얻을 수 있는 중요한 통찰은 가치함수를 부트스트래핑에 사용하지 않으며, 가치함수에 대한 모델을 학습하는 데 몬테카를로 반환값을 사용해 최소한의 편향만 들어가 있다는 점입니다. 이 알고리즘의 유일한 편향은 신경망에 의해서 나타날 뿐, 그 이외의 편향은 존재하지 않습니다.

그리고 나서, 부트스트래핑 기법을 사용한 조금 더 발전된 액터-크리틱 학습법에 대해서 다뤘습니다. A3C는 n-단계 반환값을 사용했고, GAE는 정책 갱신시 람다 반환값의 형태로 되어 있던 것을 확인하였습니다. 그리고 A2C에서는 정책을 동기적으로 갱신하는 특성을 가지고 있습니다. 전체적으로 봤을 때, 이 알고리즘들은 최신 알고리즘이며, 아직도 널리 쓰이는 안정적인 방법이라는 것을 인지하고 있어야 합니다. 예를 들어서 A3C만의 주요 장점이자 독특한 특성은 학습시 CPU만을 사용하기 때문에, 만약 GPU가 없을 경우 다른 방법들보다도 더 빠르게 학습시킬 수 있습니다.

13.1.7 발전된 형태의 액터-크리틱 기법들

비록 A3C나 GAE, A2C가 액터-크리틱 기법이긴 해도, 크리틱을 뭔가 독특한 방법으로 사용하지 않습니다. 12장에서는 이에 관련된 내용에 대해서 다뤘습니다. 예를 들어서 많은 사람들이 DDPG와 TD3를 액터-크리틱 학습법이라고 생각하지만, 이 알고리즘들은 연속적인 행동 영역을 가지는 환경에 대해서는 가치 기반 학습법만큼 적합합니다. A3C에서 액터와 크리틱을 사용하는 방법에 대해서 살펴보면 DDPG에서의 방법과 확연한 차이를 확인할 수 있습니다. 그럼에도 불구하고, DDPG와 TD3는 최신 알고리즘이면서 해당 알고리즘이 액터-크리틱 학습법인지 여부와는 상관없이, 문제를 해결하는데 있어 큰 차이를 보여주지 않습니다. 이 두 알고리즘의 큰 단점은 연속적인 행동 영역을 가지는 환경에 대해서만 문제를 해결할 수 있다는 것입니다. 행동의 영역의 고차원일 수는 있지만, 행동은 반드시 연속형 특성을 가져야 합니다. A3C와 같은 다른 방법은 연속형 행동 영역이나 이산적 행동 영역을 가지는 환경에서도 문제를 해결할 수 있습니다.

SAC는 별개의 알고리즘입니다. 이 책에서 DDPG와 TD3 이후에 SAC를 다루게 된 이유는 SAC가 앞의 두 알고리즘에서의 동일한 기법을 많이 차용했기 때문입니다. 하지만 SAC만의 유일한 특성은 엔트로피를 최대화한다는 것입니다. 가치함수는 반환값을 최대화할 뿐만 아니라 정책에 대한 엔트로피도 최대화합니다. 이런 특성을 가지는 학습법들은 성능이 보장되어 있기에 최신 알고리즘이 SAC에서 파생되어 나왔다고 해도 놀라운 일은 아닐 겁니다.

마지막으로 PPO라는 또 다른 흥미로운 액터-크리틱 학습법에 대해서 살펴보았습니다. PPO는 액터-크리틱 학습법으로 구현할 때도 A3C에서 많은 코드를 그대로 재사용합니다. PPO에서의 핵심 관점은 정책을 갱신시키는 단계에 있습니다. 짧게 요약하자면, PPO는 정책을 한 번에 약간씩만 개선시킵니다. 그래서 갱신이 발생할 때 정책이 그렇게 많이 변하지 않습니다. 어떻게 보면 보존적으로 정책을 최적화하는 기법이라고 생각하면 됩니다. PPO는 연속형 행동 영역과 이산적 행동 영역을 가지는 환경에서 모두 쉽게 적용시킬 수 있습니다. 그리고 PPO는 예를 오픈AI 파이브와 같은 최근 심층 강화학습 분야에서 가장 흥미로운 결과를 보여주는 실험에도 적용됩니다.

이 장을 통해서 수많은 훌륭한 알고리즘을 살펴봤지만, 더 중요한 것은 이 분야에 대해서 더 연구할 수 있도록 도와주는 기초적인 방법을 다뤘다는 점입니다. 시중에 발표되어 있는 많은 알고리즘들이 이 책에서 다뤘던 알고리즘에서 파생되었고, 물론 모델 기반 심층 강화학습 방법이라던지 미분이 필요하지 않은 최적화 기법과 같은 몇 가지 예외도 있습니다. 그래서 이후 두 절을 통해서, 여러분이 심층 강화학습 분야를 지속적으로 공부할 수 있는 통찰력을 주고자 합니다.

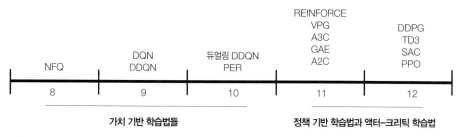

그림 13-4 이 책에서 다룬 심층 강화학습 알고리즘

13.1.8 모델 기반 심층 강화학습

7장에서 Dyna-Q와 경로 샘플링과 같은 모델 기반 강화학습 방법에 대해서 다뤘습니다. 모델 기반 심층 강화학습의 핵심은 여러분이 기대한대로 전이나 보상 함수, 두 가지 모두 학습할 때 딥러닝 기법을 사용하며, 그 결과를 의사결정에 사용하는 것입니다. 7장에서 다뤘던 방법들과 더불어 모델 기반 심층 강화학습에서의 주요 장점 중 하나는 샘플 효율성이 높다는 것입니다. 모델 기반 학습법들은 강화학습 방법론 중에서 가장 샘플 효율성이 높습니다.

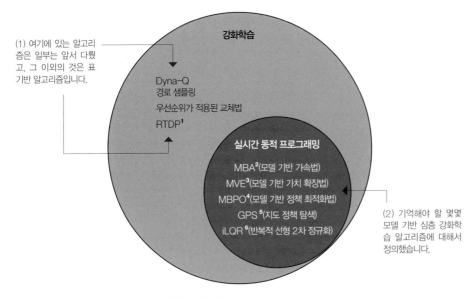

그림 13-5 기억해둬야 할 모델 기반 강화학습 알고리즘

샘플 효율성과 더불어 모델 기반 학습법을 사용했을 때 가지는 또 다른 장점은 이관성^{transferability} 이라는 것입니다. 환경의 다이나믹스를 표현한 모델을 학습하면 이와 관련된 또 다른 문제를 해결할 수 있습니다. 예를 들어서 어떤 목표물에 도달할 수 있도록 로봇 팔을 제어하는 에이전트를 학습시킨 경우, 목표물까지 전진할 때의 환경의 반응을 학습한 모델 기반 에이전트는 또 다른 문제인 목표물을 집는 작업도 조금 더 쉽게 학습할 수 있습니다. 참고로 이와 같은 경우 보상함수에 대한 모델을 학습하는 것은 전달 시 유용하지 않습니다. 하지만 로봇 팔의 움직임에 대한 환경의 반응을 학습하면 다른 문제 해결에 전달할 수 있는 지식이 됩니다. 제 기억으론 물리의 법칙은 수백 년 동안 바뀌지 않았답니다.

몇 가지 더 언급할 만한 가치가 있는 장점들은 다음과 같습니다. 첫 번째로 모델을 학습시키는 것은 보통 지도학습 문제라고 볼 수 있는데, 이는 강화학습보다도 더 안정적이고 잘 동작합니

---

1 real time dynamic programming

2 model-based acceleration

3 model-based value expansion

4 model-based policy optimization

5 guided policy search

6 iterative Linear quadratic regulator

다. 두 번째로 우리에게 환경에 대한 정확한 모델이 존재할 경우 경로 최적화, 모델 예측 제어와 같은 이론적으로 잘 정의된 알고리즘을 계획할 때 사용할 수 있습니다. 아니면 몬테카를로 트리 탐색과 같은 휴리스틱한 탐색 알고리즘을 사용할 수도 있습니다. 마지막으로, 모델을 학습함으로써, 전반적으로 경험을 잘 쓸 수 있게 되는데, 그 이유는 환경으로부터 더 좋은 행동을 할 수 있는 가능성을 가진 정보를 추출할 수 있기 때문입니다.

하지만, 항상 장점만 가지는 것은 아닙니다. 모델 기반 학습법도 어려운 부분이 존재합니다. 모델 기반 학습법을 사용할 때 유념해야 할 몇 가지 단점들도 존재합니다. 우선 환경의 다이나믹스에 대한 모델을 학습하는 것은 정책이나 가치 함수 혹은 둘 다 학습하는 것과 더불어서 연산 자원을 많이 소모합니다. 그리고 만약 다이나믹스에 대한 모델만 학습하게 될 경우, 모델로부터 나오는 복합적인 오차들은 알고리즘이 비실용적으로 동작하게 만듭니다.

다이나믹스의 모든 요소들이 정책에 직접적으로 도움이 되는 것은 아닙니다. 가치함수를 학습하지 않고, 정책을 직접적으로 학습할 때 발생하는 이 문제에 대해서 언급했습니다. 물을 담는 문제를 상상해봅시다. 만약 단순히 컵을 집어서 물을 붓는 문제를 해결할 때, 유체 역학이나, 유체의 점도, 흐름에 대해서 알아야 한다면, 이는 문제를 너무 복잡하게 만듭니다. 환경에 대한 모델을 학습하고자 하는 것은 정책을 직접적으로 학습하는 것보다 더욱 복잡합니다.

딥러닝 모델은 항상 학습할 데이터가 부족하다는 것을 상기하는 것도 필수적입니다. 알다시피, 좋은 심층 신경망 모델을 얻기 위해서는 수많은 데이터가 필요하고, 이는 모델 기반 심층 강화 학습에서는 어려운 문제입니다. 이 문제는 신경망에서 모델의 불확실성을 추정하는 것이 어렵다는 문제와 결합될 수 있습니다. 그리고 만약 주어진 신경망이 모델의 복잡성과는 상관없이 일반화하고자 할 경우, 장기간에 걸쳐 예측한 결과가 완전히 쓸모 없는 것이 될 수도 있습니다.

이 문제는 어떻게 보면 모델 기반 학습법이 샘플 효율성이 가장 좋다는 주장을 의문에 빠지게 하는데, 그 이유는 유용한 모델을 학습하는 것이 모델이 없는 학습법에서 좋은 정책을 학습하는 것보다 더 많은 데이터가 필요하기 때문입니다. 하지만 만약 여러분이 그런 모델을 가지고 있거나 혹은 문제와는 별개로 그 모델을 얻을 수 있다면, 다른 문제에 대해서도 해당 모델을 재사용할 수 있게 됩니다. 추가적으로 만약 가우시안 처리gaussian process 과정이나 가우시안 혼합 모델gaussian mixture model과 같은 얕은 모델을 사용할 수 있다면, 다시 원점으로 돌아가 모델 기반 학습법의 샘플 효율성이 가장 높다고 말할 수 있게 됩니다.

지금 언급한 내용이 단순히 모델 기반 학습법과 모델이 필요하지 않는 학습법을 비교하는 것이 아니라는 것을 알았으면 좋겠습니다. 그리고 비록 모델 기반 학습법과 모델이 필요하지 않는 학습법을 결합하여 매력적인 해결책을 얻었다고 해도, 결과적으로는 이 방법이 가치 기반 학습법과 정책 기반 학습법인지 여부 혹은 액터-크리틱 학습법의 여부와는 관련이 없습니다. 단순히 스크루 드라이버가 필요한 상황에서 망치를 사용할 필요는 없습니다. 지금까지 상황에 따라 어떤 형태의 알고리즘이 적합한지를 설명했으니, 이때 쌓은 지식을 올바르게 사용하는 것은 여러분의 몫입니다. 물론 탐색하고, 즐기면서, 문제를 겪게 될 텐데, 그때 현명하게 선택하면 됩니다.

13.1.9 미분이 필요하지 않는 최적화 기법들

딥러닝은 함수를 학습하기 위해서 여러 개의 계층을 이뤄진 함수 근사화기를 사용합니다. 전통적인 딥러닝 모델은 다음과 같은 과정을 거쳐서 사용합니다. 우선 관심이 있는 함수를 그대로 반영한, 계수로 조절가능한 모델을 만듭니다. 그리고 나서 주어진 시간동안 모델이 얼마나 잘 못되었는지를 알 수 있는 목적함수를 정의합니다. 다음으로 역전파 연산을 사용해서, 계수를 어떤 방향으로 움직일지 계산하면서 모델을 반복적으로 최적화합니다. 마지막으로 경사 하강법을 사용하여 계수를 갱신합니다.

역전파 연산과 경사 하강법은 신경망을 최적화할 때 사용하는 실용적인 알고리즘입니다. 이 알고리즘들은 주어진 범위 내에서 함수의 최소점, 최대점을 찾을 때 유용합니다. 예를 들어서 손실이나 목적함수의 지역 극점을 찾을 수 있습니다. 하지만 흥미롭게도, 이 방법들은 심층 신경망과 같이 계수로 조절할 수 있는 모델을 최적화할 수 있는 유일한 방법이 아니며, 이 방법들이 항상 효율적인 것은 아닙니다.

유전 알고리즘genetic algorithm이나 진화 전략evolution strategies과 같은 미분이 필요하지 않은 최적화 기법들은 최근 심층 강화학습 학계의 관심을 끌어온 또 다른 모델 최적화 기법입니다. 경사가 없는, 블랙박스black-box 혹은 0차 방정식zeroth-order으로 알려져 있는 미분이 필요하지 않은 최적화 기법은 말 그대로 미분계수가 필요하지 않으며, 경사 기반 최적화 기법이 어려움을 겪는 상황에서 유용하게 사용할 수 있습니다. 보통 경사 기반 최적화 기법은 이산적인 함수, 불연속적인 함수, 혹은 여러 개의 모델로 구성된 함수를 최적화할 때 어려움이 생깁니다.

미분이 필요하지 않는 방법들은 다양한 경우에서 유용하면서 직관적으로 적용할 수 있습니다. 신경망의 가중치를 임의로 설정했다고 해도, 연산에 필요한 충분한 자원이 주어진다면, 목적을 달성할 수 있습니다. 미분이 필요하지 않은 방법의 주요 장점은 임의의 함수에 대해서도 최적화를 수행할 수 있다는 것입니다. 이 작업을 수행할 때 경사를 구할 필요가 없습니다. 또 다른 장점은 병렬화하기 좋다는 점입니다. 수백 개나 수천 개의 CPU를 사용해서 미분이 필요하지 않는 기법을 사용하는 사례는 드물지 않습니다. 사실 이 기법들은 샘플 효율성이 낮기 때문에, 병렬화하기 쉬운 점도 있습니다. 블랙박스 최적화 기법에서는 강화학습 문제의 구조가 노출되지 않습니다. 보통 강화학습에 내재되어 있는 순차적인 특성을 무시하는데, 이를 통해서 최적화 기법에게 유용한 정보를 제공할 수 있습니다.

그림 13-6 다양한 심층 강화학습 기법

미젤의 한마디: 미분이 필요하지 않는 최적화 기법이 동작하는 원리

경사기반 학습법과 경사가 필요하지 않는 학습법 간의 비교를 직관적으로 이해하기 위해서 핫 콜드Hot and Cold 게임을 잠깐만 떠올려봅시다. 이 게임은 술래가 숨겨진 물건을 찾고, 술래를 제외한 나머지 아이들은 술래가 물건에서 멀리 떨어지면 '콜드'라고 소리를 지르고, 가까이 가면 '핫'이라고 외치며 응원하는 형태의 게임입니다. 이 관점에서 보면, 술래의 위치는 신경망의 매개변수가 됩니다. 그리고 숨겨둔 물건은 전체 극점이 될 텐데, 최소화하고자 하는 손실함수의 최솟값일 수도 있고, 최대화하고자 하는 목적 함수의 최댓값일 수도 있습니다. 이를 위해 아이들은 술래의 위치를 최적화하기 위해서 '콜드' 혹은 '핫'이라고 소리칩니다.

조금 더 흥미로운 경우를 생각해봅시다. 단순히 '콜드' 혹은 '핫'이라고 소리치는 게 아니라 술래가 물건에 가까워지면 더 크게 소리치는 아이들이 있다고 생각해봅시다. 알다시피 아이들은 쉽게 흥분하고, 비밀을 오래 지키지도 못합니다.

만약 술래인 여러분이 아이들이 '콜드'라고 부드럽게 소리치던 목소리가 매초마다 커지는 것을 느꼈다면, 술래는 올바른 방향으로 가고 있는 것입니다. 이렇게 물건과의 거리는 정보에 대한 '경사'를 사용해서 줄일 수 있습니다. 바로 이렇게 물건을 얻기 위해서 이런 정보를 사용하는 방법이 경사 기반 학습법에서 수행하는 것과 동일한 원리입니다. 예를 들어서 아이들이 매초마다 여러 소리를 한 번에 내는 것처럼, 정보가 연속적인 형태로 들어오면서, '콜드'라고 들리는 곳에서 '핫'이라고 들리는 곳까지 소리 크기의 변화를 느꼈다면, 정보에 대한 크기가 증가하거나 감소하는 정보를 활용할 수 있고, 곧 물건을 찾을 수 있는 경사가 됩니다. 괜찮지 않나요?

반대로, 아이들이 정보를 제대로 주지 않거나 완벽하지 않은 정보를 준다고 생각해봅시다. 정보들이 불연속적인 형태로 제공된다고 상상해봅시다. 예를 들어서, 술래가 어떤 공간에 있는 동안에는 아무것도 들을 수 없다고 가정하면, 약하게 '콜드' 소리를 듣고 얼마 뒤 다시 약하게 '콜드' 소리를 듣는다면 얻을 수 있는 정보는 없습니다. 아니면, 물건이 긴 벽의 한 가운데 너머에 있다고 가정했다고 칩시다. 비록 술래가 물건이 있는 위치에 가까워져도, 술래는 경사 정보를 가지고는 물건을 찾을 수 없을 것입니다. 술래가 물건에 가까워졌을 때, 누군가가 '핫'이라고 외치겠지만, 실제로 물건은 벽 너머에 있는 셈입니다. 이 경우 경사 기반 최적화 기법은 그렇게 좋은 전략이 아니고, 오히려 경사가 필요하지 않는 기법들이 임의로 움직일 때 물건을 더 잘 찾을 것입니다.

경사가 필요하지 않는 접근 방식은 다음과 같이 간단하게 표현할 수 있습니다. 술래가 임의의 위치를 선택한 후, 그 위치에 갈 때까지 '경사' 정보를 무시합니다. 도달한 후에는 소리치는 아이들이 있는지 확인한 후, 또 다른 임의의 지점을 갑니다. 한 10번 정도 임의의 지점을 가는 동안, 술래는 상위 3개의 위치를 선택하고, 전체 중에서 더 나은 지점을 나타내는 이 3개 지점으로부터 다시 임의의 지점을 선택합니다. 이 경우, 경사 정보는 유용하지 않습니다.

이런 관점으로 다양한 문제점을 발견할 수 있지만 우선 여기에서 멈추겠습니다. 결론은 경사기반 학습법과 경사가 필요하지 않는 학습법 모두 목표 지점을 찾을 수 있는 유일한 전략입니다. 하지만 이 전략들의 효과성은 손에 쥐고 있는 문제에 따라 달라집니다.

13.2 범용 인공지능에 대한 조금 더 발전된 개념들

이전 절에서는 이 책에서 다뤘던 심층 강화학습의 기본적인 개념에 대해서 복습하고, 깊게 다루지 못했던 두 가지 필수적인 학습법의 유형에 대해서 언급했습니다. 하지만 이전에도 언급했다시피, 여전히 수많은 발전된 개념들이 존재합니다. 비록 이 개념들이 심층 강화학습에 대한 기초가 필요하지 않더라도, 대부분의 AI 연구자들이 궁극적으로 추구하는 범용 인공지능(AGI)를 추구하는 중요한 요소이기도 합니다.

이번 절에서는 범용 인공지능으로 한 단계 더 깊게 살펴보면서, 조금 더 범용적인 지능이 요구되는 문제를 해결할 때 AI 에이전트의 자질 중 일부에 대해서 다루고자 합니다. 제가 여기에서 여러분이 AI를 지속적으로 연구하고, 어느 순간에는 최신 연구 분야에 기여할 수 있도록, 넓은 범위에서 에이전트의 자질과 의도에 대해서 설명하고자 합니다.

13.2.1 다시 짚어보는 AGI의 의미

이 책에서는 첫 눈에도 인상적으로 보이는 AI 에이전트들의 다양한 예시들을 살펴보았습니다. 동일한 컴퓨터 프로그램이 다양한 문제를 해결할 수 있도록 학습된다는 사실은 놀랍습니다. 게다가 조금 더 복잡한 환경에서도, 좋은 결과를 얻는 것은 쉬워졌습니다. 알파제로는 체스와 바둑, 장기를 둘 수 있도록 학습합니다. 오픈AI 파이브는 게임 〈도타2〉에서 인간으로 구성된 팀을 이깁니다. 알파스타는 〈스타크래프트 II〉에서 프로게이머를 이깁니다. 이런 사례를 통해서 알고리즘들이 범용적인 알고리즘이라는 것이 설득력있게 느껴집니다. 하지만 이런 범용 알고리즘이 범용적인 지능을 나타내는 증거가 될까요? 우선, 범용 지능이란 무엇일까요?

범용 지능이란 새로운 문제를 해결하기 위해서 다양한 인지 능력을 결합하는 능력을 뜻합니다. 특히 범용 인공지능(AGI)에서는 범용 지능을 보여주는 컴퓨터 프로그램을 기대합니다. 그러면 이제 다음과 같은 질문을 던지겠습니다. 과연 이 책에 소개된 어떠한 알고리즘이나, 최근에 발표된 알파제로, 오픈AI 파이브, 알파스타 같은 알고리즘들이 범용 인공지능의 예시가 될 수 있을까요? 명확하지는 않지만, 저는 아니라고 이야기하고 싶습니다.

반면, 여러분은 지각perception을 포함한 '여러 개의 인지 능력'을 사용해서 새로운 문제를 해결할 수 있도록 학습하는 수많은 알고리즘들을 봤습니다. 한번 퐁 게임을 한다고 가정해봅시다. 우리가 내린 정의를 따른다면, 알고리즘이 여러 개의 인지 능력을 사용해서 새로운 문제를 풀 수 있다는 사실은 장점이 될 것입니다. 하지만 이들 알고리즘이 가장 불만족스러운 점은 어떠한 학습된 에이전트도 그 에이전트를 학습시키기 전까지는 새로운 문제를 잘 해결할 수 없다는 것입니다. 또한 대부분의 시간 동안 인상적인 결과를 얻기 전까지 수백만의 샘플이 필요합니다. 다르게 표현하자면, 만약 퐁 게임에 있는 픽셀 데이터를 이용해서 문제를 해결하는 DQN 에이전트를 학습시킬 때, 학습된 에이전트는 퐁 게임에서는 엄청난 능력을 보여줄 수 있지만, 또 다른 게임인 브레이크아웃에서는 어떻게 문제를 해결할지 감을 잡지 못하며, 이런 능력을 가지기 위해서는 수백만의 프레임들을 학습시켜야 합니다.

인간은 이런 문제를 겪지 않습니다. 제가 장담하건대 여러분이 퐁 게임을 익힌 후에는, 2초 안에 브레이크아웃 게임도 할 수 있습니다. 두 게임 모두 패들을 가지고 공을 치는 종류의 문제입니다. 반대로 알파제로 에이전트와 같은 기본적으로 다른 보드 게임에서 전체적으로 뛰어난 성능을 보이는 컴퓨터 프로그램은 그 게임에 목숨을 건 프로선수들을 이길 수 있겠지만, 절대로 여러분의 빨래는 해주지 못합니다.

어떤 AI 연구자들이 이야기하길, 그들의 목표는 인간이 하는 것처럼 인지하고, 학습하며, 생각하고, 감정을 느낄 수 있는 AI 시스템을 개발하는 것이라고 합니다. 인간과 같이 학습하면서, 생각하고, 느끼며, 어쩌면 인간과 같이 생긴 기계들도 어떻게 보면 매우 흥미로운 아이디어입니다. 또 다른 연구자들은 조금 더 현실적인 접근 방식을 가집니다. AI가 인간처럼 생각하는 것이 좋은 결과를 만드는 필수적인 요소가 되기 전까지는 반드시 AI가 인간처럼 생각할 필요가 없다고 하는 것입니다. 그리고 어쩌면 감정을 나타내는 것이 더 좋은 성과라고 하는데, 누가 압니까? 요점은 어떤 사람은 AGI가 일을 대리로 할 수 있고, 평범한 일을 멈추게 할 수 있는 수단으로 생각하는 것에 비해, 또 다른 사람은 조금 더 철학적인 목적으로 생각한다는 것입니다. AGI를 만드는 것은 지능 자체를 이해하는 길일 수도 있고, 스스로 이해하는 길이 될 수 있으면서, 어쩌면 인류 관점에서 뛰어난 성과물이 될 수 있습니다.

어떤 방향이나, 모든 AI 연구자들이 동의하는 것은, 최종적인 목표가 무엇이든 상관없이, 조금 더 일반적이고, 전이가 가능한 기술을 보여줄 수 있는 AI 알고리즘을 원한다는 것입니다. AI 시스템이 마치 빨래나 조리, 그릇을 닦는 것처럼 인간처럼 일을 수행하기 전에 필요한 요소들이 많이 있습니다. 흥미롭게도, 이런 평범한 일들도 AI로 해결하기에는 어려운 문제입니다. 심층 강화학습과 인공지능이 조금 더 범용적인 지능을 보여주는 몇몇 연구 영역에 대해서 살펴봅시다.

다음 절에서는 AI가 인간 수준의 지능을 보여주기 위한 조금 더 발전된 심층 강화학습 기법들을 탐색할 때 필요한 몇 가지 개념에 대해서 소개할 것입니다. 저는 가능한 여러분이 인지할 수 있도록, 몇 문장으로만 표현할 것입니다. 저는 여러분에게 문을 보여줄 뿐, 문 안에 어떤 것이 있는지는 설명하지 않을 것입니다. 어떤 문을 열지는 여러분에게 달렸습니다.

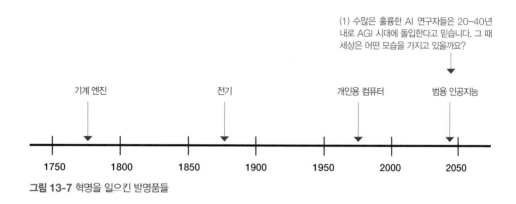

(1) 수많은 훌륭한 AI 연구자들은 20-40년 내로 AGI 시대에 돌입한다고 믿습니다. 그 때 세상은 어떤 모습을 가지고 있을까요?

그림 13-7 혁명을 일으킨 발명품들

13.2.2 발전된 탐색 전략

흥미로운 결과를 보여주는 연구 영역 중 하나는 보상함수를 다루는 영역입니다. 이 책을 통틀어서, 여러분은 보상신호로부터 학습하는 에이전트들을 봐왔지만, 흥미롭게도 에이전트가 어떠한 보상없이도 학습할 수 있는 연구 영역이 있습니다. 보상이 아닌 것들을 학습하는 것은 흥미로운 아이디어이자, 어쩌면 인간과 유사한 지능을 개발하는데 필수적일 수도 있습니다. 아기가 학습하는 것을 관찰해보면, 이 행동은 비지도 학습이나 자기지도 학습에 가깝습니다. 물론 그들의 삶 중 어느 시점에선 아기를 보상으로 얻을 것입니다. 여러분은 A를 얻었거나, B를 얻었다는 사실도 알 것이고, 월급이 x일 때, 여러분의 몫은 y라는 사실도 알고 있습니다. 하지만 에이전트들이 항상 주어진 보상이 주어진 후까지 있는 것은 아닙니다. 가령 삶의 보상 함수는 무엇인가요? 성공적인 직무일까요? 아니면 아기를 갖는 것일까요? 명확하지 않습니다.

이제 다시 돌아가보면, 강화학습 문제에서 보상함수를 제거하기에 약간 두려울 수도 있습니다. 만약 에이전트에게 최대화할 수 있는 보상함수를 정의하지 않았다면, 에이전트의 목표를 어떻게 설정할 수 있을까요? 어떻게 하면 범용 인공지능이 전 인류의 목표에 적합하도록 만들 수 있을까요? 어쩌면 인간과 같은 지능을 만들기 위해서는 에이전트에게 스스로 운명을 결정할 수 있는 자유를 줄 필요가 있습니다. 어떤 방향이든, 저에게는 이 영역도 앞으로 추구해야 할 중요한 연구 주제 중 하나라고 생각합니다.

13.2.3 역강화학습

보상함수 없이도 행동을 배울 수 있는 방법이 존재합니다. 비록 강화학습에서 보상함수를 추구하기는 하지만, 인간의 행동을 우선 모방하도록 학습하는 것은 샘플이 적은 상황에서도 정책을 학습할 수 있도록 도와줍니다. 이와 관련된 몇 가지 영역들이 있습니다. **행위 복제**behavior cloning는 지도학습 기법의 응용으로써, 보통 사람이 시연한 것으로부터 정책을 학습합니다. 이름에서도 의미하다시피, 여기에는 어떠한 추론도 존재하지 않고, 단지 일반화 과정만 있습니다. **역강화학습**inverse reinforcement learning이라고 불리는 또 다른 관련된 영역은 시연으로부터 보상함수를 추론하는 과정으로 구성되어 있습니다. 이 경우, 에이전트는 단순히 행동을 복제만 하지 않고, 다른 에이전트의 의도도 학습하게 됩니다. **의도 추론**inferring intentions기법은 여러 목표를 가진 상황에서 유용한 기법입니다. 예를 들어서 멀티 에이전트 강화학습에서는 적대적인adversarial 환경과 상호 협력적인cooperative 환경 모두 다른 에이전트가 어떤 행동을 하는지를 아는 것은 유용한 정보가 될 수 있습니다. 만약 에이전트가 하고자 하는 것을 알고, 목표와 반대되는 행동이 어떤 것인지를 알고 있다면, 너무 늦기 전에 그 행동을 멈출 수 있도록 전략을 정할 수 있습니다.

하지만, 역강화학습은 에이전트가 새로운 정책을 학습할 수 있도록 도와줍니다. 인간과 같이 다른 에이전트로부터 보상함수를 학습하고, 학습된 보상함수로부터 정책을 학습하는 기법을 보통 **견습 학습**apprenticeship learning이라고 표현합니다. 역강화학습을 학습할 때 고려할 만한 흥미로운 점 중 하나는 보상함수가 이상적인 정책보다 조금 더 간결succinct하다는 것입니다. 이와 같이 보상함수를 학습하고자 하는 시도 자체는 여러 경우에서 의미가 있습니다. 시연으로부터 정책을 학습하는 기법을 **모방 학습**imitation learning이라고 부르기도 하는데, 보통 보상함수가 정책이 나오기 전에 추론되거나 직접적인 행위 복제를 할 때 사용됩니다. 모방 학습은 에이전트가 충분히 좋은 정책을 가질 수 있도록 초기화하는 과정에서 많이 쓰입니다. 예를 들어서 에이전트가 임의의 행동으로부터 학습해야 하는 경우, 좋은 정책을 학습하기 전까지는 긴 시간이 걸립니다. 인간이 부분적으로만 이상적일지라도 인간의 행동을 모방하는 것은 환경에서 적은 상호작용만 가지고도 이상적인 정책을 도출할 수 있습니다. 하지만, 이 경우가 항상 적용되는 것은 아니며, 인간에 의해서 시연된 것으로 사전에 학습된 정책은 의도하지 않은 편향을 낳거나, 에이전트가 이상적인 정책을 찾는 것을 막기도 합니다.

13.2.4 전이학습

여러분은 일반적으로 어떤 환경에서 학습된 에이전트가 새로운 환경으로는 전이될 수 없다는 사실을 알고 있을 것입니다. 강화학습 알고리즘은 같은 에이전트가 서로 다른 환경에서 학습될 수 있다는 관점에서는 범용적이지만, 그렇다고 에이전트가 범용 지능을 가지는 것은 아니며, 학습한 지식을 새로운 환경으로 전이시킬 수 없습니다.

전이학습은 어떤 환경의 집합에서 쌓은 지식을 새로운 환경으로 전이하는 방법을 찾는 연구영역입니다. 예를 들어서 만약 여러분이 깊은 기반지식을 가지고 있을 경우에는 **미세조절**fine-tuning 과 같은 기법을 사용할 수 있습니다. 지도학습에서 사전에 학습한 신경망의 가중치를 재사용하는 것과 유사하게, 문제와 관련된 환경에서 학습된 에이전트는 다른 문제에 대해서 합성곱 계층을 통해서 학습한 특징을 재사용할 수 있습니다. 만약 아타리 게임과 같이, 환경 사이의 관련성이 존재하는 경우 몇몇 특징은 전이가 가능할 것입니다. 어떤 환경의 경우에는 정책도 전이시킬 수 있습니다.

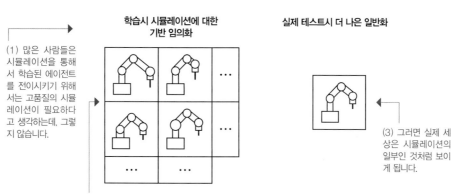

그림 13-8 실제로 자주 사용되는 sim-to-real 전이학습 문제

에이전트가 조금 더 일반적인 기술을 가질 수 있도록 학습하는 것과 관련된 연구 영역을 **전이학습**transfer learning이라고 부릅니다. 전이학습이 많이 사용되는 예시는 시뮬레이션에서 학습된 정책을 실제 세상으로 전이시키는 것입니다. Sim-to-real 전이학습은 로보틱스에서 많이 사용되는데, 로보틱스에서는 에이전트가 제어하는 로봇이 간결하면서도, 비용이 많이 들기도 하고, 위험하기도 합니다. 또한 시뮬레이션에서는 학습을 확장시키기가 어렵습니다. 그래서 보통 시뮬레이션에서는 에이전트를 학습시킨 다음, 실제 세상으로 정책을 전이시키는 방법을 취합니다. 흔히 가지는 오개념 중 하나는 시뮬레이션에서 실제 세상으로 에이전트를 전이시키기 위해서는 시뮬레이션이 고품질이면서 현실적이어야 한다는 것입니다. 연구에서 제안되는 내용은 이와 반대되는 것입니다. 관찰에 대한 다양성이 있을수록 에이전트가 더욱 더 전이를 잘 할 수 있습니다. 기반 임의화domain randomization 같은 기법이 이 연구 영역의 중심으로 자리잡고 있으며, 기대한 만큼의 성능을 보여줍니다.

13.2.5 다중 문제 학습

다중 문제 학습multi-task learning이라고 부르는 연구 영역은 전이학습을 다른 관점에서 바라봅니다. 다중 문제 학습에서의 목표는 단일 문제 대신 여러 개의 문제에 대해서 학습시키고, 새로운 문제로 전이시키는 것입니다. 이 경우, 모델 기반 강화학습 방법론들이 적절하게 활용됩니다. 예를 들어서 로보틱스에서는 동일한 로봇으로 여러 개의 문제를 학습하는 것이 에이전트가 환경의 다이나믹스에 대한 강건한 모델을 학습할 수 있도록 도움을 줍니다. 에이전트는 오른쪽이나 왼쪽으로 가는 방법을 다루면서 중력에 대해서 학습하는 셈입니다. 이런 문제와는 상관없이 다이나믹스에 대한 학습된 모델은 새로운 문제로 전이시킬 수 있습니다.

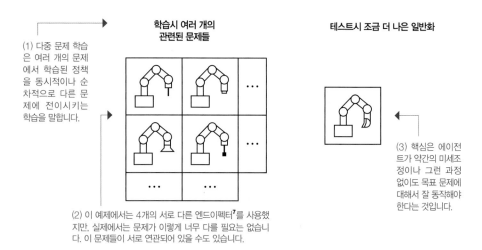

학습시 여러 개의 관련된 문제들

테스트시 조금 더 나은 일반화

(1) 다중 문제 학습은 여러 개의 문제에서 학습된 정책을 동시적이나 순차적으로 다른 문제에 전이시키는 학습을 말합니다.

(2) 이 예제에서는 4개의 서로 다른 엔드이펙터[7]를 사용했지만, 실제에서는 문제가 이렇게 너무 다를 필요는 없습니다. 이 문제들이 서로 연관되어 있을 수도 있습니다.

(3) 핵심은 에이전트가 약간의 미세조정이나 그런 과정 없이도 목표 문제에 대해서 잘 동작해야 한다는 것입니다.

그림 13-9 여러 개의 관련 문제에서 학습시키고, 새로운 문제에서 테스트하는 것으로 구성된 다중 문제 학습[7]

13.2.6 과정 학습

다중 문제 학습에 많이 쓰이는 흔한 예시 중 하나는 하나의 문제를 난이도에 따라서 여러 개의 문제로 나누는 것입니다. 이 경우 에이전트는 일종의 과정을 수행하게 되고, 이 과정 동안 조금 더 복잡한 문제에 대해서 점진적으로 학습하게 됩니다. **과정 학습**_curriculum learning_은 이렇게 예시를 설계할 때 유용한 기법입니다. 만약 여러분이 에이전트가 해결해야 할 문제를 만들어야 할 때, 보통은 밀집한 보상 함수를 가진, 조금 더 직관적인 예시를 만드는 것이 좋습니다. 이를 통해서, 에이전트는 목표에 대한 학습 과정을 빠르게 보여줄 수 있고, 여러분이 만든 환경이 정상적으로 동작하는지도 검증할 수 있습니다. 그러면 여러분은 환경의 복잡성을 높이고, 보상함수도 조금 더 완화시킬 수 있게 됩니다. 이렇게 여러 개의 예시를 만들고 나면, 여러분은 자연적으로 에이전트가 사용할 수 있는 어떤 과정을 만든 것입니다. 그러면 에이전트는 조금 더 복잡한 환경에 대해서 점진적으로 학습할 수 있게 되고, 원한다면 에이전트가 더욱 더 빠르게 원하는 행동을 할 수 있게 해줍니다.

---

7 옮긴이_ 엔드 이펙터란 로봇의 팔에 부착되어 손의 역할을 수행하는 도구를 뜻합니다. 이 도구를 통해서 로봇이 환경과 상호작용을 수행할 수 있게 됩니다.

13.2.7 메타 학습

근래에 가장 흥미로운 연구 주제 중 하나는 **메타 학습**meta learning입니다. 여러분이 여러 문제에 대해서 학습한 에이전트를 직접 손으로 만든다고 칩시다. 어느 시점에서는 우리가 병목이 될 수 있습니다. 만약 에이전트가 어려운 문제를 해결할 수 있도록 학습하는 대신, 스스로 학습할 수 있는 에이전트를 만들 수 있다면, 이런 문제에서 인간을 배제할 수 있게 됩니다. 물론 이 정의가 정확하지는 않지만, 이런 방향으로 나아간다는 의미입니다. 학습을 통해서 학습하는 개념은 스스로 학습을 잘하기 위해서 여러 개의 문제로부터 경험을 사용한다는 흥미로운 접근 방식입니다. 어떻게 보면 직관적인 관점일 수 있습니다. 메타 학습으로부터 파생된 또 다른 흥미로운 연구주제로는 자동으로 탐색하는 신경망 구조와 최적화 기법을 들 수 있습니다. 이 분야에 대해서도 관심을 가져 봅시다.

13.2.8 계층적 강화학습

보통, 우리 스스로 여러 개의 호라이즌을 가지는 문제에 대한 환경을 만드는 경우가 있습니다. 예를 들어서 에이전트가 고차원의 전략을 찾길 원하는데, 행동에 대해서는 저차원의 제어 명령만 준다면, 에이전트는 저차원에서 고차원 행동 영역으로 변환할 수 있는 학습이 필요합니다. 직관적으로 생각해볼 때, 대부분의 에이전트에게는 정책 내부에 계층이 존재합니다. 뭔가를 계획하면, 이를 고차원의 행동 영역에서 수행합니다. 마치 제가 가게에 가는 것이지, 제 팔이 가게에 가는 것이 아닌 것처럼 말입니다. **계층적 강화학습**hierarchical reinforcement learning은 에이전트가 내부적으로 호라이즌이 긴 문제를 해결하고자 할 때 행동에 대한 계층을 만들 수 있도록 해주는 기법을 말합니다. 에이전트가 왼쪽이나 오른쪽으로 가는 명령에 대해서는 신경을 쓰지 않고, 목표하는 지점으로 가는 것에 초점을 맞추는 것입니다.

13.2.9 멀티-에이전트 강화학습

이 세상에 다른 에이전트들이 존재하지 않는다면 그렇게 흥미롭지 않을 것입니다. 멀티-에이전트 강화학습에서는 여러 개의 에이전트들이 주어졌을 때 에이전트들이 학습하는 기법을 찾습니다. 이때 발생하는 주요 문제 중 하나는, 이렇게 멀티-에이전트 환경에서 학습할 때, 현재의 에이전트가 학습하는 것을 어떻게 다른 에이전트들이 학습해, 행동을 변화시키냐는 것입니다. 문제는 다른 에이전트가 학습하고 난 후에는 현재의 에이전트가 학습한 것이 더이상 유효하지 않아 관찰을 비정상적으로 만든다는 것입니다. 이로 인해서 학습이 어려워집니다.

협력적인 **멀티-에이전트 강화학습**multi-agent reinforcement learning의 흥미로운 접근 방식 중 하나는 액터-크리틱 학습법을 사용하는 것인데, 크리틱은 학습 동안 모든 에이전트들이 모은 전체 상태에 대한 정보를 사용하는 것입니다. 이를 통해서 현재의 에이전트는 크리틱을 통해 협력하는 것을 학습하고, 조금 더 현실적인 관찰 영역을 사용해서 테스트시 학습된 정책을 사용할 수 있다는 장점을 가집니다. 어떻게 보면 전체 상태를 공유하는 것이 비현실적으로 보일 수는 있지만, 운동 경기에서 팀이 연습하는 것과 유사하다고 생각해볼 수 있습니다. 연습을 하는 동안에는 모든 것이 허용됩니다. 여러분이 축구 선수라면, 다른 에이전트들에게 어떤 움직임을 보일 때 윙으로 움직이겠다고 알려줄 수 있습니다. 학습하는 동안에는 전체 정보를 가지고 움직임을 연습할 수 있습니다. 그런 후에, 테스트할 때에는 제한된 정보만 가지고 학습한 정책을 이용하게 됩니다.

멀티-에이전트 학습에서 찾을 수 있는 또 다른 매력적인 주제는 앞에서 다뤘던 계층적 강화학습도 어떻게 보면 멀티-에이전트 강화학습의 다른 형태라고 생각할 수 있다는 것입니다. 어떻게 그럴 수 있을까요? 서로 다른 호라이즌을 기반으로 결정하는 여러 개의 에이전트에 대해서 생각해봅시다. 이렇게 여러 개의 호라이즌으로 구성된 구조는 대부분의 회사들이 사업하는 형태와 유사합니다. 시장을 선도하는 사람들이 차후 몇 년에 대한 높은 수준의 목표를 계획하고, 그 밑에 있는 사람들은 매달마다 혹은 매일마다 그 목표에 어떻게 도달할 수 있는지를 결정합니다. 그러면 선도하는 사람 중 한 명이 목표를 세우게 되는데, 이에 대한 성과는 모든 에이전트에게 보상되는 형태입니다.

물론 멀티-에이전트 강화학습이 협력하는 경우뿐 아니라 적대적인 경우도 있는데, 이 경우도 역시 흥미롭습니다. 인간은 보통 경연이나 대결을 불행함이 표출된 것이라고 생각하는데, 멀티에이전트 강화학습에서는 이런 경쟁이 우리 스스로 더 나은 방향으로 나아갈 수 있는 방향으로써 대안을 제시합니다. 현재 나온 강화학습의 성공 사례의 내부에는 적대적인 경쟁이 포함된 학습 기법이 포함되어 있습니다. 가령 스스로 작업을 수행하거나 대진표와 같은 다른 에이전트와의 모든 대결을 통해서 나온 에이전트가 그런 것입니다. 이때는 가장 성능이 좋은 에이전트들이 살아남게 됩니다. 적대적인 개념은 에이전트를 더 좋게 만들 수도 있고 더 나쁘게 만들 수도 있지만, 이상적인 행동을 찾는데는 필수적입니다.

13.2.10 설명가능한 AI, 안전성, 공정성 그리고 윤리적 기준

비록 인간 수준의 지능에 대한 직접적인 연구는 아니지만 성공적인 개발이나 적용 그리고 인공지능 기술의 적응과 관련한 몇 가지 중요한 연구 영역들이 있습니다.

설명가능한 인공지능explainable artificial intelligence은 사람이 조금 더 쉽게 이해할 수 있는 에이전트를 만들고자 하는 연구 영역입니다. 이에 대한 동기는 명백합니다. 보통 법원의 법정에서는 법을 어긴 사람들을 심문합니다. 하지만 기계학습 모델은 설명이 가능하도록 설계되어 있지 않습니다. 이와 같이 AI를 사회에 빠르게 적용하기 위해서는 연구자들이 문제의 설명성에 대해서 쉽게 표현할 수 있는 방법을 연구해야 합니다. 엄밀하게 말하자면, 사실 저는 이것이 필수적인 요소는 아니라고 생각합니다. 저는 모델이 설명가능한지 여부를 떠나서, AI가 주식 시장에서 정확한 예측을 하기를 바랍니다. 하지만 이런 AI가 내리는 결정은 직관적이지 않습니다. 인간과 연관되어, 삶과 관련된 결정을 내려야 하는 경우에는 문제가 복잡해집니다.

안전성은 관심을 가져야 할 또 다른 연구 영역입니다. 인간에게 큰 영향이 갈만큼 AI가 큰 실패를 하는 경우가 종종 있습니다. 또한 AI는 인간과는 다르게 공격에 취합니다. 그렇기 때문에 AI가 실제로 적용되었을 때, 시스템이 다양한 상황에서 어떻게 반응하는지 알아야 합니다. 현재까지는 AI가 소프트웨어를 통해서 전통적인 검증과 검사validation and verification(V&V)를 수행하는 과정이 정립되어 있지 않기 때문에, 이는 AI를 적용하는 데 있어 중요한 어려움으로 작용합니다.

공정성도 또 다른 중요한 문제입니다. 이제는 AI를 누가 제어할지에 대해서 생각해볼 필요가 있습니다. 만약 어떤 회사가 특정 사회의 정해진 예산 내에서 이윤을 최대화할 수 있는 AI를 만들었다면, 이 AI 기술이 가지는 특정은 무엇일까요? 이미 광고 업계에서는 이와 비슷한 일이 일어나는 것을 확인할 수 있습니다. 어떤 회사는 일종의 시장 조작을 통해서 이윤을 최대화할 수 있는 AI를 사용합니다. 이렇게 회사들이 이윤을 취할 수 있도록 하는 행동을 계속 허용해야 할까요? AI가 계속 발전하면 어떻게 될까요? 이렇게 시장 조작을 통해서 인간을 파괴하는 행위에 대한 목적은 무엇일까요? 이 부분은 심각하게 고려해야 할 부분입니다.

마지막으로, 합리적인 인공지능 개발을 위한 몬트리올 선언Montreal Declaration for Responsible Development of Artificial Intelligence이 AI 윤리 표준에도 관심을 불러왔습니다. 이윤을 취하는 회사가 아닌, 사회에 이익을 제공할 수 있는 AI를 위한 10대 윤리 원칙이 제정되어 있습니다. 또한 여러분이 기여할 수 있는 분야도 존재합니다.

13.3 이후의 내용들

이 책은 끝날지 몰라도, 여러분에겐 AI와 심층 강화학습 분야에 대한 시작점이나 자극제가 되길 바랍니다. 이 책을 통해서 여러분이 단지 심층 강화학습의 기초에 대해서 이해할 뿐만 아니라, 이런 환상적인 사회에 참여할 수 있게 만드는 것이 제 목표였습니다. 이 여행을 지속하기 위해서 어떠한 헌신을 할 필요는 없습니다. 이어서 할 수 있는 다양한 것들이 존재하고, 이번 절에서는 여러분이 시작해볼 수 있는 것에 대한 아이디어를 제공하고자 합니다. 세상은 마치 합창대와 같아서 다양한 목소리와 재능이 필요하다는 것을 유념해야 합니다. 여러분이 해야 할 것은 여러분에게 제공된 재능을 활용해서, 최선을 다해 개발하고, 얻을 수 있는 모든 것에 여러분의 몫을 다하는 것입니다. 제가 아이디어를 드리지만, 이후에 일어날 일들은 여러분의 몫입니다. 세상은 여러분의 목소리가 필요하고, 기다리고 있습니다.

13.3.1 자체 문제를 해결할 때, 심층 강화학습을 사용하는 방법

여러분이 여러 종류의 에이전트에 대해서 학습할 때 기억하면 좋을, 강화학습 알고리즘에 대한 매우 신기한 특징이 있습니다. 바로 대부분의 강화학습 에이전트가, 2장에서 다뤘던 것처럼 여러분이 문제를 올바른 MDP로 표현한다면, 어떠한 문제라도 해결할 수 있다는 점입니다. 스스로에게 'X나 Y 알고리즘이 문제를 해결할 수 있는 능력은 무엇일까?' 라고 자문하면, 이에 대한 답변은 다른 알고리즘도 역시 그 문제를 해결할 수 있다는 것을 의미할 것입니다. 이 책을 진행하는 동안, 우리는 다양한 알고리즘들에 대해서 다뤘고, 책에 소개된 모든 알고리즘이 약간의 하이퍼파라미터 설정을 적용하면 다양한 환경을 해결할 수 있었습니다. 자체 환경에 대한 문제를 해결할 수 있는 필요성은 많은 사람들도 원하는 것이지만, 다른 책들에서도 찾아볼 수 있습니다. 제가 권장하는 것은 온라인에 공개되어 있는 몇몇 예제들을 살펴보는 것입니다. 예를 들어서, 아타리 게임 환경은 스텔라라고 부르는 에뮬레이터를 백엔드로 사용합니다. 이 환경은 환경과 에뮬레이터 사이에서 이미지를 관찰과 행동으로써 주고받습니다. 이와 같이, MuJoCo나 불렛 물리 시뮬레이션 엔진은 연속적으로 제어하는 환경을 이끄는 백엔드 엔진입니다. 이 환경들이 동작하는 원리에 대해서 한번 살펴보길 추천합니다.

관찰 데이터가 시뮬레이션으로부터 환경과 에이전트에게 전달되는 방법에 대해서 살펴봅시다. 그리고 나서, 에이전트에 의해 선택된 행동은 환경을 거치고, 이후에 시뮬레이션 엔진으로 갑니다. 이런 유형은 많이 쓰이기 때문에, 만약 여러분이 자체 환경을 만들고자 한다면, 다른 환경들이 어떻게 구현되어 있는지 살펴보고, 스스로 구현해보기 바랍니다. 에이전트가 주식 시장에서 투자를 할 수 있도록 환경을 만들고 싶나요? 그러면 구현하고자 하는 기능을 제공하는 API가 있는 플랫폼이 있는지 살펴봐야 합니다. 그러면 동일한 API를 사용해서 또 다른 환경을 만들 수 있습니다. 예를 들어서 어떤 환경은 주식을 살 수 있으면서, 다른 매수 옵션도 제공할 수 있는 것입니다. 우리의 목적에 맞는 고품질의 환경이 제한적인 것이 부끄러울 만큼, 최신 심층 강화학습 기법을 적용해볼 수 있는 잠재적인 분야들이 많이 있습니다. 이런 분야에 기여하는 것은 의심할 여지없이 환영받을 것입니다. 만약 여러분이 환경을 만들고 싶고, 그 환경을 어디에서도 찾을 수 없다면, 시간을 내어 환경을 만들어보고, 세상에 공유해보세요.

13.3.2 앞으로 갈 길

이 책에서 많은 것을 다뤘습니다. 의심할 여지가 없습니다. 하지만 전체적인 그림으로 보면, 여전히 배워야 할 것들이 많이 있습니다. 이제 조금 확대해서 보면, 이전에는 학습되지 못했던 수많은 것들을 발견할 수 있을 것입니다. AI 학계에서 추구하는 일이 쉬운 일이 아니라는 것을 알 수 있습니다. 어떻게 보면 우리는 마음이 어떻게 작용하는지 이해하려고 있는 셈입니다.

사실, 심리학이나 철학, 경제학, 언어학, 동작과 관련된 연구, 제어 이론, 그 밖의 다른 연구 영역들이 모두 자신들만의 관점에서 그들만의 언어를 사용하여 동일한 목적을 추구합니다. 하지만 결론적으로 말하자면 모든 영역들이 마음이 어떻게 작용하는지, 인간이 어떻게 결정을 내리는지에 대해 이해하는 것으로부터 이점을 얻고 있으며, 이를 사용해 이상적인 결정을 내릴 수 있는 방법을 찾습니다. 여기서 다음과 같이 앞으로 갈 때 참고할 만한 몇 가지 아이디어를 제시할 수 있습니다.

우선, 여러분의 동기와 야망 그리고 초점을 찾아보십시오. 어떤 사람은 탐색하는 것에서 유일한 욕망을 찾습니다. 바로 마음이 흥미로워 하는 것을 찾아봅시다. 현재의 아름다운 세상을 그대로 놔두기를 원하는 사람들도 있습니다. 여러분의 동기가 무엇이건 우선 찾아봅시다. 여러분의 원동력을 찾아보세요. 여러분이 논문을 읽는데 익숙하지 않다면, 스스로 동기를 알때까지 이를 즐기지 못할 것입니다. 동기와 원동력을 찾았다면, 차분하고, 겸손하게 그리고 투명한 관점을 유지하기 바랍니다. 여러분의 원동력은 목표에 대해서 집중하고, 열심히 일할 때 필요합니다. 현재의 흥미를 있는 그대로 쏟아내지 마세요. 계속 전진하기 전에, 마음속에 여러분의 동기를 계속 가지고 가기 바랍니다. 우리가 가지고 있는 집중력은 쉽게 접할 수 있는 산만함으로 인해서 항상 방해를 받습니다. 제가 확신하건대, 여러분은 매 15분마다 폰에서 새 알림이 왔는지 찾을 것입니다. 그리고 이 행동이 좋은 것인 것이라고 학습했습니다. 사실 그렇지 않습니다. 다시 삶의 제어를 되찾고 자신이 사랑하는 것에 대해서 길고, 꾸준하게 집중해야 합니다. 집중을 연습해보세요.

두 번째로, 학습과 기여에 대한 균형을 찾고, 스스로 이를 정해보기 바랍니다. 만약 이후 30일 동안 5,000칼로리의 음식을 먹고 1,000칼로리를 소모했다면 어떻게 생각할까요? 그리고 만약 1,000칼로리의 음식을 먹고 5,000칼로리를 소모했다면 어떨까요? 만약 제가 육상선수라서 5,000칼로리의 음식을 먹고, 매일 훈련하면서 그만큼 소모하면 어떨까요? 모두 몸의 문제입니다. 마음도 동일합니다. 어떤 사람은 어떤 일을 하기 전에 수년에 걸쳐서 학습해야 한다고 생각합니다. 그래서 책을 읽고, 동영상을 보지만, 실제로는 아무것도 하지 않습니다. 또 어떤 사람은 논문을 읽을 필요가 없다고 생각합니다. 어쩌면 그 사람들은 DQN 에이전트를 이미 구현하고, 이와 관련된 블로그 포스트를 읽었을지도 모릅니다. 그런 사람들은 빠르게 나태해지고, 생각할 원동력이 금방 부족해집니다. 어떤 사람은 올바로 행동하는데, 절대로 가족들과 놀거나 즐기는 등의 휴식할 시간을 갖지 않는 경우도 있습니다. 이는 잘못된 접근 방식입니다. 무엇을 얻을 수 있고, 무엇을 줄 수 있는지에 대해서 균형을 찾고, 휴식시간을 가지기 바랍니다. 우리는 마음 한 켠으로는 육상 선수일 수도 있고, 너무 많은 '지방'이 마음속에 들어 있을지도 모릅니다. 목적 이외로 너무 많은 정보를 가지고 있으면, 여러분은 점점 무거워지면서 느려질 것입니다. 어떠한 연구도 하지 않고, 너무 많은 블로그 포스트를 쓰게 되면, 여러분은 금방 지치고, 질리고, 메마르게 될 것입니다. 충분한 휴식 없이는, 오랫동안 일을 잘 수행할 수 없을 것입니다.

또한 여러분이 모든 것을 학습할 수 없다는 사실을 알아야 합니다. 다시 한번 언급하자면, 여러분은 마음에 대해서 학습하고 있고, 마음에 대한 많은 정보들이 있습니다. 현명하게 생각하고, 여러분이 읽어야할 것에 대해서 선택해봅시다. 저자가 누구인가요? 그 사람의 배경은 무엇인가요? 물론 여러분은 책을 읽겠지만, 여러분이 하는 일에 대해서 조금 더 좋은 감각을 가지고 읽게 됩니다. 이를 자주 수행하기 바랍니다. 여러분이 학습한 것을 또 다른 방식으로 설명할 필요도 있어야 합니다. 명언 중에 '바퀴를 재발명하지 말라'는 말이 있지만, 이는 오해의 소지가 있는 말입니다. 여러분이 직접 시도해보는 건 중요합니다. 탐색을 하면서 여러분이 좋은 아이디어를 찾게 될 텐데, 일이 어느 정도 지나간 이후에 이에 대해서 깨닫게 되는 것은 피할 수 없는 사실입니다. 이에 대해서 부끄러워할 필요가 없습니다. 어떤 지식을 알게 될 시점까지 기다리는 것보다는 앞으로 나아가는 것이 중요합니다. 리처드 서튼은 '스스로 명백히 이해하는 것이 가장 큰 기여' 라고 이야기했습니다. 하지만 '바퀴를 재창조하는 일'을 시도조차 않는다면, '스스로 명백히 이해한' 지식을 공유하지 않을 수 있고, 이는 완전히 가치가 없는 일입니다. 여기에서 Q-학습처럼 여러분이 생각해 낸 새로운 알고리즘에 대한 논문을 써내라고 강요하지는 않겠습니다. 제가 말씀드리건대, 제발, 실험에서 '쓸모없는' 일을 하고 있다는 두려움을 갖지 말기 바랍니다. 계속 읽고, 탐색하며, 기여하면서, 속으로 담아가는 것이 핵심입니다. 이 과정이 순환되면서, 흐름을 만들고 이를 유지해야 합니다.

세 번째이자 마지막으로 언급하고 싶은 것은 과정에 대해서 포용하면서, 스스로를 과정에 내려놓아야 한다는 것입니다. 여러분의 꿈은 여러분이 나아갈 수 있는 유일한 길이지만, 여러분이 꿈 속에 살고 있으면 현실이 됩니다. 꿈 속으로 더 빠져드세요. 다른 사람들이 하는 일에 따라가지 말고, 여러분이 신경쓰는 것만 따라가세요. 여러분의 아이디어와 실험, 데이터 수집, 결과에 대한 이해와 그 결과로부터 빠져나오는 것을 중요하게 생각하기 바랍니다. 여러분이 진행한 실험에 편견을 가지지 말고, 사실만 찾으십시오. 이렇게 오랫동안 여러분을 내려놓게 되면, 여러분은 드디어 전문가가 되기 시작하는 것입니다. 이 분야는 매우 다양하게 구성되어 있기 때문에 모든 것을 잘하는 것은 불가능합니다. 하지만 여러분이 오랫동안 신경쓰는 것에 집중하고, 직관을 따라간다면, 자동적으로 다른 것들에 비해서 어떤 특정한 것에 시간을 더 많이 쏟게 됩니다. 계속 진행하세요. 누군가는 특정 주제에 대해 더 자세히 알기를 원할 수도 있고, 답이 없는 질문을 던지기 시작하며 뭔가 되돌아간다는 느낌을 받을 수도 있습니다. 어려운 질문을 던지는 데에 두려워하지 말고, 계속 답을 얻으려고 노력하길 바랍니다. 이 세상에 멍청한 질문이란 없습니다. 각 질문들은 미지의 문제를 해결할 수 있는 실마리가 될 수 있습니다. 계속 질문을 던지고, 게임을 하면서 즐겨봅시다.

13.3.3 이제 거기에서 나오세요

이 책을 마무리하면서, 올바르게 마무리하고, 배운 것들을 어떻게 활용하며, 이 놀라운 학계에 어떻게 하면 기여할 수 있는지에 대해서 생각해봅시다. 이 책에서 다루지 않은 알고리즘 중 관심있는 것에 대해서 블로그 포스트를 써보는 것은 어떨까요? 이번 장에서 언급했던 발전된 개념에 대해서 공부해보고, 여러분이 알게 된 것에 대해서 공유해보는 것은 어떨까요? 블로그 포스트를 만들고, 비디오를 만들면서, 이를 세상에 알려봅시다. 이런 기술 발전의 일부가 되어봅시다. 어떤 것이 지능인지를 이해하고, 함께 지능 시스템을 만듭시다. 지금도 늦지 않았습니다.

13.4 요약

여러분이 해냈습니다. 이제 이 책의 마무리입니다. 공이 여러분의 무대 위에 있습니다.

마지막 장에서는 심층 강화학습을 다음과 같이 정의했습니다. "심층 강화학습은 지능이 필요한 문제를 해결할 수 있는 컴퓨터 프로그램을 만드는 것과 관련된 인공지능에 대한 기계학습 접근 방식입니다. 심층 강화학습 프로그램만의 독특한 특징은 순차적이면서, 동시에 평가 가능하고, 강력한 비선형 함수 근사화를 통해 완화된 피드백을 바탕으로 시행착오를 통해 학습하는 것입니다."

제가 언급했듯 이 책을 마무리한 후에도 성공하기 위해서는, 다시 이 책에 나와있는 정의를 살펴보고, 자세하게 이해해야 합니다. 제가 왜 이런 용어를 사용하는지, 심층 강화학습의 문맥상 각 단어들이 어떤 것을 의미하는지에 대해서도 말할 수 있어야 합니다.

제가 의도한 대로 진행되었나요? 여러분은 이런 정의에 대해서 직관적으로 이해할 수 있나요? 그러면 이제 이 책 너머에 존재하는 에이전트에게 보상을 전달하는 것은 여러분의 몫입니다. 이 책을 다루는 프로젝트의 점수는 -1, 0 혹은 $+1$인가요? 여러분의 평이 어떻든 간에, 저도 심층 강화학습 에이전트처럼 피드백으로부터 학습하면서, 여러분의 평과 말하는 것에 대해서 찾아볼 것입니다. 이제, 제 역할은 마무리되었습니다.

마지막 장에서는 책에서 다뤘던 모든 것들을 복습하고, 우리가 지나갔던 핵심 방법들에 대해 논의했습니다. 그리고 범용 인공지능 에이전트를 만들 수 있는 요소가 될 수 있는 몇몇 발전된 개념에 대해서도 다뤘습니다.

마무리하는 문구로써, 저는 저와 함께 심층 강화학습 영역을 다룰 수 있는 기회를 준 여러분에게 감사하다는 인사를 하고 싶습니다. 또한 여러분이 지속적으로 연구하면서, 매일 집중하고, 여러분이 다음으로 해야 되는 것에 대해서 생각해보면 좋겠습니다. 여러분의 현재 능력과 재능이라면 가능합니다.

- 직관적으로 심층 강화학습에 대해서 이해했습니다. 여러분은 이제 가장 핵심적인 심층 강화학습 방법의 자세한 내용에 대해서, 기초부터 최신 기술까지 알게 됐습니다.

- 이제 여러분이 배웠던 것을 심층 강화학습 영역과 인공지능 영역의 큰 그림에 맞출 수 있기 때문에 이후에 어떤 것을 해야 할지 알았습니다.

- 여러분의 독특한 재능과 흥미 그리고 여러분이 가진 모든 것들을 보여줄 준비가 되었습니다. 나가서 강화학습 학계를 자랑스럽게 해주세요. 이제 여러분의 차례입니다.

트위터에서 만나요!

공부하고 배운 내용을 공유해보시기 바랍니다.

매 장의 마지막 부분에, 제가 다음 단계로 넘어가기 위해서 지금까지 배운 것을 어떻게 활용할 수 있을지에 대한 아이디어를 제공할 것입니다. 원한다면, 당신이 얻은 결과를 세상에 공유하고, 다른 사람이 어떻게 구현했는지도 확인해보기 바랍니다. 이것이 서로한테 좋은 방법이며, 여기서 원하는 것을 얻었으면 좋겠습니다.

- **#gdrl_ch13_tf01** : 모델 기반 심층 강화학습 방법을 구현해봅시다.
- **#gdrl_ch13_tf02** : 미분이 필요하지 않는 심층 강화학습 방법을 구현해봅시다.
- **#gdrl_ch13_tf03** : 멀티-에이전트 환경이나 에이전트를 구현해보고, 공유해봅시다.
- **#gdrl_ch13_tf04** : 심층 강화학습 에이전트로부터 조금 더 좋은 결과를 얻을 수 있도록 이 책에서 다루지 않은 발전된 딥러닝 기법을 사용해봅시다. 아이디어를 주자면, 변이 오토인코더 variational autoencoder (VAE)는 관찰 영역을 압축시킬 수 있는 좋은 방법이 될 수 있습니다. 이 방법을 사용하면 에이전트가 조금 더 빠르게 학습할 수 있습니다. 적용해볼 수 있는 다른 딥러닝들이 있을까요?
- **#gdrl_ch13_tf05** : 여기에서 언급된 여부와 상관없이, 범용 인공지능을 개발할 때 필요한 조금 더 발전된 기법을 학습하기 위한 자료들을 만들어봅시다.
- **#gdrl_ch13_tf06** : 이 장에서 다뤘던 범용 인공지능 방식 중 마음에 드는 알고리즘을 선택합시다. 그리고 노트북을 만들고, 자세하게 설명한 블로그 포스트를 만들어봅시다.
- **#gdrl_ch13_tf07** : 이미 공개되어 있는 관심있는 환경에 대한 집합을 만들어봅시다.
- **#gdrl_ch13_tf08** : 관심있는 것에 대한 자체 환경을 만들어봅시다. 어쩌면 독특할 수도 있고, 게임을 즐길 수 있는 인공지능에 대한 래퍼가 될수도 있습니다. 아니면 주식 시장에 관한 것도 될 수 있습니다.
- **#gdrl_ch13_tf09** : 여러분의 이력서를 갱신해서 저에게 보내주세요. 그러면 제가 리트윗해드리겠습니다. 물론 심층 강화학습과 관련하여 작업한 몇몇 프로젝트를 포함시켜주세요.
- **#gdrl_ch13_tf10** : 매 장마다 마지막 해시태그는 총정리 해시태그로 사용하겠습니다. 마지막 해시태그는 이 장과 관련해 작업한 어떤 것이든 다른 사람들과 논의하는데 사용하길 바랍니다. 여러분이 직접 만든 것만큼 흥미로운 과제도 없답니다. 당신이 어떤 공부를 하고 있는지, 그 결과도 공유해주기 바랍니다.

공부한 것에 대해서 트윗을 쓰고 저(@mimoralea)를 태그해주세요(제가 리트윗하겠습니다). 그리고 여러분이 얻은 결과를 사람들이 위에 적힌 해시태그를 사용하기 바랍니다. 잘못된 결과는 없습니다. 여러분이 찾은 것을 공유하고, 다른 사람이 찾은 것을 확인해보세요. 이 해시태그를 기회로 교류하고 기여하세요. 다같이 기다리고 있을게요!

구글 콜랩에서의 실습 환경

원 저자의 소스코드는 도커 컨테이너 환경에서 실행되게끔 구성되어 있습니다만, 저는 fast.ai 에서 제공하는 fastpages[1]를 통해 실습할 수 있는 주피터 노트북을 공유하고, 이를 바인더binder 나 구글 콜랩Google Colabotary에서 실행할 수 있는 환경을 제공하고자 합니다. 특히 구글 콜랩은 사 용량이 제한되어 있기는 하지만, 하드웨어 가속기인 GPU와 TPU를 사용할 수 있어 연산이 많 이 이뤄지는 학습에서는 많이 사용됩니다. 책에서 심층 강화학습을 다루기 시작하는 9장부터 는 필수적으로 활성화하고 학습을 수행해야 합니다.

우선 역자의 책 홈페이지(https://goodboychan.github.io/book/)에서 실습을 원하는 장 을 선택합니다.

---

1 옮긴이_ (https://github.com/fastai/fastpages)

- 목차:
  - 1장. 심층 강화학습의 기초
  - 2장. 강화학습의 수학적 기초
  - 3장. 순간 목표와 장기 목표간의 균형
  - 4장. 정보의 수집과 사용간의 균형
  - 5장. 에이전트의 행동 평가
  - 6장. 에이전트의 행동 개선
  - 7장. 조금 더 효율적인 방법으로 목표에 도달하기
  - 8장. 가치기반 심층 강화학습 개요
  - 9장. 조금 더 안정적인 가치기반의 학습 방법들
  - 10장. 샘플 효율적인 가치기반의 학습 방법들
  - 11장. 정책 경사법과 액터-크리틱 학습 방법들
  - 12장. 조금 더 발전된 액터-크리틱 학습 방법들
  - 13장. 범용 인공지능을 향한 길

그림 A-1 역자 홈페이지의 목차 화면

해당 장을 선택할 경우 상단에 버튼 3개가 존재하며, 각 버튼은 다음의 기능을 수행합니다.

Sample-Efficient Value-Based Methods

그로킹 심층 강화학습 중 10장 내용인 "샘플 효율적인 가치기반의 학습 방법들"에 대한 내용입니다.

Jun 16, 2021 • Chanseok Kang • 33 min read

Python   Reinforcement_Learning   Grokking_Deep_Reinforcement_Learning

[View On GitHub]   [launch binder]   [Open in Colab]

그림 A-2 각 노트북 최상단 버튼

- **View on Github**: 역자의 원본 노트북 확인
- **Launch binder**: 바인더에서 생성한 도커 이미지를 통한 실습
- **Open in Colab**: 구글 콜랩에서의 실습

구글 콜랩을 실행한 경우 다음과 같은 설정을 통해서 런타임을 활성화해줍니다.

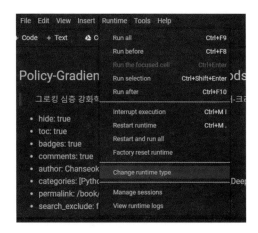

그림 A-3 구글 콜랩에서 실습 실행 시 설정법 (1)

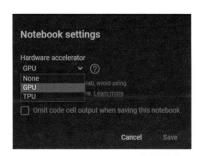

그림 A-4 구글 콜랩에서 실습 실행 시 설정법 (2)

우선 메뉴에서 Runtime을 고른 뒤 Change Runtime Type을 클릭해 설정 창을 띄웁니다. 런타임으로는 앞에서 소개한 바와 같이 GPU와 TPU를 선택할 수 있는데, TPU의 경우는 자료형에 대한 별도의 자원 할당이 필요해서 사용법에 대한 이해가 많이 필요합니다. GPU를 통한 실습을 원하는 경우 GPU를 선택하면 됩니다.

INDEX

INDEX

INDEX